T0126647

ORBIS BIBLICUS ET ORIENTALIS

Im Auftrag des Biblischen Institutes der Universität
Freiburg Schweiz
und des Seminars für Biblische Zeitgeschichte
der Universität Münster
herausgegeben von
Othmar Keel,
unter Mitarbeit von Bernard Trémel und Erich Zenger

Zum Autor:

Peter Weimar, Jahrgang 1942, Studium der Theologie in Frankfurt,
München und Freiburg, 1972 Promotion in Freiburg, 1976 Habilita-
tion in Würzburg, seit 1976 Professor für alttestamentliche Exegese
am Fachbereich kath. Theologie der Universität Münster. Wichtigste
Veröffentlichungen: Untersuchungen zur priesterschriftlichen Exodusgeschichte (1973); Exodus. Geschichten und Geschichte der Befreiung
Israels (²1979); Untersuchungen zur Redaktionsgeschichte des Pentateuch (1977).

ORBIS BIBLICUS ET ORIENTALIS 32

PETER WEIMAR

DIE BERUFUNG DES MOSE

Literaturwissenschaftliche Analyse
von Exodus 2,23 — 5,5

UNIVERSITÄTSVERLAG FREIBURG SCHWEIZ
VANDENHOECK & RUPRECHT GÖTTINGEN
1980

CIP-Kurztitelaufnahme der Deutschen Bibliothek

Weimar, Peter:

Die Berufung des Mose: literaturwissenschaftl. Analyse
von Exodus 2,23-5,5 / Peter Weimar.
Freiburg (Schweiz): Universitätsverlag;
Göttingen: Vandenhoeck und Ruprecht, 1980.

(Orbis biblicus et orientalis; 32)
ISBN 3-7278-0231-6 (Universitätsverlag)
ISBN 3-525-53338-1 (Vandenhoeck und Ruprecht)

Veröffentlicht mit der Unterstützung des Hochschulrates
der Universität Freiburg Schweiz

© 1980 by Universitätsverlag Freiburg Schweiz
Paulusdruckerei Freiburg Schweiz

Dem Andenken an

Michael   Adam
1942-1973

Vorwort

Die hier vorgelegten Untersuchungen zur Moseberufung gehen im Grundbestand auf eine Vorlesung im Sommersemester 1977 zurück und sind in der
vorliegenden - gegenüber dem ursprünglichen Entwurf vielfach veränderten - Form Vorarbeiten zu einem Exoduskommentar. Die Arbeit erstrebt
in erster Linie neue Einsichten in den Text. Ein bibliographischer Ehr-
geiz liegt ihr fern.

Durch das freundliche Entgegenkommen der Herausgeber kann die Arbeit
in der Reihe *Orbis Biblicus et Orientalis* erscheinen. Bei der Endredak-
tion sowie beim Lesen der Korrekturen haben mir Frau Eva-Maria Jelitte,
Herr Heinz Hoppe und Herr Dr. Klaus Kiesow, aber auch meine Frau ge-
holfen. Die Druckvorlage hat Frau Elfriede Brüning mit viel Einfühlungs-
vermögen und Geduld erstellt. Ihnen allen danke ich herzlich.

Das Buch widme ich dem Andenken eines Freundes.

Münster, im April 1980   Peter Weimar

INHALT

EINFÜHRUNG

Die Berufung des Mose in Ex 2,23-5,5 ist immer als einer der Modellfälle
der Pentateuchkritik angesehen worden. Literarisch wie traditionsgeschichtlich ist sie ein höchst komplexes Gebilde, das mehr Fragen aufgibt als Lösungen anbietet. Selbst in Grundfragen ist bislang ein Konsens nicht in
Sicht. Umstritten ist schon die Abgrenzung der Texteinheit aus dem größeren
Erzählzusammenhang des Exodus-Buches [1]. Ebensowenig ist aber auch in Fragen der literarkritischen Analyse der Texteinheit selbst ein einheitliches
Urteil erzielt worden.

---

1 Zum Problem der Abgrenzung des Textes aus dem Zusammenhang des Exodus-
   Buches vgl. B.S. CHILDS, The Book of Exodus. A Critical, theological
   Commentary (OTL), Philadelphia 1974, 51f. - Obgleich im allgemeinen die
   beiden Kapitel Ex 3/4 als geschlossene Texteinheit aus dem größeren Zusammenhang des Exodus-Buches abgetrennt werden (vgl. dazu nur W. RICHTER,
   Die sogenannten vorprophetischen Berufungsberichte. Eine literaturwissenschaftliche Studie zu 1 Sam 9,1-1o,16, Ex 3f. und Ri 6,11b-17, FRLANT
   1o1, Göttingen 197o, 56), werden häufig auch andere Textabgrenzungen vorgenommen, wobei sowohl Anfang wie Ende der Berufung des Mose verschieden bestimmt werden können. In der Nachfolge von W. RUDOLPH, Der "Elohist" von Exodus bis Josua, BZAW 68, Berlin 1938, 6-18 und M. NOTH,
   Überlieferungsgeschichte des Pentateuch, Stuttgart 1948 = Darmstadt
   [3]1966, 31 Anm. 3, die Ex 3,1-4,18 für einen Einschub in J halten, wird
   der Umfang der Berufung des Mose häufiger auf Ex 3,1-4,17 eingegrenzt
   (vgl. etwa G. TE STROETE, Exodus, BOT I/2, Roermond 1966, 38; J.Th. HYATT,
   Exodus (New Century Bible), London 1971, 69-84; B.S. CHILDS, Exodus,
   51f; E. ZENGER, Das Buch Exodus (Geistl. Schriftlesung 7), Düsseldorf
   1978, 44-61). Für andere dagegen ist der Beginn der Berufung des Mose
   schon in Ex 2,23 anzusetzen (vgl. etwa H. HOLZINGER, Exodus, KHC II, Tübingen 19oo, 7f; B. BAENTSCH, Exodus - Leviticus - Numeri, HK I/2, Göttingen 19o3, 16; A.H. McNEILE, The Book of Exodus (Westminster Commentaries) London [2]1917, 14; U. CASSUTO, Commentary on the Book of Exodus,
   Jerusalem 1967, 28; A. CLAMER, L'Exode, SB I/2, Paris 1956, 76; F.C.
   FENSHAM, Exodus (PredikOT), Nijkerk 1977, 23), wohingegen der Abschluß
   der Erzählung unterschiedlich bestimmt wird, sei es in Ex 3,22 (A.H.
   McNEILE), sei es in Ex 4,17 (B. BAENTSCH) oder in Ex 4,31 (H. HOLZINGER,
   U. CASSUTO, F.C. FENSHAM). Dabei werden in der Frage der Abgrenzung der
   Texteinheit auffälligerweise kaum redaktionskritische Gesichtspunkte be-
   rücksichtigt.

Nur gelegentlich wird die Berufung des Mose in Ex 2,23-5,5 für literarisch einheitlich angesehen [2]. Im allgemeinen wird sie als eine zusammengesetzte Texteinheit verstanden. Wenn auch die literarkritische Analyse im großen und ganzen zu weithin übereinstimmenden Ergebnissen geführt hat [3], besteht dennoch kein einheitliches Urteil darüber, ob die Berufung des Mose - abgesehen von P^g - aus zwei [4] oder drei Erzählfäden [5] besteht. Umstritten ist ferner der Anteil der redaktionellen Elemente an der Berufung des Mose [6], wobei die Ansichten darüber auseinandergehen, ob sie stärker als punktuelle Erweiterungen oder als Elemente planvoller redaktioneller Bearbeitung(en) verstanden werden müssen [7].

---

2 Vgl. etwa B. JACOB, Mose am Dornbusch, die beiden Hauptbeweisstellen der Quellenscheidung im Pentateuch, Exodus 3 und 6, aufs Neue exegetisch überprüft, MGWJ 66 (1922) 11-33 und ders., Das Zweite Buch der Tora, Exodus. (Hrsg. v. E.I. Jacob), Mikrofilm, Jerusalem o.J. 56-125; W. RUDOLPH, BZAW 68, 6-15; U. CASSUTO, Exodus, 28-64; E.J. YOUNG, The call of Mose, WThJ 29 (1967) 117-135 (126-13o).

3 Zu optimistisch erscheint die Einschätzung der Lage bei W.H. SCHMIDT, Exodus, BK II/2, Neukirchen-Vluyn 1977, 1o7: "Die Quellenscheidung (wird) im Hauptabschnitt im großen und ganzen einhellig vollzogen und stellt damit ein recht sicheres Ergebnis dar".

4 Vgl. etwa J. WELLHAUSEN, Die Composition des Hexateuchs und der anderen historischen Bücher des Alten Testaments, Berlin [4]1963, 7of; H. HOLZINGER, KHC II, 8-1o; B. BAENTSCH, HK I/2, 18-38; H. GRESSMANN, Mose und seine Zeit. Ein Kommentar zu den Mose-Sagen, FRLANT 18, Göttingen 1913, 21 Anm. 1; W. RICHTER, FRLANT 1o1, 58-72; W.H. SCHMIDT, BK II/2, 1o6-11o.

5 Vgl. etwa R. SMEND, Die Erzählung des Hexateuch auf ihre Quellen untersucht, Berlin 1912, 114-12o (J^1, J^2 / E); O. EISSFELDT, Hexateuch-Synopse, Leipzig 1922 = Darmstadt [2]1962, 32f.111*-116* (L/E); G. FOHRER, BZAW 91, 28-38 (J/N/E).

6 Während W. FUSS, Die deuteronomistische Pentateuchredaktion in Exodus 3-17, BZAW 126, Berlin 1912, den Anteil der Pentateuchredaktion recht breit ansetzt, rechnet A. REICHERT, Der Jehowist und die sogenannten deuteronomistischen Erweiterungen im Buch Exodus, Diss. Tübingen 1972, 6-57 mit einem weitaus eingeschränkteren Umfang an redaktionellen Erweiterungen. - Vgl. zuletzt auch W.H. SCHMIDT, BK II/2, 135-136.

7 Im allgemeinen wird nur mit punktuell ansetzenden redaktionellen Erweiterungen gerechnet, wobei der Anteil der auf die Redaktionen zurückgehenden Eintragungen im einzelnen verschieden bestimmt wird, auch wenn sich in dieser Frage ein gewisser "Kanon" ausgebildet hat.

8 Zwar wird im allgemeinen die jahwistische Darstellung der Mose-Berufung als älter angesehen, doch fehlt es auch nicht an Gegenstimmen, die für eine Priorität der elohistischen Darstellung plädieren (vgl. nur A. REICHERT, Jehowist, 53f).

Doch nicht nur in der Frage der literarischen Entstehung der Mose-Berufung
ist bislang ein Konsens nicht erzielt worden. Umstritten ist sowohl das
wechselseitige Verhältnis der einzelnen Erzählfäden zueinander [8] als auch
ihre zeitliche Ansetzung, hier vor allem die zeitliche Ansetzung der jahwistischen Darstellung der Mose-Berufung [9]. Die dabei angebotenen Lösungen
sind nicht unwesentlich von der Beurteilung von Abgrenzung und Umfang der
einzelnen Quellenschriften bzw. Redaktionen abhängig.

Zu all diesen Fragekomplexen erstrebt die vorliegende Untersuchung Antworten. Da die Abgrenzung der Texteinheiten bzw. "Textfragmente" von maßgeb-
licher Bedeutung für die Beurteilung aller anderen Einzelfragen ist, kommt
der literarkritischen Analyse, so hypothetisch sie im einzelnen auch sein
mag, eine besondere Bedeutung zu (Kap. I). Entsprechend der dabei zu Tage
tretenden verwickelten Entstehungsgeschichte des Textes der Mose-Berufung
sind sodann jeweils gesondert die einzelnen - ursprünglichen wie redaktionellen - Texteinheiten unter formkritischen, semantischen und kompositions-
kritischen Gesichtspunkten zu untersuchen (Kap. II-VII).

---

9 Vgl. im Blick auf die Mose-Berufung vor allem A. REICHERT, Jehowist,
  56-57 und H.H. SCHMID, Der sog. Jahwist. Beobachtungen und Fragen zur
  Pentateuchforschung, Zürich 1976, 19-43, zur Kritik vgl. W.H. SCHMIDT,
  BK II/2, 135f.

KAPITEL I

Abgrenzung der Texteinheiten

1. *Abgrenzung des Textes aus dem Zusammenhang des Exodus-Buches*

Die Geschichte von der Beauftragung des Mose und Aaron durch Jahwe steht genau im Zentrum des ersten Hauptteils des Exodus-Buches, der bis zu Ex 6,27
hin reicht [1]. Deutlich markiert Ex 6,28-3o einen Neueinsatz der Erzählung.
Syntaktisch ist der Beginn eines neuen Erzählabschnittes in Ex 6,28 durch
"Und es geschah an dem Tag, da Jahwe zu Mose im Lande Ägypten geredet hatte"
(ויהי ביום דבר)[2] angezeigt, das in Ex 6,29-3o durch eine knappe Rekapitula-
tion des im Schlußabschnitt des ersten Teils Erzählten weitergeführt wird.

Aber auch der erste Hauptteil des Exodus-Buches selbst erweist sich von seiner Kompositionsstruktur her als ein in sich geschlossener Erzählabschnitt.
Literarisch wird er von einer Liste der Israel-Söhne (Ex 1,1-5) und einer
Liste der Nachkommen der ersten drei Israel-Söhne (Ex 6,14-27) gerahmt. Da-
hinter steht unzweifelhaft ein literarischer Gestaltungswille, zumal wenn
man bedenkt, daß Ex 6,14-27 erst auf die Hand des Verfassers des Exodus-
Buches zurückgeht [3].

---

1 Erste Hinweise zur Kompositionsstruktur des Exodus-Buches finden sich
  bei P. WEIMAR - E. ZENGER, Exodus. Geschichten und Geschichte der Befreiung Israels, SBS 75, Stuttgart [2]1979, 11-15.

2 Wird sowohl der redaktionelle Charakter als auch die Funktion von Ex 6,28
  im Erzählzusammenhang beachtet, dann unterliegt die in MT gebrauchte
  Afformativkonjugation דבר keinerlei kritischen Bedenken (vgl. dazu B.
  BAENTSCH, HK I/2, 53).

3 Da Ex 6,13-3o den priesterschriftlichen Erzählzusammenhang in Ex 6,2-12 +
  7,1-7 unterbricht, muß Ex 6,13-3o als eine nachpriesterschriftliche
  Erweiterung (P[S]) verstanden werden. Doch gibt es darüber hinaus deutliche Hinweise darauf, daß Ex 6,13-3o erst auf die Hand des Verfassers
  des Exodus-Buches zurückgeht. Das gilt zunächst zumindest für die erzählenden Teile in Ex 6,13-3o. Deutlich steht hinter der betont mit
  ויהי eröffneten Zeitbestimmung in Ex 6,28 die Absicht, damit einen neuen

Der so abgegrenzte erste Hauptteil des Exodus-Buches zeichnet sich seinerseits durch eine sorgfältige literarische Binnenstruktur aus, bestehend
aus sechs Teilen, die sich klappsymmetrisch entsprechen. Der erste Teil,

---

Abschnitt des Exodus-Buches zu eröffnen. Das wird - abgesehen von dem erzählerischen Neueinsatz mit יהי׳ + Zeitbestimmung - vor allem durch die
Ortsangabe "im Lande Ägypten" unterstrichen, die nach dem Vorangehenden
eigentlich überflüssig ist, die aber dann verständlich wird, wenn mit Ex
6,28 ein neuer Hauptteil des Exodus-Buches eröffnet werden soll (vgl. dazu auch die entsprechende Ortsangabe in Ex 12,1 und dazu P. WEIMAR, Hoffnung auf Zukunft. Studien zu Tradition und Redaktion im priesterschriftlichen Exodus-Bericht in Ex 1-12, Diss. Freiburg/Brsg. 1971/72, 365-38o).
Durch den erzählerischen Neueinsatz in Ex 6,28 ist sodann auch die reka-
pitulierende, dabei aber generalisierende Wiederaufnahme von Ex 6,1o-12
in 6,29+3o bedingt, um so eine Einleitung der Jahwerede in Ex 7,1-5 zu
schaffen.- Ist Ex 6,28-3o als Exposition des zweiten Hauptteils zu verstehen, so liegt in Ex 6,13 ein sogenannter "zusammenfassender Abschluß"
vor, womit die Beauftragung des Mose (und Aaron) durch Jahwe an die Israeliten (6,2-9) und an den Pharao (6,1o-12) nochmals rekapitulierend zusammengefaßt ist. Daß es sich dabei um eine auf den Verfasser des Exodus-
Buches zurückgehende abschließende Aussage handelt, kann wegen der auffälligen Nennung Aarons nicht zweifelhaft sein, da nämlich die Erwähnung
des Aaron neben Mose in den Ex 6,13 voraufliegenden Teilen des Exodus-
Buches niemals bei P^g begegnet, sondern erst in redaktionellen Einschüben
vorkommt, die auf die Hand des Verfassers des Exodus-Buches zurückgehen.
Gleiches gilt dann aber auch für die chiastisch arrangierte zusammenfassende Aussage in Ex 6,26+27, die deutlich auf Ex 6,13 zurückgreift. Betont werden hier nochmals Mose und Aaron als die von Jahwe bestellten
Retter ihres Volkes dem Pharao gegenüber eingeführt, wobei in Ex 6,26a
gegenüber 6,27b Aaron vor Mose an erster Stelle genannt wird (zur Absicht vgl. H. HOLZINGER, KHC II, 2o). - Zu fragen bleibt nun noch, ob das
genealogische Zwischenstück Ex 6,14-25 ebenfalls auf den Verfasser des
Exodus-Buches zurückgeht oder ob dieser hier schon ein älteres Traditionsstück übernommen und an der vorliegenden Stelle eingeführt hat (dazu vgl.
schon P. WEIMAR, Die Toledot-Formel in der priesterschriftlichen Geschichtsdarstellung, BZ NF 18, 1974, 65-93 (9o Anm. 11o)). Das genealogische Zwischenstück Ex 6,14-25 besteht aus drei deutlich voneinander ab-
gesetzten Teilen. Der erste Teil (Ex 6,14-16), der die Liste der Namen
der Söhne Rubens und Simeons mitteilt, lehnt sich weitgehend an die entsprechende Namensliste in Gen 46,8-1o in der literarischen Form, wie sie
bei P^S vorliegt (zur Analyse von Gen 46,8-27 vgl. P. WEIMAR, Hoffnung
auf Zukunft, 89-98), an, ist aber unter Anlehnung an die in Num 26 sich
findende Liste der Israel-Söhne entsprechend abgewandelt. Auch der zweite
Teil der Liste der Israel-Söhne (Ex 6,16-19) erweist sich als eine sekundäre Bildung, die in der Nennung der Levi-Söhne nach den Ruben- und Si-
meon-Söhnen zwar Gen 46,8-27 folgt, in ihrer konkreten Ausgestaltung aber
von Num 13,17-2o abhängig ist. In der Nennung des Lebensalters des Levi
und des Kehat macht sich schon stärker ein erzählerisches Element innerhalb der Listenform bemerkbar, mit dem zum dritten Teil der Liste in Ex
6,2o-25 übergeleitet wird, wo das erzählerische Element deutlich die Führung übernimmt, während die listenförmigen Teile (Ex 6,21-22+24) hier
fast wie Einlagen wirken. Das alles spricht dafür, auch in Ex 6,14-25
ebenso wie in den Rahmenstücken Ex 6,13+26-27 eine für den vorliegenden

der mit der Liste der nach Ägypten gekommenen Israel-Söhne in Ex 1,1-5 einsetzt, reicht bis hin zu Ex 2,1o, womit innerhalb des Erzählablaufs ein
Schlußpunkt gesetzt ist. In einer dreigestuften Erzählfolge (Ex 1,1-14/15-
2o/1,21-2,1o) wird einerseits von der Steigerung der Unterdrückungsmaßnahmen durch den Pharao (Frondienst für die Israel-Söhne - Auftrag an die
Hebammen, die männliche Nachkommenschaft der Israel-Söhne zu töten - Befehl
an das ganze Volk, jeden Sohn der Israeliten in den Nil zu werfen), aber
andererseits auch von einem immer stärker werdenden Einsatz Jahwes für die
Israel-Söhne (je größer die Unterdrückungsmaßnahmen, um so stärker mehrt
sich das Jahwe-Volk - Gott ließ es den Hebammen gut gehen und das Volk wurde sehr stark - Errettung des "Retters" Mose durch die Tochter des Pharao)
berichtet [4]. Dem thematischen Zusammenhalt von Ex 1,1-2,1o korrespondiert
auf der anderen Seite der Neueinsatz der Erzählung in Ex 2,11aα mit der
Wendung "Und es geschah in jenen Tagen" (ויהי בימים ההם), die das nachfolgende Geschehen nur sehr allgemein mit dem im Vorangehenden Erzählten verbindet [5].

Ex 1,1-2,1o als dem einleitenden Erzählteil des ersten Hauptteils des Exodus-Buches tritt Ex 6,2-27 als Schlußteil gegenüber, wobei sich Ex 6,2-27
ebenso wie Ex 1,1-2,1o thematisch wie formal deutlich vom größeren Erzählzusammenhang abhebt. Nach dem Gotteswort in Ex 6,1, das einerseits das Vorangehende abschließt und andererseits auf Jahwes Auseinandersetzung mit dem
Pharao vorausblickt [6], setzt mit Ex 6,2 eine neue Erzähleinheit ein, die wie
Ex 1,1-2,1o beherrscht ist von der inneren Spannung zwischen Unterdrückungs-

---

Zusammenhang konstruierte Bildung des Verfassers des Exodus-Buches zu
sehen. Dies wird zudem noch dadurch unterstrichen, daß sich Ex 6,14-25
gerade nicht auf die für diesen Zusammenhang allein bedeutsamen Gestalten eines Aaron und Mose beschränkt, sondern darüberhinaus noch eine
Reihe von Namen nennt, die erst in Lev und Num wichtig werden, womit sich
zugleich zeigt, daß in Ex 6,14-25 der größere Erzählzusammenhang des
Pentateuch präsent ist. Ein in sich sinnvolles Traditionsstück, das vom
Verfasser vorgefunden und nur redaktionell bearbeitet worden wäre, läßt
sich demnach nicht nachweisen.

4 Zur Analyse von Ex 1,1-2,1o vgl. zuletzt P. WEIMAR, BZAW 146, 26-29.31-
   34.

5 Vgl. auch B. BAENTSCH, HK I/2, 13 und U. CASSUTO, Exodus, 21.

6 Auf der Ebene von J, Je und Dtr, die alle an Ex 6,1 beteiligt sind, hat
   sich an dieses Gotteswort unmittelbar die Plagengeschichte angeschlossen.
   Dieser Zusammenhang ist vom Verfasser des Exodus-Buches aufgelöst worden
   zugunsten der Einfügung von Ex 6,2-27, wo ganz betont Mose und Aaron als
   die von Jahwe bestellten "Retter" Israels eingeführt sind.

maßnahmen des Pharao und dem Einsatz Jahwes für sein Volk, nur daß hier aber
die Akzente umgekehrt gesetzt sind, indem jetzt auf einmal das Errettungshandeln Jahwes im Vordergrund steht. Gegenüber dem priesterschriftlichen
Traditionsstück Ex 6,2-12 [7] wird vom Verfasser des Exodus-Buches, auf den
Ex 6,13-27 zurückgeht [8], in Ex 6,13 und 26+27 nicht nur betont der Pharao
als der eigentliche Widersacher eingeführt, sondern auch die Funktion von
Mose und Aaron herausgestellt, die Israeliten aus Ägypten herauszuführen.
Darin tritt zugleich die Antithetik von Ex 1,1-2,1o und 6,2-27 in Erschei-
nung und zeigt damit den inneren Spannungsbogen des ersten Hauptteils an.

Von den beiden Rahmenstücken des ersten Hauptteils des Exodus-Buches hebt
sich thematisch klar der innere Rahmen ab, der aus den beiden Erzählfolgen
Ex 2,11-22 und 5,6-6,1 besteht. Das erste der beiden Erzählstücke ist durch
die allgemeine Einleitungswendung "Und es geschah in jenen Tagen" in Ex 2,
11 eingeleitet und reicht bis zur ätiologischen Notiz in Ex 2,22, da in 2,
23 eine zu 2,11 parallele Einleitungswendung "Und es geschah in jenen vielen Tagen" (ויהי בימים הרבים ההם) steht. Erzählt wird hier von der Flucht
des Mose vor dem Pharao nach Midian. Begründet ist dieses Geschehen im vorliegenden Erzählzusammenhang durch die in Ex 2,11-14 geschilderte Episode
von Mose als dem selbsternannten Retter seines Volkes, wobei in dieser Episode selbst der Konflikt mit seinen eigenen Volksgenossen im Vordergrund
steht [9]. Der Konflikt gipfelt in der rhetorischen Frage der Volksgenossen

---

7 Vgl. dazu P. WEIMAR, Untersuchungen zur priesterschriftlichen Exodusgeschichte, fzb 9, Würzburg 1973, 77-195.

8 Vgl. dazu Anm. 3.

9 Der auf der Ebene der Schlußredaktion des Exodus-Buches als Einheit zu
   bestimmende Text von Ex 2,11-22 ist von seiner Entstehungsgeschichte her
   schwerlich als eine literarische Einheit zu verstehen. Im allgemeinen
   wird der Grundbestand von Ex 2,11-22 J[1]/L/N oder J zugeschrieben (Belege bei G. FOHRER, Überlieferung und Geschichte des Exodus. Eine Analyse
   von Ex 1-15, BZAW 91, Berlin 1964, 25f Anm. 1-3), wobei zuweilen auch
   mit geringen Einschüben aus anderen literarischen Quellen gerechnet wird.
   Doch wird diese Auffassung dem komplexen Befund keineswegs gerecht. Die
   Analyse sei hier nur kurz angedeutet. 1. Ex 2,11-14 ist sowohl von 1,11-
   2,1o wie von 2,15-22 abzutrennen und als ein sekundär eingeführtes Verbindungsglied zu verstehen, das sich sprachlich zwar an vorgegebene Erzählelemente anschließt, diesen aber eine andere Bedeutungsnuance gibt
   (vgl. etwa nur ויגדל in 2,1o und 11). Überhaupt gehört das Spielen mit
   verschiedenen Bedeutungsnuancen ein- und desselben Wortstammes auf eng-
   stem Raum zu den Charakteristika von Ex 2,11-14 (vgl. auch die Zusammenstellung bei B.S. CHILDS, Exodus, 29), was ebenfalls dafür spricht, daß
   dieser Abschnitt als ein redaktionelles Verbindungsstück zu verstehen

des Mose in Ex 2,14a "Wer hat dich zum Aufseher und Richter über uns ein-

---

ist. Von der literarischen Struktur her besteht Ex 2,11-14 aus zwei Teilen
(2,11-12 / 13-14), die in sich wiederum eine zweiteilige Struktur (2,11+
12 // 13+14) aufweisen. Während sich in der ersten Szene (2,11-12) das
Geschehen lautlos abspielt und ganz das "Sehen" im Vordergrund steht, ist
in der zweiten Szene (2,13-14) das Element der Rede beherrschend. Da Ex
1,21-2,1o in seiner vorliegenden Form auf Je zurückgeht, 2,11-14 aber andererseits nicht unmittelbar mit der vorangehenden Erzähleinheit zu verbinden ist, wird man darin eine nachjehowistische Erzählung zu sehen haben, die, da typisch deuteronomistische Sprachklischees fehlen, auf den
Verfasser des Exodus-Buches zurückgehen wird. Dafür spricht nicht nur
die Eröffnung der Erzähleinheit mit der Wendung "Und es geschah in jenen
Tagen", sondern auch die wahrscheinliche Beziehung von Ex 2,11-14 zu Lev
24,1o-23 (vgl. dazu H. MITTWOCH, The Story of the Blasphemer Seen in a
Wider Context, VT 15, 1965, 386-389. - 2. Von Ex 2,11-14 ist nun zunächst Ex 2,15abα abzusetzen, da die hier stehende Aussage sich mit Ex
2,14b reibt (vgl. auch G. FOHRER, BZAW 91, 25). Muß man 2,15abα von 2,11-
14 abtrennen, dann kann sich את הדבר הזה in 2,15a nicht auf הדבר in 2,
14b bzw. auf den ganzen in 2,11-14 geschilderten Vorfall beziehen. Vielmehr ist diese Verbindung erst redaktionell nach Einfügung von 2,11-14
hergestellt worden. Im ursprünglichen Textzusammenhang hat sich 2,15abα
einmal unmittelbar an 2,1o angeschlossen, so daß ursprünglich folgender
Erzählzusammenhang bestanden haben muß: Nachdem auch sein Gebot, alle
männlichen Nachkommen der Israeliten in den Nil zu werfen, nicht zum Erfolg geführt hat, sondern der künftige Erretter Mose von seiner eigenen
Tochter gerettet wurde, da sucht der Pharao selbst, als er davon erfährt,
Mose zu töten, der sich einem solchen Versuch aber durch die Flucht ins
Ausland entzieht. Ist Ex 2,15abα unmittelbar mit 2,1o zu verbinden, dann
wird man in 2,15abα ebenso wie in 1,21-2,1o einen Bestandteil der jehowistischen Geschichtsdarstellung zu sehen haben. - 3. Ex 2,16-22a* ist
als eine ursprünglich einmal selbständig überlieferte Einzelgeschichte
zu verstehen, die erst sekundär in den Rahmen der Pentateucherzählungen
eingegliedert worden ist. Diese Geschichte besteht aus drei Szenen, die
in sich jeweils wieder zweigeteilt sind. Während in der ersten Szene
(2,16-17) die "Töchter des Priesters von Midian" und Mose einander gegenübertreten, wobei bei Mose vor allem sein "rettendes" Eingreifen für die
Töchter des Priesters von Midian hervorgehoben wird, besteht die zweite
Szene (2,18-19*) aus einer Wechselrede zwischen den Töchtern des Priesters von Midian und ihrem Vater, bei der ebenfalls, auch wenn er selbst
nicht in Erscheinung tritt, Mose als der, der die Töchter des Priesters
von Midian aus der Hand der Hirten errettet hat (הציל מיד), im Mittelpunkt steht. Bezeichnenderweise ist Mose dem Priester von Midian gegenüber als Ägypter (איש מצרי) in den Erzählzusammenhang eingeführt (2,19).
Erst mit der dritten Szene (2,2o-22a*) kehrt die Erzählung wiederum unmittelbar zu Mose zurück, der sich entschließt, bei dem Priester zu bleiben. Die Geschichte endet in 2,21b+22a mit der Feststellung, daß ihm von
Zippora ein Sohn geboren wurde. Obgleich diese Geschichte durchaus als
eine isolierte Einzelgeschichte bestanden haben könnte, sprechen bestimmte formale, aber auch inhaltliche Kriterien dafür, die Geschichte Ex 2,
16-22a* in Verbindung mit den Geschichten Ex 1,15-2o* und 2,1-1o* zu
sehen, die möglicherweise vor ihrer Einbindung in den Zusammenhang der
Pentateucherzählungen einmal einen thematisch zusammenhängenden Erzähl-
kranz gebildet haben, worauf auch das über die einzelnen Geschichten hin-

gesetzt?" [1o].

Der zweiten Erzähleinheit in Ex 2,11-22 innerhalb des ersten Hauptteils des Exodus-Buches Ex 1,1-6,27 entspricht als korrespondierendes Gegenstück die Erzähleinheit Ex 5,6-6,1, die sich deutlich vom Textzusammenhang abhebt. Der Neueinsatz der Erzählung in Ex 5,6 ist vor allem durch die unbestimmt bleibende und sehr allgemein gehaltene Zeitbestimmung "an jenem Tage" (ביום ההוא) markiert, die an die entsprechenden Einleitungswendungen in Ex 2,11 und 23 erinnert [11]. Die vom Pharao verfügte Verschärfung der Bedrückungsmaßnahmen wird von den Israeliten auf die von Mose und Aaron an den Pharao gerichtete Entlassungsforderung zurückgeführt, zugespitzt ausgedrückt in dem Vorwurf "Jahwe sehe auf euch und er richte, daß ihr unseren Geruch stinkend gemacht habt in den Augen des Pharao und in den Augen seiner Diener, ihnen ein Schwert in die Hand zu geben, uns umzubringen" (Ex 5,21). Die thematischen und verbalen Entsprechungen von Ex 5,6-6,1 mit Ex 2,11-22 sind offenkundig ("schlagen" 2,12/5,14; "richten" 2,14/5,21). Dabei stehen sich beide Erzähleinheiten antithetisch gegenüber. Während in Ex 2, 11-22 Mose als der selbsternannte Retter erscheint, der seine Volksgenossen aus dem Frondienst der Ägypter zu befreien sucht, ist er in Ex 5,6-6,1 der von Jahwe gesandte "Retter".

---

laufende Element der Steigerung hindeutet. - 4. Zu den Charakteristika dieser Geschichte gehört es, daß der Gegenspieler des Mose nur als "Priester von Midian", nicht aber mit Namen in die Erzählung eingeführt ist. Deutlich ist die Erwähnung Reguels in Ex 2,18a ein späterer Zusatz (vgl. nur B. BAENTSCH, HK I/2, 14 sowie zuletzt. W.H. SCHMIDT, BK II/2, 85f), der aber nicht von jenem Redaktor hier eingesetzt worden ist, der die Geschichte Ex 2,16-22a* in den Rahmen der Pentateucherzählungen eingeführt hat, sondern offensichtlich von einem Späteren, was allein schon der Name Reguel andeutet, der sonst nur noch in P^g oder nachpriesterschriftlichen Redaktionen begegnet. Aus den genannten Gründen geht die Einfügung des Namens Reguel in Ex 2,18 wahrscheinlich auf den Verfasser des Exodus-Buches zurück. - 5. Eingefügt in den größeren Erzählzusammenhang wurde die in sich geschlossene Geschichte Ex 2,16-22a* durch Anfügung von Ex 2,22b, womit ein zu Ex 2,1o paralleler Erzählabschluß hergestellt ist, sowie durch Vorschaltung von Ex 2,15, wobei die Doppelung von וישב in 2,15b bei unterschiedlicher Bedeutung durch die Überleitungsfunktion des Verses zu erklären ist.

1o Diese rhetorische Frage erinnert deutlich an den entsprechenden Vorwurf der Sodomiter an Lot in Gen 18,9.

11 In Ex 5,6a ist die Wendung ביום ההוא als ein redaktioneller Zusatz zu bestimmen, der ebenso wie die vergleichbaren Eingangswendungen in Ex 2,11 und 22 auf den Verfasser des Exodus-Buches zurückgehen wird.

Die Analyse der Baustruktur des ersten Hauptteils des Exodus-Buches Ex 1,1-
6,27 gibt damit aber auch Kriterien an die Hand, die eine präzise Abgrenzung der Berufung des Mose aus dem größeren Textzusammenhang des Exodus-
Buches erlauben. Entgegen der gängigen Annahme [12] hat die Berufung des Mose
den Textkomplex Ex 2,23-5,5 umfaßt. Der Neueinsatz ist klar und deutlich
durch die auf den Verfasser des Exodus-Buches zurückgehende Einleitungswendung "Und es geschah in jenen vielen Tagen" markiert [13]. Zu Ende kommt die
damit eröffnete Geschehensfolge erst mit Ex 5,5, auch wenn sie genau in der
Mitte durch eine starke Zäsur unterteilt ist. Damit ist angezeigt, daß der
so ausgegrenzte Erzählzusammenhang in Ex 2,23-5,5 aus zwei kleineren Erzähleinheiten besteht, wobei der Einschnitt zwischen beiden Erzähleinheiten zwischen 3,22 und 4,1 liegt. Auch wenn eindeutige syntaktische Kennzeichen fehlen, durch die die beiden Teile gegeneinander abgegrenzt sind,
ist die Zäsur zwischen 3,22 und 4,1 auf andere Weise deutlich genug herausgestellt. Während Ex 2,23-3,22 fast ausschließlich aus Gottesreden besteht,
was zugleich anzeigt, daß Jahwe der eigentlich Handelnde ist, liegt in Ex
4,1-5,5 demgegenüber die Initiative bei Mose. Deutlich sind demnach die
beiden miteinander korrespondierenden Einheiten Ex 2,23-3,22 und 4,1-5,5
von ganz verschiedenen Erzählhaltungen bestimmt.

Damit läßt der erste Hauptteil des Exodus-Buches Ex 1,1-6,27 folgende Baustruktur erkennen:

A. Ex 1,1-2,1o   Unterdrückung der Israel-Söhne durch den Pharao
                           und Bewahrung durch Jahwe (*lang*)

  B. Ex 2,11-22   Konflikt des Mose mit den Israel-Söhnen und
                           Flucht vor dem Pharao (*kurz*)

    C. Ex 2,23-3,22   Ankündigung der Errettung der Israel-Söhne
                           durch Jahwe angesichts der Unterdrückung (*lang*)

    C'. Ex 4,1-5,5   Zusage eines Zeichens für Mose und Bestellung
                           des Aaron zum Beistand des Mose (*lang*)

  B'. Ex 5,6-6,1   Mose und Aaron vor dem Pharao und erneuter Kon-
                           flikt mit den Israel-Söhnen (*kurz*)

A'. Ex 6,2-27   Unterdrückung der Israel-Söhne und Errettungszusa-
                           ge durch Jahwe (*lang*)

---

12   Vgl. dazu S. 13 Anm. 1.
13   Zur literarkritischen Analyse s.u.S. 24.

Der erste Hauptteil des Exodus-Buches besteht aus sechs Teilen, die symme-
trisch einander zugeordnet sind, wobei die Entsprechungen im einzelnen durch
Stichwortrepetitionen unterstrichen werden. Vor allem in der ersten Hälfte
sind die Neueinsätze der einzelnen Teile durch formelhafte Wendungen herausgestellt. Der Verfasser des Exodus-Buches läßt dabei eine Vorliebe für
die Wendung "es geschah in jenen (vielen) Tagen" (Ex 2,11/23) erkennen.
Formal umschließen in beiden Hälften jeweils zwei längere Erzähleinheiten
(A+C / C'+A') eine kürzere Erzähleinheit (B/B'). Dadurch sind deutliche Akzente gesetzt, insofern in dem so hervorgehobenen kürzeren Mittelteil
(B/B') bezeichnenderweise gerade Funktion und Aufgabe des Mose (und Aaron)
reflektiert sind. Das Aussagegefälle beider Erzählhälften läuft jeweils
ganz konsequent auf die im Schlußteil stehende Aussage der Errettung der
Israel-Söhne aus dem Frondienst der Ägypter durch Jahwe hin (A/C bzw. C'/A'),
wenn auch im einzelnen, bedingt durch den jeweiligen Textzusammenhang, die
Akzente verschieden gesetzt sind. Von daher verwundert es sodann auch nicht,
wenn die Berufung des Mose (und Aaron) und der an ihn ergehende Befehl,
Jahwes Errettungszusage auszurichten, genau im Zentrum des ersten Hauptteils des Exodus-Buches steht.

Diese Beobachtungen zur literarischen Struktur von Ex 1,1-6,27 sind nicht
ohne Bedeutung für die Frage der Abgrenzung der Geschichte von der Berufung
des Mose (und Aaron) aus dem angestammten Textzusammenhang. Demnach beginnt
die Geschichte von der Berufung des Mose nicht erst in Ex 3,1, sondern
schon in Ex 2,23 und endet mit Ex 5,5 und nicht schon vorher mit Ex 4,31.
Damit ist die Abgrenzung der Geschichte nach vorne und nach hinten markiert.
Doch ist die so ausgegrenzte Geschichte von der Berufung des Mose (und
Aaron) keine einfache Texteinheit, sondern besteht eigentlich aus zwei Texteinheiten, wobei die Grenze zwischen 3,22 und 4,1 liegt. Von daher bestimmt
sich das weitere Vorgehen, insofern die Abgrenzung der Texteinheiten in Ex
2,23-3,22 und 4,1-5,5 jeweils getrennt zu untersuchen sein wird.

2. *Abgrenzung der Texteinheiten in Ex 2,23-3,22*

Der unter Berücksichtigung kompositorischer Gesichtspunkte sowie unter Beachtung redaktioneller Struktursignale aus dem Textzusammenhang ausgegrenzte
Text Ex 2,23-3,22 ist nun seinerseits unter dem Aspekt zu untersuchen, ob
die so ausgegrenzte Texteinheit ein ursprüngliches Ganzes darstellt oder ob

sie erst sekundär aus mehreren ursprünglichen Texteinheiten in einem längeren literarischen Prozeß zusammengewachsen ist.

Die Texteinheit setzt in 2,23aα mit einer durch ויהי hervorgehobenen allgemeinen Zeitraumangabe (בימים הרבים ההם) neu ein, die unmittelbar die Nachricht vom Tod des Königs von Ägypten einleitet. Die Aussage 2,23aα steht ziemlich unverbunden im gegenwärtigen Textzusammenhang. Weder nach hinten noch nach vorne besteht ein direkter Bezug, was vermuten läßt, daß es sich in 2,23aα um eine redaktionelle Bildung handelt, die der formalen Eröffnung einer neuen Erzähleinheit dient [14]. Dabei signalisiert die Nachricht vom Tod des Königs von Ägypten die neue Lage, die gegenüber der in der vorangehenden Erzähleinheit geschilderten Situation eingetreten ist.

Von 2,23aα ist wegen des Subjektwechsels, der durch die Einleitungswendung keineswegs motiviert ist, 2,23aßb als eigene literarische Größe abzugrenzen. Der mit 2,23aßb eröffnete Erzählzusammenhang reicht bis 2,25, ist aber in sich wiederum nicht ganz spannungsfrei, was auf eine Geschichte dieses Textes schließen läßt [15].

Deutlich setzt mit 3,1a eine neue literarische Größe mit einem Nominalsatz ein, in dem היה als Kopula dient. Genannt wird die im folgenden wichtige Hauptperson des Mose, seine Tätigkeit, die er ausübt, sowie Jitro als

---

14 Im allgemeinen wird Ex 2,23aα J (vgl. H. HOLZINGER, KHC I, XV.8; ders., Das zweite Buch Mose oder Exodus, HSAT I, Tübingen [4]1922 = Nachdruck Darmstadt 1971, 1o2; B. BAENTSCH, HK I/2, 16f; W.H. SCHMIDT, BK II/2, 88) bzw. J[1]/L (vgl. R. SMEND, Erzählung, 122; G. BEER, Exodus, HAT I/3, Tübingen 1939, 24; O. EISSFELDT, HS 11o*) zugeschrieben. Nur הרבים wird in diesem Zusammenhang dann weithin als ein auf R[P] zurückgehender redaktioneller Zusatz betrachtet, der um der von P[g] herrührenden Altersangabe in Ex 7,7 willen geschehen ist (vgl. etwa A. DILLMANN, Die Bücher Exodus und Leviticus, KeH 12, Leipzig [2]188o, 22 und jüngst wieder W.H. SCHMIDT, BK II/2, 89). Doch läßt sich eine solche Operation aus literarkritischen Erwägungen heraus nicht wahrscheinlich machen, so daß man an der literarischen Einheitlichkeit von Ex 2,23aα wird festhalten müssen. Da aber andererseits eine Rücksichtnahme auf die Altersangabe in Ex 7,7 (P[g]) nicht zu verkennen ist, wird die Einleitungswendung Ex 2,23aα in ihrer Gesamtheit als eine redaktionelle Bildung zu verstehen sein, die jünger als P[g] ist.

15 Zu den literarkritischen Problemen von Ex 2,23aßb-25 vgl. P. WEIMAR, fzb 9, 51-7o; ablehnend W.H. SCHMIDT, BK II/2, 9o.

Besitzer des Kleinviehs, das Mose hütet, wobei Jitro zwei Appositionen nach sich zieht [16]. Gerade dieser zuletzt genannte Tatbestand ist auffällig, zum einen wegen des verdächtig weiten Rückverweises von חתנו auf Mose [17], zum andern, weil gerade durch die doppelte Apposition die Gestalt des Jitro ein derart starkes Gewicht erhält, das ihr von der weiteren Erzählung her nicht zukommt [18]. Darüber hinaus setzt der Satz 3,1aα auch die Gestalt des Mose als auch sein Verhältnis zu Jitro sowie dessen Stellung als bekannt voraus, womit der Erzähler ganz offenkundig an die Geschichte in 2,16-22aα anknüpft. Doch weicht 3,1aα gerade im entscheidenden Punkt von der in 2,16-22aα vorliegenden Erzählung ab. Während nämlich der Schwiegervater des Mose in 2,16-22aα nur allgemein als der "Priester von Midian" bezeichnet wird, ist er in 3,1aα mit seinem Namen Jitro genannt. Die angeführten Unstimmigkeiten und Merkwürdigkeiten lassen sich mit einer literarkritischen Operation durch Ausscheidung von יתרו lösen, weil diese Angabe von 2,16-22aα her, worauf 3,1a sich zurückbezieht, nicht gedeckt ist, so daß der Eingangssatz in 3,1a ursprünglich einmal "Und Mose hütete die Schafe seines Schwiegervaters, des Priesters von Midian" gelautet hätte [19]. Es wäre dann zu erklären, wie und aus welchen Gründen der jetzige Text entstanden ist. Dazu sind die sonstigen Erwähnungen Jitros einer kritischen Prüfung zu unterziehen.

---

16 Zur formalen Analyse von Ex 3,1a vgl. W. RICHTER, FRLANT 1o1, 73.

17 W. RICHTER, FRLANT 1o1, 73.

18 Es sei denn, man nimmt an, daß sich die Angabe "Jitro, sein Schwiegervater, der Priester von Midian" in Ex 3,1a gar nicht unmittelbar auf die nachfolgende Geschichte bezieht, sondern sogleich im Blick auf den größeren Erzählzusammenhang (Ex 18,1-12*) geschehen ist.

19 Vgl. auch W.H. SCHMIDT, BK II/2, 111; anders W. RICHTER, FRLANT 1o1, 73f. - Nach ihm reichen die zu beobachtenden Spannungen in Ex 3,1a für eine literarkritische Operation nicht hin. Vielmehr rechnet er - jedoch mit nicht ganz überzeugenden Gründen - damit, daß die Erzählungseröffnung in Ex 3,1a ursprünglich einmal ומשה חתן יתרו כהן מדין (היה) רעה את- צאנו gelautet habe. Die von W. RICHTER angemahnten Schwierigkeiten - vor allem das im vorliegenden Text von Ex 3,1a nachklappende und überflüssige "Priester von Midian" (FRLANT 1o1, 74 mit Anm. 8) - erklären sich dann unschwer, wenn man Jitro als redaktionellen Einschub versteht (dazu vgl. auch W.H. SCHMIDT, BK II/2, 111f).

Jitro, der Schwiegervater des Mose, ist neben Ex 3,1a, wo er durch חתן
und wiederum כהן מדין näher bestimmt ist, noch an folgenden Stellen genannt [20]:

Ex 4,18   *Da ging Mose und kehrte zu Jeter, seinem Schwiegervater,*
           zurück

Ex 18,1   *Da hörte Jitro, der Priester von Midian, der Schwiegervater*
           des Mose, alles, was Elohim an Mose und an Israel, seinem
           Volke, getan hatte

Ex 18,2   *Da nahm Jitro, der Schwiegervater des Mose, Zippora, die*
           Frau des Mose

Ex 18,5   *Da kam Jitro, der Schwiegervater des Mose, ... zu Mose*

Ex 18,6   *Dein Schwiegervater Jitro kommt zu dir*

Ex 18,7   *Da ging Mose heraus, seinem Schwiegervater entgegen*
           (vgl. Ex 18,8)

Ex 18,9   *Da freute Jitro sich über all das Gute, das Jahwe an Israel*
           getan hatte (vgl. Ex 18,1o)

Ex 18,12   *Da nahm Jitro, der Schwiegervater des Mose, ein Brandopfer*
           und ein Schlachtopfer für Elohim.

Hinzu kommen die folgenden Stellen, in denen sich eine andere Tradition vom
Schwiegervater des Mose niedergeschlagen hat:

Num 1o,29 *Da sprach Mose zu Hobab, dem Sohne Reguels, des Midianiters,*
           des Schwiegervaters des Mose
           (vgl. Ex 2,18)

Ri 1,16   *Und die Söhne des Keniters, des Schwiegervaters des Mose,*
           zogen hinauf

Ri 4,11   *Heber, der Keniter, aber hatte sich von Kain getrennt, von*
           den Söhnen Hobabs, des Schwiegervaters des Mose

Im wesentlichen konzentrieren sich die Belege, die von Jitro, dem Schwiegervater des Mose sprechen, auf die Erzählung in Ex 18,1-12. Charakteristisch für die hier überlieferte Geschichte ist der enge Zusammenhang zwischen der Nennung Jitros und seiner Kennzeichnung als חתן משה. Nur in Ex
18,1 ist diese enge Verbindung insofern aufgelöst, als hier כהן מדין zwi-
schengeschaltet ist. Doch wird man hier im einzelnen näher zusehen müssen,
dä Ex 18,1-12 schwerlich als eine literarisch einheitliche Größe verstanden
werden kann [21].

_____

2o Vgl. auch die Zusammenstellung der Belege bei W. FUSS, BZAW 126, 22 so-
    wie W.H. SCHMIDT, BK II/2, 86.

21 Daß Ex 18,1-12 literarisch nicht einheitlich ist, ist allgemein aner-
    kannt. Nur werden die literarischen Unebenheiten in Ex 18,1-12 im ein-
    zelnen verschieden erklärt. Im wesentlichen gibt es zwei verschiedene
    Typen der Erklärung der Spannungen im Text. Auf der einen Seite ver-
    steht man Ex 18,1-12 als eine im ganzen intakte elohistische Geschichte,
    die verschiedene Zusätze erfahren hat, wobei Herkunft und Umfang die-
    ser Hinzufügungen im einzelnen ganz verschieden bestimmt wird (vgl. et-

Die Geschichte setzt in Ex 18,1 mit einem Rückblick auf das Exodusgeschehen
ein. Auffällig in Ex 18,1aα ist die Doppelung der Apposition bei Jitro,
was entweder als stilistisches Phänomen oder aufgrund der literarischen
Entstehungsgeschichte des Textes zu erklären ist. In diesem Fall müßte man
חתן משה für einen späteren Zusatz halten [22], während im anderen Fall die
Doppelung der Apposition in der vorliegenden Reihenfolge sich aus bewußtem
Anschluß an Ex 2,16 und 3,1a erklären würde. Eine sichere Entscheidung ist
hier nicht möglich. Doch wird man der literarisch-stilistischen Erklärung
eine größere Wahrscheinlichkeit zumessen dürfen, zumal wenn man damit
rechnet, daß Ex 18,1-12* im Blick auf den größeren Erzählzusammenhang der
Exodusgeschichte komponiert ist.

Der ursprüngliche Erzählauftakt der Geschichte vom Besuch Jitros bei Mose
ist in Ex 18,1a zu sehen, während die mit 18,1a parallele Aussage von 18,
1b als späterer Zusatz zu bestimmen ist. Fortgeführt ist dieser Erzählauftakt in 18,2a, wobei auch hier eigens auf das verwandtschaftliche Verhältnis, in dem Jitro zu Mose steht, abgehoben ist. Demgegenüber muß der ganze
Abschnitt 18,2b-4 als eine spätere Erweiterung angesehen werden, die einmal dazu dient, die Spannung mit 4,2o auszugleichen, und zum anderen, die
Söhne des Mose einzuführen, von denen schon in 4,2o die Rede war [23].

Der ursprüngliche Erzählzusammenhang ist mit 18,5a* (ohne ובניו ואשתו) und
18,5b* (ohne הר האלהים) weitergeführt. Damit ist in der älteren Fassung
der Geschichte die erste szenische Einheit abgeschlossen. Die zweite Sze-
neneinheit setzt in 18,6a mit der Anrede Jitros an Mose ein. Von 18,6a muß
aber die zweite Vershälfte 18,6b wegen ihres nachhinkenden Charakters getrennt und als ein späterer Zusatz bestimmt werden, der mit 18,3+4 zusammenhängt. Durch die Einfügung von 18,7 wurde aus der direkten Anrede Jitros an Mose eine Botschaft an diesen [24]. Mit 18,6a ist sodann wieder 18,
8aαβ zu verbinden, während 18,8aγb als redaktioneller Zusatz bestimmt werden
muß. Liegt nämlich in 18,8aαβ der Akzent auf dem Gerichtshandeln Jahwes am
Pharao und an Ägypten, so ist in 18,8aγb insofern eine Verschiebung einge-

---

wa A. JÜLICHER, Die Quellen von Ex 7,8-24,11, JpTh 8, 1882, 294ff; J.
WELLHAUSEN, Composition, 8o; B. BAENTSCH, HK I/2, 162-166; W. RUDOLPH,
BZAW 68, 37-39; G. BEER, HAT I/3, 93-95; M. NOTH, Das zweite Buch Mose.
Exodus, ATD 5, Göttingen ³1965, 117-12o; B.S. CHILDS, Exodus, 321; V.
FRITZ, Israel in der Wüste. Traditionsgeschichtliche Untersuchung der
Wüstenüberlieferung des Jahwisten, MThSt 7, Marburg 197o, 13). Auf der
anderen Seite sieht man in Ex 18,1-12 das Nebeneinander zweier Quellen,
des Jahwisten und des Elohisten, wobei beide nur mehr fragmentarisch
erhalten sind (vgl. etwa H. GRESSMANN, FRLANT 18 (NF 1), 161f; R. SMEND,
Erzählung,153f; O. EISSFELDT, HS 144*f; H. SEEBASS, Mose und Aaron,
Sinai und Gottesberg, AeTh 2, Bonn 1962, 83-85).

22 So etwa R. SMEND, Erzählung, 155; O. EISSFELDT, HS 144*f; G. BEER, HAT
I/3, 93-95; M. NOTH, ATD 5, 117f.

23 Die in Ex 4,2o im Blick auf Ex 4,24-26 meist vorgenommene Korrektur von
בניו in בנו ist nicht möglich. Vielmehr gilt es hier, den Bezug von
Ex 4,2o zu Ex 18,2b-4 zu beachten.

24 Beachtet man die Entstehungsgeschichte von Ex 18,1-12, dann besteht
kein Grund, אני MT in 18,6 nach den alten Versionen in הנה (vgl. BHS)
zu ändern.

treten, als hier der Blick auf Israel gerichtet ist. In 18,9a ist sodann in der ursprünglichen Fassung der Geschichte die Reaktion des Jitro auf die Erzählung des Mose hin mitgeteilt. Demgegenüber ist der zu 18,8aß parallele Relativsatz in 18,9b, der überdies asyndetisch an den ersten Relativsatz angeschlossen ist, ein späterer Nachtrag.

Mit der Rede des Jitro in 18,1oa setzt in der ursprünglichen Gestalt der Erzählung die dritte szenische Einheit ein. Nochmals wird hier die Errettung Israels aus der Hand der Ägypter und des Pharao durch Jahwe gepriesen. Als redaktioneller Zusatz ist wiederum die zu 18,1oa parallele Aussage in 18,1ob zu verstehen. Fortgeführt ist 18,1oa in 18,11a mit der Feststellung "Jetzt weiß ich, daß Jahwe größer ist als alle Götter". In dieser Aussage hat die Geschichte ihren Höhepunkt erreicht. Dies wird außerdem durch den sekundär angefügten Kommentar in 18,11b unterstrichen [25]. Die Geschichte klingt mit der Notiz vom Opfer des Jitro in 18,12 aus, der redaktionell die Notiz vom Opfermahl des Aaron und der Ältesten Israels mit Jitro angefügt worden ist.

Somit ergibt sich für Ex 18,1-12 folgender Grundbestand der Geschichte:

Ex 18,1 *Als Jitro, der Priester von Midian, der Schwiegervater des Mose, alles hörte, was Elohim dem Mose und Israel, seinem Volke, getan hatte,*
2 *da nahm Jitro, der Schwiegervater des Mose, Zippora, die Frau des Mose,*
5 *und Jitro, der Schwiegervater des Mose, kam zu Mose in die Wüste, wo er gerade lagerte.*

----

6 *Da sprach er zu Mose:*
   Ich, dein Schwiegervater Jitro, bin zu dir gekommen.
8 *Mose erzählte seinem Schwiegervater alles, was Jahwe dem Pharao und Ägypten getan hatte.*
9 *Da freute sich Jitro über all das Gute, das Jahwe Israel getan hatte.*

1o *Und Jitro sprach:*
    Gesegnet sei Jahwe,
    der euch aus der Hand der Ägypter und aus der Hand des Pharao gerettet hat.
11 *Jetzt weiß ich, daß Jahwe größer ist als alle Götter!*
12 *Und Jitro, der Schwiegervater des Mose, nahm ein Brandopfer und ein Schlachtopfer für Elohim.*

---

25 Bei der mit emphatischem ב eingeleiteten Aussage in Ex 18,11b wird meist ein Textausfall vermutet. Doch zu Unrecht! Deutlich ist nämlich Ex 18,11b als ein Kommentar zu 18,11a zu verstehen, der selbst nicht mehr zur Rede des Jitro gehört, durch den aber das Bekenntnis des Jitro nachdrücklich in den richtigen Bezugsrahmen gestellt werden soll. Dann ist der Sinn der vorliegenden Aussage von Ex 18,11b in Relation zu 18, 11a folgender: Gerade in der Sache, in der sich Jitro, der Priester von Midian, bewährt hat, indem er Jahwe über alle Götter gestellt hat,

Alles andere in Ex 18,1-12 muß als spätere redaktionelle Erweiterung verstanden werden, die wahrscheinlich nicht von einer Hand stammt, sondern
der ursprünglichen Geschichte wohl in zwei Schüben zugewachsen ist. Aufgrund des Charakters der Grundgestalt der Geschichte Ex 18,1-12*, die
nicht eine besondere Begebenheit schildern will, sondern aus der Perspektive Jitros, des midianitischen Schwiegervaters des Mose, heraus abschlies-
send auf die Rettung Israels durch Jahwe zurückblickt, kann diese nicht als
eine isolierte Einzelgeschichte verstanden werden, sondern nur als eine Geschichte, die im Blick auf den größeren Erzählzusammenhang komponiert ist.
Als solcher kommt - im Gegensatz zur traditionellen Zuweisung der Geschichte [26] - nur die jehowistische Geschichtsdarstellung in Frage. Darauf
weist nicht nur die aus Ex 2,16 stammende Kennzeichnung Jitros als "Priester von Midian" hin, sondern vor allem auch das am Höhepunkt der Geschichte stehende Bekenntnis Jitros: "Jetzt weiß ich, daß Jahwe größer ist als
alle Götter!" (עתה ידעתי כי גדול יהוה מכל האלהים). Deutlich wird nämlich
mit Ex 18,11a die mit der Frage des Pharao in Ex 5,2 "Wer ist Jahwe, daß
ich auf seine Stimme hören soll?" (מי יהוה אשר אשמע בקלו) eröffnete Reihe
der Unvergleichlichkeitsaussagen des Jehowisten zu Ende gebracht [27].

Das bedeutet dann, daß Ex 18,1-12 in der Grundschicht als eine jehowistische Eigenbildung zu verstehen ist, mit der die Exodusgeschichte abgeschlossen werden soll [28]. Daraus ergeben sich sodann unmittelbar auch Kon-

---

haben sie - gemeint sind die Ägypter - sich gegen Israel vermessen.
Angespielt ist mit dieser kommentierenden Aussage von Ex 18,11b auf Ex
5,3, womit ein literarischer Zusammenhang nochmals hervorgehoben wird,
der schon in der Bekenntnisaussage in Ex 18,11a selbst im Blick ist.
Kaum das Richtige wird die rabbinische Tradition treffen, nach der mit
Ex 18,11b auf die beiden einander kontrastierend gegenüberstehenden
Aussagen in Ex 1,22 und 14,28 angespielt sein soll.

26   Entweder sieht man im Grundbestand von Ex 18,1-12 einen Bestandteil der
     elohistischen Geschichtsdarstellung oder man versteht Ex 18,1-12 als
     Produkt, das aus der Verbindung einer jahwistischen und einer elohisti-
     schen Geschichte entstanden ist (vgl. auch Anm. 21).

27   Zu diesem Zusammenhang s.u. zur semantischen Analyse der jehowistischen
     Berufungsgeschichte.

28   Geht der Grundbestand in Ex 18,1-12 erst auf die Hand des Jehowisten
     zurück, können die redaktionellen Erweiterungen dieser Grundschicht
     nur als nachjehowistisch verstanden werden. Wahrscheinlich hat dabei
     die in Ex 18,1-12 zugrundeliegende Form der Geschichte eine doppelte
     redaktionelle Bearbeitung erfahren. Eine erste Stufe redaktioneller Be-
     arbeitung, die wohl auf Dtr zurückgeht, ist wahrscheinlich in Ex 18,8aγb
     und 11b zu greifen. Einer noch jüngeren redaktionellen Bearbeitungs-
     stufe sind die übrigen Erweiterungen in Ex 18,1-12 zuzurechnen. Diese
     sind deutlich als Elemente der Schlußredaktion des Pentateuch (R^P) er-
     kennbar. In diese Richtung weisen stilistische Eigentümlichkeiten, aber
     auch die Rezeption von Wendungen, die P^g voraussetzen (vgl. etwa die
     Wendung in Ex 18,11b mit Ex 6,6aα P^g). Auf eine Herkunft von R^P deutet
     auch der Abschnitt Ex 18,2b-4 mit der Nennung der beiden Söhne des Mo-
     se Gerschom und Elieser. Während Gerschom schon in Ex 2,22 (Je) genannt
     gewesen ist, muß man die Einführung Eliesers als eine auf R^P selbst
     zurückgehende Bildung verstehen, die möglicherweise in Analogie zum
     Namen eines der Aaron-Söhne, Eleasar, geschehen ist, wobei andererseits
     aber die Namensgleichheit mit dem Abraham-Sohn(?) Elieser zu beachten
     ist (Gen 15,2b R^P).

sequenzen für Ex 3,1a. Da in den auf Je zurückgehenden Aussagen in Ex 18,1-
12* Jitro und "Schwiegervater des Mose" stereotyp verbunden sind, ist zu
vermuten, daß es sich dabei um eine jehowistische Bildung handelt. Die Charakterisierung Jitros als "Priester von Midian" hat Je dabei aus seiner
Vorlage in Ex 2,16-22a* rezipiert. Aufgrund von Ex 18,1-12* ist sodann die
jehowistische Bildung "Jitro, der Schwiegervater des Mose" in Ex 3,1a in
die schon vorgegebene ältere Formulierung "die Schafe seines Schwiegervaters, des Priesters von Midian" eingetragen worden, als die mit Ex 3,1a*
eröffnete Erzählung zum Bestandteil der jehowistischen Geschichtsdarstellung wurde. Auch in Ex 4,18 dürfte es sich um eine sekundäre Übertragung
aufgrund von Ex 18,1-12 handeln, wobei hier jedoch offen bleiben muß, ob
sie ebenfalls auf Je zurückgeht oder ob eine jüngere Redaktion (wahrscheinlich R[P]) dafür verantwortlich ist, was zumindest "Jeter" als Variante von
"Jitro" nahelegt [29].

Eine andere Tradition vom Schwiegervater des Mose findet sich in Ex 2,18
sowie in Num 1o,29-32, wo jeweils Reguel als Schwiegervater des Mose bezeichnet wird [3o]. Diese Tradition steht deutlich mit der für Je typischen
Benennung Jitros als des Schwiegervaters des Mose in Widerspruch, so daß
sie auf eine andere Hand zurückgehen muß. Dabei zeigt schon der sekundäre
Einsatz des Namens Reguel in der "jehowistischen" Geschichte Ex 2,16-22*,
daß diese Tradition jünger sein muß als Je. Das wird von Num 1o,29-32 her
bekräftigt. In Num 1o,29 steht neben Reguel noch ein weiterer Name, der
Name seines Sohnes Hobab. Dieser wird noch einmal in Ri 4,11 erwähnt, wo
von den "Söhnen Hobabs, des Schwiegervaters des Mose" die Rede ist. Eine
Anspielung auf diese Tradition findet sich in Ri 1,16, wo von den "Söhnen
des Keniters, des Schwiegervaters des Mose" gesprochen wird. Beide Belege
sind im weiteren Sinne als deuteronomistisch zu bezeichnen [31].

Diese "deuteronomistische Tradition" hat nun ihrerseits wiederum auf Num
1o,29 zurückgewirkt, wo der zunächst nicht näher qualifizierte Hobab aufgrund der Namensgleichheit auf einer ersten Stufe von deuteronomistischer
Hand im Zusammenhang mit der dtr. Pentateuchredaktion zum "Schwiegervater

---

29 Zur Analyse von Ex 4,18 s.u.

3o Die Herkunfts- und Verwandtschaftsbezeichnung המדיני und חתן משה in
Num 1o,29 sind als Appositionen zu Reguel zu verstehen und nicht, wie
meist unter dem Einfluß von Ri 4,11 vorausgesetzt wird, als Apposi-
tion zu Hobab. - Zum Problem vgl. neben den Komm. W.F. ALBRIGHT, Jethro,
Hobab and Reuel in early Hebrew Tradition, CBQ 25 (1963) 1-11 und B.
BOSCH , Il Suocero di Mosè (Reuel, Jetro, Hobab: una vexata quaestio),
RBibJt 23 (1975) 13-35.

31 Einer älteren dtr. Redaktionsschicht gehört Ri 4,11 an (dazu zuletzt
P. WEIMAR, Die Jahwekriegserzählungen in Exodus 14, Josua 1o, Richter
4,11 Samuel 7, Bib 57, 1976, 38-73 [43], während Ri 1,16, das sich an
Ri 4,11 anlehnt, auf DtrN zurückgeht (dazu vgl. R. SMEND, Das Gesetz
und die Völker. Ein Beitrag zur deuteronomistischen Redaktionsgeschichte, in: Probleme biblischer Theologie. FS G. von Rad, München 1971,
494-5o9 [5o6-5o9]).

des Mose" gemacht wurde [32]. Durch den Verfasser des Pentateuch (R[P]) wurde
sodann - wie in Ex 2,18 - der Name Reguel sowie dessen Kennzeichnung als
"Priester von Midian" eingetragen, wobei Hobab zum Sohn des Reguel gemacht
und dadurch die Bezeichnung "Schwiegervater des Mose" von Hobab (dtr.) auf
Reguel übertragen wurde. Durch diesen Bearbeitungsprozeß wurde ein Ausgleich mit der anders lautenden Tradition in Ex 2,16-22 und 18,1-12 sowie
Ex 3,1a angestrebt [33]. Aus solchen Tendenzen heraus erklärt sich sodann
auch, daß in Ex 18,13-27 das Gegenüber des Mose nur als "Schwiegervater
des Mose" bezeichnet ist.

An die Erzählungseröffnung "Und Mose hütete die Schafe seines Schwiegervaters, des Priesters von Midian" in 3,1a[*] hat sich unmittelbar der Narrativ
in 3,1bα וינהג את הצאן אחר המדבר angeschlossen, wobei das Objekt הצאן wiederum die Erzählungseröffnung aufnimmt. Bezeichnend ist in 3,1bα die allgemeine Ortsangabe אחר המדבר, die keine präzise lokale Vorstellung vermittelt und wohl auch nicht vermitteln soll [34]. Demgegenüber fallen in 3,1b
die genauen Ortsangaben אל הר האלהים und חרבה auf, was vermuten läßt, daß
beide Aussagen nicht von ein- und derselben Hand stammen. Doch bleibt die
Frage, wie dieser Befund zu interpretieren ist.

Meist wird in 3,1bβ der Beginn der elohistischen *Berufungsgeschichte* gesehen [35]. Doch gegen diese Annahme spricht vor allem die Tatsache, daß in
3,1bβ nicht nochmals ausdrücklich Mose als Subjekt des Satzes genannt ist,
was aber zu erwarten wäre, wenn in 3,1bβ der Beginn einer neuen Erzähleinheit läge. Entweder war der Satz ursprünglich einmal enger mit einem vorausgehenden erzählerischen Textzusammenhang verbunden gewesen, oder das an-
zunehmende Subjekt ist bei der Zusammenarbeitung von J und E redaktionell

---

32 Num 1o,29-36 dürfte etwa folgender literarischer Entstehungsprozeß zugrundeliegen (vgl. auch B. BAENTSCH, HK I/2, 499-5o3): 1. Ältester Bestandteil von Num 1o,29-36 wird Num 1o,29* (ohne משה חתן המדיני רעואל בן).
3o.31.33a gewesen sein. Diese kurze Episode ist als jehowistisch anzusprechen und deutlich vom Kontrast zu Gen 12,1-3* her gestaltet. - 2.
Diese jehowistische Erzählung hat eine deuteronomistische Bearbeitung
erfahren. Auf sie geht in 1o,29a die Kennzeichnung Hobabs als "Schwiegervater des Mose" sowie der Rekurs auf die "Lade des Bundes Jahwes" in
1o,33b und die beiden daran anknüpfenden Ladesprüche in 1o,35+36 zurück.
3. Als ein noch späterer, auf die Hand von R[P] zurückgehender Zusatz ist
in 1o,29a רעואל המדיני בן sowie 1o,32 und 1o,34 anzusprechen. Einmal
ist hier die Tendenz bemerkbar, unterschiedliche Traditionen auszugleichen, zum anderen soll mit Hilfe von 1o,32 die exemplarische Funktion
Israels herausgestellt werden.

33 Vgl. auch M. NOTH, Das vierte Buch Mose. Numeri, ATD 7, Göttingen 1966,
7o.

34 Vgl. auch W. FUSS, BZAW 126, 25.

35 Vgl. nur B. BAENTSCH, HK I/2, 18f; O. EISSFELDT, HS 111*; G. BEER, HAT
I/3, 26; G. FOHRER, BZAW 91, 28.124; W. RICHTER, FRLANT 1o1, 7o.72.1o3.

gestrichen worden [36]. Doch beide Vermutungen treffen kaum das Richtige. Weder läßt sich ein Ausfall von "Mose" als Satzsubjekt in 3,1bß wirklich plausibel machen, noch ist eine engere Rückbindung des Satzes an einen vorausgehenden elohistischen Erzählzusammenhang anzunehmen, da nämlich E in Ex 1 und 2 überhaupt nicht an der Erzählung beteiligt ist [37]. Beachtet man die Kontextgebundenheit von 3,1bß, dann legt sich eine andere Lösung nahe. Man wird damit zu rechnen haben, daß 3,1bß eine redaktionelle Bildung ist, die sekundär der vorgegebenen Aussage in 3,1bα angefügt wurde, so daß 3,1bß frühestens auf die jehowistische Redaktion zurückgehen kann, womit sich dann auch erklären würde, daß 3,1bß keinen erzählerischen Neuauftakt erkennen läßt.

Ist demnach 3,1bß als redaktionelle Bildung zu verstehen, dann läßt sich auch das Nebeneinander der beiden Ortsangaben "Berg Elohims" und "Horeb" nicht einfach als eine Doppelung interpretieren, die notwendigerweise auf verschiedene Hände zurückgehen müßte [38]. Es könnte dann durchaus sein, daß das Nebeneinander der beiden Ortsangaben darin begründet liegt, daß hier bei der ersten Nennung die verschiedenen Traditionen vom Berge, wo Gott dem Mose erschienen ist, im Erzählzusammenhang fest verankert werden sollen. Dafür könnte dann am ehesten die Schlußredaktion des Pentateuch verantwortlich sein. Dafür sprechen auch die beiden Ortsangaben in 3,1bß selbst. Die Bezeichnung des Berges als "Berg Elohims" (הר האלהים) begegnet im Pentateuch nur in literarisch jüngeren Zusammenhängen (Ex 4,27; 18,5; 24,13) [39]. Gleiches gilt aber auch vom einzigen Beleg dieser Verbindung außerhalb des Pentateuch (1 Kön 19,8) [40]. Alle Belege der Benennung des Berges als "Berg

---

36 So W. RICHTER, FRLANT 1o1, 1o3.

37 Zur Analyse von Ex 1/2 vgl. zuletzt P. WEIMAR, BZAW 146, 26-29.31-34.

38 Nach M. NOTH, ATD 6, 2o (vgl. auch A. REICHERT, Jehowist, 11-13) ist das appositionell beigefügte "Horeb" wegen des nachhinkenden Charakters am Satzende ein redaktioneller Zusatz, durch den der ursprünglich unbenannte "Gottesberg" sekundär näher bestimmt werden sollte; dagegen schon G. FOHRER, BZAW 91, 39 und W. RICHTER, FRLANT 1o1, 1o3 Anm. 1.

39 Zur literaturgeschichtlichen Einordnung von Ex 4,27 vgl. die weitere Analyse. Nach der oben skizzierten Analyse von Ex 18,1-12, deren Grundbestand als eine jehowistische Bildung angesehen werden muß, ist הר האלהים wegen des nachklappenden Charakters am Satzende deutlich ein nachjehowistischer Zusatz, der mit der ursprünglichen Geschichte in keinem inneren Zusammenhang steht. Ebenfalls als nachjehowistische Erweiterung muß die Nennung des "Gottesberges" in Ex 24,13 verstanden werden (zur Analyse vgl. E. ZENGER, Die Sinaitheophanie. Untersuchungen zum jahwistischen und elohistischen Geschichtswerk, fzb 3, Würzburg 1971, 78.179).

4o Zur literaturgeschichtlichen Einordnung der Horebszene in 1 Kön 19 vgl. vorläufig die knappen Hinweise bei H.-Ch. SCHMITT, Elisa. Traditionsgeschichtliche Untersuchungen zur vorklassischen Nordisraelitischen Prophetie, Gütersloh 1972, 119-126 (126).

Elohims" sind frühestens exilisch, wenn nicht erst nachexilisch [41]. Ebenfalls begegnet die Benennung des Berges als "Horeb" nicht vor der dtn/dtr. Literatur, wo sie mit Vorliebe verwendet ist [42]. Das alles spricht dafür, daß Ex 3,1bβ als ein redaktioneller Verbindungssatz zu verstehen ist, der auf die Hand von R^P zurückgeht. Demnach wird auch die ursprüngliche Fortsetzung von 3,1bα erst in 3,2 zu suchen sein.

Als ursprüngliche Fortsetzung von 3,1b kann nun aber nicht der erste Halbvers 3,2a verstanden werden. Deutlich steht dieser Halbvers in Spannung zum vorliegenden Textzusammenhang [43]. Auffällig ist zunächst die abrupte und überraschende Erwähnung einer Erscheinung eines "Boten Jahwes", ohne daß ein Zusammenhang mit der vorangehenden Erzählungseinleitung ersichtlich wäre. Unvermittelt kommt aber auch die Angabe "in einer Feuerflamme, mitten aus dem Dornbusch", ohne daß diese Angaben erzählerisch vorbereitet wären. Aber auch zu dem Nachfolgenden steht 3,2a in Spannung. In 3,2b wird erst - als überraschende Beobachtung, die Mose machen muß - von der Feststellung des Brennens und Nicht-Verbrennens des Dornstrauches erzählt, während durch die voranstehende Aussage von 3,2a eigentlich schon alles klar sein müßte. Das gleiche Spannungsverhältnis ist zwischen 3,2a und 3,3 zu beobachten. Während nach 3,3 Mose von seinem Weg abweichen will, um die auffällige Erscheinung zu ergründen, kann nach 3,2a über die merkwürdige Erscheinung kein Zweifel mehr bestehen, so daß nach 3,2a die Selbstaufforderung des Mose in 3,3 eigentlich überflüssig wäre.

---

41 Für die Horebszene in 1 Kön 19 konnte H.-Ch. SCHMITT, Elisa, 126 eine frühestens exilische Datierung wahrscheinlich machen. Die vier Stellen innerhalb des Pentateuch, an denen der Gottesberg genannt ist und die - wegen Ex 3,12b (zur Analyse s.u.) - alle auf ein und dieselbe Hand zurückgehen, sind sehr wahrscheinlich erst von R^P in den Rahmen der Pentateucherzählungen eingefügt worden. Auch die mit "Berg Elohims" verwandte Wendung "Berg Jahwes" läßt sich erst seit exilischer Zeit nachweisen (vgl. Num 1o,33; Jes 2,3; 3o,29; Mich 4,2; Sach 8,3; Ps 24,3).

42 Neben Ex 3,1 noch Ex 17,6; Dtn 1,2.6.19; 4,1o.15; 5,2; 9,8; 18,16; 28, 69; 1 Kön 8,9; 19,8; Mal 3,22; Ps 1o6,19; 2 Chron 5,1o; nur einmal begegnet die Wendung "Berg Horeb" (Ex 33,6).

43 Vgl. dazu vor allem W. RICHTER, FRLANT 1o1, 74; W. FUSS, BZAW 126, 25; W.H. SCHMIDT, BK II/2, 112f; H. MÖLLE, Das "Erscheinen" Gottes im Pentateuch. Ein literaturwissenschaftlicher Bericht zur alttestamentlichen Exegese, EH XXIII/18, Bern-Frankfurt/M. 1973, 6o-62; H. RÖTTGER, Mal'ak Jahwe - Bote von Gott. Die Vorstellung von Gottes Boten im hebräischen Alten Testament, RStTh 13, Frankfurt/M. 1978, 85-89.

Diese Beobachtungen sprechen dafür, in 3,2a einen redaktionellen Einschub
zu sehen, der auf der einen Seite zwar die erzählerische Spannung zerstört,
auf der anderen Seite aber das im Weiteren Erzählte von vornherein unter
das deutende Licht der vorangestellten Aussage von 3,2a gestellt sehen
will [44]. Dadurch wird aus der unmittelbaren Wahrnehmung Jahwes eine Erscheinung eines Boten Jahwes [45]. Möglicherweise geht die Vorschaltung dieser
Aussage, die in sich kaum einheitlich sein wird (vgl. die Konkurrenz der
beiden Angaben בלבת אש und מתוך הסנה),auf die Hand dessen zurück, der auch
3,1a aufgefüllt hat. Muß man demnach 3,2a als einen redaktionellen Zusatz
verstehen, so liegt die unmittelbare Fortsetzung von 3,1bα in 3,2b. Wie
dort ist auch hier Mose Subjekt des Satzes, wodurch der unmittelbare Zusammenhang beider Aussagen unterstrichen wird. Durch וירא והנה + NS wird
das Moment der Überraschung, des Unvermittelten der Erscheinung, die Mose
wahrnimmt, unterstrichen [46]. Dabei wird von dem Strauch, der jeweils betont
mit Artikel eingeführt ist [47], eine doppelte Aussage gemacht, wonach dieser

---

44 Auch W. RICHTER, FRLANT lol, 75 sieht in der "Erscheinung" des "Boten
   Jahwes" in Ex 3,2a eine sekundäre Erweiterung, wobei er jedoch nicht
   den ganzen Halbvers für sekundär hält, sondern - unter Wahrung des
   vorgegebenen Textbestandes - den folgenden Text als ursprüngliche Text-
   form rekonstruiert: וירא לבת אש מתוך הסנה והנה. Für W. FUSS, BZAW 126,
   26 dient Ex 3,2a als überschriftartige Zusammenfassung über das nach-
   her Erzählte.

45 Ist Ex 3,2a eine redaktionelle Erweiterung, dann findet hier keine nachträgliche Identifizierung des "Boten Jahwes" mit Jahwe statt, sondern -
   genau umgekehrt - wird die Erscheinung Jahwes zu einer Erscheinung des
   "Boten Jahwes" abgeschwächt, um auf diese Weise die Transzendenz des
   ganzen Vorgangs stärker zu betonen (vgl. W. FUSS, BZAW 126, 26). Hinter
   dem Nebeneinander von "Boten Jahwes" und Jahwe in 3,2 und 4 steht demnach nicht ein religionsgeschichtlicher Vorgang, sondern vielmehr das
   theologische Problem der Transzendenz des erscheinenden Gottes.

46 Belege der Konstruktion וירא והנה finden sich bei W. RICHTER, FRLANT
   lol, 75 Anm. 11 sowie P. WEIMAR, BZAW 146, 86 Anm. 275.

47 Die Tatsache, daß das Nomen סנה in Ex 3,2 schon bei seiner ersten Nennung mit dem Artikel verbunden ist, ist schon immer aufgefallen, hat
   aber unterschiedliche Deutungen erfahren (vgl. dazu etwa die Übersicht
   über das Kaleidoskop der Deutungen bei W. RICHTER, FRLANT lol, 75 Anm.
   12). Doch ist keine der gegebenen Deutungen dafür, daß es in Ex 3,2.3.4
   immer הסנה (mit Artikel!) heißt, wirklich überzeugend. Weder soll durch
   den Gebrauch des Artikels auf die Bekanntheit des Dornstrauches hingewiesen werden (z.B. B. BAENTSCH, HK I/2, 19) noch ist der Artikel durch
   die Tatsache veranlaßt, "ob nicht eine am סיני (bei J!) gewöhnliche Art
   der Theophanie den Hintergrund dieser Erzählung bildet" (H. HOLZINGER, KHC
   II, lo), vielmehr dürfte für die Setzung des Artikels bei סנה der "Per-
   sonalstil" des Verfassers ausschlaggebend gewesen sein, der - und das

brannte, aber nicht verbrannte, ohne daß man aber eine der beiden Aussagen
als sekundär betrachten könnte [48].

Die erzählende Notiz in 3,2b ist mit der Selbstaufforderung des Mose in 3,3
weitergeführt. Eingeleitet wird die Rede durch einen mit נא verstärkten Voluntativ (אסרה), gefolgt von einem weiteren Voluntativ, der das Verbum ראה
aus 3,2b wieder aufnimmt. Bei ואראה steht als Objekt das von der gleichen
Basis gebildete Nomen המראה, das durch das Adjektiv הגדל und das demonstrative הזה eine doppelte Verstärkung erfahren hat. Von ואראה abhängig ist
die mit מדוע eingeleitete informative Frage [49], die wiederum auf 3,2b zurückgreift. Doch dürfte die Rede des Mose in sich nicht ganz einheitlich
sein. Kritische Bedenken erregt vor allem, daß der Fragesatz von seinem
Bezugswort durch das breit eingefügte Objekt את המראה הגדל הזה abgetrennt
erscheint, was wohl nicht ursprünglich ist, sondern auf einen redaktionellen Bearbeitungsvorgang schließen läßt. Dieser Befund läßt sich durch eine
doppelte Beobachtung weiter absichern. Zum einen ist ein verbaler Rückbezug auf 3,2b in 3,3 nur für ואראה und den davon abhängigen Fragesatz zu beobachten, während das auf ואראה bezogene Objekt sprachlich nicht von 3,2b
abhängig ist. Vielmehr bezieht sich dieses Objekt gerade auf den als sekundär erkannten Halbvers 3,2a [50]. Zudem steht את המראה הגדל הזה innerhalb von
3,3 in Spannung zur informativen Warum-Frage, weil sich eigentlich durch
das vorangestellte Objekt eine Frage dieser Art erübrigt [51]. An den Grund-

---

läßt sich auch an den wohl ebenfalls auf ihn zurückgehenden Geschichten
in Ex 1,15-2o* und 2,1-1o* zeigen (vgl. dazu zuletzt P. WEIMAR, BZAW
146, 26-29.31-34) - gerade das Typische herausstellen will. Die viel
behandelte Frage, ob הסנה als Anspielung auf den Sinai zu verstehen
sei, läßt sich zumindest für die in sich geschlossene Einzelgeschichte
Ex 3,1-6* nicht definitiv in dem einen oder anderen Sinne entscheiden.
Sicher aber dürfte הסנה von der jehowistischen Geschichtsdarstellung,
die ja auch sonst mit solchen Anspielungen arbeitet, als versteckter
Hinweis auf den Sinai eingesetzt worden sein (vgl. dazu die Übersicht
bei M. NOTH, ATD 6, 27).

48 Vgl. dazu etwa W. FUSS, BZAW 126, 26f.

49 Vgl. dazu A. JEPSEN, Warum? Eine lexikalische und theologische Studie,
    in: Das ferne und das nahe Wort. FS L. Rost = BZAW 1o5, Berlin 1967,
    1o6-113.

5o In dem in Ex 3,3a gebrauchten Nomen מראה ist deutlich eine Anspielung
    auf die Erscheinungsterminologie in Ex 3,2a וירא מלאך יהוה enthalten.

51 Vgl. dazu vor allem W. FUSS, BZAW 126, 26.

bestand von 3,3* schließt sich 3,4a an. Der Subjektwechsel von Mose zu Jahwe ist hier nicht - wie in 3,2a - verwunderlich, sondern durch die vorangehende Erzählung vorbereitet. Auch steht in 3,4a im Unterschied zu 3,2a Jahwe und nicht der "Bote Jahwes" als Subjekt. Sprachlich schließt sich 3,4a eng an 3,3 (+2b) an. Die Weiterführung von 3,4a liegt nun aber nicht in 3,4b, sondern erst in 3,5. Dagegen stammt 3,4b aus einem anderen Zusammenhang, worauf allein schon das Wort "Elohim" als Subjekt hinweist.

Mit 3,4b setzt eine neue Erzähleinheit ein. Das wird durch die hier gebrauchte Erzählungseröffnung unterstrichen. Sie besteht, jeweils eingeleitet mit ויאמר, aus dem Anruf des Angeredeten mit zweifacher Namensnennung ("Mose, Mose!") sowie der Antwort des Angeredeten durch הנני.

Diese Form der Eröffnung findet sich noch mehrfach sowohl innerhalb wie ausserhalb des Pentateuch [52]:

Gen 22,11   *Da rief ihn der Bote Jahwes an und sprach: Abraham,*
            Abraham! Er antwortete: Hier bin ich! [53]

Gen 46,2   *Und Elohim sprach zu Israel in Gesichten der Nacht*
            und sprach: Jakob, Jakob! Und er antwortete: Hier bin
            ich! (Vgl. auch 1 Sam 3,1-14)

Daneben gibt es noch eine Variante dieser Form, die dadurch von der ersten Form unterschieden ist, daß der Angeredete hier nur einmal mit Namen gerufen wird:

Gen 22,1   *Und er sprach zu ihm: Abraham! Und er antwortete:*
            Hier bin ich!

Gen 27,1   *Und er rief den Esau, seinen ältesten Sohn, und er sprach*
            zu ihm: Mein Sohn! Und er sprach zu ihm: Hier bin ich!
            (vgl. 1 Sam 3,16)

Gen 27,18   *Und er sprach: Mein Vater! Er antwortete: Hier bin ich!*

Gen 31,11   *Und es sprach zu mir der Bote Elohims im Traum:*
            Jakob! Ich antwortete: Hier bin ich!

---

52 Zu der folgenden Übersicht der Belege vgl. insbesondere B. JACOB, MGWJ 66, 1922, 11-33 (18); G. LOHFINK, Eine alttestamentliche Darstellungsform in den Damaskusberichten (Apg 9; 22; 26), BZ NF 9, 1965, 246-257 (247-251); W. RICHTER, FRLANT 101, 109-111; W. FUSS, BZAW 126, 27f.

53 In Gen 22,11 ist מן השמים wohl als eine durch Gen 22,15 (R[P]) bedingte redaktionelle Erweiterung zu verstehen, wodurch die Transzendenz des Erscheinungsgeschehens zwischen Gott und Abraham nachdrücklich herausgestellt werden soll.

Diese Form der Gesprächseröffnung läßt sich nur in einem eng begrenzten
Bereich nachweisen. Mit Ausnahme von 1 Sam 3,1-14, wo diese Form literarisch frei verwendet ist, begegnet sie, wenn Gott bzw. "Bote Gottes" der
Anrufende ist, immer nur innerhalb der elohistischen Geschichtsdarstellung
(Gen 22,1.11; [31,11] [54]; 46,2; Ex 3,4). Demgegenüber können die beiden
Vorkommen dieser Gesprächseröffnung, bei denen ein Mensch der Anrufende
ist, nicht als elohistisch angesprochen werden, sondern sind allem Anschein
nach jüngerer Herkunft. Innerhalb von E dient diese Form der Gesprächseröffnung vor allem als erzählerisches Mittel, um eine Erzähleinheit zu eröffnen (Gen 22,1; 46,2; Ex 3,4b). Allein in Gen 22,11 (vgl. auch 31,11)
steht sie nicht am Beginn einer Erzähleinheit. Und doch ist sie auch hier
deutlich in einem kompositorischen Bezug zur Gesprächseröffnung in 22,1 gebraucht [55]. Trotz der engen Verwandtschaft dieser Form der Gesprächseröffnung, läßt sich keine Uniformität feststellen. Das gilt vor allem für die
erzählerische Einleitung der Rede des Anrufenden, während die übrigen Glieder der Gesprächseröffnung immer stereotyp verwendet sind. Variiert wird
dabei vor allem das erste Glied der jeweils zweigliedrig gestalteten Redeeinführung der Gottesrede. Die in Ex 3,4b vorliegende Form der Redeeinführung ויקרא אליו אלהים ויאמר hat eine genaue Parallele in Gen 22,11, nur daß
hier anstelle von "Elohim" מלאך יהוה als Subjekt steht. Dagegen ist in Gen
22,1 das erste Glied durch einen überschriftartigen Satz, der das Thema
der ganzen Erzähleinheit abgibt, ersetzt (והאלהים נסה את אברהם). Wiederum
anders ist die Redeeinleitung in 46,2 gestaltet, wo anstelle der Abfolge
ויקרא ויאמר ein doppeltes ויאמר steht, was durch die hier begegnende Situationsangabe במראת הלילה bedingt ist. Aufgrund der angeführten Parallelen ist demnach Ex 3,4b deutlich als eine für E typische Erzählungseröffnung zu verstehen.

Da in der elohistischen Geschichtsdarstellung die übrigen Erzählungseinlei-
tungen ähnlich knapp gestaltet sind wie Ex 3,4b und diese ebenfalls meist
keine verumständenden Angaben machen, wird man auch 3,4b als eine hinrei-
chende Eröffnung einer Erzähleinheit zu verstehen haben [56]. Auffällig ist

---

54 Ob das Referat des "Erscheinungsgesprächs" zwischen Gott und Jakob in
    Gen 31,11 ein ursprünglicher Bestandteil der elohistischen Geschichts-
    darstellung ist, wie allgemein, falls man überhaupt mit einem eigen-
    ständigen elohistischen Werk rechnet, angenommen wird, ist nicht sicher
    auszumachen. Wahrscheinlich dürfte Gen 31,11 eine jehowistische Imita-
    tion einer elohistischen Stilform sein. Das würde am ehesten auch die
    sonst bei E nicht vorkommende Transponierung der Form der Gesprächs-
    eröffnung aus der *Erzählung* eines solchen Vorgangs in die Situation des
    Berichtes über ein solches Geschehen verständlich machen.

55 Mit der Gesprächseröffnung in Gen 22,11* wird die dritte Szene der Ge-
    schichte von der Erprobung Abrahams (Gen 22*) eröffnet, wobei sich die
    Szeneneröffnung der dritten Szene eng an die entsprechende Eröffnung
    der ersten Szene in Gen 22,1* anschließt. Die Korrespondenz beider Sze-
    neneingänge dürfte kein Zufall sein, sondern in der vom Verfasser be-
    absichtigten Antithetik der beiden Szenen, die auch sonst noch vielfäl-
    tig herausgehoben ist, begründet liegen. Daß die Gesprächseröffnung in
    Gen 22,11 nicht am Beginn einer Erzähleinheit steht, ist demnach als
    literarisches Stilmittel zu verstehen.

56 Erste noch vorläufige Hinweise zum Erzählstil des Elohisten finden sich
    bei P. WEIMAR, BZAW 146, 76f.

in diesem Zusammenhang nur das אליו, was als Rückverweis die Einführung
des Mose schon voraussetzt. Da Mose bei E jedoch bislang noch nicht genannt
gewesen ist, wird man anzunehmen haben, daß bei der redaktionellen Einbindung von 3,4b in den Rahmen der jehowistischen Geschichtsdarstellung אליו
in die Redeeinleitung eingefügt worden ist. Als redaktionell ist in 3,4b
ebenfalls die verumständende Notiz מתוך הסנה anzusehen, die die entsprechende Angabe aus 3,2a wieder aufgreift und so von der gleichen Hand wie
diese stammen wird [57]. Dabei werden die beiden redaktionellen Hinzufügungen
in 3,4b kaum auf ein und dieselbe Hand zurückgehen.

Von 3,4b abzutrennen ist die Gottesrede 3,5, mit der - wie der thematische
Zusammenhang zeigt - die einen Neueinsatz anzeigende Aussage von 3,4a weitergeführt ist. Die Gottesrede in 3,5 ist mit einfachem ויאמר eingeleitet.
Sie enthält zwei Aufforderungen an Mose, eine negative, die mit אל + Jussiv
gebildet ist, sowie eine positive (Imperativ), wobei die positive Aufforderung eine mit כי eingeleitete Begründung erfahren hat. Diese Gottesrede ist
nun aber schwerlich einheitlich [58]. Deutlich gehen die beiden Aufforderungen in verschiedene Richtungen. Während das einleitende Verbot sich darauf
bezieht, daß Mose sich nicht dem brennenden Dornbusch nahen soll, erweckt
der positive Befehl, sich die Schuhe von den Füßen zu streifen, den Eindruck, als ob er sich dem Dornstrauch schon genaht habe. Diese Vermutung
legt auch der angehängte Begründungssatz nahe, wo in dem eingeschobenen nominalen RS eigens auf diesen Sachverhalt hingewiesen wird. Das läßt vermuten, daß 3,5b als redaktioneller Zusatz zu verstehen ist, der auf die gleiche Hand wie die redaktionellen Hinzufügungen von 3,2a[*] und 3,3a zurückgehen wird [59]. In die gleiche Richtung weist auch die Tatsache, daß sich
3,5b fast wörtlich in Jos 5,15 wiederfindet [60]. Die nahezu wörtliche Ent-

---

57 Die Belege für die Auffassung, wonach מתוך הסנה in Ex 3,4b ein redaktio-
    neller Zusatz ist, sind zusammengestellt bei W. RICHTER, FRLANT 1o1,
    66 Anm. 5o.

58 Vgl. auch, obschon mit anderem Ergebnis, W. FUSS, BZAW 126, 29.

59 Für die Herleitung des redaktionellen Zusatzes Ex 3,5b von dem gleichen
    Verfasser, von dem auch die redaktionellen Hinzufügungen in 3,2a* und
    3a stammen, spricht vor allem die thematische Verwandtschaft zwischen
    den genannten Stellen.

6o Auf den Zusammenhang von Ex 3,5b und Jos 5,15 weisen u.a. hin H. HOLZIN-
    GER, KHC II,1o; B. BAENTSCH, HK I/2; S.R. DRIVER, The Book of Exodus
    (Cambridge Bible), Cambridge 1911, [2]1913, 2o und W. FUSS, BZAW 126, 29
    Anm. 37. - Durch diese Entsprechung der Aussagen von Ex 3,5b und Jos

sprechung von 3,5b und Jos 5,15 zeigt zumindest an, daß Ex 3,5b im Blick auf einen größeren Erzählzusammenhang hin komponiert ist.

Auf die Gottesrede in 3,5 folgt in 3,6 unmittelbar wiederum eine Gottesrede, die wie jene ebenfalls mit bloßem ויאמר eingeleitet ist. Die neuerliche Redeeinleitung, die an sich überflüssig wäre, läßt vermuten, daß 3,6 von 3,5 abzugrenzen ist. Während 3,6 in keiner Verbindung zur Aussage der vorangehenden Gottesrede in 3,5 steht, läßt sich eine solche zu 3,4b hin beobachten. Das dort mit dem doppelten Anruf "Mose, Mose!" eröffnete Gespräch wird in 3,6a mit der "Selbstvorstellung" des anrufenden Gottes (אנכי + Gott deines Vaters) [61] fortgeführt.

Demgegenüber wird die an die Selbstvorstellung "Ich bin der Gott deines Vaters" angefügte appositionelle Erweiterung "der Gott Abrahams, der Gott Isaaks und der Gott Jakobs" eine redaktionelle Erweiterung sein [62]. Das deutet vor allem die Inkongruenz zwischen אביך und der Nennung der drei Väter an [63], die allem Anschein nach in Verbindung mit den anderen Erwähnungen des Vätergottes in Ex 3/4 (3,15.16; 4,5) steht. Demnach ist als ursprüngliche Fortsetzung von 3,4b* nur 3,6aα anzusehen.

Wiederum eine andere Hand wird greifbar in der erzählerischen Notiz 3,6b [64]. In dieser Aussage liegt die erwartete Reaktion des Mose auf das in 3,5a aus-

---

5,15, die wohl alles andere als ein zufälliges Datum ist, sollen der Beginn des Exodusgeschehens und das Ende der Wüstenwanderung miteinander verklammert werden. Beide Stellen dürften als Elemente der jehowistischen Geschichtsdarstellung zu verstehen sein.

61 Zur "Selbstvorstellungsformel" vgl. P. WEIMAR, fzb 9, 87-91 (dort auch 88, Anm. 22 Anführung der älteren Literatur).

62 So etwa auch W. STAERK, Studien zur Religionsgeschichte und Sprachgeschichte des Alten Testaments I, Berlin 1899, 32 und H. SCHMID, Mose. Überlieferung und Geschichte, BZAW 11o, Berlin 1968, 34.

63 Vgl. dazu vor allem W. FUSS, BZAW 126, 33. - G. BEER, HAT I/3, 26 liest mit Sam (vgl. BHS) אלהי אבתיך anstatt אלהי אביך (MT).

64 So etwa H. HOLZINGER, KHC II, XV.8 und W. RICHTER, FRLANT 1o1, 62.7o.72. 76.1o3 sowie E. ZENGER, Exodus,44f. Demgegenüber hat man seit J. WELLHAUSEN, Composition, 7o die Aussage von Ex 3,6 ganz dem Elohisten zugeschrieben (vgl. etwa B. BAENTSCH, HK I/2, 19f; R. SMEND, Erzählung, 117; J. MORGENSTERN, The Elohist Narrative in Exodus 3: 1-15, AJSL 37, 192o/ 21, 242-262 (243)); O. EISSFELDT, HS 111*; G. BEER, HAT I/3, 12.26; G. HÖLSCHER, Geschichtsschreibung in Israel. Untersuchungen zum Jahvisten und Elohisten, SHVL 5o, Lund 1952, 296; G. FOHRER, BZAW 91, 38. 124).

gesprochene Verbot Jahwes vor, sich nicht weiter zu nähern. Mose reagiert
darauf mit einem Verbergen seines Angesichtes. Dies erfährt in 3,6bß eine
eigene Begründung, wobei der Grund für das Verbergen des Angesichtes in
der Furcht gesehen wird, Gott zu schauen. Daß dabei in 3,6b anstatt Jahwe
wie in 3,4a Elohim genannt ist, ist nicht ein Indiz für verschiedene Hände,
sondern liegt in einer Aspektverschiedenheit begründet, wonach Mose eben
fürchtet, die ihm sich kundtuende Gottheit zu schauen [65]. Literarkritische
Operationen sind hier demnach nicht angebracht.

In 3,7 wird mit ויאמר יהוה eine weitere Gottesrede eingeführt, die bis 3,1o
reicht. Doch ist diese Gottesrede literarisch keineswegs einheitlich. Sie
setzt in 3,7 mit einem Rückblick auf die Vergangenheit ein. Schon dieser
trägt deutliche Spuren, die auf eine redaktionelle Bearbeitung schließen
lassen. Der Rückblick besteht aus zwei Gliedern, die chiastisch arrangiert
sind (ראה ראיתי / את עני עמי // ואת צעקתם / שמעתי), wobei jedoch diese
chiastische Anordnung der einzelnen Glieder im vorliegenden Textzusammenhang zum Teil überlagert ist durch Erweiterungen, die dieser Rückblick von
jüngerer Hand erfahren hat. Als redaktionelle Erweiterung ist zunächst
מפני נגשיו in 3,7bα zu erkennen, was im Textzusammenhang deutlich nach-
klappt sowie wegen des Singularsuffixes nach Pluralsuffix (צעקתם) syntaktisch nicht sonderlich stimmig ist [66]. Ist aber מפני נגשיו als ein sekundärer Zusatz zu bestimmen, dann ist zu vermuten, daß auch der nominale RS
אשר במצרים in 3,7aß, durch den die strenge chiastische Struktur der Aussage von 3,7* beeinträchtigt wird, redaktionell ist. Durch den nominalen RS
ist angezeigt, daß der Ort der Gotteserscheinung selbst außerhalb Ägyptens
liegt [67]. Der nominale RS אשר במצרים kann dabei frühestens auf die Hand des

---

65 Das Vorkommen von "Elohim" in Ex 3,6b ist kein Indiz für die Zuweisung
    dieses Halbverses an E, weil Elohim hier das zu ehrende *Numen* meint
    (vgl. auch H. HOLZINGER, KHC II, 8). Somit kann die Nennung "Elohims"
    in Ex 3,6b auch nicht als kritische Instanz gegen die Einführung Jahwes
    in Ex 3,4a eingesetzt werden (anders W. RICHTER, FRLANT 1o1, 76f).

66 Der redaktionell angebrachte Hinweis auf die "Treiber der Söhne Israels"
    ist im Blick auf ihre Erwähnung in Ex 5,6.1o.13.14 (Je) geschehen.

67 Der nominale RS אשר במצרים in Ex 3,7a ist demnach in Verbindung mit je-
    nen Stellen in Ex 3,1-6 zu sehen, die von einer Gotteserscheinung in
    midianitischem Gebiet außerhalb Ägyptens berichten. Ist אשר במצרים
    als redaktioneller Zusatz zu verstehen, dann würde die theologische Kon-
    zeption von Ex 3,7*, wonach die Offenbarung Gottes in Ägypten selbst
    stattgehabt hat, durchaus der Konzeption des Elohisten sowie der Prie-
    sterschrift entsprechen, die gleichfalls nur eine Offenbarung Gottes
    in Ägypten kennen.

Jehowisten zurückgehen, da erst hier mit einer Gotteserscheinung außerhalb
Ägyptens gerechnet wird, während in der älteren Tradition davon keine Spuren erhalten sind.

Aufgrund dieser Beobachtungen hat es wahrscheinlich einmal eine ältere, vor-
jehowistische Version des Rückblicks auf die Notsituation Israels gegeben,
die streng chiastisch komponiert gewesen ist. Das bedeutet dann aber, daß
der literarische Grundbestand von 3,7[*] keiner der bis dahin in Ex 3 aufge-
wiesenen literarischen Schichten zugewiesen werden kann, sondern daß es
sich hier um ein Stück einer weiteren vorjehowistischen Geschichte handeln
muß [68]. Somit bleibt nur noch die Frage nach der Ursprünglichkeit des כי-
Satzes in 3,7bß. Gegenüber den beiden vorangehenden Aussagen (sehen - hören)
bringt 3,7bß zwar eine Steigerung (erkennen) [69], inhaltlich jedoch nichts,
was über die beiden vorangehenden Aussagen hinausginge. Da 3,7bß zudem eigentlich hinter 3,7bα zurückgeht und mit 3,7a[*] auf einer Ebene liegt, dürfte 3,7bß ebenfalls als redaktionelle Erweiterung zu bestimmen sein. Doch
wird die Aussage in 3,7bß nicht auf die gleiche Hand zurückgehen, die אשר
במצרים und מפני נגשיו in den Zusammenhang des Rückblicks eingeführt hat.
Beachtet man, daß die durch 3,7bß erreichte Wortfolge sehen-hören-erkennen
mit der in Ex 2,24-25 (P^g) vorkommenden Wortfolge verwandt ist [70] und daß
mit Ex 2,23-25 auf der Ebene der Schlußredaktion des Pentateuch die in Ex 3
überlieferte Geschichte eröffnet ist, dann liegt es nahe, zu vermuten, daß
3,7bß erst von R^P in den Erzählzusammenhang eingeführt worden ist. In diese
Richtung weist auch das hier als Objekt stehende Nomen מכאוב, das ausschließlich in nachexilischen Texten belegt ist [71].

---

68 Als solche käme, da Ex 3,4b*+6a als Elemente der elohistischen Geschichts-
    darstellung angesehen werden müssen, nur das jahwistische Werk in Frage.
    Doch müßte diese Vermutung noch durch weitere Beobachtungen abgesichert
    werden. So müßte einerseits nach dem Anschluß von Ex 3,7 nach hinten
    und andererseits nach dem Horizont der hier gebrauchten Wendungen ge-
    fragt werden.

69 Vgl. dazu W. RICHTER, FRLANT 1o1, 82.

7o Auf diesen Zusammenhang haben u.E. zu Recht schon hingewiesen B. JACOB,
    MGWJ 86, 1922, 22; U. CASSUTO, Exodus, 33 und W. FUSS, BZAW 126, 38. Ge-
    gen die Parallelität der Aussagen von Ex 2,24 und 25 und Ex 3,7 spricht
    auch nicht die jeweils andere Abfolge der Verben (vgl. W. RICHTER, FRLANT
    1o1, 82 Anm. 35), wenn man nur die kompliziert verlaufende Entstehungs-
    geschichte beider Texte berücksichtigt. Diese vermag sogar zu zeigen, daß
    eine wechselseitige Angleichung der beiden Texte Ex 2,24-25 und Ex 3,7
    aneinander stattgefunden hat (zur literarischen Entstehungsgeschichte
    von Ex 2,24-25 vgl. P. WEIMAR, fzb 9, 58-7o).

Die Folge, die sich aus dem Beachten der Not seines Volkes durch Jahwe ergibt, ist in 3,8 mitgeteilt. An einen betont vorangestellten Narrativ ‏וארד‏
schließen sich zwei Infinitivsätze an, die wiederum sekundär mit Hinzufügungen angereichert worden sind. Während Jahwe in dem ersten Infinitivsatz
seine mit dem Herabsteigen schon in die Wege geleitete Absicht kundtut,
sein Volk aus der Hand der Ägypter zu retten, führt der zweite Infinitivsatz deutlich darüber hinaus, indem er das Ziel der ganzen Aktion angibt:
das Volk Jahwes aus diesem Land heraufzuführen in ein gutes und weites
Land. Mit dieser doppelten Aussage schließt 3,8a unmittelbar an die Grundschicht in 3,7[*] an, worauf einmal der in den Suffixen (‏ולהעלתו‏ / ‏להצילו‏)
ausgedrückte Rückbezug auf ‏עמי‏ hinweist und sodann die Kongruenz der Vorstellung, wonach Ägypten der Ort ist, da Jahwe mit Mose redet [72]. Aufgrund
dieses Zusammenhangs wird 3,8a auf den gleichen Verfasser zurückgehen wie
die Grundschicht von 3,7[*] [73].

Nun hat die Zielangabe in 3,8aα ‏אל ארץ טובה ורחבה‏ in 3,8aßb eine doppelte
Präzizierung erfahren, die, beachtet man den knappen Stil des literarischen
Grundbestandes in 3,7+8, sekundäre Hinzufügungen sein werden. Eine erste Erweiterung findet sich 3,8aß, die aus 3,8aα das Stichwort ‏אל ארץ‏ wiederaufnimmt, dieses aber in eine Richtung hin präzisiert ("Land, das von Milch
und Honig fließt") [74]. Demgegenüber hängt sich in 3,8b die Aufzählung der

---

71 Außer Ex 3,7 noch Jes 53,3.4; Jer 3o,15; 45,3; 51,8; Ps 32,1o; 38,18;
   69,27; Ijob 33,19; Koh 1,18; 2,23; Klg 1,12.18; 2 Chron 6,29.

72 Daß auch hinter Ex 3,8* die Vorstellung von Ägypten als dem Ort steht,
   da Jahwe zu Mose geredet hat, zeigt sich daran, daß Ägypten hier einfach mit Hilfe des Demonstrativpronomens als "dieses Land" (‏הארץ ההוא‏)
   bezeichnet wird. Die syntaktische Verbindung der Singularsuffixe in Ex
   3,8 mit ihrem Bezugswort ‏עמי‏ in 3,7a ist durch das Pluralsuffix von
   ‏צעקתם‏ in 3,7b zwar etwas verstellt, doch nichts desto weniger gegeben.
   Der Wechsel von Singular- und Pluralsuffixen ist durch den jeweils verschiedenen Aspekt bedingt, der damit zum Ausdruck gebracht sein soll.
   Während bei der Verwendung der Singularsuffixe das Volksganze im Blick
   ist, dessen Not von Jahwe angesehen und das von Jahwe aus dieser Not errettet wird, steht bei dem Pluralsuffix der Einzelne, der zu Jahwe
   schreit, im Vordergrund.

73 Nicht zwingend ist die von W.H. SCHMIDT, BK II/2, 139f vorgenommene Ausgrenzung der Zielangabe ‏אל ארץ טובה ורחבה‏.

74 Meist wird die Wendung in Ex 3,7aß ‏אל ארץ זבת חלב ודבש‏ als ursprünglicher Bestandteil der Herausführungsankündigung betrachtet, was jedoch
   nur schwerlich möglich ist (vgl. in diesem Zusammenhang vor allem W.
   FUSS, BZAW 126, 37 und W.H. SCHMIDT, BK II/2, 138f). Für H. HOLZINGER,
   KHC II, XV.8 ist in Ex 3,8 nur ‏וארד‏ als ursprünglich zu betrachten, während alle weiteren Aussagen als dtn./dtr. Ergänzungen angesehen werden
   müssen.

Einwohner des Landes, in das das Volk Jahwes kommen soll, nicht an אל ארץ,
sondern an אל מקום an. Ob dies ein Kennzeichen dafür ist, daß 3,8b von anderer Hand stammt als der Zusatz in 3,8aß, läßt sich hier nicht sicher entscheiden [75].

Weitergeführt ist die Jahwerede in 3,9+1o mit zwei durch einleitendes ועתה
parallelisierten Aussagen, die die Folgerung aus dem vorangehend Gesagten
ziehen. Doch ist die Parallelisierung beider Aussagen durch ועתה nicht als
ursprünglich anzusehen, sondern erst das Ergebnis eines literarischen Prozesses. Das läßt zunächst die unmittelbare Aufeinanderfolge der beiden Partikel ועתה und הנה in 3,9 erkennen, die in dieser Form schwerlich als ursprünglich verstanden werden kann [76]. Eröffnet durch die deiktische Partikel הנה enthält 3,9 einen Rekurs auf die Vergangenheit, der thematisch wie
strukturell eine genaue Parallelaussage zu 3,7[*] darstellt. Die Doppelung
der Aussagen in 3,7[*] und 3,9 hat zur Folge, daß beide gegeneinander abzugrenzen und verschiedenen literarischen Zusammenhängen zuzuweisen sind, wo-

---

75 So etwa B. BAENTSCH, HK I/2, 2o und M. NOTH, ATD 6,17, die die Aufzählung der das Land Kanaan bewohnenden Völkerschaften für literarisch
jünger halten als die Milch-Honig-Floskel; anders dagegen H. HOLZINGER,
KHC II, XV.8 und W. FUSS, BZAW 126, 37 sowie W.H. SCHMIDT, BK II/2, 141
E. ZENGER, Exodus, 48, für die sowohl die Milch-Honig-Floskel als auch
die "Völkerliste" von der gleichen Hand der vorgegebenen Ansage der
Herausführung redaktionell angefügt wurden. Meist wird aber auch die
"Völkerliste" als integrierender Bestandteil der ursprünglichen Her-
ausführungsankündigungen angesehen.

76 Die Aufeinanderfolge der beiden Partikel (ו)עתה + הנה kommt zwar außer
in Ex 3,9 noch mehrfach vor. Jedoch gilt es im einzelnen die syntaktischen Verbindungen zu beachten. In der Mehrzahl der Fälle folgt auf
ועתה הנה entweder ein reiner NS (Gen 12,19; Jos 9,12.25; 1 Sam 12,2.13;
Ijob 16,19; 2 Chron 2o,1o) oder ein Verbalsatz der Struktur qatal-x
(Dtn 26,1o; Jos 14,1o; 1 Sam 24,21; 1 Kön 22,23; 2 Kön 18,27; Jer 4o,4).
Nur einmal folgt auf diese Wortverbindung eine Partizipialkonstruktion
(Num 24,14). Ebenfalls nur noch einmal neben Ex 3,9 begegnet nach ועתה
הנה ein Verbalsatz der Struktur x-qatal (Rückblick auf die Vergangenheit) (1 Kön 1,18). Für die Wortfolge ועתה + הנה + Verbalsatz (x-qatal)
wie sie in Ex 3,9 begegnet, kann demnach nicht - im Gegensatz zu anderen Satzfolgekonstruktionen - auf festen Sprachgebrauch rekurriert werden, so daß sich von daher kein Argument für die Ursprünglichkeit der
Wortfolge ועתה הנה ergibt (aber auch kein zwingendes Argument dagegen).
Doch spricht in Ex 3,9 der vorliegende Textzusammenhang - vor allem
die unmittelbare Aufeinanderfolge von ועתה in Ex 3,9 und 1o sowie die
Anbindung von Ex 3,9 an die beiden vorangehenden Verse Ex 3,7+8 -
gegen die Ursprünglichkeit von ועתה in Ex 3,9.

bei die auffällige strukturelle Parallelität der beiden Aussagen nur den
Schluß zuläßt, daß eine der beiden Aussagen unter Kenntnis der anderen formuliert ist [77].

Ist demnach 3,9* als eine mit 3,7 konkurrierende Parallelaussage zu verstehen, dann wird in 3,9* die unmittelbare Fortführung der in 3,6aα mit
Hilfe der "Selbstvorstellungsformel" eröffneten, dort aber nicht weiterge-
führten Gottesrede vorliegen. Beide Aussagen, die Selbstvorstellung Elohims als "Gott deines Vaters" in 3,6aα sowie der durch הנה eingeleitete Rekurs auf die Vergangenheit in 3,9*, bilden einen bruchlosen Erzählzusammenhang, nur die adverbiale Partikel ועתה gehört nicht in diesen Zusammenhang
und ist somit von der restlichen Aussage in 3,9* abzutrennen [78]. Entweder
ist ועתה als ein redaktionelles Verknüpfungselement zu verstehen, das bei
der Zusammenarbeit der beiden Aussagen von 3,7+8* und 3,9* eingeführt
wurde, oder ועתה gehört in den gleichen literarischen Zusammenhang wie die
Grundschicht von 3,7+8* [79], nur daß infolge der redaktionellen Verknüpfung
der beiden Erzählzusammenhänge die adverbiale Partikel ועתה von ihrer ursprünglichen Weiterführung abgeschnitten wurde, die in 3,16 zu sehen ist.

Dagegen ist ועתה in 3,1o fest mit dem unmittelbaren Textzusammenhang verbunden. Nach dem Rekurs auf die Vergangenheit, wonach Gott das Elend der
Söhne Israels gesehen hat und ihr Geschrei zu ihm emporgestiegen ist, zieht
3,1o daraus die Folgerung. Doch ist die Aussage von 3,1o literarisch kaum
einheitlich. Als literarisch sekundär ist in 3,1oa der Kohortativ ואשלחך

---

77 Setzt man einmal voraus, daß Ex 3,7+8* dem Jahwisten und Ex 3,9+1o*
dem Elohisten zuzurechnen sind und nimmt man weiterhin an, daß das elohistische Werk jünger als das jahwistische ist, dann ergibt sich daraus
die Konsequenz, daß die elohistische Geschichtsdarstellung unter genauer Kenntnis des Jahwisten verfaßt worden sein muß und daß die Verwandtschaft der beiden Geschichtsdarstellungen keineswegs mit der Annahme einer beiden vorgegebenen Grundtradition erklärt werden kann (für
Ex 3/4 vgl. auch W. RICHTER, FRLANT 1o1, 13o).

78 Anders etwa H. HOLZINGER, KHC II, XV.8, B. BAENTSCH, HK I/2, 21, G.
BEER, HAT I/3, 28 und W. RICHTER, FRLANT 1o1, 1o4, die die Verbindung
von ועתה mit dem durch הנה eingeleiteten Rückblick in Ex 3,9 für literarisch ursprünglich halten.

79 Für die letztere Möglichkeit treten etwa ein R. SMEND, Erzählung, 116f
und O. EISSFELDT, HS 111*.

anzusehen, durch den der Zusammenhang zwischen dem Imperativ לכה und אל
פרעה gewaltsam aufgebrochen wird [80], sowie in 3,1ob das von 3,9* her nicht
gedeckte Objekt עמי innerhalb der appositionellen Verbindung "mein Volk,
die Söhne Israels". Diese Verbindung wird aber unschwer verständlich als
Kombination von עמי in 3,7a und בני ישראל in 3,9a [81], weshalb sie frühestens
auf jene Redaktion zurückgehen kann, die die beiden Aussagereihen von 3,7-8*
und 3,9-1o* miteinander verbunden hat.

Auf der gleichen Ebene wie die Grundschicht in 3,1o liegt auch die Reaktion des Mose auf den Sendungsauftrag an den Pharao in 3,11. Der Einwand
des Mose, eingeführt durch ויאמר משה אל האלהים, besteht aus einer Frage
(מי אנכי), die gefolgt ist von zwei koordinierten כי-Sätzen, die den Sendungsauftrag Elohims an den Pharao nachahmen [82]. Als Antwort auf die Frage
des Mose מי אנכי in 3,11 dient die mit emphatischem כי eingeleitete Zusage
אהיה עמך in 3,12aα.

Während die Grundschicht von 3,9-12aα einen in sich geschlossenen literarischen Zusammenhang ("Sendung"-Einwand-Beistand) bildet, kann die Ansage eines Zeichens für Mose in 3,12aßb nicht mehr als unmittelbare Antwort auf
den Einwand des Mose hin verstanden werden. Gegenüber der Zusage des Mit-
seins Jahwes markiert וזה לך האות deutlich einen Neueinsatz, der mit der vorangehenden Beistandszusage in keiner inneren Verbindung steht. Durch die Zeichenzusage wird der Frage des Mose in 3,11 ein neuer Sinngehalt unterlegt.
Will Mose im ursprünglichen Textzusammenhang mit der Frage מי אנכי auf seine eigene Niedrigkeit angesichts der göttlichen Auszeichnung hinweisen [83],
erhält die gleiche Frage von der Zeichenzusage her einen ganz anderen Sinn,
insofern es jetzt auf einmal in der Frage מי אנכי um das Problem der Legitimation der Autorität des Mose geht [84]. Die Frage, ob Mose der *legitime*

---

80 So auch W. FUSS, BZAW 126, 35.38.4o.

81 Vgl. dazu auch B. JAKOB, MGWJ 66, 1922, 24.

82 Vgl. B. JAKOB, MGWJ 66, 1922, 26; W. RICHTER, FRLANT 1o1, 1o4 und W.
    FUSS, BZAW 126, 4of.

83 Zum Verständnis der Frage מי אנכי vgl. Kap. III unter 2.5.

84 Nach H. HOLZINGER, KHC II, XV.8 ist in Ex 3,12b ein von R[Je] bzw. R[d]
    stammender redaktioneller Zusatz zu sehen, da sich die zweite Vershälf-
    te von 3,12 schlecht an die erste Hälfte anschließt, ohne daß hierbei
    aber gesehen würde, daß die Zusage des Mitseins Jahwes und die Zeichen-
    zusage eigentlich auf zwei ganz verschiedene Fragen antworten. - Auf die
    sachlichen und grammatischen Unebenheiten vor allem von Ex 3,12bß macht
    auch W.H. SCHMIDT, BK II/2, 13o aufmerksam.

Führer des Volkes ist, wird durch den Dienst des Volkes am Gottesberg entschieden, worin eben das von Jahwe gegebene Zeichen besteht [85]. Deutlich greift dabei die Aussage von 3,12aßb auf die Notiz in 3,1bß zurück [86], was die Annahme nahelegt, daß 3,1bß und 12aßb auf die gleiche Hand zurückgehen werden.

Mit 3,13 beginnt ein neuer Redegang zwischen Mose und Elohim, der mit der gleichen Redeeinleitungsformel wie in 3,11aα eingeleitet ist. Darin ist wohl eine bewußte Parallelisierung beider Redeeinleitungen zu sehen, womit aber zugleich auch eine Parallelisierung der beiden Redegänge angedeutet sein dürfte. Der Einwand des Mose wird in 3,13a mit einer zweigliedrigen Feststellung eröffnet, von der die erste partizipial formuliert, die zweite dagegen mit Afformativkonjugation weitergeführt ist. Durch diese doppelte Feststellung wird eine Rede des Mose an die Israel-Söhne ("Der Gott eurer Väter hat mich zu euch gesandt") eingeführt, die ihrerseits wiederum durch eine Afformativkonjugation weitergeführt ist, die eine nominale Frage nach dem Namen des sendenden Gottes (מה שמו) einführt. Durch diese Frage der Israel-Söhne wird eine weitere Frage evoziert, diesmal des Mose an Elohim, was er den Israel-Söhnen antworten soll.

Zu beachten ist die chiastische Anordnung der einzelnen Glieder der Rede des Mose in 3,13, insofern das erste und vierte Glied (אנכי בא אל בני ישראל / מה אמר אלהם) sowie die beiden mittleren Glieder (ואמרתי להם + Rede / ואמרו לי + Rede) einander entsprechen. Werden diese Zusammenhänge beachtet, dann steht hinter der Frage der Israel-Söhne nach dem Namen des sendenden Gottes nicht das Problem der Legitimation des Mose durch Kenntnis des Namens der Gottheit, sondern, was allein schon die Form der Frage der Israel-Söhne

---

85 Die beliebte Annahme, daß die Zeichenzusage in Ex 3,12 nur mehr bruchstückhaft überliefert sei (vgl. H. HOLZINGER, HSAT I, 1o2; M. NOTH, ATD 6, 29; G. FOHRER, BZAW 91, 39) bzw. daß Ex 3,12b einen Ausfall ersetzt habe (H. HOLZINGER, KHC II, 8), trifft, wenn man die Funktion der Zeichenzusage in Ex 3,12 beachtet, nicht zu (zu den Problemen von Ex 3,12 vgl. jetzt auch B.S. CHILDS, Exodus, 56-6o).

86 Auf diesen Zusammenhang haben u.a. auch M. NOTH, ATD 6, 29 und W. RICHTER, FRLANT 1o1, 1o4 hingewiesen. - In den gleichen literarischen Zusammenhang gehören auch Ex 18,5 und 24,14, wo gleichfalls auf das Hinkommen an den Gottesberg nach der Herausführung aus Ägypten verwiesen wird.

מה שמו anzeigt, die Frage nach "Sinn und Bedeutung des Namens", den man als solchen bereits kennt [87]. Genau darauf gibt auch Elohim in 3,14a mit der bekannten Umschreibung des Jahwe-Namens אהיה אשר אהיה Antwort, wobei die Form der Redeeinleitung der Antwort Elohims (ויאמר אלהים אל משה) die Redeeinleitung der vorangehenden Moserede imitiert. Die Antwort Elohims auf den Einwand des Mose entspricht dabei genau der entsprechenden Antwort Gottes auf den ersten Einwand des Mose in 3,12aα.

Gegenüber der Antwort Gottes in 3,14a müssen die beiden weiteren Gottesworte, die sich an 3,14a anschließen und dieses weiterführen, als spätere Ergänzungen abgesetzt werden [88]. Ähnlich wie in den redaktionellen Erweiterungen der Gottesrede in 3,12aßb wird auch in 3,14b+15 eine Verschiebung der Problemlage gegenüber dem vorgegebenen Textzusammenhang erkennbar. Ging es dort um die Frage nach der Wirklichkeit Gottes, so tritt in den sekundären Hinzufügungen das Problem der Legitimation des Mose gegenüber den Israel-Söhnen in den Vordergrund. Das zeigt schon die Form des Gotteswortes in 3,14b, wo das Problem des Legitimationsnachweises auf eine doppelte Weise ausgedrückt ist, zum einen dadurch, daß das Wort Gottes an die Söhne Israels als Botenspruch stilisiert ist, und zum anderen dadurch, daß hier das Verbum der umschreibenden Deutung des Jahwenamens in 3,14a אהיה zum Subjekt eines Verbalsatzes gemacht worden ist, in dem als zugehöriges Prädikat das Verbum "senden" gebraucht ist. Jetzt kommt es eben darauf an, hervorzuheben, daß der seinen Namen kundtuende Gott den Mose *gesandt* habe. Dieser Aspekt wird dann nochmals durch die weitere Gottesrede in 3,15a unter-

---

87 So B. JAKOB, MGWJ 66, 1922, 32. Hierin liegt auch der Grund, warum in Ex 3,13b die Frage nach dem Namen mit מה und nicht, wie man eigentlich erwarten würde, mit מי eingeleitet ist (dazu vgl. B. JAKOB, MGWJ 66, 1922, 32f; M. BUBER, Mose, in: Werke II, München-Heidelberg 1964, 58f; W. RICHTER, FRLANT 1o1, 1o5 Anm. 7). Hätte nämlich die Frage der Israeliten מי שמו gelautet, dann hätte die entsprechende Antwort "Jahwe" heißen müssen und nicht wie in Ex 3,14a אהיה אשר אהיה.

88 Der überladene Charakter von Ex 3,13-15 hat immer wieder zu literarkritischen Operationen herausgefordert (vgl. auch die Übersicht bei W.H. SCHMIDT, BK II/2, 131-134). Dabei wird im allgemeinen entweder Ex 3,14 (und dadurch bedingt die Einfügung von עוד in Ex 3,15a) als redaktionell angesehen (vgl. G. BEER, HAT I/3, 28; M. NOTH, ATD 6, 3o; G. FOHRER, BZAW 91, 43; J.PH. HYATT, Exodus, 77f) oder aber Ex 3,15 wird als redaktioneller Einschub verstanden (vgl. H. HOLZINGER, KHC II, XV.8.14; B. BAENTSCH, HK I/2, 21f; W. RUDOLPH, BZAW 68, 9).

strichen, nur daß hier explizit der Name Jahwes genannt ist, der dabei überdies mit dem "Gott der Väter" identifiziert wird. Durch die Identifizierung des Gottes der Väter mit Jahwe ist zugleich eine Periodisierung der
Geschichte angestrebt. Gerade dieser Aspekt wird dann noch durch die beiden
parallel gefügten, jeweils mit demonstrativem זה eingeleiteten NS in 3,15b
וזה זכרי לדר דר / זה שמי לעלם unterstrichen. Zugleich wird von diesem Ende
her deutlich, daß es sich bei der redaktionellen Erweiterung in 3,14b+15
um eine sehr junge Redaktionsstufe handeln muß, da hier ein Einfluß priesterschriftlicher Phraseologie und Vorstellungen zu bemerken ist [89]. Da
die Thematik von 3,14b+15 die gleiche ist wie in dem redaktionellen Zusatz
3,12aß und da für diesen eine Herleitung von R^P wahrscheinlich ist, wird
auch 3,14b+15 auf die Schlußredaktion des Pentateuch zurückgehen.

Trotz des Unterschriftcharakters von 3,15b ist die in 3,15a mit ויאמר עוד
אלהים אל משה eingeleitete Gottesrede mit diesem Vers noch keineswegs zu Ende, sondern läuft noch bis 3,22 durch. Der unterschriftartige Charakter der
beiden NS in 3,15b macht jedoch deutlich, daß die Aussagen in 3,15 und 16
nicht ursprünglich zusammengehören, sondern erst redaktionell miteinander
verknüpft worden sind. Dies wird auch durch die unvermittelte und abrupte
Aufnahme der Form des Befehls in 3,16aα unterstrichen. Demnach wird man
3,16 von 3,15 abzutrennen haben [9o].

Der Neueinsatz in 3,16 ist markiert durch einen einleitenden Imperativ (לך),
der gefolgt ist von zwei klimaktischen Afformativkonjugationen, durch die
die Situation, aber auch der Adressatenkreis der von Mose auszurichtenden
Botschaft Jahwes eingeführt werden soll. Da der literarische Ort des Jahwebefehls an Mose in 3,16aα redaktionell ist, bleibt nach dem ursprünglichen

---

89 Vgl. in diesem Zusammenhang vor allem die stark kultisch geprägte Ausdrucksweise in den beiden parallel gefügten NS in Ex 3,15b (zu diesem
Halbvers vgl. W. RUDOLPH, BZAW 68, 9; U. CASSUTO, Exodus, 37f; W.
SCHOTTROFF, 'Gedenken' im Alten Orient und im Alten Testament. Die Wurzel zākar im semitischen Sprachkreis, WMANT 15, Neukirchen-Vluyn
^{2}1969, 269).

9o So wird im allgemeinen, sofern man überhaupt die quellenkritische Op-
tion anerkennt, in Ex 3,16 die Weiterführung der jahwistischen Geschichtsdarstellung gesehen, während Ex 3,9-14 (15) allgemein dem Werk
des Elohisten zugerechnet wird.

literarischen Ort der Beauftragung des Mose zur Rede an die Ältesten Israels zu fragen. Allem Anschein nach ist die Redebeauftragung des Mose durch Jahwe in 3,16aα die unmittelbare Fortsetzung der in 3,9a isoliert stehenden Adverbialpartikel ועתה gewesen, die ihrerseits an den voraufgehenden Rekurs auf die Vergangenheit in 3,7+8[*] anschließt. Damit läge mit ועתה לך in 3,9a[*] und 16a eine zu 3,1oaα (ועתה לכה) parallele Form der Überleitung von dem vorausgehenden Rekurs auf die Vergangenheit zur Beauftragung des Mose vor [91].

Der Inhalt des von Mose den Ältesten Israels Auszurichtenden ist in 3,16+ 17 mitgeteilt. Literarisch sind die beiden Verse keineswegs einheitlich, sondern zeigen deutliche Spuren eines mehrphasigen Entstehungsprozesses. Als sekundärer Einschub ist zunächst die nachklappende Aufzählung "der Gott Abrahams, Isaaks und Jakobs" in 3,16aß zu verstehen [92]. Wahrscheinlich geht dieser Einschub auf die gleiche Hand zurück, die auch die entsprechenden Aufreihungen in 3,6a und 15a in den Textzusammenhang eingefügt hat. In 3, 16b ist gegenüber der an 3,7a[*] erinnernden Konstruktion des Satzes das unpersönliche Objekt ואת העשוי לכם במצרים als eine redaktionelle Erweiterung zu beurteilen, die wegen במצרים auf einer Ebene wie der redaktionell angefügte RS אשר במצרים in 3,7a liegen wird.

Von 3,16 ist die Aussage in 3,17 als redaktionelle Bildung abzugrenzen. Auffällig ist im Zusammenhang der Gottesrede allein schon der Narrativ ואמר,

---

91 Die Parallelität der beiden vorjehowistischen Erzählungen von der Beauftragung des Mose kann folgende synoptische Darstellung verdeutlichen:

(7) *Und* Jahwe *sprach: Gesehen, ja gesehen habe ich* die Bedrükkung meines Volkes, *ihr Geschrei habe ich gehört.*

(8) Ich bin herabgstiegen, um es aus der Hand der Ägypter herauszureißen und es aus diesem Land heraufzuführen in ein schönes und weites Land.

(9) *Und nun* (16) *geh,* versammle die Ältesten Israels *und sprich zu ihnen:*

[REDE]

(6) *Und er sprach: Ich bin der Gott deines Vaters.* (9) *Siehe, das Geschrei der Söhne Israels ist zu mir gekommen, und gesehen auch habe ich* die Bedrückung, mit der die Ägypter sie unterdrücken.

(1o) *Und nun geh* zum Pharao und führe die Söhne Israels aus Ägypten heraus!

[REDE]

92 So etwa auch H. HOLZINGER, KHC II, XV.8 und M. NOTH, ATD 6, 17.

womit innerhalb des Jahwewortes ein Selbstzitat eingeführt wird, dessen Inhalt das zukünftige Handeln Jahwes an Israel zum Gegenstand hat [93]. Die z. T. wörtlichen Berührungen mit 3,8aßb lassen dabei für 3,17 an die gleiche Redaktion denken, die auch 3,8aßb in den Textzusammenhang eingefügt hat [94]. Von 3,17 ist wiederum 3,18 abzugrenzen. Beide Aussagen stehen in keinem ursprünglichen Zusammenhang miteinander [95]. Für 3,18 ist somit eine andere Hand anzunehmen als für 3,17. Deutlich zeigt sich das an der einleitenden Wendung ושמעו לקלך in 3,18a, die sich schwerlich auf das Selbstzitat 3,17 beziehen kann, sondern darüber hinaus zurückgreift auf die Mitteilung der Gottesbotschaft in 3,16b, was vermuten läßt, daß in 3,18a die ursprüngliche Fortsetzung von 3,16b vorliegt.

Auf der anderen Seite steht 3,18a aber auch in keinem inneren Zusammenhang mit 3,18b [96]. Einen ersten Hinweis darauf gibt die Abfolge der drei Afformativkonjugationen in 3,18, die man als klimaktische Reihe verstehen könnte. Da jedoch das Subjekt zu den drei Verben jeweils variiert und sich so die Aussageebene zwischen den einzelnen Sätzen verschiebt, liegt es nahe, die erste Afformativkonjugation den beiden nachfolgenden Afformativkonjugationen zu- und unterzuordnen [97]. Diese Form wechselseitiger Abhängigkeit zwischen den beiden ersten Afformativkonjugationen erklärt sich am einfachsten aus der Entstehungsgeschichte des Textes, insofern 3,18a sekundär 3, 18b vorgeschaltet worden ist.

---

93 Die im Anschluß an LXX häufiger vorgenommene Korrektur von ואמר in ויאמר in 3,17a (vgl. etwa B. BAENTSCH, HK I/2, 25; G. BEER, HAT I/3, 3o; W. RICHTER, FRLANT 1o1, 64 Anm. 35) berücksichtigt zu wenig den redaktionellen Charakter von Ex 3,17.

94 Für B. BAENTSCH, HK I/2, 25, W. RUDOLPH, BZAW 68, 1o und G. FOHRER, BZAW 91, 32 (vgl. auch H. HOLZINGER, KHC II, XV.8) ist nur die "Völkerliste" in Ex 3,17aß ein redaktioneller Zusatz, für M. NOTH, ATD 6, 18.28 überdies auch die Milch-Honig-Formel in Ex 3,17b.

95 So vor allem H. GRESSMANN, FRLANT 18, 21 Anm. 1, M. NOTH, ATD 6, 18.28 und A. REICHERT, Jehowist, 14-22; dagegen betont R. SMEND, Erzählung, 116f und H.H. SCHMID, Jahwist, Anm. 34.

96 Vgl. auch W. FUSS, BZAW 126, 48.

97 Vgl. dazu U. CASSUTO, Exodus, 42 und W. RICHTER, FRLANT 1o1, 83.

Diese Vermutung läßt sich durch weitere Beobachtungen absichern. Ganz offensichtlich dient die Notiz in 3,18a vom Hören der Ältesten Israels auf die Stimme des Mose als ein redaktionelles Verknüpfungselement, das an der vorliegenden Stelle eigentlich ohne Funktion ist. Diese wird erst deutlich von Ex 4,1 und 5a her, nur daß hier anstelle der in 3,18a gebrauchten Wendung לקול + שמע die Wendung בקול + שמע gebraucht ist (vgl. jedoch die jüngeren redaktionellen Notizen in Ex 4,8+9). Da hier das Motiv des Nicht-Hörens der Söhne Israels fest in den Erzählzusammenhang eingebunden ist, ist es somit auch wahrscheinlich, daß das Motiv des Hörens auf die Stimme des Mose von hier in 3,18a eingetragen worden ist, um auf diese Weise zwei antithetische Situationen zu konstruieren [98]. Demnach wird ושמעו לקלך von jenem Autor in 3,18a eingefügt worden sein, auf den auch die Rahmennotizen in 4,1 und 5a (vgl. auch 4,8+9) zurückgehen.

Sind diese Beobachtungen richtig, dann bedeutet das umgekehrt, daß die von ושמעו in 3,18a abzutrennenden beiden Afformativkonjugationen ובאת und ואמרתם in 3,18b ursprünglich einmal die unmittelbare Fortführung von 3,16b[*] gewesen sein müssen, so daß ובאת und ואמרתם in einer Linie mit ואספת und ואמרת in 3,16a[*] stehen. Damit erhält Mose im Sinne der in 3,16[*] und 18b greifbar werdenden älteren Tradition einen doppelten Auftrag, einmal die Ältesten Israels zu versammeln und ihnen eine Jahwebotschaft zu übermitteln (3,16a[*]) und sodann - zusammen mit den Ältesten - zum König von Ägypten zu gehen und an ihn ebenfalls eine Botschaft auszurichten (3,18b). Die damit angezeigte Parallelität beider Vorgänge findet ihren deutlichen Ausdruck auch in den von Mose bzw. Mose und den Ältesten zu übermittelnden Reden, deren erste Hälften sich in ihrer Struktur gleichen, wenn auch beide Reden in der Wortwahl - bei gleichem Inhalt - verschieden sind.

Die Botschaft des Mose und der Ältesten an den König von Ägypten in 3,18b ist zweiteilig strukturiert. Während die erste Hälfte auf die Gotteserscheinung vor Mose und den Ältesten zurückverweist, enthält die zweite Hälfte eine Aufforderung an den König von Ägypten, die Israel-Söhne zu einem dreitägigen Opferfest in der Wüste ziehen zu lassen. Zu prüfen ist jedoch, ob diese Verbindung des Rekurses auf die geschehene Gotteserscheinung und der

---

98 Auf die Antithetik von Ex 3,18a und 4,1-9 weist besonders W. RUDOLPH, BZAW 68, S.14 hin.

daran angeschlossenen Aufforderung ursprünglich oder erst redaktionell hergestellt ist.

Auffällig ist in diesem Zusammenhang zunächst, daß der Übergang von dem Rekurs auf die Gottesbegegnung zur Aufforderung an den König von Ägypten durch die Partikel ועתה markiert ist, wodurch die Aufforderung an den König ausdrücklich als Folgerung aus der Gotteserscheinung erscheint. Abgesehen davon, daß dieser Übergang hart ist, fehlt die Partikel ועתה gerade in 5,3, wo 3,18b nahezu wörtlich wieder aufgenommen ist:

Ex 3,18	Ex 5,1+3
Und dann *geh hin, du und die Ältesten Israels, zum König von Ägypten und sprecht zu ihm:* Jahwe, *der Gott der Hebräer, hat sich von uns* antreffen *lassen* Und nun: *Wir wollen doch einen Weg von drei Tagen in die Wüste gehen, und wir wollen Jahwe, unserem Gott, opfern.*	*Und* danach *gingen sie hin, und sie sprachen zum* Pharao: *Der Gott der Hebräer hat sich von uns* antreffen *lassen.* *Wir wollen doch einen Weg von drei Tagen in die Wüste gehen, und wir wollen Jahwe, unserem Gott, opfern.*

In verkürzter Form ist das an den Pharao/König gerichtete Verlangen, zu einem dreitägigen Jahwefest ziehen zu dürfen, noch zweimal in Ex 5,8 und 17 wieder aufgenommen ("Wir wollen gehen. Wir wollen Jahwe opfern")[99].

Bei dem Vergleich von 3,18 und 5,3 ist genau auf Übereinstimmungen und Differenzen der Reden des Mose und der Ältesten Israels an den König von Ägypten/Pharao zu achten. Auffälligerweise läßt sich eine wörtliche Übereinstimmung zwischen beiden Texten nur in Bezug auf die an den König von Ägypten/Pharao gerichtete Aufforderung, Israel zu einem dreitägigen Opferfest ziehen zu lassen, konstatieren. Dagegen zeigt der vorangestellte Rückblick auf die stattgehabte Gotteserscheinung geringfügige, aber dennoch deutlich zu beobachtende Verschiedenheiten. So fehlt in Ex 5,3 gegenüber 3,18b der Gottesname Jahwe und anstelle von קרה N-Stamm ist hier קרא N-Stamm gebraucht. Diese auffällige Diskrepanz zwischen den beiden Hälften der Botschaft an den König von Ägypten/Pharao, die sich in der Wiederaufnahme von 3,18 und 5,3 zeigt, bedarf der Erklärung.

---

99 Zur Analyse von Ex 5 vgl. vorerst P. WEIMAR - E. ZENGER, SBS 75, 23f. 27-36 sowie für Ex 5,1-5 die weitere Untersuchung.

Nun ist es kaum anzunehmen, daß ein und derselbe Verfasser im gleichen Zusammenhang einmal einen Text in mehr oder minder freier Form zitiert, während er sich auf der anderen Seite sklavisch an seine Vorlage hält, wie es
bei der Zitation der zweiten Hälfte der Rede aus 3,18b in 5,3b der Fall
ist. Aufgrund dessen legt sich der folgende Schluß nahe. Die mittels eines
wörtlichen Zitats hergestellte Querverbindung zwischen der Aufforderung an
den Pharao/König von Ägypten in 3,18b[*] und 5,3 stammt von anderer Hand als
der Querbezug in 3,18bα und 5,3a. Dabei wird man sich den Vorgang folgendermaßen vorzustellen haben.

In 3,18bα ist der Rekurs auf die Gottesbegegnung ("Jahwe, der Gott der Hebräer, hat sich von uns antreffen lassen") als Inhalt des von Mose und den
Ältesten Israels dem König von Ägypten zu übermittelnden Wortes nicht zu
entbehren, was auch durch die Parallelität dieser Aussage zur korrespondierenden Botschaft an die Ältesten in 3,16a[*] unterstrichen wird. Auf die
gleiche Hand geht aber auch das leicht variierte Zitat dieses Rekurses in
5,3a zurück. Anders dagegen verhält es sich mit der Aufforderung an den
Pharao/König von Ägypten, die Israel-Söhne zu einem dreitägigen Opferfest
zu entlassen. Der ursprüngliche Ort dieser Aufforderung liegt nämlich nicht
in 3,18, wo dieses Wort eigentlich ohne Funktion bleibt, sondern in 5,3 bei
Gelegenheit der Ausrichtung des Wortes an den Pharao. Von dort ist die Aufforderung an den Pharao, die Israel-Söhne für eine dreitägige Opferfeier
freizugeben, nach 3,18 in die Situation der Beauftragung des Mose übertragen worden, wobei der redaktionelle Charakter der Aufforderung in 3,18b[*]
durch das einleitende ועתה kenntlich gemacht ist. Diese Übertragung von 5,3b
nach 3,18 hin wurde notwendig, als durch die starke redaktionelle Bearbeitung der vorgegebenen älteren Erzählung Beauftragung und Ausrichtung, die
ursprünglich einmal unmittelbar aufeinander folgt (vgl. die weitere Analyse), auseinander gerissen wurden.

Bei Gelegenheit dieses Übertragungsvorgangs hat wahrscheinlich auch die Aufforderung an den Pharao in 5,3b selbst eine geringfügige Bearbeitung erfahren. Auffällig ist die an נלכה נא דרך שלשת ימים syntaktisch nur locker angeschlossene Ortsangabe במדבר, die im Rahmen der vorgegebenen Geschichte
eigentlich einen Fremdkörper darstellt. Die Ortsbestimmung במדבר ist nämlich weder durch entsprechende Angaben in der vorangehenden Erzählung abge-
deckt, noch hat sie in 5,3b eigentlich eine erzählerische Funktion, was den

Schluß nahelegt, daß במדבר als ein redaktioneller Zusatz (wohl aus der Hand von Je) zu verstehen ist [100]. In die gleiche Richtung weist auch die abge-kürzte Bezugnahme auf die Entlassungsforderung von 5,3b in 5,8 und 17, wo bezeichnenderweise jeweils die Ortsangabe במדבר fehlt. Wahrscheinlich steht die Ortsangabe במדבר in 3,18 und 5,3 in Zusammenhang mit der entsprechen-den Situationsangabe אחר המדבר in 3,1b [101].

In 3,18b kann somit als ursprüngliches Wort an den König von Ägypten, zu dessen Ausrichtung Mose von Jahwe beauftragt wird, nur der Rekurs auf die Gotteserscheinung יהוה אלהי העבריים נקרה עלינו angesehen werden, während die mit ועתה eingeleitete und daran angeschlossene Aufforderung an den Kö-nig von Ägypten als eine redaktionelle Erweiterung aufgrund von 5,3b ver-standen werden muß. Diese ist zum einen durch die in Folge redaktioneller Bearbeitungsvorgänge entstandene Abtrennung der Beauftragungsszene von der Ausrichtung der Botschaft an den Pharao in 5,3, zum anderen aufgrund der be-wußt angelegten Antithetik der Aussagen von 3,16b (במצרים) und 18b (במדבר) bedingt.

Von 3,18 als redaktionelle Erweiterung abzutrennen ist der Vorblick auf das bevorstehende Exodusgeschehen in 3,19+2o [102]. Der Vorblick macht einen in sich geschlossenen Eindruck. Er besteht aus zwei Hälften, deren erste ein Wissen Jahwes um die Handlungsweise des Königs von Ägypten (Nicht-Entlas-sen) zum Inhalt hat (3,19), während die zweite Hälfte das Handeln Jahwes an den Ägyptern betrifft (3,2o). Jede der beiden Aussagereihen schließt mit einer Feststellung bezüglich der Entlassung Israels ab, die sich antithe-tisch gegenüberstehen (3,19b+2ob). Gegenüber 3,18 markiert ואני ידעתי in 3,19aα einen betonten Neueinsatz [103], worin sich deutlich die Verschiebung

---

1oo Die in Ex 3,18 und 5,3 vorkommende Wendung "Wir wollen doch einen Weg von drei Tagen in *die Wüste* gehen, und wir wollen Jahwe, unserem Gott, opfern" findet sich in leicht abgewandelter Form noch einmal in Ex 8, 23, wo sie aber ganz eindeutig auf die Hand des Jehowisten zurückgeht. Das zeigt zumindest, daß die Vorstellung von einer Drei-Tage-Reise in die Wüste zu einem Opferfest der jehowistischen Konzeption entspricht.

1o1 Zu dem Zusammenhang, der zwischen במדבר in 3,18b und der entsprechen-den Angabe אחר המדבר in 3,1b besteht, vgl. etwa W. RICHTER, FRLANT 1o1, 83 und W. FUSS, BZAW 126, 51.

1o2 Von anderer Hand als Ex 3,18 wird Ex 3,19+2o hergeleitet, etwa von H. HOLZINGER, KHC II, XV.8f; B. BAENTSCH, HK I/2, 26; W. RUDOLPH, BZAW 68, 8.14 und E. ZENGER, Exodus, 56.263, wobei H. HOLZINGER und B. BAENTSCH hier an ein elohistisches Textstück (möglicherweise auch R[Je]) denken.

1o3 Vgl. dazu W. FUSS, BZAW 126, 52.

der Gedankenführung gegenüber dem Vorangehenden bemerkbar macht. Die Betonung des "Ich" Jahwes rückt die Aussage von 3,19+2o auf eine Ebene mit der entsprechenden Aussage in 3,17 (ואמר). In beiden Fällen wird eine Reflexion Jahwes im Sinne einer Vorhersage des zukünftigen Geschehens mitgeteilt. Der redaktionelle Charakter von 3,19+2o wird auch daran erkennbar, daß sich 4,1 aufgrund der antithetischen Bezugnahme beider Aussagen aufeinander (ולא ישמעו בקלי / ושמעו לקלך) ursprünglich einmal unmittelbar an 3,18 angeschlossen haben muß [104].

Als ein noch jüngerer redaktioneller Zusatz als 3,19+2o ist 3,21+22 anzusehen [105]. Deutlich steht die Aussage von 3,21+22 in Spannung zu 3,19+2o. Auffällig ist in 3,21a zunächst der Wechsel von der Anrede der Israel-Söhne in der zweiten Person ("euch") zur Aussage über Israel in der dritten Person, wobei prononciert Israel als העם הזה bezeichnet wird, während die Darstellung im Anschluß daran sogleich wieder zur Anrede in der zweiten Person zurückkehrt. Da sich 3,21+22 eng mit zwei anderen Texten, Ex 11,2+3 und 12,35+36, berührt, wird es sich bei 3,21+22 um eine redaktionelle Erweiterung handeln, die im Blick auf den größeren Erzählzusammenhang hier eingefügt worden ist.

Die drei miteinander verwandten Textstücke Ex 3,21+22, 11,2+3 und 12,35+36 lauten:

Ex 3,21-22   *Ich werde diesem Volk Gunst geben in den Augen der Ägypter.*
                Und es wird geschehen:
                Wenn ihr geht, dann werdet ihr nicht leer gehen.
                Jede Frau wird von ihrer Nachbarin und ihrer Hausgenossin
                silberne und goldene Sachen und Kleider erbitten,
                und ihr werdet sie euren Söhnen und euren Töchtern anlegen.
                Und so werdet ihr die Ägypter berauben.

Ex 11,2-3   Rede doch in den Ohren des Volkes,
                daß sie sich erbitten sollen, jeder von seinem Nächsten, jede
                von ihrer Nächsten, *silberne Sachen und goldene Sachen.*
                Jahwe gab dem Mose Gunst in den Augen der Ägypter,
                auch war der Mann Mose sehr groß im Lande Ägypten, in den
                Augen der Diener des Pharao und in den Augen des Volkes.

---

104   Darauf hat vor allem W. RUDOLPH, BZAW 68, 8.14 hingewiesen (vgl. aber auch schon H. HOLZINGER, KHC II, 8).

105   Vgl. etwa R. SMEND, Erzählung,119f; H. HOLZINGER, HSAT I, 1o3; O. EISSFELDT, HS 22. 114*; G. BEER, HAT I/3, 32; G. FOHRER, BZAW 91, 29.124; E. ZENGER, Exodus, 56.263.

Ex 12,35-36 Und die Söhne Israels hatten nach dem Worte des Mose getan,
und sie erbaten von den Ägyptern *silberne Sachen und golde-*
ne Sachen und Kleider.
Und Jahwe hatte dem Volk Gunst in den Augen der Ägypter ge-
geben,
und sie ließen sich von ihnen erbitten,
und so beraubten sie die Ägypter.

Deutlich werden so die Übereinstimmungen und Unterschiede zwischen den drei
Textstücken sichtbar [106]. Dabei zeigt sich ein jeweils nahezu gleichlautend
formulierter literarischer Grundbestand, um den herum sich - entsprechend
dem jeweiligen Textzusammenhang - variable Formulierungen ranken. Dieser
gemeinsame Grundbestand begegnet in allen drei Textstücken mit nur ganz geringen Variationen [107]:

(1)   *Jahwe gab dem Volk Gunst in den Augen der Ägypter.*

(2)   *Sie erbaten sich von den Ägyptern silberne Sachen und goldene Sa-*
        chen und Kleider.

(3)   *So beraubten sie die Ägypter.*

Eine voneinander unabhängige Entstehung der drei Textstücke ist nicht anzunehmen. Ebenso wie bei Ex 3,21+22 handelt es sich auch bei den beiden anderen Texten um jüngere, redaktionelle Einschübe in einen vorgegebenen Textzusammenhang, die der jüngsten Redaktionsstufe des Textes zuzurechnen sind,
wie sich unschwer zeigen läßt. Das ist deutlich an der literarischen Entstehungsgeschichte von Ex 11,1-8 erkennbar [108]. Ältester Bestandteil dieses

---

106 Dazu vgl. G. BEER, HAT I/3, 32 und W. FUSS, BZAW 126, 53f. Zum ganzen
Problemkreis vgl. G.W. COATS, Despoiling the Egyptians, VT 18, 1968,
450-457 sowie Th.C. VRIEZEN, Oude en jongere joodse commentaren op Ex
3:21v en verwante verzen (11:2v; 12:35v), in: Vruchten van de Uithof.
Studies B.A. BRONGERS, Utrecht 1974, 134-144; ders., A Reinterpretation
of Ex 3:21-22 and Related Texts Ex 11:2f; 12:35f & Ps. 1o5:37f (Gen
15:14b), JEOL 23 (1973/74) 389-4o1.

1o7 Vgl. auch W. FUSS, BZAW 126, 54.

1o8 Das literarkritische Problem von Ex 11,1-8 kann in diesem Zusammenhang
nicht ausführlich behandelt werden (vgl. dazu jüngst - mit unterschied-
lichem Ergebnis - E. OTTO, Erwägungen zum überlieferungsgeschichtlichen Ursprung und "Sitz im Leben" des jahwistischen Plagenzyklus, VT 26,
1976, 3-27 (7-13, dort 8 Anm. 24 ein Referat älterer Lösungsversuche)
sowie J. SCHREINER, Exodus 12,21-23 und das israelitische Pascha, in:
Studien zum Pentateuch. FS W. Kornfeld, Wien 1977, 69-9o (75-78)).
Hier sollen nur die eigenen literarkritischen Entscheidungen kurz begründet werden, ohne daß dabei eine Auseinandersetzung mit der Literatur möglich wäre. Im vorliegenden Erzählzusammenhang besteht Ex 11,1-8
aus zwei Teilen. Während Ex 11,1-3 als ein Jahwewort an die Israeliten
mit einer abschließenden Erzählernotiz stilisiert ist, folgt in 11,4-8
eine Rede des Mose an den Pharao. Doch ist diese Zweigliedrigkeit von
11,1-8 deutlich das Ergebnis eines redaktionellen Prozesses, wie zahlreiche Spannungen und Unebenheiten im Text zeigen. Als unmittelbare
Fortsetzung der Redeeinleitungsformel משה אל יהוה ויאמר in 11,1aα* ist

Textes sind die Aussagen in Ex 11,1aα*.2a.4aßb.5a,die einer vorjahwistischen Erzählschicht zugehören [109]. Eine erste Bearbeitung hat diese Texteinheit erfahren durch 11,1a*.6.7*, die aufgrund sprachlicher wie thematischer Anklänge als deuteronomistisch angesprochen werden muß [110]. Eine zweite Redaktionsstufe umfaßt die Verse 11,1b.2b.3.4aα.5b.7*.8. Durch sie wurde die ursprünglich an Israel gerichtete Botenrede in 11,4-7 zu einer Rede an den Pharao umstilisiert, der dann in 11,2 ein Wort an die Israeliten vorgeschaltet wurde. Deutlich gehören demnach die fraglichen Verse Ex 11,2b+3 der jüngsten Redaktionsschicht in 11,1-8 an. Diese wird von dem gleichen Verfasser wie die zusammenfassenden Aussagen in Ex 11,9-1o stammen, mit denen der zweite Hauptteil des Exodusbuches abgeschlossen wird. Sie sind demnach der Schlußredaktion des Pentateuch (R^P) zuzurechnen [111].

---

die Redebeauftragung des Mose in 11,2a anzusehen. Dazu steht in Spannung die Aussage von 11,1*, in der unmittelbar die Israeliten - und nicht wie in 11,1aα* und 2a Mose - angeredet sind. Doch ist 11,1* in sich wiederum nicht einheitlich, sondern läßt deutlich (der lockere Anschluß von 11,1b an 11,1a* ist hier zu beachten!) eine zweiphasige Entstehungsgeschichte erkennen. Weiterhin stehen in Spannung zueinander die Aussagen von 11,2-3 und 4-5. In beiden Fällen handelt es sich um ein von Mose zu übermittelndes Jahwewort an Israel, das in 11,2 in indirekter Rede wiedergegeben ist, während es in 11,4-5 (vom Pharao wird in der dritten Person gesprochen!) als ein Botenwort Jahwes stilisiert ist. Da beide Gottesbotschaften unmöglich ursprünglich sein können, werden sie auf verschiedene Hände zurückgehen. Dabei sind 11, 4aßb+5 als ursprüngliche Fortsetzung der Redebeauftragung in 11,2a zu verstehen, während 11,2b zusammen mit der von 11,2b nicht zu trennenden erzählerischen Notiz in 11,3 ein späterer redaktioneller Zusatz ist, durch den auch die Redeeinleitung in 11,4aα וַיֹּאמֶר מֹשֶׁה evoziert wurde. Von 11,4+5* ist andererseits wiederum 11,6+7* abzugrenzen, was deutlich durch den erzählerischen Neueinsatz mit וְהָיְתָה in 11,6a angezeigt wird. Dabei steht 11,6+7* in Korrespondenz zu der Aussage in 11, 1a*. Demgegenüber muß 11,8 als eine noch jüngere redaktionelle Erweiterung verstanden werden, da hier auf einmal der Adressat der Rede von den Israel-Söhnen zum Pharao überwechselt. Diese Bearbeitungsschicht, der wohl auch 11,5b zuzurechnen ist, steht deutlich in Zusammenhang mit 11,2b+3+4aα*, so daß hier ein und dieselbe disponierende Hand zu spüren ist. Demnach lassen sich in Ex 11,1-8 deutlich 3 voneinander abgehobene literarische Schichten erkennen (mit einer dreiphasigen Entstehungsgeschichte von Ex 11,1-8, wenn auch im einzelnen mit anderen Abgrenzungen und mit anderen literaturgeschichtlichen Einordnungen, rechnen ebenfalls E. OTTO, VT 26, 1976, 12f und J. SCHREINER, FS Kornfeld 78).

1o9 Vgl. dazu P. WEIMAR - E. ZENGER, SBS 75, 25f.27-35.

11o Die in Ex 11,1a* und 6+7* sichtbar werdende Redaktionsschicht hängt thematisch mit Ex 3,19+2o zusammen. Auch hier steht das für den Deuteronomisten so charakteristische Moment der Weissagung im Vordergrund.

111 Deutlich handelt es sich bei der zweiten Bearbeitungsschicht um eine nachdeuteronomistische Erweiterung. Für eine Herleitung der zweiten Redaktionsschicht in Ex 11,1-8 von R^P spricht vor allem die Akzentuierung der Gestalt des Mose sowie die Darstellung der Reaktion der Diener des Pharao (Niederfallen vor Jahwe).

In die gleiche Richtung weisen auch die Beobachtungen zu Ex 12,29-39, wo
das in Ex 11,1-8 angesagte Geschehen seine erzählerische Fortführung erfährt [112]. Ältester Bestandteil in 12,29-39 sind die an die Grundschicht in
11,1-8 anschließenden Aussagen in 12,29a.3oaα*.31a* (nur ויקרא למשה ויאמר.
31b* (nur לכו עבדו את יהוה). [113] Einer jüngeren Redaktionsschicht, die der
ersten Redaktion in 11,1-8 entspricht, gehört 12,3o* (ohne ויקם פרעה
לילה הוא).33.34.39a an, wo die Einführung des Mazzotfestbrauches im Vordergrund steht [114]. 12,29-39 hat ebenfalls eine zweite Bearbeitung erfahren,
die der zweiten Redaktion in 11,1-8 korrespondiert, wie Stichwortbezüge
deutlich machen. Ihr sind zuzurechnen 12,29b-31* (ohne ויקם פרעה לילה הוא,

---

112 Für die (literarkritische) Analyse von Ex 12,29-39 sind wiederum E.
OTTO, VT 26, 1966, 13-18 und J. SCHREINER, FS Kornfeld, 75-78 zu vergleichen. Da Ex 12,29-39 die Durchführung des in 11,1-8 Angesagten berichtet, ist auch zu erwarten, daß die literarische Schichtung des
Textes der von 11,1-8 entspricht. Auch hier seien die vorgenommenen
literarkritischen Abgrenzungen kurz begründet, wobei wiederum auf eine Auseinandersetzung mit der Literatur verzichtet wird. - Ex 12,29a
schließt unmittelbar an 11,4-5a an, während 12,29b dem redaktionellen
Zusatz in 11,5b entspricht. Der Durchführungsbericht in 12,29 verlangt
nach einer Fortführung, die in der Rede des Pharao in 12,3o-32 zu suchen ist. Doch ist dieser Textabschnitt literarisch keineswegs einheitlich. Als redaktioneller Zusatz ist zunächst die nur locker angeschlossene Aussage von 12,32 anzusehen, die von der gleichen Hand angefügt sein wird, die auch 12,29b eingetragen hat. Dabei ist für 12,
32 ein thematischer Zusammenhang mit 11,8 zu beobachten. Doch sind
auch 12,3o-31 nicht literarisch einheitlich. Deutlich hat 12,3o eine
nachträgliche Auffüllung erfahren, indem an die singularisch formulierte Notiz ויקם פרעה לילה הוא eine explizierende Aufzählung sowie eine
mit 11,6 korrespondierende Erfüllungsnotiz angefügt worden ist. In 12,
31 müssen vor allem die Nennung Aarons neben Mose sowie die damit zusammenhängenden pluralischen Aussagen in 12,31a als redaktionell verstanden werden. Während die in 12,3o zu beobachtende Redaktion mit der
ersten Bearbeitungsschicht in 11,1-8 zusammenhängt, gehen die redaktionellen Hinzufügungen in 12,31-32 auf den zweiten Bearbeiter in 11,1-8
zurück. Der an die Rede des Pharao in 12,3o-32 angeschlossene Auszugs-
bericht kann nicht als Fortsetzung der Grundschicht in 12,29-32 verstanden werden, sondern führt die beiden redaktionellen Bearbeitungsschichten weiter, die im Vorangehenden festzustellen waren. Als unmittelbarer Anschluß an 12,3o ist die in 12,33-34 und 39a vorliegende Erzählfolge zu verstehen. Der unmittelbare Zusammenhang zwischen 12,34
und 39a ist im vorliegenden Textzusammenhang unterbrochen durch
den Einschub von 12,35-38, der mit dem entsprechenden redaktionellen
Zusatz in 11,2b-3 zusammenhängt. Demnach lassen sich in Ex 12,29-39
ebenfalls drei verschiedene Stufen des literarischen Entstehungsprozesses des Textes unterscheiden. Dabei zeigt es sich, daß hier der literarische Grundbestand der Erzählung fast ganz von den zwei redaktionellen Bearbeitungsschichten überlagert ist (ältere literarkritische
Lösungsversuche von Ex 12,29-39 sind knapp referiert bei E. OTTO,
VT 26, 1976, 15 Anm. 51).

113 Vgl. dazu P. WEIMAR - E. ZENGER, SBS 75, 25f.27-35.

114 Vgl. dazu vor allem E. OTTO, VT 26, 1976, 15-17. - Gerade der Zusammenhang von Ex 12,39b mit Dtn 16,3bα deutet auf eine deuteronomistische Herkunft der ersten Redaktionsschicht in Ex 12,29-39.

ויקרא למשה + ויאמר und לכו עבדו את יהוה)‏.32.35-38.39b. Für die zweite Redaktionsschicht deutet auch hier, wie etwa die Abhängigkeit von der priesterschriftlichen Geschichtsdarstellung anzeigt, alles auf eine Herkunft
von R^P [115].

Aufgrund des Zusammenhangs von Ex 3,21+22 mit Ex 11,2+3 und 12,35+36, die
sich deutlich als von R^P stammend ausweisen, wird 3,21+22 gleichfalls auf
die Schlußredaktion des Pentateuch zurückgehen. Entsprechend dem Beginn
endet der dritte Teil des ersten Hauptteils des Exodus-Buches somit ebenfalls mit einer Notiz des Verfassers der pentateuchischen Geschichtsdarstellung. Beginn und Schluß dieser literarischen Einheit stehen sich dabei
deutlich antithetisch gegenüber.

3. Abgrenzung der Texteinheiten in Ex 4,1-5,5

Mit 4,1 beginnt innerhalb des ersten Hauptteils des Exodus-Buches die zweite Erzählhälfte. Im Unterschied zur vorangehenden Erzähleinheit, die von
Erzählnotizen gerahmt ist, die von R^P stammen, ist die mit 4,1 einsetzende
Erzähleinheit nicht von einer solchen auf den Verfasser des Exodus-Buches
zurückgehenden Notiz eingeleitet. Deutlich ist 4,1 von den beiden vorangehenden Versen 3,21+22 abzugrenzen [116]. Die Aussage schließt sich vielmehr unmittelbar an 3,18abß an, was für die Herkunft von ein und demselben
Verfasser spricht.

Charakteristisch für 4,1aα ist die Anbindung an 3,18* mit Hilfe der Wendung ויען משה ויאמר, womit das Wort des Mose in 4,1 deutlich als Antwort
des Mose auf die vorangehende Gottesrede stilisiert ist [117]. Die Rede des
Mose selbst wird eingeleitet durch die deiktische Partikel והן, woran sich
eine zweigliedrige (negierte) Feststellung anschließt [118]. Während der

---

115 Hier ist vor allem auf die an priesterschriftlichen Sprachgebrauch sich
     anlehnende Notiz in Ex 12,35a sowie auf die Itinerarnotiz in Ex 12,37
     (vgl. dazu schon in Bezug auf Ex 12,37a J. WELLHAUSEN, Composition, 72;
     H. HOLZINGER, KHC II, 34f; B. BAENTSCH, HK I/2, 1o4; G.W. COATS, A
     Structural Transition in Exodus, VT 22, 1972, 129-142 (139) hinzuwei-
     sen.

116 Mit W. RICHTER, FRLANT 1o1, 64 Anm. 4o und A. REICHERT, Jehowist, 22-
     24 gegen R. SMEND, Erzählung, 117f; G. BEER, HAT I/3, 12 und G. FOH-
     RER, BZAW 91, 29.

117 Die Verbindung des Narrativs von ענה und von אמר findet sich im Penta-
     teuch außer in Ex 4,1 noch Gen 18,27; 24,5o; 27,37.39; 31,14.31.36.43;
     4o,18; Ex 19,8; Num 11,28; 22,18; 23,12.26; Dtn 1,14.41.

zweite Teil dieser Feststellung sich an 3,18a anschließt, nur daß anstelle der dort gebrauchten Wendung שמע + לקול die damit verwandte geläufigere Wendung שמע + בקול steht, ist ihr im ersten Teil das Motiv des Nicht-Vertrauens (האמין ל) auf Mose vorgeschaltet, womit das Nicht-Hören der Israeliten gewissermaßen eine neue Qualität erhält. An diese beiden negierten Feststellungen schließt sich eine mit emphatischem כי eingeleitete positive Aussage an, die in Opposition zu den beiden vorangehenden Satzgliedern steht und das Zitat eines Wortes der Söhne Israels einleitet, das negativ auf die Botschaft des Mose in 3,16a Bezug nimmt [119]. 3,16*+18* und 4,1 sind so deutlich antithetisch aufeinander bezogen. Die einleitende Aussage des Einwandes des Mose in 4,1 bestimmt dabei einerseits den Charakter der ganzen nachfolgenden Szene zwischen Mose und Jahwe [120], stellt aber andererseits auch einen thematischen Bezug zur vorangehenden Erzählung her. Deutlich schließt sich nämlich der Einwand des Mose in 4,1 mit dem betont an der Spitze stehenden Motiv des Nicht-Vertrauens auf Mose an die vorangehenden beiden Einwände in 3,11 und 13 an, auf die Jahwe jeweils mit der Zusage seiner Präsenz antwortet (כי אהיה עמך 3,12aα / אהיה אשר אהיה 3,14a). Wie dort steht auch in 4,1 nicht das Problem der Legitimation des Mose in Frage, sondern das Problem des Da-seins Jahwes bei seinem Volk, wie es in der Erscheinung Jahwes kundgeworden ist [121].

Von der theologisch wertenden und größere Zusammenhänge herstellenden Aussage in 4,1 ist der mit 4,2 einsetzende Erzählzusammenhang abzugrenzen, der

---

118 Die Partikel והן in Ex 4,1 kann nicht als Bedingungspartikel verstanden werden (so etwa W. RICHTER, FRLANT 1o1, 84), sondern muß als deiktische Partikel zur lebhaften Einführung der doppelt verneinten Aussage in Ex 4,1a (korrespondierend zur Einführung der positiven Aussage in Ex 4,1b mit Hilfe der deiktischen Partikel כי) verstanden werden, da sonst nämlich die fehlende Apodosis ergänzt werden müßte (vgl. H. HOLZINGER, KHC II, 15; B. BAENTSCH, HK I/2, 28; B.S. CHILDS, Exodus, 5o).

119 Vgl. dazu vor allem W. RICHTER, FRLANT 1o1, 84.

12o Vgl. auch W. RICHTER, FRLANT 1o1, 84; anders W. FUSS, BZAW 126, 58.

121 Stilistisch ist zu beachten, daß die beiden Einwände in Ex 3,13 und 4,1 jeweils mit Hilfe der deiktischen Partikel הן / הנה eingeleitet sind, was sicher kein Zufall ist, sondern auf den (auch thematischen) Zusammenhang dieser Einwände hinweisen will. - Das Problem der Legitimation des Mose ist in 4,1 erst sekundär von Ex 4,6-9 her eingetragen worden.

mit 4,1 in keiner inneren Verbindung steht [122]. Doch kann mit 4,2 keine
völlig neue Erzähleinheit eröffnet worden sein. Dies wird deutlich erkennbar an der Form der Redeeinleitung in 4,2a. Auf der einen Seite ist der
Adressat der Rede unmittelbar nach dem einleitenden Narrativ ויאמר noch
vor dem Subjekt der Rede eingefügt [123], auf der anderen Seite wird er nicht
einmal mit seinem Namen genannt, sondern auf ihn durch אליו zurückverwiesen. Da der Zusammenhang zwischen 4,1 und 2 literarisch kaum ursprünglich,
sondern 4,1 wahrscheinlich 4,2 sekundär vorgeschaltet worden ist, kann auch
der Rückverweis durch אליו nicht von Anfang an auf 4,1 bezogen gewesen sein.
Näher liegt demgegenüber ein Zusammenhang mit der ursprünglich einmal selbständigen Geschichte in 3,1a*.bα.2b.3*.4a.5a.6b, wo in 3,6b Mose ausdrücklich als Subjekt des Satzes genannt ist. Für diese Lösung spricht auch die
Szenerie in 4,2-4 (vor allem die Manipulation mit dem Stab), die gut vor
dem Hintergrund von 3,1-6* verständlich wird.

Eröffnet wird die mit 4,2 einsetzende Erzählfolge mit einer nominalen Frage Jahwes,auf die Mose mit einem einpoligen NS ("Stab") antwortet. Diese
Antwort des Mose ruft eine erneute Rede Jahwes hervor, die diesmal aus einem Befehl (Imperativ) besteht, womit das weitere Handlungsgeschehen vorbereitet wird (Hinwerfen des Stabs zur Erde - Umwandlung zur Schlange -
Flucht des Mose) (4,3). Darauf folgt in 4,4a ein erneutes Jahwewort (Befehl), diesmal zweigliedrig gebaut, wobei die Redeeinleitung ויאמר יהוה אל
משה der entsprechenden Redeeinleitung in 4,2a ähnelt. An den Jahwebefehl
schließt sich in 4,4b ein zu 4,3b paralleler Durchführungsbericht an, mit
dem die kleine Erzähleinheit abgeschlossen wird.

Von 4,2-4 ist 4,5 als eine spätere Erweiterung abzugrenzen [124]. Darauf
weist sowohl der lockere Anschluß an 4,4 mit למען als auch die doppelte Bezugnahme auf 4,1, woher zum einen das Stichwort אמן H-Stamm sowie zum anderen die Wendung נראה אליך יהוה wieder aufgenommen ist [125]. Der Zusammenhang

122 Vgl. dazu auch W. FUSS, BZAW 126, 56-58.

123 Zur Wortfolge Verbum - Objekt - Subjekt vgl. L. KÖHLER, Syntactica IV,
    VT 3 (1953) 299-3o5 (3o1).

124 So etwa M. NOTH, ATD 6, 32; W. RICHTER, FRLANT 1o1, 59f.7o.82; J.PH.
    HYATT, Exodus, 82; W. FUSS, BZAW 126, 58f.

125 Erst beide Beobachtungen zusammen berechtigen zu einer Abtrennung von
    Ex 4,5 gegenüber Ex 4,2-4. Der immer bemerkte abrupte Übergang von der
    Erzählung zur Jahwerede (ohne neue Redeeinleitungsformel) ist stili-

von 4,5 mit 4,1 deutet für beide Aussagen auf ein und dieselbe Hand. Beide
Verse sind um die Erzählfolge 4,2-4 als eine Art Rahmen gelegt, mit dessen
Hilfe die vorgegebene Geschichte in 4,2-4 eine neue (theologische) Beleuch-
tung erfahren sollte. Doch dürfte 4,5 kaum ganz auf den gleichen Verfasser
wie 4,1 zurückgehen. Dem widerrät vor allem die Doppelung der an den Gottesnamen Jahwe angefügten Appositionen "der Gott ihrer Väter" und "der Gott
Abrahams, der Gott Isaaks und der Gott Jakobs", die nebeneinander literarisch kaum ursprünglich sein werden. Von den beiden Appositionen, die auf
den Vätergott rekurrieren, wird dabei die dreigliedrige Wendung "der Gott
Abrahams, der Gott Isaaks und der Gott Jakobs" in 4,5b als sekundäre Erweiterung gegenüber 4,5a zu bestimmen sein [126]. Der gegenüber 4,5a sekundäre
Charakter der detaillierten Aufzählung der Vätergötter in 4,5b wird bekräftigt durch das sonstige Vorkommen dieser Aufreihung in Ex 3/4, wo sie
jeweils nur in jüngeren redaktionellen Zusätzen begegnet (3,6a.15a.16a). Mit
dem Rückverweis auf die Erscheinung Jahwes an Mose bezieht sich 4,5 deutlich auf 3,16 zurück, wo der um die Apposition אלהי אבתיכם erweiterte Jahwename ebenfalls auf einer jüngeren Redaktionsstufe um die Aufreihung der
Trias "der Gott Abrahams, Isaaks und Jakobs" ergänzt worden ist. Von der
gleichen Hand, die in 3,16 und 4,5b den Hinweis auf den Gott Abrahams,
Isaaks und Jakobs angebracht hat, stammt auch die in 3,15 begegnende Kombination der Gottesbezeichnungen   יהוה אלהי אבתיכם אלהי אברהם אלהי יצחק
ואלהי יעקב, die mit Ausnahme des Personalsuffixes wörtlich gleich in 4,5
begegnet.

In 4,6+7 wird die paradigmatische Geschichte 4,2-4 fortgeführt und abgeschlossen. Doch wird 4,6+7 kaum von der gleichen Hand herzuleiten sein wie
4,2-4 [127]. Dafür sind die sprachlichen und stilistischen Unterschiede zu

---

stisch bedingt, läßt also nicht zwingend auf zwei verschiedene Hände
schließen (vgl. auch G. FOHRER, BZAW 91, 45, aber auch schon A. DILL-
MANN, KeH 12, 39). Durch die Anfügung des Finalsatzes Ex 4,5 ohne erzählerische Neueinführung soll nämlich signalisiert werden, daß die
kleine Geschichte Ex 4,2-4 als ganze als Antwort auf den Einwand des
Mose in Ex 4,1 zu verstehen ist. Dies wird von all denen verkannt, die
entweder zu Beginn von Ex 4,5 mit einem redaktionellen Ausfall rechnen
(vgl. etwa H. HOLZINGER, HSAT I, 1o3 und G. BEER, HAT I/3, 34) oder Ex
4,5 unmittelbar mit Ex 4,4a verbinden und dabei das Erzählstück Ex 4,4b
als einen parenthetischen Einschub verstehen (vgl. etwa B. BAENTSCH,
HK I/2, 28; A.H. McNEILE, Exodus, 23; S.R. DRIVER, Exodus, 27; U. CAS-
SUTO, Exodus, 47).

126 Schon H. HOLZINGER, KHC II, 9 konstatierte "die breite Formel des Gottesnamens" in Ex 4,5b.

deutlich. So ist die in 4,6-7 vorliegende Szene zwischen Jahwe und Mose
nicht wie 4,2-4 dreigliedrig, sondern nur zweigliedrig strukturiert. Auch
wird die Feststellung des Erfolges der "Zauberhandlung" nicht wie in 4,2-4
mit ויהי + ל eingeleitet, sondern durch והנה + NS konstatiert. Ein stilistisch bedingter Wechsel der Ausdrucksweise in 4,6+7 gegenüber 4,2-4 wäre
zwar möglich, ist jedoch angesichts der auffälligen Verschiedenheiten in
der literarischen Anlage sowie im Stil zwischen diesen beiden kleinen Texteinheiten wenig wahrscheinlich.

Wird man für 4,2-4 und 4,6+7 eine verschiedene Herkunft annehmen müssen,
so gilt das andererseits auch für den theologischen Rahmen in 4,1+5a und
4,6+7. Deutlich ist durch den Finalsatz 4,5a ein Abschluß des mit 4,1 eröffneten Geschehensvorgangs erreicht, was durch die Wiederaufnahme der Wendung נראה אליך יהוה aus 4,1 in 4,5a angezeigt ist. Wie die Antworten Jahwes
in 3,12aα und 14a ist auch die Jahweantwort auf den Einwand des Mose in 4,
5a (unter Verwendung der vorgegebenen paradigmatischen Geschichte 4,2-4)
offen formuliert. Die Frage von Erfolg oder Mißerfolg selbst steht hierbei
nicht zur Diskussion. Gerade diese Problematik schiebt sich aber mit der
in 4,6 einsetzenden zweiten Runde in den Vordergrund. So wird man 4,6+7 als
eine redaktionelle Hinzufügung verstehen müssen, die jünger ist als der ganze Abschnitt 4,1-5a.

Dieser Schluß läßt sich durch weitere Beobachtungen absichern. Auffällig
ist zunächst schon die Tatsache, daß in der Redeeinführung in 4,6a der
Adressat der Rede Jahwes auf ל und nicht auf אל folgt, ohne daß diese Beobachtung jedoch überzubewerten wäre [128]. Sodann begegnet in der Redeeinleitung in 4,6a - ebenso wie in 3,15aα - wiederum das adverbiale עוד, was möglicherweise als Hinweis darauf verstanden werden kann, daß 4,6 und 3,15

---

127 Gegen F. FUSS, BZAW 126, 56f, für den Ex 4,2-4 + 6-7 einen in sich geschlossenen einheitlichen Erzählzusammenhang bilden. Im allgemeinen
wird Ex 4,1-9 als literarisch einheitlich angesehen; nur vereinzelt
werden einzelne Aussagen als redaktionelle Erweiterungen betrachtet
(so etwa Ex 4,5, dazu vgl. Anm. 124, sowie Ex 4,(5)9 von H. HOLZINGER,
KHC II, XV.9 oder Ex 4,5+8+9 von M. NOTH, ATD 6, 32).

128 Der Wechsel im Gebrauch von אל und ל zur Einführung des Adressaten
der Gottesrede reicht allein nicht aus, um auf verschiedene Hände
schließen zu können, da ein solcher Wechsel durchaus in ein und demselben literarischen Zusammenhang begegnen kann, was dann aber meist
eine Aspektverschiebung signalisiert (vgl. dazu vorläufig noch P.
WEIMAR, Hoffnung, 139-141.268-269).

gleicher Herkunft sind. Deutet sich damit für 4,6-7 ein innerer Zusammenhang mit 3,15 an, so tritt dieser Zusammenhang noch deutlicher in Erscheinung, wenn auch die beiden angefügten Rahmenverse 4,8+9 mit in die Betrachtung einbezogen werden.

Trotz des unvermittelten Übergangs vom Erzählstil in 4,7b in die Form der
Gottesrede in 4,8+9 ohne eine eigene Redeeinleitung und trotz des betonten
Neueinsatzes mit והיה wird man 4,6+7 und 4,8+9 - im Gegensatz zu 4,2-4 und
4,1+5a - nicht von verschiedenen Händen herleiten dürfen [129]. Dagegen
spricht allein schon die stilistische Verwandtschaft zwischen dem erzählenden Paradigma 4,6+7 und den angefügten deutenden Rahmenversen 4,8+9. Beide
weisen nämlich die gleiche formale Grundstruktur auf. Analog zur zweiglie-
drig-antithetischen Erzählfolge von 4,6+7 weist auch die deutende Jahwerede
in 4,8+9 eine zweigliedrige Aufbaustruktur auf, wobei jeder der beiden Teile mit והיה eingeleitet ist. Die Zweigliedrigkeit der Grundstruktur klingt
dann in 4,9b in dem doppelten והיו noch einmal im kleinen nach. Aus literarisch-stilistischen Gründen kann somit ein Zusammenhang von 4,6+7 mit 4,
8+9 nicht bestritten werden. Der unvermittelte Übergang von 4,7 zu 4,8
liegt nicht in der Entstehungsgeschichte des Textes begründet, sondern ist
als ein stilistisches Phänomen zu erklären, das aus der Analogie zu dem
(dort auch entstehungsgeschichtlich bedingten) Stilbruch von 4,4 zu 4,5a
bedingt ist.

Aber nicht nur stilistisch, sondern auch inhaltlich wird in 4,8+9 der vorgegebene Erzählrahmen von 4,1+5a aufgenommen und nachgeahmt. So ist ebenso
wie für 4,1 (5a) auch für 4,8+9 die dort erstmals begegnende Motivkombination von Nicht-Vertrauen (לא + אמן H-Stamm + ל) und Nicht-Hören (לא + שמע +
לקול) als literarisches Grundmuster der jeweiligen Aussage bestimmend. Doch
gilt es zugleich, die Akzentverlagerung zu beachten, die bei der Rezeption
dieser Motivkombination aus 4,1 in 4,8+9 vor sich gegangen ist [13o]. Bezieht
4,1 (vgl. auch die positiv gewendete Aussage in 3,18a) das Nicht-Vertrauen
und Nicht-Hören auf Mose auf dessen Mitteilung, daß ihm Jahwe erschienen
sei, so sind in 4,8+9 der unmittelbare Bezugspunkt die von Mose gewirkten
Zeichen. Damit nimmt 4,8+9 die sich auch in 3,12b findende Zeichenproblema-

---

129 So etwa M. NOTH, ATD 6, 32 und W. FUSS, BZAW 126, 59f.

13o Eine solche Akzentverlagerung von Ex 4,8+9 gegenüber 4,1-5 wird auch
     von B.S. CHILDS, Exodus, 78 konstatiert.

tik auf. Ähnlich wie in 3,12b ist auch in 4,8+9 durch die Akzentuierung des
Motivs des "Zeichens" eine Akzentverlagerung vor sich gegangen, indem hier
die Frage der Legitimation des Mose gegenüber der Infragestellung durch
die Israel-Söhne im Zentrum der Aussage steht.

Daß es sich in 4,8+9 (zusammen mit 4,6+7) um eine redaktionelle Erweiterung
gegenüber 4,1(2-4)5a handelt, die mit den literarisch sehr jungen redaktionellen Hinzufügungen in 3,12b und 15 zusammenhängt, wird durch mehrere
sprachliche Beobachtungen noch unterstrichen. Auffällig stark ist in 4,8+9
mit Hilfe des einleitenden והיה (+ אם) der Aspekt der Zukunftsgewißheit
hervorgehoben. Mit dem gleichen sprachlichen Mittel (והיה + כי) geschieht
das auch in 3,21+22, wo ein Einzelzug der Herausführung aus Ägypten als sicher eintretend gekennzeichnet ist. Damit ist ein Zusammenhang von 4,8+9 mit
dem literarisch gleichfalls späten redaktionellen Zusatz 3,21+22 angezeigt.
In die gleiche Richtung weist auch der Gebrauch der beiden Worte שפך und
יבשה, die im Pentateuch nur in literarisch jungen Schichten vorkommen [131].

Demnach wird man in 4,1-9 mit einer dreiphasigen Entstehungsgeschichte zu
rechnen haben. Ältester Bestandteil in 4,1-9 ist das Erzählstück 4,2-4,
das von einer späteren Hand in den Versen 4,1 und 5a eine Rahmung erfahren
hat. Alle anderen Aussagen in 4,1-9 sind einer noch jüngeren redaktionellen
Bearbeitungsschicht zuzurechnen.

Mit 4,1o setzt mit einem erneuten Einwand des Mose ein neuer Redegang mit
einer gegenüber 4,1-9 veränderten Thematik ein, so daß 4,1o von dem vorangehenden Erzählabschnitt abzugrenzen ist, ohne daß man den mit 4,1o einsetzenden Erzählzusammenhang literarisch von 4,1-9 abtrennen könnte, auch wenn
4,1o thematisch hinter 4,1-9 zurückgreift [132]. Für einen Zusammenhang der

---

131 Die Basis שפך begegnet innerhalb des Pentateuch fast ausschließlich im
Kontext priesterschriftlicher Texte (vgl. Gen 9,6; Ex 29,12; Lev 4,7.
18.25.3o.34; 14,41; 17,4.13; Num 35,33; sonst nur noch Ex 37,22(?);
Dtn 12,16.24; 15,23; 21,7). Gleiches gilt für das Nomen יבשה, das im
Pentateuch ausschließlich in priesterschriftlichen oder priesterschrift-
lich beeinflußten Texten begegnet (Gen 1,9.1o; Ex 14,16.22.29; 15,19;
außerhalb des Pentateuch nur noch Jos 4,22; Jes 44,3; Jon 1,9.13; 2,11;
Ps 66,6; Neh 9,11).

132 Für eine Abtrennung von Ex 4,1o-17 von 4,1-9 plädieren etwa H. HOLZIN-
GER, HSAT I, 1o3; R. SMEND, Erzählung, 117f; O. EISSFELDT, HS 113*f
und ders., Komposition von Exodus 1-12. Eine Rettung des Elohisten,
ThBl 18, 1939, 224-233 = KS II, Tübingen 1963, 16o-17o (165); G. BEER,

mit 4,1o eröffneten Erzähleinheit mit dem vorangehenden Abschnitt 4,1-9
spricht vor allem die Tatsache, daß beide Erzähleinheiten bei unterschiedlicher Thematik von ein und derselben Problematik beherrscht sind. Hier wie
dort geht es nämlich um das Problem der angegriffenen und umstrittenen
Stellung des Mose als Führer des Volkes Israel, nur daß in den beiden Abschnitten 4,1-9 und 1o-17 das Problem jeweils aus einem anderen Blickpunkt
heraus angegangen wird, in 4,1-9 aus der Perspektive der Bestreitung der
Legitimation des Führungsanspruchs des Mose als des von Gott beauftragten
Führers des Volkes durch eben dieses Volk, in 4,1o-17 dagegen aus der Perspektive der Infragestellung des Führungsanspruchs des Mose durch die Aaroniden [133]. Da in 4,1-9 diese Problematik erst durch die jüngere Redaktionsschicht in 4,5b-9 eingetragen ist, liegt auch für den mit 4,1o einsetzenden Erzählzusammenhang eine Herleitung von eben dieser redaktionellen Bearbeitungsschicht nahe, die in 4,5b-9 greifbar wird. Diesen Zusammenhang
gilt es durch eine Reihe weiterer Beobachtungen abzusichern.

Die Erzähleinheit setzt in 4,1o mit einem Einwand des Mose ein, der mit einer unterwürfigen Anrede an Jahwe (בי אדני) eröffnet ist. Der Einwand
selbst besteht aus zwei nominalen Feststellungen, einer negativen und einer

---

HAT I/3, 32-34; W. RICHTER, FRLANT 1o1, 7o.84.117-119, wobei Ex 4,1-9
J/J[1]/L/N zugeteilt wird, während man Ex 4,1o-17 E zurechnet. Eine ähn-
liche Abtrennung nimmt E. ZENGER, Exodus, 57-61 vor, nur daß er Ex 4,
1-9 Je zuteilt, wohingegen 4,1o-17 auf R[P] zurückgeht. Demgegenüber
wird auf der anderen Seite 4,1-12 als ein in sich geschlossener Erzähl-
zusammenhang angesehen (vgl. etwa A. JÜLICHER, Die Quellen von Exodus
I-VII. Ein Beitrag zur Hexateuchfrage, Diss. phil. Halle 188o, 14;
J. WELLHAUSEN, Composition, 7o mit Anm. 1; B.W. BACON, The triple
Tradition of the Exodus, Hartford 1894, 18f; H. HOLZINGER, KHC II,XV.9;
B. BAENTSCH, HK I/2, 28f; A.H. McNEILE, Exodus, XIV. 23-26; S.R. DRI-
VER, Exodus, 27f; H. GRESSMANN, FRLANT 18, 21 Anm. 1; M. NOTH, ATD 6,
32).

133 Vgl. dazu auch J.M. SCHMIDT, Aaron und Mose. Ein Beitrag zur Überlie-
rungsgeschichte des Pentateuch, Diss. Hamburg 1963, A 2: "Bei der Frage, was denn literarisch V.1off am ehesten vorausgehen werde, wird man
zuerst an V.1-9 denken. Der meist zu E gerechnete Abschnitt Ex. 3,9-14
eignet sich weniger, weil dort die Sendung zum Pharao im Vordergrund
steht, während sich darin Ex. 4,1-9 und 1o-16 thematisch decken, daß
es um die Glaubwürdigkeit Moses gegenüber dem Volke geht ... Die Beobachtungen über die Unterschiede zwischen 4,1-9 und 1o-16 ... genügen
nicht, um die beiden Abschnitte als literarische Einheiten zu bezeichnen und sie gar quellenmäßig zu scheiden. Ein Einschnitt hinter V.9 ist
allein unter thematischem und traditionsgeschichtlichem Aspekt gerechtfertigt. Da V.1o-16 wohl ein eigenes Thema behandeln, aber als selbständige literarische Einheit nicht abgeschlossen sind, wird es sich am
ehesten um ein Traditionsstück handeln, das später an den vorhergehen-

mit emphatischem כי eingeleiteten positiven Aussage, in denen jeweils das
Prädikat an der Tonstelle steht, während das Subjekt אנכי nachgestellt am
Schluß des Satzes steht [134]. Voneinander getrennt sind die beiden nominalen
Aussagen, die jeweils die Fähigkeit des Mose zur Rede betreffen, durch drei
mit גם eingeführte Bestimmungen [135]. Dieser Einwand des Mose, der auf seine
Beauftragung zu einem Amt der Rede rekurriert, hat in der vorangehenden Geschichte keinen unmittelbaren Anknüpfungspunkt [136], könnte aber am ehesten
an die Redebeauftragung des Mose in 3,14b und 15a כה האמר לבני ישראל anschließen [137].

Die Antwort Jahwes in 4,11+12 besteht aus zwei Teilen, deren erster Teil mit
zwei "Wer"-Fragen eröffnet wird, die auf Jahwes Schöpferhandeln rekurrieren. Die Antwort gibt Jahwe selbst mit Hilfe einer rhetorischen Frage
(הלא אנכי), die zugleich Jahwe als Subjekt der beiden einleitenden Fragen
einführt [138]. Die ausdrückliche und betonte Nennung Jahwes in 4,11b erinnert - wie schon der Einwand des Mose in 4,1o - an die nachdrückliche Einführung des Jahwenamens in 3,15, was für die Herkunft von ein und derselben
Hand sprechen würde [139]. Der zweite Teil der Jahwerede in 4,12, der wie 3,
1o mit ועתה לך eröffnet wird (4,12a), enthält zunächst in 4,12bα eine allgemeine Zusicherung des Beistandes, die an die entsprechende Zusicherung
des Beistandes in 3,12aα anknüpft, diese aber entsprechend dem veränderten
Redezusammenhang variiert, wobei im Unterschied zu 3,12aα (vgl. auch 3,14a)

---

den Abschnitt angefügt worden ist, ohne daß man darum V.1-16 als literarisch uneinheitlich bezeichnen müßte".

134 Vgl. auch W. RICHTER, FRLANT 1o1, 118.

135 Der Wechsel von der Anrede an Gott in der ersten Person in den beiden
Rahmenaussagen in Ex 4,1o zur unterwürfigen Selbstbezeichnung des Redenden als עבד im Zwischenstück berechtigt nicht dazu, die jeweils
mit גם eingeleiteten Bestimmungen in Ex 4,1o als redaktionelle Einfügungen zwischen die beiden invertierten NS zu betrachten (gegen W.
FUSS, BZAW 126, 64).

136 Vgl. dazu auch W. FUSS, BZAW 126, 64f.

137 Würde Ex 4,1o mit 3,14b und 15a zu verbinden sein, dann würde das jedenfalls genau zu der auch sonst zu beobachtenden Bezugnahme von Ex
4,1o-17 zu Ex 3,1o-15 passen (dazu s.u.).

138 Zur syntaktischen Struktur von Ex 4,11 vgl. W. RICHTER, FRLANT 1o1, 118.

139 Zumindest ist auffällig, daß sowohl in Ex 4,11 als auch in Ex 3,14 und
15 derart betont Jahwe als das Subjekt der Aussage eingeführt wird,
wie es sonst innerhalb von 2,23-5,5 nicht mehr geschieht (vgl. allenfalls noch Ex 5,2a, wo jedoch ein anderer Aspekt im Vordergrund steht).

vor allem das dem Prädikat vorangestellte explizite Subjekt (ואנכי אהיה)
zu beachten ist [14o]. In 4,12bß wird sodann die allgemeine Zusicherung des
Beistandes inhaltlich entfaltet, wobei das hier gebrauchte Verbum והוריתיך
deutlich in den Bereich der priesterlich-kultischen Weisung gehört [141].

Mit der Antwort Jahwes in 4,11-12 auf den Einwand des Mose in 4,1o ist der
erste Redegang abgeschlossen. An ihn schließt sich unmittelbar in 4,13-16
ein zweiter Redegang an, der formal in Analogie zum ersten Redegang gestaltet ist [142]. Der erneute Einwand des Mose wird mit der gleichen unterwürfigen Anrede בי אדני wie 4,1o eröffnet, woran sich in der zweiten Vershälfte
eine mit der Basis שלח gebildete Aufforderung (Imperativ) an Jahwe anschließt, die von einem paronomastischen RS nach ביד gefolgt ist [143]. Die
Konstruktion mit paronomastischem RS erinnert an 3,14, knüpft auch allem
Anschein nach daran an, um auf diese Weise die Ablehnung des Sendungsauftrags zu formulieren [144]. Der Einsatz des absolut gebrauchten Sendungsver-
bums שלח ist offensichtlich von dem jungen redaktionellen Zusatz in 3,12b
(vgl. die damit zusammenhängenden Aussagen 3,14b und 15a) bestimmt [145].

14o Vgl. dazu W. FUSS, BZAW 126, 66.

141 Vgl. J.M. SCHMIDT, Aaron und Mose, A 1of, sowie unten zur semantischen
     Analyse des Textes.

142 Zur literarischen Strukturierung von Ex 4,1o-17 vgl. schon J.M. SCHMIDT,
     Aaron und Mose, A 8.11, H. VALENTIN, Aaron. Eine Studie zur vor-prie-
     sterschriftlichen Aaronüberlieferung, OBO 18, Freiburg-Göttingen 1978,
     86-88. - Häufig wird Ex 4,13-16 (so J. WELLHAUSEN, Composition, 71
     Anm. 1; A.H. McNEILE, Exodus, XIV. 23-26; H. GRESSMANN, FRLANT 18,
     21 Anm. 1; W. RUDOLPH, BZAW 68, 9; M. NOTH, ATD 6, 32f) bzw. Ex
     4,14aßb-16 (so etwa A. JÜLICHER, Quellen, 15-17; H. HOLZINGER, KHC II,
     XV.9; B. BAENTSCH, HK I/2, 29f) vor allem wegen der für J auffälligen
     und betonten Herausstellung Aarons für eine redaktionelle Erweiterung
     des Textes gehalten, wobei die Herkunft dieser Hinzufügung im einzel-
     nen verschieden bestimmt wird. Meist sieht man in Ex 4,13(14aß)-16 ei-
     nen Zusatz zu J oder eine auf R^Je zurückgehende Erweiterung, während
     gelegentlich auch an R^P gedacht wird (so z.B. H. HOLZINGER, KHC II,
     XV.9; betont abgelehnt wird diese Zuordnung des Einschubs zu R^P von B.
     BAENTSCH, HK I/2, 3o). Für G. FOHRER, BZAW 91, 4o-42 sind Ex 4,11-13a
     als ein späterer Zusatz zu verstehen. Gegen die Abtrennung von Ex 4,13
     (14aß)-16 haben sich betont etwa ausgesprochen R. SMEND, Erzählung,
     117 Anm. 1 und J.M. SCHMIDT, Aaron und Mose, A 2f sowie jüngst H. VALENTIN,
     OBO 18, 82-85.

143 Vgl. W. RICHTER, FRLANT 1o1, 118.

144 In diesem Falle wäre Ex 4,13b als eine bewußte Antithese zu Ex 3,14a
     zu verstehen.

145 Das Sendungsverbum שלח begegnet zwar schon in Ex 3,1o (Sendung des Mo-
     se durch Jahwe an den Pharao) sowie in 3,13 (Rekurs auf die Sendung
     des Mose durch Jahwe an die Söhne Israels), die jeweils der älteren

Damit steht auch für den zweiten Redegang 4,13-16 der Abschnitt 3,1o-15 -
und zwar vor allem in seinen jüngeren redaktionellen Bestandteilen - im Hintergrund.

Die Antwort Jahwes (4,14-17) auf die Ablehnung des Sendungsauftrags durch
Mose wird akzentuiert mit der Wendung ויחר אף יהוה במשה eingeleitet, um auf
diese Weise zugleich den Schlußpunkt der Auseinandersetzung zwischen Mose
und Jahwe zu signalisieren. Eröffnet wird die Antwort Jahwes mit einer an
4,11b erinnernden nominalen Frage, die Aaron einführt, wobei Aaron durch
eine doppelte Apposition als Bruder des Mose und als Levit angesprochen
wird [146]. An die Einführung Aarons mit Hilfe einer rhetorischen Frage
schließt sich eine Feststellung, die das sichere Wissen (qatal-x) Jahwes um
die Redefähigkeit Aarons akzentuiert, an, gefolgt von einer mit הנה + וגם
eingeführten partizipialen Aussage, die das Kommen Aarons als unmittelbar
bevorstehend konstatiert, woran sich erneut zwei Afformativkonjugationen
anschließen.

War in 4,14 Aaron das bestimmende Subjekt der Aussage, so wechselt mit Beginn von 4,15 der Text von der Aussage in der dritten Person (Aaron) zur
Form der Anrede in der zweiten Person (Mose) über [147]. In der Formulierung
schließt sich 4,15 eng an die vorangehende Gottesrede in 4,11+12 an [148].

Redaktionsschicht in Ex 3,1o-15 angehören, doch zum eigentlich prägen-
den Stilelement wurde das Sendungsverbum שלח erst auf der Ebene der
jüngsten Redaktion in Ex 3,1o-15, der 3,12aßb.14b.15 zuzurechnen sind.
Hier steht jeweils die Sendung des Mose an die Söhne Israels im Vordergrund.

146 Gegen W. FUSS, BZAW 126, 66f, der הלוי in Ex 4,14aα als Prädikatsnomen
versteht ("Aaron, dein Bruder, ist doch der Levit ...?").

147 Zur literarischen und syntaktischen Struktur von Ex 4,15-17 vgl. W.
RICHTER, FRLANT 1o1, 119. - J.M. SCHMIDT, Aaron und Mose, A 13 und VI
Anm. 13 sieht im Übergang von Ex 4,14b zu 15 ein syntaktisches Problem in der Verwendung der Afformativkonjugation (w-qatal), die zwar
einen Befehl ausdrücken könne, zugleich aber das Moment der Ankündigung mitenthalte, woraus sich für ihn ein Gegensatz zu Ex 4,1-9 ergibt
(doch vgl. die Verbformen in Ex 4,8+9 ; vgl. auch H. SEEBASS, Mose und
Aaron, 8).

148 Daß Ex 4,15 die Formulierungen von Ex 4,11+12 aufnimmt, kann folgender
synoptischer Vergleich deutlich machen (vgl. dazu auch A. REICHERT,
Jehowist, 21o Anm. 91):

Ex 4,11 + 12   *Ex 4,15*

Wer hat einen *Mund* dem Men-   Du sollst zu ihm reden und die
schen *gemacht?* ...   Worte *in seinen Mund legen:*

Auf die Beauftragung des Mose, dem Aaron die Worte in den Mund zu legen,
folgt in der zweiten Vershälfte (4,15b) eine doppelte Zusicherung Jahwes,
die sich an 4,12b anlehnt, diese aber auf Mose und Aaron bezieht und den RS
aus 4,12bß אשר ודבר in אשר תעשון abwandelt, wobei diese in der vorangehenden Szene ohne Bezug bleibende Aussage allem Anschein nach schon auf das
Agieren des Mose und Aaron vor dem Pharao ("Zeichen und Wunder") vorweisen
will.

Der für 4,15 charakteristische Wechsel von Auftrag und Zusage Jahwes wiederholt sich auch in 4,16 wieder. Parallel zur Redebeauftragung des Mose an
Aaron in 4,15aα steht die Beauftragung des Aaron zur Rede an das Volk in
4,16a [149]. Das Element der Zusage wird eingeleitet durch והיה, womit der
Aspekt der Zukunftsgewißheit der nachfolgenden Aussage zum Ausdruck gebracht ist. Die Zusage selbst besteht aus zwei streng parallel gefügten Aussagen, die das gegenseitige Verhältnis von Mose und Aaron zueinander erläu-
tern: Aaron soll für Mose ein Mund und Mose für Aaron ein Gott sein.

Etwas unvermittelt ist der Übergang von 4,16 zu 17, weshalb häufig auch die
an Mose gerichtete Aufforderung "diesen Stab" in die Hand zu nehmen, von
der vorangehenden Aussage abgetrennt wird [15o]. Auch wenn man eine gewisse
Spannung zum Textzusammenhang feststellen muß, so reicht diese dennoch
nicht hin, um 4,17 von der Jahwerede 4,13-16 abzutrennen [151]. Vielmehr ist
der literarische Zusammenhang der ganzen szenischen Einheit 4,1o-17 zu beachten.

Und nun, geh! *Ich selber werde dasein bei deinem Mund,* und *dich weisen, was* du reden sollst.	*Ich selber werde dasein bei deinem Mund und bei seinem Mund* und *dich weisen,* was ihr tun sollt.

149 Dieser Zusammenhang wird von H. VALENTIN, OBO 18, 66-68 nicht beachtet, für den Ex 4,16a ursprünglich hinter 4,14a gehört.

15o Vgl. etwa A. DILLMANN, KeH 12, 41f; A. JÜLICHER, Quellen, 17f; J. WELL-
HAUSEN, Composition, 7o; H. HOLZINGER, KHC II, XV.9; B. BAENTSCH, HK I/
2, 28.31; A.H. McNEILE, Exodus, XIV. 26; S.R. DRIVER, Exodus, 29f; H.
GRESSMANN, FRLANT NF 1, 21 Anm. 1; M. NOTH, ATD 6, 33; J.M. SCHMIDT,
Aaron und Mose A 2, die in Ex 4,17 ein Element der elohistischen Ge-
schichtsdarstellung sehen, während sie Ex 4,1o-16 J/R^Je zurechnen.

151 Gegen eine Abgrenzung von Ex 4,17 von der vorangehenden Erzähleinheit
hat sich vor allem W. RUDOLPH, BZAW 68, 14f ausgesprochen, aber auch
alle jene Autoren, die Ex 4,1o-17 E zurechnen (dazu vgl. Anm. 132).

Auffälligerweise endete der erste Teil des an Mose und Aaron gerichteten
Auftrags in 4,15bß nicht wie in der hier aufgenommenen Aussage von 4,12bß
mit der Zusage Jahwes, Mose und Aaron in dem, was sie sagen sollen, zu
"weisen", sondern in dem, was sie tun sollen. Gerade jenes Element ist nun
aber im Abschluß des zweiten Teils der Beauftragungsszene in 4,17 wieder-
aufgenommen, indem Mose jetzt im Unterschied zu Aaron den Auftrag zum Tun
von Zeichen erhält. Doch sind beide Aussagen über diesen Zusammenhang hinaus auch in ihrer Funktion miteinander verbunden. Jeweils ist in einem RS
auf ein Tun in der Zukunft verwiesen, das durch keine voraufgehende Beauftragung gedeckt ist, sondern auf weiteres Geschehen vorweisen will, wofür
nur die "Zeichen und Wunder" vor dem Pharao, die im zweiten Teil des Exodus-Buches erzählt werden, in Frage kommen [152].

Spricht somit die Korrespondenz von 4,15bß und 17 für die Ursprünglichkeit
dieser Aussage, so läßt sich dieser Sachverhalt noch durch eine weitere Aussage absichern. Auch die vorangehende Redeeinheit endete in 4,8+9 mit einem Vorblick auf das zukünftige Tun des Mose in Bezug auf die Israel-Söhne,
wobei das Tun des Mose selbst in den Farben der "Plagengeschichte" geschildert ist. Aber nicht nur der Vorverweis auf die "Plagen" verbindet 4,8+9
und 4,15bß und 17, sondern auch das Stichwort אות, das in beiden Schlußaus-
sagen begegnet, wenn auch in unterschiedlicher Funktion [153]. So ergibt
sich auch aufgrund eines Vergleiches des Abschlusses der beiden Texteinheiten 4,1-9 und 1o-17 ein weiteres Argument für die literarische Ursprünglichkeit der Verbindung von 4,17 mit der vorangehenden Jahwerede.

Dennoch läßt sich nicht bestreiten, daß die Verbindung von 4,17 mit 4,16
"unmotiviert" und "abrupt" erscheint [154]. Doch gilt das nur, wenn man 4,17

---

152 Vgl. auch W. RICHTER, FRLANT 1o1, 119. - Diese Funktion der Aussage von
     Ex 4,17 wird etwa von B. BAENTSCH, HK I/2, 29 und O. EISSFELDT, HS
     269* verkannt, die annehmen, daß auch bei E vorher einmal "etwa bei
     3,1o.11 von Zeichen, die Mose vor dem Pharao tun sollte, die Rede ge-
     wesen sein muß" (O. EISSFELDT, HS 269*).

153 Während אות sich in Ex 4,8+9 auf die in Ex 4,2-4 + 6-7 gewirkten Zau-
     berhandlungen bezieht und diese als durch Mose gewirkte Zeichen inter-
     pretiert, sind die in Ex 4,17 dem Mose aufgetragenen "Zeichen" zukünf-
     tige Zeichen. Dennoch ist hier ein Zusammenhang der Problematik, signa-
     lisiert durch den Namen אות, unverkennbar (zum Ganzen vgl. auch H. VA-
     LENTIN, OBO 18, 72-73.78-8o).

154 So die Formulierungen bei M. NOTH, ATD 6, 33 und W. FUSS, BZAW 126, 7o.

72

im unmittelbaren Anschluß an die Zusage in 4,16b liest, nicht aber, wenn man 4,17 mit 4,16a verbindet. Zwischen diese beiden antithetischen Aussagen 4,16a und 17 ist die Zusage in 4,16b im Sinne einer Parenthese eingeschaltet [155]. Demnach findet sich am Ende der Erzähleinheit 4,1o-17 die nämliche Sprachfigur, die schon zu Beginn in der Intervention des Mose in 4,1o begegnete.

Aufgrund dieser Beobachtungen wird man 4,1o-17 als eine in sich geschlossene, literarisch einheitliche Größe verstehen müssen, die im Zusammenhang mit der jüngeren Redaktionsschicht in 4,1-9 steht. Dafür spricht neben verwandter Problematik vor allem die auffällige strukturell-stilistische Verwandtschaft beider Erzähleinheiten mit der für sie charakteristischen Zweigliedrigkeit der Erzählung, wobei jeweils der zweite Teil der beiden Einheiten (4,6-9/13-17) mit der Ansage zukünftigen Geschehens abgeschlossen wird. Thematisch ist sowohl für 4,1-9 als auch für 4,1o-17 ein Zusammenhang vor allem mit der jüngeren Redaktionsschicht in 3,1o-15 zu beobachten, so daß die genannten Texte bzw. Textstücke literarisch von ein und derselben Hand herzuleiten sind.

4,18 markiert einen Wechsel in der Szenerie. Ohne daß ein eigentlicher Übergang hergestellt würde, setzt die Erzählung mit 4,18 neu ein. Doch wird man trotz des abrupten Übergangs 4,18a literarisch kaum von 4,1o-17 abtrennen können [156]. Dafür bestehen zu enge Verbindungen zwischen 4,18 und der vorangehenden Wechselrede zwischen Mose und Jahwe in 4,1o-17. Nachdem Jahwe auch den letzten Einwand des Mose (4,13) mit der Einführung Aarons als Sprecher des Mose entkräftet hat, wobei von Aaron ausdrücklich gesagt ist, daß er im Begriff stehe, Mose schon entgegen zu gehen, da ergreift jetzt Mose die Initiative, indem er aus Midian nach Ägypten zurückkehren will. Deutlich sind somit 4,14b und 4,18 als einander korrespondierende Angaben zu verstehen. Weitere Beobachtungen weisen in die gleiche Richtung.

---

155 Die von H. VALENTIN, OBO 18, 66-69 vorgeschlagene Umstellung von Ex 4, 16a nach 4,14a ist keineswegs zwingend (vgl. schon Anm. 149).

156 Für eine Abtrennung von Ex 4,18 gegenüber 4,17 plädieren etwa O. EISSFELDT, HS 114*; H. HOLZINGER, HSAT I, 1o4; G. BEER, HAT I/12.36; G. FOHRER, BZAW 91, 124, wobei Ex 4,18 als Wiederaufnahme des "jahwistischen" Fadens verstanden wird. Demgegenüber sehen H. HOLZINGER, KHC II, XV.9; B. BAENTSCH, HK I/2, 33; A.H. McNEILE, Exodus, XIV.28; S.R. DRIVER, Exodus, 3o; W. RUDOLPH, BZAW 68, 1o; E. ZENGER, Exodus, 61f in Ex 4,18 die unmittelbare Fortführung von Ex 4,17.

Bestimmend für 4,18 ist die zweimalige Aufeinanderfolge der Verben הלך und
שוב, zum einen in der einleitenden Erzählnotiz und zum anderen in der Anrede des Mose an Jeter, womit schon angezeigt ist, daß die Aufeinanderfolge
der beiden Verben jeweils in einem anderen Sinne gebraucht ist. Darin ist -
literarisch gesehen - zweifellos ein spielerisches Erzählelement zu sehen.
Zugleich wird darin aber auch der redaktionelle Charakter der Aussage von
4,18 offenbar [157]. Allem Anschein nach ist die wortpaarartige Verbindung
von הלך und שוב in 4,18 als eine redaktionelle Transponierung der entsprechenden Verbindung beider Verben in 4,19 (vgl. auch 4,21), wo sie innerhalb
einer Gottesrede begegnen und sich auf die Rückkehr nach Ägypten beziehen,
zu verstehen [158]. Das legt eine doppelte Überlegung nahe. Die beiden Aussagen in 4,18 und 4,19(+21) können, da sie in Spannung zueinander stehen, literarisch nicht gleich ursprünglich sein. Zweifellos ist eine der beiden
Aussagen von der anderen abhängig. Dafür kommt aber nur 4,18 in Frage, während demgegenüber die Aufforderung in 4,19(+21), nach Ägypten umzukehren,
als literarisch ursprünglich anzusehen ist. Zudem erweist sich die Formulierung in 4,18 אלכה נא ואשובה אל אחי אשר במצרים als eine sekundäre Nachahmung
des Gottesbefehls in 4,19 לך שב מצרים [159].

Auffällig ist im Zusammenhang von 4,18 sodann das Verschweigen Zipporas und
ihrer beiden Söhne, obgleich von ihnen in 4,2oa gesagt wird, daß Mose sie
mit sich nahm [160]. Es hat so nach 4,18 den Anschein, daß Mose allein nach
Ägypten zurückkehren will. Dazu würde dann die Angabe in 18,2-5 passen, wonach Zippora und die beiden Söhne des Mose erst von Jitro zum Gottesberg
in die Wüste gebracht wurden. Andererseits läßt sich 4,18 nicht von 4,2oa
abtrennen [161], so daß 4,18 und 4,2oa eine zusammenhängende Aussagereihe darstellen. Doch dann steht 4,18+2oa in Spannung zu 18,2-5. Eine Lösung des literarischen Dilemmas ergibt sich dann, wenn man sowohl die literarische Entstehungsgeschichte von Ex 18,1-12 als auch die Funktion der Aussagen in 4,
18+2oa und 18,2-5 beachtet.

---

157 Mit dieser stilistischen Eigentümlichkeit in Ex 4,18 (dazu vgl. auch
     W. FUSS, BZAW 126, 75) ist das gleiche sprachlich-stilistische Phäno-
     men in Ex 2,11-14 (dazu Anm. 9) zu vergleichen. Diese stilistische
     Entsprechung zwischen Ex 2,11-14 und 4,18 legt die Vermutung nahe, daß
     beide auch gleicher literarischer Herkunft sind.

158 Vgl. auch W. FUSS, BZAW 126, 75.

159 Der RS אשר במצרים in Ex 4,18a begegnet wörtlich gleichlautend auch in
     Ex 3,7a (dort auf das Volk Jahwes bezogen), was ebenfalls ein Hinweis
     auf den redaktionellen Charakter von Ex 4,18 ist (vgl. auch W. FUSS,
     BZAW 126, 75).

16o Vgl. etwa die literarkritische Abgrenzung von Ex 4,2oa gegenüber 4,18
     bei A. DILLMANN, KeH 12, 42; H. HOLZINGER, KHC II, XV.9; B. BAENTSCH,
     HK I/2, 33; R. SMEND, Erzählung, 117f; A.H. McNEILE, Exodus, 26; W.
     RUDOLPH, BZAW 68, 7; M. NOTH, ATD 6, 33; G. FOHRER, BZAW 91, 3o.124;
     doch vgl. schon J. WELLHAUSEN, Composition, 71, der Ex 4,2o unmittel-
     bar mit 4,18 verbindet.

161 Ex 4,2oa ist ganz offenkundig als Ausführungsbericht zu Ex 4,18 konzi-
     piert, der sich unmittelbar an den Segenswunsch Jitros in Ex 4,18b an-
     schließt (vgl. J. WELLHAUSEN, Composition, 71).

162 Die meist vorgenommene Textkorrektur von בניו (MT) in בנו (vgl. nur
     BHK, doch nicht mehr BHS) entbehrt jeder textgeschichtlichen Grundlage.
     Sie ist allein durch Ex 2,22a bestimmt, berücksichtigt aber nicht die
     übergreifende Funktion von Ex 4,2o (vgl. auch U. CASSUTO, Exodus, 54).

Daß zwischen den genannten Aussagen ein literarischer Zusammenhang besteht, läßt sich nicht bezweifeln. Dafür spricht allein schon die Tatsache, daß in 4,2oa von "Söhnen" des Mose und nicht bloß von einem "Sohn" gesprochen wird, wie nach 2,21-22 eigentlich zu erwarten wäre [162]. Allem Anschein nach ist die Aussage in 4,2oa von 18,2-5 her beeinflußt, und umgekehrt will 4, 2oa auf 18,1-12 vorweisen. Die dann aber innerhalb ein und desselben literarischen Erzählzusammenhangs bestehende Spannung, wonach einerseits Mose seine Frau und seine Söhne mitnahm, andererseits aber Jitro sie erst zu Mose brachte, erklärt sich aus der literarischen Entstehungsgeschichte beider Texte. Demnach war der Verfasser von Ex 4,18-2oa sowie von 18,1-12 in seiner vorliegenden Gestalt an vorgegebene Überlieferungen gebunden, die nicht einfach abgeändert, deren Divergenzen allenfalls nur abgemildert werden konnten. Danach hat die Überlieferung, wonach Zippora erst nach der Herausführung wieder zu Mose zurückgekehrt sei, ihren Ursprung in der jehowistischen Geschichtsdarstellung (18,2*) [163]. Daneben hat Je in Ex 4,24-26 (zur Analyse s.u.) eine andere Überlieferung rezipiert, nach der Zippora unterwegs auf dem Weg nach Ägypten mit Mose gewesen ist. Durch die jüngeren redaktionellen Aussagen in 4,18 und 2oa sollten diese Spannungen ausgeglichen werden.

Zu beachten ist in diesem Zusammenhang auch die Form der Redeeinleitung in 4,18, wo auf אמר nicht wie üblich אל, sondern ל folgt [164]. Dies entspricht genau der Form der Redeeinleitung in 4,6, was vermuten läßt, daß 4,18 der gleichen literarischen Schicht wie 4,6 zugehört. Weiterhin verdient die Bezeichnung der Israeliten in Ägypten als "Brüder des Mose" Beachtung. Die Wendung אחי in 4,18a hat ihre Entsprechung in der in 2,11 gebrauchten Aussage ויצא אל אחיו, mit der im gleichen Vers die Wendung איש עברי מאחיו zusammenhängt [165]. Deutlich wird damit eine Verbindung von 4,18 mit 2,11-14 hergestellt. Während Mose nach 2,11-14 als der selbsternannte Retter seiner "Brüder" zu ihnen herausgeht, kehrt er jetzt zu ihnen als der von Jahwe gesandte Retter zurück. Da 2,11-14 als eine nach-jehowistische redaktionelle Erzählung anzusehen ist, die auf die Hand des Verfassers des Exodus-Buches zurückgehen wird, wird gleiches auch für die redaktionelle Aussage in 4,18 gelten. In die gleiche Richtung weist auch die Verwendung des Zeitadverbs עוד in der indirekten Frage העודם חיים in 4,18a, die an die Verwendung von עוד in 3,15aα und 4,6aα erinnert, die gleichfalls erst auf die jüngste Redaktionsschicht in Ex 2,23-5,5 zurückgehen.

Alle Beobachtungen konvergieren demnach dahin, in dem Wunsch des Mose, zu seinen Brüdern zurückzukehren, und in der Entlassung des Mose durch Jitro in 4,18 einen sehr späten Einschub zu sehen, der auf einer Ebene mit der vorangehenden Szene zwischen Mose und Jahwe in 4,1o-17 steht, mit dessen Hilfe größere literarische Bezüge nach vorne und hinten hergestellt werden sollen.

---

163 Zur Analyse von Ex 18,1-12 s.o. S. 27-29 , wonach die älteste Schicht dieser Geschichte, zu der auch die Notiz in Ex 18,2* gehört, daß Jitro die Frau des Mose Zippora zu ihrem Mann zurückbrachte, als jehowistische Eigenbildung angesprochen werden muß.

164 Vgl. auch W. FUSS, BZAW 126, 75.

165 Vgl. auch W. FUSS, BZAW 126, 75.

Von 4,18 abzugrenzen ist die Aussage von 4,19, die zu 4,18 in Spannung
steht [166]. Der Begründungssatz in 4,19b (‏כי מתו כל האנשים המבקשים את נפשך‎)
greift auf 2,15a (‏ויבקש להרג את משה‎) zurück [167]. Diese Querverbindung von
4,19 zu 2,15 wird zudem unterstrichen durch die Ortsangabe ‏במדין‎ in 4,19a,
die ‏בארץ מדין‎ aus 2,15 wiederaufnimmt. Der enge sprachliche Bezug der beiden Aussagen führt für 2,15 und 4,19 auf ein und dieselbe Hand, die mit
der jehowistischen Redaktion zu identifizieren sein wird. Im ursprünglichen
Textzusammenhang der jehowistischen Geschichtsdarstellung hat sich 4,19
einmal unmittelbar an 4,5a angeschlossen.

Von 4,19 ist erneut 4,2o abzutrennen [168] und mit 4,18 zu verbinden [169]. Zusammengehalten ist die viergliedrige Aussage von 4,2o durch das zweimalige
‏ויקח משה‎ im ersten und vierten Glied [170]. Aus diesem Grund ist 4,2ob auch
nicht für sich zu stellen. Vielmehr steht dieser Halbvers mit 4,2oa in einem ursprünglichen literarischen Zusammenhang [171]. Das wird auch dadurch un-

---

166 Wird nämlich in Ex 4,18 die Rückkehr nach Ägypten auf den Entschluß
des Mose selbst zurückgeführt, ist sie demgegenüber in Ex 4,19 ausdrücklich als Befehl Jahwes stilisiert. - Ex 4,18 und 19 werden allgemein von verschiedenen Händen hergeleitet (vgl. nur A. DILLMANN, KeH
12, 42; B. BAENTSCH, HK I/2, 33; M. NOTH, ÜP 31.39; J.PH. HYATT, Exodus, 84).

167 Vgl. etwa U. CASSUTO, Exodus, 53; W. FUSS, BZAW 126, 81f; B.S. CHILDS,
Exodus, 1o2. Dagegen ist es nicht möglich, Ex 4,19 unmittelbar mit Ex
2,23aα zu verbinden, wie es häufig geschieht (vgl. nur B. BAENTSCH,
HK I/2, 34; A.H. McNEILE, Exodus, XIV.26; W. RUDOLPH, BZAW 68, 6; O.
EISSFELDT, HS 11o*.114*), da nicht nur die Spannung von Ex 4,19 zu Ex
2,23aα zu groß ist, sondern auch die Rede Jahwes an Mose in Ex 4,19
eine voraufgehende Gottesoffenbarung verlangt (vgl. dazu schon J. WELL-
HAUSEN, Composition, 71).

168 Entgegen der weit verbreiteten Tendenz der Forschung, Ex 4,2oa mit 4,
19 zu verbinden (vgl. etwa H. HOLZINGER, KHC II, XV.9; B. BAENTSCH,
HK I/2, 33; A.H. McNEILE, Exodus, XIV.26; R. SMEND, Erzählung, 115.
118; O. EISSFELDT, HS 114*; G. BEER, HAT I/3, 36; W. RUDOLPH, BZAW 68,
6; M. NOTH, ATD 6, 33; G. FOHRER, BZAW 91, 3o.124), ist eine solche
Verknüpfung der beiden Aussagen nicht möglich, da Ex 4,2oa kaum als
der angemessene Ausführungsbericht zum Jahwebefehl in Ex 4,19 angesehen werden kann.

169 So vor allem J. WELLHAUSEN, Composition, 71 (vgl. auch Anm. 16o) sowie
jüngst E. ZENGER, Exodus, 62. Ex 4,2o schließt sich insofern gut an Ex
4,18a an, als in beiden Versen Mose jeweils voll und ganz die Initiative hat und sie beide das gleiche Hintergrundkolorit (Familie) zeigen.

17o Auf diese stilistische Verknüpfung hat auch W. FUSS, BZAW 126, 83 aufmerksam gemacht.

171 Häufig wird Ex 4,2ob von der ersten Vershälfte abgetrennt (vgl. etwa
A. DILLMANN, KeH 12, 42; H. HOLZINGER, KHC II, XV.9; B. BAENTSCH, HK I/

terstrichen, daß 4,2ob auf 4,17 zurückgreift und damit auf den gleichen literarischen Zusammenhang verweist, dem auch 4,2oa zuzurechnen ist. Die Aussage von 4,2oaß וישב ארצה מצרים nimmt redaktionell die Aufforderung שב מצרים aus 4,19aß wieder auf und dient damit überdies der Vorbereitung der einleitenden Zeitbestimmung in der Jahwerede in 4,21aα בלכתך לשוב מצרימה, womit zugleich ein literarischer Zusammenhang von 4,2o und 21 angezeigt ist [172]. Der Zusammenhang der beiden Verse wird zusätzlich unterstrichen durch die Stichwortverknüpfung von 4,21aß (בידך) mit 4,2ob (בידו).

Zudem steht die Aussage von 4,21 in gleicher Funktion wie die das zukünftige Geschehen determinierenden Aussagen im Munde Jahwes in 3,21+22 sowie in 4,8+9 und 17, die alle das zukünftige Handeln Jahwes bzw. des Mose vor dem Pharao im Blick haben. Während in 4,8+9 und 17 nur allgemein von den Zeichen (Plagen) gesprochen wird, die Mose in Ägypten tun soll, greifen die beiden Vorblicke in 3,21+22 und 4,21 über das Wirken solcher Zeichen hinaus und rücken die Folgen des Geschehens in den Vordergrund, wobei bezeichnenderweise - sowohl in 3,21+22 als auch 4,21 - Formulierungen aufgegriffen werden, die in dieser Verbindung gerade erst am Ende des zweiten Hauptteils des Exodus-Buches in Ex 11 begegnen, und zwar gerade in solchen Aussagen, die auf den Verfasser des Exodus-Buches selbst zurückgeführt werden müssen [173]. Demnach wird auch 4,21 erst dieser mit R[P] zu identifizierenden Redaktionsschicht zugeordnet werden können. Die Herleitung von 4,21 aus der Hand von R[P] wird zusätzlich unterstrichen durch die Verwendung des Verbums שים in 4,21aß, das allein dreimal in dem der gleichen Redaktionsschicht zuzurechnenden Abschnitt 4,1o-17 begegnet (4,11 (2mal) .15).

2, 33; A.H. McNEILE, Exodus, 27; S.R. DRIVER, Exodus, 3o; W. RUDOLPH, BZAW 68, 6.1o; M. NOTH, ATD 6, 22.33; G. FOHRER, BZAW 91, 38.124; J. PH. HYATT, Exodus, 84), wobei meist auf den schlechten Anschluß von Ex 4,2ob und 4,2oa hingewiesen wird. Doch erklärt sich dieser befriedigend aufgrund des stilistischen Gleichklangs zwischen der ersten und vierten Aussage innerhalb der viergliedrigen Aussagereihe von Ex 4,2o. Die literarische Einheitlichkeit von Ex 4,2o wird u.a. vertreten von J. WELLHAUSEN, Composition, 71; R. SMEND, Erzählung, 118; H. HOLZINGER, HSAT I, 1o4; O. EISSFELDT, HS 114*f; G. BEER, HAT I/3, 12.36; E. ZENGER, Exodus, 62.

172 Im Gegensatz zur gängigen These, wonach Ex 4,21 von 4,2o abzutrennen sei, hat vor allem R. SMEND, Erzählung, 118f (vgl. auch O. EISSFELDT, HS 115*; G. FOHRER, BZAW 91, 38.124) auf den Zusammenhang der beiden Verse hingewiesen, worauf gerade auch die Wiederaufnahme von וישב ארצה מצרים aus Ex 4,2oaß durch בלכתך לשוב מצרימה in Ex 4,21aα hindeutet.

173 Vgl. auch W. FUSS, BZAW 126, 84f; J.PH. HYATT, Exodus, 85 notiert eine gewisse Nähe zur Sprache von P.

In keiner ursprünglichen Verbindung mit 4,21 steht die Fortführung der Gottesrede in 4,22+23 [174]. Sowohl 4,21 als auch 4,22+23 sind als Vorblick auf das zukünftige Geschehen vor dem Pharao stilisiert, weshalb sie kaum auf ein und denselben Verfasser zurückgehen werden. Überdies stehen die beiden Aussagereihen insofern in Spannung zueinander, als nach 4,21 Mose von Jahwe einen Tatauftrag (Wunderzeichen) erhält, während er nach 4,22+23 als Bote Jahwes aufzutreten hat, und als zum anderen als Objekt der Entlassung in 4,21 das Volk und in 4,22+23 der "Sohn Jahwes" genannt ist.

Da 4,21 offensichtlich als redaktionelles Verbindungsstück zu 4,22+23 komponiert ist, um für den hier überlieferten Botenauftrag einen passenden Anschluß zu schaffen [175], muß 4,22+23 einer älteren Tradition zugerechnet werden. Da 4,22+23 andererseits aber als Jahwerede stilisiert ist, liegt der nächste mögliche Anschluß für 4,22+23 in 4,19, so daß sich ein Zusammenhang zwischen 4,19 und 22+23 nahelegt. Die Zusammengehörigkeit dieser Verse wird dadurch bekräftigt, daß in 4,19 aufgrund der Notiz in 2,15, worauf sich 4,19 zurückbezieht, eigentlich vom Tode des "Pharao" und nicht vom Tode "aller Männer" gesprochen sein müßte [176]. Doch scheint diese Inkongruenz ganz bewußt im Blick auf 4,22+23 in Kauf genommen worden zu sein, um auf diese Weise die sachlich schwierige Aufeinanderfolge einer zweifachen Nennung eines Pharao in 4,19 (der tote Pharao) und 4,22 (der neue Pharao) zu vermeiden. In 4,22+23 dürfte somit die ursprüngliche Fortsetzung von 4,19 vorliegen [177].

---

174 Z.T. wird Ex 4,21-23 als ein literarisch einheitlicher Zusammenhang verstanden, so etwa J. WELLHAUSEN, Composition, 71; B. BAENTSCH, HK I/2, 33.34; A.H. McNEILE, Exodus, XIV. 27; R. SMEND, Erzählung, 115.118f; H. HOLZINGER, HSAT I, 1o4; O. EISSFELDT, HS 115*; G. BEER, HAT I/3, 12. 36; M. NOTH, ATD 6, 22.33; G. FOHRER, BZAW 91, 38.124; A. REICHERT, Jehowist, 33-35.

175 Nach dem Einschub von Ex 4,2o bedarf das aus der Tradition übernommene Botenwort in Ex 4,22+23 eines neuen erzählerischen Rahmens, der durch Ex 4,21 hergestellt wird.

176 Vgl. etwa B. BAENTSCH, HK I/2, 34.

177 Meist werden Ex 4,19 und 4,22-23 gegeneinander abgegrenzt und auf verschiedene Verfasser zurückgeführt (vgl. etwa H. HOLZINGER, KHC II, XV. 9; B. BAENTSCH, HK I/2, 33.34; A.H. McNEILE, Exodus, XIV. 26f; M. NOTH, ATD 6, 22.33; G. FOHRER, BZAW 91, 3o.38.41.43.124). Vereinzelt werden aber auch die Aussagen in Ex 4,19 und 4,22+23 miteinander verbunden und auf ein und dieselbe literarische Schicht zurückgeführt (vgl. etwa J. WELLHAUSEN, Composition, 71; R. SMEND, Erzählung, 115.119; O. EISSFELDT, HS 114*; G. BEER, HAT I/3, 36). Doch auch in diesem Fall wird Ex 4,22+23 nicht als die unmittelbare Fortsetzung von Ex 4,19 verstanden (so auch E. ZENGER, Exodus, 62).

In 4,24a ist durch ויהי mit nachfolgender Situationsangabe ein Neueinsatz
im Erzählablauf angezeigt. Der mit 4,24a eröffnete Erzählzusammenhang reicht
dabei bis 4,26. Trotz der nur lockeren Einbindung von 4,24-26 in den grös-
seren Erzählzusammenhang [178] kann der Abschnitt dennoch nicht einfach gegenüber 4,22+23 als ein ursprünglich selbständiges Textelement abgegrenzt
werden. Einerseits bestehen zwischen 4,22+23 und 24-26 deutlich thematische
Querverbindungen, andererseits enthält der Text mehrere Indizien, die auf
einen ursprünglichen Zusammenhang von 4,22+23 und 24-26 hindeuten. Die einleitende Situationsangabe in 4,24a ist deutlich auf den Befehl zur Rückkehr
in 4,19a bezogen und wird von da her auch verständlich. Sodann wird in 4,
24b das Objekt des Überfalls Jahwes nicht ausdrücklich bezeichnet, sondern
ist nur mit Suffix der 3. Person in die Erzählung eingeführt, so daß, wenn
4,24-26 gegenüber dem Textzusammenhang isoliert würde, unklar bliebe, wer
überhaupt von dem Überfall Jahwes betroffen wird [179]. Gerade hierin ist nun
ein deutlicher Hinweis darauf zu sehen, daß 4,24-26 im Blick auf einen grös-
seren Textzusammenhang komponiert ist [180].

Doch ist 4,24-26 in sich literarisch nicht ganz einheitlich. Zu beachten
ist zunächst die Doppelung der Situationsangaben in 4,24a, wo asyndetisch
בדרך und במלון nebeneinander stehen. Da aber die beiden Situationsangaben
so nicht gleich ursprünglich sein können, ist die zweite Angabe במלון wohl
als eine sekundäre Präzisierung der allgemeineren Angabe בדרך zu verstehen [181]. Ein weiteres redaktionelles Textelement wird am Schluß der in 4,
24-26 geschilderten Episode erkennbar. Der mit 4,24a einsetzende Erzählablauf kommt mit 4,26a schon zu einem befriedigenden Abschluß [182]. Demgegen-

---

178 Die lockere Verhaftung von Ex 4,24-26 im Textzusammenhang der "Berufungs-
    geschichte" wird allgemein konstatiert (vgl. nur B.S. CHILDS, Exodus,
    95). Doch berechtigt das noch nicht zu einer Transposition der Geschich-
    te (zusammen mit Ex 4,19 und 2oa) nach Ex 2,23aα (so A.H. McNEILE, Exo-
    dus, XIII. 27).

179 Vgl. nur B.S. CHILDS, Exodus, 95.

18o Der unmittelbare Bezugspunkt des Suffixes der 3. Person in Ex 4,24 liegt
    in dem erstgeborenen Sohn des Pharao in Ex 4,23. Doch kann dieser hier
    schwerlich das Objekt des Handelns Jahwes sein, zumal es sich in Ex 4,
    22+23 um eine Zukunftsankündigung handelt, die die Übermittlung an den
    Pharao voraussetzt. Aus dem gleichen Grunde kann sich das Suffix in 4,
    24 auch nicht auf Israel als den erstgeborenen Sohn Jahwes beziehen.
    Von daher kann das mit dem Suffix in 4,24 angezeigte Objekt des Han-
    delns Jahwes eigentlich nur der in 4,19+22-28 von Jahwe angeredete Mo-
    se sein.

181 Vgl. auch W. FUSS, BZAW 126, 9o.

182 Vgl. auch B.S. CHILDS, Exodus, 99.

über muß der mit der Partikel אז eingeführte ätiologische Schlußsatz in 4, 26b als redaktionelle Bildung verstanden werden. Zwischen der in 4,24-26a geschilderten Episode und der ätiologischen Notiz in 4,26b besteht nicht nur kein genuiner Zusammenhang, vielmehr konkurriert 4,26b auch deutlich mit dem Ausruf Zipporas in 4,25b [183]. Die ätiologische Notiz in 4,26b wird dabei auf die gleiche Hand zurückgehen, die auch במלון in 4,24a eingefügt hat.

In 4,27 setzt die Erzählung mit einer Jahwerede neu ein, die nicht an Mose, sondern an Aaron gerichtet ist. Mit dieser Rede wird das in 4,14 schon vor-bereitete Zusammentreffen von Mose und Aaron eingeführt (vgl. יצא לקראתך in 4,14 mit לך לקראת משה in 4,27) [184]. Trotz des erzählerischen Neueinsatzes durch die erneute Jahwerede und den Wechsel des Adressaten wird man in 4,27 keinen völligen Neubeginn sehen können, sondern eigentlich nur den Abschluß des mit 4,18 eröffneten Reiseberichtes, da jetzt die beiden Brüder zusammen-geführt werden, und zwar noch außerhalb Ägyptens, eben am Gottesberg. Schon aus diesem Grunde kann 4,27 nicht von 4,26b abgetrennt und für sich ge-stellt werden [185]. In diese Richtung weist eine doppelte Beobachtung. Zum einen ist zu beachten, daß der in 4,27b begegnende Narrativ ויפגשהו gleich-falls in 4,24b vorkommt, was die Vermutung nahelegt, daß 4,27 unter Kennt-nis und in bewußter Anlehnung an 4,24b geschrieben worden ist [186]. Zum an-deren ist die Korrespondenz der Aussage von 4,14 und 27 zu beachten, was die Vermutung nahelegt, daß 4,14 und 4,27 auf ein und dieselbe Hand zurück-gehen werden.

Unmittelbare Fortsetzung von 4,27 ist die Notiz in 4,28, in der - wie schon in 4,27 - auf 4,1o-17 zurückgegriffen wird (vgl. vor allem die Aussagen in

---

183 Vgl. etwa auch W. FUSS, BZAW 126, 91 und B.S. CHILDS, Exodus, 99.

184 Auf die Entsprechung beider Aussagen in Ex 4,14 und 27 hat auch W. FUSS, BZAW 126, 91f hingewiesen.

185 Meist wird Ex 4,27(+28) gegenüber 4,26b abgegrenzt und einer anderen literarischen Hand zugewiesen, vgl. nur J. WELLHAUSEN, Composition, 71; H. HOLZINGER, KHC II; XV. 17; B. BAENTSCH, HK I/2, 36; A.H. McNEILE, Exodus, XIV. 28; S.R. DRIVER, Exodus, 33; O. EISSFELDT, HS 115*; M. NOTH, ATD 6, 34.36f; G. FOHRER, BZAW 91, 41.124; J. PH. HYATT, Exodus, 87.88; E. ZENGER, Exodus, 63.65f.

186 Der Rückbezug von ויפגשהו in Ex 4,27 auf 4,24 ist schon mehrfach beob-achtet worden, wenn auch mit unterschiedlichen Folgerungen (vgl. nur U. CASSUTO, Exodus, 62 und W. FUSS, BZAW 126, 94).

4,15 und 17). Kennzeichnend für den resümierenden Stil des Verfassers ist das doppelte Objekt (את כל האתח / ואת כל דברי יהוה), woran sich genau parallel jeweils ein Relativsatz (אשר צוהו / אשר שלחו) anhängt [187].

Dagegen kann 4,29 - trotz der Nennung Aarons - kaum als die ursprüngliche Fortsetzung von 4,28 angesehen werden [188]. Darauf weist allein schon der singularische Narrativ וילך bei pluralischem Subjekt (Mose und Aaron) in 4, 29a hin, auch wenn dieser Grund allein noch nicht zwingend ist [189]. Es gibt aber auch Hinweise darauf, daß ואהרן in 4,29a und die pluralische Formulierung des Prädikats in 4,29b (ויאספו) sekundär ist. Deutlich greift nämlich die Aussage in 4,29 auf den Jahwebefehl an Mose לך ואספת את זקני ישראל in 3,16aα zurück. Da 4,29 als Ausführungsbericht zu 3,16aα zu verstehen ist, dürfte das singularische וילך in 4,29 noch ein Hinweis auf den ursprünglichen Wortlaut von 4,29 sein, wo Aaron nicht erwähnt war und anstelle von ויאספו die singularische Form ויאסף gestanden haben wird [190]. Diese Notiz wird ursprünglich einmal unmittelbar auf die Beauftragung des Mose durch Jahwe in 3,16* und 18* gefolgt sein. Die Abänderung des noch zu rekonstruierenden ursprünglichen Wortlautes geht auf die gleiche Redaktion zurück, die auch 4,27+28 in den Textzusammenhang einfügte.

Notwendig wurde die Abänderung des Wortlautes von 4,29 mit der Einfügung von ואהרן vor allem im Blick auf 4,3o, wo Aaron als Subjekt der Handlung genannt ist [191]. Ist in 4,29 Aaron nur Begleiter des Mose, so tritt er hier als der eigentliche Wortführer des ganzen Unternehmens in Erscheinung. Wahr-

---

187 Dazu vgl. auch W. FUSS, BZAW 126, 96.

188 Vgl. etwa H. HOLZINGER, KHC II, XV.; B. BAENTSCH, HK I/2, 37; A.H. McNEILE, Exodus, XIV; S.R. DRIVER, Exodus, 34; O. EISSFELDT, HS 115*; G. BEER, HAT I/3, 38; G. FOHRER, BZAW 91, 3o.41.124; J.PH. HYATT, Exodus, 88; E. ZENGER, Exodus, 66.

189 So kann etwa in Ex 7,6 (P^g) die Formulierung ויעש משה ואהרן nicht auf redaktionelle Bearbeitungsvorgänge zurückgeführt werden, sondern ist als ursprünglich anzusehen; zum Problem des singularischen Prädikats in Ex 4,29a vgl. vor allem A.H. McNEILE, Exodus, 28.

19o So etwa H. HOLZINGER, KHC II, +; B. BAENTSCH, HK I/2, 37; A.H.McNEILE, Exodus, 28; R. SMEND, Erzählung, 117; W. RUDOLPH, BZAW 68, 9; M. NOTH, ATD 6, 34.36; W. FUSS, BZAW 126, 96f; J.PH. HYATT, Exodus, 88; E. ZENGER, Exodus, 66.

191 Eine literarkritische Abgrenzung der beiden Vershälften in Ex 4,3o läßt sich nicht wahrscheinlich machen; sie wird etwa vertreten von R. SMEND, Erzählung, 117; O. EISSFELDT, HS 115*; G. BEER, HAT I/3, 38; G. FOHRER, BZAW 91, 38.41.43.124.

scheinlich ist aber auch das Tun der Zeichen, von denen in 4,3ob berichtet ist, von Mose auf Aaron übertragen worden, worauf vor allem weisen würde, daß in 4,3ob nach 4,3oa (Aaron) kein neues Subjekt der Handlung eingeführt ist [192]. In die gleiche Richtung weist eine andere Beobachtung. In 4,28 wird nämlich nicht nur festgestellt, daß Mose dem Aaron alle Reden Jahwes mitteilte, mit denen er ihn gesandt hatte, sondern auch alle Zeichen, die er ihm befohlen hatte. Genau das, was nach 4,28 Mose dem Aaron mitgeteilt hat, wird nach 4,3o von Aaron getan, so daß für 4,3ob nicht etwa Mose, sondern Aaron als (implizites) Subjekt des Satzes anzusprechen ist. Zu beachten ist auch, daß nach 4,3o der Adressat der Aktionen des Aaron das Volk ist und nicht mehr - wie in 4,29 - die "Ältesten der Söhne Israels".

Das "Volk" ist sodann auch Subjekt in 4,31a (העם ויאמן), was darauf hindeutet, daß 4,31a mit 4,3o zu verbinden ist [193]. Die auffällige absolute Ausdrucksweise, wobei nicht gesagt wird, wem oder auf was das Volk vertraut, erklärt sich wohl daher, daß sich das Vertrauen des Volkes sowohl auf die Reden als auch auf die Zeichen des Aaron beziehen soll. Bezieht sich aber das Vertrauen des Volkes auch auf das Wirken der Zeichen, dann ist damit zugleich ein Zusammenhang der Aussage von 4,31a mit 4,8+9 gegeben, so daß beide Aussagen auf ein und dieselbe Hand zurückgehen werden.

Von 4,31a ist 4,31b abzusetzen, was allein schon durch die pluralische Formulierung angezeigt ist [194]. Zwar könnte sich das implizite pluralische Subjekt in 4,31b auch auf העם in 4,31a beziehen. Doch liegt es näher, die pluralische Formulierung in 4,31b mit den "Ältesten der Söhne Israels" in 4,29

---

192 Vgl. auch W. FUSS, BZAW 126, 97, der jedoch anmerkt (Anm. 472): "Doch ist bei der ungenauen Denkweise des Redaktors nicht ganz sicher, ob er wirklich Aaron als Subjekt von wajja^caś gemeint hat". Ohne nähere Begründung nimmt U. CASSUTO, Exodus, 62f für Ex 4,3ob Mose als Subjekt des Satzes an (vgl. auch B.D. EERDMANS, Alttestamentliche Studien. III. Das Buch Exodus, Gießen 191o, 17), was jedoch nicht so einfach möglich ist. Z.T. wird in Ex 4,3oa auch אהרן als redaktionelle Einfügung, durch die auch אל משה im RS bedingt ist, gestrichen, so daß für die ganze Aussage von Ex 4,3o Mose als Satzsubjekt anzunehmen ist (vgl. etwa H. HOLZINGER, KHC II, 9; B. BAENTSCH, HK I/2, 37; W. RUDOLPH, BZAW 68, 9; M. NOTH, ATD 6, 34.36).

193 Vgl. etwa B. BAENTSCH, HK I/2, 37; O. EISSFELDT, HS 115*; G. BEER, HAT I/3, 38; G. FOHRER, BZAW 91, 43.126; E. ZENGER, Exodus, 66.

194 Vgl. u.a. O. EISSFELDT, HS 115*; G. BEER, HAT I/3, 38; G. FOHRER, BZAW 91, 3o.124; E. ZENGER, Exodus, 66.

in Verbindung zu bringen. Das legt auch der zweigliedrige Objektsatz in 4, 31bα nahe, dessen erste Aussage gerade 3,16b[*] wieder aufnimmt, womit 4,31bα auf den gleichen Textzusammenhang anspielt wie 4,29[*]. Doch ist 4,31b in sich nicht einheitlich. Während 4,31bα als ursprüngliche Fortsetzung von 4,29 anzusehen ist, liegt in 4,31bβ eine redaktionelle Weiterbildung vor, die allem Anschein nach mit 3,18a zusammenhängt [195].

Nur locker mit Hilfe des Zeitadverbs ואחר ist 5,1a an 4,31b angeschlossen, was jedoch keineswegs zur Abgrenzung der Aussage von 5,1 gegenüber 4,31 berechtigt [196]. Aufgrund der in 3,16[*]+18[*] angezeigten Geschehensfolge, worauf schon mit 4,29 und 31bα angespielt ist, dürfte 5,1a als ursprüngliche Fortsetzung von 4,31bα zu verstehen sein. Demnach entspräche der doppelten Beauftragung des Mose (an die Ältesten der Israel-Söhne / an den König von Ägypten) ein zweigestufter Ausführungsbericht. Ist aber ein solcher Zusammenhang anzunehmen, dann ist משה ואהרן als ein redaktionelles Element zu verstehen, das in Verbindung mit den redaktionellen Einfügungen in 4,28 und 3o steht [197]. Im ursprünglichen Textzusammenhang fungieren Mose und die Ältesten der Israel-Söhne, die in 4,29 genannt sind, als Subjekt zu באו und ויאמרו in 5,1a.

Von anderer Hand als 5,1a[*] ist jedoch das in 5,1b überlieferte Botenwort an den Pharao herzuleiten, das mit der weiteren Rede an den Pharao in 5,3 konkurriert [198]. Beide Reden können nicht gleich ursprünglich sein und ein und demselben Erzählzusammenhang zugehört haben. Da aber 5,3aß ein nahezu wörtliches Zitat aus 3,18 ist, dürfte die Rede des Mose und der Ältesten in 5,3 die Priorität gegenüber dem Botenwort in 5,1b beanspruchen. Ist aber 5,3aßb als die ursprüngliche Fortsetzung von 5,1a[*] anzusehen, dann ist 5,1b-3aα demgegenüber als eine redaktionelle Erweiterung zu verstehen. Dabei

---

195 Vgl. auch E. ZENGER, Exodus, 66.

196 So etwa B. BAENTSCH, HK I/2, 37; A.H. McNEILE, Exodus, XIV.; O. EISS-FELDT, HS 116*.

197 Meist wird "Aaron" in Ex 5,1 als Korrektur für die ursprünglich neben Mose genannten "Ältesten" angesprochen (so etwa A. JÜLICHER, Quellen, 27; H. HOLZINGER, KHC II, XV. 17; W. RUDOLPH, BZAW 68, 15; M. NOTH, ATD 6, 34).

198 Vgl. auch A. JÜLICHER, Quellen, 8; B. BAENTSCH, HK I/2, 37f; A.H. Mc NEILE, XIV; O. EISSFELDT, HS 116*.

geht der Einschub allem Anschein nach auf die gleiche Hand zurück, die auch
die verwandte, wenn auch nicht wörtlich gleiche Entlaßforderung in 4,23 (שלח
שלח את עמי ויחגו לי במדבר / את בני ויעבדני) in den Textzusammenhang eingefügt hat. Auf den gleichen Zusammenhang weist auch die an 5,1b anknüpfen-
de Antwort des Pharao in 5,2, in der vor allem die Wendung אשמע בקלו an 4,1
(dort von Israel ausgesagt) erinnert [199].

Während ויאמרו in 5,3aα noch als redaktionelle Überleitungsfloskel zu verstehen ist, setzt mit 5,3aβ der ursprüngliche, mit 5,1a* verlassene Erzählzusammenhang wieder ein. Doch kann die Rede des Mose und der Ältesten Israels an den Pharao nicht ganz als eine genuine literarische Einheit angesprochen werden. An zwei Stellen haben verschiedene Redaktionen in diese Rede
eingegriffen. Zum einen ist die Ortsangabe במדבר als ein redaktioneller
Einschub zu betrachten [200], zum anderen aber auch die abschließende Aussage von 5,3bβ, die deutlich in Spannung zu der vorangehend mitgeteilten Absichtserklärung steht [201].

Die Antwort des Königs von Ägypten in 5,4 schließt unmittelbar an die ursprüngliche Form der Rede des Mose und der Ältesten in 5,3 an. Doch ist
die Antwort selbst kaum einheitlich. Zunächst ist die zwischen der vorwurfsvollen Frage in 5,4aβ und der Aufforderung in 5,4b bestehende Spannung zu
beachten [202], die anzeigt, daß die beiden Hälften der Rede des Königs von
Ägypten kaum auf ein und dieselbe Hand zurückgehen können. Die ursprüngliche Form der Antwort des Königs von Ägypten liegt in 5,4b vor, während
5,4aβ allem Anschein nach eine redaktionelle Bildung ist, die mit der rhetorischen Frage in 5,2 im Zusammenhang steht [203]. Doch hat die vorwurfsvolle
Frage in 5,4aβ ihrerseits eine geringfügige redaktionelle Bearbeitung durch
Einfügung von Mose und Aaron zwischen למה und תפריעו erfahren [204], deren

---

199 Vgl. auch W. FUSS, BZAW 126, 1o1f.

2oo Vgl. dazu auch die Analyse zu Ex 3,18 (vor allem Anm. 1oo).

2o1 Außerdem gilt es zu beachten, daß פן innerhalb des Pentateuch (vgl. die
    Zusammenstellung der Belege bei S. MANDELKERN, 952b-d) fast ausschließ-
    lich in literarisch jüngeren Zusammenhängen begegnet.

2o2 Vgl. auch W. FUSS, BZAW 126, 1o4f.

2o3 Wahrscheinlich ist für Ex 5,4aβ im Sinne einer Stichwortverbindung auch
    ein Zusammenhang mit dem redaktionellen Einschub in Ex 3,16bβ anzuneh-
    men.

Nennung zwischen diesen beiden Worten nämlich störend wirkt [2o5]. Die Einfügung von Mose und Aaron wird dabei auf die gleiche Hand zurückgehen, die
auch in 5,1a die beiden Namen in den Textzusammenhang eingefügt hat. Von
dieser wird aber auch die zweite, mit 5,4 konkurrierende Antwort des Pharao
in 5,5 stammen, die sich offenkundig an Mose und Aaron, auch wenn diese
nicht explizit als Adressaten genannt sind, richtet [2o6].

4. Ergebnis der Analyse

Die Analyse von Ex 2,23-5,5 konnte eine verwickelte Entstehungsgeschichte
des Textes sichtbar machen. Neben mehreren ursprünglichen Texteinheiten
läßt sich auch eine Reihe redaktioneller Textelemente unterschiedlicher Herkunft ausmachen.

Eine *erste ursprüngliche Texteinheit* umfaßt Ex 3,7a* (ohne אשר במצרים).7bα*
(ohne מפני נגשיו).8aα.9aα* (nur ועתה).16a* (ohne אלהי אברהם יצחק ויעקב).
16bα.18bα; 4,29* (ohne ואהרן).31bα; 5,1a* (ohne משה ואהרן).3aβbα* (ohne
במדבר).4aαb.

Neben dieser Texteinheit läßt sich eine *zweite ursprüngliche Texteinheit*
ausmachen, die notwendig anderer Herkunft sein muß als die erste Texteinheit. Diese literarische Einheit umfaßt Ex 3,4b* (ohne אליו und מתוך הסנה).
6aα.9* (ohne ועתה).1oa* (ohne ואשלחך).1ob* (ohne עמי).11.12aα.

Außer diesen beiden parallel verlaufenden Texteinheiten lassen sich noch
zwei weitere kleine Texteinheiten ausmachen. Eine erste dieser kleinen

---

2o4   Vgl. etwa A. JÜLICHER, Quellen, 28; H. HOLZINGER, KHC II, XV. 17; R.
      SMEND, Erzählung, 124; O. EISSFELDT, HS 116*; W. RUDOLPH, BZAW 68, 15;
      M. NOTH, ATD 6, 34; G. FOHRER, BZAW 91, 56; E. ZENGER, Exodus, 68.

2o5   Vgl. A. JÜLICHER, Quellen, 28: "Mose und Aaron machen V.4 zwischen למה
      und תפריעו einen ziemlich eingeschobenen Eindruck"; aber auch W. FUSS,
      BZAW 126, 1o5: "Es fällt nämlich auf, daß der redaktionelle Namensauf-
      ruf *mošae w$^{e'}$ah^{a}ron* zwischen *lammā* und *taprī^{c}û* etwas stört, als bil-
      dete er eine künstliche Zäsur, eine nachträgliche Einschaltung."

2o6   Zur Abgrenzung von Ex 5,5 gegenüber 5,4 vgl. etwa A. JÜLICHER, Quellen,
      28; B. BAENTSCH, HK I/2, 38; A.H. McNEILE, Exodus, XIV; O. EISSFELDT,
      HS 116*; G. FOHRER, BZAW 91, 37.124.

85

Texteinheiten liegt in Ex 3,1a* (ohne יתרו).1bα.2b.3* (ohne את המראה הגדל הזה).4a.5a.6b vor. Diese Texteinheit steht in keinem genuinen Zusammenhang mit den beiden ursprünglichen Texteinheiten. Während ein Zusammenhang mit der ersten ursprünglichen Texteinheit zwar denkbar wäre, wenn auch nicht sehr wahrscheinlich ist, ist ein solcher mit der zweiten ursprünglichen Texteinheit wegen der Einschaltung der Erzählungseröffnung in Ex 3,4b* und 6aα explizit ausgeschlossen. Die zweite dieser kleinen Erzähleinheiten umfaßt die in Ex 4,2-4 überlieferte Szene, die aber wahrscheinlich niemals für sich bestanden hat, sondern allem Anschein nach als ursprüngliche Fortsetzung der ersten kleinen Texteinheit zu verstehen ist.

Als Teil einer weiteren ursprünglichen Texteinheit ist der Abschnitt Ex 2,23aßb-25 zu verstehen.

Es lassen sich somit in Ex 2,23-5,5 zwei parallel verlaufende ursprüngliche Texteinheiten sowie das Fragment einer dritten ursprünglichen Texteinheit ausmachen. Daneben sind zwei weitere kleine, wohl zusammengehörige Texteinheiten ("Kurzgeschichten") aus dem Textzusammenhang zu isolieren, die in keiner genuinen Verbindung mit den zwei/drei ursprünglichen Texteinheiten stehen.

Neben solchen ursprünglichen Texteinheiten ist sodann eine Reihe redaktioneller Textelemente unterschiedlicher Herkunft festzustellen.

Eine erste Reihe redaktioneller Textelemente, die vor allem in Ex 3 greifbar wird, umfaßt Ex 3,1a* (nur יתרו).2a* (ohne מלאך und הסנה מתוך).3aß* (nur מפני).4b* (את המראה הגדל הזה).5b.7aß* (nur אשר במצרים).7bα* (nur אליו).10a* (nur נגשיו).10b* (nur ואשלחך).13.14a.16bß.18a.18bßγ und 4,1.5a.19. 22.23.24* (ohne במלון).25.26a.31bß sowie 5,1b.2.3aα.3bα* (nur במדבר).4aß* (ohne משה ואהרן). Diese Redaktionsschicht hat die ursprünglichen kleinen Texteinheiten I und II zu einem neuen fortlaufenden Erzählzusammenhang zusammengefügt sowie die "Kurzgeschichten" in Ex 3,1-6* und 4,2-4 in diesen integriert.

Gegenüber dieser ersten redaktionellen Bearbeitungsschicht setzt die zweite Reihe redaktioneller Textelemente viel punktueller an, indem sie nur an einigen wenigen Stellen neue Akzente setzt, nicht aber einen völlig neuen Erzählzusammenhang herstellt. Dieser Redaktionsstufe sind Ex 3,8aßb.17.19.2o und 5,3bß zuzurechnen.

Sehr umfangreich - vor allem in Ex 4 - ist sodann die dritte Reihe redaktioneller Textelemente in Ex 2,23-5,5. Sie umfaßt Ex 2,23aα; 3,1bβ.2a* (nur
מלאך und מתוך הסנה).4b* (nur מתוך הסנה).6aβ.7bβ.12aβb.14b.15.16aβ* (nur
אלהי אברהם יצחק ויעקב).21.22; 4,5b.6-18.2o-21.24a* (nur במלון).26b.27-28.
29a* (nur ואהרן).3o.31a; 5,1aα* (nur משה ואהרן).4aβ* (nur משה ואהרן).5. Von
dieser redaktionellen Bearbeitungsschicht wurde auch das Fragment der dritten ursprünglichen Texteinheit in Ex 2,23aβb-25 in den größeren Erzählrahmen eingebaut.

Demnach läßt Ex 2,23-5,5 die folgende literarische Entstehungsgeschichte
erkennen. Am Anfang stehen die beiden ursprünglichen Texteinheiten I und
II, wobei die eine unter Kenntnis der anderen verfaßt ist. Unabhängig von
diesen beiden Texteinheiten hat es die beiden wohl zusammengehörigen "Kurzgeschichten" I und II gegeben. Durch die Redaktion I wurden die Texteinheiten I und II zu einer neuen Erzähleinheit verbunden und dabei durch redaktionelle Verbindungstexte sowie durch die "Kurzgeschichten" I und II angereichert. Diese durch die Redaktion I entstandene neue Texteinheit wurde
durch die Redaktion II punktuell an wenigen Stellen bearbeitet. Die vorliegende Textgestalt wurde durch die Redaktion III hergestellt.

Die einzelnen - ursprünglichen wie redaktionellen - Texteinheiten sind im
Folgenden jeweils für sich zu analysieren.

KAPITEL II

Die jahwistische "Berufungsgeschichte"

Die erste der beiden ursprünglichen Texteinheiten, die sich in Ex 2,23-5,5
isolieren läßt und die - vorwegnehmend - als "jahwistisch" charakterisiert
sein soll, besteht aus einer Gottesrede, die in Ex 3,7a[*] (ohne אשר במצרים).
7bα[*] (ohne מפני נגשיו).8aα.9aα[*] (nur ועתה).16a[*] (ohne אלהי אברהם יצחק ויעקב).
16bα.18bα vorliegt, und einem entsprechenden Ausführungsbericht, dem Ex 4,29[*]
(ohne ואהרן).31bα; 5,1a[*] (ohne משה ואהרן).3aßbα[*] (ohne במדבר).4aαb zugerechnet werden muß. Dieser Erzählfaden, der deutlich nicht als in sich ab-
geschlossene Erzähleinheit verstanden werden kann, hat demnach den folgenden Wortlaut gehabt:

(3,7)   Und Jahwe sprach [zu Mose]:
          Gesehen, ja gesehen habe ich die Bedrückung meines Volkes,
          ihr Geschrei habe ich gehört.

(8)   Ich bin herabgestiegen,
              um es aus der Hand der Ägypter herauszureißen
              und es aus diesem Land heraufzuführen
                  in ein schönes und weites Land.

(9)   Und nun:

(16)   Geh, versammle die Ältesten Israels
          und sprich zu ihnen:
              Jahwe, der Gott eurer Väter, ist mir erschienen,
              sprechend:
              Beachtet, ja beachtet habe ich euch.

(18)   Und dann geh hin, du und die Ältesten Israels,
          zum König von Ägypten
          und sprecht zu ihm:
              Jahwe, der Gott der Hebräer, ist uns begegnet.

(4,29)   Und es ging Mose
          und versammelte alle Ältesten der Söhne Israels.

(31)   Sie hörten,
          daß Jahwe beachtet hatte die Söhne Israels
          und daß er angesehen hatte ihre Bedrückung.

(5,1)   Und danach gingen sie hin,
und sie sprachen zum Pharao:

(3)   Der Gott der Hebräer ist uns entgegengetreten.
Wir wollen doch einen Weg von drei Tagen gehen,
und wir wollen Jahwe, unserem Gott, opfern.

(4)   Und es sprach zu ihnen der König von Ägypten:
Geht an eure Fronarbeiten!

Das Schwergewicht der Darstellung in diesem Erzählfaden liegt dabei deutlich auf der breit gestalteten Gottesrede. Diese verlangt demnach bei den weiteren Analysen besondere Beachtung.

1. *Formkritische Analyse*

1.1 Analyse von Form und Struktur

Die aus dem größeren Erzählzusammenhang herausgelöste Texteinheit setzt knapp mit einer Redeeinführung ein, die neben dem Verbum (ויאמר) nur den Redenden sowie den Adressaten der Rede nennt [1]. Die Jahwerede selbst besteht aus zwei großen Teilen, die durch ועתה als Struktursignal gegeneinander abgegrenzt sind. Der erste Teil der Gottesrede, in der das "Ich" Jahwes dominiert, besteht wiederum aus zwei Teilen, die durch den unterschiedlichen Gebrauch der Verbformen (Afformativ-/Präformativkonjugation) gegeneinander abgegrenzt sind [2]. Der erste Unterteil umfaßt die chiastisch arrangierte Aussage ראה ראיתי את עני עמי / ואת צעקתם שמעתי in Ex 3,7[*], wobei für die Verbfolge die Abfolge sehen - hören kennzeichnend ist. Durch den Gebrauch der Afformativkonjugation ist die zweigliedrige Aussage in Ex 3,7[*] deutlich als ein Rückblick auf die Not Israels in Ägypten zu verstehen. Die

---

1 Da Mose als Adressat der Jahwerede in Ex 3,7 im Rahmen dieses Erzählfadens bislang nicht genannt gewesen ist, wie eine Untersuchung des größeren Erzählzusammenhangs zu zeigen vermochte, aber in der weiteren Erzählung (Ex 4,29) wie selbstverständlich vorausgesetzt wird, ist Mose als Adressat der Rede Jahwes in Ex 3,7 zu ergänzen. Wahrscheinlich ist אל משה bei der redaktionellen Verknüpfung der Texteinheiten I und II sowie der Kurzgeschichte I durch die erste Redaktion gestrichen worden, um auf diese Weise eine stilistische Angleichung der Redeeinleitung an die vorangehenden, aus der Tradition übernommenen Redeinleitungen in Ex 3,4-6 zu erreichen, zumal jetzt eine weitere Nennung des Mose nicht mehr notwendig war.

2 Zur folgenden formkritischen Analyse vgl. vor allem W. RICHTER, FRLANT 1o1, 82-85.

aus dem Handeln Jahwes (sehen - hören) in der Vergangenheit sich ergebende
Folge wird mit betont vorangestelltem Narrativ (וארד) eingeleitet (3,8*).
An diesen Narrativ hängen sich zwei parallel gefügte Infinitivsätze an, die
das Ziel der ganzen Aktion Jahwes formulieren (Errettung aus Ägypten /Her-
aufführung aus Ägypten). Die Parallelität der beiden Infinitivsätze entspricht dabei der Parallelität des zweigliedrigen Rückblicks auf die Notsituation in Ägypten. Auffällig ist bei der sonst genau durchgeführten Parallelität der Aussagen das Überschießen der Zielangabe אל ארץ טובה ורחבה
am Ende des ersten Teils der Jahwerede, die aber nicht einfach literarisch
abzutrennen ist, sondern als ursprünglicher Bestandteil dieses Erzählfadens verstanden werden muß.

Im zweiten Teil der Gottesrede, der in 3,9* mit ועתה eingeleitet ist, ist
vor allem das "Du" des Mose Subjekt der Aussage. Wie im ersten Teil läßt
sich auch hier eine klare zweigliedrige Struktur beobachten. Der erste Abschnitt, der sich auf die Sendung des Mose an die Ältesten Israels bezieht,
setzt ein mit einem Imperativ (לך), an den sich zwei Afformativkonjugationen anschließen (ואספת / ואמרת). Dabei fungiert die zweite Afformativkonjugation, die den Höhepunkt der dreigliedrigen Aussagereihe bildet, als Redeeinleitung für die von Mose den Ältesten Israels zu übermittelnde Botschaft, so daß in dieser das Ziel der Aktionen des Mose liegt. Die Botschaft selbst ist wiederum zweigliedrig strukturiert. Sie wird in ihrem ersten Teil (3,16aα) eröffnet mit dem betont vorangestellten Subjekt Jahwe,
woran sich appositionell die Näherbestimmung אלהי אבתיכם anschließt, und
schließt mit einem Prädikat in Afformativkonjugation (נראה אלי). Der zweite
Teil der Jahwebotschaft an die Ältesten Israels (3,16bα) besteht aus einem
freien Zitat der ersten Hälfte des Rückblicks auf die Notsituation in Ägypten in Ex 3,7a*.

Die zweite Hälfte des zweiten Teils der Jahwerede, die Ex 3,18bα umfaßt, bezieht sich auf die Sendung - jetzt des Mose und der Ältesten Israels zusammen - an den König von Ägypten. Auch hier folgen wiederum zwei Afformativkonjugationen (ואמרתם / ובאת) aufeinander, wobei die zweite Afformativkonjugation wie in der ersten Hälfte ebenfalls der Einführung der Botschaft des
Mose und der Ältesten an den König von Ägypten dient. Die Botschaft an den
König von Ägypten wird eröffnet mit Jahwe als betont vorangestelltem Subjekt, das eine appositionelle Näherbestimmung durch אלהי העבריים erfahren
hat, und abgeschlossen mit Prädikat in Afformativkonjugation (נקרה עלינו).

Wie im ersten Teil (3,7*+8*) sind auch im zweiten Teil (3,16*+18bα) dessen beide Hälften streng parallel formuliert. Das gilt sowohl für die Sendung an die Ältesten bzw. an den König von Ägypten ("Geh, du sollst die Ältesten Israels versammeln und zu ihnen sprechen" / "und du sollst, du und die Ältesten Israels, zum König von Ägypten hingehen und zu ihm sprechen") als auch für den Inhalt des von Mose (und den Ältesten) Auszurichtenden ("Jahwe, der Gott eurer Väter, ist mir erschienen" / "Jahwe, der Gott der Hebräer, ist uns begegnet"). Nur der in 3,16bα referierend mitgeteilte Rückblick auf die Notsituation in Ägypten hat in 3,18bα keine Parallele.

Die Gottesrede in Ex 3,7*+8* und 16*+18* weist somit eine klare Gliederung auf, die ganz offenkundig die planende und stark konstruierende Hand eines Verfassers verrät. Der Aufbau der Gottesrede läßt sich schematisch etwa folgendermaßen darstellen:

TEIL I: Rückblick auf Jahwes Handeln (Ex 3,7-8*)

1. Bericht über Jahwes Handeln in der Vergangenheit (sehen – hören) (3,7*)

2. Absicht Jahwes Israel gegenüber (Befreiung - Heraufführung) (3,8*)

TEIL II: Beauftragung des Mose (und der Ältesten Israels) (3,16*+18*)

1. Auftrag zur Ausrichtung einer Jahwe-Botschaft an Mose für die Ältesten Israels (3,16*)

2. Auftrag zur Ausrichtung einer Jahwe-Botschaft an Mose und die Ältesten für den König von Ägypten (3,18*)

Die für die Jahwerede charakteristische Zweigliedrigkeit in der literarischen Fügung der einzelnen Erzählelemente setzt sich auch in dem zugehörigen Ausführungsbericht fort, der sich dabei eng an die Jahwerede anschließt. Dennoch macht sich hier gegenüber der Gottesrede selbst eine Verschiebung der Gewichte bemerkbar. Während in der Gottesrede die beiden Aufträge an Mose für die Ältesten Israels bzw. den König von Ägypten gleichgewichtig nebeneinander stehen, ist im entsprechenden Ausführungsbericht das Gewicht stärker auf die Ausrichtung der Jahwe-Botschaft an den Pharao hin verlagert, was sich darin zeigt, daß die Ausrichtung der Jahwebotschaft an die Ältesten Israels nur als erzählerisch konstatierende Feststellung wiedergegeben und nicht in wörtlicher Rede mitgeteilt ist. Die Sendung des Mose an die Ältesten Israels ist deutlich nur Durchgangsstation der Sendung des Mose samt

den Ältesten an den Pharao, was sowohl durch die Form der abschließenden
Feststellung in 4,31bα als auch durch den Anschluß des zweiten Teils des
Ausführungsberichtes in 5,1a* mit ואחר angezeigt ist.

Die Botschaft an den Pharao wird eingeleitet mit einem nahezu wörtlichen
Zitat aus 3,18*, nur daß - situationsbedingt - Jahwe als Subjekt der Aussage durch die ursprüngliche appositionelle Bestimmung אלהי העברים verdrängt
ist. Auf diesen in Form eines Zitates übernommenen Rückblick auf die Vergangenheit folgt eine doppelgliedrige Aussage, die in der Jahwerede selbst
keine Entsprechung hat. Ihr Charakter ist durch die beiden Voluntative bestimmt, zu denen die Israel-Söhne als Subjekt fungieren. In der an die Übermittlung der Jahwebotschaft in 5,3* sich anschließenden Antwort des Königs
von Ägypten in 5,4* ist daher nur - ablehnend - auf die doppelgliedrige
Bitte in 5,3bα Bezug genommen, wodurch diese zugleich eine bestimmte Interpretation erfährt.

1.2. Ziel

An Form und Struktur des analysierten Textes läßt sich, obschon dieser keine in sich geschlossene Erzähleinheit darstellt, das Ziel des Textes ablesen. Dabei wird man zu differenzieren haben zwischen der Jahwerede einerseits und dem Ausführungsbericht andererseits, auch wenn nicht zu verkennen
ist, daß das Schwergewicht der Aussage in der Jahwerede selbst liegt.

Bei der Bestimmung des Zieles der Jahwerede ist vor allem deren zweigliedrige Struktur mit dem darin in Erscheinung tretenden inneren Gefälle der Rede
zu beachten. Das Schwergewicht der Gottesrede liegt auf dem ersten und nicht
auf dem zweiten Teil, da dort nämlich - angezeigt durch das "Ich" Jahwes gegenüber dem "Du" des Mose - die theologischen Grundlagen entfaltet werden.
Hier wiederum liegt das Ziel der Aussage auf dessen zweiter Hälfte, wo die
Absicht Jahwes mitgeteilt ist, daß er sein Volk aus der Hand der Ägypter
befreien und aus dem Land Ägypten in ein schönes und weites Land heraufführen wolle. Die Gewichtung gerade dieser letzten Aussage im Rahmen des ersten
Teils der Jahwerede ist dadurch angezeigt, daß die sonst streng parallele
Fügung der Glieder der Jahwerede in der doppelgliedrigen Zielangabe "in ein
schönes und weites Land" eine auffällige und betonte Ausweitung erfahren hat.
Gegenüber dem theologisch stark befrachteten ersten Redeteil werden im zwei-

ten Teil der Jahwerede, wo Mose (zusammen mit den Ältesten Israels) einen
doppelten Redeauftrag erhält, nur die im ersten Teil entwickelten theologischen Leitlinien im Blick auf die konkrete Situation ausgezogen. In diesem
Zusammenhang verdient vor allem der Rückverweis auf die Begegnung des Mose
bzw. des Mose und der Ältesten Israels mit Jahwe, die als wesentlicher Inhalt der von Mose und den Ältesten Israels zu übermittelnden Botschaft Jahwes genannt ist, aber auch das freie Zitat des Rückblicks auf die Notsituation in 3,16bα Beachtung.

Somit wird in der Jahwerede in Ex $3,7^*+8^*$ und 16^*+18^* eigentlich ein doppelter Horizont der Aussage erkennbar. Der erste, stärker theologisch ausgerichtete Teil reflektiert das Handeln Jahwes (in der Vergangenheit) für sein
Volk Israel, wobei schon vorgeblickt wird auf das Ziel der ganzen Unternehmung Jahwes, die er mit seinem Herabsteigen in die Wege leitet, nämlich die
Gabe des Landes. Gegenüber diesem weitgespannten Aussagehorizont des ersten
Teils ist der Aussagehorizont des zweiten Teils der Jahwerede weitaus enger
gesteckt, insofern hier nur die aktuelle Durchführung des groß angelegten
Geschichtsplanes Jahwes im Blick ist. So ist es denn auch nicht verwunderlich, wenn die weitere Darstellung des Befreiungs- und Errettungsgeschehens
gerade an den zweiten Teil der Jahwerede anschließt. Doch geschieht dies so
daß hierbei gleichwohl eigene Akzente gesetzt werden.

Das zeigt sich sogleich auch in dem mit der Beauftragung des Mose und der
Ältesten Israels in Ex $3,16^*+18^*$ korrespondierenden Ausführungsbericht in
Ex $4,29-5,4^*$, obschon sich dieser eng an den zweiten Teil der Jahwerede
anschließt. Während nämlich in der Beauftragungsszene der an Mose (und die
Ältesten Israels) gerichtete doppelte Redeauftrag für die Ältesten Israels
bzw. den König von Ägypten zwar wohl im Sinne einer Klimax aufeinanderfol-
gen, aber sonst gleichgewichtig nebeneinander stehen, sind im zugehörigen
Ausführungsbericht die Akzente durch literarische Mittel so verschoben, daß
das Gewicht der Aussage ganz auf der Ausrichtung der Jahwebotschaft, verbunden mit einer zweigliedrigen Bitte, an den Pharao liegt, wohingegen die Sendung zu den Ältesten Israels nur mehr oder weniger eine Durchgangsstufe dahin ist. Diese Verschiebung der Gewichtung der Aussagen im Ausführungsbericht gegenüber der Jahwerede ist zweifelsohne im Blick auf die weitere Darstellung des Exodusgeschehens hin geschehen.

2. Semantische Analyse

Schon die Bestimmung des Zieles des analysierten Textes läßt für die Jahwerede in Ex 3,7*+8* und 16*+18* einen doppelten Horizont erkennen. Diese ersten Beobachtungen sind im Folgenden weiter zu präzisieren durch eine semantische Analyse der in der abgegrenzten Erzähleinheit begegnenden geprägten Redewendungen.

2.1. Der erste Teil der Jahwerede Ex 3,7*+8*

Der erste Teil der Jahwerede in Ex 3,7*+8* besteht fast ausschließlich aus
geprägten Sprachelementen, wobei jedoch im einzelnen zu prüfen sein wird,
ob die hier gebrauchten geprägten Wendungen und Formeln vom Verfasser der
zu untersuchenden Texteinheit schon als solche aufgenommen wurden oder ob
sie hier erstmals als feste Sprachelemente geprägt worden sind.

(1) Die Wendung ראה יהוה את עני NN [3] hat ihren eigentlichen Sitz im Leben
wahrscheinlich in den individuellen Klage- und Dankliedern [4]. Wohl in Abhängigkeit davon konnte diese Wendung sodann auch gebraucht werden, um im
Rahmen von Erzählungen die Not eines Menschen darzustellen, wobei sie entweder im Zusammenhang des Rückblicks auf die schon erfolgte Errettung oder
der Bitte um Rettung gebraucht ist [5]. Aus dem Bereich der individuellen Erfahrung der Errettung aus der Not konnte die Wendung sodann auch auf die Geschichte Israels übertragen werden, wo die Wendung - mit Ausnahme allein
von 2 Kön 14,26 (DtrN) [6] - immer in Bezug auf die Errettung Israels aus der
Not aus Ägypten gebraucht ist (Ex 3,7.9; 4,31; Dtn 26,7; Neh 9,9). In Anwendung auf die Not Israels ist somit die Wendung nicht breit gestreut, sondern eng begrenzt, wobei überdies die angeführten Belege noch literarisch
voneinander abhängig sind. Älteste Belege der Wendung sind Ex 3,7 und 4,31,
wohingegen Ex 3,9 (E) jünger als Ex 3,7 und 4,31 ist und sich an diesen beiden Aussagen orientiert. Demgegenüber sind Dtn 26,7 (Kleines geschichtliches

---

3 Vgl. dazu W. RICHTER, FRLANT 1o1, 89.143f und vor allem H.H. SCHMID, Jahwist, 25f.

4 Ps 9,14; 25,18; 31,8; 119,153; Ijob 1o,5; Kgl 1,9.

5 Gen 29,32; 31,42; 1 Sam 1,11; 2 Sam 16,12.

6 Zur literargeschichtlichen Einordnung von 2 Kön 14,26 vgl. W. DIETRICH,
   Prophetie und Geschichte. Eine redaktionsgeschichtliche Untersuchung zum
   deuteronomistischen Geschichtswerk, FRLANT 1o8, Göttingen 1972, 98.

Credo) und Neh 9,9 (Bußgebet des Nehemia) erst exilischer bzw. nachexilischer Herkunft. Aufgrund dieses Befundes ergibt sich somit. In Ex 3,7 ist
durch den Gebrauch der Wendung ראה יהוה את עני NN erstmals das Vorstellungs
modell des Sehens der Not durch die Gottheit zur Deutung der Geschichte des
Jahwe-Volkes verwandt worden, wobei es sich um eine Übertragung aus der Errettungserfahrung eines einzelnen Menschen handelt.

Obgleich die nächsten Parallelen zur Wendung NN עני את יהוה ראה in Ex 3,7
innerhalb der dtn./dtr. Literatur liegen, ist es jedoch nicht möglich, Ex
3,7 ebenfalls für dtn./dtr. zu halten [7]. Hier gilt es Folgendes zu beachten. Das "kleine geschichtliche Credo" steht nicht am Anfang eines Tradi-
tionsprozesses, sondern ist deren Abschluß [8]. Charakteristisch für die literarische Technik des "kleinen geschichtlichen Credos" ist dabei, daß es
sich für die sprachliche Gestaltung des Credos auf Schlüsselbegriffe der
älteren Pentateucherzählung zurückbezieht [9]. Diese Beobachtung legt nun abe
auch für die Wendung NN עני את יהוה ראה den Schluß nahe, daß sich das "klei
ne geschichtliche Credo" in Dtn 26,7 auf eine vorgegebene Wendung aus den
älteren Pentateucherzählungen bezieht und daß diese in der Tat in Ex 3,7
(4,31) gegeben ist. Diese Beobachtung gewänne dann noch erheblich an Gewicht, wenn sich zeigen ließe, daß der Jahwist auch sonst gleichermaßen
sprachschöpferisch gewesen ist, insofern er erstmals Wendungen geprägt bzw.
aus dem Bereich der persönlichen Erfahrung auf die Geschichte des ganzen
Volkes übertragen hat, die ein breiteres Leben dann erst in der dtn./dtr.
Literatur entfaltet haben. Dabei könnte die Rezeption der vom Jahwisten geprägten Wendungen durch Dtn/Dtr möglicherweise auf der Analogie der jeweiligen Situationen beruhen [1o].

(2) Parallel zur Wendung vom Sehen der Not des Volkes steht in Ex 3,7bα[*]
die Wendung NN צעקת את יהוה שמע. Die Wendung ist nicht breit gestreut. Auch
hier lassen sich zwei Anwendungsbereiche unterscheiden. Zum einen hört Jahwe das Schreien eines Einzelnen aus einer persönlichen Not heraus [11], zum
andern aber auch das Schreien Israels in Ägypten. Dabei begegnet die in

---

7   So vor allem H.H. SCHMID, Jahwist, 25f.

8   Zur Auseinandersetzung und Korrektur der These von G. VON RAD, Das form-
    geschichtliche Problem des Hexateuch, BWANT IV/26, Stuttgart 1938 = Ge-
    sammelte Studien zum AT, ThB 8, München ³1965, 9-86 vgl. vor allem W.
    RICHTER, Beobachtungen zur theologischen Systembildung in der alttesta-
    mentlichen Literatur anhand des "kleinen geschichtlichen Credos", in:
    Wahrheit und Verkündigung. Fs M. SCHMAUS, hrsg. von L. Scheffzcyk, W.
    Dettloff, R. Heinzmann, Paderborn 1967, I, 175-212 und N. LOHFINK, Zum
    "kleinen geschichtlichen Credo" Dtn 26,5-9, ThPh 46 (1971) 19-39.

9   Darauf hat vor allem N. LOHFINK, ThPh 46 (1971) 3o-33 hingewiesen.

1o Von daher stellt sich neu die Frage nach dem zeitlichen Ansatz der jah-
    wistischen Geschichtdarstellung (dazu s.u.).

11 Ex 22,22; Ijob 27,9; 34,28; Jer 48,5; dazu vgl. vor allem W. RICHTER,
    FRLANT 1o1, 144f.

Ex 3,7bα* gebrauchte Wendung nur noch einmal in Neh 9,9. In etwas anderer Form (mit קול anstelle von צעקה als Objekt) begegnet diese Wendung sodann noch einmal im "kleinen geschichtlichen Credo" in Dtn 26,7. Sowohl Dtn 26,7 als auch Neh 9,9 sind jünger als Ex 3,7 und davon abhängig. Wie bei der Wendung vom Sehen der Not des Volkes durch Jahwe wird man davon auszugehen haben, daß auch bei der Wendung vom Hören des Geschreis durch Jahwe der Verfasser von Ex 3,7* eine Übertragung aus dem persönlichen Erfahrungsbereich auf die Geschichte des Volkes Israel vorgenommen hat [12].

Zu beachten ist dabei folgendes. Sowohl die Wendung NN ראה יהוה את עני als auch die Wendung NN שמע יהוה את צעקת haben innerhalb der jahwistischen Geschichtsdarstellung keine Parallelen [13]. Dieser Befund ist auffällig, zumal der Jahwist sonst gerne mit Stichwortverknüpfungen zwischen den einzelnen Teilen seines Werkes arbeitet. So wird die Singularität der beiden Wendungen innerhalb der jahwistischen Geschichtsdarstellung gewiß kein Zufall sein. Vielmehr soll auf diese Weise wohl der exzeptionelle Charakter der Not Israels in Ägypten angezeigt und deutlich gemacht werden.

(3) Der Übergang vom Rückblick auf die Notsituation Israels in Ägypten zur Kundgabe der Absicht Jahwes seinem Volke gegenüber ist hergestellt durch den Narrativ וארד in Ex 3,8a, so daß das Herabsteigen Jahwes hier die Funktion hat, vom Konstatieren eines Zustandes zur Aktion Jahwes überzuleiten. Der Topos vom Herabsteigen Jahwes ist vor allem in Zusammenhang mit Theophanien gebraucht, wobei als Ort solcher Erscheinungen der Sinai, der Zion, das Zelt und der Tempel angegeben sind [14]. Wichtig für die Interpretation der Aussage vom Herabsteigen Jahwes in Ex 3,8 sind nun jene Stellen, in denen wie in Ex 3,8* ebenfalls ein Motiv für das Herabsteigen Jahwes genannt ist: Gen 11,5; 18,21 um zu sehen [15]; Gen 11,7 um zu verwirren; Ex 3,8 um her-

---

12 Gegen H.H. SCHMID, Jahwist, 26f, der seine Folgerungen aber nicht aufgrund einer Untersuchung der hier infrage stehenden Wendung שמע יהוה NN את צעקת gewinnt, sondern auf einer viel weitergreifenden Untersuchung der Basis צעק / זעק aufbaut, was methodisch jedoch nicht legitim ist.

13 Die gern als jahwistisch deklarierten Texte Gen 18,21; 19,13; 27,24; Ex 11,6; 12,3o (vgl. W. RICHTER, FRLANT 1o1, 89 mit Anm. 59) sind samt und sonders jüngeren Ursprungs.

14 Vgl. F. SCHNUTENHAUS, Das Kommen und Erscheinen Gottes im AT, ZAW 76 (1964) 1-22 und J. JEREMIAS, Theophanie. Die Geschichte einer alttestamentlichen Gattung, WMANT 1o, Neukirchen-Vluyn [2]1976, 1o6f. - Die Aussagen vom Herabsteigen Jahwes sind übersichtlich zusammengestellt bei W. RICHTER, FRLANT 1o1, 9of; außerdem sind zu vergleichen E. ZENGER, fzb 3, 126f und H.H. SCHMID, Jahwist, 27f.

15 Anstelle der in Ex 3,8 und Gen 11,5 begegnenden Abfolge Narrativ + Infinitiv findet sich in Gen 18,21 (ebenso in Gen 11,7) die Abfolge von zwei Voluntativen.

auszureißen; Num 11,17.25; Neh 9,13 um zu reden [16]; Jes 31,4 um mit Assur zu kämpfen.

Unmittelbar relevant sind dabei nur jene Stellen, die von einem - retten-den oder strafenden - Eingreifen Gottes handeln (neben Ex 3,8 noch Gen 11,7 und Jes 31,4). Doch sind diese wenigen Belege durch jene Stellen zu ergän-zen, deren Textzusammenhang den Zweck des Herabsteigens Jahwes erkennen läßt (Mich 1,3; 2 Sam 22,1o = Ps 18,1o; Ps 144,5) [17]. Im Unterschied aber zur Aussage vom Herabsteigen Jahwes in Ex 3,8 ist in den zum Vergleich her-angezogenen Stellen das Herabsteigen Jahwes zur Errettung oder zum Gericht jeweils in einer stark mythisch geprägten Sprache erzählt [18], worin zugleich ein Indiz dafür liegt, daß diese Stellen nicht unmittelbar mit Ex 3,8 in Verbindung gebracht werden können [19]. Der engste Bezugspunkt zur Aussage vom Herabsteigen Jahwes in Ex 3,8 zu dem Zweck, Israel aus Ägypten zu be-freien, liegt in Ex 19,2o vor, der einzigen anderen Stelle innerhalb der jahwistischen Geschichtsdarstellung, in der ebenfalls von einem Herabstei-gen Jahwes berichtet ist. Ebenso wie in Ex 3,8 ist auch in Ex 19,2o das Herabsteigen Jahwes mit der Vorstellung seines rettenden Eingreifens verbun-den, nur daß in der Sinaigeschichte diese Aussage erst am Höhepunkt der gan-zen Erzählung in Ex 34,1o steht [2o]. Das Herabsteigen Jahwes zum Zweck der Befreiung Israels in Ex 3,8 wird demnach unmittelbar mit der entsprechen-den Aussage vom Herabsteigen Jahwes innerhalb der Geschichte von der Sinai-theophanie zu verbinden sein, wodurch zugleich die Aussage von Ex 3,8 in einem neuen Licht erscheint.

---

16 In Num 11,17 und 25 begegnet die Aufeinanderfolge zweier Narrative.

17 Vgl. dazu E. ZENGER, fzb 3, 126.

18 H.H. SCHMID, Jahwist, 27f macht geradezu auf die "Unanschaulichkeit" der Vorstellung vom Herabsteigen Jahwes in Ex 3,8 aufmerksam.

19 Die o.g. Stellen gehören allem Anschein nach in den Kontext der Jerusa-lemer Tradition, wie sie uns frühestens seit dem ausgehenden 8. Jahrhun-dert greifbar ist. Das gilt auch für die meist dem Jahwisten zugeschrie-benen Stellen Gen 11,5.7 (dazu vgl. jetzt P. WEIMAR, BZAW 146, 15o-152. 16o) und Gen 18,21 (zur Analyse vgl. vorläufig noch L. SCHMIDT, "De Deo" Studien zur Literarkritik und Theologie des Buches Jona, des Gespräches zwischen Abraham und Jahwe in Gen 18,21ff und von Hi 1, BZAW 143, Berlin 1976, 181f).

2o Zur Analyse der jahwistischen Sinaitheophanie vgl. vor allem die Unter-suchung von E. ZENGER, fzb 3, 12o-147.

(4) Das erste Ziel des durch das Herabsteigen Jahwes beabsichtigten Eingreifens für sein Volk ist mit Hilfe der Wendung הציל מיד מצרים formuliert [21]. Diese breit angelegte Wendung wird - mit Jahwe als Subjekt - vornehmlich für die Errettung eines Einzelnen aus jeder Art von Not gebraucht. Daneben findet sie sich - nahezu in stereotyper Formulierung - in Bezug auf die Errettung Israels vor äußeren Feinden, speziell aus Kriegsnot, wobei die meisten Vorkommen der Wendung "deuteronomistisch" sind [22]. In Bezug auf die Rettung aus Ägypten durch Jahwe begegnet die Wendung nicht sehr häufig, wobei Ri 6,9 und 1 Sam 1o,18 als "deuteronomistisch" anzusprechen sind, Ex 18, (9+) 1o der Markierung des Abschlusses der jehowistischen Exodusgeschichte dient [23] und Ex 6,9 der priesterschriftlichen Geschichtsdarstellung (P^g) angehört. Als älteste Belege dieser Wendung lassen sich Ex 3,8 und - darauf bezugnehmend - Ex 5,23 ausmachen [24]. Mit Hilfe dieser Wendung wird innerhalb des jahwistischen Werkes das Exodusgeschehen als "Errettung" aus dem Frondienst interpretiert. Das wird gerade auch durch den in Ex 5,23 gegebenen Rückbezug auf Ex 3,8 angezeigt, wo die Aussage von der Nicht-Errettung durch Jahwe auf dem Hintergrund der vorangehenden Schilderung der Verschärfung der Fronarbeiten zu sehen ist. Zugleich aber bereitet die negative Verwendung der "Rettungsformel" in Ex 5,23 die auf das konkrete Rettungsgeschehen vorweisende Aussage Jahwes in Ex 6,1 vor. Ähnlich wie die Aussage vom Herabsteigen Jahwes ist somit auch die "Rettungsformel" innerhalb des jahwistischen Werkes nicht singulär. Vielmehr werden kompositorische Bezüge erkennbar, die auf die Funktion der Wendung innerhalb der jahwistischen Geschichtsdarstellung hinweisen.

---

21 Zu dieser Wendung vgl. vor allem P. WEIMAR, fzb 9, 122-124 und H.H. SCHMID, Jahwist, 28f.

22 Die Belege sind zusammengestellt bei P. WEIMAR, fzb 9, 123 Anm. 116.

23 Zur Analyse von Ex 18,1-12 s.o.S. 27-29.

24 Auch wenn die "Rettungsformel" in Bezug auf die Rettung Israels vor politischen Feinden vor allem in der dtr. Literatur begegnet, ist es methodisch nicht gerechtfertigt, alle Vorkommen der Wendung als "deuteronomistisch" anzusprechen (vgl. H.H. SCHMID, Jahwist, 28 mit Anm. 39). Zudem gilt es zu berücksichtigen, daß die Wendung nur an ganz wenigen Stellen neben Ex 3,8 und 5,23 in Bezug auf die Befreiung Israels aus Ägypten begegnet. Analog zu den Wendungen ראה יהוה את עני NN und שמע יהוה את צעקת NN dürfte auch die Wendung הציל יהוה מיד מצרים aus dem Bereich der persönlichen Erfahrung auf die Situation der Befreiung aus Ägypten übertragen worden sein. Sekundär ist diese Wendung sodann - und zwar durch Dtr - von der Befreiung Israels aus Ägypten auf jede Errettung des Volkes vor Feinden übertragen worden.

(5) Ziemlich breit gestreut ist die zur "Rettungsformel" parallel stehende
"Heraufführungsformel", die in der Normalform העלה יהוה האכם ממצרים lautet,
wobei sie im einzelnen ganz verschieden weitergeführt sein kann [25]. Neben
der Normalform der "Herauffführungsformel" gibt es auch eine Langform, in
der an "aus (dem Lande) Ägypten" die Zielangabe אל הארץ angefügt ist, wobei
diese Zielangabe im einzelnen ganz verschieden weitergeführt sein kann [26].
In Gen 5o,24 und Ex 33,1 ist an die Zielangabe אל הארץ relativisch der Hinweis an den dem Abraham, Isaak und Jakob gegebenen Schwur bezüglich des Landes angefügt, wobei in Ex 33,1 überdies noch die Landzusage zitiert wird.
In Ri 2,1 findet sich ebenfalls der Hinweis auf den Väterschwur, nur daß
hier die Zielangabe אל הארץ von der "Herauffführungsformel" abgetrennt und
zu einem Bestandteil der "Hereinführungsformel" geworden ist. Von diesen
Belegen der Langform, die literaturwissenschaftlich allesamt als deuteronomistisch anzusprechen sind [27], fehlt nur bei dem ebenfalls deuteronomistischen Einschub Ex 3,17 eine auf die Zielangabe folgende Weiterführung, was
wohl dadurch bedingt ist, daß Ex 3,17 als Zitat aus Ex 3,8[*] gestaltet ist.
Deutlich unterscheiden sich demnach die deuteronomistischen Belege der Langform der "Herauffführungsformel" von dem einzigen vordeuteronomistischen Beleg in Ex 3,8 [28]. Die Ausweitung der Normalform der "Herauffführungsformel"
durch die Anfügung der Zielangabe אל ארץ טובה ורחבה erklärt sich dabei einzig und allein aus der Strukturparallele zu Gen 12,1[*], wo Abraham von Jahwe
den Auftrag לך לך מארצך אל הארץ אשר אראך erhält. Somit bestätigt sich der

---

25 Zur Herauffführungsformel vgl. P. HUMBERT, Dieu fait sortire, ThZ 18
    (1962) 357-361.433-436; W. RICHTER, FS SCHMAUS I, 178-188; J.N.M. WIJN-
    GAARDS, הוציא and העלה. A Twofold Approach to the Exodus, VT 15 (1965)
    91-1o2; W. GROSS, Die Herausführungsformel - zum Verhältnis von Formel
    und Syntax, ZAW 86 (1974) 425-453; G. WEHMEIER, Art. עלה, THAT I, 272-
    29o (278-29o). - Die Belege der Formeln sind übersichtlich zusammenge-
    stellt bei J.N.M. WIJNGAARDS, The Formulas of the Deuteronomic Creed
    (Dt 6/2o-23: 26/5-9). Excerpta ex dissertatione ad Lauream in Facultate
    Theologica Pontificiae Universitatis Gregorianae, Tilburg 1963, 23.

26 Die Langform der "Herauffführungsformel" begegnet neben Ex 3,8 noch in
    Gen 5o,24; Ex 3,17; 33,1 (unter Bezug auf Mose); Ri 2,1; vgl. außerdem
    noch Num 2o,5; Jer 16,14; 23,7; 37,12.

27 Zur literaturwissenschaftlichen Einordnung von Ri 2,1 vgl. vor allem R.
    SMEND, Das Gesetz und die Völker. Ein Beitrag zur deuteronomistischen
    Redaktionsgeschichte, in: Probleme biblischer Theologie. FS G. von Rad,
    München 1971, 494-511 (5o6-5o9) und für Ex 33,1 vgl. E. ZENGER, fzb 3,
    191-193. Auf Dtr wird aber dann auch Gen 5o,24 - wenigstens jedoch
    אל הארץ אשר נשבע לאברהם ליצחק וליעקב (Gen 5o,24aß) - zurückzuführen sein.

28 Auf diesen Unterschied hat schon W. RICHTER, FS SCHMAUS I, 2o8 hinge-
    wiesen.

bislang bei der Analyse der Jahwerede in Ex 3,7[*]+8[*] gewonnene Befund. Die (später von der deuteronomistischen Literatur aufgenommene) Ausweitung der "Heraufführungsformel" durch die Zielangabe אל ארץ טובה ורחבה ist die genuin theologische Leistung des Jahwisten, durch die die Abraham- und Israelgeschichte, die Landverheißung und die Herausführung aufeinander bezogen werden wollen [29], nicht aber durch Abhängigkeit von deuteronomistischem Sprachgebrauch zu erklären.

(6) Die Bezeichnung des Landes, in das Jahwe sein Volk hinaufführen will, als ein "schönes und weites Land" (ארץ טובה ורחבה), begegnet so nur an dieser Stelle und hat sonst keine genaue Parallele mehr [30]. Zweifellos steht diese Wendung dabei in Beziehung zu der Floskel ארץ טובה, die jedoch erst in deuteronomistischen und davon abhängigen Texten begegnet [31]. Beobachtet man die Differenz zur deuteronomistischen Floskel vom "schönen Land", dann kann für die Wendung "ein schönes und weites Land" eine Abhängigkeit vom dtr. Sprachgebrauch nicht postuliert werden [32]. Vielmehr wird das literarische Beziehungsverhältnis umgekehrt anzusehen sein. Wiederum wird es sich um eine genuin jahwistische Konstruktion handeln, durch die wohl auf die Landverheißung an Abraham (Gen 12,7) angespielt werden soll [33].

Im Unterschied zur Ankündigung der Errettung des Jahwe-Volkes aus der Hand der Ägypter hat die Ankündigung der Heraufführung aus Ägypten in ein "schönes und weites Land", womit das Ziel der ganzen Aktion Jahwes angegeben ist, im jahwistischen Werk keine direkte Entsprechung, was zumindest auffällig ist. Als Entsprechung kann einzig die Aussage in Num 14,8a ("Wenn Jahwe an uns Gefallen hat, dann wird er uns in dieses Land bringen und es uns geben") angesehen werden, mit der wahrscheinlich einmal die jahwistische Geschichtsdarstellung geendet hat [34]. Die Verbindung von Heraufführungsformel und

---

29 Vgl. auch W. RICHTER, FS M. SCHMAUS I, 2o9 und ders., FRLANT 1o1, 91f.

3o Zu vergleichen ist allein מרעה שמן וטוב והארץ רחבת ידים in 1 Chron 4,4o, im übrigen H.H. SCHMID, Jahwist, 29.

31 Vgl. die Zusammenstellung der Belege bei H.H. SCHMID, Jahwist, 29 Anm. 41, die zu ergänzen ist um Ri 18,9 und 1 Chron 28,8; vgl. auch W.H. SCHMIDT, BK II/2, 139f.

32 Anders H.H. SCHMID, Jahwist, 29, aber auch W.H. SCHMIDT, BK II/2, 139f.

33 Vgl. auch W. RICHTER, FRLANT 1o1, 92.

34 Vgl. dazu vorerst P. WEIMAR, BZAW 146, 163f. - W.H. SCHMIDT, BK II/2, 139 weist in diesem Zusammenhang noch auf Num 13,19 hin, doch kann diese Aussage schwerlich J zugeschrieben werden.

Hereinführungs-/Landübergabeformel, wie sie unter dtn./dtr. Einfluß häufiger begegnet [35], hat somit ihren Anknüpfungspunkt ebenfalls innerhalb der jahwistischen Geschichtsdarstellung, nur daß hier die beiden Formeln nicht unmittelbar nebeneinander stehen, sondern auf verschiedene Teile des Werkes verteilt sind, die jedoch kompositorisch aufeinander bezogen sind [36].

2.2 Der zweite Teil der Jahwerede Ex 3,16 + 18**

Ebenso wie der erste Redeteil ist auch der zweite Teil der Jahwerede in Ex 3,16*+18* weitgehend aus formelhaften Elementen gebildet. Auch hier wird zu prüfen sein, ob die geprägten Sprachelemente als solche schon aufgenommen wurden, oder ob sie vom Verfasser der zu untersuchenden Texteinheit erstmals geprägt worden sind.

(1) Mose erhält von Jahwe den doppelten Auftrag zur Ausrichtung einer Botschaft an die Ältesten Israels sowie an den König von Ägypten. Die doppelte Beauftragung in Ex 3,16* und 18* ist dabei weitgehend parallel formuliert, wobei der Hauptunterschied im Inhalt des Mitzuteilenden liegt. Die Beauftragung des Mose ist in beiden Fällen mit Hilfe der Wendung "geh (לך / ובאת) und sprich (ואמרת)" gebildet, worauf jeweils der Inhalt des Auszurichtenden folgt. Die hier vorkommende Wendung, die nur durch den Gebrauch der Basen הלך und בוא unterschieden ist [37], findet sich beim Jahwisten nur noch innerhalb der "Plagengeschichte" [38].

Erstmals begegnet die Wendung hier in Ex 7,15+16*, und zwar in der gleichen dreigliedrigen Form wie in Ex 3,16 (ואמרת / ונצבת / לך). Deutlich ist hierbei zu erkennen, daß die dreigliedrige Form des Auftrags (gehen + Handlung +

---

35 Vgl. dazu schon W. RICHTER, FS M. SCHMAUS I, 196-2o2.

36 Auf die Verbindung von Ex 3,8* mit dem Beginn der Abrahamgeschichte (Gen 12,1*+7a) wurde schon hingewiesen.

37 Zu dieser Wendung vgl. W. RICHTER, FRLANT 1o1, 152-156 (in Bezug auf die mit הלך gebildete Variante der Wendung) sowie P. WEIMAR, fzb 9, 186-187 (in Bezug auf die mit בוא gebildete Variante der Wendung). - Typisch für die Form der hier gebrauchten Wendungen ist der Imperativ von בוא / הלך mit nachfolgender Afformativkonjugation (אמר). Daß in Ex 3,18 anstelle des Imperativs von בוא die Afformativkonjugation der 2. Person gebraucht ist, ist durch den vorliegenden Textzusammenhang (syndetischer Anschluß von Ex 3,18*) bedingt.

38 Vgl. die tabellarische Übersicht bei H.H. SCHMID, Jahwist, 45.

Rede) erst durch den Jahwisten hergestellt worden ist, da nämlich die zweigliedrige Beauftragungsformel (לך אל פרעה ואמרת אליו) schon der vorjahwistischen Tradition angehört [39]. Die breitere dreigliedrige Form der Beauftragung des Mose in 7,15+16* hat ihre strukturelle Entsprechung in der Form
der beiden Beauftragungen in 8,16* und 9,13 (השכם בבקר והתיצב לפני פרעה
ואמרת אליו), die ganz auf die Hand des Jahwisten zurückgehen. In den anderen Belegstellen der Wendung innerhalb der Plagengeschichte findet sich die
mit בוא gebildete Variante, die aber im Unterschied zur ersten Variante der
Wendung immer zweigliedrig strukturiert ist (בא אל פרעה ואמרת / ודברת אליו).
Von den zwei bzw. drei Belegen dieser Form der Beauftragung des Mose (7,26;
9,1 sowie 1o,1+3*) [40] geht 9,1 auf eine Vorlage des Jahwisten zurück, während 7,26 und 1o,1+3* daran sich anlehnende Nachahmungen der vorjahwistischen Wendungen durch J sind. Die Übersicht zeigt, daß J im Gebrauch der
Redebeauftragungsformel schon von der vorjahwistischen Tradition abhängig
ist, wo sie zur Darstellung der Sendung des Mose zum Pharao gebraucht ist.

Damit entspricht das Nebeneinander der beiden Beauftragungen zur Rede in
Ex 3,16 und 18 mit dem Wechsel von drei- und zweigliedriger Redewendung,
dem der Wechsel im Gebrauch der Basen הלך und בוא korrespondiert, genau dem
in der jahwistischen Plagengeschichte sich darbietenden Bild, wo ebenfalls
die drei- und zweigliedrige Redewendung alternierend aufeinander folgt, nur
daß hier neben הלך die Basis יצב D-Stamm gebraucht ist. Damit ist zugleich
der literarische Horizont des Sendungs- und Redeauftrags an Mose angezeigt.
Er ist unmittelbar auf die Auseinandersetzung Jahwes mit dem Pharao bezogen, in welchem Prozeß Mose als der Bote Jahwes fungiert.

Dieser Zusammenhang läßt sich durch eine weitere Beobachtung absichern. Mit
Ausnahme von Ex 7,16 folgt auf den Sendungs- und Redeauftrag innerhalb des
"Plagenzyklus" immer die "Botenformel" ("So spricht Jahwe"). Ebenso wie
in Ex 7,16 fehlt eine solche Verbindung aber in Ex 3,16 und 18. Doch ist
für die "Botenformel" an dieser Stelle jeweils ein Rekurs auf ein vergange-
nes Handeln Jahwes eingetreten, wobei der Rekurs auf die Vergangenheit in
allen Fällen die gleiche syntaktische Struktur hat:

Ex 3,16	יהוה אלהי אבתיכם נראה אלי
Ex 3,18	יהוה אלהי העבריים נקרה עלינו
Ex 7,16	יהוה אלהי העברים שלחני אליך

---

39 Zur Analyse vgl. P. WEIMAR-E.ZENGER, SBS 75, 24.36-38.

4o In Ex 1o,1a-3* ist ein wahrscheinlich ursprüngliches ודברת אליו / ואמרת
nach dem auf R[P] zurückgehenden Einschub Ex 1o,1b+2 in die in 1o,3aα
vorliegende erzählerische Redeeinleitung ויבא משה ואהרן אל פרעה
ויאמרו אליו umgesetzt worden.

Dabei folgt in 3,16 und 7,16 auf den Rekurs jeweils - eingeleitet durch
לאמר - der Inhalt eines Jahwewortes. Von daher ist dann die Botenformel als
ein Ersatz für einen solchen Rekurs auf Jahwes Erscheinungs- und Sendungs-
handeln zu verstehen, der nur mehr allgemein die Authentizität des übermittelnden Jahwewortes hervorheben will [41]. Während der Rekurs auf Jahwes Handeln in der Vergangenheit in Ex 7,16 als vorjahwistisch angesprochen werden muß, sind die Formulierungen in Ex 3,16 und 18 als jahwistische Eigen-
formulierungen zu verstehen. Ihre Korrespondenz zu Ex 7,16 läßt sie dabei
als bewußte Nachahmung der vorjahwistischen Tradition erscheinen. Diese ist
allem Anschein nach geschehen, um so das in Ex 3,16* und 18* Gesagte unmittelbar auf die Erzählung von der Auseinandersetzung zwischen Jahwe und dem
Pharao zu beziehen.

Außerhalb der jahwistischen Geschichtsdarstellung begegnet die Form des Sen-
dungs- und Redeauftrags mit Jahwe als Beauftragendem ausschließlich im Zusammenhang einer Prophetenbeauftragung [42]. Dennoch kann aufgrund dieses Befundes der Auftrag an Mose in Ex 3,16* und 18* nicht einfach als "prophetischer Auftrag" gekennzeichnet werden [43]. Abgesehen einmal davon, daß die
meisten angeführten Belege für den Gebrauch des Sendungs- und Redeauftrags
jünger als J und deshalb für eine Interpretation von J nur von sekundärer
Bedeutung sind [44], spricht gerade der literarische Zusammenhang der jahwistischen Geschichtsdarstellung selbst nicht für ein Verständnis von Gestalt
und Aufgabe des Mose im Sinne der klassischen Prophetie, es sei denn, der

---

41 Dieser Zusammenhang läßt sich noch durch eine weitere Überlegung absi-
    chern. Der Jahwist lehnt sich hier ganz deutlich an seine Vorlage an.
    In dieser findet sich nur beim ersten Auftreten des Mose vor dem Pharao
    ein Rekurs auf das Handeln Jahwes in der Vergangenheit (Ex 7,16), wäh-
    rend im weiteren Verlauf der Darstellung für einen solchen Rekurs die
    "Botenformel" eintritt (Ex 9,1; 11,4).

42 Vgl. dazu die Zusammenstellung der Belege bei W. RICHTER, FRLANT lo1,
    153-154 und P. WEIMAR, fzb 9, 186-187.

43 So zuletzt wieder H.H. SCHMID, Jahwist, 31-32 mit Anm. 46. Weitaus vor-
    sichtiger äußert sich in dieser Frage G. VON RAD, Theologie des Alten
    Testaments I, München [4]1962, 3o4, der "von einer Art prophetischer Auf-
    gabe" spricht.

44 Als Argument für eine Datierung des Jahwisten ist der Gebrauch des Sen-
    dungs- und Redeauftrags, wie er in Ex 3,16*+18* begegnet, nicht geeig-
    net, es sei denn, eine Abhängigkeit des jahwistischen Gebrauchs der
    Form des Sendungs- und Redeauftrags durch Jahwe von der prophetischen
    Literatur ließe sich überzeugend nachweisen (gegen H.H. SCHMID, Jahwist,
    31-32.46-47). Da sich aber zeigen läßt (s.u.), daß der Jahwist kurz

jahwistische Text wird ganz im Lichte der jüngeren (nachjahwistischen) Traditionen interpretiert [45]. Hier gilt es vor allem zu beachten, daß die Verwendung von Sprachelementen, die sonst vornehmlich bzw. ausschließlich im
Kontext der Prophetenbeauftragung begegnen, sich bei J ausnahmslos auf
die Darstellung der Befreiung Israels aus der Hand des Pharao beschränkt.
Von daher ist zu vermuten, daß auch die Form der Darstellung des Mose - und
gerade auch seine Ausstattung mit "prophetischen" Darstellungsformen - durch
den näheren Erzählzusammenhang bedingt ist. Zu fragen ist demnach nach der
Beziehung zwischen dem Befreiungs- und Gerichtshandeln Jahwes einerseits
und der Funktion des Mose innerhalb dieses Geschehens andererseits.

Eigentliches Thema der jahwistischen Exodusgeschichte ist das Befreiungshandeln Jahwes für sein Volk, wie gerade auch durch die programmatische
Aussage in Ex 3,7*+8* hervorgehoben wird. Doch schon vom Anfang der jahwistischen Exodusgeschichte her entwickelt sich, wie im einzelnen noch zu zeigen sein wird, die Befreiung Israels in der Form der Auseinandersetzung
zwischen Jahwe und dem Pharao als den beiden Kontrahenten des Geschehens.
Von dieser literarischen Konzeption her bedeutet die Befreiung Israels zugleich Gericht über den Pharao und über Ägypten. In diese Grundstruktur
der jahwistischen Exodusgeschichte fügt sich genau auch die Darstellung der
Funktion des Mose ein. Seine Aufgabe liegt in der Ansage des Errettungshan-
delns Jahwes für Israel. Darauf sind auch die "Botenworte" innerhalb der
Plagengeschichte bezogen, insofern zwischen Entlassungsforderung für Israel
bzw. Verweigerung der Entlassung durch den Pharao und Ansage des Gerichtes
Jahwes über den Pharao/Ägypten ein unmittelbarer Bezug hergestellt wird [46].

---

nach der Reichsteilung nach Salomos Tod entstanden sein muß, ist allein
schon von daher die Verwendung des Sendungs- und Redeauftrags bei J in
einem anderen Lichte zu sehen.

45 Dies geschieht etwa von G. VON RAD, Theologie I, 3o4, wenn er das quasi-
prophetische Amt des Mose in seinem Auftrag, "Jahwes Geschichtspläne zu
verkündigen", begründet sieht. Doch sind die entsprechenden Aussagen in
Ex 2,23-5,5 erst jüngerer Herkunft (meist deuteronomistisch).

46 Ex 7,16+17*; 7,26+27; 8,16*+17*; 9,1.2*+3*; 9,13.17+18*; 1o,3*+4. -
In anderer Form wird dieser Zusammenhang noch einmal durch das Element
der "Fürbitte" unterstrichen, für das ebenfalls eine Verbindung mit der
Entlassung des Volkes konstitutiv ist (Ex 8,4+8*; 8,21*.24*+26; 9,27*.
28*+33*). Mose wird hier nicht auf die Fürbitte als das von ihm auszu-
übende prophetische Amt schlechthin angesprochen. Vielmehr ist das Element der Fürbitte als literarisches und zugleich theologisches Mittel
gedacht, um die Exklusivität des Handelns Jahwes hervorzuheben. Erst
durch die jüngeren Redaktionen (Jehowist) gewinnt die Fürbitte eine an-

Allein schon diese Funktionsbestimmung rückt Mose deutlich von den klassischen Propheten ab, die vor allem als "Gerichtspropheten" anzusprechen
sind [47]. Will man die Funktion des Mose positiv bestimmen, dann legt sich
eine andere Verbindung nahe. Mose erscheint gerade innerhalb der jahwistischen Exodusgeschichte - neben den "Ältesten Israels" - als der eigentliche
Führer des Volkes [48]. Doch handelt Mose bei allen seinen Aktionen nicht von
sich aus. Vielmehr erscheint er immer als der von Jahwe beauftragte "Bote".
Damit ist dann aber auch der Horizont umrissen, von dem her die Gestalt des
Mose innerhalb der jahwistischen Geschichtsdarstellung zu interpretieren
ist. Beachtet man einerseits die Rolle des Mose als Führer des Volkes und
sieht man andererseits die Rezeption von "prophetischen" Sprachelementen
zur Deutung der Stellung des Mose, dann dürfte Mose hier am ehesten als
"charismatischer Führer" charakterisiert werden [49]. Sendungs- und Redeauftrag sowie "Botenformel" sind demnach nicht einfach dem prophetischen Sprach
gebrauch entlehnt, sondern weisen allenfalls auf eine frühprophetische Rezeption der profanen "Botenbeauftragung" [50] hin. Der Sinn der Rezeption
von Elementen der "Botenbeauftragung" ist in der betonten Herausstellung
der alleinigen Aktivität Jahwes zu sehen, womit ein Korrektiv angebracht
wird gegenüber einem Amtsverständnis im Sinne absoluter königlicher Macht.
Die Rezeption von Elementen der profanen "Botenbeauftragung" als theologi-

dere Funktion, insofern jetzt auf einmal in der Fürbitte ein wesentli-
ches Moment des prophetischen "Amtsverständnisses" gesehen wird (vgl.
dazu Gen 2o,7aßb Je).

47 Auf diesen Zusammenhang hat auch schon M. NOTH, ATD 5,27 hingewiesen.

48 Dieser Zusammenhang tritt vor allem in Ex 4,29-6,1 deutlich in Erscheinung, insofern hier nicht nur Mose und die Ältesten nebeneinander genannt werden, sondern auch die Verdrängung der Ältesten durch Mose deutlich wird. In Ex 4,29-6,1 greift der Jahwist eine vorjahwistische Tradition auf (dazu vgl. P. WEIMAR-E.ZENGER, SBS 75, 23-24.27-36), wo als
Führer und Sprecher des Volkes die "Schreiber" genannt werden (Ex 5,6;
dazu P. WEIMAR-E.ZENGER, SBS 75, 28 Anm. 8). In der jahwistischen Exodusgeschichte wird nun der Terminus "Schreiber" (שטרים) durch die "Ältesten" (זקנים) ersetzt. Zugleich wird neu die Gestalt des Mose eingeführt
so daß die "Ältesten" als Repräsentanten des Volkes erscheinen, die
stellvertretend für das ganze Volk dastehen (vgl. in diesem Zusammenhang
die Abfolge der Sendung des Mose an die Ältesten und der gemeinsamen Sen
dung des Mose und der Ältesten an den Pharao, Ex 3,16*/18* und Ex 4,29.
31* / 5,1*.3*.

49 Darin folgt J der vorjahwistischen Exodusgeschichte, in der in der Darstellung des Mose gleichfalls "prophetische" Elemente und seine Qualifizierung als Führer des Volkes (vor allem in der "Meerwundergeschichte"
miteinander verbunden erscheinen.

5o Dazu vgl. die zusammenfassende Darstellung bei C. WESTERMANN, Grundformen prophetischer Rede, BevTh 31, München ³1968, 7o-82.

sches Deuteelement ist dabei nicht erstmals durch den Jahwisten geschehen,
sondern von diesem schon aus der Tradition ("Jahwekriegs-Erzählungen") übernommen worden [51]. In die gleiche Richtung weist auch der Rekurs auf die Erscheinung Gottes, die sowohl in Ex 3,16[*] als auch in 3,18[*] als der zentrale
Inhalt des Sendungs- und Redeauftrags an Mose angegeben ist.

(2) Als Inhalt des von Mose bzw. von Mose und den Ältesten Israels auszu-
richtenden Botenwortes folgt sowohl in Ex 3,16[*] als auch in 3,18[*] auf die
Beauftragung ein Rekurs auf die Erscheinung Jahwes, wobei die Erscheinung
Gottes jeweils mit einem anderen Terminus (נראה / נקרה) ausgedrückt ist.
Während Mose bei seiner Botschaft an die Ältesten der Söhne Israels das
Verbum נראה als terminus technicus für Gotteserscheinungen benutzt [52], fin-
det sich bei der gemeinsamen Überbringung der Botschaft an den Pharao durch
Mose und die Ältesten das Verbum נקרה.

Neben Ex 3,16[*] begegnet der Terminus נראה innerhalb der jahwistischen Geschichtsdarstellung nur noch in der Abrahamgeschichte. Ein erstes Mal findet sich das Verbum נראה in Gen 12,7 (וירא יהוה אל אברם ויאמר), um auf diese Weise die Verheißung des Besitzes des Landes für den Samen Abrahams einzuleiten. Das Gewicht dieser Erscheinungsrede wird zusätzlich noch dadurch
unterstrichen, daß in der unmittelbar darauf folgenden Altarbaunotiz in Gen
12,7b an die Nennung des Jahwenamens partizipial nochmals ein Rekurs auf
die vorausgegangene Jahweerscheinung angefügt ist (הנראה אליו). Von einer
zweiten Jahweerscheinung erzählt der Jahwist in Gen 18,1a, welche Notiz unmittelbar an Gen 13,18 anschließt [53]. Die Erscheinungsnotiz in Gen 18,1a
ist dabei redaktionell vom Jahwisten als neuer Anfang einer vorjahwistischen
Erzählungseröffnung, die in Gen 18,1b vorliegt, vorgefügt worden [54]. In beiden Fällen ist die Gotteserscheinung lokalisiert (Sichem / Hebron). Hier wie
dort ist die Erscheinungsnotiz mit einer entsprechenden Notiz von einem Altarbau verbunden, wobei die Nachricht vom Bau eines Altares in Gen 12,7 auf

---

51 Vgl. dazu P. WEIMAR, Bb 57 (1976) 38-73.

52 Eine Zusammenstellung der Belege findet sich bei P. WEIMAR, fzb 9, 97
    Anm. 47.

53 Vgl. dazu P. WEIMAR, BZAW 146, 5o Anm. 146.

54 Für die Abgrenzung von Gen 18,1a gegenüber 18,1b vgl. vorläufig noch
    R. KILIAN, Die vorpriesterlichen Abrahamsüberlieferungen. Literarkri-
    tisch und traditionsgeschichtlich untersucht, BBB 24, Bonn 1966, 96f.
    167.

die Jahweerscheinung folgt, während sie in Gen 13,18 der Erscheinungsnotiz
in 18,1a vorangeht. Offenkundig dient die Einführung der Erscheinungstermi-
nologie in den Erzählzusammenhang beim Jahwisten der Herausstellung wichtiger theologischer Aussagen [55]. In Gen 12,7 soll auf diese Weise die Verheißung des Landes - vor allen anderen Verheißungen - herausgestellt werden.
Demgegenüber qualifiziert der überschriftartige Charakter von Gen 18,1a das
ganze folgende Geschehen als eine Gotteserscheinung, ohne daß damit eine
bestimmte Aussage (Verheißung) besonders hervorgehoben würde [56].

An die beiden Erscheinungsnotizen innerhalb der jahwistischen Abrahamgeschichte knüpft Ex 3,16* an. Dabei sind die Unterschiede gegenüber der jahwistischen Abrahamgeschichte zu beachten. Weder ist in Ex 3,16 eine Lokalisierung des Erscheinungsgeschehens angezeigt, noch wird in diesem Zusammenhang von einem Altarbau berichtet. Zu beachten ist eine weitere Differenz.
In der jahwistischen Abrahamgeschichte wird jeweils berichtend von einer
Gotteserscheinung erzählt. Demgegenüber begegnet der Rekurs auf eine solche
Erscheinung Jahwes in Ex 3,16 nur innerhalb einer von Mose auszurichtenden
Jahwerede, ohne daß diesem Rekurs eine entsprechende Notiz in der vorangehenden Erzählung entspräche, wodurch die ganze Jahwerede an Mose als eine
"Erscheinungsrede" qualifiziert wäre [57]. Doch was soll dann dieser Rekurs
auf eine Gotteserscheinung an Mose, wenn dem nicht der Bericht einer Er-
scheinung Jahwes an Mose entspricht?

Zunächst kann der Grund für einen solchen Rückverweis auf eine Gotteserscheinung an Mose nicht bloß in einer Parallelisierung von Abraham und Mose
liegen. Eine Antwort auf die gestellte Frage gibt vielmehr der literarische
Zusammenhang, in dem dieser Rekurs auf die Erscheinung Jahwes an Mose begegnet. Er erscheint - neben der Wiedergabe der Erscheinungsrede selbst -

---

55 Vgl. auch H.H. SCHMID, Jahwist, 145-146.

56 Vgl. dazu auch R. RENDTORFF, Die Offenbarungsvorstellungen im Alten Is-
    rael, in: W. PANNENBERG (Hrsg.), Offenbarung als Geschichte, KuD Beih.
    1, Göttingen 1961, 21-41 = Gesammelte Studien zum Alten Testament, ThB
    57, München 1975, 39-59 (42f).

57 Als solche kann auch nicht die Notiz in Ex 3,2a* angesprochen werden,
    wenn man die Differenzen dieser Erscheinungsnotiz zu den beiden jahwi-
    stischen Erscheinungsnotizen in Gen 12,7 und 18,1 beachtet. Gerade die-
    se Differenzen lassen es als wahrscheinlich erscheinen, in Ex 3,2a in
    der vorliegenden Form eine redaktionelle Bildung des Jehowisten zu se-
    hen. Die einer Zuweisung von Ex 3,2a an J entgegenstehenden Schwierig-
    keiten lassen sich auch dann nicht beheben, wenn man eine diesem Halb-

als Inhalt eines von Mose den Ältesten Israels mitzuteilenden Jahwewortes. Es geht hier demnach nicht um eine persönliche Auszeichnung des Mose, sondern es muß ein Zusammenhang bestehen zwischen der Erscheinungsnotiz und dem Inhalt des von Mose an die Ältesten zu Übermittelnden. Dabei greift der Jahwist nun ganz deutlich auf den Anfang der Jahwerede in Ex 3,7[*] zurück (פקד פקדתי אתכם / ראה ראיתי את עני עמי). Sowohl die Wahl des Verbums (פקד anstelle von ראה) als auch die Einführung des persönlichen Objektes anstelle des sachlichen Notbegriffs (את עני עמי / אתכם) deuten dabei zugleich eine Ausweitung des in Ex 3,7[*] Gemeinten an, insofern hier schon auch das Errettungs- und Befreiungshandeln Jahwes selbst im Blick ist. In Ex 3,8[*] steht parallel zur Aussage der Errettung durch Jahwe die Aussage des Ziels der ganzen Aktion, das in dem "schönen und weiten Land" gesehen wird.

Beachtet man diese Zusammenhänge, die sich aus den literarischen Verbindungslinien der Gottesrede Ex 3,7-18[*] (J) ergeben, dann legt sich für die Erscheinungsnotiz in Ex 3,16 eine andere Interpretation nahe. Der Rekurs auf die Gotteserscheinung ist dann als ein bewußt eingesetztes literarisches Stilmittel zu verstehen, das nicht auf eine zuvor berichtete Erscheinung Jahwes an Mose verweisen will, sondern theologische Leitlinien innerhalb der jahwistischen Geschichtsdarstellung herausarbeiten will. Der Anknüpfungspunkt für die rückverweisende Erscheinungsnotiz in 3,16[*] liegt dann in der Gotteserscheinung an Abraham in Gen 12,7, als deren zentraler Inhalt die Verheißung des Landes für den "Samen" Abrahams anzusehen ist. Liegt in Gen 12,7 aber der Anknüpfungspunkt für die Erscheinungsnotiz in Ex 3,16[*], dann ist die Botschaft des Mose an die Ältesten als eine genaue Umsetzung der ersten Hälfte der Gottesrede in Ex 3,7+8[*] zu verstehen.

Diese Interpretation der Erscheinungsnotiz in Ex 3,16[*] wird indirekt durch die Parallelaussage in 3,18[*] bestätigt, wo anstelle des Erscheinungsterminus נראה auffälligerweise das Verbum נקרה eingetreten ist, was dann in der Situation der Ausrichtung des Gotteswortes durch נקרא vertreten wird (Ex 5,3). Diese Abweichung ist um so auffälliger, weil der Rekurs auf die Begegnung Jahwes in Ex 3,16[*] und 18[*] sonst streng parallel konstruiert ist. Eine solche Differenz kann nur in einer anderen Aussageabsicht begründet liegen. Das Verbum נקרה begegnet in theologischer Verwendung neben Ex 3,18 nur noch

---

vers zugrundeliegende ältere Form einer Erscheinungsnotiz annimmt (וירא יהוה אל משה).

innerhalb der Bileamgeschichte (Num 23,3.4.16) [58]. Zu beachten ist dabei
der literarische Zusammenhang dieser Wendung [59]. Sie begegnet entweder in
Bezug auf Gotteserscheinungen von Nicht-Israeliten oder wird in Gesprächen
mit solchen gebraucht [60]. Welcher Art diese Gotteserscheinung ist, wird dabei nicht deutlich, wenn auch der literarische Zusammenhang in Num 23, wo
eine Verbindung mit einer Brandopferdarbringung hergestellt ist, am ehesten an eine institutionell vermittelte Begegnung denken läßt. In die gleiche Richtung weist vor allem auch der Gebrauch des Verbums נקרה mit menschlichem Subjekt in Num 23,15, wo gerade Bileam eine aktive Rolle bei der Her
beiführung einer solchen Gottesbegegnung zugemessen wird [61]. Dennoch ist
eine solche - institutionell verankerte - Gottesbegegnung nicht voll kal-
kulierbar [62].

In der Wiederaufnahme von Ex 3,18* in 5,3 ist anstelle von נקרה das Verbum
נקרא, abgeleitet von קרא II, eingetreten, das in theologischer Verwendung
nur an der vorliegenden Stelle begegnet [63]. Doch liegt darin nur eine ortho
graphische Differenz zu נקרה in Ex 3,18*, nicht aber eine bedeutungsmäßige
Dies läßt vor allem die Verbindung der beiden Wortstämme in 2 Sam 1,6 in
Art einer *figura etymologica* erkennen (נקרא נקריתי). Sowohl in Ex 3,18 als
auch in Ex 5,3 wird demnach dem Pharao gegenüber nur allgemein von einer
Gottesbegegnung gesprochen, wobei die Wortwahl (נקרה / נקרא) an eine institutionell vermittelte Gottesbegegnung denken läßt. Bedingt ist dabei die
Wahl des Terminus נקרה / נקרא im Unterschied zu נראה in Ex 3,16* allem Anschein nach durch den Adressaten (Pharao). Ob damit auch verschiedene Offen-
barungsweisen angesprochen sind, kann im Horizont der jahwistischen Ge-

---

58 Neben den genannten Belegen begegnet נקרה noch zweimal mit menschlichem
    Subjekt (Num 23,15 und 2 Sam 1,6).

59 Zu dieser Wendung vgl. W. GROSS, Bileam. Literar- und formkritische
    Untersuchung der Prosa in Num 22-24, StANT 38, München 1974, 272-273.

6o Vgl. dazu auch U. CASSUTO, Exodus, 42. - Zur Begründung dieser These
    braucht dabei nicht auf 2 Aqht VI, 43-44 zurückgegriffen werden, wie es
    bei U. CASSUTO, Exodus, 42, geschieht (zur Auseinandersetzung mit CASSU-
    TO vgl. W. GROSS, StANT 38, 272, Anm. 279).

61 Vgl. dazu auch W. GROSS, StANT 38, 272f.

62 Dieser Aspekt des Verbums נקרה wird in 2 Sam 1,6 greifbar, wo gerade
    das Moment des Zufälligen im Blick steht.

63 Mit menschlichem Subjekt begegnet נקרא noch Dtn 22,6; 2 Sam 1,6; 18,9;
    2o,1.

64 Vgl. dazu auch U. CASSUTO, Exodus, 66f.

schichtsdarstellung offen bleiben, da für sie נראה ein theologisches Deuteelement ist und nicht der Beschreibung eines konkreten Vorgangs dient [65].

Wenn in Ex 3,16[*] zur Bezeichnung der Gotteserscheinung der Terminus נראה
gebraucht ist, dann ist das um der theologischen Verknüpfung des den Ältesten Israels durch Mose Mitzuteilenden mit der Landverheißung in Gen 12,7
willen geschehen. Eine andere Form der Offenbarungsmitteilung als sie in
Ex 3,18[*] und 5,3[*] durch נקרה bzw. נקרא zum Ausdruck gebracht ist, wird dadurch nicht angezeigt. Auf der anderen Seite bestätigt sich aber von der
Verwendung des Terminus נראה in Ex 3,16[*] her die Interpretation des Sen-
dungs- und Redeauftrags an Mose. Bezeichnenderweise wird nämlich נראה nie
in Zusammenhang mit prophetischer Offenbarung gebraucht [66]. Vielmehr wird
ein anderer Zusammenhang greifbar. In Ri 6,12 (vgl. auch 1 Sam 3,21) wird
von einer Gotteserscheinung an Gideon, der einer der "charismatischen Führer" des Volkes ist, berichtet.Daneben erscheinen auch mehrfach David
(2 Chron 3,1) und Salomo (1 Kön 3,5; 9,2; 11,9; 2 Chron 1,7; 7,12) als

---

65 Nach Gen 12,7 und 18,1a (in Verbindung mit 13,18) geschieht die Gotteserscheinung an einem heiligen Ort. Doch ist zu beachten, daß die an beiden Stellen gegebene Relation von Gotteserscheinung und heiliger Stätte
eine verschiedene ist. Während in Gen 12,7 die Heiligkeit des Ortes
(Bau eines Altares) erst durch die Gotteserscheinung begründet wird,
folgt in Gen 18,1a der Bericht von der Gotteserscheinung erst auf die
Nachricht von einem Altarbau (Gen 13,18). Könnte somit hinter Gen 12,7
noch der Reflex eines alten "kultätiologischen Schemas" stehen, das
durch die Abfolge Gotteserscheinung - Altarbau ausgezeichnet ist (vgl.
dazu R. RENDTORFF, ThB 57, 41f; darauf Bezug nehmend W. ZIMMERLI, "Offenbarung" im Alten Testament, EvTh 22, 1962, 15-31[16]; D. VETTER, Art.
ראה, THAT II, 1976, 692-7o1[7oo]), so ist in Gen 13,18+18,1a dieser Zusammenhang allenfalls indirekt greifbar. Im Kontext der jahwistischen
Geschichtsdarstellung ist der "kultätiologische" Begründungszusammen-
hang nicht mehr von Bedeutung. Die Erwähnung der beiden "heiligen Stät-
ten" (Sichem / Hebron) ist theologisch motiviert, wobei die Wahl gerade
dieser beiden Orte entweder durch zeitgeschichtliche Gründe (Sichem) oder
durch die Heimat des Verfassers (Hebron) bedingt ist. Beim Jahwisten
steht die "Gotteserscheinung" deutlich in Relation zur "Verheißung"
(Gen 12,7) bzw. zu einem paradigmatischen Geschehen (Gen 18/19*), wobei
der Gotteserscheinung jeweils nur eine hinweisende Funktion zukommt.

66 Die einzige Ausnahme scheint 1 Sam 3,21 zu sein, wo zwar allgemein von
weiteren Gotteserscheinungen in Schilo gesprochen wird, diese jedoch
andererseits mit Samuel in Verbindung gebracht werden, der in 1 Sam 3,
2o als "Prophet Jahwes" bezeichnet wird. Doch läßt sich die Gestalt Sa-
muels - angesichts der überlieferungsgeschichtlichen und literarischen
Problematik der Samuel-Überlieferungen - keineswegs so eindeutig bestimmen, wie es aufgrund von 1 Sam 3,2o zunächst scheinen könnte. Zu beachten ist in diesem Zusammenhang, daß nach 1 Sam 7,16b (zur literarischen Problematik von 1 Sam 7,15-17 vgl. zuletzt P. WEIMAR, Bb 57, 1976,

Adressaten einer Jahweerscheinung. Wenn also Einzelpersonen von einer Gotteserscheinung ausgezeichnet werden, dann sind es vorzüglich die Führer des Volkes, keinesfalls aber die Propheten [67].

(3) Der Inhalt der von Mose den "Ältesten" Israels zu übermittelnden "Erscheinungsrede" besteht aus dem an 3,7[*] anklingenden Rückblick פקד פקדתי אתכם in Ex 3,16bα. Aufgenommen wird diese Wendung in der Situation der Ausrichtung der Gottesbotschaft in Ex 4,31bα, wobei die Perspektive insofern geändert ist, als hier nicht die Übermittlung durch Mose selbst im Blick ist, sondern die Rezeption des von Mose übermittelten Gotteswortes durch die "Ältesten". Daß der Inhalt der Botschaft an die "Ältesten Israels" gerade mit der Wendung פקד פקדתי אתכם umschrieben ist, ist im Zusammenhang der jahwistischen Geschichtsdarstellung nicht zufällig geschehen, sondern steht allem Anschein nach in einem engen Zusammenhang zur vorangehenden Erscheinungsnotiz in Ex 3,16a.

Die Basis פקד [68] begegnet im Pentateuch in theologischer Verwendung noch mehrfach. Dabei ist ein doppelter Sprachgebrauch zu unterscheiden. In jüngeren Redaktionsschichten innerhalb des Pentateuch (frühestens wohl Dtr) findet sich die Basis פקד einige Male in der Wortverbindung פקד עון / חטאה ("die Schuld/Verfehlung heimsuchen") [69]. Davon unterscheidet sich die Verwendung des Verbums in den älteren Schichten des Pentateuch, wo mit Hilfe des Begriffes פקד die heilvolle Hinwendung Jahwes zu seinem Volk, aber auch

---

64 mit Anm. 79; T. VEIJOLA, Das Königtum in der Beurteilung der deuteronomistischen Historiographie. Eine redaktionsgeschichtliche Untersuchung, AASF B 198, Helsinki 1978, 34f) gerade auf die "richterliche" Tätigkeit des Samuel abgehoben wird, womit Samuel in die Reihe der "kleinen Richter" eingereiht wird.

67 Als solche "Führer" des Volkes sind auch Abraham (Gen 12,7; 17,1; 18,1; 22,14), Isaak (Gen 26,2.4), Jakob (Gen 35,1.9; 48,3; zusammenfassend in Bezug auf alle drei Väter Ex 6,3) und Mose (Ex 3,2.16; 4,1.5) sowie Mose und Aaron / Josua (Num 2o,6 / Dtn 31,15) anzusprechen. Mit Ausnahme von Ri 13,3.1o.21, wo Manoach und seine Frau Adressaten einer Gotteserscheinung sind, ist an den anderen Stellen, wo von einer Gotteserscheinung gesprochen wird, das ganze Jahwe-Volk der Empfänger einer solchen Gotteserscheinung.

68 Vgl. dazu W. SCHOTTROFF, Art. פקד, THAT II, 1976, 466-486.

69 Ex 2o,5; 32,34; 34,7; Lev 18,25; Num 14,18; Dtn 5,9.

zu einem Einzelnen zum Ausdruck gebracht ist [7o]. Mit Ausnahme von Gen 21, la (Sara) beziehen sich alle Belege des Vorkommens des Verbums in diesem Sinne auf die Befreiung aus Ägypten.

In Bezug auf die Ägypten-Situation findet sich der Terminus פקד erstmals innerhalb des jahwistischen Werkes (Gen 5o,24[*]; Ex 3,16[*]; 4,31[*]). Die drei Belege der Wendung sind dabei planvoll aufeinander bezogen. Ex 4,31bα (Situation der Ausrichtung der Jahwe-Botschaft) bezieht sich auf Ex 3,16[*] (Situation der Beauftragung des Mose durch Jahwe) zurück. Doch ist auch der Rekurs auf Jahwes Handeln in Ex 3,16[*] seinerseits wiederum zurückgebunden an die im Munde Josephs begegnende Ansage in Gen 5o,24[*], wo sich ebenfalls die für Ex 3,16bα typische Konstruktion mit *figura etymologica* (פקד יפקד) findet. Mit dem Vorblick auf die Zukunft in Gen 5o,24abα wird die jahwistische Väter-(Joseph-)geschichte abgeschlossen [71].

In Gen 5o,24abα ist nun bezeichnenderweise die Ansage, daß Jahwe sich der Söhne Israels annehmen werde, durch die weitere Ansage ergänzt, daß er sie aus dem Lande Ägypten heraufführen werde. In leicht variierter Form ist die Ansage der Heraufführung aus Ägypten aus Gen 5o,24abα wieder aufgenommen in Ex 3,8aα (עלה H-Stamm + ההוא / הזאת הארץ מן), wo sie ergänzt ist um die Zielangabe ורחבה טובה ארץ אל. Wenn nun in Ex 3,16bα mit der Wendung אתכם פקדתי פקד Gen 5o,24abα aufgenommen wird, dann soll damit zugleich auch die zweite Ansage in Gen 5o,24bα von der Heraufführung aus dem Lande Ägypten mitgehört werden, zumal diese Ansage ja in Ex 3,8aα im Zusammenhang der gleichen Gottesrede wieder aufgegriffen ist. Von daher erweist sich dann aber auch der Zusammenhang von Erscheinungsnotiz und der Feststellung göttlicher Annahme als Inhalt der Botschaft Jahwes, die Mose den "Ältesten Israels" zu übermitteln hat, als durchaus sinnvoll. Aufgrund des innerjahwistischen Verweissystems mit Stichwortrepetitionen stehen beide Aussagen in

---

7o Gen 21,1; 5o,24.25; Ex 3,16; 4,31; 13,19.

71 Die Zielangabe mit Rückverweis auf den Väterschwur in Gen 5o,24aß ist als ein nachjahwistischer Zusatz zu verstehen (zur Abtrennung von Gen 5o,24bß vom übrigen Teil des Verses vgl. die Zusammenstellung der Vertreter dieser These bei N. LOHFINK, Die Landverheißung als Eid. Eine Studie zu Gen 15, SBS 28, Stuttgart 1967, 23 Anm. 43), der wohl frühestens auf die Hand des Jehowisten zurückgehen dürfte. Die chiastische Stichwortstruktur in Gen 5o,24-26, auf die N. LOHFINK, SBS 28, 23 Anm. 43 als Argument für die Einheitlichkeit der Verse abhebt, ist erst redaktionell, nicht jedoch literarisch ursprünglich.

Zusammenhang mit der Thematik des Landes. Ziel des göttlichen Einsatzes für die Israel-Söhne ist die Befreiung aus dem Lande Ägypten (vgl. Gen 5o,24* in Verbindung mit Ex 3,8* und 16*) zu einem Leben in dem Land, das Jahwe dem "Samen" Abrahams zum Eigentum verheißen hat (Gen 12,7 in Verbindung mit Ex 3,16*). Auffälligerweise greift der Jahwist mit dieser doppelten Form der Bezugnahme auf die "Vätergeschichte" auf deren Beginn (Verheißung des Landes in Gen 12,7) und ihren Abschluß (Ansage der Heraufführung aus Ägypten in Gen 5o,24abα) zurück.

Die beiden restlichen Belege der Verwendung des Verbums פקד im Sinne heilvoller Zuwendung Jahwes sind abhängig vom jahwistischen Sprachgebrauch und wahrscheinlich von der jehowistischen Redaktion eingetragen worden. Deutlich gilt das zunächst für Gen 5o,25, wo - nach redaktioneller Einfügung von Gen 5o,24bβ - in umgekehrter Abfolge die entscheidenden Stichworte aus Gen 5o,24 aufgenommen sind. Offenkundig hat sich auf der jehowistischen Redaktionsstufe auch das Gewicht der Aussage verlagert. Die Initiative Jahwes für die Israel-Söhne dient in Gen 5o,25 nur noch als Motiv für die Verpflichtung, die Gebeine des Joseph aus Ägypten heraufzuführen. Die Aussage in Gen 5o,25b wird wörtlich in Ex 13,19bβγ wieder aufgenommen, womit innerhalb der Komposition der jehowistischen Geschichtsdarstellung ein Bezugsrahmen von der Josephsgeschichte zur Meerwundergeschichte hergestellt wird.

Sowohl in Ex 3,16* als auch in Ex 3,18b* hat in dem Rekurs auf die Gotteserscheinung / Gottesbegegnung das Subjekt Jahwe durch die Wendung "Gott eurer Väter" bzw. "Gott der Hebräer" eine appositionelle Erweiterung erfahren. Beide appositionellen Ausweitungen des Namens Jahwe sind im Folgenden zu prüfen.

Die Gottesbezeichnung "Gott der Hebräer" (העברים / אלהי העבריים) begegnet außer an der vorliegenden Stelle und der sie wieder aufnehmenden Stelle in Ex 5,3 nur noch innerhalb der "Plagengeschichte" [72]. Die ältesten Belege der Wendung sind Ex 7,16 und 9,1, wo die Wendung jeweils als Apposition zu Jahwe steht. Beide Belege gehören der vorjahwistischen Exodusgeschichte an. Ihr Sprachgebrauch ist vom Jahwisten aufgegriffen und systematisch ausgebaut worden. In Ex 9,13 und 1o,3 ist aus Ex 9,1 die Langform der Botenformel כה אמר יהוה אלהי העברים rezipiert worden. Demgegenüber schließt sich der Sprachgebrauch in Ex 3,18 und 5,3 an Ex 7,16 an. Somit teilt sich innerhalb der jahwistischen Geschichtsdarstellung das Vorkommen der Wendung "Gott der Hebräer" mit jeweils drei Belegen auf jeden der beiden aus der vorjahwistischen Tradition übernommenen Formzusammenhänge auf [73]. Die Ver-

---

72 Ex 7,16; 9,1.13; 1o,3.

73 Eine Herleitung dieser Stellen aus nachexilischer Zeit, wie H. SCHULT, Eine einheitliche Erklärung für den Ausdruck "Hebräer" in der israelitischen Literatur, DBAT 1o (1975) 22-4o (26) sie vorschlägt, ist nicht

wendung der Wendung in Ex 3,18* und 5,3* bestimmt sich dabei durch die Verbindung mit der Plagengeschichte, womit der Horizont des Botenwortes in Ex 3,18* (und damit auch von Ex 5,3*) angezeigt ist. In allen Fällen ist Adressat dieser Wendung der Pharao / König von Ägypten, was sicherlich kein Zufall ist. Sowohl in der vorjahwistischen Exodusgeschichte als auch - davon abhängig - im jahwistischen Werk ist die Selbstbezeichnung Jahwes als "Gott der Hebräer" durch den Gegensatz zum Pharao bestimmt, wodurch sie diesem gegenüber als eine besondere Würdebezeichnung Jahwes erscheint [74]. In der vorjahwistischen Exodusgeschichte ist die Wahl des Wortes "Hebräer" anstelle von "Israel" in der Wendung "Jahwe, der Gott der Hebräer" von der Erzähllogik her diktiert worden, um auf diese Weise gerade die ethnische Besonderheit des Jahwe-Volkes hervorzuheben [75]. Dieser sachliche Grund für die Wahl dieser Gottesbezeichnung gilt für das jahwistische Werk nicht mehr in gleichem Maße [76]. Vielmehr dürfte die Wahl der Wendung "Jahwe, Gott der Hebräer" bei J vor allem literarisch-theologische Gründe haben, weil gerade sie es ermöglicht, die Ankündigung des Befreiungshandelns Jahwes in Ex 3,18* (und Ex 5,3*) mit der "Plagengeschichte" zu verbinden [77].

---

möglich. Gleiches gilt auch für die Mehrzahl der übrigen Texte, wo die "Hebräer" erwähnt werden. - Zum Problem der "Hebräer" vgl. im übrigen M. WEIPPERT, Die Landnahme der israelitischen Stämme in der neueren wissenschaftlichen Diskussion. Ein kritischer Bericht, FRLANT 92, Göttingen 1967, 84-1o2 und K. KOCH, Die Hebräer vom Auszug aus Ägypten bis zum Großreich Davids, VT 19 (1969) 37-81.

74 Zu beachten ist in diesem Zusammenhang, daß die Verbindung יהוה אלהי העברים in Ex 3,18* parallel zu der Verbindung יהוה אלהי אבתיכם in Ex 3,16* steht. Außerdem gilt es zu beachten, daß in der "Plagengeschichte" (Ex 7,16; 9,1.13; 1o,3) die Verbindung יהוה אלהי העברים immer mit der Entlaßforderung zum Dienst dieses Gottes verbunden ist (indirekt ist dieser Zusammenhang auch in Ex 3,18 und 5,3 gegeben).

75 In der ganzen vorjahwistischen Exodusgeschichte findet sich die Bezeichnung "Söhne Israels" nur in Ex 9,4b und 6b im Zusammenhang mit der Ansage / Feststellung, daß das Vieh der Israeliten gegenüber dem Vieh der Ägypter vor dem Schlag Jahwes bewahrt bleiben wird bzw. bewahrt geblieben ist. In Bezug auf Israel wird sonst immer der Begriff "das Volk" (העם) bzw. "mein Volk" gebraucht. Um so auffälliger ist es gerade vor diesem Hintergrund, daß jeweils im Zusammenhang mit der Entlaßforderung dem Pharao gegenüber die Wendung "Jahwe, der Gott der Hebräer" gebraucht ist, womit sowohl die religiöse als auch die ethnische Besonderheit des Volkes angezeigt ist (vgl. auch M. WEIPPERT, FRLANT 92, 93f).

76 So findet sich etwa in Ex 1,9 im Munde des Königs von Ägypten die Wendung עם בני ישראל, was ganz zu der auch sonst sich zeigenden Vorliebe des Jahwisten für den Ausdruck בני ישראל paßt.

77 Während die strukturell-literarische Verbindung der Belegstellen der Wendung "(Jahwe,) der Gott der Hebräer" (Ex 3,18; 5,3; 7,16; 9,1.13; 1o,3) ganz deutlich gegeben ist, lassen sich aber andererseits keine anderweitigen plausiblen Gründe für den Gebrauch dieser Wendung innerhalb des Jahwisten angeben, so daß man annehmen muß, daß auf dieser Gottesbezeichnung bei J kein eigenes Gewicht liegt.

Parallel zu der Wendung "Gott der Hebräer" steht in Ex 3,16* die Wendung
"Gott eurer Väter" [78]. Diese Wendung, die vor allem in der exilischen und
nachexilischen Literatur begegnet [79], findet sich innerhalb der jahwistischen Geschichtsdarstellung nur an der vorliegenden Stelle im Rekurs auf
die Gotteserscheinung an Mose. Alle anderen Belege der Wendung "(Jahwe,)
der Gott eurer Väter" in Ex 3/4 sind demgegenüber redaktionell, wobei Ex
3,13 und 4,5a als jehowistisch anzusprechen sind, während Ex 3,15 erst auf
R^P zurückgeht. Daß die Wendung "Jahwe, der Gott eurer Väter" innerhalb des
Jahwisten gerade in Ex 3,16* vorkommt, dürfte kein Zufall sein. Und das aus
einem doppelten Grund. Auf der einen Seite wird Mose in Ex 3,16* von Jahwe
beauftragt, den Ältesten Israels die Zuwendung Jahwes mit dem Ziel der Befreiung aus der gegenwärtigen Notsituation in Ägypten zu überbringen. Auf
der anderen Seite greift J in diesem Zusammenhang indirekt auf die dem Abraham gegebene Verheißung des Besitzes des Landes für den Samen Abrahams in
Gen 12,7 zurück, um so zugleich auch das Ziel der ganzen Unternehmung Jahwes anzudeuten. Im Spannungsverhältnis dieser beiden Aussagen soll dann
durch die appositionell an den Jahwenamen angefügte Wendung "der Gott eurer
Väter" angezeigt werden, daß Jahwe eben der persönliche Schutzgott des Volkes ist, als der er sich schon den "Vätern" gegenüber erwiesen hat [80]. Erst
auf der Ebene von R^P ist hier durch die redaktionelle Einfügung der Trias

---

78 Zum Problem der "Väterreligion" vgl. die forschungsgeschichtlichen Über-
    blicke bei H. WEIDMANN, Die Patriarchen und ihre Religion im Licht der
    Forschung seit Julius Wellhausen, FRLANT 94, Göttingen 1968, 126-167
    und E. RUPPRECHT, Die Religion der Väter. Hauptlinien der Forschungsge-
    schichte, DBAT 11 (1976) 2-29 sowie J. SCHARBERT, Patriarchentradition
    und Patriarchenreligion. Ein Forschungs- und Literaturbericht, VuF 19,
    (1974) 2-22 und C. WESTERMANN, Genesis 12 - 5o, EdF 48, Darmstadt 1975,
    1o8-111 und Genesis, BK I/12,1977, 116-123.128-133 (Lit.!). - Vgl. aus
    der neueren Literatur noch B. DIEBNER, Die Götter des Vaters. Eine Kri-
    tik der "Väter-Gott"-Hypothese Albrecht Alts, DBAT 9 (1975) 21-51.

79 Die "Vätergott-Formel" begegnet vor allem innerhalb der deuteronomisch-
    deuteronomistischen sowie chronistischen Literatur: 1. יהוה אלהי אבתינו
    Dtn 26,7; Esr 7,27; 1 Chron 29,18; 2 Chron 2o,6; ohne יהוה 1 Chron 12,
    18; 2. יהוה אלהי אבתיך Dtn 1,21; 6,3; 12,1; 27,3; 3. יהוה אלהי אבותכם
    Dtn 1,11; 4,1; Jos 18,3; Esr 8,28; 1o,11; 2 Chron 13,12; 28,9; 29,5;
    4. יהוה אלהי אבתיו 2 Kön 21,22; 2 Chron 21,1o; 28,25; 3o,19; ohne יהוה
    2 Chron 33,12; 5. יהוה אלהי אבתם Dtn 29,24; Ri 2,12; 2 Chron 28,6; 6.
    יהוה אלהי אבתיהם 1 Chron 29,2o; 2 Chron 7,22; 11,16; 13,18; 14,3; 15,12;
    19,4; 24,18.24; 3o,7.22; 34,32.33; 36,15; ohne יהוה 1 Chron 5,25; 2 Chron
    2o,33. - Vgl. auch die Übersicht bei H.G. MAY, The God of My Father -
    A Study of Patriarchal Religion, JBR 9 (1941) 155-158.199-2oo (155 Anm.
    4-6).

8o Im Sinne des Jahwisten ist demnach der "Gott eurer Väter" nichts ande-
    res als eine Erscheinungsform des im ganzen Alten Orient belegten Typus
    des persönlichen Schutzgottes; vgl. dazu H. CAZELLES, Patriarches, DBS
    7 (1961) 81-156 (142-144) und H. HIRSCH, Untersuchungen zur altassyri-
    schen Religion, AfOBeih 13/14 (1972) 35-46 sowie vor allem H. VORLÄNDER,
    Mein Gott. Die Vorstellungen vom persönlichen Gott im Alten Orient und
    im Alten Testament, AOAT 23, Kevelaer-Neukirchen-Vluyn 1975. Von Ex 3,
    16 (J) sind jedenfalls keine Rückschlüsse auf eine besondere Religions-
    form der Väterzeit, die dem Jahweglauben voraufgeht, möglich.

אלהי אברהם יצחק ויעקב in Ex 3,16* eine Verschiebung eingetreten, die allein schon aufgrund der Tatsache, daß sich eine solche Erweiterung um die Nennung der Trias Abraham, Isaak und Jakob bei R[P] ebenfalls in Ex 3,6 und 15 sowie in Ex 4,5b findet, das besondere Interesse der Schlußredaktion des Pentateuch verrät [81]. Aus der Kennzeichnung Jahwes als des "persönlichen Schutzgottes" für Israel wird bei R[P] auf einmal ein Gottestyp, wie er für die Zeit der Patriarchen kennzeichnend sein soll [82]. Ähnlich wie P[g] durch Nennung der Trias Abraham, Isaak und Jakob in Ex 6,3a eine Periodisierung und Systematisierung des Geschichtsablaufs anstrebt [83], zielt auch die systematische Verwendung der "Vätergott"-Formel mit schrittweiser Erweiterung der Wendung durch Nennung von Abraham-Isaak-Jakob bei R[P] in die gleiche Richtung [84].

2.3 Der Ausführungsbericht Ex 4,29*.31bα+5,1a*.3aßbα.4*

Ebenso wie die beiden Teile der Gottesrede in Ex 3,7*+ 8* und 16*+ 18* ist auch der sich daran anschließende Ausführungsbericht weitgehend mit Hilfe geprägter Sprachelemente gestaltet. Diese sind dabei zum Teil aus der vorangehenden Jahwerede in Ex 3* (J) übernommen.

(1) Über die Beauftragung des Mose durch Jahwe in Ex 3,16*+ 18* hinaus geht die zweigliedrige Absichtserklärung des Mose und der "Ältesten" in Ex 5,3bα, einen Weg von drei Tagen zu gehen und ein Opferfest für Jahwe zu veranstalten. Die Vorstellung von einer Drei-Tage-Reise der Israel-Söhne zu einem Opferfest begegnet in dieser Form nicht mehr innerhalb des jahwistischen

---

81 Die Verbindung der "Väter-Gott-Formel" mit der Trias Abraham, Isaak und Jakob findet sich sonst nur noch in 1 Chron 29,18 (vgl. aber auch 1 Kön 18,36 und 2 Chron 3o,6).

82 Von daher müßte dann das Problem der "Religion der Väter" neu bedacht werden. Aufgrund dieses Befundes muß es zumindest als zweifelhaft erscheinen, ob der "Väter/Vater-Gott" wirklich als der Reflex einer für das vorjahwistische, im halbnomadischen Bereich beheimatete "Israel" typische Gottesform verstanden werden kann. Wahrscheinlicher ist vielmehr, daß der "Gott der Väter" eher als ein geschichtstheologisches Konstrukt des Schlußredaktors des Pentateuch zu verstehen ist, das zwar an den im ganzen Alten Orient sich findenden Typ des persönlichen Schutzgottes anknüpft, ohne daß dem eine geschichtliche Erinnerung an eine besondere Gottesform der "Väterzeit" zugrundeliegen müßte.

83 Vgl. dazu P. WEIMAR, fzb 9, 1oo-1o1 mit Anm. 57.

84 Vgl. dazu die Übersicht bei W. RICHTER, FRLANT 1o1, 88. - Jedoch wird man die hier auf J als Verfasser zurückgeführte planvolle Verwendung der Väter-Gott-Formel in der vorliegenden Form erst als das Werk der Pentateuchredaktion ansehen können, auch wenn einzelne Teile dieses Systems schon älter sein sollten.

Werkes, ist aber von hier sekundär durch den Jehowisten rezipiert worden
(Ex 3,18 und 8,23). Dennoch bleibt die Forderung nach einer Drei-Tage-Reise
zu einem Opferfest für Jahwe nicht ohne Resonanz in der jahwistischen Geschichtsdarstellung. So ist in den Zusammenhang der vorjahwistischen Exodusgeschichte in Ex 5,8b und 17b vom Jahwisten selbst ein verkürztes Zitat
der an den Pharao gerichteten Forderung aus Ex 5,3bα eingefügt worden. In
beiden Fällen wird das abgekürzte Zitat, das ebenso wie die volle Forderung
der Ältesten in Ex 5,3bα die typische zweigliedrige Form hat (ונזבחה + נלכה
ליהוה אלהינו), dem Pharao in den Mund gelegt. Jeweils dient es dabei zur Begründung der Feststellung der Faulheit der Israel-Söhne. Die Verwendung des
Motivs einer Reise zu einem Jahwe-Fest ist im Sinne des Jahwisten als ein
zentrales Moment der Auseinandersetzung zwischen Jahwe und dem Pharao um
die Entlassung Israels aus Ägypten verstanden. Die Tatsache, daß es von J
im Anschluß an Ex 5,3[*] noch zweimal in den vorjahwistischen Erzählzusammenhang in Ex 5 eingefügt ist, macht deutlich, daß hierin für J ein zentrales
Element der Befreiungsgeschichte liegt.

In veränderter Form wird dieses Motiv sodann wieder in der jahwistischen
Plagengeschichte aufgenommen, wobei sich die Abwandlung gegenüber den auf
die Hand des Jahwisten selbst zurückgehenden Formulierungen in Ex 5,3.8.17
zum einen von der veränderten Situation und zum anderen aufgrund der Bindung
an vorgegebene Formulierungen erklärt. So wird das bei der ersten Begegnung
mit dem Pharao geäußerte Vorhaben des Mose und der "Ältesten" zu einem Jahwe-
Opfer-Fest, das dabei als Reaktion auf die erfahrene Gottesbegegnung erscheint (Ex 5,3[*]), ausdrücklich auf Jahwe selbst zurückgeführt und ist überdies als Aufforderung zur Entlassung des Jahwe-Volkes gewendet (שלח את עמי
ויעבדני Ex 7,16.26; 8,16; 9,1.13; 1o,3) [85]. Im Zusammenhang der zweiten und
dritten Plage wird diese Wendung sodann im Munde des Pharao als Reaktion
auf das Eintreffen des Schlages Jahwes aufgenommen, wobei jeweils ein Zusammenhang mit dem Motiv der Fürbitte des Mose bei Jahwe für den Pharao gegeben ist. Gegenüber der Entlaßforderung weist das Zugeständnis des Pharao

---

85 Auf den Zusammenhang von Urlaubsgesuch und Entlaßforderung hat bereits
    W. FUSS, BZAW 126, 5o hingewiesen.

dabei eine bemerkenswerte Abweichung auf, insofern nämlich anstelle der in der Entlaßforderung üblichen Basis עבד wie in Ex 5,3[*] sowie 5,8 und 17 die Basis זבח gebraucht ist (Ex 8,4 und 24) [86].

Indem in dem Zugeständnis des Pharao in Ex 8,4 und 24 die beiden Elemente, aus denen die Urlaubs- und Entlaßforderung zusammengesetzt sind (שלח // הלך + זבח ליהוה // עבד יהוה), miteinander kombiniert erscheinen (שלח + זבח ליהוה), wird der Zusammenhang der Forderung einer Drei-Tage-Reise zu einem Jahwe-Opfer-Fest und der Forderung der Entlassung des Volkes unterstrichen. Zugleich werden damit aber auch die kompositorischen Bezüge der Vorstellung der Drei-Tage-Reise zu einem Jahwe-Opfer-Fest deutlich sichtbar. Der Horizont dieser Aussage ist auf die Geschichte der Auseinandersetzung zwischen Jahwe und dem Pharao zur Befreiung des Jahwe-Volkes ("Plagengeschichte"), und zwar nur auf deren erste Hälfte, beschränkt. Wichtig ist vor allem das doppelte Zugeständnis des Pharao in Ex 8,4 und 24, die Israel-Söhne zu einem Jahwe-Opfer-Fest zu entlassen. Dieses korrespondiert nämlich deutlich der doppelten Ablehnung des Urlaubsgesuchs des Mose und der "Ältesten" Ex 5,8 und 17. Das Motiv von einem Jahwe-Opfer-Fest ist somit als ein literarisches Element eingesetzt, durch das die Darstellung der Plagen theologisch mit der Ankündigung des Befreiungshandelns Jahwes in Ex 3[*] (J) verbunden werden soll.

(2) In der Antwort auf das Ansinnen des Mose und der "Ältesten", sich Urlaub zu einem Jahwe-Opfer-Fest zu erbitten, fordert der König von Ägyp-

---

86 In Ex 8,21-25 ist das der jahwistischen Tradition entstammende Zugeständnis des Pharao, die Israel-Söhne zu einem Jahwe-Opfer-Fest zu entlassen (Ex 8,24a), vom Jehowisten zu einer eigenen Szene breit ausgestaltet worden, die einsetzt mit der Aufforderung in Ex 8,21b לכו זבחו לאלהיכם בארץ, welche sich eng an die Formulierung in Ex 5,3 (vgl. auch 5,8 und 17) anschließt. Diese Aufforderung des Pharao wird von Mose zurückgewiesen, indem in Ex 8,23 das Urlaubsgesuch aus Ex 5,3 erneuert wird, nur daß dieses hier ausdrücklich auf eine göttliche Eingebung zurückgeführt wird. Damit ist dann der Anschluß zur jahwistischen Aussage in Ex 8,24* hergestellt, in die dann sekundär die Ortsangabe במדבר eingetragen worden ist. Abgeschlossen wird die ganze Szene durch die als Warnung gedachte Aufforderung des Mose an den Pharao in Ex 8,25b, die - jetzt in enger Anlehnung an die Entlaßforderung in Ex 7,16 - nochmals das Motiv von der Entlassung zu einem Jahwe-Opfer-Fest reflektiert. Charakteristisch für die dramaturgische Entwicklung der jehowistischen Szene Ex 8,21-25* ist dabei der Gegensatz von Land und Wüste.

ten [87], die Gesandtschaft der Israel-Söhne auf, an die Fronarbeiten zu gehen (לכו לסבלתיכם), wobei der einleitende Imperativ לכו antithetisch dem
Voluntativ נלכה נא in Ex 5,3b* gegenübertritt. Das Wort סבלות kommt bei J
außer an der vorliegenden Stelle nur noch in Ex 1,11 vor. Von hier ist es
sodann von P^g zur plakativen Darstellung der Ägypten-Situation aufgenommen
worden (Ex 6,6.7). Sowohl bei J als auch bei P^g ist das Wort zur Kennzeichnung der Situation von ganz Israel in Ägypten gebraucht. Eine leichte Verschiebung wird demgegenüber in den beiden auf R^P zurückgehenden Belegstellen des Wortes סבלות in Ex 2,11 und 5,5 erkennbar. Hier dient das Wort zwar
ebenfalls der Beschreibung der Lage des ganzen Volkes in Ägypten. Doch ist
dabei jeweils der Aspekt des Verhaltens von Mose bzw. Mose und Aaron gegenüber den Israel auferlegten Fronarbeiten im Blickpunkt. In der jahwistischen Geschichtsdarstellung soll durch die Einführung des Motivs der Fronarbeiten in Ex 5,4* ein Rückbezug zur Situationsangabe in Ex 1,11a hergestellt werden. Diese resümiert die Bedrückungsmaßnahmen, die vom Pharao in
die Wege geleitet worden sind, wobei die Rede des Pharao in Ex 1,9+1o* die

---

87 Innerhalb des ersten Teils der jahwistischen Exodusgeschichte (Ex 1,6-
6,1*) wird die Bezeichnung מלך מצרים nur in Ex 3,18 und 5,4 (vgl. auch
noch מלך חדש על מצרים in Ex 1,8) gebraucht, während sonst immer der
Titel "Pharao" steht. Beide Bezeichnungen begegnen zwar auch schon in
der vorjahwistischen Exodusgeschichte. Aber auch hier zeigt sich die
gleiche Gewichtsverteilung wie in der jahwistischen Geschichtsdarstellung, insofern nur in Ex 14,5 vom "König von Ägypten" gesprochen wird,
sonst aber immer vom Pharao. Wenn J sich demnach im allgemeinen an die
Sprachregelung der vorjahwistischen Exodusgeschichte anschließt, indem
er meist den Titel "Pharao" verwendet, und nur an zwei Stellen - wie in
Ex 14,5* J^{Vorl} - die Wendung "König von Ägypten" gebraucht, dann ist
nach dem Grund für dieses Abweichen vom üblichen Sprachgebrauch zu fragen. Da der Grund nicht in einer besonderen Vorliebe von J für die Bezeichnung "König von Ägypten" gesehen werden kann, muß der Grund hierfür in dem jeweiligen literarischen Zusammenhang zu suchen sein. In Ex
3,18 tritt dabei die Wendung "König von Ägypten" der Bezeichnung Jahwes
als "Gott der Hebräer" gegenüber, womit scharf eine theologische Antithese formuliert ist, die in dieser Prägnanz eben nicht gegeben wäre,
wenn anstelle von מלך מצרים hier der Titel "Pharao" stünde. Genau dieser Aspekt wird auch von Ex 5,3*+4* her unterstrichen. Auffälligerweise
wird in Ex 5,1 - in der Einführung der Rede des Mose und der "Ältesten"
Ex 5,3* - als Adressat einer solchen Rede der "Pharao" genannt, womit
aber die Formulierung des Ausführungsberichtes vom entsprechenden Sendungsauftrag (Ex 3,18*) abweicht. Um so auffälliger ist dann aber der
Gebrauch der Wendung "König von Ägypten" in der Redeeinleitung der Antwort auf das Urlaubsgesuch des Mose und der "Ältesten" in Ex 5,4. Der
Gebrauch der Wendung "König von Ägypten" hier wird aber dann verständlich, wenn man die Antithetik der Aussagen in Ex 5,3* und 4* beachtet,
wo sich nämlich der Anspruch des "Gottes der Hebräer" und des "Königs
von Ägypten" gegenübertreten (vgl. nur die Antithetik von נלכה נא in
Ex 5,3* und לכו in Ex 5,4*).

größere - theologische - Perspektive seiner Unterdrückungsmaßnahmen angibt. Blickt das Urlaubsgesuch des Mose und der "Ältesten" in Ex 5,4 vorwärts auf die "Plagengeschichte", so wird die Antithetik der Antwort des
Königs von Ägypten zusätzlich dadurch unterstrichen, daß hier ein rückwärts-
bezogenes Element in die Darstellung eingetragen ist.

2.4 *Auswertung der semantischen Analyse*

Die semantische Analyse hat einen doppelten Zweck verfolgt. Zum einen sollte durch eine Analyse der hier vorkommenden geprägten Wendungen und Vor-
stellungskomplexe deren Horizont innerhalb der jahwistischen Geschichtsdarstellung sichtbar gemacht werden. Zum anderen sollte die Herkunft der geprägten Sprach- und Vorstellungselemente geklärt werden, um auf diese Weise die Leistung des Jahwisten besser sichtbar machen zu können.

(1) Mit Ausnahme der Form der "Botenbeauftragung" des Mose zur Ausrichtung
eines Wortes Jahwes, die J schon aus einer ihm vorgegebenen Exodusgeschichte übernommen hat, sind die im analysierten Text vorkommenden geprägten
Wendungen und Vorstellungen allem Anschein nach im allgemeinen von J selbst
erstmals gebildet bzw. erstmals durch Übertragung aus dem Bereich indivi-
dueller Erfahrung von Not und Befreiung im Blick auf die Not und Rettung von
ganz Israel gebraucht worden. Vor allem für die Darstellung der Notsituation in Ex 3,7[*] hat J sprachliche Ausdrucksweisen, die ursprünglich im Bereich persönlicher Not und der Erfahrung der Befreiung aus einer solchen
Not beheimatet gewesen sind, aufgenommen und zur Deutung der Geschichte des
Jahwe-Volkes verwandt. Ähnlich verhält es sich mit der Wendung NN הציל מיד,
deren Heimat ebenfalls im Bereich persönlicher Errettungserfahrung zu suchen ist und die von dort auf die Befreiung des ganzen Volkes - in der jüngeren (dtr.) Tradition vor allem in Bezug auf die Errettung aus der Kriegsnot - übertragen worden ist. Bei dem Topos vom Herabsteigen Jahwes läßt sich
eine Herkunft oder zumindest ein Zusammenhang mit der Jerusalemer Kulttradi-
tion vermuten, wobei die Übertragung dieses Topos auf die Interpretation
der Geschichte des Jahwe-Volkes erstmals durch den Jahwisten geschehen wäre.

Bei den übrigen im analysierten Text vorkommenden Wendungen läßt sich eine
derartige Übertragung nicht beobachten. Die Formel von der "Heraufführung",
die Wendung "ein schönes und weites Land", die Einführung des Erscheinungs-

motivs als theologisches Deuteelement, die Verwendung des Begriffs פקד zur
Darstellung der heilvollen Hinwendung Jahwes zu seinem Volk sowie die Deutung der Situation Israels in Ägypten als מכלות werden Prägungen des Jahwisten selbst sein. Von daher erweist sich der Jahwist als ein sprachschöp-
ferischer Theologe, dessen Schöpfungen vor allem von der deuteronomistischen Theologie aufgenommen worden sind. Insbesondere die geprägten Elemente in Ex 3,7[*]+ 8[*], die beim Jahwisten nur zur Deutung der Situation des
Jahwe-Volkes in Ägypten eingesetzt werden, sind von der deuteronomistischen
Theologie rezipiert, aber auch systematisiert worden. Dadurch sind sie innerhalb der deuteronomistischen Tradition als Deuteschema zum Verständnis
der ganzen Geschichte des Jahwe-Volkes und nicht nur - wie beim Jahwisten -
zum Deuteschema einer bestimmten - wenn auch der entscheidenden - Phase der
Geschichte des Jahwe-Volkes gemacht worden. Beachtet man diese Zusammenhänge, dann kann die jahwistische Phraseologie - trotz ihrer äußerlichen Nähe
zu manchen deuteronomistischen Sprachklischees - nicht als in der Nachfolge
deuteronomistischer Theologie stehend verstanden werden [88].

(2) Innerhalb des Rahmens der jahwistischen Geschichtsdarstellung stecken
die im analysierten Text vorkommenden geprägten Wendungen und Vorstellungen deutlich verschiedene Horizonte ab. *Am engsten* ist der Horizont jener
Wendungen, die die Notsituation des Jahwe-Volkes in Ägypten darstellen
(Ex 3,7[*]+ 8[*]). Sie sind innerhalb des jahwistischen Werkes ausschließlich
auf die Darstellung der Ägyptensituation beschränkt. Damit soll wohl die
Singularität der Notlage des Jahwe-Volkes in Ägypten, aber auch der Befreiung aus Ägypten durch Jahwe angezeigt werden. Alle anderen geprägten Wendungen zeigen einen weiteren Horizont an, der mehr oder weniger umfassend
sein kann. Einen *engeren Rahmen* zeigen jene Aussagen an, die sich auf die
Sendung des Mose und der "Ältesten" an den Pharao bzw. König von
Ägypten beziehen. Der Horizont der in diesem Zusammenhang gebrauchten Wendungen beschränkt sich auf den engeren Zusammenhang der Geschichte der Be-

---

88 Für eine Spätdatierung des "Jahwisten sprechen sich u.a. aus F.V. WINNETT
Re-examining the Foundations, JBL 84 (1965) 1-19; J. BECKER, ThPh 48
(1973) 115-121 (119); J. VAN SETERS, Abraham in History and Tradition,
New Haven 1975; B. DIEBNER - H. SCHULT, Argumenta e silentio. Das große
Schweigen als Folge der Frühdatierung der "alten Pentateuchquellen",
DBAT Beiheft 1 = Sefer RENDTORFF, Dielheim 1975, 24-35; H.H. SCHMID,
Jahwist 1976; vgl. auch, wenn auch vorsichtig andeutend, M. ROSE, "Ent-
militarisierung des Krieges?" (Erwägungen zu den Patriarchenerzählungen
der Genesis), BZ NF 2o (1976) 197-211.

freiung des Jahwe-Volkes aus Ägypten durch Jahwe ("Plagen"). Daneben gibt
es aber auch noch einen *dritten Kreis von Aussagen*, deren Horizont über
den Rahmen der Exodusgeschichte hinausgeht. Hier verdienen vor allem jene
geprägten Wendungen Beachtung, die im Zusammenhang mit der Ansage des Ziels
der ganzen Errettungsaktion in Ex 3,8[*] ("aus diesem Land ... in ein schönes und weites Land") sowie mit der von Mose zu übermittelnden Jahwebotschaft an die "Ältesten" stehen ("Erscheinungsnotiz", "Vätergott-Formel",
Terminus פקד). Der Horizont dieser Aussagen liegt im jahwistischen Werk
selbst. Auf der einen Seite wird mit Hilfe dieser Wendungen auf die Vätergeschichte und deren zentralen Inhalt, die Verheißung des Landes, Bezug
genommen, wie die Anspielungen auf die Verheißung des Landes in Gen 12,7
(Beginn der Vätergeschichte) sowie auf die Ansage der Heraufführung aus
Ägypten in Gen 5o,24abα (Abschluß der Vätergeschichte) zeigen. Auf der anderen Seite wird der Bogen gespannt bis hin zum wahrscheinlichen Abschluß
der jahwistischen Geschichtsdarstellung in Num 14,8a.

Mit diesem umfangmäßig weitesten Kreis wird der eigentliche theologische
Horizont der Beauftragung des Mose abgesteckt und damit auch deren Funktion
im Rahmen des jahwistischen Werkes sichtbar. Die engeren Aussagekreise
zeigen demnach untergeordnete Aussageziele innerhalb dieses größeren Rahmens an. Damit ist dann aber zugleich die Grundlage gegeben, die Szene von
der doppelten Beauftragung des Mose zur Sendung an die "Ältesten" und den
König von Ägypten in Ex 3[*] nicht mehr isoliert zu betrachten, sondern eingebunden in den größeren Erzählzusammenhang der jahwistischen Geschichtsdarstellung.

3. Kompositions- und redaktionskritische Analyse

Angesichts des doppelten Horizonts der Szene von der Beauftragung des Mose
in Ex 3[*] (J) soll die kompositions- und redaktionskritische Analyse in zwei
Schritten durchgeführt werden. In einem ersten Schritt soll die "Berufung"
des Mose im Rahmen der jahwistischen Exodusgeschichte - und auch hier nur
im Rahmen ihres ersten Teils - betrachtet werden. Erst in einem zweiten
Schritt soll die "Berufung" des Mose im Rahmen der jahwistischen Geschichtsdarstellung überhaupt gesehen werden. Von daher sind sodann noch einige Folgerungen im Blick auf Entstehungszeit und Heimat des Jahwisten anzuschlies-
sen.

3.1 Die "Berufung" des Mose im Rahmen der jahwistischen Exodusgeschichte

Die jahwistische Exodusgeschichte setzt mit Ex 1,6a+8 ein [89], woran sich sogleich in Ex 1,9+1ob[*] (ohne פן ירבה) eine Rede des Königs von Ägypten anschließt [9o]. In Ex 1,11a folgt die Notiz von der Einsetzung von Fronaufsehern zur Unterdrückung der Israel-Söhne [91]. Alle anderen Bestandteile in
Ex 1 müssen demgegenüber als jünger angesehen werden [92]. Kein Anteil an der

---

89 Ex 1,6a+8 ist deutlich von dem auf P^g/P^s zurückgehenden Text Ex 1,1-5+7
    (zur Analyse vgl. P. WEIMAR, fzb 9, 15-43 sowie W.H. SCHMIDT, BK II/1,
    9-12) abzugrenzen. Dabei dienen die beiden aufeinander bezogenen Aussa-
    gen in Ex 1,6a+8 dazu, den Übergang von der Väterzeit zur Volksgeschich-
    te zu markieren (vgl. dazu vor allem Th.C. VRIEZEN, Exodusstudien. Exo-
    dus I, VT 17, 1967, 334-353 (334-344) sowie jüngst W.H. SCHMIDT, BK II/1
    1o). - In Ex 1,6 ist die zweite Vershälfte וכל הדור ההוא als ein sekun-
    därer Zusatz abzutrennen, der auf R^P zurückgeht und allem Anschein nach
    dazu dient, den Übergang zwischen Ex 1,6a (J) und 7 (P^g) zu erleichtern.
    Zu beachten ist in diesem Zusammenhang auch, daß das Nomen דור nur in
    literarisch jüngeren Zusammenhängen (Dtn/P^g/P^s/R^P) begegnet.

9o In der Rede des Pharao in Ex 1,9-1o ist die Selbstaufforderung in Ex 1,
    1oa הבה נתחכמה לו mit dem abschließenden Finalsatz in Ex 1,1oba* פן ירבה
    als ein sekundärer Zusatz zu verstehen, der den Zusammenhang zwischen
    der Feststellung in Ex 1,9 und der Zukunftsansage in Ex 1,1ob* zerreißt.
    Außerdem wird durch והיה in Ex 1,1ob* der Aspekt der sicheren Zukunft
    zum Ausdruck gebracht. Dagegen wird durch die Vorschaltung von Ex 1,1oa+
    bα* der durch והיה signalisierte Aspekt der gewissen Zukunft zu einer
    bloßen Möglichkeit für die Zukunft abgeschwächt. Zudem wird gerade durch
    den Einschub von Ex 1,1oa+bα* der Charakter der mit der "Überlegenheits-
    formel" gebildeten Aussage in Ex 1,9 verkannt, die ja gerade die schon
    bestehende Überlegenheit konstatieren will (vgl. dazu P. WEIMAR, fzb 9,
    3o-33), während Ex 1,1oa+bα* nur von einer für die Zukunft möglichen
    Überlegenheit spricht. Außerdem steht die Notiz in Ex 1,1oa+bα* in Zu-
    sammenhang mit den in Ex 1/2* geschilderten Bedrückungsmaßnahmen des
    Pharao/Königs von Ägypten, die aus anderen Gründen nicht dem Jahwisten
    zugerechnet werden können, sondern als redaktionelle Ergänzungen (meist
    von Je) verstanden werden müssen (vgl. dazu P. WEIMAR, BZAW 146, 26-35).
    Es weisen demnach mehrere unterschiedliche Beobachtungen gleichermaßen
    auf den redaktionellen Charakter von Ex 1,1oa+bα* hin.

91 Entgegen der früher vertretenen Auffassung (P. WEIMAR, BZAW 146, 28 Anm.
    73) kann Ex 1,2ob nicht als jahwistische Notiz verstanden werden, son-
    dern ist allem Anschein nach ein jüngerer redaktioneller Zusatz (mögli-
    cherweise aus der Hand von R^P).

92 Für den redaktionellen Charakter von Ex 1,15-22 und die redaktionskriti-
    sche Zuweisung dieses Abschnittes an die jehowistische Redaktion vgl.
    P. WEIMAR, BZAW 146, 26-29. Doch gilt dies im gleichen Sinne auch für
    das in Ex 1,11b-12 Berichtete, während Ex 1,13-14 auf P^g bzw. R^P zurück-
    geht (dazu P. WEIMAR, fzb 9, 44-51 sowie W.H. SCHMIDT, BK II/1, 15-16).
    Für eine Abtrennung von Ex 1,11b-12 gegenüber Ex 1,11a sprechen die
    folgenden Beobachtungen (vgl. auch die diesbezügliche Diskussion - wenn
    auch mit negativem Ergebnis - bei W.H. SCHMIDT, BK II/1, 13-15): 1. Wäh-

jahwistischen Geschichtsdarstellung läßt sich in Ex 2 beobachten [93]. Die
jahwistische Exodusgeschichte wird demnach nach Ex 1,11a erst wieder mit
Ex 3,7 (משה אל יהוה ויאמר) weitergeführt.

Während der Jahwist bei der Darstellung der Exodusgeschichte bis Ex 5,4[*]
nicht an eine literarische Vorlage gebunden ist, weiß er sich bei der Darstellung des ersten Zusammentreffens von Mose und den "Ältesten" mit dem
Pharao/König von Ägypten an eine ältere Darstellung des Vorgangs gebunden,
in der Mose noch keine Rolle spielte [94]. Diese hat der Jahwist dann auch unverändert in seine Darstellung des Exodusgeschehens integriert. Nur an wenigen Stellen sind dabei redaktionelle Erweiterungen angefügt worden. Diese
beschränken sich dabei zunächst auf die durch das Urlaubsgesuch zu einem
Jahwe-Opfer-Fest in Ex 5,3bα bezugnehmenden Ergänzungen in Ex 5,8b und 5,17b,
wodurch das Handeln des Pharao gegenüber der vorjahwistischen Tradition einen neuen Stellenwert bekommt [95]. Endete die J voraufliegende Szene mit Ex

---

rend in Ex 1,11a nur allgemein von der Einsetzung von Fronaufsehern gesprochen wird, die das Jahwe-Volk durch Auflegung von Frondiensten unterdrücken sollen, wird diese allgemeine Aussage in Ex 1,11b auf den Bau
der Vorratsstätte Pithom und Ramses zugespitzt, wobei der Zusammenhang
zwischen den beiden Vershälften selbst nur sehr locker ist;
2. Thematisch ist der Zusammenhang der in Ex 1,11b+12 geschilderten Bedrückungsmaßnahmen, die zu keinem Erfolg führen, mit den beiden "jehowistischen" Geschichten Ex 1,15-2o und 1,21-2,1o zu beachten, was auch
für Ex 1,11b+12 eine Herkunft aus der Hand des Jehowisten vermuten läßt;
3. Bezeichnenderweise wird in Ex 1,12 (כן ירבה) die entsprechende Formulierung aus Ex 1,1oba* (פן ירבה) wieder aufgegriffen (vgl. dazu auch W.H.
SCHMIDT, BK II/1, 14f.4o), was auf Herkunft von ein und derselben Hand
schließen läßt; 4. Während Ex 1,11b+12 mit den in Ex 1,1oa+bα* in Aus-
sicht genommenen Vorsichtsmaßnahmen der Ägypter zusammenhängt, ist die
Unterdrückungsnotiz in Ex 1,11a zu verbinden mit der ursprünglichen Form
der Rede des Pharao in Ex 1,9+1ob*.

93 Zu Ex 2,1-1o vgl. P. WEIMAR, BZAW 146, 31-34 und zu Ex 12,11-22 s.o. zur
Abgrenzung der Texteinheiten (dort vor allem Anm. 9).

94 Vgl. dazu P. WEIMAR - E. ZENGER, SBS 75, 23-24.27-36.

95 Während die vorjahwistische Exodusgeschichte die Verschärfung der Arbeitsbedingungen als Auslösefaktor für eine Auflehnung des Jahwe-Volkes her-
ausstellt, um auf diese Weise die Geschichte der Befreiung aus der ägyptischen Unterdrückung durch Jahwe vorzubereiten, wird auf der Stufe der
jahwistischen Redaktion durch Einfügung der Aussagen in Ex 5,8b und 17b,
die in verkürzter Form Ex 5,3* wieder aufgreifen, gerade betont, daß die
Verschärfung der Arbeitsbedingungen im Zusammenhang mit dem Urlaubsgesuch zu einem Jahwe-Opfer-Fest steht. So muß auf der Ebene der jahwistischen Geschichtsdarstellung die Verschärfung der Arbeitsbedingungen geradezu als ein Akt erscheinen, der sich gegen Jahwe selbst richtet, womit denn auch die weitere Auseinandersetzung zwischen Jahwe und dem
Pharao präludiert wird.

5,18, so hat J diesen Abschluß der Szene durch einen neuen Szenenabschluß erweitert, der ausdrücklich nochmals auf die "Beauftragungsszene" in Ex 3[*] zurückgreift. Diesem neuen jahwistischen Szenenabschluß sind Ex 5,22abß+ 23b+6,1a zuzurechnen [96]. Mit der Spannung weckenden Aussage in Ex 6,1a ist deutlich der erste Teil der jahwistischen Exodusgeschichte abgeschlossen. Im zweiten Teil werden, was die Schlußnotiz in Ex 6,1a andeutet, die "Schläge" Jahwes gegen den Pharao/Ägypten dargestellt (Einsatz in Ex 7,14aα) [97].

Der erste Teil der jahwistischen Exodusgeschichte hat demnach den folgenden Wortlaut gehabt:

(1,6)   Und es starb Josef und all seine Brüder.
         Und es entstand ein neuer König in Ägypten,
(8)   der den Josef nicht kannte.

---

96 Nachdem der erste Teil der vorjahwistischen Exodusgeschichte mit Ex 5,18 abgeschlossen gewesen ist, setzt die jahwistische Redaktion erst wieder mit Ex 5,22 ein, während der dazwischenliegende Textabschnitt Ex 5,19-21 als ein noch jüngerer Einschub verstanden werden muß. Deutlich bestehen nämlich Spannungen zwischen Ex 5,(19)2o-21 und 5,22. Während nämlich in 5,2o-21 Mose und Aaron gemeinsam agieren, ist in Ex 5,22 nur wieder Mose allein als Akteur im Blick, so daß Ex 5,22 nicht bruchlos an 5,21 anschließen kann. Besteht somit zwischen Ex 5,21 und 22 kein ursprünglicher Zusammenhang, dann liegt es nahe, die Aussage von Ex 5,22 unmittelbar mit dem Schluß der Auftrittsszene zwischen den Schreibern der Söhne Israels und dem Pharao selbst zu verbinden. Die in Ex 5,22-23 überlieferte Rede des Mose an Jahwe ist nun aber keineswegs literarisch einheitlich. In Ex 5,22b stehen zunächst zwei konkurrierende vorwurfsvolle Fragen mit למה nebeneinander, die - aufgrund ihrer in verschiedene Richtung laufenden Aussageintentionen - nicht gleich-ursprünglich sein können. Da nun die erste der beiden למה-Fragen in Ex 5,22bα thematisch mit Ex 5,2o-21 zusammenhängt, während die zweite Frage in Ex 5,22bß gerade auf das Faktum der Sendung durch Jahwe rekurriert (dabei greift das hier gebrauchte Verbum שלח schon auf Ex 7,16 vor), hat diese das Argument literarischer Ursprünglichkeit für sich. In Ex 5,23 ist die erste Vershälfte aufgrund ihres thematischen Zusammenhangs mit Ex 5,22bα (Stichwort רעע) als redaktionelle Bildung abzugrenzen. Demgegenüber schließt sich Ex 5,23b unmittelbar an 5,22aß an. Damit findet sich in der Rede des Mose in Ex 5,22*+23* der Zusammenhang von Sendung des Mose und Errettung des Volkes durch Jahwe wieder, der auch für Ex 3,16* charakteristisch ist. Auch die Antwort Jahwes auf die Intervention des Mose in Ex 6,1 ist literarisch nicht einheitlich. Als ursprünglich kann nur Ex 6,1a mit dem offenen Szenenabschluß angesehen werden, während Ex 6,1b als redaktionelle Bildung zu verstehen sein wird, durch die der offene Szenenabschluß aufgehoben und durch die präzise Ansage des zukünftigen Handelns Jahwes erweitert wird.

97 Hier ist die Stichwortverknüpfung (שלח) zwischen dem Abschluß des ersten Teils (Ex 5,22abß+23b+6,1a) und dem Beginn des zweiten Teils der jahwistischen Exodusgeschichte (Ex 7,14aα+15a*+16a) zu beachten, womit beide Teile aufeinander bezogen sind.

(9)   Und er sprach zu seinem Volk:

        Siehe:
        Das Volk der Söhne Israels ist zu viel und zu stark für uns.
(1o)   Und es wird geschehen:
        Wenn ein Krieg sich fügt,
        dann schließt es sich unseren Feinden an,
        kämpft gegen uns
        und zieht herauf aus dem Land.

(11)   Und sie setzten über es Fronaufseher ein,
        um es mit ihren Fronarbeiten zu unterdrücken.

(3,7)   Und Jahwe sprach (zu Mose):
        Gesehen, ja gesehen habe ich die Bedrückung meines Volkes,
        ihr Geschrei habe ich gehört.
(8)   Ich bin herabgestiegen,
            um es aus der Hand der Ägypter herauszureißen
            und es aus diesem Land heraufzuführen
            in ein schönes und weites Land.
(9)   Und nun:
(16)   Geh, versammle die Ältesten Israels
        und sprich zu ihnen:
            Jahwe, der Gott eurer Väter, ist mir erschienen,
            sprechend:
            Beachtet, ja beachtet habe ich euch.
(18)   Und dann geh hin, du und die Ältesten Israels, zum König
        von Ägypten
        und sprecht zu ihm:
            Jahwe, der Gott der Hebräer, ist uns begegnet.

(4,29) Und es ging Mose hin
        und versammelte alle Ältesten der Söhne Israels.
(31)   Sie hörten,
        daß Jahwe die Söhne Israels beachtet hatte
        und daß er ihre Bedrückung angesehen hatte.

(5,1)   Und danach gingen sie hin,
        und sie sprachen zum Pharao:

(3)   Der Gott der Hebräer ist uns entgegengetreten.
            Wir wollen doch einen Weg von drei Tagen gehen,
            und wir wollen Jahwe, unserem Gott, opfern.

(4)   Und es sprach zu ihnen der König von Ägypten:

            Geht an eure Fronarbeiten!

(6)   *Der Pharao gebot seinen Schreibern, sprechend:*

(7)   *Ihr sollt dem Volk nicht weiter Häcksel geben!*
            Sie selber sollen gehen und sich Häcksel zusammenlesen.
(8)   Denn faul sind sie.
            Darum schreien sie, sprechend:

                Wir wollen gehen,
                wir wollen unserem Gott opfern.

126

(1o)   Da gingen seine Schreiber hinaus
         und sprachen zum Volk, sprechend:

             So spricht der Pharao:
             Nicht gebe ich euch Häcksel.
(11)   Geht selber,
             holt euch Häcksel!

----

(14)   Die Schreiber der Söhne Israels wurden geschlagen.
(15)   Sie gingen hinein,
         und schrien zum Pharao, sprechend:

             Warum tust du so an deinen Dienern?
(16)   Und nun werden deine Diener sogar geschlagen.

(17)   Er sprach:

             Faul seid ihr, faul.
             Darum sprecht ihr:
                 Wir wollen gehen,
                 wir wollen Jahwe opfern.

(18)   Und nun, geht, dient!
             Häcksel wird euch nicht gegeben,
             aber das Maß an Ziegeln sollt ihr geben.

(22)   Da kehrte Mose zu Jahwe zurück
         und sprach:

             Warum hast du mich da gesandt?
(23)   Doch herausgerissen, ja herausgerissen hast du dein Volk nicht.

(6,1)   Da sprach Jahwe zu Mose:

             Jetzt wirst du sehen,
             was ich dem Pharao tun werde.

==

Deutlich gliedert sich die jahwistische Exodusgeschichte in ihrem ersten
Teil in zwei Blöcke aus jeweils zwei Szenen, was ganz den Kompositionsge-
setzen in anderen Teilen des jahwistischen Werkes entspricht [98]. Die *erste
Szene* (Ex 1,6a.8.9.1ob*.11a) stellt mit Hilfe der doppelgliedrigen Aussage
in Ex 1,6a+8 zum einen die Klammer zur Vätergeschichte her und markiert zum
anderen den Übergang zu einer neuen Periode der Geschichte, wobei über den
Übergang als solchen nicht weiter reflektiert wird [99]. In Bezug auf den un-

----

98 Zur Struktur der jahwistischen "Urgeschichte" vgl. die Hinweise bei P.
    WEIMAR, BZAW 146, 154-158. - Ähnliche Beobachtungen lassen sich zur
    Struktur der jahwistischen Abrahamgeschichte in Gen 12* und 13* und Gen
    18*+19* machen (zur Abgrenzung vgl. vorläufig noch P. WEIMAR, BZAW 146,
    44-51).

99 Vgl. dazu die in Anm. 89 angegebene Literatur. - Eine enge Parallele zu
    der Doppelaussage in Ex 1,6a+8 findet sich in Ri 2,8+1o, wo z.T. wörtli-
    che Übereinstimmungen mit Ex 1,6a+8 gegeben sind (vgl. dazu W.H. SCHMIDT,
    BK II/1, 1o).

mittelbaren Textzusammenhang dient Ex 1,6a+8 der Einführung der einen Haupt-
gestalt der weiteren Geschehensabfolge. Sie wird dann sogleich auch mit einer an sein Volk gerichteten Rede ausgestattet (Ex 1,9+1ob[*]). Die Rede wird
mit einer durch הנה eingeleiteten Feststellung in Bezug auf die "Söhne Israels" eröffnet, die dabei ebenfalls als "Volk" bezeichnet werden (עם בני
ישראל). Was von dem "Volk der Israel-Söhne" ausgesagt wird, ist ihre zah-
lenmäßige Überlegenheit und damit ihre Stärke, durch die sie für Ägypten
zu einer Gefahr werden. Auch wenn die Phraseologie in Ex 1,9b - bedingt
durch den Gebrauch einer formelhaften Wendung - anders ist, so bezieht sich
die Feststellung, daß die Israel-Söhne ein עם רב ועצום sind, dennoch deutlich auf die dem Abraham gegebene Verheißung in Gen 12,2aαβ zurück [1oo].
In der theologischen Konzeption des Jahwisten muß demnach gerade der Pharao
die Erfüllung der dem Abraham gegebenen Verheißung konstatieren [1o1]. Damit
ist zugleich der theologische Spannungsbogen angedeutet, in dem sich nicht
nur die Aussage des Pharao, sondern auch das ganze folgende Geschehen bewegt.

An diese Feststellung der Erfüllung der Abraham-Verheißung in Ex 1,9b
schließt sich in Ex 1,1ob[*] ein Ausblick auf die Zukunft an, wobei der
Aspekt der sicheren Zukunft gerade durch das einleitende והיה deutlich an-
gezeigt ist. Im Fall eines Krieges wird, worauf der Pharao hinweist, ein
Dreifaches geschehen. Wichtig ist in diesem Zusammenhang vor allem die
zweite und dritte Aussage. In der zweiten Zukunftsansage, die von einem
Kampf der Söhne Israels gegen Ägypten spricht, wird indirekt schon die
Meerwundergeschichte in Ex 14[*] angesprochen, wo nämlich der Konflikt zwi-
schen dem Jahwe-Volk und Ägypten als ein Kriegsgeschehen dargestellt ist.
In der aus der vorjahwistischen Exodusgeschichte rezipierten Aussage in Ex
14,14a (יהוה ילחם לכם) wird dabei von einem Krieg Jahwes für das Jahwe-Volk
gesprochen. Demgegenüber trägt J insofern einen Akzent ein, als in der von
J selbst stammenden Feststellung in Ex 14,25b (יהוה נלחם להם במצרים), die
den Ägyptern selbst in den Mund gelegt ist, ausdrücklich von einem Krieg
Jahwes gegen Ägypten gesprochen wird. Sowohl die Terminologie als auch die
Tatsache, daß in beiden Fällen die entsprechende Feststellung im Munde der
Ägypter begegnet, lassen an einen engen Zusammenhang der Aussagen in Ex 1,

---

1oo Zur Analyse von Gen 12,1-3 vgl. P. WEIMAR, BZAW 146, 44-47.
1o1 Zu diesem Zusammenhang vgl. auch W.H. SCHMIDT, BK II/1, 32.

lob[*] und 14,25b denken, auch wenn in Ex 14,25b von einem Kampf Jahwes gegen die Ägypter gesprochen wird, während sich die Befürchtung des Pharao in Ex 1,lob[*] auf einen Kampf Israels selbst gegen Ägypten richtet.

Den Höhepunkt der Rede des Pharao in Ex 1,9+lob[*] bildet zweifellos die Schlußaussage ועלה מן הארץ [1o2]. Diese Ansage der Heraufführung aus dem Lande steht zweifellos in einer literarischen Beziehung zu der entsprechenden Ansage des Josef in Gen 5o,24 (והעלה אתכם מן הארץ הזאת) sowie der entsprechenden Zielangabe in Ex 3,8 (ולהעלתו מן הארץ ההוא), nur daß hier jeweils Jahwe und nicht wie in Ex 1,lo Israel Subjekt der Aussage ist. Von ihrer Intention her erweisen sich somit die beiden abschließenden Aussagen der Pharao-Rede in Ex 1,lob (Kampf gegen Ägypten + Heraufziehen aus dem Land) als verwandt. Von daher ist die Rede des Pharao in Ex 1,9+lob[*] als eine theo logische Reflexion zu verstehen, in der der Pharao - rückwärts gewandt - die Erfüllung der Abrahamverheißung konstatieren und - vorwärts gewandt - Meerwunder und Exodusgeschehen ansagen muß [1o3]. Gerade um dieser theologischen Akzente willen hat denn auch der König von Ägypten in der jahwistischen Exodusgeschichte eine derart breite Rede erhalten, wie sie in Ex 1,9+lob[*] vorliegt.

Die sich an die Rede des Pharao anschließende Notiz in Ex 1,lla zeigt demgegenüber keinen so weit gespannten Horizont, sondern ist ganz auf den vorliegenden Erzählzusammenhang bezogen und dient eigentlich der Exponierung der Rede Jahwes an Mose in Ex 3[*] [1o4]. Diese Rede Jahwes, die die ganze *zweite Szene* umfaßt, steht der Rede des Pharao in der ersten Szene kontrastierend gegenüber, wobei das kontrastierende Element nicht nur ein formales, sondern gerade auch ein thematisches ist. In den Reden des Königs von Ägypten und Jahwes werden die gleichen thematisch-sachlichen Zusammenhänge angesprochen (Rückgriff auf die Väterverheißung + Ansage der Heraufführung aus dem Lande

---

1o2 Zu den Problemen der Übersetzung dieser Aussage vgl. K. RUPPRECHT, עלה מן הארץ (Ex 1,1o; Hos 2,2): "Sich des Landes bemächtigen"?, ZAW 82 (197o) 442-447.

1o3 Vgl. zu diesen Zusammenhängen auch W.H. SCHMIDT, BK II/1, 33.

1o4 Beachtet man den unterschiedlichen Horizont der Aussagen innerhalb der Rede des Pharao in Ex 1,9+1ob* sowie der erzählenden Notiz in Ex 1,11a dann sind auch die immer wieder zwischen Ex 1,9+1o und 1,11 beobachteten sprachlichen wie thematischen Differenzen (vgl. dazu zusammenfassend W.H. SCHMIDT, BK II/1, 13) nicht weiter verwunderlich, sondern eigentlich zu erwarten.

Ägypten), wenn auch im einzelnen die Akzente unterschiedlich gesetzt sind[105].
Zugleich werden auf diese Weise die eigentlichen Kontrahenten des Geschehens
einander gegenübergestellt. Das ist auf der einen Seite der Pharao/König
von Ägypten und auf der anderen Seite Jahwe selbst, der dabei aber nicht
als unmittelbares Gegenüber des Pharao auftritt, sondern sich durch Mose als
seinen Boten vertreten läßt. Durch die Konzentration der Handlung in den
beiden ersten Szenen auf die eigentlichen Handlungsträger Jahwe/Mose und
Pharao haben Israel und Ägypten im Rahmen dieser Darstellung nur mehr eine
Statistenrolle.

Von den beiden ersten Szenen, in denen in den Reden des Pharao und Jahwes
die grundlegenden theologischen Aussagen zur Deutung der Notsituation in
Ägypten und der Befreiung aus Ägypten gemacht wurden, sind die dritte und
vierte Szene deutlich abgehoben, die gleichfalls - wie die beiden ersten
Szenen - zu einer Doppelszene zusammengeschlossen sind. Der Unterschied
zwischen der ersten und der zweiten Szene einerseits sowie der dritten und
vierten Szene andererseits tritt unmittelbar in Erscheinung. Ist in den beiden ersten Szenen die Darstellung ganz auf die beiden großen Reden des Pharao
und Jahwes konzentriert und spielen dabei die erzählerischen Momente - wenn
überhaupt - nur eine untergeordnete Rolle, so sind in den beiden hinteren
Szenen die Gewichte insofern verlagert, als zum einen das erzählerische Moment eine große Rolle spielt und - damit zusammenhängend - die monologischen Reden durch dialogische Szenen ersetzt werden.

Die *dritte Szene* (Ex 4,29*.31bα+5,1a*.3aßbα.4aαb.6*.7aαb.8b.1o*.11aα) ist vom
Jahwisten weithin aus der Tradition übernommen. Auf den Jahwisten selbst
geht vor allem der Auftakt der Szene in Ex 4,29-5,4* sowie die kurze Erweiterung in Ex 5,8b zurück. Durch die Vorschaltung eines neuen Anfangs vor
den aus der Tradition übernommenen Erzählanfang, der in Ex 5,6* liegt, wird
zunächst der Bezug zur zweiten Szene hergestellt. Dadurch wird das hier dargestellte Geschehen als Ausführung des Sendungs- und Redeauftrags an Mose
verstanden. Auf der anderen Seite werden dadurch aber auch die Verschärfungen
der Arbeitsbedingungen für das Jahwe-Volk durch den Pharao unter ein neues

---

105 So wird in Ex 1,9b (Rede des Pharao) auf die Verheißung in Gen 12,2a*,
daß Abraham zu einem großen Volk werden solle, zurückgegriffen, während
in Ex 3,16* der Bezugspunkt in der Verheißung des Landes in Gen 12,7
liegt. Damit greift der Jahwist die beiden einzigen dem Abraham gegebenen Verheißungen zu Beginn seiner Exodusgeschichte wieder auf.

Vorzeichen gerückt, insofern sie bei J - entgegen der vorjahwistischen Tradition - als Element der Auseinandersetzung zwischen Jahwe und dem Pharao erscheinen. Was in den beiden ersten Szenen in deren Antithetik grundsätzlich zum Ausdruck gebracht worden ist, das wird hier konkret entfaltet.

Wie die dritte Szene basiert auch die *vierte Szene* (Ex 5,14aα.15*.16bα.17. 18.22abß.23b+6,1a) weithin auf einer älteren Vorlage. Geht in der dritten Szene vor allem der Anfang auf die Hand des Jahwisten zurück, so hat er in der vierten Szene gerade einen neuen Schluß angefügt (Ex 5,22abß.23b+6,1a) sowie innerhalb des rezipierten Traditionsstückes die Aussage in Ex 5,17b eingefügt. Für die Anfügung eines neuen Szenenabschlusses durch den Jahwisten lassen sich sowohl thematische als auch kompositorische Gründe anführen. Durch die Schlußverse wird die im Vorangehenden geschilderte Aktion der Schreiber der Israel-Söhne, die beim Pharao eine Erleichterung der Arbeitslasten erreichen wollen, als ein Vorgang verstanden, der im Auftrag Jahwes geschehen ist, und nicht - wie in der vorjahwistischen Tradition - als eine eigenmächtige Aktion der Schreiber, die eben aus diesem Grunde auch zu keinem Erfolg geführt hat. Weil dem nicht so ist, kann Mose seine vorwurfsvolle Frage bezüglich seiner Sendung an Jahwe richten und diesem gegenüber feststellen, daß die von ihm angesagte Befreiung aus Ägypten (noch) nicht Wirklichkeit geworden ist. Auch hier bindet der Jahwist die Darstellung ausdrücklich an die Jahwerede der zweiten Szene in Ex 3* zurück. So ist in der Feststellung des Mose gegenüber Jahwe in Ex 5,23b die Absichtserklärung aus Ex 3,8a wieder aufgenommen, um damit anzudeuten, daß das dort schon im Gange befindliche Errettungsgeschehen (וארד להצילו מיד מצרים) eigentlich schon als gescheitert angesehen werden muß (והצל לא הצלת את עמך). Die Rückbindung an die "Beauftragungsszene" in Ex 3* wird zusätzlich auch durch die gleichfalls den Vorwurf an Jahwe bestimmende Doppelgliedrigkeit der Formulierung unterstrichen, wie sie gerade für die Beauftragung des Mose (vgl. Ex 3,16* und 18*) als charakteristisch angesehen werden muß. Blickt somit der Vorwurf des Mose an Jahwe (Ex 5,22abß+23b) resümierend und beurteilend auf das vergangene Geschehen zurück, so öffnet die Antwort Jahwes in Ex 6,1a den Blick in die Zukunft auf Jahwes zukünftiges Handeln am Pharao. Damit sind deutlich die Perspektiven für die weitere Darstellung des Exodusgeschehens abgesteckt.

Der erste Teil der jahwistischen Exodusgeschichte erweist sich somit als eine planvoll durchgeführte Texteinheit. Die vier Szenen des ersten Teils der Exodusgeschichte ordnen sich jeweils paarweise zusammen (1+2 // 3+4), wodurch die charakteristische Zweistufigkeit der Erzählabfolge entsteht. Doch ist damit nicht das einzige literarische Gestaltungsmittel angegeben. Vielmehr sind andere Gestaltungsmittel mit diesem kombiniert. So entsprechen sich jeweils die erste und dritte sowie die zweite und vierte Szene. In der ersten und dritten Szene stehen die Maßnahmen des Königs von Ägypten/Pharao gegen das Jahwe-Volk im Vordergrund, während in der zweiten und vierten Szene der Akzent ganz auf Jahwe und seinem Handeln für sein Volk - gegen den Pharao/Ägypten - liegt. Damit ist angezeigt, daß die Erzählabfolge in den beiden Hälften des ersten Teils der Exodusgeschichte genau parallel verläuft. Doch sind die beiden parallel ablaufenden Erzählgänge hinsichtlich ihrer Gewichtigkeit deutlich gegeneinander abgesetzt. Im Gegensatz zur zweiten Hälfte, wo konkret das Befreiungshandeln Jahwes in Auseinandersetzung mit dem Pharao geschildert wird, wird eben dieses Geschehen in der ersten Hälfte in einer mehr grundsätzlichen Form abgehandelt. Scharf stehen sich dabei jeweils der Anspruch des Pharao und der Anspruch Jahwes gegenüber.

Auf diesen Kontrast zwischen Jahwe und dem Pharao hin ist die jahwistische Exodusgeschichte ganz deutlich angelegt. Auf der einen Seite steht der Anspruch des Königs von Ägypten auf das Jahwe-Volk. Ihm konkurriert auf der anderen Seite der Anspruch Jahwes. Während der Anspruch Jahwes Ansage der Befreiung ist, zielt der Anspruch des Königs von Ägypten in eine tiefere Unterwerfung und Versklavung unter die königliche Macht. Hierin liegt dann auch die eigentliche theologische Problematik der jahwistischen Exodusgeschichte. Aus diesem Gegensatz zwischen Jahwe und dem Pharao/König von Ägypten gewinnt die jahwistische Darstellung des Geschehens der Herausführung ihre Brisanz und Schärfe. Dabei läßt der Erzähler von Anfang an keinen Zweifel daran aufkommen, wer in dieser Auseinandersetzung Sieger bleiben wird. Der Pharao selbst muß - unbewußt - konstatieren, daß sich die dem Abraham gegebenen Verheißungen am Jahwe-Volk erfüllt haben und daß dieses Volk aus Ägypten heraufziehen wird. Die "Beauftragungsszene" des Mose in Ex 3[*] hat im Rahmen des ersten Teils der Exodusgeschichte die Funktion, den Anspruch des Pharao von Grund auf zu bestreiten und den Exodus des Jahwe-Volkes als ausschließliche Tat Jahwes zu proklamieren.

3.2 Die "Berufung" des Mose im Rahmen der jahwistischen Geschichtsdarstellung

Die Funktion der "Berufung" des Mose in Ex 3* im Rahmen der jahwistischen Geschichtsdarstellung ist durch den Horizont der in diesem Zusammenhang vorkommenden geprägten Wendungen und Vorstellungsschemata angezeigt, die sowohl nach vorwärts bis hin zur "Landnahme" als auch nach rückwärts bis hin zu Abraham und die an ihn ergangenen Verheißungen weisen. Im Rahmen des jahwistischen Werkes hat die Szene von der Beauftragung des Mose in Ex 3* - zusammen mit der ihr antithetisch gegenüberstehenden Szene von den Aktionen des Pharao in Ex 1* - allem Anschein nach eine verknüpfende Funktion, insofern gerade durch sie die Abrahamgeschichte (Verheißung) und die Landgabegeschichte (Erfüllung der Verheißung) miteinander verknüpft werden sollen. Dabei beschränken sich die miteinander in Beziehung gesetzten Aussagen auf ganz wenige Elemente.

Zunächst weist die Absichtserklärung Jahwes in Ex 3,8, daß er das Jahwe-Volk "aus diesem Land in ein schönes und weites Land" (מן הארץ ההוא אל ארץ טובה ורחבה) heraufführen wolle, zurück auf den Befehl Jahwes an Abraham in Gen 12,1, daß er aus seinem Land wegziehen soll in ein Land, das Jahwe ihm zeigen werde (מארצך .... אל הארץ אשר אראך). Beide "Auszüge" werden so zueinander in Beziehung gesetzt. Während der "Exodus" des Jahwe-Volkes aus Ägypten ausschließlich Tat Jahwes ist, an dem das Jahwe-Volk selbst nicht aktiv beteiligt ist, wird der "Exodus" des Abraham ausdrücklich als dessen Gehorsamstat verstanden. Entsprechend der auffälligen Gewichtung, die der Gestalt des Abraham innerhalb der jahwistischen Geschichtsdarstellung zugemessen wird [106], erscheint der "Exodus" des Abraham nahezu als der gewichtigere und bedeutsamere, da er für die Geschichte des Jahwe-Volkes grundlegender ist. Dem Exodus des Jahwe-Volkes kommt demgegenüber eine mehr untergeordnete Funktion zu, insofern durch diesen nur die aus der Gehorsamstat Jahwes entspringende Verheißung reaktiviert werden soll [107].

---

106 Die Bedeutung der Gestalt Abrahams innerhalb von J, wie sie sich exemplarisch anhand der Abraham-Lot-Geschichten in Gen 13* (zur literarischen Abgrenzung des jahwistischen Anteils vgl. P. WEIMAR, BZAW 146, 48-5o) und Gen 18/19* zeigt, ist an anderer Stelle gesondert darzustellen; vgl. hierzu vorläufig E. ZENGER, Jahwe, Abraham und das Heil aller Völker. Ein Paradigma zum Thema Exklusivität und Universalismus des Heils, in: Absolutheit des Christentums (hrsg. von W. KASPAR) (QD 79), Freiburg (Brsg.) 1977, 39-62.

Nicht zufällig wird so denn bei der Beauftragung des Mose in Ex 3,16[*] auf
die dem Abraham gegebene Verheißung des Landes in Gen 12,7 sowie auf die
von Josef im Angesicht seines Todes ausgesprochene Ankündigung der Heraufführung aus dem Lande Ägypten rekurriert. Bezeichnenderweise wird zu Beginn
der Exodusgeschichte in Ex 1,9 auch noch die Erfüllung der zweiten Verheis-
sung Jahwes an Abraham konstatiert, wonach Abraham zu einem großen Volk werden solle (Gen 12,2aα). Gerade indem zu Beginn der Exodusgeschichte so entschieden die beiden Verheißungen an Abraham ins Spiel gebracht werden, wird
angedeutet, worin nach dem Verständnis des Jahwisten die ganze Geschichte
des Jahwe-Volkes gründet. Dies ist nicht, wie es sich in der vorjahwistischen und von J rezipierten Exodusgeschichte darstellt, der Auszug aus Ägypten, sondern sind die dem Abraham gegebenen Verheißungen und - damit in Zusammenhang stehend - seine Gehorsamstat dem Befehl Jahwes gegenüber [108].

Auf der anderen Seite geht der Blick der jahwistischen Geschichtsdarstellung
von der "Beauftragung" des Mose nach vorne hin zu den Geschichten von Sinai
und Landgabe ("Kundschafter"), wobei auch hier wieder das Thema des Landes
das verknüpfende Element darstellt. Das Motiv vom Herabsteigen Jahwes, womit
in Ex 3,8 die Ansage des Befreiungshandelns Jahwes und der Heraufführung aus
Ägypten in ein "schönes und weites Land" eingeführt ist, wird innerhalb der
Darstellung des Sinaigeschehens nochmals aufgenommen, wobei auch hier das
Herabsteigen Jahwes auf das errettende Eingreifen Jahwes - konkret auf die
Landnahme - zielt (Ex 19,2oa in Verbindung mit Ex 34,1oa). Der Heraufführungsformel und der sie abschließenden Charakterisierung des Landes als
"schönes und weites Land" in Ex 3,8 korrespondiert innerhalb des jahwisti-
schen Werkes die Aussage von Num 14,8a. An der Korrespondenz dieser beiden
Aussagen dürfte, auch wenn hier keine direkten sprachlichen Entsprechungen

---

1o7 Aus diesem Grunde heraus kann J auch im Zusammenhang der Ansage der
     Heraufführung in Ex 3* von den "Söhnen Israels" als von "meinem Volk"
     (Ex 3,7*) sprechen. In gleichem Sinne kann Mose Jahwe gegenüber von
     "deinem Volk" reden (Ex 5,23b).

1o8 In ähnlicher Weise wie J bindet die priesterschriftliche Geschichtsdar-
     stellung (P^g) die ganze Existenz des Jahwe-Volkes an die dem Abraham
     gegebene Zusage zurück, vgl. dazu vor allem W. ZIMMERLI, Sinaibund und
     Abrahambund. Ein Beitrag zum Verständnis der Priesterschrift, ThZ 16
     (196o) 268-28o = Gottes Offenbarung. Gesammelte Aufsätze zum Alten Te-
     stament, ThB 19, München 1963, 2o5-26o; R. KILIAN, Die Priesterschrift.
     Hoffnung auf Heimkehr, in: J. SCHREINER (Hrsg.), Wort und Botschaft des
     Alten Testaments, Würzburg ³1975, 243-26o sowie P. WEIMAR, fzb 9, pas-
     sim (vor allem 6o-62.81-87.97-111).

bestehen, nicht zu zweifeln sein. Zugleich klingt in Num 14,8a nochmals die absolute und unbedingte Zusage der Gabe des Landes an Abraham in Gen 12,7 an. Doch gilt es, gerade vor dem Hintergrund der nicht bedingt gegebenen Zusage von Gen 12,7 und Ex 3,8 den bedingten Charakter der Aussagen von Num 14,8a zu beachten, und das um so mehr, als damit wahrscheinlich einmal die jahwistische Geschichtsdarstellung abgeschlossen worden ist.

Im Rahmen der jahwistischen Geschichtsdarstellung stellt die Szene von der "Beauftragung" des Mose in Ex 3[*] das notwendige Verbindungsglied zwischen dem Herausgehen Abrahams aus seinem Heimatland in das Land, das Jahwe ihm zeigen wird (Gen 12,1[*]), und der Verheißung des Landes an Abraham für dessen Samen (Gen 12,7) auf der einen und dem Wort des Mose in Num 14,8a auf der anderen Seite dar, daß Jahwe Israel in das Land bringen und es ihm geben werde, falls er an seinem Volk Gefallen hat. Für den Jahwisten wird mit der "Berufung" des Mose ein neuer Anfang der Geschichte des Jahwe-Volkes gesetzt, der notwendig ist, nachdem Israel das Land der Verheißung verlassen hat. Im Unterschied zu Abraham wird dieser Neuanfang der Geschichte des Jahwe-Volkes ausschließlich von Jahwe gesetzt. Die Befreiung der Israel-Söhne aus dem Frondienst Ägyptens wird dabei als ein Wettstreit zwischen Jahwe und dem Pharao dargestellt, der beim Jahwisten geradezu als ein Anti-Jahwe erscheint. Doch bleibt auch hier das Moment des Gehorsams, das für den Beginn der Geschichte des Jahwe-Volkes in Abraham geradezu konstitutiv ist, von Bedeutung, insofern nämlich der ausschließliche Besitz des Landes daran gebunden ist, ob Israel sich der Führung Jahwes überläßt oder nicht. Wenn demnach auch der Exodus selbst alleiniger Initiative Jahwes entspringt und Jahwe einzig und allein zu verdanken ist, so ist doch der Erfolg dieser Initiative Jahwes, der innerhalb der Beauftragungsszene durch die Zielangabe in Ex 3,8[*] "ein schönes und weites Land" signalisiert ist, an den Gehorsam des Menschen gebunden [109].

---

109 Damit ordnet sich auch die Exodusgeschichte deutlich in die Gesamtthematik des jahwistischen Werkes ein, dazu vgl. vor allem O.H. STECK, Die Paradieserzählung. Eine Auslegung von Gen 2,4b-3,24, BSt 60, Neukirchen-Vluyn 1970, vor allem 119-129 und ders., Gen 12,1-3 und die Urgeschichte des Jahwisten, in: H.W. WOLFF (Hrsg.), Probleme biblischer Theologie. Festschr. G. von Rad, München 1971, 525-554.

Die Analyse der "Berufung" des Mose in Ex 3[*] im Rahmen der jahwistischen Geschichtsdarstellung erlaubt einige Folgerungen im Blick auf Heimat und Entstehungszeit des Jahwisten. Kaum Zweifel sind an der Annahme einer *Entstehung* des jahwistischen Werkes *im Südreich Juda* möglich [11o]. Das wird vor
allem an der Perspektive erkennbar, aus der heraus die Abrahamgeschichte erzählt worden ist. Diese spielt - was vor allem für die vorjahwistischen
Abrahamtraditionen gilt - auf dem judäischen Bergland [111], während J selbst
die Abrahamgeschichte in Hebron (Mamre) festmacht [112]. Hier wird denn auch
der traditionsgeschichtliche Haftpunkt des jahwistischen Werkes zu suchen
sein. Von daher ist der Jahwist nicht als Jerusalemer Hoftheologe zu qualifizieren [113]. Vielmehr steht der Jahwist ganz offensichtlich in einer gewissen Distanz zum Königshof in Jerusalem, zumal sonst ein stärkerer Einfluß
spezifisch Jerusalemer Traditionen bemerkbar sein müßte [114]. So dürften die

11o Die in der einschlägigen Literatur angeführten Gründe für eine Herleitung des Jahwisten aus dem Südreich Juda sind insofern zu relativieren,
als dafür meist Texte herangezogen werden, die nicht als "jahwistisch"
bezeichnet werden können, sondern nachjahwistischer Herkunft sind. Auf
der anderen Seite ist aber eine so grundlegende Skepsis gegen eine Herleitung des Jahwisten aus Juda, wie O. EISSFELDT, Einleitung in das Alte Testament, Tübingen [3]1964, 266.269f sie artikuliert, ebensowenig angebracht, da auch sie ihre Argumente zum Teil aus Texten bezieht, die als
"nachjahwistisch" beurteilt werden müssen.

111 Während für die vorjahwistische Abraham-Lot-Geschichte in Gen 13* (zur
Abgrenzung vgl. P. WEIMAR, BZAW 146, 48-5o) wegen הירדן ככר (dazu vgl.
vor allem R. KILIAN, BBB 24, 2o-22) eine Situierung auf dem judäischen
Gebirge unsicher bleiben muß, läßt sich für die Sodom-Lot-Geschichte in
Gen 18/19* (eine Analyse dieses Textes soll an anderer Stelle vorgelegt
werden) aufgrund der Notiz in Gen 18,16a eine solche Lokalisierung des
Geschehens auf dem Bergland Judas mit Sicherheit annehmen.

112 Die Hebron-Mamre Notizen in Gen 13,18 und 18,1a gehen auf die Hand des
Jahwisten selbst zurück und sind demnach ein deutliches Indiz für den
"Standort" des Jahwisten.

113 Zur Qualifizierung des Jahwisten als "Hoftheologen" vgl. vor allem S.
MOWINCKEL, Erwägungen zur Pentateuchquellenfrage, Oslo 1964, 55-58 und
W. RICHTER, Urgeschichte und Hoftheologie, BZ NF 1o (1966) 96-1o5 so-
wie G. FOHRER, Einleitung in das Alte Testament, Heidelberg [1o]1965, 165f.

114 Ein Einfluß Jerusalemer Vorstellungen macht sich innerhalb der jahwistischen Exodusgeschichte eigentlich nur in dem Topos vom "Herabsteigen" Jahwes (Ex 3,8) bemerkbar. Auch lassen sich bei J keine Spuren einer spezifisch "höfischen" Gelehrsamkeit beobachten (der in diesem Zusammenhang beliebte Hinweis auf die "jahwistische" Völkertafel in Gen

Kreise, die sich in der Theologie des Jahwisten zu Wort melden, am ehesten als "königstreue Landjudäer" zu bezeichnen sein [115]. Möglicherweise haben sich in Hebron, wo David nach 2 Sam 2,11 siebeneinhalb Jahre über Juda als König regierte und wo er nach 2 Sam 5,1-4 zum König über ganz Israel gewählt wurde, oppositionelle Kreise gesammelt, die zwar dem Königtum als solchem grundsätzlich positiv gegenüberstanden, die sich aber dennoch nicht mit der konkreten Realisierung königlicher Macht identifizieren konnten, wie sie sich unter David und Salomo in Jerusalem entwickelt hatte [116]. Aus einer solchen Haltung heraus wird gerade die Wertschätzung der Gestalt des Abraham verständlich. Danach sind Abraham und Israel nicht einfach identisch, sondern durchaus voneinander ablösbare Größen. In der jahwistischen Konzeption ist Abraham gerade der, zu dem Israel erst noch werden soll.

Läßt sich demnach die (geistige) Heimat der jahwistischen Geschichtsdarstellung noch hinreichend genau bestimmen, so ist dies hinsichtlich der *Entstehungszeit* schon schwieriger [117]. Als Ausgangspunkt für eine Rückfrage nach dem historischen Ort des Jahwisten kann eine zunächst nebensächlich erscheinende Beobachtung dienen. Auffälligerweise hat es innerhalb des jahwistischen Werkes allem Anschein nach neben Hebron/Mamre nur noch eine einzige Ortsangabe gegeben. Und das ist die auf dem Gebirge Ephraim im Territo-

---

lo erledigt sich insofern, als deren älteste Bestandteile frühestens als jehowistisch angesehen werden können; zur Analyse vgl. P. WEIMAR, BZAW 146, 148-15o).

115 Vgl. dazu vor allem O.H. STECK, FS G. von Rad, 552 mit Anm. 73.

116 Vgl. in diesem Zusammenhang auch die Nachricht von 2 Sam 15,7-1o, wonach Abschalom in *Hebron* von den *Stämmen Israels* zum *König von Hebron* gesalbt worden sei. Ohne auf die historische Problematik dieser Notiz eingehen zu können, setzt sie doch voraus, daß Abschalom bei seinem Versuch, sich von den Stämmen Israels in Hebron zum König salben zu lassen, dort auf Rückhalt hoffen durfte, was wiederum auf eine zumindest reservierte Haltung Hebrons gegenüber dem Jerusalemer Hof schließen läßt.

117 Wird auch heute im allgemeinen als Ansatz der Entstehung des jahwistischen Werkes die davidisch-salomonische Zeit angenommen (die traditionellen Gründe für die Ansetzung von J in der davidisch-salomonischen Epoche sind übersichtlich zusammengestellt bei H.-P. MÜLLER, Ursprünge und Strukturen alttestamentlicher Eschatologie, BZAW 1o9, Berlin 1969, 52 Anm. 1o2), so läßt ein Blick in die Forschungsgeschichte ein viel breiteres Spektrum von Möglichkeiten der zeitlichen Ansetzung des jahwistischen Werkes erkennen (vgl. die knappe Übersicht bei H.H. SCHMID, Jahwist, 13-14). Zurückhaltend zur Ansetzung des Jahwisten zur Zeit Davids und Salomos äußern sich aufgrund der langen Vorgeschichte von J heute etwa O. EISSFELDT, Einleitung, 266 (zwischen Ausgang des 1o. Jh. bis Mitte des 8. Jh.) und G. FOHRER, Einleitung, 165 (85o-8oo v. Chr.). Dieses breite Spektrum möglicher Zeitansetzungen von J macht deutlich,

rium des Nordreiches Israel gelegene Stadt Sichem (Gen 12,7). Für ein im
Südreich Juda beheimatetes literarisches Werk ist das zumindest auffällig.
Diese auffällige Erwähnung von Sichem innerhalb von J gewinnt noch mehr an
Gewicht, wenn man die Funktion von Sichem innerhalb der jahwistischen Ge-
schichtsdarstellung bedenkt. Gerade in Sichem erhält Abraham von Jahwe die
Verheißung des Besitzes des Landes für seinen Samen. Unterstrichen wird die
Bedeutung dieses Vorgangs durch die Notiz vom Bau eines Altares in Sichem,
womit Sichem auf ein und derselben Ebene wie Hebron/Mamre steht [118]. Aber
auch sonst kommt der Gotteserscheinung in Sichem mit der Landverheißung an
Abraham innerhalb der Struktur der jahwistischen Geschichtsdarstellung eine
zentrale Bedeutung zu. An sie knüpft der Jahwist nicht nur bei der "Moseberufung" in Ex 3[*] an. Sie wird vielmehr auch zum Schluß des jahwistischen
Werkes in Num 14,8a aufgenommen. Die Erwähnung von Sichem geschieht demnach
bei J nicht nebenher, sondern ist aufgrund der mit ihr verbundenen Landverheißung für das ganze Werk von grundlegender Bedeutung.

Politisch spielt Sichem - abgesehen einmal von der historisch nicht ganz
leicht einzuordnenden Episode von der Erhebung Abimelechs zum König über
Sichem (Ri 9) [119] - eine bedeutende Rolle vor allem bei der Reichsteilung
nach dem Tode Salomos, wovon hinreichend deutlich die aus dem Südreich Juda
stammende und um 9oo v. Chr. entstandene "Tendenz-Erzählung" in 1 Kön 12 berichtet [12o]. Möglicherweise ist gerade dieses Geschehen der Trennung "ganz
Israels" von Jerusalem für die Erwähnung Sichems in Gen 12,7 von ausschlag-

---

daß die Kriterien für eine präzise Datierung von J viel weniger deutlich sind, als man gemeinhin glauben macht (vgl. dazu auch das zurück-
haltende Urteil bei M. NOTH, ÜP 248-25o sowie bei F. STOLZ, Altes Testament, Gütersloh 1974, 36-37).

118 Der Zusammenhang der beiden Ortsnotizen in Gen 12,7 und 13,18+18,1a mit
einer Altarbaunotiz ist ein weiteres deutliches Indiz dafür, daß innerhalb des jahwistischen Werkes nur diese beiden Ortsangaben Hebron/Mamre
und Sichem vorgekommen sind.

119 Zur literarischen Analyse von Ri 9 vgl. W. RICHTER, Traditionsgeschichtliche Untersuchungen zum Richter-Buch, BBB 18, [2]1966, 246-318 und - im
Anschluß daran - E. ZENGER, Ein Beispiel exegetischer Methoden aus dem
Alten Testament, in: J. SCHREINER (Hrsg.), Einführung in die Methoden
biblischer Exegese, Würzburg 1971, 97-148 sowie T. VEIJOLA, Königtum,
1o3-114. - Zur geschichtlichen Wertung der in Ri 9 dargestellten Vorgänge vgl. vor allem A. ALT, Die Staatenbildung der Israeliten in Palästina, Leipzig 193o = KS II, München [3]1964, 1-65 (6-7) und H. SCHMID,
Die Herrschaft Abimelechs (Jdc 9) Jud 26 (197o) 1-11.

12o Vgl. dazu P. WEIMAR-E. ZENGER, SBS 75, 139-144.

138

gebender Bedeutung gewesen. Das würde nicht nur den Grundaspekt der jahwistischen Exodusgeschichte als eines Wettstreites zwischen Jahwe und dem als Anti-Jahwe stilisierten Pharao gut erklären, sondern auch manche Besonderheit innerhalb des jahwistischen Werkes.

Vor allem verdient in diesem Zusammenhang die Verwendung der "Heraufführungsformel" in Ex 3,8 (vgl. auch Gen 5o,24[*] und Ex 1,1ob[*]) Beachtung. Aufgrund der Verbreitung dieser Formel, die mit dem H-Stamm von עלה gebildet ist, wird sie ursprünglich im Nordreich Israel beheimatet gewesen sein [121]. Ältester Beleg der "Heraufführungsformel" dürfte dabei gerade die Präsentationsformel sein, mit der Jerobeam nach 1 Kön 12,28 die zwei goldenen Stierbilder vorstellt: "Hier ist doch dein Gott, Israel, der dich heraufziehen ließ aus dem Lande Ägypten!" (הנה אלהיך ישראל אשר העלוך מארץ מצרים) [122]. Sowohl innerhalb der "Tendenz-Erzählung" in 1 Kön 12 als auch innerhalb der jahwistischen Exodusgeschichte begegnet die "Heraufführungsformel" an zentraler Stelle, so daß für beide Erzählungen an eine Herkunft aus den gleichen Tradentenkreisen zu denken wäre.

Für eine Verbindung der jahwistischen Exodusgeschichte mit dem in 1 Kön 12 geschilderten Vorfall der Trennung "ganz Israels" von Jerusalem spricht auch die Tatsache, daß innerhalb der jahwistischen Exodusgeschichte ebenfalls die lastenden Fronarbeiten der Anlaß für das Befreiungshandeln Jahwes sind, das sein eigentliches Ziel in der Heraufführung aus Ägypten in "ein schönes und weites Land" hat. Deutlich knüpft dabei der Jahwist in Ex 1,11a an Praktiken der davidisch-salomonischen Epoche an, in welcher es sogar einen Titel על המס (2 Sam 2o,24; 1 Kön 4,6; 5,28; 12,18) gegeben hat [123]. Deutlich rekurriert demnach der Jahwist in Ex 1,11a (5,4) auf die unter David und Salomo eingeführten Fronarbeiten, um damit - ähnlich wie die "Tendenz-Erzählung" in 1 Kön 12 - den Grund für den Aufstand des Jahwe-Volkes gegen die Fronarbeiten des Anti-Jahwe "Pharao" zu formulieren.

---

121 Vgl. dazu G. WEHMEIER, THAT II, 1976, 272-29o (288). - Die wichtigste Literatur zur Heraufführungsformel ist zusammengestellt in Anm. 25.

122 Vgl. dazu E. ZENGER, Funktion und Sinn der ältesten Heraufführungsformel, ZDPV Suppl. 1, Wiesbaden 1969, 334-342 (34o-342). - Die "Präsentationsformel" 1 Kön 12,28 ist von Dtr in Ex 32,4b und 8 aufgenommen worden (zur Qualifizierung dieser beiden Stellen als "deuteronomistisch" vgl. E. ZENGER, fzb 3, 183).

123 Vgl. zum Ganzen W.H. SCHMIDT, BK II/1, 34-35 (mit Anführung der weiteren Literatur).

Zusammengenommen deuten diese Beobachtungen dahin, daß die Entstehung der jahwistischen Geschichtsdarstellung unter dem Eindruck der Trennung von "ganz Israel" von Jerusalem anzunehmen ist. Es spricht somit einiges dafür, daß das Werk des Jahwisten nicht schon zur Zeit Davids entstanden ist [124], sondern erst nach dem Auseinanderbrechen des davidisch-salomonischen Weltreiches, wobei das jahwistische Werk wahrscheinlich in den gleichen Kreisen entstanden sein dürfte, auf die auch die "Tendenz-Erzählung" in 1 Kön 12 zurückgeht. Das würde insgesamt auf eine Entstehung der jahwistischen Geschichtsdarstellung aus der Zeit ± 9oo v. Chr. hindeuten. Möglicherweise war der unter der Regierung des Asa von Jerusalem (912-873) und des Bascha von Israel (9o9-886) wieder aufgeflammte Konflikt zwischen den beiden Reichen das auslösende Moment für die Entstehung der jahwistischen Geschichtsdarstellung.

Ist das Werk des Jahwisten erst nach dem Zerbrechen des davidisch-salomonischen Großreiches, näherhin zur Zeit der Bruderkriege zwischen Norden und Süden um die Wende vom 1o, zum 9. Jahrhundert entstanden, dann wird auch unschwer der in Num 14,8a angenommene Schluß von J verständlich. Nur dann, wenn Jahwe wieder an seinem Volk Gefallen findet, wird es das Land, das Jahwe dem Abraham gezeigt und das er seinem Volk als das "schöne und weite Land" als Ziel des Exodus vorgestellt hat, wieder in voller Größe besitzen. Demnach wäre die jahwistische Geschichtsdarstellung wesentlich bestimmt von der Hoffnung auf ein Wiedererstehen eines neuen davidisch-salomonischen Reiches, zugleich darin aber auch ein Plädoyer für ein solches Königreich, in dem sowohl das Vorbild Abrahams als auch die im Exodus gewonnene Freiheit des Jahwe-Volkes realisiert wird.

---

124 Die Gründe für eine zeitliche Ansetzung von J in die davidisch-salomonische Ära sind nicht zwingend, weil die meisten Datierungsargumente aus solchen Textbelegen gewonnen werden, die sich aufgrund einer literarkritischen Analyse als nachjahwistische Redaktionen erweisen lassen. Auch lassen sich keine überzeugenden Gründe für eine zeitliche Ansetzung des Jahwisten vor der Reichsteilung und den Kultmaßnahmen Jerobeams I. anführen. Weder läßt der Jahwist ein ungebrochenes Erwählungsbewußtsein erkennen (zu den Problemen von Gen 12,1-3 vgl. Anm. 1o6), noch läßt sich bei J eine "unbefangene Hervorhebung nordisraelitischer Heiligtümer" (H.-P. MÜLLER, BZAW 1o9, 52 Anm. 1o2) beobachten. Von den Heiligtümern des Nordreiches Israel wird nur Sichem erwähnt, wobei hierfür der Grund gerade in der Abtrennung von "ganz Israel" von Jerusalem zu suchen ist.

KAPITEL III

Die elohistische "Berufungsgeschichte"

Die zweite der beiden ursprünglichen Texteinheiten, die sich aus Ex 2,23-
5,5 isolieren läßt, und die der "elohistischen" Geschichtsdarstellung zuzurechnen ist, hat Ex 3,4b[*] (ohne אליו und מתוך הסנה).6aα.9[*] (ohne ועתה).
1oa[*] (ohne ואשלחך).1ob[*] (ohne עמי).11.12aα umfaßt. Dieser Erzählfaden, der
eine kleine, in sich geschlossene Erzähleinheit darstellt, hat somit den
folgenden Wortlaut gehabt:

(3,4)   Da rief Elohim und sprach:

        Mose, Mose!

        Und er antwortete:

        Hier bin ich!

(6)   Und er sprach:

        Ich bin der Gott deines Vaters.
(9)   Siehe,
        der Hilfeschrei der Söhne Israels ist zu mir gekommen,
        und gesehen auch habe ich die Bedrückung,
        mit der die Ägypter sie unterdrücken.
(1o)   Und nun:
        Geh zum Pharao
        und führe die Söhne Israels aus Ägypten heraus!

(11)   Und Mose sprach zu Elohim:

        Wer bin ich,
        daß ich zum Pharao gehen
        und daß ich die Söhne Israels aus Ägypten herausführen könnte?

(12)   Und er sprach:

        Ja, ich werde da sein bei dir!

Ebenso wie in der jahwistischen "Berufungsgeschichte" liegt auch hier das
Schwergewicht der Texteinheit nicht in der Erzählung eines Geschehensvorgangs, sondern in den Reden. Typisch für die vorliegende Form der Darstel-

lung der "Berufung" des Mose ist dabei die Gesprächsform, womit ein deutlicher Unterschied zur monologischen Redeform der jahwistischen Darstellung gegeben ist.

1. Formkritische Analyse

1.1 Analyse von Form und Struktur

Die Texteinheit setzt sehr knapp und unvermittelt in Ex 3,4b[*] mit einer erzählerischen Notiz ein, die keinerlei Selbstzweck verfolgt, sondern nur dazu dient, einen Anruf Gottes einzuleiten. Kennzeichnend für die Redeeinleitung in Ex 3,4b[*] ist zum einen die Doppelung des Verbums (ויאמר + ויקרא)
und zum anderen die bloße Nennung des Redenden (Elohim) ohne Nennung eines
Adressaten [1]. Dadurch ist erzählerisch ein deutlicher Neueinsatz im Erzählablauf markiert. Zugleich macht sich in der vorliegenden Form der Redeeinleitung eine starke Betonung der Aktivität Jahwes bemerkbar. Der Vorgang
selbst bleibt dabei völlig unanschaulich.

Das so eingeführte Jahwewort besteht nur aus einer doppelten Nennung des
Namens des Angeredeten ("Mose, Mose!"). Damit wird zugleich das bisher nicht
genannte Gegenüber des Anrufes Elohims eingeführt. Mit dieser Eröffnung der
Texteinheit ist die ganze weitere Struktur der Einheit bestimmt. Strukturiert ist diese als ein Gespräch zwischen Elohim und dem in der Rede angesprochenen Mose. Dementsprechend liegt der Hauptakzent auf den Reden, die

---

1 Es ist demnach in Ex 3,4b nicht mit dem Ausfall eines ursprünglichen
אל משה bzw. seiner Restitution durch אליו zu rechnen. Eine solche Operation wäre im übrigen auch nur schwer einsichtig zu machen. Unter der
Voraussetzung, daß in Ex 3,4b der Beginn einer neuen Erzähleinheit vorliegt, ist die in Ex 3,4b begegnende Wortstellung ויקרא (P) + אל mit NN
+ אלהים (S) schwerlich möglich. Vielmehr wäre unter dieser Voraussetzung
die Wortstellung ויקרא (P) + Elohim (S) + אל mit NN (O) die gegebene Wort-
stellungsordnung. Die in Ex 3,4b vorliegende Wortstellung der Redeeinführung ist nur dann sinnvoll, wenn ihr eine erzählerische Notiz mit Nennung
des Mose voraufgeht. Da aber im Rahmen der elohistischen "Berufung" eine
Nennung des Adressaten in der Redeeinleitung in Ex 3,4b selbst wegen der
nachfolgenden doppelten Anrede "Mose, Mose"! nicht erforderlich ist, wird
man hier auch nicht mit dem Ausfall eines ursprünglichen אל משה bzw. einer Ersetzung durch אליו (bei gleichzeitiger Änderung der Wortstellung)
zu rechnen haben. Vielmehr wird אליו ursprünglich sein und redaktionell
von Je bei der Verknüpfung der jahwistischen und elohistischen "Berufung"
als Verbindungsglied eingefügt worden sein.

die beiden Gesprächspartner miteinander wechseln. Die erzählerischen Notizen sind dabei auf die unbedingt notwendigen Redeeinführungen beschränkt,
die innerhalb der Texteinheit - mit Ausnahme der ausführlichen Redeeinführung zu Beginn der Geschichte in Ex 3,4b[*] (ויקרא אלהים ויאמר) - immer mit
einem einfachen ויאמר gebildet sind. Die Initiative des Gespräches geht,
wie schon die Eröffnung der Texteinheit in Ex 3,4bα anzeigt, ganz von Elohim aus, während Mose immer nur auf das Wort Elohims reagiert.

Auf die Eröffnung des Gespräches durch Elohim mit verdoppelter Nennung des
Namens des Mose antwortet dieser mit einem knappen הנני, was erzählerisch
durch ein einfaches ויאמר eingeführt ist. Darauf folgt, ebenfalls mit einem
knappen ויאמר eingeführt, eine weitere Gottesrede (Ex 3,6aα.9[*].1o[*]), die -
allein schon aufgrund ihres Umfanges - innerhalb der ganzen Texteinheit den
Hauptakzent trägt. Eröffnet wird diese Rede mit der nominalen "Selbstpräsentation" אלהי אביך [2]. Auf diese "Selbstpräsentation" der Gottheit folgt
in Ex 3,9[*] - eingeleitet durch die deiktische Partikel הנה - eine zweigliedrige Feststellung. Die Satzkonstruktion (x-qatal) zeigt an, daß es sich
dabei um einen Rekurs auf die Vergangenheit handelt.

Stilistisch abgeschlossen wird dieser zweigliedrige Rückblick auf die Vergangenheit durch einen nominalen Relativsatz, der im partizipialen Prädikat
(לחצים) das Objekt der zweiten Aussage (את הלחץ) nochmals aufnimmt. Die beiden Feststellungen des Rückblicks auf die Vergangenheit setzen im einzelnen
ganz unterschiedliche Akzente. Bei der ersten Aussage (Ex 3,9a[*]) liegt der
Ton auf der Not der Israel-Söhne, was dadurch angezeigt ist, daß hier צעקת
בני ישראל die Tonstelle des Satzes einnimmt.

Bei der zweiten Aussage (Ex 3,9b) dagegen steht die von den Ägyptern zuge-
fügte Bedrückung im Vordergrund, was zum einen der doppelte Gebrauch der
Basis לחץ wie zum andern der angefügte Relativsatz deutlich anzeigt. Zugleich macht sich innerhalb dieses Rückblicks auf die Vergangenheit eine
weitere Verschiebung der Gedankenführung bemerkbar. In der ersten Aussage
in Ex 3,9[*] ist Elohim als Adressat des "Hilfeschreis" der Israel-Söhne nur
distanziert als Objekt nach einer Präposition (אלי) eingeführt, während er
in der zweiten Aussage in Ex 3,9b Subjekt des Satzes ist (ראיתי). Durch diese Verschiebung der Gedankenführung wird stilistisch der Einsatz der zweiten Redehälfte vorbereitet.

---

2 Zur Formel der "Selbstpräsentation" vgl. P. WEIMAR, fzb 9, 87-91 (dort
  auch weitere Literatur).

Von dem doppelgliedrigen Rekurs auf die Vergangenheit in Ex 3,9[*] ist die
zweite Hälfte der Gottesrede in Ex 3,1o[*] durch die Partikel ועתה als Struktursignal deutlich abgesetzt. In ihr wird die Folgerung aus der vorangehenden Schilderung der Notsituation gezogen. Sie besteht aus einem doppelten
Auftrag, der jeweils mit einem Imperativ gebildet ist. Der erste Auftrag
in Ex 3,1oa[*] (לך אל פרעה) bezieht sich auf die Entsendung des Mose zum Pharao. Der zweite Auftrag in Ex 3,1ob[*] (והוצא את בני ישראל ממצרים) dagegen
bezieht sich auf die Herausführung der Israel-Söhne, die dem Mose hier als
eigene Tat aufgetragen ist. Stilistisch nimmt der doppelte Auftrag an Mose
in Ex 3,1o[*] die vorangehende doppelte Feststellung der Notsituation in Ex
3,9[*] genau in umgekehrter Reihenfolge wieder auf (Israel-Söhne / Ägypten //
Pharao / Israel-Söhne). In dieser doppelten Gegenüberstellung wird zugleich
die weitere Darstellung des Exodusgeschehens vorbereitet.

Auf diese breite Gottesrede in Ex 3,6aα.9[*].1o[*] reagiert Mose mit einem
"Einwand" (Ex 3,11), der die Form einer Frage hat. Das Gewicht dieses Einwandes wird dadurch hervorgehoben, daß zur Redeeinführung nicht - wie
sonst - ein bloßes ויאמר steht, sondern daß hier zusätzlich der Redende
(Mose) und der Adressat (Elohim) genannt sind. Die Frage besteht aus einem
Nominalsatz (מי אנכי). Von dieser nominalen Frage sind zwei Aussagesätze
abhängig, die jeweils mit כי eingeleitet sind. In diesen beiden Aussagesätzen in Ex 3,11aβ+b werden genau die entsprechenden Gottesbefehle in Ex
3,1o[*] wieder aufgenommen, nur daß die Imperative in Präformativkonjugation
der ersten Person umgesetzt sind. Doch wird man die Frage מי אנכי, die sich
auf die herausgehobene Stellung der eigenen Person bezieht, nicht als einen Einwand im strengen Sinne verstehen können, sondern vielmehr als eine
rhetorische Frage, die literarisch die Funktion hat, die nachfolgende Zusage Gottes in Ex 3,12aα (כי אהיה עמך) herauszufordern. Gerade durch die Antwort Elohims in Ex 3,12aα auf die Frage des Mose in Ex 3,11, die auf das
Mit-Sein der Gottheit verweist, erfährt die Person des Mose eine besondere
Qualifikation.

Die als Gespräch zwischen Elohim und Mose stilisierte Texteinheit zeigt
demnach einen klar durchkonstruierten Aufbau, der sich schematisch etwa
folgendermaßen darstellen läßt:

I. Gesprächseröffnung (Ex 3,4b*)

    1. Rede Elohims ("Mose, Mose!")

    2. Antwort des Mose ("Hier bin ich")

II. Gespräch Elohim - Mose (Ex 3,6aα.9*.1o*.11)

    1. Rede Elohims (Ex 3,6aα.9*.1o*)

      - *Präsentation der Gottheit*

      - *Rückblick* (zweigliedrig)

        -- Geschrei der Söhne Israels

        -- Bedrückung durch die Ägypter

      - *Auftrag an Mose* (zweigliedrig)

        -- Entsendung zum Pharao

        -- Herausführung der Söhne Israels

    2. Antwort des Mose (Ex 3,11)

      - Frage ("Wer bin ich?")

      - Entfaltung (zweigliedrig)

        -- Entsendung zum Pharao

        -- Herausführung der Israel-Söhne

III. Rede Elohims (Ex 3,12aα)

    Zusage des Beistandes Elohims

1.2 Ziel

Anhand von Form und Struktur der Texteinheit ist deren Ziel zu bestimmen. Zu den auffälligsten Charakteristika der elohistischen Mose-Beauftragung gehört der zweifache Wechsel zwischen Gottes- und Moserede. Während die erste Wechselrede Elohim - Mose in Ex 3,4b[*] nur der Eröffnung des Gespräches dient und damit eine mehr vorbereitende Funktion hat, liegt das Hauptgewicht der Texteinheit auf der zweiten Wechselrede zwischen Elohim und Mose in Ex 3,6aα.9[*].1o[*].11. Diese ist auch dadurch stilistisch besonders hervorgehoben, daß sowohl die Gottesrede als auch die auf diese wörtlich Bezug nehmende Antwort des Mose sehr konsequent zweigliedrig durchkonstruiert sind. Die Form der Wechselrede zwischen Elohim und Mose wird erst mit der abschließenden Zusage des Mit-Seins Elohims in Ex 3,12aα aufgegeben. Diese Zusage Elohims bleibt ohne Antwort des Mose. Angesichts der sonst streng durchgehaltenen Form der Wechselrede wie der charakteristischen Doppelglie-

drigkeit der einzelnen Aussagen, was vor allem für den Hauptgang des Gespräches gilt, verdient dieser auffällige Wechsel in Anlage und Struktur am Ende der Texteinheit Beachtung. Hierin ist wohl ein Indiz für die Bestimmung
des Zieles der Texteinheit zu sehen.

Deutlich korrespondieren mit der eingliedrigen Aussage vom Mit-Sein Elohims
am Schluß der Texteinheit innerhalb derselben zwei ebenfalls eingliedrige
Aussagen, die außerhalb des Systems der doppelgliedrigen Aussagen stehen.
Die eingliedrige Aussage Elohims in Ex 3,12aα ist evoziert durch die unmittelbar voraufgehende nominale Frage מי אנכי in Ex 3,11, mit der von Mose
nach der herausgehobenen Stellung der eigenen Person gefragt wird. Dieser
eingliedrigen Frage entspricht in der voraufgehenden Gottesrede wiederum
die nominale "Selbstpräsentation" der Gottheit אנכי אלהי אביך in Ex 3,6aα,
mit der Elohim sich als der persönliche Schutzgott des Mose entdeckt. Neben
und in Verbindung mit den doppelgliedrigen Aussagen innerhalb der vorliegenden Texteinheit läßt sich somit eine thematisch zusammenhängende Aussagereihe erkennen, die sich formal durch Eingliedrigkeit und Nominalsatzstruk-
tur auszeichnet. Diese eingliedrigen nominalen Aussagen stehen dabei überdies immer am Beginn einer Reihe,und sie sind in allen Fällen auf die Person
des Mose bezogen.

Von daher deutet sich sodann auch das Aussageziel der Texteinheit an. Es
geht in der elohistischen "Berufungsgeschichte" zentral um die Gestalt des
Mose. Er ist betont durch die doppelte Anrede eingeführt. Die den Mose an-
redende Gottheit tut sich ihm gegenüber als der persönliche Schutzgott kund.
Die Frage מי אנכי reflektiert die eigene Stellung. Die abschließende Zusage
der Gottheit hebt nochmals den persönlichen Beistand für Mose hervor. Es
geht demnach in der Reihe dieser Aussagen um das besondere Verhältnis, in
dem gerade Mose zu der sich offenbarenden Gottheit steht. Alle anderen Aussagen innerhalb der Texteinheit sind den nominalen Aussagen, die sich auf
Mose beziehen, zugeordnet. Das zeigt sich sehr deutlich in der Art der Zuordnung der auf die Beauftragung des Mose durch Elohim Bezug nehmenden Aussagen in Ex 3,11 zu der einleitenden Frage מי אנכי. Angesichts der Notsituation der Israel-Söhne in Ägypten soll Mose als der von Elohim beauftragte
Retter herausgestellt werden, den Elohim seines besonderen Beistandes ver-
sichert hat[3]. Damit hat die "Berufung" des Mose in der elohistischen Geschichtsdarstellung eine deutliche Akzentverlagerung gegenüber der jahwisti-

schen Darstellung erfahren. Liegt nämlich bei J der Akzent auf dem Befreiungshandeln Jahwes in Auseinandersetzung mit dem Anspruch des Pharao (Anti-
Jahwe), so tritt bei E gerade dieses Element zurück. In den Vordergrund
rückt hier die Gestalt des Mose als des von Jahwe beauftragten "Retters"
seines Volkes.

2. *Semantische Analyse*

2.1 *Die Erzählungseröffnung*

Die Erzählungseröffnung in Ex 3,4b[*] ist mit Hilfe einer formelhaften Wendung gebildet, deren charakteristisches Element die Abfolge der beiden Verben ויקרא und ויאמר ist. Das Vorkommen dieser Wendung, die in mehreren -
zum Teil vom Textzusammenhang bedingten - Varianten vorkommt, ist breit gestreut. Das gilt sowohl für das Vorkommen dieser Wendung innerhalb des Pentateuch [4] als auch außerhalb des Pentateuch [5]. Nicht sehr häufig begegnet
jedoch diese Form der Redeeinleitung mit Jahwe/Elohim als Subjekt. Auffälligerweise ist das nur innerhalb des Pentateuch der Fall. Ältester Beleg
dieser Wendung ist die Redeeinführung in Gen 3,9 (ויקרא יהוה אל האדם ויאמר
לו), die auf eine Vorlage der jahwistischen Geschichtsdarstellung zurückgeht [6]. Einer Vorlage des Jehowisten entstammt Gen 21,17a[*], wo die Redeeinführung formal genau gleich gestaltet ist wie in Gen 3,9, nur daß hier als
Subjekt anstelle von Elohim der "Bote Elohims" (מלאך אלהים) genannt ist [7].

---

3 Nach W. RICHTER, FRLANT lol, lo9 liegt das Ziel der elohistischen Mose-
   "Berufung" in der Entfaltung des Namens Jahwes, wobei jedoch eine andere
   Abgrenzung der Texteinheit als hier vorgenommen wird. Ähnlich jüngst
   auch W.H. SCHMIDT, BK II/2, 121-135.

4 Mit ויקרא und ויאמר gebildete Wendungen finden sich im Pentateuch in Gen
   3,9; 12,18; 2o,9; 21,17; 22,11.15; 26,9; 27,1; 31,4.5; 47,29; Ex 1,18;
   3,4; 8,4.21; 9,27; lo,24; 12,21.31; 32,5; Lev lo,4; Dtn 5,1; 29,1; 31,7.

5 Außerhalb des Pentateuch begegnet die durch die Abfolge ויקרא + ויאמר ge-
   kennzeichnete Wendung in Jos 4,4/5; 6,6; lo,24; 23,2; Ri 9,7.54; 15,18;
   16,28; 1 Sam 3,16; 17,8; 2o,37; 29,6; 2 Sam 1,15; 2,26; 9,9; 13,17; 15,2;
   18,26.28; 1 Kön 2,36.42; 17,lo.11.2o.21; 2o,7; 22,9; 2 Kön 4,36; 6,11;
   12,8; 18,28; Jes 36,13; Jer 42,8/9; Ez 9,3/4; Jon 3,4; Dan 8,16; 1Chron
   15,11/12; 2 Chron 14,lo; 18,8; 24,6.

6 Zum Nachweis vgl. P. WEIMAR, BZAW 146, 123-124.13o-131.153-154.

7 Die in Gen 21,17a sich findende Ortsangabe מן השמים dürfte nicht ursprünglich sein, sondern frühestens auf die jehowistische Redaktion zurückgehen. Wahrscheinlicher ist jedoch eine Herleitung von R[P]. Diese wäre in
   Zusammenhang mit der auf R[P] zurückgehenden Einfügung von Gen 22,15 und

Auf die gleiche literarische Schicht wie Ex 3,4b[*] ist das Vorkommen der entsprechenden Redeeinführung in Gen 22,11 zurückzuführen [8]. Im Unterschied zu Gen 3,9 und 21,17 ist der Adressat nur nach ויקרא mit אל eingeführt, wo hingegen das darauffolgende Verbum ויאמר absolut gebraucht ist. Das für E auffällige Subjekt מלאך יהוה beruht wohl nicht auf einer redaktionellen Textänderung [9], sondern ist wahrscheinlich durch den vorliegenden Textzusammenhang bedingt [1o]. Redaktionell ist die Redeeinleitung aus Gen 22,11 von R[P] in Gen 22,15 aufgenommen [11].

Als Varianten der in Ex 3,4b* vorkommenden Redeeinführung sind die entsprechenden Redeeinführungen in Ex 19,3 und Lev 1,1 anzusehen, die neben Ex 3,4 die einzigen Stellen sind, da Jahwe/Elohim dem Mose etwas zuruft [12]. In Ex 19,3 wird berichtet, wie Mose hinauf zu Elohim steigt und wie Jahwe ihn vom Berge aus anruft. In Abänderung der Normalform ist der auf den Narrativ ויקרא gewöhnlich folgende zweite Narrativ ויאמר hier durch den Infinitiv לאמר ersetzt. In Lev 1,1 erfolgt der Anruf des Mose vom Zelt der Begegnung aus (מאהל מועד). Im Unterschied aber zu Ex 3,4b und 19,3 steht hier die Ortsangabe nicht in der ersten, durch ויקרא eingeleiteten Satzhälfte, sondern folgt auf וידבר, das hier das sonst übliche ויאמר vertritt [13].

---

der gleichzeitigen Ausweitung der Redeeinleitung in Gen 22,11 um מן השמים geschehen (vgl. auch die weiteren Beobachtungen zu den Ortsangaben in den anderen formverwandten Redeeinleitungen).

8 Zur Entstehungsgeschichte von Gen 22 vgl. vorläufig noch P. WEIMAR, BZAW 146, 77 Anm. 229.

9 Eine solche wird hier aufgrund des Gottesnamens Jahwe im elohistischen Werk häufig angenommen, wobei מלאך יהוה in Gen 22,11 entweder als eine sekundäre Ersetzung für ein ursprüngliches Elohim verstanden wird (so etwa O. PROCKSCH, Die Genesis, KAT I, Leipzig-Erlangen [2.3]1924, 314.317) oder aber als eine sekundäre Korrektur der ursprünglichen Redewendung מלאך האלהים im Blick auf den redaktionell eingefügten Abschnitt Gen 22, 14-18 (so etwa H. HOLZINGER, Genesis, KHC I, Freiburg 1898, 164; H. GUNKEL, Genesis, HK I/1, Göttingen [5]1922 = [7]1966, 238; R. KILIAN, BBB 24, 267).

1o Auch wenn sich eine redaktionelle Korrektur von Gen 22,11 nicht voll ausschließen läßt, zumal zumindest die Ortsangabe מן השמים auf R[P] zurückgeht, so ist andererseits durchaus mit der Möglichkeit zu rechnen, daß die Nennung Jahwes hier am Ende der elohistischen Abrahamgeschichte ganz bewußt geschehen ist, um damit - im Blick auf Gen 28,2o-21 (E) - erstmals den Jahwenamen einzuführen und damit Abraham- und Jakobsgeschichte literarisch zu verklammern. Anstelle einer Korrektur von מלאך יהוה in מלאך האלהים bzw. einfaches Elohim wäre aufgrund von Gen 22,12 eher zu fragen, ob in Gen 22,11 nicht ein ursprüngliches Jahwe sekundär von R[P] durch ein vorangestelltes מלאך abgeschwächt worden ist (vgl. dazu Gen 22,15).

11 Zur Herleitung von Gen 22,15(-18) von R[P] zuletzt P. WEIMAR, BZAW 146, 49 Anm. 145. 126 Anm. 63.

12 Auf den Zusammenhang dieser drei Stellen hat vor allem B. JAKOB, MGWJ 66 (1922) 11-33 (17-18) hingewiesen.

In der vorliegenden Form ist der dreifach vorkommende Anruf der Gottheit an
Mose eine Konstruktion der Schlußredaktion des Pentateuch. Deutlich ist das
zunächst für Lev 1,1. Nachdem Ex 4o,36-38 ganz offenkundig als Abschluß des
Exodus-Buches gedacht ist [14], ist auch für das Buch Leviticus ein eigens
gestalteter Neubeginn zu erwarten, der im vorliegenden Fall nur Lev 1,1a
umfaßt [15]. Dennoch vermag gerade die Vorschaltung von Lev 1,1a die für ein
Verständnis des Buches Leviticus größeren theologischen Leitlinien abzu-
stecken. Eine Zuweisung an R^P läßt sich aber auch für die Notiz in Ex 19,
3abα wahrscheinlich machen. Hinter dieser Notiz steht deutlich die Vorstellung vom "Gottesberg", die im Pentateuch immer nur in literarischen Zusammenhängen begegnet, die erst auf R^P zurückgehen [16]. Die Verbindung von Ex
19,3abα mit dem Textzusammenhang ist zudem nur sehr locker. Allem Anschein
nach dient die Notiz zur Einführung der Gottesrede Ex 19,3-6 mit der anschließenden Verpflichtungsszene Ex 19,7-8(9), die aufgrund ihrer Thematik
und Phraseologie erst nachexilisch sein können, wobei die eigentümliche
Mischung deuteronomistischer und priesterlicher Sprachelemente am ehesten
an R^P denken läßt [17]. Von R^P stammt sodann aber auch Ex 3,4b in der vorliegenden Form, wobei auf die Hand der Schlußredaktion des Pentateuch gerade
die Ortsbestimmung הסנה מתוך zurückgeht, die in Zusammenhang steht mit der
entsprechenden, doch deutlich nachklappenden Ortsangabe in Ex 3,2a.

Die drei Notizen in Ex 3,4b und 19,3 sowie in Lev 1,1, die jeweils Mose als
Adressaten eines Zurufes Gottes nennen, bilden auf der Ebene der Schlußredaktion des Pentateuch deutlich eine fortlaufende und in sich zusammenhängende Aussagereihe. Die Verbindung dieser drei Stellen ist aber nicht nur
aufgrund ihrer Herkunft von ein und derselben Redaktionsschicht gegeben.
Sie ist darüberhinaus gerade auch eine thematische Verbindung. In allen
drei Fällen tut sich Elohim/Jahwe dem Mose von einer heiligen Stätte aus

---

13 Die Abweichungen in Lev 1,1 von der Normalform der zu untersuchenden
    Redeeinführung sind allem Anschein nach durch die literarische Entste-
    hungsgeschichte von Lev 1,1 bedingt. Der ursprünglichen Redeeinleitung
    ist nur Lev 1,1b zuzurechnen, während Lev 1,1a (ויקרא אל משה) eine re-
    daktionell vorgeschaltete Bildung ist; zur literarischen Analyse vgl.
    vor allem K. ELLIGER, Leviticus, HAT I/4, Tübingen 1966, 26.27). Wahr-
    scheinlich ist Lev 1,1a von R^P der ursprünglichen Redeeinleitung voran-
    gestellt worden, um auf diese Weise den Beginn des Buches Leviticus mit
    Ex 3,4b und 19,3 zu verbinden.

14 Vgl. dazu die vorläufigen Hinweise bei P. WEIMAR-E.ZENGER, SBS 75, 11-15
    (12).

15 Gegen K. ELLIGER, HAT I/4, 26.27, der Lev 1,1a aber P^g zuweist.

16 Zum Nachweis vgl. die Analyse der Abgrenzung der Texteinheiten (Kap. I),
    dort vor allem Anm. 39.

17 Zur literarischen Analyse von Ex 19,3-1o vgl. E. ZENGER, fzb 3, 57-6o
    und 166-169, wobei jedoch noch Ex 19,3abα E und Ex 19,3bβ-1oaα (ויאמר
    יהוה אל משה) der frühnachexilischen "Bundesbuchschicht" zugeordnet wird.
    Eine genaue Analyse von Ex 19,3-8(9) kann hier nicht gegeben werden.
    Zur Auslegung vgl. zuletzt L. PERLITT, Bundestheologie im Alten Testa-
    ment, WMANT 3o, Neukirchen-Vluyn 1969, 167-181, der ausdrücklich betont,
    "daß nichts in Ex 19,3b-8 vor-dtn. sein muß, vieles dagegen dtr., man-
    ches eher noch später" (176).

kund [18]. In Ex 3,4b offenbart sich Elohim "mitten aus dem Dornbusch" (מתוך
הסנה) am Gottesberg, wobei im Sinne von R[P] סנה deutlich als eine Anspielung
auf den Sinai zu verstehen ist. Dieser ist denn auch nach Ex 19,3 der Ort,
von dem Jahwe sich dem Mose kundtut. Die Reihe erfährt sodann in Lev 1,1
eine letzte Steigerungsstufe, insofern der Zuruf Jahwes an Mose hier vom
"Zelt der Begegnung" als der (theologischen) Mitte des Sinai ausgeht. Aber
auch das, was Jahwe dem Mose bei diesen drei Gelegenheiten mitzuteilen hat,
ist aufeinander bezogen. Ist es in Ex 3,4 die Ansage der Befreiung zum
Dienst Jahwes auf "diesem Berge" (על ההר הזה) (Ex 3,12aßb), so spricht Ex
19,3-9 von der Verpflichtung für Israel, die aus dem Gerichtshandeln Jahwes
an Ägypten entspringt und der besonderen Zusage Jahwes für sein Volk. Beide
Aussagelinien werden in dem dritten von Lev 1,1 eingeleiteten Text wieder
aufgenommen, der das ganze Buch Leviticus umfaßt [19]. Thema dieser groß angelegten Weisungen und Vorschriften des Buches Leviticus ist einerseits der
Dienst Jahwes und andererseits das Hören auf die Stimme Jahwes als jenen
beiden Konstituenten, die für die Existenz des Jahwe-Volkes grundlegend sind.
Damit deuten sich zugleich einige der theologischen Leitlinien bei der Gestaltung des Pentateuch an.

Der Horizont der in Ex 3,4b[*] gebrauchten Redeeinführung in ihrer ursprünglichen Form (ויקרא אלהים ויאמר) schränkt sich sogleich noch weiter ein, wenn
auch die Fortführung des so Eingeleiteten mitbedacht wird. Auf diese Rede-
eröffnung folgt der Anruf des Angeredeten mit doppelter Namensnennung ("Mose, Mose!") sowie, durch einfaches ויאמר eingeführt, die Antwort des Angeredeten mit הנני. Eine Parallele zu der in Ex 3,4b sich findenden Form einer Gesprächseröffnung mit der hier begegnenden Form der Redeeinführung
(ויקרא + ויאמר) findet sich nur noch in Gen 22,11, wozu dann noch als weitere Belege Gen 22,1 und 46,2 hinzukommen, die sich von den beiden anderen
Belegen aber dadurch unterscheiden, daß eines oder mehrere Elemente der
Gesprächseröffnung variiert sind [20].

---

18 Darin unterscheiden sich die drei Stellen Ex 3,4b und 19,3 sowie Lev
   1,1, in denen Mose als Adressat erscheint, sehr deutlich von den "vor-
   mosaischen Belegen" in Gen 21,17 und 22,11+15, wo die Gottheit bzw. der
   Bote Elohims/Jahwes jeweils "vom Himmel her" (מן השמים) redet. Diese Dif-
   ferenzierung ist, da alle Ortsangaben in der mit ויקרא + ויאמר/וידבר/לאמר
   gebildeten Redeeinleitung auf R[P] zurückgehen, von der Schlußredaktion
   des Pentateuch ganz bewußt hergestellt, um auf diese Weise deutlich die
   Zeit des Mose von der Zeit vor Mose abzuheben.

19 Hierbei gilt es zu beachten, daß das Buch Leviticus in der Kompositionsstruktur des Pentateuch genau das Zentrum dieses literarischen Werkes
   ausmacht, das als ganzes in konzentrischen Kreisen angeordnet ist. Die
   Bedeutung dieses literarischen Ordnungsprinzips für eine Theologie der
   Pentateuchischen Geschichtsdarstellung wird an anderer Stelle auszuführen sein.

20 Zu dieser Form der Gesprächseröffnung vgl. S. 36-37 mit Anm. 52.

Mit Ausnahme von 1 Sam 3,1-14 (4.1o; vgl. auch 3,16), wo diese Form der Gesprächseröffnung in einer nicht so fest gebundenen literarischen Form wie
an den genannten Stellen aus dem Pentateuch begegnet, findet sie sich - mit
Elohim/Jahwe als Anredendem - nur innerhalb der elohistischen Geschichtsdarstellung. Zu beachten ist dabei ihr jeweiliger literarischer Ort innerhalb des elohistischen Werkes. Sowohl in Gen 22,1 (+11) sowie in Gen 46,2
dient diese Form der Gesprächseröffnung zur Markierung des Auftaktes der
jeweils letzten von drei Geschichten,aus denen sowohl der Abraham- als auch
der Jakobzyklus besteht, womit dann auch formal und stilistisch der Abschluß der beiden ersten Dreiergruppen um Abraham und Jakob klar angezeigt
ist [21]. Allein in Ex 3,4b* steht diese Form der Gesprächseröffnung als Auftakt der ersten Einheit eines gleichfalls dreigliedrigen Israel/Mose-Zy-
klus.

In dieser Verteilung der "Gesprächseröffnung" innerhalb des Elohisten dokumentiert sich eine bestimmte literarische Absicht. Auf der einen Seite soll
durch die Parallelität der Strukturen, wie sie an der Handhabung der Form
der "Gesprächseröffnung" innerhalb des Abraham- und Jakob-Zyklus in Erscheinung tritt, auf die Strukturparallelität der Lebensgeschichte von Abraham
und Jakob hingewiesen werden. Auf der anderen Seite soll gerade dadurch,
daß im Israel-Zyklus diese Form der "Gesprächseröffnung" als Auftakt der
ersten Erzähleinheit dient, die Israel/Mose-Geschichte thematisch an die
Abraham- und Jakobgeschichte zurückgebunden werden. Dabei bezieht sich der
Elohist aber nicht auf eine bestimmte Einzelaussage innerhalb des Abraham-
und Jakob-Zyklus zurück, sondern meint jeweils die Geschichte Abrahams und
Jakobs in ihrer Gesamtheit.

Der Bezug, der durch die Anwendung des gleichen literarischen Stilmittels
der "Gesprächseröffnung" zwischen den einzelnen Teilen der elohistischen
Geschichtsdarstellung hergestellt werden soll, ist ein thematischer. Indem
der Elohist zu Beginn der Israel/Mose-Geschichte derart an die Abraham- und
Jakobgeschichte anknüpft, wird die Bedeutung der Thematik der Abraham-Geschichte (Gottesfurcht und das Problem des verheißenen Sohnes) sowie der
Jakob-Geschichte (Gottesfurcht und Bewahrung auf dem Wege) für die Israel/

---

21 Zur literarischen Struktur der elohistischen Geschichtsdarstellung vgl.
    P. WEIMAR, BZAW 146, 165-167.

Mose-Geschichte zum Ausdruck gebracht [22]. Die literarische Form der Gesprächseröffnung, wie sie als Stilmittel für den Elohisten charakteristisch
ist, dient demnach in erster Linie der thematischen Verknüpfung der drei
Teile der elohistischen Geschichtsdarstellung miteinander.

2.2 Die Wendung "Gott deines Vaters"

Zu Beginn des eigentlichen Gespräches zwischen Elohim und Mose präsentiert
sich die dem Mose sich kundtuende Gottheit als "Gott deines Vaters" (Ex
3,6aα). Die Wendung "Gott meines/deines/seines/eures/ihres Vaters" begegnet noch mehrfach, wobei das Vorkommen der Wendung fast ausschließlich auf
die Bücher Genesis und Exodus beschränkt ist [23]. Charakteristisches Merkmal
dieser Wendung ist die Nennung des "Vaters", wobei das jeweils bei אב stehende Suffix die Beziehung zum Verehrer zum Ausdruck bringt. Neben dieser
Form der "Vatergott-Formel" gibt es noch eine zweite Gruppe, die sich dadurch auszeichnet, daß der namenlose "Vater" durch Beifügung eines Eigenna-
mens näher qualifiziert ist [24]. Sowohl in Ex 3,6 als auch in Gen 31,42 ist
die Wendung "Gott meines/deines Vaters" sekundär durch die Wendung אלהי
אברהם אלהי יצחק ואלהי יעקב bzw. אלהי אברהם ופחד יצחק ergänzt worden [25]. Aus
dem Nebeneinander zweier Gruppen der Vatergott-Formel (Elohim + Vater
und Elohim + Eigenname (/Vater)) ist zu schließen, daß die Wendung "Gott

---

22 Zur Thematik der elohistischen Abraham- und Jakobgeschichte vgl. die
    knappen Hinweise bei P. WEIMAR, BZAW 146, 165-166.

23 Die "Vatergott-Formel" begegnet in den folgenden Formen: 1. אלהי אבי
    Gen 31,5; Ex 15,2; 18,4; 2. אלהי אביך Gen 46,3; 5o,17; 1 Chron 28,9;
    vgl. auch die Variante אל אביך Gen 49,25; 3. אלהי אביכם Gen 31,29; 43,
    23; 4. אלהי אביו 2 Chron 17,4; 5. אלהי אביהם Gen 31,53.

24 Die Belege dieser Form der "Vatergott-Formel" lassen sich folgendermaßen
    aufschlüsseln (vgl. auch die ähnliche Zusammenstellung der Belege bei
    H. SEEBASS, Der Erzvater Israel und die Einführung der Jahweverehrung
    in Kanaan, BZAW 98, Berlin 1966, 5o): 1. אנכי אלהי אברהם אביך Gen 26,
    24; vgl. damit auch die Wendung יהוה אלהי דוד אביך 2 Kön 2o,5; Jes 38,5;
    2 Chron 21,12; 2. אני יהוה אלהי אברהם אביך ואלהי יצחק Gen 28,13; wobei
    möglicherweise - aufgrund der formalen Ungleichgewichtigkeit - ואלהי
    יצחק als ein sekundärer Zusatz zu verstehen ist; 3. פחד אביו יצחק Gen
    31,53; 4. אלהי אבי אברהם ואלהי אבי יצחק Gen 32,1o; 5. אלהי אביו יצחק
    Gen 46,1; 6. יהוה אלהי ישראל אבינו 1 Chron 29,1o.

25 Vgl. auch H. SEEBASS, BZAW 98, 5o.

meines/deines/seines/eures/ihres Vaters" nicht eo ipso bedeutungsgleich ist
mit der Wendung "Gott deines Vaters Abraham/Abrahams" o.ä., was besonders
deutlich an jenen beiden Stellen hervortritt, wo die ursprünglich namenlose
"Vatergott-Formel" eine redaktionelle Ergänzung durch die mit Eigenname gebildete Wendung erfahren hat.

Der Gebrauch der Wendung "Gott deines Vaters" in Ex 3,6 ist stark formelhaft geprägt. Offenkundig hat E hier eine in der Tradition schon vorgefundene Formel aufgenommen [26]. Wie die altorientalischen Parallelbildungen zur
"Vatergott-Formel" zeigen, ist damit nicht eine besondere Gottheit gemeint,
sondern handelt es sich um Beinamen oder Näherbestimmungen einer sonst bekannten Gottheit, die dadurch als der persönliche Schutzgott des Verehrers
bzw. einer Gruppe von Verehrern angesehen wurde [27]. Der Sinn der Rezeption
einer weit verbreiteten Formel durch den Elohisten in Ex 3,6aα läge dann
darin, den sich dem Mose kundtuenden Gott als den persönlichen Schutzgott
des Mose vorzustellen. Diese Sicht wird nicht nur vom engeren Textzusammenhang der "Moseberufung" bestätigt (vgl. hier die die Einheit abschließende
"Beistandszusage"), sondern auch von Gen 46,3 her, wo die nächste Parallele
zum Gebrauch der "Vatergott-Formel" in Ex 3,6aα vorliegt.

Ebenso wie in Ex 3,6aα ist auch in Gen 46,3 die "Vatergott-Formel" in den
umfassenderen Formzusammenhang der "Selbstpräsentation" der Gottheit integriert [28]. Bezeichnenderweise tut sich die Gottheit dabei nicht einfach als
"Gott deines Vaters" kund. Vielmehr steht diese Wendung hier als Apposition
zu dem Gottesnamen El. Damit ist ausgesagt, daß die sich dem Jakob gegenüber kundtuende Gottheit der Hochgott El ist, der sich dabei zugleich als
der persönliche Schutzgott des Jakob bezeichnet. Durch die in Gen 46,3 auf
die "Vatergott-Formel" unmittelbar folgende "Ermutigungsformel" אל תירא [29]

---

26 Vgl. auch, obschon aus anderen Gründen, W. RICHTER, FRLANT lo1, 111.

27 Vgl. dazu jetzt vor allem H. VORLÄNDER, AOAT 23 (1975).

28 Diese Verbindung von "Vatergott-Formel" und "Selbstpräsentation" der
    Gottheit findet sich zwar auch noch in Gen 26,24 und 28,13. Doch unter-
    scheiden sich diese beiden Belege insofern von Gen 46,3 und Ex 3,4b*+
    6aα, als hier gerade nicht die Form der "Vatergott-Formel" vom Typ
    "Elohim + Vater" gebraucht ist, sondern die mit dem Eigennamen gebildete
    Form. Zudem sind sowohl Gen 26,24 als auch Gen 28,13 jünger als Gen 46,3
    und Ex 3,6aα, was u.a. auch die formale Differenz erklärt.

29 Zur"Ermutigungsformel" vgl. zuletzt N. KIRST, Formkritische Untersu-
    chung zum Zuspruch "Fürchte dich nicht!" im Alten Testament, Diss. Ham-
    burg 1968 und H.-P. STÄHLI, Art. ירא, THAT I, 1971, 761-778 (771-774).

mit nachfolgendem Infinitiv (Herabziehen nach Ägypten) wird die "Vatergott-Formel" inhaltlich expliziert als Bewahrung des Jakob auf dem Weg nach Ägypten, womit betont die schützende Funktion der Gottheit hervorgehoben wird [30].

Wenn die elohistische Geschichtsdarstellung in Ex 3,6aα sich die Gottheit mit der "Vatergott-Formel" vorstellen läßt, dann will sie damit ganz offensichtlich an Gen 46,3 anknüpfen. Dieser Zusammenhang wird noch dadurch unterstrichen, daß in beiden Texteinheiten die literarische Form der Gesprächseröffnung den Eingang bildet [31]. Damit soll im Sinne des Elohisten eine thematische Querverbindung zwischen der Selbstvorstellung Elohims gegenüber Jakob (Gen 46[*]) und Mose (Ex 3[*]) hergestellt werden. Diese wechselseitige Bezugnahme wird noch auf eine andere Weise herausgestellt. Sowohl in Gen 46,3 als auch in Ex 3,6aα.9[*].1o[*] steht die "Vatergott-Formel" in unmittelbarem Zusammenhang mit dem Thema Ägypten. In Gen 46,3 wird Jakob der besondere Schutz für das Herabziehen nach Ägypten (ירד מצרימה) angesagt. Genau auf dieses Moment des Schutzes rekurriert E bei der Verwendung der "Vatergott-Formel" in Ex 3,6aα. Wie Elohim Jakob zum Herabziehen nach Ägypten geschützt hat, so läßt er auch den Mose schützen, wenn er die Söhne Israels aus Ägypten herausführt (הוציא ממצרים). Auch hier bleibt zu beachten, daß die wechselseitige Beziehung von Gen 46,3 und Ex 3,6aα nicht punktuell ansetzt, sondern in dem konkreten Text auf den ganzen jeweiligen Textzusammenhang der Jakob- und Israel/Mose-Geschichte anspielt [32].

---

30 Der Zusammenhang von "Vatergott-Formel" und Schutzgewährung durch die Gottheit für den Verehrer wird auch sonst mehrfach betont, so etwa in Gen 26,24 (אל תירא כי אתך אנכי) und 31,5 (אלהי אבי היה עמדי) sowie Ex 15,2 (die "Vatergott-Formel" steht in Verbindung mit Worten wie זמרה ,עז und ישועה aus dem Wortfeld der Befreiung und Errettung) und 18,4 (auch hier ist das im Zusammenhang der "Vatergott-Formel" vorkommende Wortfeld - עזר und נצל - zu beachten).

31 Die Parallelität der beiden Erzählungseröffnungen in Gen 46,2+3 und Ex 3,4b*+6aα, die mit Hilfe der literarischen Form der Gesprächseröffnung und der "Selbstpräsentation" der Gottheit unter Verwendung der "Vatergott-Formel" erzielt wird, soll anhand der folgenden Synopse verdeutlicht werden (*Kursivdruck* zeigt wörtliche Übereinstimmungen):

Gen 46,2+3	Ex 3,4b*+6aα
Und es sprach *Elohim*	Und es rief *Elohim*
	und sprach:
Jakob, Jakob:	*Mose, Mose!*
Und er sprach:	*Und er sprach:*
Hier bin ich!	*Hier bin ich!*
Und er sprach:	*Und er sprach:*
Ich bin El, *der Gott deines Vaters.*	*Ich bin der Gott deines Vaters.*

2.3 Schilderung der Not

Die Not der Israel-Söhne in Ägypten ist in zwei parallel gefügten Aussagen berichtet. Die Wendung צעקה באה אל begegnet neben Ex 3,9a[*] nur noch in Gen 18,21 und 1 Sam 9,16. Für Gen 18,21 ist wahrscheinlich eine Abhängigkeit von Ex 3,9a anzunehmen, da Gen 18,21 jünger als E ist und wohl auf die Hand des Jehowisten zurückgeht. Eine Abhängigkeit von Ex 3,9a ist wahrscheinlich auch für 1 Sam 9,16 anzunehmen. Der Abschnitt 1 Sam 9,15-18a kann kaum als ein ursprünglicher Bestandteil der in 1 Sam 9,1-1o,16 überlieferten Geschichte verstanden werden [33].

Auf den redaktionellen Charakter von 1 Sam 9,15-18a weisen verschiedene Beobachtungsreihen hin. Auffällig ist zunächst die Doppelung der Aussagen in 1 Sam 9,14b und 18a, so daß 1 Sam 9,18a geradezu als eine sachliche, wenn auch nicht wörtliche Wiederaufnahme von 1 Sam 9,14b zu verstehen ist [34]. Zur andern ist 1 Sam 9,15-18a nur locker in den Erzählzusammenhang eingefügt. Zu beachten ist hier außerdem vor allem die Inversion von 1 Sam 9,15 (ויהוה גלה), mit deren Hilfe hier eine Nachholung eingeschaltet wird [35]. Doch läßt eine "Nachholung" noch nicht unbedingt auf einen sekundären Einschub schlie-ßen, zumal dann nicht, wenn eine solche "Nachholung" von der Gesamterzählung her nicht entbehrt werden kann [36]. Eine solche zwingende Notwendigkeit der "Nachholung" 1 Sam 9,15-17 für das Verständnis des nachfolgend Erzählten kann im vorliegenden Fall nicht geltend gemacht werden. Schwerwiegender ist jedoch eine andere Beobachtung. In 1 Sam 9,14b finden sich zwei partizipiale Nominalsätze, von denen der zweite durch die deiktische Partikel הנה eingeleitet ist. In diesen beiden partizipialen NS treten sich erstmals in der Geschichte Saul und Samuel - unvermittelt - gegenüber. Die erzählerische Fortführung dieses unvermittelten Zusammentreffens liegt in 1 Sam 9, 18b vor, so daß durch die "Nachholung" 1 Sam 9,15-17 (18a) der unmittelbare

---

32 Auf diesen Zusammenhang wird noch bei der Analyse der "Beistandszusage" in Ex 3,12aα einzugehen sein.

33 So auch noch W. RICHTER, FRLANT 1o1, 29.34-36; anders jedoch T. VEIJOLA AASF B 198, 74f.

34 Die Doppelung hat auch A. SCHULZ, Erzählkunst in den Samuel-Büchern, BZFr 6/7, Münster 1923, 11 beobachtet, ohne aber 1 Sam 9,15-18a als späteren Zusatz zu verstehen. - Zum Stilmittel der Wiederaufnahme vgl. C. KUHL, Die "Wiederaufnahme" - ein literarkritisches Prinzip?, ZAW 64 (1952) 1-11.

35 Zum Stilmittel der "Nachholung" vgl. vor allem A. LÄMMERT, Bauformen des Erzählens, Stuttgart ³1968, 112-128. - Innerhalb der alttestamentlichen Literatur können "Nachholungen" nur dann als ein ursprüngliches litera-risches Stilmittel verstanden werden, wenn sie bruchlos in den Erzähl-vorgang integriert sind und *notwendige Informationen* zum Verständnis des im weiteren Erzählten enthalten. Häufig sind "Nachholungen" jedoch ein Hinweis auf redaktionelle Bearbeitungsvorgänge.

36 Hier wären etwa die auf eine Reihe von Toledot-Formeln von P[g] folgenden "Nachholungen" zu nennen (vgl. etwa Gen 11,27; 25,19; 36,1a+2a); vgl. dazu P. WEIMAR, BZ NF 18 (1974) 81-83.

erzählerische Zusammenhang von 1 Sam 9,14b und 18b genau in der Mitte zerstört wird. Zudem ist das unmittelbare Nacheinander von partizipialem NS
(1 Sam 9,14b) (zweimal) und invertiertem Verbalsatz der Form *x-qatal* (1 Sam
9,15), durch die jeweils - wenn auch auf verschiedenen Ebenen - die Handlungskette durchbrochen wird, mehr als auffällig. Es gibt demnach eine Reihe
von Gründen dafür, 1 Sam 9,15-18a als einen redaktionellen Einschub zu verstehen.

Der redaktionelle Einschub 1 Sam 9,15-18 ist stark formelhaft geprägt. Das
gilt vor allem für die nachgeholt mitgeteilte Jahwerede in 1 Sam 9,16. Die
erste Hälfte der Jahwerede besteht dabei aus drei Aussagesätzen, deren Verben (*x-yiqtol + qatal-x* [zweimal]) den Aspekt der gewissen Zukunft signalisieren. Eröffnet wird die Rede Jahwes mit einer vom vorliegenden Textzusammenhang her bedingten Variante der "Sendungsformel" [37]. An sie schließt
sich eine weitere Formel an, die Nagid-Salbungs-Formel [38]. Ebenfalls mit
einer Formel ("Retterformel" [39]) ist die dritte Aussage gebildet. Abgeschlossen wird die Reihe der drei Aussagen durch zwei Begründungen, die jeweils
mit כי eingeleitet sind und Feststellungen enthalten. Zu beachten ist dabei,
daß die beiden Begründungssätze nicht auf einer Ebene liegen, sondern daß
der zweite כי-Satz der Begründung des ersten כי-Satzes dient, was durch ihre asyndetische Verbindung angezeigt ist. Damit erweist sich die Gottesrede
in 1 Sam 9,16 als eine stilistisch sehr sorgfältig durchkonstruierte literarische Einheit. Sie nimmt ihren Einsatz bei Jahwe, der zu Samuel einen
nicht näher bezeichneten Mann aus dem Lande Benjamin sendet. Mit der zweiten Aussage wechselt das Subjekt von Jahwe zu Samuel, dem die Salbung des
unbekannten Benjaminiten zum Nagid über Israel aufgetragen ist. Mit erneu-
tem Subjektwechsel von Samuel zu Saul wird die Bestimmung die Saul ("Retter
des Jahwe-Volkes aus der Hand der Philister") umschrieben. Die beiden nachfolgenden Begründungen führen wieder zu Jahwe zurück. Die erste Begründung
sieht die Einsetzung des Saul zum "Retter" in dem gnädigen Ansehen des Jahwe-Volkes durch Jahwe begründet [40], während die zweite Begründung dieses
Eingreifen Jahwes wiederum darauf zurückführt, daß der Hilfeschrei Israels
zu Jahwe gekommen ist. Im Zentrum der Jahwerede 1 Sam 9,16 steht somit ganz
eindeutig die Bestimmung Sauls zum Retter über Israel. Auf eine doppelte
Weise wird dabei seine Beauftragung durch Jahwe herausgestellt, einmal durch
die voraufliegende Ansage von der Sendung und Salbung und zum anderen durch

---

37 Zur "Sendungsformel" vgl. W. RICHTER, FRLANT lo1, 156-158, wo auch 1
    Sam 9,16 kurz besprochen wird.

38 Zur Nagid-Formel vgl. W. RICHTER, *nāgīd*-Formel. Ein Beitrag zur Erhel-
    lung des *nāgīd*-Problems, BZ NF 9 (1965) 71-84 sowie C. WESTERMANN, Art.
    נגד, THAT II, 1976, 31-37 (34-35).

39 Zur "Retterformel" vgl. W. RICHTER, BBB 18, 149-151.215-216 und ders.,
    FRLANT lo1, 158-166.

4o In 1 Sam 9,16 wird meist ראיתי את עמי (MT) nach G oder Targum korri-
    giert (vgl. die Zusammenstellung der Belege bei W. RICHTER, FRLANT lo1,
    35 Anm. 17). Doch verkennt eine solche Korrektur, daß die beiden Be-
    gründungssätze in 1 Sam 9,16b nicht auf einer Ebene liegen. Wenn dem-
    nach in 1 Sam 9,16 von einem Ansehen der Israel-Söhne gesprochen wird,
    dann führt das deutlich über das Ansehen der Not hinaus und umfaßt auch
    den Aspekt des schon erfolgten tathaften Eingreifens Gottes für sein
    Volk (vgl. in diesem Zusammenhang auch die verwandte Wendung in Ex 2,
    25a P^g).

die nachfolgende doppelte Begründung des rettenden Eingreifens Jahwes. Damit erweist sich der redaktionelle Einschub - über die durch die Wendung צעקה באה אל angezeigte Verbindung hinaus - auch thematisch als mit der elohistischen Berufung des Mose zum Retter zusammenhängend.

Da 1 Sam 9,16 aus einer Reihe von formelhaften Wendungen zusammengesetzt ist, die zum Teil in literarisch freier Form verwandt sind, wird man damit zu rechnen haben, daß die geprägten Wendungen in 1 Sam 9,16 hier nicht erstmals geprägt wurden, sondern aus älteren Texten rezipiert wurden [41]. Für die Wendung צעקה באה אל in 1 Sam 9,16b würde das aber bedeuten, daß der Gebrauch der Wendung in 1 Sam 9,16 nicht darin begründet liegt, daß hier der gleiche Kontext der "Berufung" vorliegt [42]. Vielmehr ist ein literarischer Zusammenhang anzunehmen, so daß die Wendung צעקה באה אל in 1 Sam 9,16 als Zitat aus Ex 3,9* zu verstehen ist [43]. Das wird durch eine weitere Beobachtung bestätigt. Die - wenn auch punktuellen - literarkritischen Beobachtungen zu 1 Sam 9,1-1o,16 haben deutlich machen können, daß diese Texteinheit nicht von vornherein als eine "Berufungsgeschichte" konzipiert gewesen ist, sondern dazu erst redaktionell ausgestaltet worden ist durch Eintragung von 1 Sam 9,15-18a sowie von 9,2o-21, so daß die Strukturierung von 1 Sam 9,1-1o,16 nach einem Schema der "Berufung" nicht als alt angesehen werden kann[44] Verantwortlich für die Neuakzentuierung der älteren Geschichte dürfte dabei - wie eine Untersuchung des Formelmaterials ergibt - DtrP sein [45]. Von daher

---

41 Vgl. in diesem Zusammenhang die breite Streuung der in 1 Sam 9,16 vorkommenden geprägten Wendungen und Formeln (Belege in der in Anm. 37-39 angegebenen Literatur).

42 So W. RICHTER, FRLANT 1o1, 48.112.

43 So T. VEIJOLA, AASF B 198, 74 Anm. 6.

44 Können nämlich 1 Sam 9,15-18a und 1 Sam 9,2o-21 (dazu vgl. W. RICHTER, FRLANT 1o1, 21.29) nicht der ursprünglichen Texteinheit zugerechnet werden, dann entfallen zugleich die wesentlichen "Formelemente", die für eine Qualifizierung der Texteinheit als "Berufungsgeschichte" sprechen (vgl. die Tabelle bei W. RICHTER, FRLANT 1o1, 5o.114.158). Zwar vermutet auch W. RICHTER, FRLANT 1o1, 44-45,52-53 hinter 1 Sam 9,1-1o,16 eine ältere Erzählung, deren Ziel das Auffinden der Eselinnen sei, doch lasse sich diese ältere Einheit nicht mit literarkritischen, sondern nur durch form- und gattungskritische Beobachtungen erschließen, wobei sich die dem Schema der "Berufung" zuzurechnenden Formeln und Wendungen nur in den Erweiterungen der Grundschicht finden.

45 Vgl. in diesem Zusammenhang die entsprechenden Überlegungen von W. DIETRICH, FRLANT 1o8, 86 zur Verbindung des Nagid-Titels mit על עמי ישראל sowie T. VEIJOLA, AASF B 198, 73-76.

muß dann die Wendung "der Hilfeschrei der Söhne Israels ist zu mir gekommen" in Ex 3,9[*] als eine Prägung des Elohisten verstanden werden. Sie ist
innerhalb des elohistischen Werkes nur in Bezug auf die Not Israels in
Ägypten gebraucht.

Auch die in Parallele zu der Aussage in Ex 3,9a[*] stehende Notschilderung in
Ex 3,9b[*] "gesehen auch habe ich die Bedrückung, mit der die Ägypter sie unterdrücken" begegnet innerhalb der elohistischen Geschichtsdarstellung nur
an der vorliegenden Stelle. Auf die gleiche Situation - die Not Israels in
Ägypten - ist die Wendung in Dtn 26,7 innerhalb des "kleinen geschichtlichen Credos" bezogen, wobei hier aber schon eine Kontamination der entsprechenden jahwistischen und elohistischen Wendung in Ex 3,7[*] und 3,9b vorliegt. Außerdem begegnet die Wendung ראה את את לחץ ישראל mit Jahwe als Subjekt
noch in 2 Kön 13,4, und zwar in Beziehung auf die Bedrückung durch die Aramäer, wobei die Nähe dieser Stelle zu Ex 3,9b zusätzlich noch dadurch unterstrichen wird, daß in 2 Kön 13,4 die Wendung vom "Sehen der Bedrückung
Israels" durch einen begründenden כי-Satz ergänzt ist, in dem ebenso wie
in dem an das Objekt את הלחץ in Ex 3,9b angefügten Relativsatz die Basis
לחץ als Verbum wieder aufgenommen ist. Die Notiz in 2 Kön 13,4 ist dabei
insofern bezeichnend, als die Wendung vom "Sehen der Bedrückung durch Jahwe"
hier in Verbindung steht mit der Vorstellung der Erweckung eines Retters
(מושיע), der Israel aus der Hand Arams "herausführen" (יצא) soll (2 Kön 13,
5). Literarisch ist 2 Kön 13,4-6 als ein zwischen 2 Kön 13,3 und 7 eingefügter Einschub zu verstehen, der auf die Hand von DtrN zurückgeht [46].

Neben dem Nomen לחץ ist aber auch das Verbum der gleichen Basis zu berücksichtigen. Es begegnet vor allem in Bezug auf die Bedrückung durch die
Feinde Israels. Beliebt ist das Verbum in diesem Zusammenhang vor allem in
der deuteronomistischen Literatur [47], sodann in einer Reihe exilischer bzw.
nachexilischer Texte [48]. Wichtig sind dabei vor allem jene Belege, in denen

---

46 Vgl. dazu W. DIETRICH, FRLANT 1o8, 34 Anm. 51.

47 Ri 2,18; 4,3; 6,9; 1o,12; 1 Sam 1o,18; 2 Kön 13,4.22; vgl. auch noch Ri
    1,34. - Vgl. auch die Zusammenstellung der Belege bei T. VEIJOLA, AASF
    B 198, 42.

48 Aus der Exiliszeit stammt wahrscheinlich Jer 3o,2o. Als nachexilisch
    sind anzusehen Jes 19,2o (vgl. dazu O. KAISER, Der Prophet Jesaja. Kapitel 13-39, ATD 18, Göttingen 1973, 86) und Amos 6,14 (der Einzelnachweis soll an anderer Stelle gegeben werden) sowie Ps 1o6,42 (dazu H.J.
    KRAUS, Psalmen II, BK XV/2, ³1966, 727f).

das Verbum in Verbindung mit der Rettervorstellung begegnet. Entweder ist
es Jahwe selbst, der Israel aus der Hand seiner Feinde, die es bedrücken,
errettet [49], oder er läßt einen Retter erstehen, der das Volk retten soll [50]
Wichtig sind dabei im vorliegenden Zusammenhang vor allem die beiden miteinander verwandten Stellen Ri 6,8-9 und 1 Sam 1o,18, die beide auf die
Hand von DtrN zurückgehen [51]. In beiden Fällen wird der Rückblick auf Jahwes
Handeln mit dem Hinweis auf die Heraufführung aus Ägypten eingeleitet. Im
Anschluß daran wird noch einmal eigens das Rettungshandeln Jahwes hervorgehoben, das dann nicht mehr nur die Ägypter nennt, sondern zugleich generali-
sierend auch alle jene einbezieht, die Israel auch sonst noch bedrängt haben, wobei hier Ägypter und "Bedränger" zueinander in Parallele gesetzt werden. Es zeigt sich damit, daß gerade in der deuteronomistischen Überlieferung die Vorstellung der Bedrückung in Ägypten oder durch die Feinde allgemein im Kontext von Befreiung und Errettung begegnet, wobei vor allem Jahwe
als der wahre und eigentliche Helfer und Erretter seines Volkes prädiziert
wird.

Zu der Schilderung der Notsituation gibt es somit innerhalb der elohistischen Geschichtsdarstellung keine Parallelen [52]. Solche finden sich nur außerhalb des Elohisten und dort vornehmlich in deuteronomistischen Redaktionen bzw. davon abhängiger Literatur aus exilischer/nachexilischer Zeit. Mehrfach begegnen dabei die in Ex 3,9 vorkommenden Wendungen bzw. Vorstellungen
zur Schilderung der Notsituation des Volkes in Verbindung mit Aussagen, die
von der "Rettung" Israels vor den Feinden sprechen, sei es daß sich Jahwe
selbst als "Helfer" der Seinen bewährt, sei es daß er einen "Retter" erstehen läßt. Allem Anschein nach sind die in Ex 3,9 vorkommenden Wendungen
vom Elohisten selbst geprägt. Ein intensives literarisches Leben haben sie
aber erst innerhalb der deuteronomistischen Literatur entfaltet.

---

49 Ri 2,18 (DtrG); 6,9 (DtrN); 1o,12 (DtrN); 1 Sam 1o,18 (DtrN); Ps 1o6,42.
    Als Verben für "erretten" werden dabei gebraucht ישע H-Stamm (Ri 2,18;
    1o,12) und נצל H-Stamm (Ri 6,9; 1 Sam 1o,18; Ps 1o6,43).

5o 2 Kön 13,4 (DtrN) und Jes 19,2o. In beiden Fällen wird der Retter als
    מושיע bezeichnet.

51 Zur Zuweisung von Ri 6,8-9 und 1 Sam 1o,18 an DtrN vgl. W. DIETRICH,
    FRLANT 1o8, 132 Anm. 95 und T. VEIJOLA, AASF B 198, 43-44.

52 Dieses Ergebnis entspricht dem Befund bei J, wo die Notschilderung in
    Ex 3,7* ebenfalls ohne Parallelen innerhalb des jahwistischen Werkes
    geblieben ist.

2.4 Auftrag

Im Anschluß an die Notschilderung erhält Mose einen doppelten Auftrag, wobei der Akzent auf der zweiten Hälfte des Auftrages liegt. Im Gegensatz zum Jahwisten handelt es sich dabei nicht um einen Auftrag zur Rede, sondern zum Tun, was konsequenterweise auch dem in der Notschilderung sich auftuenden Horizont der "Rettervorstellung" entspricht. Der erste Auftrag hat die Entsendung zum Pharao im Blick. Dabei ist die Formulierung der ersten Hälfte des Auftrags an Mose לך אל פרעה [53], die innerhalb des Elohisten keine Parallele hat, möglicherweise unter dem Einfluß des entsprechenden Imperativs in Ex 7,15aα[*] zu Beginn des zweiten Teils der jahwistischen Exodusgeschichte ("Plagen") entstanden. Sollte dies zutreffen, dann wäre darin möglicherweise ein versteckter Hinweis auf die elohistische Darstellung der Machttaten vor dem Pharao zu sehen [54].

Der zweite Auftrag an Mose in Ex 3,1ob[*] ist mit Hilfe der "Herausführungsformel" gebildet [55]. Im Unterschied zur Normalform der "Herausführungsfor-

---

53 Wahrscheinlich hat in Ex 3,1oa anstelle von לכה ursprünglich לך gestanden, wobei die Abänderung des Imperativs durch die redaktionelle Einfügung von ואשלחך durch Je bedingt ist (vgl. auch die gleiche Konstruktion in Gen 37,13). Für eine solche redaktionell bedingte Abänderung spricht auch der sonstige Gebrauch von לכה, dem fast immer ein weiteres Verbum folgt, wobei לכה die Funktion hat, das nachfolgende Verbum hervorzuheben. Dabei lassen sich die folgenden syntaktischen Verbindungen beobachten: 1. לכה + asyndetisch angeschlossene Präformativkonjugation (PK) 1. Pers.: Num 23,27; 24,14; 2. לכה + ו + PK: Gen 37,13; Ex 3,1o; 1 Sam 17,44; Koh 2,1; 3. לכה + asyndetisch angeschlossener Kohortativ (Plural): Gen 19,32; 31,44; 1 Sam 9,1o; 2 Sam 14,8; Spr 1,11; 7,18; Koh 7,12; 4. לכה + ו + Kohortativ (Plural): Ri 19,11; 1 Sam 9,5; 14,1.6; 2o,11; Neh 6,2.7; 5. לכה + ו + Afformativkonjugation: Num 1o,29; Ri 11, 6; 6. לכה + Imperativ: Num 22,7.11.17; 23,7 (2mal); 2 Kön 1o,16. - Nur in wenigen Fällen sind Ansätze zu einer eigenständigen verbalen Funktion belegt (1 Sam 17,44; 2 Kön 1o,16; Spr 1,11). Eigenständige Bedeutung hat der Imperativ לכה nur in Ps 8o,3, wobei aber zu beachten ist, daß die Form לכה anstelle von לך durch den Parallelismus bedingt ist. Im elohistischen Textbestand von Ex 3,1oa ist die Aufforderung, zum Pharao zu gehen, nicht nur Hinweis auf den zweiten Auftrag, sondern von eigenständiger Bedeutung, so daß hier eher ein ursprüngliches לך anstelle von לכה anzunehmen ist.

54 Diese Vermutung wird sich von der kompositions- und redaktionskritischen Analyse der elohistischen Exodusgeschichte her bestätigen.

55 Die Belege der "Herausführungsformel" sind übersichtlich zusammengestellt bei J.M.N. WIJNGARDS, Formulas, 23.

mel", in der Jahwe Subjekt der Aussage ist, wird hier von einer Herausführung durch Mose gesprochen. Ex 3,1o und 11, wo die Aussage von Ex 3,1o zitierend wieder aufgenommen wird, sind die ältesten Belege für die Vorstellung einer Herausführung durch Mose. Sie hängt zweifelsohne mit der Stilisierung des Mose als "Retter" bei E zusammen [56]. Nach E findet sich diese Vorstellung erst wieder in Dtn 9,12. Noch jüngeren Ursprungs sind jene Belege, die von einer Herausführung durch Mose und Aaron sprechen. Auf DtrN geht dabei 1 Sam 12,8 zurück [57], während Ex 6,13.26.27 aus der Hand von R^P stammen [58]. Ebenfalls auf R^P geht Ex 3,12b zurück, wo aber im Unterschied zu Ex 6,13.26.27 nicht Mose und Aaron, sondern im Anschluß an Ex 3,1o und 11 nur Mose als der Herausführende genannt ist [59].

Im Gegensatz zu dem Auftrag an Mose in Ex 3,1oa*, zum Pharao zu gehen, hat der zweite Auftrag an Mose in Ex 3,1ob*, die Israel-Söhne aus Ägypten herauszuführen, innerhalb der elohistischen Geschichtsdarstellung noch eine Entsprechung, wo dann auch eine Zielangabe angefügt ist, die in Ex 3,1ob fehlt. Die mit Ex 3,1o korrespondierende Notiz liegt in Ex 19,17a*vor (ויצא משה את העם לקראת האלהים). Ex 19,17a* ist als Ausführungsbericht zu Ex 3,1ob* zu verstehen. Deutlich ist die Ausführungsnotiz dabei nicht am geschichtlichen Ablauf des Dargestellten interessiert, sondern einzig an der theologischen Perspektive des Geschehens. Bezeichnenderweise wird als Ziel der Herausführung durch Mose - im Unterschied zum Jahwisten - nicht das Land, sondern Elohim selbst genannt, worin sich der veränderte theologische Standpunkt von E gegenüber J verrät.

---

56 Vgl. in diesem Zusammenhang nochmals die Notiz in 2 Kön 13,5 (DtrN), in der die Vorstellung von der Erweckung eines "Retters" (מושיע) gleichfalls mit der Vorstellung des "Herausziehens" (יצא) verbunden ist, wobei nach MT (anders G, wonach meist korrigiert wird) das Herausziehen nicht als Tat des "Retters", sondern als Folge seiner Installation durch Jahwe beschrieben ist.

57 Zur Zuweisung von 1 Sam 12 an DtrN vgl. T. VEIJOLA, AASF B 198, 83-99.

58 Zur literarkritischen Analyse und redaktionskritischen Zuweisung von Ex 6,13-27 vgl. Kap. I Anm. 3.

59 Diese Differenz im Gebrauch der "Herausführungsformel" bei R^P erklärt sich daher, daß die Gestalt des Aaron von R^P erst mit Ex 4,14 in die Erzählung eingeführt wird.

2.5 "Einwand" und Beistandszusage

In der Reaktion des Mose auf den Auftrag Jahwes wird dieser zitierend nochmals in den von der eigentlichen Frage מי אנכי abhängigen כי-Sätzen aufgenommen. Der Charakter der Reaktion des Mose wird bestimmt durch den Zusammenhang der einleitenden nominalen Frage מי אנכי und der davon abhängigen
beiden כי-Sätze. Wird dieser Zusammenhang beachtet, dann kann Ex 3,11 auch
nicht, wie es gemeinhin geschieht, als ein Einwand verstanden werden, sondern als eine Frage, die sich auf die in dem Auftrag Jahwes geschehende Heraushebung der eigenen Person bezieht. Zum gleichen Schluß führt auch eine
Analyse der strukturverwandten Fragen zu Ex 3,11 [60].

Eine erste Parallele zur Frage מי אנכי + כי-Sätze findet sich in 1 Sam 18,
18 [61]. David reagiert auf das Angebot des Saul, ihm seine älteste Tochter
zur Frau zu geben, wenn er nur die "Kriege Jahwes" führe (1 Sam 18,17a), mit
der gleichen Frage מי אנכי wie Mose in Ex 3,11. Sie ist dabei noch durch eine zweite Frage mit einleitendem מי ergänzt, worauf dann ein כי-Satz folgt,
der nochmals auf den Inhalt des Angebotes Sauls in 1 Sam 18,17a Bezug nimmt.
Aus dem Erzählzusammenhang in 1 Sam 18,17-19* geht mit ausreichender Klarheit hervor, daß die Frage des David nicht als ein Einwand zu verstehen ist,
sondern als eine rhetorische Frage, die unter Hinweis auf die eigene Nich-
tigkeit gerade die herausgehobene Stellung betonen will, die er durch das
Angebot des Saul erhalten hat.

Eine zweite Parallele zum "Einwand" des Mose in Ex 3,11 liegt vor im Gebet
des David vor Jahwe in 2 Sam 7,18 (vgl. auch 1 Chron 17,16 und 29,14).
Wiederum steht hier einleitend - wie in Ex 3,11 und 1 Sam 18,18 - die Frage
מי אנכי. Wie in 1 Sam 18,18 ist diese einleitende Frage durch eine zweite
Frage ergänzt, die sich auf das "Haus" Davids bezieht und damit schon auf
die an David ergangene Verheißung anspielt. Auch hier wird die Frage wiederum durch einen כי-Satz abgeschlossen, der mit Hilfe einer allgemeinen Wen-

---

60 Auf diesen Zusammenhang hat erstmals B. JACOB, MGWJ 66, 1922, 26 hingewiesen. - Eine Zusammenstellung der mit Ex 3,11 vergleichbaren Wendungen findet sich bei J. LANDE, Formelhafte Wendungen der Umgangssprache
   im Alten Testament, Leiden 1949, 1o2 und G.W. COATS, Self-Abasement and
   Insult-Formulas, JBL 89 (197o) 14-26 sowie W.H. SCHMIDT, BK II/2, 126.

61 Auf diese Parallele hat auch W. RICHTER, FRLANT 1o1, 113.146 hingewiesen.

dung auf die Jahwe-Verheißung Bezug nimmt. Daß auch diese Frage Davids nicht als ein "Einwand" gegen die Verheißung Jahwes für den ewigen Beistand des Hauses und des Königtums Davids zu verstehen ist, sondern gerade umgekehrt die besondere Würde Davids hervorkehrt, die er in den Verheißungen Jahwes erfahren durfte, ergibt sich aus dem Erzählduktus in 2 Sam 7 unzweifelhaft (vgl. auch 2 Chron 2,5) [62].

Mit diesen Vergleichstexten wird aber zugleich auch der Horizont der Frage des Mose in Ex 3,11 angegeben. Die Frage des Mose ist vor dem Hintergrund der angeführten Belege als eine "Demutsäußerung" zu verstehen, worin zugleich die unverdient erfahrene eigene Auszeichnung reflektiert wird. Ein gewisser Unterschied zu den genannten Vergleichstexten liegt darin, daß in 1 Sam 18,18 und 2 Sam 7,18 (sowie Parallelen) David mit der Frage מי אנכי auf ein Versprechen Sauls (1 Sam 18,18) bzw. auf eine Zusage Jahwes (2 Sam 7,18 parr) reagiert, während in Ex 3,11 die Frage des Mose sich auf einen Auftrag Jahwes an ihn bezieht. Dennoch macht diese Differenz zu den zum Vergleich herangezogenen Belegen für die Frage des Mose in Ex 3,11 keinen wesentlichen Unterschied, so daß sich von daher auch für die Funktionsbestimmung der Frage מי אנכי keine neuen Aspekte ergeben.

Zu beachten ist die enge Verbindung der rhetorischen Frage מי אנכי gerade mit David. Möglicherweise liegt hier der (negative) Bezugspunkt für den "Einwand" des Mose in Ex 3,11 (E). Ebenfalls in Verbindung mit David steht der Gebrauch der mit der Fragepartikel מי und folgendem Personalpronomen/ Eigennamen gebildeten Frage in 1 Sam 25,1o und 26,14, die als polemisch-ironische Infragestellung des Anspruchs des so angeredeten David zu verstehen ist. Außer in den David-Geschichten kommt diese Form der Wer-Frage, die den Anspruch des darin Angesprochenen bestreiten soll, nochmals in der Geschichte vom Sieg Abimelechs über Gaal in Ri 9,26-4o vor, wo die polemische Frage "Wer ist Abimelech?" zweimal begegnet, einmal am Ende der ersten Szene im Munde Gaals (Ri 9,28) und sodann noch einmal am Ende der dritten Szene im Munde Sebuls (Ri 9,38), jetzt in bewußter Antithese zur spöttischen Frage Gaals in Ri 9,28 [63]. Daß die Vergleichstexte zur Frage des Mose in Ex 3,9

---

62 Zu vergleichen ist die mit der Fragepartikel מה gebildete rhetorische Frage des Merib-Baal in 2 Sam 9,8, die gleichfalls mit einem כי-Satz weitergeführt ist, der auf den Gnadenerweis Davids (2 Sam 9,7) Bezug nimmt.

63 Zur Analyse vgl. W. RICHTER, BBB 18, 261-262.266-271.388-389 sowie E. ZENGER, Methoden, 115.122-123.131.

sich gerade auf die David-Geschichten sowie auf die Geschichte vom Sieg Abimelechs über Gaal in Ri 9,26-4o beschränken [64], deutet möglicherweise die Zielrichtung an, die der Elohist mit der Geschichte von der "Berufung" des Mose in Ex 3 verfolgt.

Zu beachten ist in diesem Zusammenhang auch die Antwort Elohims in Ex 3,12aα, in der Gott dem Mose seinen Beistand zusichert (כי אהיה עמך). Die hier gebrauchte, relativ häufig begegnende "Beistandsformel" [65] begegnet auffällig gedrängt in den Geschichten vom Aufstieg und der Thronfolge Davids [66], also genau in jenem Bereich, in dem auch die rhetorische Frage מי אנכי schwerpunktmäßig vorkommt. Das läßt vermuten, daß zwischen dem Gebrauch der rhetorischen Frage מי אנכי und der "Beistandsformel" ein Zusammenhang bestehen muß.

Einen Rückhalt findet diese These von einem (antithetischen) Zusammenhang beider formelhaften Wendungen dadurch, daß die "Beistandsformel" jeweils in unmittelbarem Zusammenhang mit der Frage מי אנכי in 1 Sam 18,18 und 2 Sam 7, 18 steht. So wird in der in der Szene 1 Sam 18,17a+18-19 unmittelbar voraufgehenden Szene 1 Sam 18,12-14 gleich zweimal das Mit-Sein Jahwes mit David konstatiert (1 Sam 18,12 und 14). Während in 1 Sam 18,12 der Gegensatz zu Saul hervorgehoben wird, betont 1 Sam 18,14 gerade den Zusammenhang mit den Erfolgen im Krieg, worin zugleich das verbindende Element zu 1 Sam 18,17-19 liegt. Ein ähnlicher Zusammenhang läßt sich auch für 2 Sam 7,18 beobachten, wo in 2 Sam 7,3 und 9 zweimal die "Beistandsformel" aufgenommen ist [67].

Eine weitere Beobachtung weist in die gleiche Richtung. Die nächste Parallele zur "Beistandsformel" in Ex 3,12aα liegt in Ri 6,16a vor, da nur an diesen beiden Stellen die "Beistandsformel" in der Form כי אהיה עמך begegnet [68].

---

64 Die einzige Ausnahme ist 2 Chron 2,5, wo die Frage im Munde Salomos begegnet.

65 Zur "Beistandsformel" vgl. H.D. PREUSS, "... ich will mit dir sein!", ZAW 8o (1968) 139-173; ders., Art. את, ThWAT I, 1973, 485-5oo; W. RICHTER, FRLANT 1o1, 146-151; D. VETTER, Art. עם, THAT II (1976) 325-328.

66 Vgl. dazu nur die Übersicht bei W. RICHTER, FRLANT 1o1, 148-149.

67 Die schwierigen literarkritischen Probleme von 2 Sam 7 können und brauchen hier nicht diskutiert zu werden.

68 Die wörtliche Übereinstimmung im Gebrauch der "Beistandsformel" nur an diesen Stellen läßt vermuten, daß sie nicht unabhängig voneinander ent-

Nun findet sich innerhalb der kurzen Geschichte von der Berufung Gideons in
Ri 6,11b-17[*] die Beistandsformel neben Ri 6,16a noch zweimal, und zwar in
Ri 6,12 im Munde des Boten Jahwes als Zusage/Wunsch des Mit-Seins Jahwes
sowie in Ri 6,13 im Munde Gideons, wobei das Mit-Sein Jahwes zum Vorwurf
gegen Jahwe selbst gemacht wird. Innerhalb der Komposition des "Retterbuches"
in Ri 3-9[*] [69] fällt dabei gerade der Berufung des Gideon zum Retter im Kriege eine zentrale Rolle zu. Sie ist deutlich antithetisch dem in Ri 9 geschilderten Bestreben des Abimelech gegenübergestellt, die Königsgewalt zu
gewinnen [70]. Das Selbstverständnis Abimelechs tritt - wenn auch polemisch
verzerrt - in der Frage "Wer ist Abimelech?" hervor. Demnach stehen sich in
der Komposition des "Retterbuches" der Anspruch und das Selbstbewußtsein
eines Abimelech, das sich aus der eigenen Fähigkeit und dem eigenen Erfolg
herleitet, und der Anspruch und die Würde des "Retters" Gideon gegenüber,
dessen Stellung sich einzig und allein der Berufung zum "Retter" durch Jahwe
die die Zusage des göttliches Beistandes einschließt, verdankt.

Vor diesem Hintergrund ist die Beistandszusage in Ex 3,12aα als der Versuch
der Abwehr eines möglichen Mißverständnisses zu interpretieren, der sich
aufgrund der herausragenden Stellung des Mose vielleicht nahelegen könnte.
Im Gegensatz zu einem möglichen menschlichen Anspruch soll entschieden betont werden, daß trotz allem die Initiative allein bei Jahwe liegt und die
herausgehobene Stellung des Mose einzig und allein in der "Berufung" durch
Jahwe ihren Grund hat. Damit würden der "Einwand" des Mose und die Beistands
zusage Jahwes genau auf einer Ebene liegen wie die anderen Elemente der "Berufung" des Mose. Zugleich würde sich gerade hier - am Schluß der Einheit -
der aktuelle Bezugspunkt andeuten, aus dem heraus die elohistische Berufungsgeschichte verfaßt worden ist.

---

standen sind, sondern daß es sich bei einer der beiden Stellen um ein
Zitat der anderen handelt, wenn man nicht sogar an ein und denselben
Verfasser denken will.

69   Zur Konzeption eines vordeuteronomischen "Retterbuches" vgl. W. RICHTER,
      BBB 18, 319-343. Kritik an dieser Konzeption übt vorsichtig T. VEIJOLA,
      AASF B 198, 1o8 Anm. 36 in Bezug auf die Entstehungsgeschichte von Ri 9.

7o   Zur Stellung der Geschichte von der Berufung Gideons zum Retter inner-
      halb der Komposition vgl. W. RICHTER, BBB 18, 335-339.

Parallelen zur "Beistandsformel" liegen nun aber nicht nur außerhalb der elohistischen Geschichtsdarstellung vor, sondern auch in dieser selbst. Wie schon die Form der Gesprächseröffnung in Ex 3,4b[*] und vor allem die Selbstpräsentation Jahwes als Gott des Vaters in Ex 3,6aα weist auch die "Beistandsformel" in Ex 3,12aα auf die Jakobgeschichte. Erstmals begegnet die "Beistandsformel" innerhalb des elohistischen Werkes am Höhepunkt der "Bethel-Geschichte", mit der die dreiteilige Jakobgeschichte des Elohisten eröffnet wird [71]. In Gen 28,2o[*]+21 gelobt Jakob das folgende Gelübde: "Wenn

---

71 Ohne daß diese Auffassung hier näher begründet werden kann, hat die elohistische "Bethel-Geschichte" in Gen 28,1o-22 nur die wenigen Verse 28,1oaα* (nur יעקב ויצא).12.17.2oabα.21 umfaßt. Alles andere in Gen 28, 1o-22 muß demgegenüber als spätere redaktionelle Bearbeitung verstanden werden. Dabei sind mindestens zwei Redaktionsschichten anzunehmen. Einer ersten Redaktion, die als *jehowistisch* zu kennzeichnen ist, gehören Gen 28,1o* (ohne יעקב ויצא).11.13* (ohne וליצע).15.16.18.2obß.22a an. Der jehowistische Text ist sodann nochmals bearbeitet worden. Dieser Redaktionsschicht, in der die Hand von R[P] zu sehen ist (für Gen 28,14 vgl. schon P. WEIMAR, BZAW 146, 49 Anm. 145), sind Gen 28,13* (nur ולזרעך). 14.19.22b zuzurechnen. Die elohistische "Bethel-Geschichte" besteht aus drei szenischen Einheiten, ohne daß man hier von eigentlichen Szenen sprechen könnte. Die Geschichte setzt mit einer knappen erzählerischen Notiz vom "Herausgehen" (ויצא) Jakobs ein, womit zugleich ein Leitmotiv der elohistischen Jakobgeschichte genannt ist. Das erste szenische Element, dem einschließlich der knappen erzählerischen Einleitung Gen 28, 1oaα*+12 zuzurechnen ist, enthält das Referat eines Traumgesichtes Jakobs. Das zweite szenische Element (Gen 28,17) teilt die Reaktion des Jakob auf dieses Geschehen mit (Thema "Furcht" und "Haus Elohims"). Im dritten szenischen Element (Gen 28,2o*+21) folgt sodann abschließend das Referat eines Gelübdes des Jakob, dessen zentrales Element in Gen 28,21b steht. Formal besteht die Einheit fast ausschließlich aus Reden. Erzählerische Elemente sind auf das Notwendige beschränkt. Deutlich ist das Gefälle zum dritten szenischen Element hin zu beobachten. Das Geschehen der Texteinheit spielt sich zwischen Elohim und Jakob ab, wobei Elohim jedoch nicht aktiv handelnd in Erscheinung tritt. Immer wird nur Jakob als Subjekt des Geschehens genannt. Doch ist dabei eine Verschiebung der Handlungsebenen zu beobachten, wobei sich die Darstellung ganz auf die abschließende Aussage in Gen 28,2o*+21 zuspitzt. Während in Gen 28,1oaα+12 Jakob nur als ein - mehr passiver - Empfänger eines Traums genannt wird, tritt er in Gen 28,17 schon stärker agierend in den Vordergrund, obschon er auch hier nur auf den Traum durch Elohim reagiert. Erst in Gen 28,2o*+21 - am Höhepunkt der Texteinheit - ergreift er selbst die Initiative, so daß Elohim jetzt zum Adressaten des Geschehens wird.- Zur Analyse von Gen 28,1o-22 vgl. vor allem W. RICHTER, Das Gelübde als theologische Rahmung der Jakobsüberlieferung, BZ NF 11 (1967) 21-52 (42-52); G. FOHRER u.a., Exegese des Alten Testaments. Einführung in die Methodik (UTB 267), Heidelberg 1973, 172-221; M. OLIVA, Visión y voto de Jacob en Betel, EstBib 33 (1974) 117-155 (mit einer tabellarischen Übersicht über die bisherigen literarkritischen Lösungsversuche); A. DE PURY, Promesse divine et légende cultuelle dans le cycle de Jacob. Genèse 28 et les traditions patriarchales (Études Bibliques), Paris 1975;

Elohim mit mir ist (אם יהיה אלהים עמדי) und ich wohlbehalten in das Haus meines Vaters (אל בית אבי) zurückkehre, dann soll Jahwe mir Elohim sein (והיה יהוה לי לאלהים)". In der Protasis des Bedingungssatzes sind zwei Bedingungen genannt, eine allgemeine (Mit-Sein Jahwes) und eine konkrete, die die erste Bedingung expliziert. Die Apodosis, die mit והיה eingeleitet ist und damit den Aspekt der sicheren Zukunft zum Ausdruck bringt, enthält die Ansage des besonderen Gottesverhältnisses, in dem Jakob zu Jahwe steht. Das Gelübde des Jakob in Gen 28,2o*+21 ist in der Komposition des Elohisten von zentraler Bedeutung, insofern hier erstmals in einer selbständigen erzählerischen Funktion der Jahwename aufgenommen ist [72], auch wenn der Jahwename die bei E übliche Gottesbezeichnung Elohim erst mit der Geschichte von den Machttaten vor dem Pharao ersetzt, was aber wohl mit der erzählerischen Systematik der elohistischen Geschichtsdarstellung zusammenhängt [73]. Mit

---

R. COUFFIGNAL, Le songe de Jacob. Approches nouvelles de Genèse 28,1o-22, Bb 58 (1977) 342-36o; C. HOUTMAN, What did Jacob see in his Dream at Bethel? Some remarks on Gen XXVIII 1o-22, VT 27 (1977) 337-351.

72 Im allgemeinen wird die Einführung des Jahwenamens als das Ziel der Mose-"Berufung" bei E angesehen (vgl. dazu zuletzt W. RICHTER, FRLANT 1o1 1o8-1o9 und W.H. SCHMIDT, BK II/2, 134-135). Doch gründet diese Auffassung in der Zuordnung von Ex 3,13-15 zu E, was aber, wie eine literarkritische Analyse deutlich machen kann, nicht möglich ist (vgl. dazu jetzt auch R. SMEND, Die Entstehung des Alten Testaments (Theologische Wissenschaft 1) , Stuttgart 1978, 65). Da aber E auf der anderen Seite mit Beginn der Geschichte von den "Machttaten" vor dem Pharao anstelle von Elohim durchgehend - ausgenommen Ex 19,17a* und 2o,2oa - den Gottes namen Jahwe gebraucht, muß er diesen zuvor in den Erzählzusammenhang eingeführt haben. Das geschieht nun gerade in Gen 28,2o*+21, wobei die Verbindung mit der "Beistandsformel" zugleich den besonderen Aspekt her vortreten läßt, den der Elohist mit der Nennung des Jahwe-Namens verbin det. Aber auch Gen 28,21 ist nicht als eine völlige Neueinführung des Jahwenamens zu verstehen, sondern will vorrangig betonen, daß Jahwe dan wenn er sich als der Mit-Seiende erweist und Jakob in das "Haus seines Vaters" zurückkommen läßt, für Jakob Elohim sein wird. Erstmals wird de Jahwename schon in der die ganze elohistische Geschichtsdarstellung eröffnenden Wortereignisformel in Gen 15,1* (ויהי דבר יהוה אל אברהם לאמר) genannt, worin wohl keine spätere Korrektur eines ursprünglichen Elohim zu sehen ist, sondern eine bewußte erzählerische Absicht, um hervorzuhe ben, daß die ganze Geschichte - angefangen bei Abraham - vom Worte Jahwes bestimmt ist.

73 Aufgrund von Gen 28,2o*+21 wäre der Gebrauch des Jahwenamens eigentlich schon innerhalb der Jakobgeschichte zu erwarten. Das ist wohl deshalb unterblieben und mußte wohl auch unterbleiben, weil die elohistische Ja kobgeschichte ihren lokalen Haftpunkt in Bethel hat (vgl. in diesem Zu sammenhang die betonte Nennung von Bethel in Gen 35,3 und 46,3). Somit ist bei E der Gebrauch des Jahwenamens nach seiner Einführung in Gen 28 21 (vgl. aber schon seine Erwähnung in Gen 15,1a*) ganz auf die Israel/ Mose-Geschichte beschränkt. Aber auch hier scheint der Jahwename vor al

der Zusage des Mit-Seins der Gottheit an Mose in Ex 3,12aα soll ganz offenkundig an das Gelübde Jakobs in Gen 28,2o[*]+21 angespielt werden. Darauf
weist nicht nur die Korrespondenz des Gebrauchs der "Beistandsformel" in Gen
28,2o[*] und Ex 3,12aα hin, sondern auch die darüber hinausgehende Anspielung
auf den Jahwenamen in der "Beistandsformel" in Ex 3,12aα, wie sie durch
אהיה in der Formel gegeben ist [74]. Zumindest als eine Anspielung auf die
"Bethel-Geschichte" in Gen 28,1o-22 (E) ist die Selbstpräsentation der
Gottheit in Ex 3,6aα ("Gott meines Vaters") zu verstehen, der in Gen 28,21a
die Floskel "Haus meines Vaters" entspricht.

Innerhalb der elohistischen Jakobgeschichte selbst wird die "Beistandsformel" ein zweites Mal in Gen 35,3 angeführt, wo das Eintreffen der Protasis des Gelübdes aus Gen 28,2o[*]+21 konstatiert wird [75]. Dabei liegt in

---

lem in solchen Zusammenhängen gebraucht zu sein, in denen gerade der
Aspekt des Mit-Seins Gottes - was nach Gen 48,21 soviel bedeutet wie
zurückbringen aus Ägypten in das Land der Väter - im Vordergrund steht.
Dies ist innerhalb des elohistischen Werkes vor allem in der Darstellung
der "Machttaten" vor dem Pharao zum Ausdruck gebracht. Jedenfalls stellt
sich das Problem des Gebrauchs des Gottesnamens bei E wesentlich kom-
plexer dar, als gemeinhin angenommen wird.

74 Die mit אהיה gebildete "Beistandsformel" kommt nicht oft vor (Zusammenstellung der Belege bei W. RICHTER, FRLANT 1o1, 147 Anm. 9-11). Daß in
Ex 3,12aα gerade die nur selten mit אהיה gebildete Variante der "Beistandsformel" gebraucht ist, könnte - abgesehen einmal von einer möglichen Abhängigkeit von Ri 6,16 - wesentlich von daher bestimmt sein, mit
der "Beistandsformel" zugleich den Jahwenamen anklingen zu lassen. Diese
Vermutung läßt sich dann noch weiter erhärten, wenn beachtet wird, daß
in der bei E auf Ex 3,12aα unmittelbar folgenden Redeeinleitung Ex 9,22aα
gerade der Jahwename gebraucht ist. Dies würde sodann auch ein weiterer
Hinweis auf die Funktion des Jahwenamens in der elohistischen Geschichtsdarstellung sein.

75 Dem Elohisten ist in Gen 35 wahrscheinlich nur Gen 35,1abα.2a.3.5a.6b.7a
zuzurechnen, welcher Text sich unmittelbar an die elohistische "Bethel-
Geschichte" in Gen 28* angeschlossen haben wird. Auch diese Texteinheit
besteht aus drei szenischen Elementen. Eröffnet wird die Einheit in Gen
35,1* mit einer Rede Elohims an Jakob, die eine doppelte Aufforderung
enthält, einmal nach Bethel hinaufzuziehen und sich dort niederzulassen
und zum anderen einen Altar für El zu bauen, wobei der abschließende RS
in Gen 35,1bα ausdrücklich auf Gen 28 zurückverweist. Das zweite szenische Element umfaßt die Rede Jakobs an die mit ihm ziehende Schar. Auch
sie ist - wie die Gottesrede - doppelgliedrig gefügt, wobei die erste
Hälfte der Rede (Imperativ + Kohortativ) sich unmittelbar an die Empfänger richtet (Gen 35,3a), während die zweite Hälfte begründend den Befehl
zum Altarbau aus der Gottesrede aufnimmt (Gen 35,3b). Während am Schluß
der Gottesrede auf die Tatsache einer Gotteserscheinung an Jakob zurückverwiesen wird (Gen 35,1bα), bezieht sich der Rückverweis in der Rede
Jakobs auf das Mit-Sein der Gottheit auf dem Wege (Gen 35,3bβ). In

Gen 35,3bβ mehr eine Anspielung (עמדי) als ein ausgeführtes Zitat vor. Durch die Nennung von Bethel wird dabei die szenische Einheit Gen 35,1-4*+7* ausdrücklich an Gen 28* zurückgebunden. Auffälligerweise wird in diesem Zusammenhang nicht von einem Altar für Jahwe, sondern für El gesprochen, was wohl durch den Namen des Ortes (Bethel) bedingt ist. Zugleich liegt darin ein Element, das die zweite szenische Einheit innerhalb der elohistischen Jakobgeschichte mit der dritten Einheit verbindet, die den Übergang nach Ägypten herstellt. Dort wird zu Beginn der Szene in Gen 46,3 die Gottesbezeichnung El aufgenommen, dabei ergänzt um die Wendung "Gott meines Vaters". Ein drittes Mal findet sich die "Beistandsformel" innerhalb der elohistischen Jakobgeschichte noch in Gen 48,21, sofern dieser Text überhaupt von E stammt [76]. Damit würde dann das Mit-Sein Jahwes von Israel/Jakob als Verheißung an die Söhne weitergegeben. Zugleich würde damit die Ankündigung der Rückkehr aus Ägypten in das Land der Väter (אל ארץ אבתיכם) verbunden.

Damit erweist sich das Mit-Sein Elohims als ein prägendes Element der Jakobgeschichte des Elohisten, durch das deren einzelne Teile thematisch miteinander verknüpft sind [77]. Am Schluß der Jakobgeschichte wird mit Hilfe der

---

beiden Fällen schließt sich dabei der Rückverweis an die Wendung ועשה / ואעשה שם מזבח לאל an. Das dritte szenische Element (Gen 35,5a.6b.7a) bietet gegenüber den beiden vorangehenden szenischen Elementen nicht Rede, sondern Handlung, die die Ausführung des dort Aufgegebenen berichtet. Die szenische Gliederung zeigt so eine deutliche Handlungskette: 1. Jahwe - Jakob (Bau eines Altares in Bethel); 2. Jakob - Volk (Heraufziehen nach Bethel mit Begründung (Bau eines Altares in Bethel)); 3. Volk - Jakob (Aufbruch + Altarbau). Das Schwergewicht der Aussage liegt auf dem Bau eines Altares in Bethel, welches Element sich durch alle drei szenischen Einheiten hindurchzieht. - Zur Analyse des Textes vgl. zuletzt O. KEEL, Das Vergraben der "fremden Götter" in Gen XXXV 4b, VT 23 (1973) 3o5-336.

76 Auf die Problematik der Analyse der Josefgeschichte kann in diesem Zusammenhang nicht eingegangen werden; vgl. dazu vorläufig P. WEIMAR, BZAW 146, 24 Anm. 66. - Möglicherweise hat die Texteinheit der elohistischen Jakobgeschichte nur Gen 46,2.3abα.4a (zur Ausgrenzung von Gen 46,3bβ vgl. J. WELLHAUSEN, Composition, 59; H. HOLZINGER, KHC I, 248; H. GUNKEL, HK I/1, 461.463) umfaßt, so daß Gen 48,21 als redaktionelle Bildung aus der Hand von Je zu verstehen wäre. In diesem Fall wäre die letzte Einheit der Jakobgeschichte analog der ersten Einheit der Israel/ Mose-Geschichte konstruiert, nur daß in Gen 46,2-4* - bedingt durch den vorliegenden Textzusammenhang - die letzten beiden Glieder der "Berufung" des Mose in Ex 3* fehlen würden (Ex 3,11+12aα).

77 Vgl. dazu auch W. RICHTER, FRLANT 1o1, 15o.

"Beistandsformel", die dabei als Rückkehr in das Land der Väter interpretiert wird, die Verbindung zur Israel/Mose-Geschichte hergestellt. Diese knüpft ihrerseits bei der "Berufung" des Mose in Ex 3[*] daran an, um auf diese Weise zur Geltung zu bringen, daß die Bewahrung auf dem Wege und die Rückkehr in das Land der Väter ganz und gar Ausdruck des Mit-Seins Jahwes ist. Auch von daher dient die Rezeption der "Beistandsformel" in Ex 3,12aα der Abwehr eines auf menschlichen Erfolg gegründeten Anspruchs der Führer des Volkes (Mose).

2.6 Auswertung der semantischen Analyse

Ähnlich wie die jahwistische Darstellung der "Berufung" des Mose in Ex 3 läßt auch die dazu parallele Darstellung des Elohisten in den geprägten Sprachelementen größere Horizonte erkennen, die über die vorliegende Einheit hinausweisen. Aufgrund der geprägten Wendungen und Formeln wird dabei für die Darstellung der "Berufung" des Mose innerhalb der elohistischen Geschichtsdarstellung selbst ein doppelter Horizont erkennbar.

Die "Erzählungseröffnung" in Verbindung mit der "Vatergott-Formel" sowie die "Beistandsformel" am Schluß der Geschichte weisen zurück auf die elohistische Jakobgeschichte, die einfache Erzählungseröffnung darüber hinaus auch noch auf die Abrahamgeschichte. Durch die Aufnahme von geprägten Sprachelementen aus der Jakobgeschichte, wo sie ihre eigentliche Heimat innerhalb des elohistischen Werkes haben, in der Darstellung der "Berufung" des Mose in Ex 3[*] soll die Thematik der ganzen Jakobgeschichte im Blick auf die Israel/Mose-Geschichte aufgenommen werden. Im Verständnis des Elohisten scheint die Geschichte Jakobs das theologische Fundament für die weitere Geschichte des Jahwe-Volkes abzugeben. Grundlegend ist dabei vor allem die Vorstellung von Gott, wie sie innerhalb der Jakobgeschichte entfaltet wird ("Gott mit uns").

Der zweite Horizont, der sich in der Geschichte von der Beauftragung des Mose anhand der geprägten Sprachelemente ablesen läßt, ist deutlich enger gezogen. Er beschränkt sich auf den Rahmen der Israel/Mose-Geschichte, die durch Ex 3[*] eröffnet wird. Hierauf führt vor allem der doppelte Auftrag an Mose, zum Pharao zu gehen und die Israel-Söhne aus Ägypten herauszuführen. Während das erste Glied des Jahwe-Auftrags (Ex 3,10a[*]) wohl auf die Machttaten vor dem Pharao bezogen ist, auch wenn Stichwortentsprechungen hier

fehlen, verweist das zweite Glied des Auftrags Jahwes an Mose (Ex 3,1ob[*])
auf die Darstellung des Exodus, die in dem dritten Teil der Israel/Mose-Ge-
schichte ausgeführt ist (vgl. die Aufnahme des Stichwortes אצי aus Ex 3,1ob[*]
in Ex 19,17a[*]). Somit läßt die "Berufung" des Mose in Ex 3[*] deutlich einen
doppelten Bezugsrahmen erkennen, einen engeren, der in der Israel/Mose-Ge-
schichte zu suchen ist, und einen weiteren, der hauptsächlich in der Jakobgeschichte liegt, aber auch die Abrahamgeschichte umgreift.

Darüberhinaus läßt die elohistische Darstellung der "Berufung" des Mose aber
noch weitere Horizonte erkennen, die über den Rahmen der elohistischen Geschichtsdarstellung hinausweisen. Darauf deutet vor allem die Schilderung
der Notsituation, aber auch die Formulierung des "Einwandes" (mit der darauf ergehenden Beistandszusage). Sie verweisen auf zwei Aussagereihen, die
aber nicht unabhängig nebeneinander stehen, sondern aufeinander bezogen sind
Der "Einwand" mit Hilfe der rhetorischen Frage "Wer bin ich?", die als "De-
mutsformel" bezeichnet werden kann, die aber die Funktion hat, die herausragende Stellung der eigenen Person zu betonen, hat seine Heimat in den Geschichten von David, begegnet sodann aber auch in Bezug auf Abimelech in
Ri 9,26-4o. Demgegenüber liegt der Horizont der Darstellung der Notsituation
nicht so deutlich auch der "Beistandsformel", in der "Rettertradition", wonach die Rettung Israels dadurch geschieht, daß entweder Jahwe selbst oder
ein von ihm gesandter "Retter" die bestehende Notsituation für das Jahwe-
Volk wendet. Sowohl durch die Frage "Wer bin ich?" als auch durch die "Beistandsformel" soll betont herausgestellt werden, daß der Anspruch eines, der
so redet, nicht auf eigenem Erfolg gründet, sondern einzig und allein in der
Initiative Jahwes begründet liegt [78]. Damit ist deutlich der Horizont jener
Aussagen innerhalb der elohistischen Geschichte von der "Berufung" des Mose
in Ex 3[*] angezeigt, die über den Rahmen der elohistischen Geschichtsdarstellung hinausweisen. Dieser ist anzugeben mit der Tradition des "Retters", den
Jahwe bestellt hat, wobei diese Tradition als eine Form der Auseinandersetzung mit dem auf eigenen militärischen oder politischen Erfolg begründeten
Anspruch des Königtums zu sehen ist [79].

---

78 Vgl. dazu auch L. SCHMIDT, Menschlicher Erfolg und Jahwes Initiative.
    Studien zu Tradition, Interpretation und Historie in Überlieferungen
    von Gideon, Saul und David, WMANT 38, Neukirchen-Vluyn 197o, 41-43 so-
    wie W.H. SCHMIDT, BK II/2, 129.

79 Vgl. dazu auch L. SCHMIDT, WMANT 38, 43-51. - Nicht jedoch kann der Ho-
    rizont der "Berufung" des Mose bei E in einem *Schema* der "Berufung" ge-
    sehen werden (vgl. dazu W. RICHTER, FRLANT 1o1, 114-115). Die hier ge-
    machten Beobachtungen jedenfalls führen in eine andere Richtung.

Doch scheint der Elohist bei der Gestaltung der "Berufung" des Mose in Ex 3[*]
nicht bloß allgemein von der "Rettertradition" beeinflußt zu sein, sondern
sich darüber hinaus an ein literarisches Modell angelehnt zu haben. Als solches ist der Text der Berufung des Gideon in Ri 6 anzusehen. Darauf führt
vor allem die Beistandsformel כי אהיה עמך, die in dieser Form neben Ex 3,
12aα nur noch in Ri 6,16a begegnet.

Der Abschnitt Ri 6,11-24 stellt literarisch keine ursprüngliche Einheit dar,
sondern hat eine komplizierte Entstehungsgeschichte durchlaufen [80]. Diese
ist im Folgenden in Kürze zu skizzieren. Auf verschiedene Hände sind die
beiden Halbverse in Ri 6,11 zurückzuführen [81]. Doch lassen sich in beiden
Vershälften weitere redaktionelle Erweiterungen beobachten. Auffällig ist
das Nebeneinander zweier Relativsätze in Ri 6,11a, das kaum literarisch ursprünglich sein dürfte. Vielmehr wird der zweite Relativsatz in Ri 6,11aß als
redaktionelles Element zu verstehen sein, das im Blick auf Ri 6,24 und 25-32
gestaltet ist [82]. Als redaktionelle Bildung ist möglicherweise auch der Infinitivsatz in Ri 6,11bß zu verstehen, der dazu dient, das Tun des Gideon
mit den Überfällen der Midianiter zu verbinden (vgl. מפני מדין in Ri 6,2b
und 6a) [83]. Es liegen in Ri 6,11 zwei verschiedene Erzählungseröffnungen
vor, die jeweils redaktionelle Bearbeitungen erfahren haben [84].

Während die Erzählungseröffnung in Ri 6,11aα zunächst keine Fortführung
erfährt, setzt sich die Erzählungseröffnung in Ri 6,11b unmittelbar in Ri

---

80 Vgl. die drei neueren Lösungsversuche von E. KUTSCH, Gideons Berufung
und Altarbau Jdc 6,11-24, ThLZ 81 (1956) 78-84, der eine ältere nicht
vollständig erhaltene Geschichte in Ri 6,11a....19-24 (Altarätiologie)
annimmt, in die sekundär Ri 6,11b-18 (Berufung Gideons zum militärischen Führer) eingebaut wurde, sodann von W. RICHTER, BBB 18, 122-155,
der in Ri 6,11-24 ebenfalls eine ältere Grunderzählung (Ri 6,11a.18-19.
21-24) annimmt, die ihrerseits schon als eine Kombination zweier Erzählungen zu verstehen ist, und mit einem Bearbeiter rechnet, auf den Ri
6,11-17 zurückgeht, sowie von L. SCHMIDT, WMANT 38, 52-57, der eine vier-
stufige Entstehung von Ri 6,11-24 annimmt. Nach ihm ist der älteste Teil
des Textes eine auf Gideon und Jahwe übertragene vorisraelitische Kultätiologie (Ri 6,11a*.11bα [ohne "sein Sohn"] ... 17a.18aαb.19aαb.21-24a),
die sekundär mit Hilfe des Berufungsschemas zu einer Berufungsgeschichte Gideons umgestaltet wurde (Ri 6,11aßb-16.17b.18aß.24b), die ihrerseits noch eine doppelte Bearbeitung erfahren hat, wobei die erste Redaktion Ri 6,19aß.2o und die zweite Redaktion "Joasch" sowie "sein Sohn"
in Ri 6,11 einfügte.

81 Vgl. auch E. KUTSCH, ThLZ 81 (1956) 76 und W. RICHTER, BBB 18, 122-123.

82 Vgl. W. RICHTER, BBB 18, 123.

83 Aufgrund der Stichwortverknüpfung durch מפני מדין kann Ri 6,11bß wohl
auf die gleiche Hand zurückgehen, die auch Ri 6,2b und 6a in den Erzählzusammenhang eingefügt hat (dazu vgl. Anm. 94).

84 Demgegenüber versucht L. SCHMIDT, WMANT 38, 24-25 zu zeigen, daß Ri 6,
11bα* (ohne בנו) als die ursprüngliche Fortsetzung von Ri 6,11a* zu
verstehen ist.

6,12 fort. Elemente redaktioneller Bearbeitungsvorgänge lassen sich erst
wieder in Ri 6,13 beobachten, wo eine breit gestaltete Rede des Gideon mitgeteilt ist, deren beide Hälften thematisch in Parallele zueinander stehen.
Während Ri 6,13a in allgemeiner Form das Mit-Sein Jahwes und das eingetrof-
fene Unglück gegenüberstellt, wird in Ri 6,13b dasselbe Geschehen geschichts-
theologisch begründet. Da diese geschichtstheologische Reflexion mit Ri 6,
7-1o zusammenhängt, dürfte sie an der vorliegenden Stelle von dem gleichen
Redaktor eingefügt worden sein, dem auch Ri 6,7-1o zu verdanken ist [85]. Auf
die gleiche redaktionelle Hand wird auch die rhetorische Frage הלא שלחתיך
in Ri 6,14b zurückgehen, die zu Ri 6,14a (Entsendung des Gideon zur Rettung
Israels) in Spannung steht (Verweis auf eine vorangehende Wendung), sich
aber andererseits an die Notiz in Ri 6,8a von der Sendung (שלח) eines Propheten anschließt.

Keinerlei Anzeichen redaktioneller Bearbeitungsvorgänge sind in Ri 6,15+16
zu erkennen. Mit 6,16 ist auch das Ende der mit Ri 6,11bα eröffneten Texteinheit erreicht [86]. Deutlich von Ri 6,16 abzugrenzen ist die erneute Rede
Gideons in Ri 6,17+18a, mit der ein neuer Erzählbogen eröffnet wird [87]. Doch
stellt die Rede Gideons keine literarische Einheit dar. Während Ri 6,17 eine
Zeichenforderung enthält, durch das sich der mit Gideon Redende als Jahwe

---

85 Ri 6,7-1o ist als eine auf DtrN zurückgehende redaktionelle Einfügung
    zu interpretieren; vgl. dazu W. DIETRICH, FRLANT 1o8, 132 Anm. 95 und
    T. VEIJOLA, AASF B 198, 43-48.

86 Gegen E. KUTSCH, ThLZ 81 (1956) 8o-81, W. RICHTER, BBB 18, 127-128 und
    L. SCHMIDT, WMANT 38, 35-37, die jeweils nur Ri 6,17* bzw. 6,18* (bzw.
    Teile dieser Verse), der mit Ri 6,11b* eröffneten Texteinheit zurechnen,
    wobei diese Entscheidung aber nicht auf eindeutigen literarkritischen
    Kriterien beruht, sondern auf der Annahme, daß die mit Ri 6,11b* eröff-
    nete Geschichte von der "Berufung" Gideons zum Retter von Anfang an
    nichts anderes gewesen ist als eine Interpolation in die vorgegebene
    "Altarbauätiologie".

87 Die Rede Gideons in Ri 6,17+18a steht mit der unbedingt gegebenen Zusa-
    ge Jahwes in Ri 6,16 nicht in einem ursprünglichen Zusammenhang. Deut-
    lich hat Ri 6,17+18 eine von Ri 6,11b-16 zu 6,19-24 hin überleitende
    Funktion. Ein literarischer Zusammenhang von Ri 6,17+18 mit 6,11b-16 wä-
    re nur dann anzunehmen, wenn die Berufung des Gideon von Anfang an als
    redaktioneller Einschub in die Altarbauätiologie konzipiert gewesen wä-
    re. Doch wird man Ri 6,17+18 kaum von der gleichen Hand wie Ri 6,11b-16
    herleiten können. Das vermag ein kurzer Vergleich der Rede Gideons in
    Ri 6,17+18a mit den beiden anderen Gideon-Reden in Ri 6,13a und 15 zu
    verdeutlichen. Während die Reden Gideons Ri 6,13a und 15 als Antwort
    auf eine vorangehende Jahwerede erscheinen, ist Ri 6,17+18a deutlich
    als eine selbständige Initiative Gideons zu verstehen, so daß auf ein-
    mal die "Rollen" in der Berufungsgeschichte vertauscht erscheinen, inso-
    fern jetzt Jahwe reagieren muß, während Gideon handelt. Dem entspricht
    auch, daß Ri 6,13a und 15 jeweils die entscheidenden Stichworte aus der
    voraufgehenden Jahwerede aufgenommen sind, während das in Ri 6,17+18a
    nicht der Fall ist. Schließlich wäre allein schon eine formale Kongru-
    enz der Reden Gideons aufgrund der Verwendung der gleichen Eröffnungs-
    floskel בי אדני zu erwarten gewesen, wenn diese auf ein und dieselbe
    Hand zurückgingen. Alle diese Gründe sprechen zusammengenommen dafür,
    daß Ri 6,17+18a(b) mit Ri 6,11b-16* in keinem literarischen Ursprungs-
    verhältnis zueinander stehen.

ausweisen soll, und damit das in Ri 6,19-24 geschilderte Geschehen als das
von Gideon geforderte Zeichen interpretiert, geht der Blick von Ri 6,18a
in eine andere Richtung, insofern hier nämlich das in Ri 6,19-24 geschilderte Mahl deutlich als Opfer interpretiert wird [88]. Deutlich sind sowohl Ri
6,17 als auch Ri 6,18 als redaktionelle Verknüpfungen zwischen der Geschichte in Ri 6,11b-16* und der noch folgenden Geschichte in Ri 6,19-24* zu sehen, wobei die verschiedene Blickrichtung der beiden Verse auf zwei verschiedene Redaktionen schließen läßt [89].

Die mit Ri 6,11aα eröffnete Erzähleinheit erfährt ihre Fortführung in Ri 6,
19. Dieser Vers hat sich einmal unmittelbar und bruchlos an Ri 6,11aα angeschlossen [90]. Doch kann Ri 6,19 nicht als eine ursprüngliche literarische
Einheit verstanden werden. Auffällig ist die Unterbrechung der Abfolge der
Narrative in Ri 6,19aß durch zwei parallel gefügte Aussagen der Struktur
x-qatal, ohne daß dafür ein Grund ersichtlich wäre [91]. Zudem hängt gerade
die syntaktisch aus dem Rahmen von Ri 6,19 herausfallende Aussage Ri 6,19aß
mit der ebenfalls als sekundär zu bestimmenden Rede des Boten Elohims in
Ri 6,2o zusammen [92]. Dieser Vers hebt sich dadurch von seiner Umgebung ab,
daß hier nicht von einem "Boten Jahwes", sondern von einem "Boten Elohims"
gesprochen wird und zudem für "Fels" der Terminus סלע anstelle von צור gebraucht ist [93]. Demnach hat sich Ri 6,21 ursprünglich einmal unmittelbar an
Ri 6,19 angeschlossen. Der Abschnitt Ri 6,21-24a zeigt keinerlei Spannungen

---

88 Vgl. dazu L. SCHMIDT, WMANT 38, 26f.37.

89 L. SCHMIDT, WMANT 38, 26 versteht Ri 6,18a als unmittelbare Fortführung
    von Ri 6,17a, während er Ri 6,17b für einen sekundären Einschub hält.
    Das ist sprachlich zwar möglich (vgl. Gen 18,3), aber aus anderen Grün-
    den wenig wahrscheinlich. Da nämlich מנחה in Ri 6,18 als Opfer zu ver-
    stehen ist (vgl. dazu Anm. 88), sich aber andererseits eine entsprechen-
    de Opferhandlung in Ri 6,2o findet, dürfte Ri 6,18 auf die gleiche Hand
    zurückgehen, die auch Ri 6,2o in den Textzusammenhang eingetragen hat
    (gegen L. SCHMIDT, WMANT 38, 37.52-53, der Ri 6,2o für eine jüngere
    orthodoxe Bearbeitung hält).

9o Demgegenüber konstatieren E. KUTSCH, ThLZ 81 (1956) 81 mit Anm. 3o und
    L. SCHMIDT, WMANT 38, 26.53 einen Textausfall zwischen Ri 6,11* und 19*.
    Doch läßt sich ein solcher Ausfall nicht wahrscheinlich machen. Nach Ri
    6,11aα, wo der erste Handlungsträger eingeführt ist, wird durch die In-
    version (x-qatal) in Ri 6,19aα Gideon als der zweite Handlungsträger
    in die Szene eingeführt. Gegen W. RICHTER, BBB 18, 13o kann die Inver-
    sion in Ri 6,19aα nicht als Auftakt einer neuen Szene verstanden werden,
    die mit Ri 6,21b endet. Vielmehr muß Ri 6,19* noch zu der mit Ri 6,11aα
    eröffneten ersten Szene gerechnet werden, die sich die inklusorische Verklam-
    merung von Ri 6,11aα und 19b durch תחת האלה zeigt.

91 Vgl. auch L. SCHMIDT, WMANT 38, 27.

92 Zum Zusammenhang von Ri 6,11aß und 2o vgl. W. RICHTER, BBB 18, 128 und
    L. SCHMIDT, WMANT 38, 27.52-53.

93 Vgl. auch L. SCHMIDT, WMANT 38, 27; gegen E. KUTSCH, ThLZ 81 (1956) 77,
    der darauf hinweist, daß sich die beiden Termini צור und סלע oft im
    Parallelismus entsprechen.

und muß demnach als literarisch einheitlich beurteilt werden. Redaktionell ist demgegenüber der ätiologische Schlußsatz in Ri 6,24b, der mit dem redaktionell eingefügten Relativsatz in Ri 6,11aß zu verbinden ist [94].

Es lassen sich demnach aus Ri 6,11-24 zwei ursprünglich einmal selbständige Erzählungen herauslösen, die erst redaktionell miteinander verknüpft worden sind [95]. Der einen Geschichte sind dabei Ri 6,11aα.19aαb.21-24a zuzurechnen, während der Umfang der zweiten Geschichte mit Ri 6,11bα.12.13a.14a.15.16 anzugeben ist [96]. Daneben enthält der Textabschnitt Ri 6,11-24 eine Reihe redaktioneller Erweiterungen, die aber nicht auf eine Hand zurückgehen, sondern zwei verschiedenen Redaktionen zuzurechnen sind. Einer ersten Redaktionsschicht können dabei Ri 6,11aß.17.24b zugerechnet werden, während Ri 6,11bß.13b.14b.18.19aß.2o auf eine zweite redaktionelle Bearbeitungsschicht zurückgehen. Für die zweite der beiden Redaktionen konnte dabei ein literarischer Zusammenhang mit Ri 6,7-1o angenommen werden. Aus diesem literarischen Befund folgt, daß die beiden ursprünglich selbständigen Texteinheiten in Ri 6,11-24 in keinem Ursprungsverhältnis zueinander stehen und als solche unabhängig voneinander zu interpretieren sind [97]. Das gilt gerade auch für die Geschichte von der Berufung des Gideon zum "Retter" Israels in Ri 6,11b-16*.

---

94 So auch L. SCHMIDT, WMANT 38, 34-35.

95 Darin unterscheidet sich der hier vorgeschlagene Lösungsversuch grundlegend von den neueren Lösungsversuchen (vgl. Anm. 8o), die die zweite der beiden Geschichten als einen für den Einsatz in die erste Geschichte konzipierten Zusatz verstehen.

96 Während die Struktur der zweiten Geschichte in Ri 6,11b-16* im weiteren noch zu charakterisieren sein wird, soll die Struktur der ersten Geschichte ("Altarbaugeschichte") hier kurz skizziert werden. Sie läßt deutlich einen dreiteiligen Aufbau erkennen. Die *erste Szene* (Ri 6,11aα+ 19aαb) berichtet von der Ankunft eines Gottesboten unter der Terebinthe von Ofra und von den Vorbereitungen eines Mahles durch Gideon. Das ganze Geschehen spielt sich dabei wortlos ab. Nur das Tun der beiden Haupthandelnden wird beschrieben. Die *zweite Szene* setzt in Ri 6,21 wieder betont beim "Boten Jahwes" ein. Er ist hier ganz deutlich die Hauptperson der Handlung. Das Ende der zweiten Szene ist nicht die Inversion in Ri 6,21bß, sondern die darauffolgende Reaktion des Gideon in Ri 6,22a, die das Erfassen der Bedeutung des Geschehens durch Gideon knapp reflektiert. Die *dritte Szene*, die Ri 6,22b-24a umfaßt, ist als Gespräch zwischen Jahwe und Gideon dargestellt, wobei der szenische Neueinsatz durch die erneute Nennung von Gideon in Ri 6,22b angezeigt ist. Der Höhepunkt der Szene und damit der ganzen Geschichte wird in der Rede Jahwes in Ri 6,23 vorbereitet durch den Gruß שלום לך, der in der Benennung des Altares als יהוה שלום in Ri 6,24a wieder aufgenommen wird. Deutlich ist damit das Gefälle der Geschichte. Die Handlung wird ausgelöst durch das Kommen eines Boten Jahwes,wobei als Ort die Terebinthe von Ofra angegeben ist. Der Haupthandelnde der ersten Szene ist Gideon (Vorbereitung eines Mahles). In der zweiten Szene wird von einem Feuerwunder und vom Verschwinden des Boten Jahwes berichtet, der hier die Hauptperson des Geschehens ist. Gideon selbst hat das Geschehen für sich nur noch in seinem Bedeutungsgehalt zu konstatieren. In der dritten Szene stehen sich Gideon und Jahwe gegenüber. Das Ziel der ganzen Geschichte liegt in der Benennung des Altares mit "Jahwe ist שלום" (vgl. dazu auch W. RICHTER, BBB 18, 13o-133 und L. SCHMIDT, WMANT 38, 23-35).

Die Geschichte von der "Berufung" Gideons zum Retter, die hier allein von
Interesse ist, hat dabei den folgenden Wortlaut gehabt:

(6,11)   Gideon klopfte gerade Weizen in der Kelter aus.
(12)   Da erschien ihm der Bote Jahwes
          und sprach zu ihm:

              Jahwe ist mit dir, du tapferer Held!
(13)   Da sprach zu ihm Gideon:

              Ach, mein Herr,
              ist Jahwe wirklich mit uns,
              warum hat uns dieses alles getroffen?
----
(14)   Da wandte sich zu ihm Jahwe
          und sprach:

              Geh in dieser deiner Kraft!
              Du wirst Israel aus der Hand Midians befreien.
(15)   Da sprach er zu ihm:

              Ach, mein Herr, womit soll ich Israel befreien?
              Siehe, mein Geschlecht ist das Geringste in Manasse
              und ich bin der Geringste im Hause meines Vaters.
----
(16)   Da sprach zu ihm Jahwe:

              Ja, ich werde da sein bei dir.
              Du wirst Midian schlagen wie einen einzigen Mann.

Diese Texteinheit besteht aus drei szenischen Einheiten, die deutlich gegeneinander abgegrenzt sind. Die *erste szenische Einheit* (Ri 6,11bα.12.13a)
setzt ein mit einem Nominalsatz, der die eine der beiden Hauptpersonen (Gideon) einführt und eine Situationsangabe enthält (Ri 6,11bα). In Ri 6,12
wird der Nominalsatz durch Narrativ fortgeführt, wobei zugleich die zweite
Hauptperson (Bote Jahwes / Jahwe) genannt wird. Es folgt keine Handlung,
sondern ein Gespräch. Die Thematik des Gesprächs wird schon durch die "Grußformel" יהוה עמך angezeigt, wobei aber die Grußformel zugleich den Charakter einer Zusage hat. Die Antwort Gideons nimmt das Thema der Antwort Jahwes
auf, wendet es dabei aber zur zweifelnden Frage. Es wird ein Zusammenhang
gesehen zwischen dem Mit-Sein Jahwes und dem gegenwärtigen Unglück, das Israel getroffen hat. Zu beachten ist in diesem Zusammenhang der Wechsel vom
"Ich" zum "Wir", womit zugleich der Übergang zur nächsten Szene hergestellt
ist.

97 Versteht man die Geschichte von der "Berufung" des Gideon zum Retter in
    Ri 6,11b-16* als eine Geschichte, die von Anfang an als Einsatz in die
    "Altarbauätiologie" konzipiert gewesen ist, dann kann die "Berufungs-
    geschichte" jedenfalls nicht für sich interpretiert werden, sondern nur
    im Zusammenhang mit der vorgegebenen "Kultätiologie".

Die *zweite szenische Einheit* (Ri 6,14a.15) setzt in Ri 6,14a mit einer neuen erzählerischen Einführung (ויפן אליו יהוה) ein. Der neue Beginn ist zusätzlich aber auch durch den Wechsel von "Bote Jahwes" zu Jahwe unterstrichen. Der Wechsel auf der Seite des göttlichen Gesprächspartners ist wohl vom Inhalt der zweiten Szene her bestimmt, in deren Mittelpunkt die Entsendung Gideons zum "Retter" steht. Wie die erste szenische Einheit ist auch die zweite als Gespräch zwischen Jahwe und Gideon strukturiert, wobei Jahwe die Initiative ergreift, während Gideon nur reagiert. Der Auftrag Jahwes an Gideon in Ri 6,14a selbst ist zweigliedrig gebaut (Gehen / Errettung aus der Hand Midians). Die Antwort Gideons setzt in Ri 6,15aα mit der gleichen Wendung (בי אדני) wie die erste Gideonrede in 6,13aα ein. Sie nimmt dabei die zweite Hälfte des Jahweauftrags wieder auf und begründet sie durch eine Feststellung, die mit הנה eingeleitet ist und auf die eigene Kleinheit als Motiv für die Gegenfrage verweist.

Die *dritte szenische Einheit* (Ri 6,16) besteht gegenüber den beiden vorangehenden szenischen Einheiten nur aus einer Rede Jahwes, der hierbei nochmals betont als Redender eingeführt ist. Die Rede Jahwes enthält eine Zusage, die aus der allgemeinen Zusage des Mit-Seins Jahwes und der sie konkretisierenden Zusage des Sieges über die Midianiter besteht. Mit diesem nach vorne offenen Schluß endet die ganze Geschichte von der Berufung des Gideon zum Retter.

Bestimmend für die Geschichte Ri 6,11b-16* ist der Wechsel zwischen Jahwerede und Rede Gideons, der die ganze Texteinheit durchzieht. Die beiden Antworten des Gideon in Ri 6,13a und 15 sind nicht als Einwände gegen das zuvor gesprochene Jahwewort, sondern, wie das einleitende בי אדני anzeigt [98], als dringende Bitten zu verstehen, die auf Klarheit und Rechtfertigung zielen. Aber auch der ganze Textzusammenhang macht es unmöglich, in den Gegenreden des Gideon Einwände zu sehen. Die erste Gegenrede des Gideon in Ri 6,13a, die ja formal mit Ri 6,15 auf einer Ebene liegt, richtet sich zum einen gegen das "Jahwe ist mit dir" und zum anderen gegen die Anrede als "tapferer Held", bezieht sich demnach auf die Qualifizierung der eigenen Person durch den Boten Jahwes. Ebenso ist auch die zweite Gegenrede Gideons in Ri 6,15 zu werten. Auch sie ist auf die Auszeichnung der eigenen Person durch Jahwe bezogen.

Bezeichnend für die Geschichte von der "Berufung" des Gideon zum Retter ist die Kontrastierung von Aussagen, die sich auf die militärische Tätigkeit und Tüchtigkeit Gideons beziehen (Ri 6,12b "tapferer Held", 6,14a "in dieser deiner Kraft" und 6,16b "du wirst Midian schlagen wie einen einzigen Mann"), und von Aussagen, die das Mit-Sein Jahwes betonen. Auffälligerweise begegnen die Aussagen, die den menschlichen Erfolg hervorheben, immer im Munde Jahwes bzw. des Boten Jahwes. Im Hintergrund der Texteinheit steht die Frage nach den Bedingungen eines legitimen Führertums im Jahwe-Volk. Dieses erlangt seine Legitimation nicht aufgrund von militärischen oder politischen Erfolgen, sondern aus der Berufung durch Jahwe, die letztlich auch den menschlichen Erfolg begründet.

---

98 Die Floskel בי אדני findet sich außer in Ri 6,13 noch in Gen 43,2o; 44, 18; Num 12,11; 1 Sam 1,26; 1 Kön 3,17.26, die Floskel בי אדני außer in Ri 6,15 noch in Ex 4,1o.13; Jos 7,18; Ri 13,8.

Die Geschichte von der "Berufung" des Gideon zum Retter in Ri 6,11b-16* ist nun keine isolierte Einzelgeschichte, sondern ganz offensichtlich als Bestandteil eines größeren literarischen Werkes konzipiert. Das zeigt sehr deutlich die Frage Gideons in Ri 6,13aγ, in der auf eine Schilderung einer Notsituation zurückverwiesen wird. Die Schilderung der durch die Midianiter heraufbeschworenen Not findet sich in Ri 6,3a.3b* (nur ועלה מדין).4abα.5aα (nur כי הם ומקניהם יעלו).5b, worin zugleich der literarische Kern von Ri 6, 1-1o liegt [99]. Die von der Gideon-"Berufung" angedeutete Antithese eines

---

99 Die Elemente der Analyse von Ri 6,1-1o sollen hier kurz angedeutet werden: 1. Als ältester literarischer Bestandteil innerhalb von Ri 6,1-1o sind Ri 6,3a.b* (ועלה מדין).4abα.5aα (nur כי הם ומקניהם יעלו).5b anzusehen. Deutlich läßt sich dieses Textstück aus dem Zusammenhang von Ri 6,1-1o als eigene literarische Einheit ausgrenzen. Durch ויהי + אם ist in Ri 6,3a ein erzählerischer Neueinsatz klar markiert, womit zugleich eine Abgrenzung gegenüber Ri 6,2b gegeben ist. In Ri 6,3b ist ועמלק ובני קדם als redaktioneller Zusatz zu verstehen, was nicht nur das singularische ועלה in Ri 6,3bα, sondern auch die pluralische Wiederaufnahme dieses Verbums in Ri 6,3bß (ועלו עליו) anzeigt. Nach der überschriftartigen Angabe in Ri 6,3* wird die eigentliche Aktion der Midianiter in Ri 6,4-5 beschrieben. Diese Beschreibung zeigt aber deutliche Spuren redaktioneller Bearbeitung. Als fortlaufende Erzählabfolge ist dabei zunächst Ri 6,4aα+bα zu verstehen. Zweifelhaft muß dabei die Angabe in Ri 6,4aß עד בואך עזה bleiben, die den Zusammenhang zwischen der positiven und negativen Aussage in Ri 6,4aα und 4bα unterbricht. Sicher als redaktionell muß dagegen die nachklappende Aufzählung der Tiere in Ri 6,4bß angesehen werden. Auch innerhalb der Begründung Ri 6,5 sind Bearbeitungsspuren deutlich faßbar. Als redaktionell auszuscheiden ist zunächst das nachklappende ואהליהם in Ri 6,5aα. Auffällig ist sodann die Aussage יבאו כדי ארבה לרב in Ri 6,5aα. Zu beachten ist hier zum einen der asyndetische Anschluß sowie zum anderen das nochmalige Vorkommen von יבאו in Ri 6,5b. Außerdem würden in Ri 6,5a die beiden Verben יעלו und יבאו nach Ausscheidung von ואהליהם unmittelbar aufeinander folgen, was aber schwerlich möglich ist, so daß man יבאו כדי ארבה לרב als einen im Zusammenhang mit ואהליהם hereingekommenen Zusatz verstehen muß. Ebenfalls muß die damit zusammenhängende Aussage in Ri 6,5aß als redaktionell verstanden werden. Als ursprüngliche Fortsetzung von Ri 6,5aα* ist die abschließende Aussage in Ri 6,5b anzusehen, was indirekt durch eine stilistische Beobachtung bekräftigt wird. Die beiden Verben der angefügten Begründung in Ri 6,5* (לשחתה + ויבאו / יעלו) nehmen bezeichnenderweise die einander korrespondierenden Verben zu Beginn und zum Abschluß der Aussagereihe in Ri 6,3*+4* auf, so daß die ursprüngliche Schilderung der Notsituation auch stilistisch eng verklammert ist. - 2. Diese Notschilderung, die als Vorspann zu der ursprünglichen Form der Geschichte von der Berufung Gideons zum Retter in Ri 6,11b-16* diente, ist geringfügig überarbeitet worden im Zusammenhang mit der redaktionell hergestellten Verbindung der "Altarbauätiologie" und der "Berufungsgeschichte". Dieser Überlieferungsstufe des Textes ist wohl nur Ri 6,5aß zuzurechnen. Hier ist ein Zusammenhang mit der älteren Redaktion in Ri 6,11-24 anzunehmen. - 3. Auf der nächsten Stufe der Textüberlieferung hat die konkrete Schilderung der Notsituation in Ri 6,3-5* eine generalisierende Rahmung durch Ri 6,1.2a und 6b erfahren, die auf den Verfasser von DtrG zurückgeht. - 4. Die vorliegende Textgestalt ist einem jüngeren dtr. Redaktor zu verdanken, der aufgrund von Ri 6,7-1o als DtrN zu bestimmen ist und der mit der jüngeren Redaktionsschicht in Ri 6,11-29 auf einer Ebene liegt. Dieser redaktionellen Bearbeitung

Führertums, das seinen Anspruch ganz auf den eigenen Erfolg gründet, und
einem in der Berufung durch Jahwe begründeten Führertum findet ihren äußeren Ausdruck in der Antithese von Gideon und Abimelech. Deutlich verrät somit die Geschichte von der "Berufung" des Gideon eine antimonarchische Tendenz, die sich zwar nicht gegen das Königtum als solches richtet, sondern
nur gegen das dynastische Königtum, in dem der König aufgrund von Geburt
und nicht mehr aufgrund von göttlicher Beauftragung Führer des Volkes ist.
Die Gideon-"Berufung", die wohl auf den Verfasser des "Retterbuches"
(Ri 3-9*) zurückgeht [100], wird am ehesten aus der zweiten Hälfte des 8.
Jahrhunderts stammen [101].

An die Geschichte von der Berufung Gideons zum Retter (Ri 6,11b-16[*]) hat
sich ganz offenkundig E bei seiner Darstellung der Mose-"Berufung" angelehnt. In diese Richtung weist nicht allein die wörtliche Übereinstimmung
der Beistandszusage von Ex 3,12aα und Ri 6,16aβ. Die Berührungen zwischen
beiden Texten sind weitaus enger. Auffällig ist die weitgehende Übereinstimmung in der Kleinstruktur der beiden Geschichten, ihre Gestaltung als
Gespräch, der charakteristische Wechsel zwischen göttlichem und menschlichem Gesprächspartner, wobei das abschließende Wort Jahwes sich auf die Zusicherung des göttlichen Beistandes beschränkt. Formale Abweichungen, die
vor allem die Erzählungseröffnung betreffen, sind literarisch bedingt, betreffen aber nicht das zugrundeliegende Formschema. Zu beachten ist auch
die enge Verwandtschaft der Beauftragung von Mose und Gideon in Ex 3,10[*]
und Ri 6,14a. Wenn E sich demnach so eng an Ri 6,11-16[*] angelehnt hat, dann
ist das wohl nicht zuletzt darum geschehen, um die Intentionen der Geschichte von der Bestellung des Gideon zum "Retter" in die Mose-"Berufung" zu
übertragen. Die Verwandtschaft zwischen Ex 3[*] (E) und Ri 6[*] erklärt sich
demnach nicht aus der Anlehnung an ein (schon mündlich) überliefertes Schema der "Berufung", sondern aufgrund literarischer Abhängigkeit der Texte
voneinander.

---

in Ri 6,1-10 sind außer Ri 6,7-10 die redaktionellen Erweiterungen in
Ri 6,2-5 (ausgenommen wohl nur Ri 6,5aß) zuzurechnen sowie die neue
Rahmung dieses Abschnittes durch Ri 6,2b und 6a, die chiastisch aufeinander bezogen sind (vgl. dazu W. RICHTER, Bearbeitungen des Retterbuches in der deuteronomischen Epoche, BBB 21, Bonn 1964, 11).

100 Zur Konzeption eines vordeuteronomischen "Retterbuches" vgl. W. RICH-
TER, BBB 18, 318-343.

101 Vgl. dazu W. RICHTER, BBB 18, 340-341 und - wenn auch vorsichtiger -
L. SCHMIDT, WMANT 38, 53.

3. Kompositions- und redaktionskritische Analyse

Bei der Untersuchung der geprägten Wendungen und Vorstellungen wurde ein doppelter Horizont der Szene von der Beauftragung des Mose zum Retter in Ex 3* (E) innerhalb des elohistischen Werkes erkennbar. Demnach ist auch die kompositions- und redaktionskritische Analyse in zwei Schritten durchzuführen. In einem ersten Schritt soll die "Berufung" des Mose zum Retter Israels als literarischer Bestandteil der elohistischen Exodusgeschichte verstanden werden. In einem zweiten Schritt ist sodann die Stellung und Funktion der Szene von der "Berufung" des Mose zum Retter innerhalb der ganzen elohistischen Geschichtsdarstellung zu bedenken, wobei vor allem die engen thematischen Berührungen mit der Jakobgeschichte von Bedeutung sind. Aufgrund dieser Beobachtungen sind abschließend noch einige Folgerungen im Blick auf Entstehungszeit und Heimat des Elohisten nachzutragen.

3.1 Die "Berufung" des Mose zum Retter im Rahmen der elohistischen Exodusgeschichte

Die Geschichte von der "Berufung" des Mose zum Retter in Ex 3* bildet den Auftakt der elohistischen "Exodusgeschichte". Ihre Fortführung erfährt sie mit der Darstellung der Machttaten des Mose vor dem Pharao, die in Ex 9/lo* berichtet sind [1o2]. Hier lassen sich Ex 9,22a [1o3].23aα (ויט משה את מטהו על

[1o2] Mehrfach wird ein Anteil von E an den "Plagen" überhaupt eliminiert, vgl. nur W. RUDOLPH, BZAW 68, 18-21 und R. FRIEBE, Form- und Entstehungsgeschichte des Plagenzyklus Ex 7,8-13,16, Diss. Halle/Wittenberg 1967/68 (dort auch [1-24] ein kritischer Überblick über die Forschungsgeschichte). - Nachdrücklich bestritten wurde die Eliminierung von E innerhalb von Ex 1-12 von O. EISSFELDT, Die Komposition von Exodus 1-12. Eine Rettung des Elohisten, ThBl 18 (1939) 224-253 = KS II (1963) 16o-17o. - Auch wenn das Darstellungsschema der "Machttaten" vor dem Pharao bei E weitgehend mit dem Darstellungsschema bei P übereinstimmt, so sind andererseits deutliche Unterschiede (vor allem das Fehlen des "Zauberer"-Motivs) gegeben, die eine Zusammenschau beider Darstellungsschemata verbieten.

[1o3] Die spezifizierende Aufzählung Ex 9,22b kann nicht als elohistisch verstanden werden (vgl. nur die Korrespondenz von Ex 9,22 zu Ex 1o,21), sondern ist eine nachelohistische Erweiterung, die wahrscheinlich auf R^P zurückgeht.

(השמים).24aα.bβ* (nur בכל ארץ מצרים) [104]. 35a und Ex 1o,12abα [105]. 13aα* (nur
מצרים ארץ על מטהו את משה ויט). 14aα.15a* (nur עשב כל את ויאכל). 2o.21a.
22a.b* (nur בכל ארץ מצרים) ויהי חשך .27 als elohistisch kennzeichnen.

Nach der Geschichte von den "Machttaten" vor dem Pharao setzt die elohistische Exodusgeschichte erst wieder mit Ex 19* ein, während sich dazwischen
kein Anteil an der elohistischen Geschichtsdarstellung beobachten läßt [106].
Der dritte Teil der elohistischen Exodusgeschichte, der im vorliegenden
Textzusammenhang des Exodus-Buches ein Teil der Sinaigeschichte ist [107],
hat wohl nur Ex 19,1o-11a [108]. 16a* (nur ויהי השלישי ביום ויהי קלת וברקים) [109]

---

104 Wird die auch sonst bei E innerhalb der Geschichte von den "Machttaten"
vor dem Pharao sich findende enge Korrespondenz von Jahwerede und Ausführungsbericht beachtet, dann kann in Ex 9,24 nur die Aussage ברד ויהי
בכל ארץ מצרים ursprünglich sein, während alles andere in Ex 9,24 als
nachelohistische Redaktion verstanden werden muß, wobei im einzelnen
zwei verschiedene Redaktionen anzunehmen sind. Einer ersten redaktionellen Bearbeitung, die als jehowistisch zu charakterisieren ist, ist
in Ex 9,24bα wohl כבד מאד אשר לא היה כמהו zuzurechnen. Auf eine zweite
redaktionelle Bearbeitungsschicht, die mit R[P] zu identifizieren ist,
gehen Ex 9,24aß und 24bß zurück.

105 Die nur locker asyndetisch angeschlossene Aussage in Ex 1o,12bß steht
im Zusammenhang mit Ex 9,22b und dürfte somit der gleichen redaktionellen Bearbeitung (R[P]) wie dieser Halbvers zuzuschreiben sein.

106 Die sogenannten "elohistischen" Fragmente in Ex 11-18 können nicht als
Bestandteile der Exodusgeschichte des Elohisten verstanden werden, sondern sind ausnahmslos Produkte nachelohistischer Redaktionen, woher
sich dann auch deren fragmenthafter Charakter erklärt.

107 Zur Analyse der Sinaigeschichte vgl. vor allem E. ZENGER, fzb 3, wobei
die dort vorgenommene Ausgrenzung des elohistischen Anteils (148-163)
nach dem Folgenden zu korrigieren ist.

108 Ex 19,2b+3abα kann nicht als Bestandteil der elohistischen Geschichtsdarstellung verstanden werden. Ex 19,3abα dient der Einleitung der Gottesrede in Ex 19,3bß-6 und kann von dieser nicht abgetrennt werden (vgl
in diesem Zusammenhang auch den betonten Neueinsatz der Erzählung durch
Inversion (x-qatal) in Ex 19,3a). Da die Gottesrede in Ex 19,3bß-6 wahr
scheinlich erst nach-deuteronomistischen Ursprungs ist (vgl. dazu Anm.
17), wird auch die Redeeinleitung Ex 19,3abα erst nach-dtr. sein. Näher
hin wird auch Ex 19,3abα aufgrund des Stichwortzusammenhangs mit Ex 19,
2o (נגד ההר / מן ההר) als Produkt der Schlußredaktion des Pentateuch
zu qualifizieren sein. Dafür spricht vor allem die mit Ex 19,2b zu verbindende Itinerarnotiz in Ex 19,2aα, die in Spannung steht zu Ex 19,1
(P[g]). Der elohistische Erzählfaden setzt erst nach Abschluß der Szene
Ex 19,3-9 mit der Redeeinleitung in Ex 19,1oaα ein.

109 Der sich an Ex 19,11a anschließende Abschnitt Ex 19,11b-15 ist gegenüber Ex 19,11a als eine redaktionelle Erweiterung zu verstehen. Das
zeigt zunächst die Wiederaufnahme von Ex 19,11a durch Ex 19,15a (vgl.
dazu C. KUHL, ZAW 64, 1952, 1-11). Das wird durch eine Reihe weiterer

17a (ohne המחנה מן) [110] und Ex 2o,2oa [111] umfaßt. Mit der Rede des Mose in
Ex 2o,2oa ist die elohistische Exodusgeschichte und damit die ganze elohistische Geschichtsdarstellung abgeschlossen worden [112].

Die elohistische Exodusgeschichte und damit der dritte Teil des elohistischen Werkes hat demnach den folgenden Wortlaut gehabt:

Beobachtungen bekräftigt. Wegen des Wechsels von der ersten zur dritten Person kann Ex 19,11b nicht von der gleichen Hand stammen wie die
erste Vershälfte. Da Ex 19,12+13 wegen der Erwähnung des "Berges" die
redaktionelle Begründung in Ex 19,11b voraussetzt, ist Ex 19,12-13
von Ex 19,11a abzutrennen und gleichfalls als redaktionell zu verstehen. Das gilt dann aber auch für Ex 19,14, da hier vorausgesetzt ist,
daß Mose den Berg bestiegen hat, wovon im vorangehenden elohistischen
Bericht nicht die Rede gewesen ist. Die einleitende Zielangabe in Ex
19,16a* השלישי ביום ויהי nimmt Ex 19,11a wieder auf. Demgegenüber
scheint die sich daran anschließende Näherbestimmung הבקר בהית eine
redaktionelle Erweiterung zu sein, die wohl mit der Vorstellung von
der auf dem Berg lagernden Wolke zusammenhängt. In Ex 19,16a kann neben der einleitenden Zeitbestimmung nur noch וברקים קלת ויהי als ursprünglich angesehen werden, während die sich daran anhängenden Be-
schreibungen wohl redaktionell sind (vgl. den Zusammenhang mit der
Bergszenerie sowie mit Ex 19,13b), wobei möglicherweise der ההר על כבד וענן
und מאד חזק שפר וקל auf zwei verschiedene Hände zurückgehen. Erst durch
diese redaktionellen Zusätze in Ex 19,1oa ist sodann auch die Notiz in
Ex 19,16b hervorgerufen, die aufgrund der Ortsbestimmung במחנה überdies mit Ex 19,2b verbunden ist.

11o Die Angabe המחנה מן in Ex 19,17a ist durch die entsprechende Ortsangabe in Ex 19,16b hervorgerufen und auch im Zusammenhang mit dieser eingefügt worden. Ebenfalls als redaktionell ist in Ex 19,18a ירד אשר מפני
באש יהוה עליו zu bestimmen, welche mit der ebenfalls redaktionellen
Aussage in Ex 19,11b zusammenhängt. Auf die gleiche Hand geht sodann
auch die mit Ex 19,16b verwandte, aber durch das Subjekt (Volk/Berg)
verschiedene Aussage in Ex 19,18bß zurück (die hier häufig vorgenommene Korrektur von "Berg" in "Volk" ist unwahrscheinlich, wenn man den
Erzählduktus in Ex 19,18 beachtet). Sodann ist auch die mit Ex 19,16aß
zusammenhängende Notiz in Ex 19,19a als eine redaktionelle Bildung zu
qualifizieren.

111 Ex 2o,2ob muß, da der rechte Anschluß an Ex 2o,2oa fehlt und auch eine
leichte inhaltliche Spannung zu תיראו אל in Ex 2o,2oa gegeben ist (so
schon H. HOLZINGER, KHC II, 7o), als redaktioneller Zusatz bestimmt
werden. Möglicherweise ist aber dieser Zusatz in sich nicht einheitlich. So könnte תחטאו לבלתי als näherbestimmender Zusatz verstanden
werden.

112 Die von E. ZENGER, fzb 3, 148-163.196-2o2 ausgemachten elohistischen
Elemente in Ex 33/34 führen gegenüber der kleinen elohistischen Geschichte in Ex 19/2o* in eine andere Richtung und sind demgegenüber
als redaktionelle Zusätze zu qualifizieren.

(3,4)   Da rief Elohim und sprach:

        Mose, Mose!

    Und er antwortete:

        Hier bin ich!

(6)   Und er sprach:

        Ich bin der Gott deines Vaters.

(9)   Siehe,
der Hilfeschrei der Söhne Israels ist zu mir gekommen,
und gesehen auch habe ich die Bedrückung,
mit der die Ägypter sie unterdrücken.

(1o)   Und nun:
Geh zum Pharao
und führe die Söhne Israels aus Ägypten heraus!

(11)   Und Mose sprach zu Elohim:

        Wer bin ich,
daß ich zum Pharao gehen
und daß ich die Söhne Israels aus Ägypten herausführen könnte?

(12)   Und er sprach:

        Ja, ich werde da sein bei dir!

(9,22)   Und Jahwe sprach zu Mose:

        Strecke deine Hand aus zum Himmel,
dann soll Hagel sein im ganzen Land Ägypten.

(23)   Und Mose streckte seinen Stab aus zum Himmel,
(24)   und es war Hagel im ganzen Land Ägypten.

(35)   Und das Herz des Pharao stärkte sich,
und er schickte die Söhne Israels nicht fort.

(1o,12)   Und Jahwe sprach zu Mose:

        Strecke deine Hand aus über das Land Ägypten nach der Heuschrecke
dann steigt sie über das Land Ägypten
und frißt alles Gewächs des Landes.

(13)   Und Mose streckte seinen Stab aus über das Land Ägypten,
(14)   und die Heuschrecke stieg herauf über das Land Ägypten
(15)   und fraß alles Gewächs des Landes.

(2o)   Und Jahwe stärkte das Herz des Pharao,
und er schickte die Söhne Israels nicht fort.

---

(21)   Und Jahwe sprach zu Mose:

        Strecke deine Hand aus zum Himmel,
dann soll Finsternis sein im ganzen Land Ägypten.

(22)   Und Mose streckte seine Hand aus zum Himmel,
und es war Finsternis im ganzen Land Ägypten.

(27)   Und Jahwe stärkte das Herz des Pharao,
         und er wollte sie nicht fortschicken.

(19,1o) Und Jahwe sprach zu Mose:

         Geh zum Volk!
         Heilige sie heute und morgen!
         Sie sollen sich ihre Kleider waschen
(11)   sie sollen bereit sein für den dritten Tag.

(16)   Und es geschah am dritten Tag,
         da gab es Donnerschläge und Blitze,
         und das ganze Volk zitterte.
(17)   Und Mose führte das Volk heraus, Elohim entgegen.

(2o,2o) Und Mose sprach zum Volk:

         Fürchtet euch nicht!
         Denn um euch zu erproben,
         ist Elohim gekommen.

===

Wie schon die Beobachtungen zum Horizont des an Mose gerichteten Auftrags
in Ex 3,1o[*] vermuten ließen, wird in den auf die "Berufung" des Mose zum
Retter folgenden beiden Teilen der Exodusgeschichte der doppelte Auftrag
Elohims an Mose, zum Pharao zu gehen und die Söhne Israels aus Ägypten herauszuführen, erzählerisch entfaltet. Die Exodusgeschichte des Elohisten
steht dabei ganz unter den Vorzeichen, die in der Geschichte von der "Berufung" des Mose gesetzt worden sind. Mose erscheint als der von Elohim berufene "Retter", der den "Krieg Jahwes" führt und die Israel-Söhne aus der
Bedrängnis Ägyptens errettet.

Die erste Hälfte des Auftrags Elohims an Mose, zum Pharao zu gehen (Ex 3,
1oa[*]), wird im zweiten Teil der Exodusgeschichte des Elohisten ausgeführt.
Die Geschehensfolge dieses Teils gliedert sich in drei Szenen, die sich voneinander nur in der von Mose heraufgeführten Machtdemonstration (Hagel, Heuschrecke, Finsternis) unterscheiden. Wie die Trias Hagel, Heuschrecke, Finsternis andeutet, steht dabei im Hintergrund der elohistischen Darstellung
der Machttaten vor dem Pharao die Szenerie des "Tages Jahwes", der für die
Feinde Israels ein Tag des Gerichtes ist [113]. Im einzelnen laufen dabei die
drei Szenen der Machttaten vor dem Pharao ganz schematisch ab und enthalten
nur wenige Abweichungen, die aber stilistisch oder kompositorisch bedingt
sind [114].

---

113 Für den Zusammenhang der elohistischen Geschichte von den "Machttaten"
     vor dem Pharao mit der Tag-Jahwe-Vorstellung vgl. das Vorkommen von

Die drei Szenen werden jeweils mit einer Gottesrede eröffnet, wobei die Re-
deeinführungsformel stereotyp ויאמר יהוה אל משה lautet. Die Gottesrede besteht aus zwei Gliedern. Das erste Glied umfaßt den Befehl Jahwes an Mose,
die Hand auszustrecken. Die Formulierung des Gottesbefehls stimmt dabei in
seiner ersten Hälfte in allen drei Szenen wörtlich überein (נטה את ידך)
und zeigt nur in der zweiten Hälfte geringe Abweichungen, die aber stilistisch bedingt sind. Während sich in der zweiten Szene an den Imperativ
נטה ידך die Richtungsangabe על ארץ מצרים בארבה anschließt (Ex 1o,12aα), ist
der Imperativ in der ersten und dritten Szene durch על השמים weitergeführt,
wodurch diese beiden Szenen inklusorisch verklammert sind.

An den Befehl Jahwes an Mose schließt sich als zweites Glied der Gottesrede
die Ansage des durch das Handausstrecken des Mose bewirkten Geschehens an.
Wie schon bei der Formulierung des Befehls an Mose zeigt sich auch hier wie
derum das Bemühen, die Ansage der Wirkung in der ersten und dritten Szene
stilistisch miteinander zu verklammern, während die mittlere Szene stärkere
Abweichungen erkennen läßt. In der ersten und dritten Szene ist die Ansage
der Wirkung jeweils mit ויהי eingeleitet und abgeschlossen durch die Ortsangabe בכל / על ארץ מצרים, wobei im einzelnen nur die jeweils angesagte
Wirkung (ברד / חשך) verschieden ist (Ex 9,22aß und 1o,21aß). Demgegenüber
ist die Ansage der Wirkung in der zweiten Szene breiter ausgeführt und besteht aus zwei Elementen (Heraufsteigen über das ganze Land Ägypten +
Fressen des Gewächses des Landes) (Ex 1o,12aßbα).

Auf den Jahwebefehl an Mose folgt unmittelbar der entsprechende Aus- und
Durchführungsbericht, der analog zur Jahwerede zweiteilig strukturiert ist.
Der Bericht von der Ausführung des Tatauftrags nimmt dabei jeweils wörtlich
den entsprechenden Jahwebefehl wieder auf und setzt ihn in eine erzählerische Redeform (Narrativ) um (Ex 9,23aα; 1o,13aα und 22a). Nur in den beiden
ersten Szenen ist die "Hand" des Mose durch seinen "Stab" ersetzt, während

---

אַרְבֶּה in Joel 1,4; 2,25 und חשך in Joel 2,2; dazu vor allem E. KUTSCH,
Heuschreckenplage und Tag Jahwes in Joel 1 und 2, ThLZ 18 (1962) 81-
94.

114 Zum Schema der elohistischen "Plagen" vgl. vor allem H.-P. MÜLLER,
Die Plagen der Apokalypse. Eine formgeschichtliche Untersuchung, ZNW
51 (196o) 268-278 und G. FOHRER, BZAW 91, 65-67.

sie in der dritten Szene beibehalten ist [115]. Ebenso schließt sich auch
der Bericht vom Eintreten des durch Moses Handlung Bewirkten wörtlich an
die entsprechende Ansage Jahwes an. Somit zeigt sich auch vom Ausführungsbericht her die stilistische Verklammerung der drei Szenen der "Machttaten"
vor dem Pharao, wobei die erste und dritte Szene gegenüber der mittleren
Szene eine rahmende Funktion haben. Dadurch erhält die Darstellung eine gewisse Statik. Eine Betonung der abschließenden dritten Szene geschieht im
Ausführungsbericht vor allem dadurch, daß hier anstelle des Ausstreckens
des Stabes - wie im entsprechenden Jahwebefehl - vom Ausstrecken der Hand
gesprochen ist.

Der dritte Teil der drei "Machttaten" vor dem Pharao hält die Wirkung fest,
die das von Mose auf Befehl Jahwes bewirkte Geschehen beim Pharao hervorruft. Hier weicht die Darstellung am stärksten vom Prinzip der inklusori-
schen Verklammerung ab. Wie in den beiden vorangehenden Szenenteilen ist
auch der abschließende dritte Szenenteil zweigliedrig strukturiert. Im ersten Glied wird jeweils die Stärkung des Herzens des Pharao konstatiert [116].
In Ex 9,35aα ist dabei von einer Selbst-Erstarkung des Herzens des Pharao
gesprochen (ויחזק לב פרעה), während in Ex 1o,2oa und 27a Jahwe selbst Subjekt und das Herz des Pharao Objekt der Aussage ist. Darin ist deutlich ein
Element der Steigerung in der Darstellung gegeben. Ergänzt ist die Feststellung der Stärkung des Herzens im zweiten Glied durch die negative Feststellung des Nicht-Entlassens. In den beiden ersten Szenen geschieht dies in der
Form ולא שלח את בני ישראל (Ex 9,35aβ und 1o,2ob). Demgegenüber tritt in der
dritten Szene insofern eine Steigerung ein, als hier ausdrücklich betont
wird, daß der Pharao sie nicht entlassen wollte (ולא אבה לשלחם Ex 1o,27b).
Demnach tritt gerade im dritten Szenenteil das Element der Steigerung zur
dritten Szene hin stark hervor, womit zugleich der abschließende dritte
Teil der elohistischen Exodusgeschichte hervorgehoben werden soll [117].

---

115 Der Wechsel von "Stab" zu "Hand" zwischen Befehl und Ausführungsbericht
    in den beiden ersten Szenen der "Machttaten" vor dem Pharao (Ex 9,12a/
    23a und Ex 1o,12aα/13aα) ist zwar auffällig, berechtigt aber nicht zu
    einer Textänderung, die dann durch R[P] bewirkt sein müßte, da auch für
    P[g] der Wechsel von "Stab" und "Hand" charakteristisch ist. Vor einer
    Textkorrektur wäre genau die erzählerische Funktion des Wechsels von
    "Stab" zu "Hand" zu prüfen.

116 Zur Bedeutung von חזק G/D-Stamm vgl. P. WEIMAR, fzb 9, 215-217 mit
    Anm. 277.

Die drei Szenen der "Machttaten" des Mose vor dem Pharao lassen demnach die folgende literarische Struktur erkennen:

1. Rede Jahwes an Mose (zweigliedrig)

   - Ausstrecken der Hand
   - Ansage der Wirkung

2. Ausführungsbericht (zweigliedrig)

   - Ausführung des Jahwebefehls durch Mose (Ausstrecken des Stabes / der Hand)
   - Eintreten der Wirkung

3. Reaktion des Pharao (zweigliedrig)

   - Erstarkung des Herzens des Pharao (durch den Pharao selbst / durch Jahwe)
   - Nicht-Entlassen der Israel-Söhne durch den Pharao

Für alle drei Szenenteile ist somit eine Zweigliedrigkeit der Struktur charakteristisch. Durch die sich zweimal wiederholende Abfolge von quasi-magischer Handlung des Mose und Konstatieren des Eintritts der entsprechenden Wirkung, die sich in jeder der drei Szenen wiederholt, wird der unverbrüchliche Zusammenhang des Tuns des Mose und der daraus resultierenden Wirkung hervorgehoben. Gerade diesen inneren Zusammenhang zwischen Tun des Mose und bewirktem Geschehen wollen die drei Szenen der elohistischen "Plagengeschichte" nachdrücklich unterstreichen [118]. Nur so erweist sich nämlich Mose als der von Gott gesandte Retter seines Volkes.

Doch ist dieses Programm noch auf eine andere Weise unterstrichen. Wird das Gefälle der drei Szenen des zweiten Teils der elohistischen Exodusgeschichte beachtet, dann setzt jede Szene mit einem Wort Jahwes ein, dem sich dann

---

117 Vom geschlossenen Charakter der dreiteiligen elohistischen Geschichte von den "Machttaten" vor dem Pharao her, die durch stilistisch-komposi torische Mittel deutlich herausgearbeitet ist, zeigt es sich, daß der Elohist nur drei Machttaten erzählt hat. Die häufig E zugerechneten Fragmente in Ex 7 (vgl. dazu etwa nur H. HOLZINGER, KHC II, XVI. 22; B. BAENTSCH, HK I/2, 59-62; G. FOHRER, BZAW 91, 65-67.7o) können nicht als Bestandteile einer elohistischen Szene angesehen werden, was zudem ihr fragmentarischer Charakter widerrät, sondern sind Elemente der je-howistischen Redaktion, durch die die jahwistische und elohistische Darstellung miteinander verbunden worden sind.

118 Ein ähnlicher Zusammenhang läßt sich in der Vorlage der priesterschrif lichen Geschichte von den "Machttaten" vor dem Pharao beobachten, vgl. dazu P. WEIMAR, Hoffnung, 35o-353.

der fast wörtlich mit diesem übereinstimmende Ausführungsbericht anschließt.
In dieser Abfolge der szenischen Strukturelemente ist angezeigt, daß das
Tun des Mose und seine Erfolge nicht auf menschlichem Können beruhen, sondern daß sie im voraufgehenden Wort Jahwes gründen. Als der von Jahwe berufene "Retter" handelt Mose nicht eigenmächtig, sondern tut nur das ihm Auf-
gegebene. Seine Legitimation ist das unfehlbare Eintreffen der mit seinem
Tun angezielten Wirkung. Von daher erweist sich die elohistische Darstellung
der "Machttaten" vor dem Pharao als eine genaue Umsetzung des in Ex 3* vorgelegten Programms. In der den drei "Machttaten" jeweils angefügten negativen Feststellung wird zugleich angedeutet, daß die "Machttaten" des Mose in
Zusammenhang mit der Herausführung aus Ägypten stehen und diese vorbereiten
sollen. Die Darstellung dieses Vorgangs ist dem abschließenden Teil der
Exodusgeschichte des Elohisten vorbehalten.

Der abschließende dritte Teil der elohistischen Exodusgeschichte realisiert
die zweite Hälfte des Auftrags Elohims an Mose in Ex 3,1o*, die Israel-Söhne aus Ägypten herauszuführen. Auch hier setzt die Darstellung unmittelbar
mit einer Jahwerede ein, die - wie innerhalb der Plagengeschichte - eingeführt ist durch die Redeeinleitungsformel משה אל יהוה ויאמר. Die Rede Jahwes
selbst besteht aus zwei Teilen. Der erste Teil (Ex 19,1oa) enthält einen
doppelten Befehl Jahwes an Mose. Die einleitende Aufforderung העם אל לך
nennt dabei das Jahwe-Volk als Adressaten des dem Mose Aufgetragenen und
tritt damit in bewußte Opposition zu dem Jahwebefehl an Mose in Ex 3,1oa*,
der sich auf den Pharao bezieht. Zugleich ist damit auch das Gegenüber zum
zweiten Teil der elohistischen Exodusgeschichte angezeigt. Wie auch sonst
in der Exodusgeschichte des Elohisten ergeht der Auftrag Jahwes an Mose zu
einem Tun (heiligen). Der zweite Teil der Jahwerede (Ex 19,1ob+11a) enthält
Anweisungen für das Jahwe-Volk, wobei die erste Anweisung in Ex 19,1ob die
rituelle Reinigung der Kleider betrifft [119], während die zweite Anweisung
von einem Bereit-Sein für den dritten Tag als dem Tag der Gottesbegegnung
spricht [12o].

---

119 Eine Zusammenstellung verwandter Wendungen findet sich bei K. ELLIGER,
     HAT I/4, 152 Anm. 12.

12o Sekundär ist die in Ex 19,11a gebrauchte Wendung in Ex 19,15 aufgenom-
     men. In verwandtem Kontext begegnet die Wendung sodann noch in Ex 34,
     2 (J) sowie in Am 4,12 (nachexilische Redaktion), wobei E sich mögli-
     cherweise an Ex 34,2 (J) angelehnt hat, wo die gleiche Konstruktion
     wie in Ex 19,11a vorliegt (היה + נכון + Zeitbestimmung nach ל).

Ganz im Duktus der Jahwerede schließt sich an diese unmittelbar die Darstellung der Gottesbegegnung selbst an. Eingeleitet wird diese durch die Zeitbestimmung ויהי ביום השלישי, womit an die Schlußworte der Gottesrede angeknüpft wird. Die Theophanie Jahwes wird nur indirekt beschrieben, insofern die Phänomene einer solchen Theophanie (Donnerschläge und Blitze) und als Folge eines solchen Geschehens das Erschrecken des Volkes genannt werden [121]. Bezeichnend für die elohistische Darstellung ist nun die Verbindung von Theophanie und Exodus des Jahwe-Volkes durch Mose (Ex 19,17a*), womit zugleich die Ausführung des Jahweauftrags an Mose in Ex 3,1ob* berichtet wird [122]. Der Zusammenhang von Herausführung aus Ägypten und Theophanie wird zusätzlich noch dadurch unterstrichen, daß die Herausführungsnotiz erweitert ist um die Zielangabe לקראת האלהים, womit sich zugleich die theologische Perspektive des Exodusgeschehens andeutet.

Wie das erste szenische Element aus einer Jahwerede bestanden hat, so wird auch das abschließende dritte szenische Element ganz aus einer Rede des Mose an das Volk gebildet (Ex 2o,2oa). Sie wird eingeleitet mit einer zur Jahwerede in Ex 19,1o-11a parallel gefügten Redeeinleitung (ויאמר משה אל העם).

---

121 Donner und Blitz gehören zum gängigen Inventar der Theophanieberichte, auch wenn im Blick auf die Verwendung dieser Motive innerhalb der "Sinaigeschichte" und in den Theophanietexten die Unterschiede größer sind als die Gemeinsamkeiten (vgl. dazu J. JEREMIAS, WMANT 1o, 1o8-111). Dennoch läßt die motivliche Verwandtschaft zu den Theophanieschilderungen deutlich erkennen, daß es sich bei dem in Ex 19,16* geschilderten Geschehen um eine Theophanie Jahwes handelt, auch wenn hier nur die Begleitumstände erzählt werden. Die Unterschiede gegenüber den (hymnischen) Theophanietexten erklären sich wohl vor allem aus der anderen literarischen Intention, die E mit der Theophanieschilderung in Ex 19,16* verfolgt. Während nämlich die Theophanietexte meist von einem Kampf Jahwes gegen seine Feinde und von seinem Kommen zum Gericht reden, hat das Theophaniegeschehen bei E eine heilvolle Funktion, insofern hier Theophanie und Exodusgeschehen zusammengehören. Dagegen spricht auch nicht das "Erzittern" des Volkes. Dieses Element, das die Reaktion auf das Kommen Jahwes mitteilt, gehört zum Grundschema der Theophanieschilderungen (Kommen Jahwes + Aufruhr der Natur), wobei der hier gewöhnlich stehende Aufruhr der Natur eben deshalb durch das Erzittern des Volkes ersetzt ist, weil die Theophanie Jahwes nach Ex 2o,2oa der Erprobung des Volkes dient.

122 Daß es sich in Ex 19,17a* um den zu Ex 3,1o* korrespondierenden Ausführungsbericht handelt, ist durch die auf eine jüngere Redaktion zurückgehende Einführung der Ortsangabe מן המחנה verdeckt worden.

Eröffnet wird die Rede mit der "Ermutigungsformel" אל תיראו, an die sich
ein Begründungssatz anschließt. Dabei blickt die angefügte Begründung nicht
in die Zukunft, sondern, wie die hier gebrauchte Konstruktion zeigt, in die
Vergangenheit. Deutlich ist dabei die Begründung als eine Art Kommentar des
in der zweiten szenischen Einheit (Ex 19,16*+17a*) geschilderten Geschehens
verstanden. Während dort nur die äußeren Phänomene geschildert sind, wird
hier ausdrücklich von einem Kommen Jahwes gesprochen (בא האלהים) [123]. Zugleich wird auch der Zweck jenes Kommens Jahwes angegeben. Es dient der Erprobung des Volkes. Ihr volles Gewicht erhält diese Aussage dadurch, daß
mit ihr die ganze elohistische Geschichtsdarstellung abgeschlossen wird.

Deutlich ist damit das innere Gefälle des abschließenden dritten Teils der
elohistischen Exodusgeschichte greifbar. Der Höhepunkt der Einheit liegt
nicht am Ende, sondern in der Mitte. Das erste szenische Element ist auf
die mittlere Szene bezogen (vgl. nur die Verknüpfung durch die Zeitangabe
ביום השלישי in Ex 19,11a und 16aα). Das Volk hat sich für die Erscheinung
Jahwes (kultisch) zu bereiten. Ebenfalls auf die mittlere Szene ist das
dritte szenische Element bezogen, indem hier das dort dargestellte Geschehen
kommentiert wird. Im Zentrum des dritten Teils der Exodusgeschichte des
Elohisten steht somit die Theophanie Jahwes, bei der Mose eben das Volk Jahwes herausführt, wobei als Zielpunkt des Exodus ausdrücklich Elohim selbst
genannt ist.

Dieser Zusammenhang von Theophanie am "Tag Jahwes" und Exodus ist für das
Ziel der elohistischen Exodusgeschichte von entscheidender Bedeutung. In
der Herausführung aus Ägypten bewährt sich Mose als der von Jahwe berufene
"Retter" seines Volkes. Diese Tat des Führers des Volkes kann aber nicht
als eine Tat gepriesen werden, in der die eigene Größe sichtbar wird, sondern als ein Geschehen, in dem sich Jahwe selbst offenbart und sich darin
als der wahre Führer seines Volkes zu erkennen gibt. Von daher wird auch
verständlich, daß in der Konzeption des Elohisten Elohim und nicht - wie

---

123 Die Redeweise vom "Kommen Jahwes" gehört zu den Grundelementen der
     Form der Theophanieschilderung, wobei das "Kommen Jahwes" im einzelnen
     verschieden ausgedrückt sein kann; vgl. dazu J. JEREMIAS, WMANT 1o,
     passim. - Innerhalb der elohistischen Geschichtsdarstellung hat בוא
     mit Elohim als Subjekt eine Entsprechung bezeichnenderweise noch in
     Gen 2o,3, wobei Abimelech als Adressat dieses Kommens Elohims er-
     scheint.

beim Jahwisten - das Land das eigentliche Ziel des Exodus ist (vgl. Ri 8,22-23 [124]). Das "Kommen" Jahwes, vor dem das Volk erzittert, ist deshalb eine Erprobung, weil das Jahwe-Volk sich angesichts der das Exodusgeschehen begleitenden Theophanie der Gottheit diese als ihren eigentlichen Führer anerkennen muß. Damit tritt am Ende der elohistischen Exodusgeschichte deren polemische Spitze, die schon bei der "Berufung" des Mose zum Retter (Ex 3*) greifbar wurde, noch einmal deutlich hervor [125].

Werden diese Zusammenhänge beachtet, dann werden auch die tieferen Verbindungslinien sichtbar, die die elohistische Exodusgeschichte miteinander verbinden. In der Konzeption des Elohisten ist das ganze Exodusgeschehen eine große Theophanie am "Tage Jahwes", die dabei aber einen doppelten Aspekt hat [126]. Der "Wettstreit", den Mose im Auftrage Jahwes mit dem Pharao austrägt, wird zum Gericht über Ägypten, weil der Pharao sich durch das Nicht-Entlassen der Israel-Söhne gegen Jahwe auflehnt. Für Israel wird es aber zu einem Tag des Heils, weil es die in der Theophanie Jahwes geschehende Erprobung durch die Gottheit bestanden hat. Auch von hierher zeigt es sich dann noch einmal, daß der zweite und dritte Teil der elohistischen Exodusgeschichte nicht nur thematisch, sondern darüberhinaus durch das beiden Teilen gemeinsame Vorstellungsmodell des "Tages Jahwes" zusammengehalten sind, der in seinem negativen (Unheil für Ägypten) wie positiven Aspekt (Heil für Israel) entfaltet wird [127].

---

124   Nach W. RICHTER, BBB 18, 235f.322.339 geht Ri 8,22-23 auf die Hand des Verfassers des "Retterbuches" zurück, während T. VEIJOLA, AASF B 198, 121 die beiden Verse von DtrN herleitet.

125   Zu beachten ist auch, daß die Israel-Söhne bei E erst am Höhepunkt des ganzen Werkes - im Zusammenhang mit der Herausführung aus Ägypten - als "Volk" bezeichnet werden, was wohl im Sinne der Konzeption des Elohisten bedeutet, daß die "Israel-Söhne" erst durch den Exodus zum "Volk" werden.

126   Zum Zusammenhang von Ex 19,16* mit der Topik des Tages Jahwes vgl. E. ZENGER, fzb 3, 157f.

127   Wahrscheinlich ist die elohistische Exodusgeschichte als die älteste literarische Ausprägung der Konzeption des "Tages Jahwes" zu verstehen. Während die Jahwe-Tag-Vorstellung bei E durchaus nicht im Sinne eines mechanischen Heilsmechanismus zu verstehen ist, wonach die Feinde des Jahwe-Volkes am "Tage Jahwes" eo ipso das Gericht treffen wird, Israel aber selbst "Heil" erfahren wird, konnte sie sich im Gefolge der elohistischen Theologie durchaus zu einem solchen Heilsmechanismus entwickeln, wenn nämlich eine grundlegende Voraussetzung der Theologie

*3.2 Die "Berufung" des Mose zum Retter im Rahmen der elohistischen Ge-
schichtsdarstellung*

Die Funktion der "Berufung" des Mose zum Retter im Rahmen der elohistischen
Geschichtsdarstellung ist deutlich durch die in diesem Zusammenhang vorkommenden geprägten Wendungen angezeigt. In der literarischen Konzeption des
elohistischen Werkes ist die "Berufungsgeschichte" in Ex 3 Auftakt der
Exodusgeschichte, die ihren Höhepunkt in der Theophanie Jahwes mit Herausführung des Volkes durch Mose in Ex 19,16*+17a erreicht. Auf der anderen
Seite weist die "Berufung" des Mose zum Retter zurück zu Abraham und Jakob,
wobei aber die intensivsten Rückbezüge im Bereich der Jakobgeschichte liegen. Literarisch knüpft dabei der Elohist nicht an einzelne Aussagen an,
sondern meint immer auch die größeren thematischen Zusammenhänge, in denen
die aufgenommenen Wendungen und Vorstellungsschemata ihren Platz haben.

Die engsten thematischen Berührungen ergeben sich mit der Jakobgeschichte,
worauf vor allem die Eröffnung der Mose-Berufung (Gesprächseröffnung -
Selbstpräsentation als "Gott des Vaters") in Ex 3,4b*+6aα sowie die "Beistandsformel" am Szenenschluß in Ex 3,12aα hinweisen. Als Hintergrund der
elohistischen Jakobgeschichte sind die Wanderungen Jakobs anzusehen, auch
wenn diese als solche nicht ausgeführt, sondern in den verschiedenen Reden
innerhalb der Jakobgeschichte nur reflektiert werden. Ein entscheidendes
Moment ist dabei das Verlassen des eigenen Hauses und die Rückkehr in dasselbe, wobei die Situation des Verlassens im ersten und dritten Teil der Jakobgeschichte im Blick ist, während der mittlere Teil die Rückkehr in die
Heimat reflektiert. Nach dem Schema Verlassen des Vaterhauses - wohlbehal-
tene Rückkehr sind innerhalb der Jakobgeschichte deren erster und zweiter
Teil als korrespondierende Erzählstücke unmittelbar aufeinander bezogen. Dagegen findet das Verlassen des Landes, von dem der dritte Teil der Jakobgeschichte berichtet, innerhalb derselben keine Entsprechung mehr. Vielmehr

---

des Elohisten unterschlagen wurde, nämlich daß die Geschichte Israels
wesentlich eine "Erprobungsgeschichte" ist und daß das Schicksal Israels an sein Verhalten Jahwe gegenüber gebunden ist. Gegen eine solche pervertierte Form der Tag-Jahwe-Vorstellung, wie sie sich im Gefolge des Elohisten im Nordreich Israel breitgemacht zu haben scheint,
polemisiert Am 5,18-2o und 9,1aαb.2.4.

dient der ganze dritte Hauptteil der elohistischen Geschichtsdarstellung als
der zu Gen 46,2-4[*] korrespondierende Bericht von der wohlbehaltenen Rückkehr
womit die Jakob- und Exodusgeschichte eng aufeinander bezogen und miteinander verklammert sind. Von daher wird dann auch die strenge Parallelität der
Erzählungseröffnung in Gen 46,2+3a und Ex 3,4b[*]+6aα verständlich, womit die
Verbindung dieser beiden Teile nachdrücklich unterstrichen wird.

Die enge Berührung der Jakob- und Exodusgeschichte miteinander wird noch
auf einer anderen Ebene hervorgehoben. Als das theologisch verknüpfende Element der drei Teile der Jakobgeschichte ist das in der Beistandsformel zum
Ausdruck gebrachte Mit-Sein Jahwes anzusehen, das in Gen 28,2o-21[*] als wohl-
behaltene Rückkehr interpretiert wird. Dieser theologisch zentrale Inhalt
der Jakobgeschichte wird mit dem Zitat der "Beistandsformel" in Ex 3,12aα
in die Exodusgeschichte eingebracht. Zugleich wird dabei noch ein weiterer
Zusammenhang sichtbar. Die Formulierung der Beistandszusage in Ex 3,12aα
läßt in dem Verbum אהיה den Jahwe-Namen anklingen. Darin liegt deutlich eine Anspielung auf den Nachsatz des Gelübdes in Gen 28,2o-21[*] והיה יהוה לי
לאלהים, mit welcher Wendung das besondere Gottesverhältnis angesagt ist,
in dem Jahwe zu Jakob steht. Werden diese Zusammenhänge beachtet, dann müsse
sowohl die Jakobgeschichte als auch die Exodusgeschichte als eine Explika-
tion des Jahwenamens verstanden werden. Zum andern tritt nochmals deutlich
die theologische Rückbindung der Israel/Mose-Geschichte an die Jakobgeschichte hervor. Diese ist gewissermaßen als die theologische Basis auch
der Exodusgeschichte zu verstehen. Der Gott, der sich dem Jakob gegenüber
als der mit-seiende Gott und damit als Jahwe zu erfahren gegeben hat, wird
sich den Israel-Söhnen gegenüber im Exodusgeschehen gleichfalls als der
mit-seiende Gott erweisen.

Doch beschränkt sich der Rückbezug der "Berufung" des Mose zum Retter in
Ex 3[*] nicht bloß auf die Jakobgeschichte, sondern umgreift ebenfalls die
Abrahamgeschichte. Die Erzählungseröffnung in Ex 3,4b[*] läßt über den Rückbezug auf Gen 46,2[*] hinaus die Geschichte von der Versuchung Abrahams in Gen
22 anklingen (Gen 22,1b und 11). Der Erzählungseröffnung Gen 22,1aß voran
steht als überschriftartige Wendung die Aussage האלהים נסה את אברהם, womit
das Thema der ganzen Geschichte von Gen 22[*], aber auch darüberhinaus der
ganzen Abrahamgeschichte angegeben ist. Erprobung der Gottesfurcht muß als
der thematische Leitgedanke der Abrahamgeschichte angesehen werden. Wenn
somit der Elohist in der Form der Gesprächseröffnung in Ex 3,4b[*] einen -

wenn auch mehr indirekten - Rückbezug zu Gen 22,1b und 11 und damit zur
Abrahamgeschichte überhaupt herstellt, dann soll damit zugleich auch der
thematische Leitgedanke der Abrahamgeschichte im Blick auf ein Verständnis
des Exodusgeschehens aufgenommen werden, so daß auch die Herausführung aus
Ägypten durch Mose mit unter dem Aspekt der Erprobung der Gottesfurcht zu
sehen ist. Ausdrücklich wird dieser Gedanke sodann am Höhe- und Schlußpunkt
der Exodusgeschichte in Ex 2o,2oa bekräftigt: "Um euch zu erproben (נסות),
ist Elohim gekommen!"

Damit erweist sich die elohistische Geschichtsdarstellung als eine sehr kon-
sequent durchkomponierte Form der Darstellung der Geschichte Israels. In
Abraham und Jakob wird jeweils eine theologische Grundhaltung dargestellt.
Im Zentrum der Abrahamgeschichte steht das Thema der Erprobung der Gottesfurcht durch Elohim, das dreifach variiert durchgespielt wird, während die
Jakobgeschichte die Thematik des Mit-Seins Jahwes auf dem Wege behandelt.
Beide Themen erscheinen in der Exodusgeschichte miteinander verknüpft, wobei
zwar das Thema des Mit-Seins überwiegt, doch auch die Thematik der Erprobung - vor allem im Schlußteil - von Bedeutung ist. In der Konzeption der
elohistischen Geschichtsdarstellung liegt das theologische Zentrum der Geschichte Israels bei Jakob, wobei vor allem das Gelübde Jakobs in Gen 28,
2o[*]+21 den Akzent trägt, insofern hier - in Bethel - der Jahwe-Name eingeführt wird. Der Höhepunkt der elohistischen Geschichtsdarstellung wird dagegen erst in der Exodusgeschichte erreicht, die ihrerseits konsequent auf
die abschließende Theophanie Jahwes in Ex 19[*]+2o,2oa, bei der Mose das Jahwe-
Volk aus Ägypten herausführt, zusteuert.

3.3 Folgerungen für Entstehungszeit und Heimat der elohistischen Ge-
schichtsdarstellung

Aufgrund der Analyse der "Berufung" des Mose zum Retter im Rahmen der elohistischen Geschichtsdarstellung sind einige Folgerungen zu Heimat und Entstehungszeit des Elohisten möglich. Auffällig ist die Zentrierung der elohistischen Jakobgeschichte in Bethel, worauf alle drei Texte der Jakobgeschichte bezogen sind. Da diese als das theologische Zentrum der elohistischen Geschichtsdarstellung überhaupt anzusehen sind, gilt die Zentrierung in Bethel
für das ganze Werk des Elohisten. Die zentrale Bedeutung von Bethel im elohistischen Werk wird noch dadurch unterstrichen, daß Bethel hier die einzige
Ortsangabe überhaupt darstellt. Diese auffällige Herausstellung von Bethel

läßt wohl Rückschlüsse auf den traditionsgeschichtlichen Haftpunkt des elohistischen Werkes zu. Dieser wird eben in Bethel zu suchen sein, das seit
der Reichsteilung von Jerobeam zum Zentralheiligtum des Nordreiches Israel
gemacht worden ist [128]. Wahrscheinlich ist dabei die elohistische Geschichtsdarstellung in Prophetenkreisen entstanden, worauf die Akzentuierung des
Prophetischen innerhalb des elohistischen Werkes hindeutet [129]. Dabei werden diese Prophetenkreise, aus denen heraus das elohistische Werk entstanden ist, in einer Beziehung zum Reichsheiligtum gestanden haben, ohne daß
man sie aber als Kultpropheten im eigentlichen Sinne bezeichnen könnte [130].
Zu beachten sind jedenfalls die königskritischen Intentionen, die gerade
in der Exodusgeschichte sichtbar werden.

Schwieriger als die Frage nach dem Entstehungsort ist die Frage nach der
Entstehungszeit des Elohisten zu entscheiden [131]. Doch gibt es gerade inner-

---

128 E wird zwar traditionell im Nordreich Israel angesetzt, doch ist das
Nordreich als Entstehungsort des Elohisten verschiedentlich auch ange-
zweifelt worden (vgl. nur das skeptische Urteil bei O. EISSFELDT, Einleitung, 269f). Doch liegt eine solche Skepsis gegen eine Herleitung
von E aus dem Nordreich weithin in der ungeklärten literarkritischen
Frage begründet, insofern eben eine ganze Reihe von Texten als "elohistisch" deklariert und in die Diskussion einbezogen werden, die in
Wahrheit erst nachelohistischer Herkunft sind, wobei häufig - auch
wenn nordisraelitische Traditionen aufgenommen sind - eine judäische
Herkunft zu vermuten ist. - Jüngst hat H. KLEIN, Ort und Zeit des Elohisten, EvTh 37 (1977) 247-26o (248-253) ebenfalls, wenn auch mit anderen Gründen, eine Herleitung von E aus Kreisen, die dem Heiligtum von
Bethel nahestehen, zu begründen versucht.

129 Auf eine Herkunft aus prophetischen Kreisen deutet vor allem die Bezeichnung Abrahams als נביא in Gen 2o,7 sowie die Bedeutung des Traums
als göttliches Offenbarungsmedium, wobei die Qualifizierung einer göttlichen Offenbarung als Traum nicht nur durch die Näherbestimmung בחלום
(Gen 2o,3a) zu geschehen braucht, sondern in gleicher Weise auch durch
die geprägte Form der Gesprächseröffnung, wie sie in Gen 22,1b und 11
sowie in Gen 46,2 und Ex 3,4b* vorliegt, geschehen kann. Prophetische
Elemente schlagen deutlich auch bei der Darstellung der "Machttaten"
vor dem Pharao durch.

13o Eine gewisse Nähe zum Kult und zu kultischer Praxis dokumentiert sich
bei E vor allem in der Stilisierung der das elohistische Werk abschließenden Theophanie in Ex 19*+2o,2oa, wobei vor allem die vorberei-
tenden Riten, die Jahwe dem Mose für das Volk aufträgt, zu beachten
sind (Ex 19,1o+11a). - Eine Nähe des Elohisten zu kultprophetischen
Kreisen vermutet auch H. KLEIN, EvTh 37 (1977) 257.

131 Meist wird als Entstehungszeit von E die Mitte des 8. Jahrhunderts v.
Chr. angegeben, doch überzeugen die dafür vorgebrachten Argumente
(Beziehungen zur Prophetie, Geistesverwandtschaft mit Hosea) aufgrund
der Problematik der dabei vorausgesetzten literarkritischen Abgrenzun-

halb der elohistischen Exodusgeschichte und hier wiederum vor allem in der Geschichte von der "Berufung" des Mose zum Retter in Ex 3[*] einige Hinweise, die es - in Verbindung mit anderen Nachrichten - erlauben, den zeitlichen Ansatz der elohistischen Geschichtsdarstellung näher zu fixieren. In diesem Zusammenhang ist zunächst die wohl literarische Abhängigkeit der "Berufung" des Mose zum Retter von Ri 6,11b-16[*] zu beachten. Da dieser Text aus der Hand des Verfassers des "Retterbuches" stammt, was wohl in der Zeit des Jehu (841-814) oder des Joahas (814-798) unter dem Eindruck der Aramäerkriege entstanden ist [132], kann auch die elohistische Geschichtsdarstellung frühestens zu dieser Zeit entstanden sein. Andererseits kann aber auch die elohistische Geschichtsdarstellung, sofern als deren Heimat das Reichsheiligtum in Bethel angenommen werden muß, nicht nach 722 entstanden sein, so daß als mögliche Entstehungszeit der elohistischen Geschichtsdarstellung der Zeitraum zwischen 841 und 722 in Frage käme [133]. Läßt sich aber nun die Entstehungszeit des Elohisten noch genauer bestimmen?

Deutlich spiegelt sich in der elohistischen Geschichtsdarstellung eine Reflexion über eine große Bedrohung, die Israel an den Rand der eigenen Existenz gebracht hat, wider [134]. Von Bedeutung ist in diesem Zusammenhang vor allem die dreiteilige Abrahamgeschichte, in der das Problem verhandelt wird, wie Israel angesichts der Bedrohung durch die feindliche Umwelt als Volk Jahwes bestehen kann [135]. In der kleinen Szene Gen 15,1[*].3.4, mit der das elohistische Werk eröffnet wird, wird die Ausgangssituation dargestellt, die Gefahr nämlich, daß der "Sohn des Hauses" Abraham beerben könne, wobei

---

gen nicht, so daß frühere oder spätere Ansetzungen durchaus möglich bleiben. - Vgl. auch das vorsichtige Urteil von O. KAISER, Einleitung, 88: "Damit bleibt für die zeitliche Ansetzung ein Spielraum von 2oo Jahren übrig, ohne daß sich zuverlässige Kriterien für eine genauere Eingrenzung finden".

132 Zur Ansetzung des "Retterbuches" vgl. W. RICHTER, BBB 18, 339-341.

133 Damit scheiden all jene Datierungsversuche aus, die für E eine frühere Entstehungszeit annehmen; vgl. dazu die Übersicht über neuere Datierungsversuche bei J.F. CRAGHAN, The Elohist in the Recent Literature, BThB 7 (1977) 23-3o (24-25).

134 Vgl. dazu vor allem H. KLEIN, EvTh 37 (1977) 253-257.

135 Zur literarischen und theologischen Problematik der elohistischen Abrahamgeschichte vgl. P. WEIMAR, BZAW 146, 75-78.

mit "Sohn des Hauses" hier wohl die Kanaanäer oder Aramäer gemeint sind [136]
In den beiden folgenden Geschichten des Abraham-Zyklus Gen 2o* und Gen 22*
wird dieses Problem nach zwei Seiten hin entfaltet. Die negative Möglichkei
daß der "Sohn des Hauses" Abraham beerben werde, wird in Gen 2o* damit begründet, daß Abraham keine "Gottesfurcht" zeige [137]. Die positive Möglichkeit ist in der Geschichte von der "Erprobung" Abrahams in Gen 22* dargestellt [138]. Gerade in der Situation, da Jahwe selbst dem Abraham die Opfe-
rung der eigenen Zukunft zumutet, beweist dieser "Gottesfurcht" und bewahrt
sich so vor der Gefahr, daß der "Sohn des Hauses" ihn beerben werde.

In den weiteren Teilen der elohistischen Geschichtsdarstellung ist diese
Thematik nur scheinbar verlassen. Bewußt wird im Schlußsatz des ganzen elohistischen Werkes in Ex 2o,2oa im Rückblick auf das vergangene Geschehen
nochmals das Motiv der Erprobung Israels aufgenommen, womit ein großer thematischer Bogen das ganze Werk überspannt. In anderer Form ist das gleiche
Problem auch in der Jakob- und Exodusgeschichte behandelt. In der Jakobgeschichte wird als das für die Existenz Israels entscheidende Moment, das es
glücklich aus allen Gefahren und Nachstellungen heimkommen läßt, das Mit-
Sein Jahwes angesehen. In der Exodusgeschichte wird diese Thematik erneut
aufgenommen, zugleich aber ergänzt durch die Vorstellung des von Gott gesandten "Retters", der allein Israel aus den anstehenden Gefahren zu erret-
ten vermag.

Die Art, wie innerhalb des elohistischen Werkes die Geschichte Israels erzählt wird, läßt auf der einen Seite noch die Größe der Gefahr spüren, in
der Israel steht, auf der anderen Seite aber auch die Freude der Befreiung
aus dieser Not erkennen, die Israel durch den von Elohim gesandten und beauftragten "Retter" erfahren durfte. Dieses alles würde am besten in die
Situation der erfolgreich bestandenen Aramäerkriege passen, die durch Hasael
und Benhadad über Israel gebracht worden sind. Von daher würde sich dann
die Zeit des Joahas (814-798) oder noch eher des Joasch (798-784) als Zeit

---

136 Zur literarkritischen Ausgrenzung von E in Gen 15 vgl. vorläufig noch
     P. WEIMAR, BZAW 146, 52 Anm. 153. Auf die aktuell-zeitgeschichtlichen
     Bezüge von Gen 15* weist auch H. KLEIN, EvTh 37 (1977) 255-256 hin.

137 Eine ausführliche Diskussion der Probleme von Gen 2o findet sich bei
     P. WEIMAR, BZAW 146, 55-78.

138 Zur literarkritischen Ausgrenzung der elohistischen Erzählung in Gen 22
     vgl. vorläufig noch P. WEIMAR, BZAW 146, 77 Anm. 229. Zu den aktuell-
     zeitgeschichtlichen Bezügen vgl. H. KLEIN, EvTh 37 (1977) 253-254.

der Entstehung der elohistischen Geschichtsdarstellung empfehlen [139]. Dieser Zeitansatz würde sich noch aus einem anderen Grunde nahelegen. Wegen der literarischen Bezugnahme der "Berufung" des Mose in Ex 3* auf die "Berufung" Gideons in Ri 6,11b-16* und damit auf das "Retterbuch" sowie aufgrund der hier wie dort zu beobachtenden antimonarchischen Tendenz wird man die elohistische Geschichtsdarstellung nicht zu weit von der Entstehung des "Retterbuches" abrücken dürfen. Somit legt sich von hierher eine Entstehung des elohistischen Werkes in die Zeit um 8oo/79o v. Chr. nahe [140].

Vor diesem Hintergrund würde dann auch verständlich, warum die "Berufung" des Mose als eine "Retter"-Beauftragung gestaltet ist. Die Aktualität der Rettertradition ist nur vor dem Hintergrund harter kriegerischer Auseinandersetzungen verständlich, bei denen die Könige als die durch Salbung legitimierten Führer des Volkes versagt haben. Die antikönigliche Tendenz, die hinter der "Rettertradition" greifbar wird, muß als der Versuch einer Aus-

---

139 Vgl. in diesem Zusammenhang auch die dtr. Notizen über Joahas in 2 Kön 13,4-6 und über Joasch in 2 Kön 13,22-25. In 2 Kön 13,4-6 handelt es sich um einen auf DtrN zurückgehenden Einschub. Wichtig zu sehen ist hier die Unterscheidung zwischen dem König Joahas, der zu Jahwe flieht und der von ihm erhört wird, und der Sendung eines von der Gestalt des Königs unterschiedenen Retters ohne Namen, durch den Israel aus der Hand Arams befreit wird, wodurch sehr genau das Versagen des Königtums dokumentiert wird. Eine verwandte Notiz steht in 2 Kön 13,23 in Bezug auf seinen Nachfolger Joasch, die ebenfalls von DtrN stammt (vgl. dazu W. DIETRICH, FRLANT 1o8, 34 Anm. 51). Doch wird man diesen Notizen als theologischen Konstruktionen kaum einen historischen Wert zusprechen können, es sei denn die indirekte Erinnerung, daß unter Joahas und Joasch eine Rückgewinnung des an die Aramäer verlorenen Gebietes einsetzte. Interessanterweise weiß DtrG[1] in 2 Kön 13,1-3+7-9 nur von einer fast vollständigen Vernichtung des israelitischen Heeres durch Hasael und Benhadad zu berichten. Eine Änderung der Situation dürfte wahrscheinlich erst unter Joasch eingetreten sein. Während DtrG[1] in 2 Kön 13,1o-13* (2 Kön 13,12aγ muß als redaktioneller Zusatz von DtrG[2] verstanden werden) neben den übrigen Taten des Joasch nur allgemein von kriegerischen Erfolgen (וגבורתו אשר נלחם) des Joasch spricht, präzisiert DtrG[2] in 2 Kön 13,22+24-25 diese Erfolge als Rückeroberung des an Aram verlorenen Gebietes. Doch scheinen die Aramäersiege des Joasch nicht nur eine dtr. Konstruktion zu sein, sondern auf einer alten, wahrscheinlich zeitgenössischen Überlieferung zu basieren, wie die Geschichte 2 Kön 13,14-17* zeigt, auch wenn der Name Joasch hier nur als redaktionelle Erweiterung verstanden werden kann (vgl. dazu H. Chr. SCHMITT, Elisa. Traditionsgeschichtliche Untersuchungen zur vorklassischen nordisraelitischen Prophetie, Gütersloh 1972, 8o-81.1o7.173-177).

14o Zu einem ähnlichen Zeitansatz kommt jüngst H. KLEIN, EvTh 37 (1977) 257.

einandersetzung mit dem dynastischen Königtum gesehen werden, wie es von Jehu unter Ablösung der Omriden-Dynastie neu begründet wurde. Diese Jehu-Dynastie kann sich zwar auf göttliche Inspiration berufen, kann aber andererseits auch nicht verleugnen, daß sie letztlich auf Bluttat und Mord begründet ist (vgl. in diesem Zusammenhang den literarischen Grundbestand der Geschichte 2 Kön 9,1-1o,27 [141]). Von daher wäre dann die elohistische Geschichtsdarstellung als eine Kampfschrift gegen die sich von Jehu herleitende Dynastie zu verstehen, die als ein politisch nutzloses Unternehmen angesehen wird, das nur auf Macht und Gewalt begründet ist.

---

141 Zur Analyse von 2 Kön 9,1-1o,27 vgl. vor allem H. Chr. SCHMITT, Elisa, 19-31.139-152.

KAPITEL IV

Die Dornstrauch-Geschichte Ex 3,1-6[*] + 4,2-4

Neben den beiden parallel verlaufenden ursprünglichen Texteinheiten des
Jahwisten und des Elohisten lassen sich in Ex 3/4 noch zwei Textstücke aus
dem vorliegenden Textzusammenhang herauslösen, die weder mit J noch mit E
in einer ursprünglichen Beziehung stehen, sondern als nicht-quellenhaft bezeichnet werden müssen. Die beiden Textstücke, die unabhängig von der jahwistischen und elohistischen Geschichtsdarstellung der Mose-Berufung entstanden sind, sind Ex 3,1a[*] (ohne יתרו).1bα.2b.3[*] (ohne את המראה הגדל הזה).
4a.5a.6b und Ex 4,2-4. Doch sind diese beiden Textstücke nicht unabhängig
voneinander entstanden. Vielmehr gehören sie, wie schon bei der literarkritischen Analyse erkannt wurde, aufgrund thematischer und formaler Querverbindungen zusammen, so daß sie im folgenden gemeinsam zu interpretieren
sind.

Diese Texteinheit, die im vorliegenden Textzusammenhang in zwei Teile aus-
einandergerissen ist, hat den folgenden Wortlaut:

(3,1)   Als Mose die Schafe seines Schwiegervaters, des Priesters von Midian,
        hütete,
        trieb er einmal die Schafe über die Wüste hinaus.
        Und er sah,

(2)   und siehe da:
        Der Dornstrauch brannte im Feuer,
        doch der Dornstrauch wurde nicht verzehrt.

(3)   Da sprach Mose:

            Ich will doch vom Wege abgehen
            und sehen,
            warum der Dornstrauch nicht verbrennt.

(4)   Als Jahwe aber sah,
        daß er vom Weg abging, um zu sehen,

(5)   da sprach er:

            Nahe nicht hierher!

(6)   Da verhüllte Mose sein Angesicht,
denn er fürchtete sich,
zu Elohim aufzublicken.

(4,2) Und es sprach zu ihm Jahwe:

      Was ist da in deiner Hand,

Er sprach:

      Ein Stab.

(3)   Und er sprach:

      Wirf ihn zur Erde!

Da warf er ihn zur Erde,
und er wurde zu einer Schlange,
und Mose floh vor ihr.

(4)   Und es sprach Jahwe zu Mose:

      Strecke deine Hand aus
      und packe sie am Schwanz!

Da streckte er seine Hand aus
und packte sie,
da wurde sie zu einem Stab in seiner Faust.

1. *Formkritische Analyse*

1.1 *Analyse von Form und Struktur*

Den Auftakt des Textabschnitts bildet ein nominaler Umstandssatz, der einen
der Hauptakteure der nachfolgenden Geschichte samt der von ihm ausgeübten
Tätigkeit vorstellt (Mose + היה + Partizip + Objekt). Neben Mose wird dabei
noch eine zweite Person, wenn auch ohne Namen, genannt, die aber nicht als
zweite Hauptperson neben Mose eingeführt ist, sondern nur den Besitzer des
Kleinviehs, das Mose hütet, nennt [1]. Dabei ist חתנו כהן מדין nicht als Einführung einer neuen Person zu verstehen, sondern stellt einen Rückbezug zu
einer vorangehenden Einheit dar, in der der Priester von Midian schon als
der Schwiegervater des Mose eingeführt ist. Die nominale Eröffnung der
Dornstrauch-Geschichte läßt somit erkennen, daß diese Geschichte nicht als
eine ursprünglich einmal selbständige Texteinheit verstanden werden kann,
sondern in einen größeren literarischen Zusammenhang eingeordnet gewesen
ist [2].

---

1 Anders W. RICHTER, FRLANT 1o1, 73-74.

2 So auch W.H. SCHMIDT, BK II/2, 11o-111, wohingegen W. RICHTER, FRLANT
    1o1, 74 die mit Ex 3,1a* eingeleitete Erzähleinheit für ursprünglich
    selbständig hält, wobei er allerdings damit rechnet, daß Ex 3,1a* sekun-

Der partizipiale Nominalsatz Ex 3,1a[*] ist in 3,1bα mit einem Narrativ weitergeführt, der zum eigentlichen Handlungsgeschehen hinführt. Mit Hilfe dieser Aussage in Ex 3,1bα wird der Ort des weiteren Geschehens eingetragen,
der dabei auffälligerweise mit אחר המדבר angegeben ist. Das eigentliche Handlungsgeschehen setzt mit Ex 3,2b ein, ohne daß aber die beiden vorangehenden Aussagen in Ex 3,1a[*]bα von Ex 3,2b literarisch abgesetzt werden könnten [3]. Es wird hier von einer überraschenden Wahrnehmung (וירא והנה) des
Mose berichtet, wobei der Inhalt des Wahrgenommenen durch einen partizipialen Nominalsatz und einen negierten partizipialen Umstandssatz mitgeteilt
ist [4]. Der von Mose gesehene "Dornstrauch" ist mit Artikel eingeführt (הסנה),
so als ob er eine bekannte und unverwechselbare Größe sei. Die Eigenart des
Dornstrauches wird positiv mit בער באש angegeben. Sie wird ergänzt durch eine negative Feststellung, die das eigentlich Auffällige an dem beobachteten
Geschehen festhält. Indem hier aus Ex 3,2bα nochmals das Subjekt הסנה aufgenommen ist, soll gerade diese negative Feststellung betont hervorgehoben
werden.

Auf das in Ex 3,2b berichtete sonderbare Geschehen des brennenden und doch
unversehrt bleibenden Dornstrauches wird in der abschließenden Rede des Mose
in Ex 3,3[*] erneut Bezug genommen. Die Rede selbst wird eröffnet mit einem
durch נא verstärkten Voluntativ und fortgeführt durch eine mit ו angeschlossene Präformativkonjugation, die die Absicht des Mose angibt. Daran schließt
ein von ראה abhängiger Fragesatz an, wobei der Inhalt der Frage in Ex 3,3b
auf das in Ex 3,2b geschilderte Geschehen Bezug nimmt [5]. Auf der anderen

---

där aus einer ursprünglichen Erzählungs-Eröffnungsformel beim Einbau hinter Ex 2,15-22 zur heutigen Form umgestaltet worden ist.

3   Anders W. RICHTER, FRLANT lol, 74, der mit Ex 3,2 die Haupthandlung be-
ginnen läßt, während er Ex 3,1* davon als Exposition absetzt.

4   W. RICHTER, FRLANT lol, 74-75, dem sich H. MÖLLE, "Erscheinen" Gottes,
65 anschließt, zieht בלבת אש מתוך הסנה aus Ex 3,2a als ursprüngliches
Objekt zu וירא in Ex 3,2b, ohne daß sich aber eine solche Rekonstruktion
hinreichend begründen ließe.

5   Auffällig ist der Bedeutungswechsel im Gebrauch des Wortes בער zwischen
Ex 3,2b und 3b. Dieser kann jedoch nicht durch literarkritische Operationen erklärt werden, wie etwa R. SMEND, Erzählung, 116 und O. EISSFELDT,
HS 111* annehmen, auch nicht durch die Annahme, daß die Negation לא in Ex
3,3b erst aufgrund der redaktionellen Einfügung von Ex 3,2bβ eingetragen
worden sei, um auf diese Weise das Geschehen ins Mirakelhafte zu stei-
gern, wie F. FUSS, BZAW 126, 26-27 annimmt, ebensowenig auch dadurch, daß
der Negation לא in Ex 3,3b nicht eine negierende, sondern eine emphati-
sche Funktion zugeschrieben wird, wie D.N.   FREEDMAN, The Burning Bush,

Seite ist die Rede des Mose in Ex 3,3[*] durch die doppelte Absichtserklärung
אסרה נא ואראה zugleich auch vorwärts gerichtet, womit im Erzählablauf eine
neue Spannung geweckt ist.Von daher läßt sich dann auch die Funktion der Rede des Mose in Ex 3,3[*] im Erzählablauf näher bestimmen. Auf der einen Seite
wird damit die mit Ex 3,1 einsetzende Erzählbewegung auf ihren Höhepunkt
geführt, auf der anderen Seite wird durch eben diese Rede im Handlungsab-
lauf neue Spannung geweckt, so daß sie als Abschluß einer szenischen Einheit verstanden werden muß.

Der nächste szenische Handlungsbogen setzt in Ex 3,4 ein. Der Szenenwechsel
ist durch den Wechsel des Subjekts angegeben (Mose/Jahwe). Das Verbum וירא
nimmt dabei das entsprechende Verbum aus Ex 3,2b auf, wo es dazu diente, die
überraschende Feststellung des brennenden und sich nicht verzehrenden Dornstrauches einzuleiten. Der in Ex 3,4a von ראה abhängige Objektsatz, der mit
כי eingeleitet ist, nimmt die beiden Verben aus der Mose-Rede in Ex 3,3a[*]
wieder auf, wobei das erste Verbum in Afformativkonjugation steht, während
das zweite Verbum einen davon abhängigen Infinitivsatz bildet. Das Sehen
Jahwes in Ex 3,4a dient dabei der Exponierung der nachfolgenden Jahwe-Rede
in Ex 3,5a, die durch einfaches ויאמר eingeleitet ist. Daß hier Mose der Angeredete ist, wird aus der Anrede erkennbar, die sich nur an Mose richten
kann. Der negierte Jussiv spricht eine Warnung aus, die etwas Konkretes fordert. Die adverbiale Ortsbestimmung הלם zeigt den "Standort" Jahwes an, der
mit dem Dornstrauch zu identifizieren sein wird. Damit sind zugleich Dornstrauch-Wunder und Jahwe-Erscheinung zueinander in Beziehung gesetzt, auch
wenn in diesem Zusammenhang nicht ausdrücklich von einer Erscheinung Jahwes
gesprochen wird.

Dieser Zusammenhang wird von Ex 3,6b her bestätigt, wo die Reaktion des Mose
auf die Anrede durch Jahwe mitgeteilt ist. Zu beachten ist in diesem Zusammenhang die Verwandtschaft der Konstruktion des Satzes mit Ex 3,4a (way-
yiqtol + S + כי + qatal + Infinitiv), was wohl deutlich beide Aussagen in

---

Bb 5o (1969) 245-246 postuliert. Vielmehr ist dieser Bedeutungswechsel
stilistisch bedingt, insofern in der Rede des Mose in Ex 3,3* durch Aufnahme der entscheidenden Stichworte aus Ex 3,2b (ראה / הסנה / בער) die
Rede des Mose mit der Schilderung des Geschehens verknüpft werden soll.

ihrer Gegenläufigkeit aufeinander beziehen will. Zugleich ist damit auch eine literarische Klammer gegeben, durch die die mit Ex 3,4a eröffnete szenische Einheit wirkungsvoll abgeschlossen wird [6]. Die Reaktion des Mose bezieht sich zunächst nur auf die Warnung Jahwes zurück, geht aber auffälligerweise über diese hinaus, da sich das "Hinschauen auf Elohim" nur auf das in der ersten Szene geschilderte Wunder vom brennenden Dornbusch beziehen kann, das damit eindeutig als eine Art Jahwe-Erscheinung verstanden ist. Die Reaktion des Mose in Ex 3,6b bezieht sich somit in gleicher Weise auf die erste wie auf die zweite szenische Einheit zurück [7].

Die Feststellung des Mose in Ex 3,6b kann nun nicht als der Schluß einer Geschichte verstanden werden, da die Einheit sonst ohne eigentliches Ziel bliebe [8]. Aber auch der Duktus der Erzählung selbst läßt erkennen, daß die Einheit mit Ex 3,6b noch nicht zu Ende sein kann. In der ersten szenischen Einheit ist Mose das alleinige Subjekt des Geschehens. Er hütet die Schafe seines Schwiegervaters, er erlebt bei einer solchen Gelegenheit das Wunder eines brennenden, aber nicht verbrennenden Dornstrauches und richtet an sich selbst die Aufforderung, diese sonderbare Erscheinung zu prüfen. Mit der zweiten szenischen Einheit wechselt das Subjekt zu Jahwe. Doch steht Jahwe dabei keineswegs so einzig im Vordergrund, wie es in der ersten szenischen Einheit bei Mose der Fall ist. Das Verhalten des Mose ist der Anlaß des Eingreifens Jahwes, daraufhin spricht Jahwe ihn an, und zuletzt tritt Mose selbst auf, indem er auf die Warnung Jahwes reagiert. Deutlich ist die zweite szenische Einheit auf die Begegnung von Jahwe und Mose hin ausgerichtet.

---

6 Von daher bestätigt sich nochmals die hier gegebene Szenenabgrenzung, wonach die erste szenische Einheit bis Ex 3,3b reicht, während die zweite szenische Einheit mit Ex 3,4a einsetzt und in Ex 3,6b endet.

7 Durch dieses Stilmittel ist angezeigt, daß das eigentliche Erscheinungsgeschehen mit der konstatierenden Notiz in Ex 3,6b zu Ende ist, ohne daß damit aber auch zugleich das Ende der mit Ex 3,1a* eröffneten Geschichte gegeben sein müßte.

8 Daß die mit Ex 3,1a eröffnete Geschichte nicht mit Ex 3,6b geendet haben kann, ist schon verschiedentlich beobachtet worden. So konstatiert G. FOHRER, BZAW 91, 33, daß in Ex 3,1-6b* keine vollständige "Entdeckersage" vorliege, sondern höchstens der Teil einer solchen. Auch W. RICHTER, FRLANT 1o1, 79 vermutet, daß die Einheit wohl nur eröffnender Teil einer größeren Einheit gewesen ist, deren Ziel wohl eine Kultätiologie sein muß. W.H. SCHMIDT, BK II/2, 117 beobachtet ebenfalls, daß der Abschnitt in sich unvollständig wirkt, um sodann zu fragen, welches Ziel die ursprünglich selbständige, nicht auf das Berufungsgeschehen ausgerichtete Einheit, gehabt habe.

Da eine solche in der zweiten szenischen Einheit selbst nicht zustande kommt
verweist sie überdies hinaus auf eine dritte szenische Einheit, für die das
Gegenüber von Jahwe und Mose charakteristisch ist. Als solche ist aber das
Textstück Ex 4,2-4 anzusprechen, das so als ursprüngliche Fortsetzung der
Dornstrauch-Geschichte verstanden werden kann.

Die dritte szenische Einheit setzt in Ex 4,2a mit einer Anrede Jahwes an Mose ein, wobei Mose nicht explizit genannt ist, sondern auf ihn nur durch
Personalpronomen verwiesen wird. Charakteristisch ist hier die Form der Redeeinführung, in der der Adressat hinter ויאמר an zweiter Stelle vor dem
Subjekt genannt und damit besonders hervorgehoben ist. Diese Form der Redeeinführung wird besonders gut im Anschluß an Ex 3,6b verständlich. Die Anrede Jahwes an Mose in Ex 4,2a besteht aus einer nominalen Frage (מזה בידך),
auf die Mose in Ex 4,2b mit einem einpoligen Nominalsatz (מטה) antwortet.
Mit dem Stab, den Mose in der Hand hält, wird dabei allem Anschein nach auf
die Hirtentätigkeit des Mose in Ex 3,1* angespielt [9]. Damit bestünde zwischen der Dornstrauch-Geschichte und dem im vorliegenden Textzusammenhang
davon abgetrennten Ex 4,2-4 deutlich eine Gleichheit der Szenerie. Die Wechselrede Jahwe/Mose in Ex 4,2 hat dabei vorbereitende Funktion für die Verwandlung des Stabes zur Schlange und deren Rückverwandlung zum Stab. In Ex
4,3aα erhält Mose den Befehl, den Stab aus seiner Hand zur Erde zu werfen.
Der unmittelbar folgende Ausführungsbericht Ex 4,3aβ greift wörtlich den
vorangehenden Jahwebefehl auf. Der Erfolg dieses Geschehens wird knapp mit
ויהי לנחש konstatiert, was bei Mose eine Flucht vor der Schlange bewirkt
(Ex 4,3b). Darauf wendet sich Jahwe in Ex 4,4a erneut an Mose. Die hier begegnende Redeeinführung entspricht dabei der Redeeinführung zu Beginn der
szenischen Einheit in Ex 4,2a. An Mose ergeht ein doppelter Befehl, die Hand
auszustrecken und die Schlange am Schwanz zu packen. Erneut folgt in Ex 4,4b
der entsprechende Ausführungsbericht, wobei gegenüber dem Jahwebefehl eine
Abänderung nur insoweit eingetreten ist, als אחז durch חזק H-Stamm ersetzt
ist. Abgeschlossen wird diese Texteinheit in Ex 4,4bβ durch die zu Ex 4,3aβ
korrespondierende Feststellung ויהי למטה בכפו.

---

9 Auf den Zusammenhang von Ex 4,2 mit Ex 3,1 hat ausdrücklich W. RICHTER,
   FRLANT 1o1, 84 hingewiesen.

Die Dornstrauch-Geschichte läßt damit eine sorgfältig arrangierte Erzähl-
struktur erkennen. Sie besteht aus drei Szenen, von denen die beiden ersten
unmittelbar auf das wunderbare Geschehen am Dornstrauch bezogen sind, während für die dritte Szene ein solcher Bezug nicht direkt erkennbar ist, ohne daß deshalb aber die dritte Szene von den beiden vorangehenden Szenen abgetrennt werden könnte. Einmal verlangt das Aussagegefälle der beiden ersten
Szenen eine dritte Szene. Außerdem gibt die Hirtentätigkeit des Mose in der
dritten Szene wie in den beiden ersten Szenen den Erzählungshintergrund ab.
In sich sind alle drei Szenen dreiteilig konstruiert, so daß sich eine dreimal dreigliedrige Szenenabfolge ergibt. In allen drei Szenen dient der er-
öffnende erste Szenenteil der Exponierung des Geschehens (Ex 3,1*/4a/4,2),
das jeweils im zweiten und dritten Szenenteil dargestellt ist. Auch hier
sind die erste und zweite Szene enger miteinander verbunden. Während in diesen im zweiten Szenenteil jeweils ein überraschendes und wunderbares Geschehen bzw. ein dieses Geschehen erhellendes Wort mitgeteilt ist und im
dritten Szenenteil die dadurch hervorgerufene Reaktion des Mose folgt, ist
in der dritten Szene im zweiten und dritten Szenenteil eine Reduplizierung
der Geschehensfolge gegeben, wobei es hier jeweils um den Zusammenhang von
Auftrag Jahwes und Tun des Mose sowie Konstatieren des Eintretens der Wirkung geht. Eine entsprechende Reaktion des Mose ist in Ex 4,3b zwischen die
beiden sonst genau parallel verlaufenden Geschehensvorgänge des zweiten und
dritten Szenenteils eingeschaltet.

Die Dornstrauch-Geschichte läßt demnach die folgende Struktur erkennen:

I.   Erste Szene: Mose (Ex 3,1a*.bα.2b.3*)

     1. Hirtentätigkeit des Mose (Ex 3,1*)
     2. Sehen des Dornstrauch-Wunders (Ex 3,2b)
     3. Absicht des Mose (Rede) (Ex 3,3*)

II.   Zweite Szene: Jahwe - Mose (Ex 3,4a.5a.6b)

     1. Feststellung (Sehen) Jahwes (Ex 3,4a)
     2. Warnung Jahwes (Rede) (Ex 3,5a)
     3. Reaktion des Mose (Ex 3,6b)

III.   Dritte Szene: Jahwe - Mose (Ex 4,2-4)

     1. Wechselrede Jahwe - Mose (Ex 4,2)
     2. Befehl Jahwes - Ausführung durch Mose + Eintreten der Wirkung mit
        Feststellung der Reaktion des Mose (Ex 4,3)
     3. Befehl Jahwes - Ausführung durch Mose + Eintreten der Wirkung
        (Ex 4,4)

1.2 *Ziel*

Anhand von Form und Struktur der Texteinheit läßt sich deren Ziel bestimmen.
Dabei wird vor allem nach dem Verhältnis zu fragen sein, in dem die drei
Szenen zueinander stehen. Von entscheidender Bedeutung ist gerade die Bestimmung des Verhältnisses, in dem die dritte szenische Einheit zu den beiden vorangehenden Einheiten steht. Zu beachten ist zunächst die Verschiebung
innerhalb der Szenenabfolge, die sich an den Handlungsträgern ablesen läßt.
Steht in der ersten Szene Mose ganz im Vordergrund, auch wenn sein Handeln
nicht frei, sondern durch das Dornstrauchwunder gesteuert erscheint, tritt
mit der zweiten Szene Jahwe stärker in den Vordergrund, wobei aber Jahwes
Aktivität deutlich auf die Aktivität des Mose bezogen ist. Erst mit der
dritten Szene tritt Jahwe völlig selbständig auf, wobei Mose beinahe zum
Statisten degradiert wird.

Mit dieser Verschiebung auf der Personenebene geht eine andere Verschiebung
auf der Aussageebene konform. Im Zentrum der ersten Szene steht die merkwürdige Erscheinung des brennenden, doch nicht verbrennenden Dornstrauches,
die Mose überraschend beobachtet, wobei offen gelassen ist, welcher Art dieses Phänomen ist. Mose selbst reagiert auf diese Erscheinung des nicht verbrennenden Dornstrauches mit Neugier, die diesen merkwürdigen Tatbestand erklären möchte (vgl. die Einleitung der Frage in Ex 3,3b durch מדוע). In der
zweiten Szene wird der innere Sinn dieses Geschehens insofern erklärt, als
Jahwe vom Dornstrauch aus den Mose davor warnt, sich diesem zu nähern, womit das Brennen und doch Nicht-Verbrennen des Dornstrauches als eine Art
Jahweerscheinung qualifiziert ist. In diesem Zusammenhang ist vor allem auch
die Gegenläufigkeit der Erzählbewegung in Ex 3,4a und 6b zu beachten, indem
die Erkundungsabsicht des Mose kontrastiert wird von der Furcht, die er vor
einem Anblicken der Gottheit empfindet. Daß es sich hierbei wirklich um Jahwe handelt, der mit Mose redet, wird sodann in der dritten Szene gezeigt, insofern diese im Dornstrauch erscheinende und sich zugleich verhüllende Gottheit die Macht hat, den Stab des Mose in eine Schlange und diese wieder in
einen Stab des Mose zu verwandeln, wobei der zur Schlange verwandelte Stab
Mose fliehen läßt.

Deutlich ist im Sinne der literarischen Konzeption des Verfassers das Gefälle der Geschichte greifbar. Die Reaktionen des Mose bewegen sich vom
neugierigen Interesse über ein ehrfurchtsvolles Erschrecken vor der Gott-

heit bis hin zur erschreckten Flucht vor der Schlange. Dabei stehen sich
das neugierige Sich-Nähern, von dem die erste szenische Einheit berichtet,
und das erschreckte Fliehen vor der Schlange in der dritten szenischen Einheit antithetisch gegenüber. Zugleich wird damit aber auch angezeigt, daß
zwischen dem Dornstrauch-Wunder und dem Stab-Schlange-Wunder eine Beziehung anzunehmen ist [1o]. Aufgrund des Erzählzusammenhangs ist das wunderbare Naturphänomen des brennenden und doch nicht verbrennenden Dornstrauches
als eine Erscheinung Jahwes zu interpretieren, in der er sich dem Mose zu
erkennen gibt. Von daher ist sodann auch das Stab-Schlange-Wunder als eine
ebensolche Jahwe-Erscheinung zu verstehen, nur mit dem Unterschied, daß
dieses Wunder durch Mose selbst vollzogen wird. Damit deutet sich dann
das Ziel der Geschichte an. Ganz offenkundig geht es in dieser Geschichte
um die Darstellung des besonderen Verhältnisses, in dem Mose zu Jahwe steht.
Dieses ist nicht nur dadurch gegeben, daß Jahwe ihm im Dornstrauch erscheint, was bei Mose ein Erschrecken vor dem Göttlichen hervorruft, sondern darüberhinaus dadurch, daß Jahwe ihm selbst solche wunderbaren Weisen
des Erscheinens des Göttlichen in die Hand legt. Damit geht es in der Dornstrauch-Geschichte um die Ausstattung des Mose mit einer besonderen Macht
und Würde [11].

Von daher wird dann auch verständlich, warum die Dornstrauch-Geschichte gerade in der Darstellung eines Stab-Schlangen-Wunders einmündet. Daß hier
Stab und Schlange genannt sind, ist wohl keine zu vernachlässigende Beiläu-
figkeit, sondern ähnlich wie die Nennung des Dornstrauches, in dem wort-
spielerisch der Sinai (סנה / סיני) anklingt [12], ganz bewußt gewählt, um ei-

---

10 Ein solcher Zusammenhang zwischen dem Dornstrauch-Wunder und dem Stab-
    Schlange-Wunder wird noch in der jüdischen Tradition gesehen; vgl. dazu
    Schemot rabba III / 16 zu Ex 4,3.

11 Beachtet man diese Zusammenhänge, dann kann die Dornstrauch-Geschichte
    keinesfalls als eine "Heiligtumslegende" bezeichnet werden, da es hier
    nirgends um die Begründung der Heiligkeit eines Ortes geht, sondern
    vielmehr um die Ausstattung des Mose mit einer besonderen Würde, die
    dessen Tun in Parallele setzt zum Erscheinen Jahwes im Dornstrauch.

12 Eine exemplarische Zusammenstellung der Vertreter dieser Auffassung fin-
    det sich bei W. RICHTER, FRLANT 1o1, 79 Anm. 24. - Ist ein solcher mehr
    indirekter Vorverweis für Je als sicher anzusehen, so läßt sich dies
    für die aus dem Textzusammenhang isolierte Dornstrauch-Geschichte nicht
    mit dem gleichen Grad an Sicherheit behaupten. Doch muß ein solcher Zu-
    sammenhang zumindest als wahrscheinlich angesehen werden. Versteht man
    die Dornstrauch-Geschichte nicht als eine alte Ortsüberlieferung, son-
    dern als eine konstruierte Erzählung aus dem Umkreis Jerusalemer Theo-

nen bestimmten Sachverhalt zu verdeutlichen [13]. Der Hirtenstab gehört zu
den gebräuchlichen Herrschafts- und Machtzeichen von Göttern und Königen [14]
Aber auch die Schlange gilt vor allem in Ägypten als Symbol königlicher
Macht, die in Form der Uräus-Schlange zum königlichen Kopfschmuck gehört [15].
Dabei gilt vor allem die Schlange als ein gefährliches Machtzeichen, das
neben positiven auch negative Potenzen in sich birgt. Auf den sachlichen
Zusammenhang von Stab und Schlange verweist dann auch ihre Verbindung zum
Schlangenstab.

Wird dieser Hintergrund des Stab-Schlangen-Wunders beachtet, dann handelt
es sich dabei um die Ausstattung des Mose mit göttlich-königlicher Macht.
Das Tun, das Mose im Auftrag Jahwes zu vollziehen hat, ist dabei als eine
Form des Erscheinens Jahwes zu verstehen. Von daher ergibt sich sodann auch
für die ganze Dornstrauch-Geschichte - einschließlich der Stab-Schlange-
Wunder-Szene ein stimmiger Zusammenhang. Im Rahmen einer Gotteserscheinung
die sich nach außen kundtut als Wunder des brennenden und doch nicht verbrennenden Dornstrauches, wird Mose von Jahwe mit den Insignien göttlich-
königlicher Macht ausgestattet, die sein Tun zugleich als Erscheinung des
ihn beauftragenden Gottes Jahwe qualifizieren.

---

logie (dazu s.u.), dann wird man kaum ausschließen können, daß הסנה
als eine Anspielung auf den Sinai verstanden sein will, wobei sich
die Wahl des "Dornstrauches" zum einen wohl wegen des in der Geschichte vorausgesetzten Lokalkolorits empfohlen hat und zum anderen wegen
der Entsprechung zum Stab-Schlange-Wunder nahelegte. Zudem ist hier
noch einmal darauf hinzuweisen, daß das Nomen סנה schon bei seiner ersten Nennung mit dem Artikel gebraucht ist, wodurch der Dornstrauch
als etwas Typisches hingestellt werden soll.

13 Vgl. zum folgenden vor allem A. REICHERT, Jehowist, 24-25.

14 Für Ägypten, wo für diese Vorstellung wohl der nächste traditionsgeschichtliche Ansetzungspunkt liegt, vgl. A. BONNET, Reallexikon der
ägyptischen Religionsgeschichte, Berlin [2]1971, 254-256.

15 Vgl. dazu H. BONNET, RÄRG 681-684 und 844-847 sowie W. HELCK - E. OTTO,
Kleines Wörterbuch der Ägyptologie, Wiesbaden [2]197o, 323-395.

2. Semantische Analyse

Die Erzählungseröffnung ist mit Hilfe der "Erzählungs-Eröffnungsformel" gebildet [16], wobei diese aber entsprechend dem vorliegenden Textzusammenhang
abgewandelt erscheint. Sie nennt an der Tonstelle Mose als Hauptperson, der
dabei mit dem für die weitere Geschichte wichtigen Zug vorgestellt ist. Eine nähere Qualifizierung der Gestalt des Mose bringt außerdem noch die Angabe "sein Schwiegervater, der Priester von Midian", womit zugleich die verwandtschaftliche Relation, in der Mose steht, aufgedeckt wird. Fortgeführt
ist die nominale Erzählungs-Eröffnungsformel durch einen Narrativ, der die
Erzählungseröffnung in deren Hauptzug weiterführt. Auffällig ist in diesem
Zusammenhang die Ortsangabe אחר המדבר, womit wohl eine Zielangabe gemeint
ist [17]. Zum Verständnis dieser merkwürdigen Zielangabe ist die Parallelität
der Aussagen von Ex 3,1a* und 1bα zu beachten (היה רעה את צאן יתרו חתנו כהן מדין /
וינהג את הצאן אחר המדבר). Im Sinne des Verfassers der Dornstrauch-Geschichte
entsprechen sich dabei nicht nur Verbum und Objekt, sondern wohl auch die
abschließenden Angaben חתנו כהן מדין und אחר המדבר, was überdies noch dadurch nahegelegt wird, daß sowohl Ex 3,1a* als auch Ex 3,1bα mit einer Ortsbestimmung (Midian/Wüste) abgeschlossen sind. Besteht ein solcher Zusammenhang, dann treten sich die abschließenden Aussagen beider Vershälften antithetisch gegenüber. Ist mit חתנו כהן מדין der Lebensbereich des Mose angegeben, dann soll durch die Präposition אחר in Verbindung mit המדבר, womit wohl
auf Midian zurückverwiesen ist, allem Anschein nach das Verlassen dieses
Lebensbereiches durch Mose angedeutet werden [18]. Damit wäre schon am Anfang
der Geschichte der in ihrem Schlußteil offenkundig werdende Neubeginn in der
Biographie des Mose signalisiert. Zu dem Ausdruck נהג + צאן als Objekt, der
in Parallele zu רעה + צאן als Objekt steht, findet sich keine genaue Parallele [19].

---

16 Vgl. dazu W. RICHTER, FRLANT 1o1, 74.79.

17 Die Bedeutung von אחר im vorliegenden Zusammenhang ist umstritten, da
die zugrundeliegende räumliche Vorstellung nicht recht deutlich ist. Im
Zusammenhang der Dornstrauch-Geschichte kann damit aber nur eine eigentliche Zielangabe gemeint sein, die angibt, wohin Mose das Kleinvieh seines Schwiegervaters treibt (vgl. dazu auch W.H. SCHMIDT, BK II/2, 1o2).

18 In dieser Richtung hat auch W.H. SCHMIDT, BK II/2, 154 ein Verständnis
der merkwürdigen Ortsangabe אחר המדבר gesehen.

19 Vom Leiten des Viehs ist נהג außer in Ex 3,1 noch in Gen 31,18; 1 Sam
23,5; 3o,2o; Jes 11,6; Ps 8o,2; Ijob 24,3 gebraucht. Die nächste Parallele zu Ex 3,1* ist die Anrede an Jahwe im Ps 8o,2, wo nebeneinander
נהג כצאן יוסף und רעה ישראל stehen.

Die besondere Erscheinung, die Mose erfährt, wird mit Hilfe des partizipialen Nominalsatzes הסנה בער באש beschrieben. Die partizipiale Wendung בער
באש findet sich neben Ex 3,2 nur noch in Dtn 4,11, 5,23 und 9,15, wo sie
aber im Unterschied zu Ex 3,2b auf den "Berg" bezogen ist [20]. Wahrscheinlich ist die im Deuteronomium begegnende Wendung ההר בער באש als eine sekundäre Übertragung der in Ex 3,2b gebrauchten Wendung zu verstehen, so daß
eine literarische Abhängigkeit der dtn./dtr. Belege von Ex 3,2b anzunehmen
ist [21]. Da im Gebrauch der Wendung בער באש in Ex 3,2b als auch an den Stellen aus dem Buch Deuteronomium die gleiche Vorstellung von der Art der Offenbarung Gottes greifbar wird, ist überdies zu vermuten, daß zwischen den
Vorkommen dieser Wendung insofern ein traditionsgeschichtlicher Zusammenhang zu bestehen scheint, als eine Herkunft aus den gleichen theologischen
Kreisen zu vermuten ist.

Die Reaktion des Mose auf die Warnung Jahwes in Ex 3,5a, sich nicht dem
Dornstrauch zu nähern [22], ist in Ex 3,6b mit Hilfe der Wendung סתר H-Stamm +
פנים als Objekt ausgedrückt. Diese Wendung begegnet in Bezug auf ein Verbergen des menschlichen Angesichts neben Ex 3,6b nur noch in Jes 50,6 und
53,3, während bei den sonstigen Vorkommen der Wendung immer von einem Verbergen des Angesichts Gottes gesprochen wird [23]. Doch können auch Jes 50,6
und 53,3, die beide den "Gottesknecht-Liedern" zuzurechnen sind, nicht als
wirkliche Parallele zu Ex 3,6b angesehen werden, da hier nicht von einem
Verbergen des Gesichtes vor Gott gesprochen wird.

Begründet wird das Verbergen des Gesichtes in Ex 3,6b mit der numinosen
Furcht des Mose vor dem Anblicken der Gottheit. Die in diesem Zusammenhang
gebrauchte Wendung נבט H-Stamm + אל begegnet mit göttlichem Objekt neben

---

20 Vgl. dazu auch W. RICHTER, FRLANT 101, 78 Anm. 20 und W.H. SCHMIDT, BK
   II/2, 119.

21 Das Vorkommen der Wendung ההר בער באש in Dtn 4,11, 5,23 und 9,15 bezeugt
   jeweils, daß man schon früh zwischen der Erscheinung Jahwes im Dornstrauch und am Sinai eine Beziehung gesehen hat.

22 Das Verbum קרב ist in Ex 3,5a im Sinne des kultisch-rituellen Herantre-
   tens gebraucht; vgl. dazu die Zusammenstellung der Belege bei J. KÜHLE-
   WEIN, THAT II, 1977, 674-681 (676).

23 Die Belege sind übersichtlich zusammengestellt bei J. REINDL, Das Angesicht Gottes im Sprachgebrauch des Alten Testaments, EThST 25, Leipzig 1970, 91-108.

Ex 3,6b nur noch einmal in Ps 34,6, womit allenfalls noch Jona 2,5 (heiliger Tempel) verglichen werden kann [24]. Daß hierbei das Objekt des Nicht-Anblickens mit Elohim angegeben ist, erklärt sich daher, daß sich die Furcht des Mose nicht gegen Jahwe, sondern gegen die numinose göttliche Macht ganz allgemein richtet, wobei hinter der Furcht des Mose vor dem Anblicken des Göttlichen als Motiv steht, was in Ex 33,2ob ("Kein Mensch kann mich [Gott] sehen und überleben") gerade lehrbuchhaft festgehalten ist. Von daher rückt dann aber die Feststellung in Ex 3,6b in eine sachliche Nähe zu Ex 1,17 (21), wo von der Furcht Elohims durch die ägyptischen Hebammen gesprochen wird.

Im Gegensatz zur jahwistischen und elohistischen "Berufungsgeschichte" enthält die Dornstrauch-Geschichte kaum geprägte Wendungen. Größere, über die Texteinheit hinausweisende Horizonte lassen sich somit auch kaum feststellen. Hinweise auf solche größeren Horizonte sind allenfalls indirekt gegeben. Die in Ex 3,6b im Hintergrund stehende Thematik der numinosen Furcht vor der Gottheit (Elohim) könnte als mögliche Anspielung auf die Hebammengeschichte in Ex 1,15-2o[*] verstanden werden, so daß diese Geschichte mit im Horizont der Dornstrauch-Geschichte stünde. Aufgrund der Wendung בער באש, die in Dtn auf das Brennen des Berges (Sinai) bezogen ist, darf ein weiterer (außerliterarischer) Horizont der Dornstrauch-Geschichte in der Tradition von der Theophanie Jahwes am Sinai gesehen werden. Der Mangel an geprägten Wendungen innerhalb der Dornstrauch-Geschichte, die auf den Rahmen eines größeren literarischen Werkes verweisen, läßt vermuten, daß diese Geschichte nicht Bestandteil eines weiter ausgreifenden Werkes gewesen ist, sondern nur Teil einer nicht sehr umfangreichen Sammlung von Geschichten, die nicht sonderlich durch den Gebrauch geprägter Wendungen zueinander in Beziehung gesetzt sind.

Seit Hugo Gressmann wird die Dornstrauch-Geschichte, deren Abschluß in Ex 3,6b gesehen wird, gern im Unterschied zur "Berufungszusage" als "Entdecker-sage" bezeichnet [25]. Überdies erinnern manche Züge in der Dornstrauch-Geschichte an die Heiligtumslegende [26]. Solche Geschichten, zu denen es in der alttestamentlichen Literatur mehrere Parallelen gibt [27], erzählen von der

---

24 Die Konstruktion נבט H-Stamm + אל mit persönlichem Objekt findet sich neben Ex 3,6 noch in 2 Kön 3,14; Jes 22,11; 51,2; 66,2; Sach 12,1o; Ps 34,6, mit unpersönlichem Objekt noch Num 21,9; 1 Sam 16,7; Jes 8,22; 22,8; 51,1.6; Jon 2,5; Hab 1,13; Ps 1o2,2o; 119,6.

25 H. GRESSMANN, FRLANT 18, 23-56; M. NOTH, ÜP 121 Anm. 547; G. FOHRER, BZAW 91, 32-33; H. SCHMID, BZAW 11o, 32; W. RICHTER, FRLANT 91, 72-73. 78-79.

zufälligen Entdeckung einer heiligen Stätte. Als Mittelpunkt einer solchen Erzählung ist die Theophanie der Gottheit anzusehen, die einem Menschen unerwartet erscheint und der der Mensch einen Altar errichtet bzw. einen Kult stiftet.

Nun fehlen aber in der Dornstrauch-Geschichte - und zwar in ihrer ursprünglichen Fassung - alle Elemente, die eine solche Kennzeichnung der Dornstrauch-Geschichte rechtfertigen würden. Ein entfernter Anklang an eine Entdeckersage oder Heiligtumslegende liegen allenfalls in der unvermittelten Entdeckung des brennenden und doch nicht verbrennenden Dornstrauches vor. Doch handelt es sich hierbei gerade nicht um die Entdeckung eines heiligen Ortes. Vielmehr ist in der Geschichte der Dornstrauch als eine bekannte Größe eingeführt. Überraschend im Sinne der Erzählung ist nur das Gewahrwerden des brennenden und nicht verbrennenden Dornstrauches, welches Phänomen im Fortgang der Erzählung als Gotteserscheinung gedeutet wird [28].

Entscheidender ist aber das Fehlen zweier weiterer Elemente innerhalb der Dornstrauch-Geschichte, die für die Heiligtumslegende als konstitutiv anzusehen sind [29]. Zum einen fehlt in Ex 3* eine Notiz von einem Altarbau sowie zum anderen die Benennung des Kultortes. Da sich ein redaktionell eingetretener Verlust gerade dieser beiden Elemente nicht begründen läßt, andererseits aber eine mit Ex 3,6b aufhörende Geschichte einen unvollständigen Charakter macht, ist auf die Qualifizierung der Dornstrauch-Geschichte als Heiligtumslegende ganz zu verzichten [30]. Liegt der ursprüngliche Abschluß der Dornstrauch-Geschichte nicht in Ex 3,6b, sondern ist hier die Stab-Schlange-Geschichte als ihr ursprünglicher Abschluß hinzuzurechnen, dann liegt der Schwerpunkt der Geschichte dort und nicht in der vermeintlichen Entdeckung eines Kultortes. Ist aber die Dornstrauch-Geschichte nicht als Heiligtumslegende zu verstehen, dann ist hier auch keine alte vorisraelitische Tradition von der Erscheinung eines Lokalnumens anzunehmen und es erübrigen sich dann auch Rückfragen nach dem Charakter und Namen des im Dornstrauch erscheinenden Numens [31].

---

26 Vgl. G. FOHRER, BZAW 91, 33 und W.H. SCHMIDT, BK II/2, 113.

27 Vgl. dazu vor allem C.A. KELLER, Über einige alttestamentliche Heiligtumslegenden, ZAW 67 (1955) 144-168; 68 (1956) 85-97.

28 Vgl. dazu auch A. REICHERT, Jehowist, 36-37.

29 Auf das Fehlen dieser beiden Elemente hat auch W.H. SCHMIDT, BK II/2, 114-115 hingewiesen.

3o Die Mehrzahl der Argumente, die für eine Qualifizierung der Dornstrauch-Geschichte als "Heiligtumslegende" vorgetragen werden kann, ist aus den hier als redaktionell erkannten Elementen gewonnen, die nicht dem Grundbestand der Geschichte zuzurechnen sind, sondern diesem erst zugewachsen sind, als die Dornstrauch-Geschichte mit der jahwistischen und elohistischen "Berufungsgeschichte" zu einer fortlaufenden Erzählung verbunden wurde.

31 Zur ganzen Problematik vgl. zuletzt W.H. SCHMIDT, BK II/2, 115-12o. - Die Dornstrauch-Geschichte läßt jedenfalls nicht den Schluß zu, daß in ihr ursprünglich nicht von Jahwe, sondern von einem anderen Numen, das sich im Dornstrauch offenbart habe, die Rede gewesen sei. Eine solche ältere Gestalt der Geschichte ohne Jahwe läßt sich auch aus der Erwähnung von האלהים in Ex 3,6b nicht rekonstruieren (gegen W. RICHTER, FRLANT 1o1, 77 Anm. 18 und H. MÖLLE, Erscheinen, 69), da האלהים in Ex 3,6b nicht als Gottesname gebraucht ist, sondern allgemein das Göttli-

3. Kompositionskritische Analyse

Gibt es in der Dornstrauch-Geschichte aufgrund des Mangels an geprägten Wendungen und Redeformen auch kaum Hinweise auf einen größeren literarischen Zusammenhang, in dem die Dornstrauch-Geschichte einmal ihren Platz gehabt hat, so kann dennoch andererseits nicht auf die Annahme eines solchen literarischen Zusammenhangs verzichtet werden. Deutlich enthält der einleitende Nominalsatz der Dornstrauch-Geschichte in Ex 3,1a* in dem suffigierten Nomen חתנו einen Rückverweis, der auf eine vorangehende Geschichte schließen läßt, in der ausführlicher von den verwandtschaftlichen Beziehungen des Mose die Rede gewesen ist. Von daher legt sich die Annahme nahe, daß die Dornstrauch-Geschichte in Ex 3,1*.2b.3*.4a.5a.6b + 4,2-4 ursprünglich mit der Geschichte in Ex 2,16-22a* verbunden gewesen ist [32]. Doch scheint sich der ursprüngliche erzählerische Zusammenhang der Dornstrauch-Geschichte nicht auf Ex 2,16-22a* beschränkt zu haben. In dieser Geschichte wird Mose in Ex 2,17 wie eine schon bekannte Gestalt in die Erzählung eingefügt. Außerdem wird Mose im Munde der Töchter des Priesters von Midian als Ägypter bezeichnet (Ex 2,19), was wohl ebenfalls eine vorangehende Einführung des Mose voraussetzt, die die ägyptische Herkunft des Mose erklärt. Als eine solche Geschichte ist die Ex 2,1-1o* zugrundeliegende ursprüngliche Form der Geschichte anzusehen, die von der Geburt des Mose und seiner Adop-

---

che bezeichnet. Ein solcher Rückschluss ist allem Anschein nach auch nicht aufgrund von Dtn 33,16 (שכני סנה) möglich (so etwa A.H.J. GUNNE-WEG, Mose in Midian, ZThK 61, 1964, 1-9 (5-6) und W.H. SCHMIDT, BK II/2, 116-117). Die Wendung שכני סנה in Dtn 33,16 (dazu vgl. vor allem M.A. BEEK, Der Dornbusch als Wohnsitz Gottes (Deut. XXXIII, 16), OTS 14, 1965, 155-161) kann nicht als der ursprüngliche Name oder Beiname der sich im Dornbusch kundtuenden Gottheit verstanden werden. Wahrscheinlich ist die Gottesbezeichnung "Der im Dornstrauch Wohnende" kein alter Gottesname (wie auch der Mose-Segen in Dtn 33 eine erst nachexilische Bildung zu sein scheint), sondern eine sekundäre Bildung, die sich an die analoge Jahweprädikation השכן בהר ציון (Jes 8,18) anlehnt und in Abhängigkeit von der Dornstrauch-Geschichte gebildet ist (vgl. auch G. FOHRER, BZAW 91, 31).

32 Daß Ex 3,1a* an Ex 2,16-22a anknüpft, ist zwar immer wieder konstatiert worden (vgl. zuletzt wieder W.H. SCHMIDT, BK II/2, 11o-111), doch sieht man in dieser Verbindung meist erst einen redaktionellen Vorgang, der durch die Eingliederung der ursprünglich einmal selbständigen Dornstrauch-Geschichte in den vorliegenden literarischen Zusammenhang hervorgerufen worden ist (vgl. nur W. RICHTER, FRLANT 1o1, 74 und W.H. SCHMIDT, BK II/2, 111.115). Demgegenüber wird hier angenommen, daß diese Verbindung schon von Anfang an bestanden hat, da sich nämlich in der Dornstrauch-Geschichte nicht eine noch ältere Fassung der Geschichte herauslösen läßt, an der Jahwe und Mose nicht beteiligt gewesen wären.

tion durch die Tochter des Pharao erzählt [33]. Doch erklären sich die Voraussetzungen dieser Geschichte nun wieder nicht aus ihr selbst. Vor allem verlangen die Aussagen in Ex 2,1-3, nach denen die Tochter Levis ihren Sohn verbirgt und ihn schließlich am Ufer des Nils aussetzt, nach einer Erklärung. Da diese sich nicht unmittelbar aus den Bedingungen der Erzählung Ex 2,1-1o* ergibt, setzt auch diese Texteinheit wiederum eine Geschichte voraus, in der die zum Verständnis von Ex 2,1-1o* notwendigen Voraussetzungen entfaltet werden. Dies geschieht in der vom vorliegenden Textzusammenhang leicht ablösbaren Texteinheit Ex 1,15-2o* [34]. Diese Geschichte enthält nun ihrerseits keine Voraussetzungen, die für ihr Verständnis notwendig wären und die in ihr selbst nicht entfaltet würden. Von daher ist anzunehmen, daß es sich in Ex 1,15-2o* um die letzte der Geschichten handelt, die von der Dornstrauch-Geschichte in Ex 3/4 ausgehend als deren größerer Textzusammenhang erschlossen werden kann.

Allem Anschein nach ist die Dornstrauch-Geschichte in Ex 3/4* so in ihrer ursprünglichen Form Bestandteil einer größeren literarischen Komposition gewesen. Diese kann dabei nicht als eine Art "Geschichtsdarstellung" verstanden werden, sondern mehr als eine thematisch geordnete Sammlung von Geschichten. Die so zusammengestellten Geschichten behalten ein großes Maß an Eigenständigkeit. Das entspricht genau dem Charakter der einzelnen Geschichten, die jeweils ein eigenständiges Ziel haben und sich als solche leicht aus dem vorgegebenen Erzählzusammenhang herauslösen lassen [35]. Die

---

33 Zur Analyse und Interpretation von Ex 1,21-2,1o vgl. P. WEIMAR, BZAW 146, 31-34. - Im Unterschied zu der dort vorgenommenen Abgrenzung der Texteinheit gehört aber noch die Notiz von der Namengebung in Ex 2,1oba zur ursprünglichen Form der Geschichte als deren Abschluß, während die abschließende Ätiologie in Ex 2,1obß als eine redaktionelle Erweiterung zu verstehen ist. Dient die "Rettungsgeschichte" in Ex 2,1-1o* in ihrer ursprünglichen Gestalt dazu, die Figur des Mose einzuführen, verschiebt sich auf der Ebene der Redaktion der Akzent insofern, als hier gerade der Name des Mose hervorgehoben werden soll (vgl. W.H. SCHMIDT, BK II/1 54-55, ohne daß sich von daher aber ein ursprünglicher Zusammenhang zwischen der Einführung des Mose als Handlungsträger in Ex 2,1oba und der vorliegenden ätiologischen Erklärung seines Namens in Ex 2,1obß postulieren ließe).

34 Zur Analyse und Interpretation von Ex 1,15-2o vgl. P. WEIMAR, BZAW 146, 26-29.

35 In dieser literarischen Technik sind die in Ex 1-4 zusammengestellten Exodusgeschichten mit der elohistischen Geschichtsdarstellung zu vergleichen, von dieser aber andererseits dadurch unterschieden, daß hier nicht mit Hilfe von Stichwortbezügen thematische Querverbindungen zwischen den einzelnen Teilen hergestellt werden.

vier Exodusgeschichten, die sich somit in Ex 1-4 neben der jahwistischen
und elohistischen Geschichtsdarstellung als eine ursprünglich selbständige
Sammlung herauslösen lassen, haben demnach den folgenden Wortlaut gehabt:

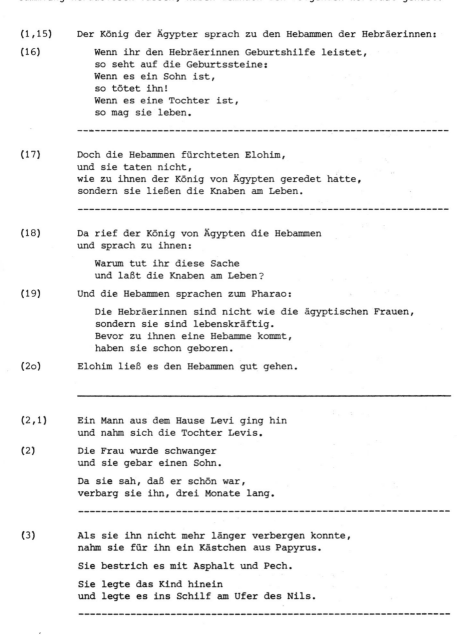

(1,15)   Der König der Ägypter sprach zu den Hebammen der Hebräerinnen:

(16)   Wenn ihr den Hebräerinnen Geburtshilfe leistet,
so seht auf die Geburtssteine:
Wenn es ein Sohn ist,
so tötet ihn!
Wenn es eine Tochter ist,
so mag sie leben.

----

(17)   Doch die Hebammen fürchteten Elohim,
und sie taten nicht,
wie zu ihnen der König von Ägypten geredet hatte,
sondern sie ließen die Knaben am Leben.

----

(18)   Da rief der König von Ägypten die Hebammen
und sprach zu ihnen:

Warum tut ihr diese Sache
und laßt die Knaben am Leben?

(19)   Und die Hebammen sprachen zum Pharao:

Die Hebräerinnen sind nicht wie die ägyptischen Frauen,
sondern sie sind lebenskräftig.
Bevor zu ihnen eine Hebamme kommt,
haben sie schon geboren.

(2o)   Elohim ließ es den Hebammen gut gehen.

_____

(2,1)   Ein Mann aus dem Hause Levi ging hin
und nahm sich die Tochter Levis.

(2)   Die Frau wurde schwanger
und sie gebar einen Sohn.

Da sie sah, daß er schön war,
verbarg sie ihn, drei Monate lang.

----

(3)   Als sie ihn nicht mehr länger verbergen konnte,
nahm sie für ihn ein Kästchen aus Papyrus.

Sie bestrich es mit Asphalt und Pech.

Sie legte das Kind hinein
und legte es ins Schilf am Ufer des Nils.

----

(5)   Da kam die Tochter des Pharao herab,
um am Nil zu baden,
und sie sah das Kästchen mitten im Schilf.

Sie schickte ihre Magd hin
und ließ es holen.

(6)   Sie öffnete es und sah es, das Kind.

Da fühlte sie Mitleid mit ihm,

(1o)   und es wurde ihr zum Sohn,
und sie nannte seinen Namen Mose.

==

(16)   Der Priester von Midian hatte sieben Töchter.
Die kamen hin,
schöpften
und füllten die Tränkrinnen,
um die Schafe ihres Vaters zu tränken.

(17)   Die Hirten kamen hinzu
und vertrieben sie.
Da stand Mose auf,
half ihnen
und tränkte ihre Schafe.

----

(18)   Als sie zu ihrem Vater kamen,
sprach er:

        Warum seid ihr heute so früh heimgekommen?

(19)   Sie sprachen:

        Ein Ägypter hat uns aus der Hand der Hirten gerettet.
        Auch schöpfte er selbst für uns
        und tränkte die Schafe.

(2o)   Da sprach er zu seinen Töchtern:

        Wo ist er?
        Warum habt ihr den Mann zurückgelassen?
        Ruft ihn,
        daß er Brot esse!

(21)   Mose willigte ein, bei dem Mann zu bleiben,
und er gab seine Tochter Zippora dem Mose,

(22)   und sie gebar einen Sohn,
und er nannte seinen Namen Gerschom.

_____

(3,1)   Als Mose die Schafe seines Schwiegervaters,
des Priesters von Midian, hütete,
trieb er einmal die Schafe über die Wüste hinaus.

(2)   Und er sah, und siehe da,
        Der Dornstrauch brannte im Feuer,
        doch der Dornstrauch wurde nicht verzehrt.

(3)   Da sprach Mose:

        Ich will doch vom Wege abgehen
        und sehen,
        warum der Dornstrauch nicht verbrennt.

        ----

(4)   Als Jahwe aber sah,
        daß er vom Wege abging, um zu sehen,
(5)   da sprach er:

        Nahe nicht hierher!

(6)   Da verhüllte Mose sein Angesicht,
        denn er fürchtete sich,
        zu Elohim aufzublicken.

(4,2)   Und es sprach zu ihm Jahwe:

        Was ist da in deiner Hand?

        Er sprach:

        Ein Stab.

(3)   Und er sprach:

        Wirf ihn zur Erde!

        Da warf er ihn zur Erde,
        und er wurde zu einer Schlange,
        und Mose floh vor ihr.

(4)   Und es sprach Jahwe zu Mose:

        Strecke deine Hand aus
        und packe sie am Schwanz!

        Da streckte er seine Hand aus
        und packte sie,
        da wurde sie zu einem Stab in seiner Faust.

        ==

Deutlich gliedert sich diese vierteilige Komposition in zwei große Blöcke,
die jeweils aus zwei Teilen zusammengesetzt sind. Der *erste Teil* (Ex 1,15a.
16[*].17-19.2oa) der vierteiligen Komposition entfaltet die Ausgangsposition.
Durch den Befehl des Königs von Ägypten an die ägyptischen Hebammen, jeden
Sohn der Hebräerinnen zu töten, ist die Existenz des ganzen Volkes aufs
Spiel gesetzt. Die erzählerische Bewegung, mit der auch die theologischen
Akzente zusammenhängen, wird bestimmt durch die Handlungsweise der ägypti-
schen Hebammen, die den Befehl des Königs von Ägypten nicht befolgen und

die Knaben am Leben lassen. Theologische Momente kommen dadurch in die Erzählung, daß das Tun der Hebammen als "Gottesfurcht" interpretiert wird,
wodurch dann die Schlußnotiz am Ende der Geschichte in Ex 1,2oa bedingt ist
daß Elohim es den Hebammen gut gehen ließ.

Literarisch läuft dabei die Erzählung des ersten Teils in drei Szenen ab,
die zugleich die Erzählbewegung unterstreichen [36]. Die ganze erste Szene
in Ex 1,15a+16* nimmt die Rede des Königs von Ägypten an die Hebammen ein,
die auf die Vernichtung der Hebräer zielt. Kontrastierend wird dieser erste
Szene die zweite gegenübergestellt, was formal allein dadurch geschieht, da
sie im Gegensatz zu jener nicht Rede, sondern Erzählung ist. Subjekt der
Handlung sind hier die Hebammen der Hebräerinnen. Erzählerisch ist die zwei
te Szene dadurch hervorgehoben und als Zentrum der ganzen Erzähleinheit her
ausgestellt, daß die Erzählfolge dreiteilig abläuft, wobei sich die beiden
Rahmenaussagen in Ex 1,17aα/17b (Gottesfurcht / Am-Leben-Lassen) entspreche
während die mittlere Aussage in Ex 1,17aβ (Nicht-Tun gemäß dem Worte des
Königs von Ägypten) als Kontrastelement eingeführt ist. In der dritten Sze
ne (Ex 1,18.19.2oa) werden die Kontrahenten unmittelbar einander gegenübergestellt (Gespräch), ohne daß hier aber neue Akzente gesetzt werden. Vielmehr unterstreicht diese Szene die zentrale Bedeutung der zweiten Szene.

Der Befehl des Königs von Ägypten an die Hebammen, alle hebräischen Knaben
zu töten, bildet auch den Hintergrund des *zweiten Teils* der Komposition
(Ex 2,1-3.5aαb.6aα.bα.1oaββα). Ging es im ersten Teil um das exemplarische
Verhalten der ägyptischen Hebammen, das zur Rettung der Hebräer vor der vom
König von Ägypten befohlenen Tötung führte, so wird im zweiten Teil von der
Rettung eines einzigen Hebräers, des künftigen "Retters" Mose, durch die
Tochter des Pharao erzählt. Dadurch erfährt die Darstellung des Geschehens
eine deutliche Zuspitzung und kommt auf einen ersten Höhepunkt. Diese Zuspitzung der Handlung wird auch literarisch herausgestellt, indem die dreigliedrige Struktur der im Zentrum stehenden mittleren Szene des ersten Teil
auf die literarische Gestaltung aller drei Szenen des zweiten Teils übertra
gen wird [37]. Im Gegensatz zum ersten Teil liegt dadurch der Höhepunkt der

---

36 Zur literarischen Struktur von Ex 1,15-2o* vgl. genauer P. WEIMAR, BZAW
    146, 28.

37 Zur literarischen Struktur von Ex 2,1-1o* vgl. genauer P. WEIMAR, BZAW
    146, 32.

Geschichte nicht in der mittleren Szene, sondern in der abschließenden dritten Szene, wo die Rettung des Mose durch die Tochter des Pharao berichtet
ist. Deutlich steht dabei die dritte Szene in Antithese zur ersten Szene.
Während in Ex 2,2a gesagt ist, daß die Tochter Levis einen Sohn geboren
habe (ותלד בן), wird in Ex 2,1oaß am Schluß der Geschichte betont, daß er
der Tochter des Pharao zum Sohn wurde (ויהי לה לבן), so daß sie ihm auch
seinen Namen Mose gibt.

Deutlich sind damit die beiden ersten Teile durch den gleichen thematischen
Hintergrund miteinander verbunden, weshalb sie sich auch innerhalb der
vierteiligen Komposition zu einem eigenen literarischen Block zusammen-
schließen. Abgehoben davon sind der dritte und vierte Teil, die ebenfalls
ein Diptychon bilden. Die Situation ist auf einmal eine andere. Nicht mehr
Ägypten ist der Schauplatz des Geschehens, sondern das Gebiet von Midian.
Entsprechend ist die Szene hintergründig vom Priester von Midian und nicht
mehr vom König von Ägypten bestimmt.

Der *dritte Teil* der Gesamtkomposition (Ex 2,16-22a*) baut sich wie die beiden vorangehenden Teile wiederum aus drei Szenen auf. Die erste Szene (Ex
2,16-17) ist zweiteilig strukturiert (Ex 2,16/17), wobei jede der beiden
Hälften durch das Stichwort בוא eröffnet ist (ותבאנה / ויבאו). Während die
erste Szenenhälfte das Tun der sieben Töchter des Priesters von Midian
schildert, wird in der zweiten Hälfte der Szene der Konflikt mit den Hirten
(ויגרשום) und dessen Lösung durch Mose (ויושען) berichtet. Die Parallelität
der beiden Szenenhälften wird zusätzlich noch durch deren Abschluß unterstrichen, wobei der Absicht der Töchter in Ex 2,16bß (להשקות צאן אביהן) das
Konstatieren des Erfolges in Ex 2,17bß (וישק את צאנם) gegenübergestellt
wird. Ein besonderer Akzent liegt somit innerhalb der ersten Szene auf dem
Moment des Rettens durch Mose, wodurch auch die theologische Perspektive
der Geschichte angedeutet wird.

Genau dieses Moment wird dann wiederum in der zweiten Szene (Ex 2,18*-19)
aufgenommen. Wie die erste Szene ist auch diese zweiteilig gefügt und als
Wechselrede zwischen dem Priester von Midian und seinen Töchtern gestaltet.
In diesem Gespräch wird noch einmal das in der ersten Szene geschilderte
Geschehen reflektiert. Wichtig ist in diesem Zusammenhang vor allem, wie
Mose von den Töchtern des Priesters von Midian präsentiert wird. Einerseits
wird er im Anschluß an Ex 2,1o* als איש מצרי bezeichnet. Andererseits wird

sein Handeln, das in Ex 2,17bα als "helfen" (ויושען) bezeichnet ist, als "E
retten aus der Hand der Hirten" (הצילנו מיד הרעים) charakterisiert, womit
in beiden Fällen wohl auf die jahwistische Exodusterminologie zurückgegriffen wird [38].

Eine doppelgliedrige Struktur weist gleichfalls die dritte Szene (Ex 2,2o-
22a) auf. Standen sich in der ersten Szene die Töchter des Priesters von
Midian und Mose im Konflikt mit den Hirten gegenüber und waren in der zweiten Szene der Priester von Midian und seine Töchter Gesprächspartner und
Mose nur Gesprächsgegenstand, so treten sich in der dritten Szene der Priester von Midian und Mose unmittelbar gegenüber. Zweimal wiederholt sich in
dieser Szene die gleiche Handlungsabfolge, wobei der Priester von Midian
jeweils die Initiative ergreift, während Mose nur reagierend vorgestellt
ist (Ex 2,2o+21a/21b+22a). Abgeschlossen wird diese Szene mit der Namengebung für seinen Sohn. Dabei liegt in dem Namen Gerschom wohl ein Anklang an
das Verbum ויגרשום in Ex 2,17a, mit dem dort das Tun der Hirten beschrieben
wird. So wird auch in dem Namen des Mose-Sohnes Gerschom nochmals indirekt
das Errettungshandeln des Mose reflektiert.

Das Schwergewicht des dritten Teils liegt nicht in der abschließenden dritten Szene, obschon hier der Priester von Midian und Mose zusammengeführt
werden, wobei es aber zu keinem Gespräch mit Konfliktlösung kommt. Deutlich
ist das in der Schlußszene geschilderte Geschehen nur die Konsequenz des
Wortwechsels zwischen dem Priester von Midian und seinen Töchtern in der
mittleren Szene. Umgekehrt blickt die erste Szene, die davon berichtet, daß
Mose den Töchtern des Priesters von Midian gegen die Hirten hilft, auf die
mittlere Szene vor. In ihr liegt das Zentrum und Schwergewicht der ganzen
Texteinheit. Das wird auch dadurch unterstrichen, daß hier die Tat des Mose
im Munde der Töchter des Priesters von Midian mit Hilfe einer Formel, der
"Rettungsformel", interpretiert wird. Durch den dritten Teil der vierteiligen Komposition, in der Mose betont als der "Helfer/Retter" eingeführt ist,
wird der abschließende vierte Teil mit dem Erscheinen Jahwes im Dornstrauch
sowie der Ausstattung des Mose mit göttlich-königlicher Macht vorbereitet.

---

38 So begegnet die Wendung נצל H-Stamm + מיד + NN innerhalb des Jahwisten
    bei der Ankündigung der Errettung aus Ägypten in Ex 3,8 und der damit
    kompositorisch verbundenen Stelle in Ex 5,23, während ישע H-Stamm in Be-
    zug auf die Rettung Israels am Höhepunkt der Meerwundergeschichte in
    Ex 14,3oa vorkommt, wobei die Wendung hier aber schon aus einer Vorlage
    des Jahwisten rezipiert ist (vgl. dazu P. WEIMAR - E. ZENGER, SBS 75,
    26.68.69). In allen Fällen erscheint dabei Jahwe als der "Helfer/Retter"

Die vierteilige literarische Komposition, deren Abschluß die Dornstrauch-
Geschichte bildet, erweist sich somit als ein planvoll durchkonstruiertes
Textganzes. Jeweils zwei Teile dieser Komposition ordnen sich paarweise zueinander (1+2//3+4), so daß sich die für das Ganze charakteristische Zwei-
teiligkeit der literarischen Gestaltung der Komposition ergibt. Die beiden
Hälften der Komposition sind jeweils durch die Einheit des Ortes (Ägypten/
Steppe von Midian) zusammengehalten. Sie stehen dabei nicht mehr oder weniger beziehungslos nebeneinander, sondern sind mannigfach aufeinander bezogen und miteinander verbunden. Zunächst besteht eine Korrespondenz zwischen den jeweils sich entsprechenden Teilen in den beiden Hälften der Komposition. So entsprechen sich der erste und dritte Teil sowie der zweite
und vierte Teil. Dies wird allein schon durch die gebrauchten literarischen
Gestaltungsmittel angezeigt. Alle vier Teile der Komposition bauen sich aus
jeweils drei Szenen auf. Doch ist diese Dreierstruktur in der Szenenabfolge
nicht uniform gehandhabt. Im ersten und dritten Teil liegt das Schwergewicht
jeweils auf der zentralen mittleren Szene, während im zweiten und vierten
Teil die abschließende Szene den Akzent trägt, wobei diese beiden Teile der
Komposition noch dadurch eine besondere Heraushebung erfahren haben, daß
sie in sich wiederum in Dreierfolgen konstruiert sind.

Doch entspricht dieser formalen Korrespondenz auch eine thematische. Im ersten und dritten Teil spielen Frauen (ägyptische Hebammen / Töchter des
Priesters von Midian) eine entscheidende Rolle, auch wenn ihre Funktion innerhalb der Erzählung jeweils eine verschiedene ist. Im ersten Teil kommt
den Hebammen eine aktiv ins Geschehen eingreifende Funktion zu, während die
Töchter des Priesters von Midian im dritten Teil mehr passiv dargestellt
sind. Das thematische Gegenüber dieser beiden Teile wird aber noch auf andere Weise angezeigt. Im ersten Teil werden die Hebammen als "Gottesfürchtige"
gezeichnet, wobei "Gottesfurcht" hier inhaltlich als Ungehorsam gegen den
Tötungsbefehl des Königs von Ägypten interpretiert wird. Dem entspricht
im dritten Teil das Tun des Mose den Töchtern des Priesters von Midian gegenüber, das terminologisch dabei ausdrücklich als "helfen"/"retten" bezeichnet wird.

In ähnlicher Weise stellt sich auch die Beziehung des zweiten und vierten
Teils zueinander dar. Der zweite Teil erzählt die Geschichte von der Rettung des späteren "Retters" Mose durch die Tochter des Pharao, der dadurch
in ein enges Verhältnis zu dieser tritt, indem er von ihr als ihr "Sohn"

222

adoptiert wird. Der vierte Teil, der von der Erscheinung Jahwes im Dornstrauch berichtet, scheint demgegenüber in keiner unmittelbaren Relation zum zweiten Teil zu stehen. Dennoch ist auch hier eine solche Beziehung gegeben. In beiden Geschichten wird ein Geschehen erzählt, von dem Mose zunächst nurmehr passiv betroffen ist, das aber jeweils sein Ziel darin erreicht, daß Mose zur Tochter des Pharao bzw. zu Jahwe in ein besonderes Beziehungsverhältnis gerät. So sind der zweite und vierte Teil gerade am Höhe- und Zielpunkt miteinander verwandt. Der Tochter des Pharao wird Mose zum Sohn (zweiter Teil) und für Jahwe ist er der bevollmächtigte Beauftragte (vierter Teil).

Doch bestehen zwischen den vier Teilen der vorliegenden literarischen Komposition noch andere literarische Querverbindungen. Neben der paarweisen Zuordnung der vier Teile (1+2 // 3+4) gibt es ein zweites Ordnungsprinzip, wonach sich die einzelnen Szenen chiastisch entsprechen (1/4 und 2/3). Diese Bezüge der einzelnen Teile zueinander werden durch Stichwortbezüge unterstrichen.

Deutlich greifbar ist eine solche durch Stichwortbezüge hergestellte Querverbindung zwischen dem zweiten und dritten Teil gegeben. Der im zweiten Teil genannten "Tochter Levis" (Ex 2,1) sowie der "Tochter des Pharao" (Ex 2,5) treten im dritten Teil die Töchter des Priesters von Midian (Ex 2,16) sowie dieser selbst gegenüber. Deutlicher ist noch eine andere Entsprechung. Der dritte Teil endet in Ex 2,22a mit der Notiz von der Geburt eines Sohnes sowie seiner Namengebung (ותלד בן ויקרא את שמו גרשם). Beide Elemente dieser Schlußnotiz haben im zweiten Teil ihre Entsprechung, nur daß sie hier auseinandergezogen und auf Anfang und Ende der Geschichte verteilt ist. So wird in Ex 2,2a die Geburt eines Sohnes konstatiert (ותהר האשה ותלד בן), während von der Namengebung erst in Ex 2,10bα berichtet wird (ותקרא שמו משה) Durch solche Querverbindungen zwischen den beiden Teilen soll nicht nur ein literarisches, sondern darüberhinaus auch ein thematisches Entsprechungsverhältnis angedeutet werden. Angezeigt wird die Richtung durch die Namengebung am Ende der beiden Geschichten, da die Namen wohl programmatischen Charakter haben. Steht der Name Gerschom, in dem das Verbum ויגרשום aus Ex 2,17a anklingt [39], wohl für die Unterdrückung, so ist mit dem Namen Mose aufgrund des Gegenübers von Teil II und III wohl die Vorstellung des Retters und Befreiers verbunden.

Ein ähnlicher thematischer Zusammenhang ist zwischen Teil I und IV anzunehmen, auch wenn hier die literarischen Querverbindungen nicht so dicht
sind wie zwischen Teil II und III. Daß eine solche Querverbindung besteht,
wird angezeigt durch das Stichwort ירא in Ex 1,17 und 3,6b, wobei das
Stichwort in beiden Fällen in Verbindung mit Elohim steht. Der "Gottesfurcht" der ägyptischen Hebammen in Ex 1,17 tritt in Ex 3,6b die numinose
Furcht des Mose vor der Gottheit, die sich ihm im Dornstrauch kundgetan
hat, gegenüber. Doch sollen über diese mehr punktuellen Stichwortentsprechungen hinaus jeweils die beiden Teile als solche zueinander in Beziehung
gesetzt werden. Dabei treten sich einerseits der König von Ägypten mit seinem Tötungsbefehl und der im Dornstrauch erscheinende Jahwe sowie andererseits die ägyptischen Hebammen in ihrem Rettungshandeln und Mose, der dazu
mit königlich-göttlicher Macht ausgezeichnet wird, gegenüber.

Damit erweist sich die vierteilige Komposition der Exodusgeschichte als ein
komplexes literarisches Geflecht, worin sich auch die thematischen Leitlinien dieser aus vier Geschichten bestehenden Komposition andeuten, die als
ein Komplex von vier Exodusgeschichten bezeichnet werden kann. Diese Komposition läßt die folgende literarische Struktur erkennen:

A. Erste Geschichte:

    Tötungsgebot des Königs von Ägypten
    + Bewahrung vor dem Tod durch die Hebammen

B. Zweite Geschichte:

    Aussetzung eines levitischen Knaben
    + Errettung und Adoption durch die Tochter des Pharao (Mose)

B'. Dritte Geschichte:

    Errettung der Töchter des Priesters von Midian durch Mose
    + Heirat und Geburt eines Sohnes (Gerschom)

A'. Vierte Geschichte:

    Erscheinung Jahwes im Dornstrauch
    + Ausstattung und Beauftragung des Mose

---

39 In der ursprünglichen Form der "Rettungsgeschichte" in Ex 2,16-22* ist
    der Name Gerschom mit der Wurzel גרש, die in der Geschichte selbst in
    Ex 2,17a begegnet, zu verbinden, so daß der Name Gerschom als "Ver-

Die Komposition setzt ein mit dem Tötungsbefehl des Königs von Ägypten an
die ägyptischen Hebammen und endet mit der Beauftragung und machtvollen
Ausstattung des Mose durch Jahwe im Rahmen einer Gotteserscheinung. Zwischen diesem Rahmen bewegt sich das ganze dargestellte Geschehen. In der
ersten Hälfte (Teil I und II) wird geschildert, wie das Tötungsgebot des
Königs von Ägypten auf eine doppelte Weise durchkreuzt wird, indem weder
die Hebammen noch die Tochter des Pharao seinem Befehl gehorchen. Der Vernichtungsbefehl des Königs von Ägypten löst somit unter seinem Volk, ja in
seiner eigenen Familie, eine Gegenbewegung aus, die mit der Rettung und
Adoption des Mose einen ersten Höhepunkt erreicht. Danach setzt die Erzählung neu an mit der Schilderung der Rettung der Töchter des Priesters von
Midian durch Mose. Von hier führt dann ein zweiter Spannungsbogen bis zur
Beauftragung und machtvollen Ausstattung des Mose durch Jahwe. Beide Erzäh-
bewegungen sind aufeinander bezogen. Der durch die Tochter des Pharao aus
dem Nil gerettete Mose wird selbst zum Retter. Der Tötungsbefehl des Pharao
am Anfang der Geschichte wird zunichte gemacht durch die Ausstattung des
Mose, die ihn zum Vollzug göttlich-königlicher Machttaten befähigt. Zwischen
diesen beiden Polen bewegt sich die ganze Darstellung der Komposition. Das
rettend-helfende Handeln ist dabei zum einen als ein Akt des Ungehorsams
gegen den König von Ägypten und zum anderen als eine Tat des Vertrauens auf
die führende Macht Jahwes zu verstehen. Bezeichnenderweise wird in diesem
Zusammenhang nicht von der endlichen Befreiung der Hebräer aus der Hand des
Königs von Ägypten gesprochen, obwohl dem Erzähler der Ausgang des Geschehens nicht ungewiß ist. Durch diesen nach vorne offenen Schluß der vierteiligen Komposition einer "Exodusgeschichte" wird diese gewissermaßen zum
Appell des Vertrauens auf die Errettung durch den von Jahwe mit Vollmacht
ausgestatteten "Retter" Mose.

*4. Folgerungen für Entstehungszeit und Heimat der vierteiligen Komposition
einer "Exodusgeschichte"*

Die kompositionskritische Analyse erlaubt Rückschlüsse auf die Entstehungszeit und Heimat der vierteiligen Komposition einer "Exodusgeschichte". Die

---

triebener" zu interpretieren wäre. Literarisch sekundär ist demgegenüber die Erklärung des Namens Gerschom durch die Ätiologie in Ex 2,22b,
wo der Name mit dem Nomen גר in Verbindung gebracht wird, so daß er als
"Fremder dort" (שם + גר) zu verstehen wäre.

geistige *Heimat* der Komposition wird angedeutet durch die Erwähnung einerseits des Mannes aus dem Hause Levi sowie der "Tochter Levis" und andererseits des Priesters von Midian. Dies läßt zumindest eine Affinität der hier
enthaltenen Traditionen, wenn nicht gar eine Entstehung der ganzen Komposition in priesterlichen (levitischen) Kreisen vermuten. Doch ist damit noch
nichts über den Entstehungsort der Komposition ausgemacht. Falls der in Ri
18,3ob redaktionell eingefügten Notiz, wonach Jonathan, der Sohn des Gerschom, der Sohn des Manasse/Mose, der Begründer des Priestertums am Heiligtum in Dan gewesen sein soll [40], überhaupt ein überlieferungsgeschichtli-
cher Wert zukommt, wäre für die Komposition an eine nordisraelitische Herkunft zu denken. Doch hat eine solche Herkunft nur wenig Wahrscheinlichkeit
für sich [41]. Vielmehr ist eine Herleitung der Geschichte aus dem Südreich
wahrscheinlicher, da die positive Wertung der Midianiter durch Hervorkehrung
der verwandtschaftlichen Beziehungen des Mose zu Midian eher an eine judäische als an eine nordisraelitische Herkunft denken läßt. Wenn die vierteilige Komposition einer "Exodusgeschichte" näherhin im Umkreis des Jerusalemer
Tempels entstanden wäre, dann würde unschwer auch die Herausstellung der
levitischen Herkunft des Mose sowie seine Verschwägerung mit einem (midianitischen) Priester verständlich werden.

Darf man also für die Komposition der vier Exodusgeschichten in Ex 1-4[*] mit
einigem Recht eine Herkunft aus levitischen Kreisen im Umfeld des Jerusalemer Tempels vermuten [42], so bedarf die Frage der *Entstehungszeit* einer

---

4o   Während in Ri 18,3o MT Gerschom als "Sohn des Manasse" bezeichnet wird,
     wird meist die von einigen Mss von G und V bevorzugte Lesart "Sohn des
     Mose" als ursprünglich angesehen, worauf auch das bei vielen Mss sich
     findende Nun suspensum hinweist. Doch ist eine solche Annahme nicht
     zwingend, da nämlich die Lesart "Sohn des Mose" ebenso wie die Anzeige
     durch Nun suspensum durchaus als eine sekundäre Korrektur verstanden
     werden kann, die um einen Ausgleich mit Ex 2,22 bemüht ist.

41   Zurückhaltend zur Auswertbarkeit der Notiz in Ri 18,3ob äußert sich auch
     A.H.J. GUNNEWEG, Leviten und Priester. Hauptlinien der Traditionsbildung
     und Geschichte des israelitisch-jüdischen Kultpersonals, FRLANT 89,
     Göttingen 1965, 2o-23, während M. NOTH, ÜP 2o2 in "Gerschom, Sohn des
     Mose" aufgrund von Ri 18,3ob den Fall eines Elements einer ausgesproche-
     nen nordisraelitischen Tradition sieht.

42   Weitere Gründe für die Herleitung der vierteiligen Komposition in Ex
     1-4* aus dem Umkreis der Jerusalemer Hof- und Tempeltheologie ergeben
     sich aus einer semantischen und tendenzkritischen Analyse der "Hebam-
     men"- sowie der "Rettungsgeschichte" in Ex 1,15-2o* und 2,1-1o*; dazu
     vgl. P. WEIMAR, BZAW 146, 29.34.

weiteren Klärung. Da der Komplex der vier "Exodusgeschichten" in Ex 1-4[*]
von der jehowistischen Redaktion in den größeren Zusammenhang der Pentateucherzählungen eingefügt worden ist, muß sie vor Anfang des 8. Jahrhunderts entstanden sein. Auch nach oben läßt sich der Zeitraum der Entstehung
noch einigermaßen abgrenzen. So kann die Komposition der vier Exodusgeschichten nicht älter als J sein, da für die zur Deutung des Tuns des Mose
gebrauchte "Rettungsformel" in Ex 2,17a (vgl. auch den Gebrauch des Verbums
ישע H-Stamm in Ex 2,17b) eine Abhängigkeit von J wahrscheinlich ist, aber
auch nicht älter als E, da gerade die Erzählweise der vierteiligen Komposition wohl nicht ohne den Elohisten möglich ist.

Aufgrund dieser Überlegungen käme als Entstehungszeit des Komplexes der
vier ursprünglich selbständigen Exodusgeschichten Ex 1-4[*] nur das Jahrhun-
dert nach 8oo/79o v. Chr. in Frage. Doch läßt sich dieser relativ große
Zeitraum weiter eingrenzen. Hinter der vierteiligen Komposition einer "Exodusgeschichte", wie sie aus Ex 1-4 herauslösbar ist, wird die Situation
einer großen Gefährdung sichtbar, die sich nur durch Vertrauen auf Jahwe
("Gottesfurcht") sowie durch das Wirken eines bevollmächtigten und mit
Macht ausgestatteten "Retters" abwenden läßt [43]. Eine solche Situation ist
für das Südreich Juda / Jerusalem im ausgehenden 8. Jahrhundert gegeben,
als der assyrische Druck auf Juda - nicht ohne Schuld des Jerusalemer Hofes - für den Bestand des Volkes gefährliche Formen annahm. In einer solcher
Situation der äußeren und inneren Gefährdung des Bestandes des Jahwe-Volkes
wird auch der nach vorne offene Schluß der ganzen Komposition verständlich,
der als ein Appell zum Vertrauen auf Jahwe und den von Jahwe mit machtvollen Zeichen ausgestatteten "Retter" zu verstehen ist. Damit erweist sich
die"Komposition" aber als ein literarisches Produkt, das zeitgenössisch
zur Prophetie des Jesaja und wahrscheinlich auch von jesajanischen Gedanken beeinflußt ist [44].

---

43 Bei der stark typisierenden Darstellung der vierteiligen "Exodusgeschich
    te" werden in den einzelnen Figuren bestimmte Haltungen und Handlungs-
    weisen dargestellt, wie sie für Israel typisch sind oder sein sollen.
    Vor diesem Hintergrund wird man dann auch die vom König von Ägypten aus-
    gehende Gefahr interpretieren müssen, so daß durchaus damit zu rechnen
    ist, daß im König von Ägypten das Verhalten des Jerusalemer Königs bzw.
    seines Hofes gemeint ist.

44 Vgl. auch die Beobachtungen zu Ex 1,15-2o* und 2,1-1o* bei P. WEIMAR,
    BZAW 146, 29.33-34.

Die "Zielgruppe" dieser vierteiligen Komposition einer "Exodusgeschichte"
ist wahrscheinlich in Kreisen des Jerusalemer Hofes und Tempels selbst zu
suchen. Typisierung des Geschehens, das gebotene Lokalkolorit, die bedeutende Rolle, die Frauen in den ersten drei Geschichten spielen, die Betonung der Gotteserscheinung im Feuer, die Ausstattung des Mose mit zauber-
haften Kräften, die mehr indirekte Art, wie dabei im einzelnen Akzente gesetzt werden - all das setzt Hörer voraus, die diese mehr hintergründige
Art der literarischen Darstellung, die sich einem unmittelbaren Erfassen
verschließen will, zu erkennen vermögen. Solche Hörer werden vornehmlich
im Umkreis des Jerusalemer Tempels und Hofes zu vermuten sein.

KAPITEL V

Die jehowistische Berufungsgeschichte

Die jahwistische und elohistische Darstellung der "Berufung des Mose" sowie
die Dornstrauch-Geschichte sind von einer jüngeren Redaktion, dem Jehowisten, zu einer fortlaufenden neuen Darstellung der Mose-Berufung zusammen-
gearbeitet worden. Der Hand der jehowistischen Redaktion sind dabei Ex 3,1a*
(nur יתרו).2a* (ohne מלאך und מתוך הסנה).3aß* (nur את המראה הגדל הזה).4b*
(nur אליו).5b.7aß* (nur אשר במצרים).7bα* (nur מפני נגשיו).10a* (nur
ואשלחך und damit zusammenhängend die Abänderung von לך in לכה).10b* (nur עמי).13.
14a.16bß.18a.18bßγ und Ex 4,1.5a.19.22-23.24* (ohne במלון).25.26a.31bß sowie Ex 5,1b.2.3aα.bα* (nur במדבר).4aß* (ohne משה ואהרן) zuzuschreiben. Die
jehowistische Berufungsgeschichte hat demnach folgenden Wortlaut gehabt:

(3,1)   Als Mose einmal die Schafe *Jitros*, seines Schwiegervaters, des
        Priesters von Midian, hütete,
        trieb er die Schafe über die Wüste hinaus.

(2)   *Da erschien ihm Jahwe in einer Feuerflamme.*
        Und er sah,
        und siehe da:
        Der Dornstrauch brannte im Feuer,
        doch der Dornstrauch wurde nicht verzehrt.

(3)   Da sprach Mose:

            Ich will doch vom Wege abgehen
            und sehen *diese große Erscheinung,*
            warum der Dornstrauch nicht verbrennt.

(4)   Als Jahwe aber sah,
        daß er vom Wege abging, um zu sehen,
        da rief ihm zu Elohim
        und sprach:

            Mose, Mose!

        Und er antwortete:

            Hier bin ich!

(5)   Da sprach er:

      Nahe nicht hierher!
      Streife deine Schuhe von deinen Füßen,
      denn der Ort, auf dem du stehst, ist heiliger Boden.
(6)   *Und er sprach:*

      Ich bin der Gott deines Vaters.

      Da verhüllte Mose sein Angesicht,
      denn er fürchtete sich,
      zu Elohim hinzublicken.

----

(7)   Und Jahwe sprach:

      Gesehen, ja gesehen habe ich die Bedrückung meines Volkes,
      das in Ägypten ist,
      ihr Geschrei habe ich gehört *wegen ihrer Antreiber.*
(8)   Ich bin herabgestiegen,
         um es aus der Hand der Ägypter herauszureißen
         und es aus diesem Land heraufzuführen
         in ein schönes und weites Land.
(9)   Und nun:
      Siehe:
      Der Hilfeschrei der Söhne Israels ist zu mir gekommen,
      und gesehen auch habe ich die Bedrückung,
      mit der die Ägypter sie unterdrücken.
(1o) *Und nun:*
      Geh! Ich will dich senden zum Pharao!
      Führe mein Volk, die Söhne Israels, aus Ägypten heraus!
(11) *Und Mose sprach zu Elohim:*

      Wer bin ich,
      daß ich zum Pharao gehen
      und daß ich die Söhne Israels aus Ägypten herausführen könnte?
(12) *Und er sprach:*

      Ja, ich werde da sein bei dir!

----

(13) *Und Mose sprach zu Elohim:*

      Siehe,
      ich komme zu den Söhnen Israels
      und spreche zu ihnen:

         Der Gott eurer Väter hat mich zu euch gesandt,

      und sie sprechen zu mir:

         Was ist es um seinen Namen?

      Was soll ich dann zu ihnen sprechen?
(14) *Und Elohim sprach zu Mose:*

      Ich werde da sein, als der ich da sein werde.

(16)   Geh, versammle die Ältesten Israels
und sprich zu ihnen:

     Jahwe, der Gott eurer Väter, ist mir erschienen,
sprechend:
Beachtet, ja beachtet habe ich euch
und das euch in Ägypten Angetane.

(18)   *Wenn sie auf deine Stimme hören,*
dann geh hin, du und die Ältesten Israels, zum König von Ägypten
und sprecht zu ihm:

     Jahwe, der Gott der Hebräer, hat sich vor uns antreffen lassen
Und nun:
Wir wollen einen Weg von drei Tagen in die Wüste gehen
und wollen Jahwe, unserem,Gott opfern.

(4,1)   *Da antwortete Mose und sprach:*

     Siehe doch,
sie werden mir nicht glauben
und nicht auf meine Stimme hören.
Vielmehr werden sie sagen:
Nicht ist dir Jahwe erschienen.

(2)   Und es sprach zu ihm Jahwe:

     Was ist da in deiner Hand?

Er sprach:

     Ein Stab.

(3)   Und er sprach:

     Wirf ihn zur Erde!

Da warf er ihn zur Erde,
und er wurde zu einer Schlange,
und Mose floh vor ihr.

(4)   Und es sprach Jahwe zu Mose:

     Strecke deine Hand aus
und packe sie am Schwanz!

Da streckte er seine Hand aus
und packte sie.
Da wurde sie zu einem Stab in seiner Faust,

(5)   *damit sie glauben,*
daß dir erschienen ist Jahwe, der Gott ihrer Väter.

---

(19)   *Da sprach Jahwe zu Mose in Midian:*

     Geh,
kehre zurück nach Ägypten,
denn tot sind alle Männer,
die dir nach dem Leben trachten,

(22)   *und du sollst zum Pharao sprechen:*

So spricht Jahwe:
Mein erstgeborener Sohn ist Israel.

(23) *Ich sprach zu dir:*
Entlasse meinen Sohn,
daß er mir diene.
Du hast dich geweigert,
ihn zu entlassen.
Siehe, ich bringe nun deinen Sohn,
deinen Erstgeborenen um.

(24) Und es geschah unterwegs,
da stieß Jahwe auf ihn
und trachtete, ihn zu töten.

(25) *Da nahm Zippora einen scharfen Stein,*
schnitt die Vorhaut ihres Sohnes ab
und berührte seine Beine.
Und sie sprach:

Fürwahr, ein Blutbräutigam bist du mir!

(26) *Da ließ er von ihm ab.*

----

(29) Und es ging Mose hin
und versammelte alle Ältesten der Söhne Israels.

(31) Sie hörten,
daß Jahwe beachtet hatte die Söhne Israels
und daß er angesehen hatte ihre Bedrückung.
Und sie verneigten sich
und warfen sich nieder.

(5,1) Danach gingen sie hin,
und sie sprachen zum Pharao:

So spricht Jahwe, der Gott Israels:
Entlasse mein Volk,
daß sie mir ein Fest feiern in der Wüste.

(2) *Da sprach der Pharao:*

Wer ist Jahwe,
daß ich auf seine Stimme hören sollte,
Israel zu entlassen?
Nicht kenne ich Jahwe,
und auch Israel entlasse ich nicht.

(3) *Und sie sprachen:*

Der Gott der Hebräer hat sich vor uns antreffen lassen.
Wir wollen doch einen Weg von drei Tagen *in die Wüste* gehen,
und wir wollen Jahwe, unserem Gott, opfern.

(4) Und es sprach zu ihnen der König von Ägypten:

Warum wollt ihr das Volk von seinem Tun abschweifen lassen?
Geht an eure Fronarbeiten!

==

Gegenüber der sehr knappen jahwistischen und elohistischen Darstellung der
"Berufung" des Mose ist die jehowistische Schilderung ausladend und szenen-
reich, wobei die Darstellung der Geschehensfolge zu einer fortlaufenden
Handlungskette verbunden erscheint.

1. *Formkritische Analyse*

1.1 *Analyse von Form und Struktur*

Die jehowistische Berufungsgeschichte gliedert sich in drei szenische Einheiten. Die *erste szenische Einheit*, die Ex 3,1-12[*] umfaßt, enthält nur wenige Formulierungen, die auf den Jehowisten selbst zurückgehen. Die Eigenart dieser szenischen Einheit ist durch die Verknüpfung von jahwistischer
und elohistischer Mose-Berufung geprägt, wobei für den Jehowisten deutlich
die elohistische Konzeption den Vorrang hat. Das zeigt sich schon an der
Art, wie der jahwistische und elohistische Text miteinander verbunden sind.
In der ersten szenischen Einheit ist aus J nur der Rückblick auf Jahwes ver-
gangenes Handeln in Ex 3,7+8[*] aufgenommen und dem Rückblick auf die Vergangenheit bei E (Ex 3,9) vorgeschaltet worden. Auf der anderen Seite ist
die erzählerisch sehr dürftige Darstellung der Mose-Berufung bei E durch
Verwendung der beiden ersten Szenen der Dornstrauch-Geschichte szenisch aufgefüllt worden. Durch die Rezeption der ersten Hälfte der Dornstrauch-Geschichte durch Je wird die Berufung des Mose als ein Geschehen stilisiert,
das im Rahmen einer Jahweerscheinung anzusiedeln ist.

Die Leistung der jehowistischen Redaktion bezieht sich hier somit im wesentlichen auf die Art und Weise der Verknüpfung der vorgegebenen Traditionen
und der Strukturierung der so entstandenen Darstellung der Berufung des Mose. Mit der Zusage in Ex 3,12aα, mit der ursprünglich die "Berufung" des
Mose zum Retter bei E abgeschlossen ist, ist auch bei Je ein erster Höhepunkt erreicht, was zugleich dadurch angezeigt ist, daß die jehowistische
Darstellung mit Ex 3,13 neu einsetzt. Innerhalb der so umgrenzten ersten
szenischen Einheit entfaltet sich die Darstellung des Geschehens in zwei
Hälften, wobei in der ersten Hälfte (Ex 3,1-6[*]) die Szenerie dargeboten und
in der zweiten Hälfte (Ex 3,7-12[*]) die Sendung des Mose durch Jahwe berichtet wird.

In der ersten Szenenhälfte (Ex 3,1-6[*]) hat die als Vorlage des Jehowisten
dienende Dornstrauch-Geschichte den Grundstock der Darstellung abgegeben,
in die an geeigneter Stelle die Eröffnung der elohistischen Berufungsgeschichte eingebaut worden ist. Dabei hat Je die literarische Grundstruktur
der Dornstrauch-Geschichte übernommen. Das Geschehen entfaltet sich in zwei
Teilen. Ein Einschnitt in die Darstellung ist mit der Rede des Mose in Ex
3,3 erreicht. In die Dornstrauch-Geschichte hat dabei Je an zwei Stellen
Einfügungen vorgenommen, die thematisch miteinander zusammenhängen. Durch
Einschaltung der die erzählerische Spannung vorwegnehmenden überschriftartigen Aussage in Ex 3,2a[*] wird von vornherein sicher gestellt, daß die im
folgenden erzählte Erscheinung des brennenden und doch nicht verbrennenden
Dornstrauches eine Jahwe-Erscheinung ist [1]. Dieser überschriftartigen Vorbe-
merkung entspricht in der Rede des Mose das redaktionell eingefügte Objekt
"diese große Erscheinung", womit angezeigt ist, daß Mose eben weiß, worum es
bei dem Dornstrauch-Wunder geht. Durch die knappen redaktionellen Einfügungen haben sich dann aber auch die thematischen Akzente gegenüber der vorgegebenen Dornstrauch-Geschichte verlagert.

Die beiden auf Je zurückgehenden redaktionellen Eintragungen in Ex 3,2a[*]
und 3,3aß[*] sind auf den zweiten Teil der ersten Szenenhälfte bezogen, wo
der Eingang der elohistischen "Berufungsgeschichte" mit der Dornstrauch-Geschichte zu einer fortlaufenden Darstellung verbunden ist. Da das Dornstrauch-Wunder schon in Ex 3,2a[*] als eine Jahwe-Erscheinung deklariert ist,
braucht diese wunderbare Erscheinung jetzt nicht mehr - wie in der ursprünglichen Dornstrauch-Geschichte - als eine Erscheinung Jahwes bestimmt zu werden, sondern Jahwe kann als solcher unmittelbar den Mose anreden. Auch gewinnt die Warnung Jahwes in Ex 3,5a eine neue Funktion, was angezeigt ist
durch den angefügten Befehl mit Begründung in Ex 3,5b. In diesem Hinweis
auf die Heiligkeit des Ortes liegt der eigentliche Höhepunkt der ersten Szenenhälfte [2]. Damit wird die Erscheinung Jahwes im Dornstrauch mit einem
heiligen Ort in Verbindung gebracht. Durch die Neuakzentuierung der Dornstrauch-Geschichte ist sodann auch die Abtrennung der Notiz in Ex 3,6b von

---

1 Wahrscheinlich ist מלאך in Ex 3,2a als ein sekundärer Zusatz aus der Hand
von R[P] anzusehen, der im Zusammenhang mit der Ortsangabe מתוך הסנה in den
jehowistischen Text eingefügt wurde. Auch wenn sich diese Annahme nicht
mit literarkritischen Mitteln begründen läßt, so hat sie doch ein großes
Maß an Wahrscheinlichkeit für sich (eine ähnliche Vermutung legte sich
auch für Gen 22,11 nahe, dazu vgl. S.147 Anm. 1o). Auf diese Weise sollte stärker die Transzendenz des aus dem Dornstrauch heraus erscheinenden
Jahwe betont werden.

der Warnung in Ex 3,5a bedingt. Sie folgt jetzt als Reaktion auf die Selbst
präsentation Jahwes als "Gott des Vaters". Nicht mehr die überraschende
Feststellung einer Gotteserscheinung läßt Mose das Angesicht verhüllen,
sondern die Selbstvorstellung der sich kundtuenden Gottheit als "Gott des
Vaters".

Die zweite Szenenhälfte (Ex 3,7-12[*]), die fast ganz von einer Jahwerede ein
genommen wird, gliedert sich ebenfalls in zwei Teile, wobei die Jahwe-Rede
beherrschend im Vordergrund steht, während der zweite Teil nur aus der die
Gottesrede aufnehmenden Frage "Wer bin ich?" in Ex 3,11 sowie der Beistands
zusage in Ex 3,12aα besteht. Die formale Grundstruktur dieser Szenenhälfte
ist dabei von der elohistischen Mose-Berufung her bestimmt. Durch die Verbindung von jahwistischer und elohistischer Schilderung erhält die Jahwerede eine dreiteilige Struktur, wobei die Neueinsätze jeweils durch ועתה
als Struktursignal deutlich gekennzeichnet sind (Ex 3,9.1o). Damit schließt
sich an den einleitenden Rückblick auf das Handeln Jahwes in der Vergangenheit, der der jahwistischen "Berufungsgeschichte" entnommen ist, eine doppelte Folgerung an, wobei die erste nochmals die Notschilderung aufnimmt,
und diese damit ausdrücklich unterstreicht, während die zweite eine Aufforderung an Mose enthält.

Damit treten in der jehowistischen Redaktion das Rettungshandeln Jahwes für
sein Volk und die Sendung des Mose zur Rettung des Jahwe-Volkes hart nebeneinander. Um die beiden Konzeptionen miteinander zu verbinden, hat Je in
Ex 3,1o eine geringfügige Erweiterung vorgenommen, indem er den Kohortativ
ואשלחך eingefügt und im Zusammenhang damit den Imperativ לך zu einem Monem
(לכה) abgeschwächt hat, um so den nachfolgenden Sendungsbegriff nachdrücklich hervorzuheben. Dadurch wird der Rettungsauftrag an Mose unmittelbar mit
der "Sendung" durch Jahwe verbunden, die ihrerseits als Konsequenz des Ret-
tungshandelns Jahwes zu verstehen ist. Aufgrund der Vorschaltung der ersten
Szenenhälfte geschieht dabei die Sendung des Mose am Heiligtum, so daß das
Herabsteigen Jahwes als ein Herabsteigen zum Heiligtum zu verstehen ist, um
dort dem Mose die Rettungsaufgabe zu übertragen [3]. Da die Sendung des Mose

---

2 Vgl. etwa auch W. RICHTER, FRLANT 1o1, 76 und W.H. SCHMIDT, BK II/2, 113

3 Wenn in alttestamentlichen Texten angegeben wird, wohin Jahwe hinabsteig
   dann sind es immer "heilige Orte", als welche der Berg Sinai (Ex 19,11.1
   2o; Neh 9,13), der Berg Zion (Jer 31,4) sowie das Zelt der Begegnung
   (Num 11,17.25; 12,5) genannt werden (vgl. zu dieser Zusammenstellung auc
   E. ZENGER, fzb 3, 126).

bei Je am "Heiligtum" geschieht", ist sie im Anschluß an die Dornstrauch-
Geschichte außerhalb Ägyptens lokalisiert, was die jehowistische Redaktion
noch eigens dadurch hervorhebt, daß sie in Ex 3,7a an die Nennung des Jahwe-
Volkes den nominalen Relativsatz במצרים אשר einführt.

Mit der Rede des Mose in Ex 3,13 setzt die *zweite szenische Einheit* ein,
die bis Ex 4,5a reicht. Obschon der Neueinsatz syntaktisch nicht besonders
markiert ist, ist er dennoch deutlich erkennbar. In der ersten szenischen
Einheit hatte Jahwe die Führungsrolle (Erscheinung im Dornstrauch / Sendung des Mose zur Rettung), so daß Mose selbst nur reagieren kann. Genau
umgekehrt verhält es sich demgegenüber in der zweiten szenischen Einheit.
Die Initiative geht jeweils von Mose aus, der einen in der Zukunft möglicherweise eintretenden Fall konstruiert, worauf Jahwe zweimal mit einer längeren Rede antwortet. Dieses Strukturschema (Einwand des Mose + Antwort Jahwes) wiederholt sich innerhalb der zweiten szenischen Einheit zweimal (Ex
3,13+14-18[*]//Ex 4,1+2-5a), so daß sie sich in zwei genau parallel geformte
Szenenhälften aufgliedern läßt.

Die Parallelität der beiden Szenenhälften dokumentiert sich zudem noch in
der hier wie dort gleichermaßen angewandten literarischen Technik bei der
Aufnahme der vorgegebenen Tradition. In der ersten Szenenhälfte besteht
der literarische Kern aus der zweiten Hälfte der jahwistischen "Berufung"
des Mose Ex 3,16[*]+18bα, während in der zweiten Szenenhälfte der Kern der
Szene in der Schilderung des Stab-Schlangen-Wunders Ex 4,2-4 besteht. Der
Einbau der Traditionsstücke in die jehowistische Berufungsgeschichte geschieht mit Hilfe der literarischen Technik der Rahmung. Jeweils auf die
Hand der jehowistischen Tradition geht dabei der Einwand des Mose in Ex 3,
13 bzw. 4,1 zurück. Ebenso ist am Schluß eine redaktionelle Rahmennotiz angefügt worden (Ex 3,18bßγ und 4,5a) [4].

Die erste Wechselrede zwischen Mose und Jahwe (Ex 3,13-18[*]) schließt nur
locker an die in der zweiten Hälfte der ersten szenischen Einheit berichtete Sendung des Mose an, insofern auf der einen Seite zuvor aus Ex 3,1oa das
Stichwort שלח aufgenommen ist, auf der anderen Seite aber im Gegensatz zu

---

4 Während in Ex 4,1-5a das Mittelstück Ex 4,2-4 unverändert aus der Tradition übernommen ist, hat Je in Ex 3,13-18* auch noch in den durch Ex 3,
   13-14a und 18bßγ gerahmten Traditionskörper selbst eingegriffen und
   hier Ex 3,16bß und 18a eingefügt.

Ex 3,1o von einer Sendung zu den Israel-Söhnen gesprochen wird. Diese Disk
panz, die ihre Ursache nicht zuletzt in der Verschiedenheit der von Je rezipierten Traditionen (J/E) hat, läßt erkennen, daß mit Ex 3,13 deutlich
eine neue szenische Einheit beginnt, die literarisch die Funktion hat, die
vorgegebene jahwistische Tradition in die eigene Tradition zu integrieren
und sie damit zugleich neu zu interpretieren. Die Rede des Mose in Ex 3,13
wird eingeleitet mit הנה, worauf ein partizipialer Nominalsatz mit betonter
אנכי folgt. Dieser wird weitergeführt mit einem Verbalsatz (Afformativkonju
gation), der als Einführung einer Rede fungiert, wobei die Rede auf die Sen
dung des Mose durch Jahwe rekurriert ($x\text{-}qatal$). Dem entspricht eine weitere
Redeeinführung, ebenfalls in Afformativkonjugation, die von der vorangehenden durch Subjektwechsel (Mose/Söhne Israels) unterschieden ist. Diese Redeeinführung leitet eine nominale Frage ein, die sich auf den Namen des
sendenden Gottes bezieht. Abgeschlossen wird die Rede des Mose durch eine
unmittelbar an Jahwe gerichtete Frage, die bezogen ist auf die voraufgehend
Frage der Israel-Söhne nach dem Namen. Die Rede des Mose in Ex 3,13 erweist
sich als eine sorgfältig konstruierte Einheit. Deutlich aufeinander bezogen
sind die Rede des Mose in Ex 3,13aß und die Frage nach dem Namen im Munde
der Israel-Söhne in Ex 3,13bα, die jeweils mit einer gleich konstruierten
Redeeinleitung eingeführt sind (ואמרו לי / ואמרתי להם). Gerahmt sind diese
beiden Reden von zwei Aussagen, die unmittelbar Mose und seine Sendung betreffen und insofern direkt aufeinander bezogen sind. Die Rede des Mose an
Jahwe in Ex 3,13 zeigt demnach deutlich eine chiastische Struktur (Mose/
Feststellung - Sendung/Rede - Frage nach dem Namen/Rede - Mose/Frage).

Die Antwort Jahwes (Ex 3,14-18[*]) auf diese Intervention des Mose ist in ihrer zweigestuften Grundstruktur schon von der rezipierten jahwistischen Vor
lage her bestimmt. Die Antwort Jahwes knüpft in Ex 3,14a zunächst an die
Frage nach dem Namen an, wobei hier nicht der Name der Gottheit genannt
wird, sondern eine Umschreibung gebraucht ist, die aus einer Präformativkonjugation und einem Relativsatz mit einem Verbum der gleichen Basis
(היה) in Präformativkonjugation besteht. Fortgeführt ist diese Umschreibung
des Jahwenamens in Ex 3,16[*] durch den aus J übernommenen Befehl der Übermittlung einer Botschaft an die Ältesten Israels. Diese hat nur an ihrem
Schluß in Ex 3,16bß eine Erweiterung erfahren, die dadurch bedingt ist, daß
Je die Erscheinung Jahwes außerhalb Ägyptens lokalisiert. Anders als in
der jahwistischen Tradition wird die zweite Hälfte der Sendung des Mose,

die Übermittlung einer Botschaft an den König von Ägypten, von einer Bedingung abhängig gemacht (Ex 3,18a). Während der Inhalt der Rede an den König von Ägypten von der jahwistischen Tradition nur aus dem Rekurs auf eine vergangene Gottesbegegnung (x-$qatal$) besteht, ist dieser bei Je in Ex 3,18b um zwei Kohortative, eingeleitet durch ועתה, erweitert, die sich auf ein Jahwe-Opfer-Fest in der Wüste beziehen.

An die erste Wechselrede zwischen Mose und Jahwe schließt sich in Ex 4,1-5a relativ locker ein zweiter Redegang an, der nach dem gleichen Strukturschema - unter Verwendung der Stab-Schlangen-Szene in Ex 4,2-4 aus der Dornstrauch-Geschichte - gebaut ist. Die Verbindung zum vorangehenden ersten Redegang ist allein durch die Aufnahme der Wendung שמע לקל aus Ex 3,18a hergestellt, die aber in Ex 4,1 negiert und abgewandelt (שמע בקל) erscheint. Die Rede des Mose in Ex 4,1 wird eingeleitet mit והן, worauf zwei negierte Präformativkonjugationen folgen. Von diesen nimmt die zweite die entsprechende Wendung aus Ex 3,18a auf. Ihr geht aber in Ex 4,1a die Wendung לא יאמינו לי voran, die die zweite Wendung ולא ישמעו בקלי interpretieren will und damit den Akzent gegenüber dem ersten Redegang zwischen Mose und Jahwe verschiebt. Gefolgt sind die beiden mit והן eingeleiteten Feststellungen von einer positiven Aussage, die durch כי gegenüber den beiden negierten Feststellungen abgesetzt ist. Diese leitet ein Zitat einer Rede ein, das an Ex 3,16a anschließt, wobei jedoch die sich dort findende positive Aussage (Erscheinung) negiert wird.

Der folgende Abschnitt 4,2-5a ist als Antwort Jahwes zu verstehen. Dies legt sich nicht nur aus der Korrespondenz zu Ex 3,13-18[*], sondern vor allem auch von Ex 4,5a her nahe. Die der Tradition entnommene Erzählung von dem Stab-Schlangen-Wunder erhält dadurch eine neue Funktion. Aus dem Bericht über Geschehenes wird bei Je eine Schilderung dessen, was Mose in Zukunft tun soll und was daraufhin geschehen wird. Der Leitgedanke der "Gottesrede" Ex 4,2-5a ist dabei in dem Finalsatz 4,5a angegeben, wobei die entscheidenden Stichworte aus Ex 4,1 (יאמינו כי נראה אליך יהוה) aufgenommen sind. Dadurch verändert sich dann aber auch der Stellenwert des in Ex 4,2-4 geschilderten Vorgangs. Im Unterschied zur Dornstrauch-Geschichte liegt der Akzent nicht mehr auf der Ausstattung des Mose mit göttlicher Kraft, sondern auf einer Demonstration, die bei den Israel-Söhnen Vertrauen auf das Wort des Mose bewirken soll. Mit dem Finalsatz Ex 4,5a, der die zweite Szenenhälfte

nochmals an die erste zurückbindet, wird prononciert die zweite Szenenhälfte abgeschlossen.

Die *dritte szenische Einheit* setzt in Ex 4,19 mit einer Rede Jahwes an Mose
ein, wobei der Neueinsatz durch die Einfügung der Ortsbestimmung במדין unterstrichen wird, und endet in Ex 5,4. Wie in der ersten szenischen Einheit
liegt die Initiative wieder bei Jahwe, während Mose als ausführendes Organ
der Befehle Jahwes erscheint. Auch in dieser szenischen Einheit findet sich
wiederum die charakteristische Aufteilung der Geschehensfolge auf zwei Szenenhälften. Im Gegensatz zur parallelen Struktur der beiden Szenenhälften
in der zweiten szenischen Einheit ist die Aufeinanderfolge der beiden Szenenhälften in der dritten szenischen Einheit - ebenso wie in der ersten -
vom Prinzip der Abfolge bestimmt, wobei die erste Szenenhälfte jeweils die
Voraussetzung für das in der zweiten Hälfte geschilderte Geschehen darstellt. In der dritten szenischen Einheit sind dabei die beiden Szenenhälften insofern deutlich voneinander unterschieden, als die erste Hälfte der
Szene (Ex 4,19-26[*]) ganz als Produkt der jehowistischen Redaktion zu verstehen ist, während es sich bei der zweiten Szenenhälfte um die redaktionelle Bearbeitung der vorgegebenen jahwistischen Darstellung handelt. Inner
halb beider Szenenhälften gliedert sich auch hier wiederum der dargestellte
Geschehensvorgang in zwei Teile.

Die erste Szenenhälfte setzt in Ex 4,19 mit einer in Midian lokalisierten
Gottesrede neu ein. Die Rede wird mit einem doppelten Imperativ eingeleitet, von denen der erste (לך) als Monem für "wohlan" steht und den zweiten
Imperativ, der zur Rückkehr nach Ägypten auffordert, hervorheben will. Daran schließt sich eine breitere Begründung an, die aus einer Feststellung
(*x-qatal*) und einer an das Subjekt sich anschließenden partizipialen Apposition besteht, die auf Ex 2,15 zurückverweist. Der begründete doppelte Imperativ wird in Ex 4,22 fortgeführt mit Afformativkonjugation (Redeauftrag
für den Pharao). Das von Mose zu übermittelnde Wort ist durch die vorangestellte Botenformel als Botenspruch charakterisiert. Eingeleitet wird der
Botenspruch durch einen Nominalsatz, der eine Aussage über Israel enthält,
wobei gegenüber der normalen Wortfolge im Nominalsatz das Prädikativum an
der ersten Stelle steht und damit den Ton trägt (בני בכרי ישראל). Auf den
einleitenden Nominalsatz Ex 4,22bβ folgen in Ex 4,23a zwei Narrative (erste
Person / zweite Person), die wie über ein schon eingetretenes Geschehen berichten. Der erste Narrativ dient als Redeeinführung eines Wortes des Mose

an den Pharao. Dieses besteht aus einem Imperativ (Entlassung) und ist gefolgt von einer modalen Präformativkonjugation (עבד). Der Imperativ ist in
Ex 4,23aß als Infinitiv im Anschluß an den zweiten Narrativ (ותמאן) aufgenommen, womit das negative Ergebnis der an den Pharao gerichteten Aufforderung konstatiert wird. Abgeschlossen wird das Botenwort Ex 4,23b durch einen mit הנה eingeleiteten partizipialen Nominalsatz mit betontem אנכי als
Subjekt, der die Tötung der Erstgeburt des Pharao als unmittelbar bevorstehend ansagt. Deutlich hat damit das Botenwort eine chiastische Struktur.
Dem einleitenden Nominalsatz in Ex 4,22bß entspricht am Schluß der ankündi-
gende partizipiale NS Ex 4,23b, wobei die beiden Nominalsätze sich antithetisch gegenüberstehen (mein/dein Sohn). Antithetisch sind auch die beiden
Narrative in Ex 4,23aα und 23aß aufeinander bezogen (Jahwe/Pharao), wobei
beide Sätze durch das Thema der Entlassung des Sohnes Jahwes miteinander
verbunden sind. Zu beachten ist die mangelnde Einbindung des Botenwortes
in den vorliegenden Textzusammenhang, was darauf hindeutet, daß es im Blick
auf den weiteren Textzusammenhang der jehowistischen Exodusgeschichte gestaltet ist.

Mangelnde Einbindung in den vorliegenden Textzusammenhang ist aber auch für
den zweiten Teil der ersten Szenenhälfte charakteristisch. Die Darstellung
setzt in Ex 4,24a[*] mit ויהי + Ortsangabe (בדרך) neu ein. Auf diese einleitende Situationsangabe, die wohl auf Ex 4,19a verweist, folgen zwei Narrative, zu denen Jahwe als Subjekt fungiert. Unbestimmt bleibt der Bezugspunkt des in Ex 4,24 zweimal vorkommenden Suffixes der dritten Person
(ויפגשהו / המיתו). Mehrere Möglichkeiten sind hier durchaus denkbar. Der
nächste Bezugspunkt läge in Ex 4,23b (את בנך בכרך) [5]. Doch ist ein unmittelbarer Zusammenhang mit Ex 4,22+23 nicht sichtbar, da diese Botenrede wegen
Ex 4,23a schon auf den Mißerfolg der Sendung des Mose zum Pharao zurückblickt, so daß sich die in Ex 4,24 gebrauchten Suffixe nicht auf eine der
in Ex 4,22+23 genannten Personen zurückbeziehen können [6]. Der nächstmögliche

---

5 Auf die Schwierigkeiten der Interpretation, die sich daraus ergeben, daß
   nicht immer deutlich sichtbar ist, auf wen sich die gebrauchten Suffixe
   beziehen, ist schon verschiedentlich hingewiesen worden; vgl. dazu etwa
   H. KOSMALA, The "Bloody Husband", VT 12 (1962) 14-28 (19); H. SCHMID,
   Mose, der Blutbräutigam. Erwägungen zu Ex 4,24-26, Judaica 22 (1966) 113-
   118 (114); B.S. CHILDS, Exodus, 95.

6 Auch wenn Ex 4,22+23 und 4,24-26a auf ein und dieselbe Hand zurückgehen,
   so ist damit noch nicht von vornherein ausgemacht, daß sich die Rückverweise von Ex 4,24-26a auf Ex 4,22+23 zurückbeziehen müssen, zumal wenn

Rückbezug läge somit in Ex 4,19. Der Zusammenhang von Ex 4,24 mit 4,19 wird
nun aber nicht nur durch die einleitende Situationsangabe in Ex 4,24a bekräftigt, die sich auf Ex 4,19a bezieht, sondern vor allem durch Ex 4,24b
(ויבקש המיתו), worin allem Anschein nach eine Anspielung auf Ex 4,19b
(כי מתו כל האנשים המבקשים את נפשך) vorliegt. Demnach kann mit den beiden
Suffixen der dritten Person in Ex 4,24 nur Mose selbst gemeint sein [7].

Ein neuer Abschnitt innerhalb von Ex 4,24-26a* setzt in Ex 4,25a, angezeigt
durch den Subjektwechsel (Jahwe / Zippora), ein. Zippora ist dabei wie eine schon bekannte Gestalt eingeführt. Neben ihr wird noch ein Sohn der Zippora genannt, der aber nicht mit Namen eingeführt ist. Deutlich spielt damit
Ex 4,25a auf Ex 2,21+22 an. Als eng zusammengehörig erweisen sich die beiden Narrative in Ex 4,25aα, die sich auf den Ritus der Beschneidung des
Sohnes Zipporas beziehen. Von Ex 4,25aα ist aber trotz gleichbleibenden
Subjektes Ex 4,25aβb abzusetzen, was dadurch angezeigt ist, daß aufgrund
der Suffixe der dritten Person wiederum Mose als Objekt des Geschehens anzunehmen ist [8]. Diesem Verständnis entspricht auch die abschließende Notiz
in Ex 4,26a, die antithetisch Ex 4,24* gegenübertritt. Durch den Vollzug
eines magischen Ritus, der in Ex 4,25b durch ein Wort der Zippora (NS) gedeutet wird, muß Jahwe von Mose ablassen. Vom Textzusammenhang her liegt
darin wohl einschlußweise eine erneute Beauftragung des Mose durch Jahwe.

Die zweite Szenenhälfte spielt wiederum in Ägypten. Die erzählerische Grundstruktur dieses Abschnittes ist schon durch die jahwistische Tradition bestimmt, wobei Je die dort vorgegebene Zweistufigkeit der Erzählfolge noch
weiter ausbaut. Der erste Teil (Ex 4,29*+31*), der die Ausrichtung der Jahwe-Botschaft an die Ältesten berichtet, ist weitgehend aus J übernommen.
Nur die Mitteilung der Reaktion der Ältesten durch die beiden Narrative
ויקדו וישתחוו in Ex 4,31bβ geht auf die jehowistische Redaktion zurück, womit indirekt ein Bezug zu Ex 3,18a hergestellt wird. Auf der anderen Seite
will die Mitteilung der Reaktion der Ältesten Israels in Ex 4,31bβ als Antithese zur Reaktion des Pharao in Ex 5,2 verstanden sein.

---

man bedenkt, daß Ex 4,22+23 ein auf die Zukunft bezogenes Gotteswort ist
und daß ויהי + Ortsangabe in Ex 4,24a einen deutlichen Neueinsatz markier

7 Vgl. nur B.S. CHILDS, Exodus, 98.1o3.

8 Obgleich sich die Suffixe in Ex 4,25aβb+26a auch auf den Sohn des Mose be
ziehen könnten, ist eine solche Deutung aufgrund des Textzusammenhangs
von Ex 4,24-26a nicht wahrscheinlich, so daß wie in Ex 4,24 mit den Suffixen nur Mose gemeint sein kann.

Im zweiten Abschnitt, der sich auf die Sendung des Mose und der Ältesten zum Pharao bezieht, hat die jehowistische Redaktion in einen jahwistischen Rahmen (Ex 5,1a*+3aßba*.4*) einen selbst formulierten Abschnitt eingeschaltet (Ex 5,1b+2). Dadurch entsteht erzählerisch eine zweigestufte Erzählfolge (Rede des Mose und der Ältesten + Reaktion des Pharao // Rede des Mose und der Ältesten + Reaktion des Königs von Ägypten). Die beiden Redegänge unterscheiden sich dadurch, daß die erste Rede des Mose und der Ältesten als Botenspruch stilisiert ist, der grundsätzlich die Forderung nach Entlassung der Israel-Söhne zu einem Opfer-Fest in der Wüste stellt. Ebenso grundsätzlich wie die Frage des Mose ist auch die Antwort des Pharao darauf. Nach Ablehnung der Entlaßforderung durch den Pharao erscheint die erneute Rede des Mose und der Ältesten als eine Art Kompromißvorschlag, insofern nur noch die Erlaubnis zu einer Drei-Tage-Reise gefordert ist. Der Akzent liegt demnach innerhalb der jehowistischen Darstellung eindeutig auf dem ersten Redegang zwischen Mose mit den Ältesten und dem Pharao. Deutlich bezieht sich dabei Ex 5,1b auf Ex 4,22+23 zurück, worauf sowohl die Stilisierung als Botenrede als auch die Entlaßforderung hinweisen. Die Antwort des Pharao auf die Botenrede setzt ein mit einer nominalen Frage (מי יהוה), woran sich ein mit אשר eingeleiteter Konsekutivsatz anschließt. Dieser ist mit einem Infinitivsatz weitergeführt, der die Entlaßforderung aus Ex 5,1b wieder aufnimmt. Gegenüber der einleitenden rhetorischen Frage besteht die zweite Hälfte der Rede des Pharao aus einer doppelt negierten Feststellung, die an die vorangehende rhetorische Frage in Ex 5,2a anknüpft. Beide Feststellungen sind dabei chiastisch angeordnet und aufeinander bezogen (*lo'-qatal* + Jahwe als Objekt // Israel als Objekt + *lo'-yiqtol*).

Die jehowistische Berufungsgeschichte gibt sich somit als eine genau durchkonstruierte literarische Komposition zu erkennen. Sie besteht aus drei größeren szenischen Einheiten, die deutlich gegeneinander abgehoben sind. Die erste szenische Einheit berichtet von der Sendung des Mose durch Jahwe im Rahmen einer Gotteserscheinung an einem "heiligen" Ort (Dornstrauch), wobei das Geschehen außerhalb Ägyptens am Rand der midianitischen Steppe lokalisiert ist. Gegenüber der ersten szenischen Einheit nimmt die zweite szenische Einheit keinen Ortswechsel vor. Doch ist sie dadurch von jener zu unterscheiden, daß hier die Initiative von Mose und nicht von Jahwe ausgeht. In der dritten szenischen Einheit, die in Midian einsetzt, wird Mose zurück nach Ägypten gebracht, wohin Jahwe ihn mit seiner Botschaft gesandt hat. Alle drei szenischen Einheiten zeichnen sich durch eine Auffächerung der in in ihnen dargestellten Geschehensfolge in zwei Erzählgänge aus, so daß jede der drei szenischen Einheiten aus zwei Szenenhälften besteht, die weithin parallel gestaltet sind. Diese für die Gestaltung der einzelnen Szenen typische Zweigliedrigkeit setzt sich auch noch bis in die Gestaltung der einzelnen Szenenteile hinein fort, die ihrerseits wiederum aus zwei Abschnitten bestehen. In der komplexen Struktur der jehowistischen Berufungsgeschichte deutet sich zugleich deren thematische Komplexität an.

Schematisch läßt sich die komplexe Struktur der jehowistischen Berufungsgeschichte etwa folgendermaßen darstellen:

I. Erste Szene: Jahwe / Mose (Ex 3,1-12aα*)

   1. *Erscheinung Jahwes am heiligen Ort ("Dornstrauch")* (Ex 3,1-6*)
     - Erscheinung Jahwes in einer Feuerflamme (Ex 3,1-3*)
     - Offenbarung Jahwes am heiligen Ort (Ex 3,4-6*)

   2. *Sendung des Mose durch Jahwe am heiligen Ort* (Ex 3,7-12aα*)
     - Sendung des Mose zum Jahwe-Volk (Ex 3,7-1o*)
     - Einwand und Beistandszusage (Ex 3,11+12aα)

II. Zweite Szene: Mose / Jahwe (Ex 3,13-4,5a*)

   1. *Erster Redegang (Name Jahwes)* (Ex 3,13-18*)
     - Einwand des Mose (Bedeutung des Namens des sendenden Gottes) (Ex 3,13)
     - Antwort Jahwes ("Ich werde da sein, als der ich da sein werde") (Ex 3,14-18*)

   2. *Zweiter Redegang (Vertrauen auf Mose)* (Ex 4,1-5a)
     - Einwand des Mose (mangelndes Vertrauen auf Mose und seine Botschaft) (Ex 4,1)
     - Antwort Jahwes (Machttaten als Zeichen) (Ex 4,2-5a)

III. Dritte Szene: Jahwe / Mose (Älteste/Israel-Söhne/Pharao) (Ex 4,19-5,4*)

   1. *Rückkehr nach Ägypten* (Ex 4,19-26a*)
     - Rede Jahwes: Rückkehr nach Ägypten + Botenauftrag für den Pharao (Tötung der Erstgeburt) (Ex 4,19-23*)
     - Überfall Jahwes auf dem Wege (Bewahrung des Mose vor dem Tod durch Blutritus) (Ex 4,24-26a*)

   2. *Ausrichtung des Jahweauftrags an die Israel-Söhne und den Pharao* (Ex 4,29-5,4*)
     - Ausrichtung der Jahwe-Botschaft an die Ältesten Israels + Mitteilung der Reaktion (Ex 4,29-31*)
     - Ausrichtung der Jahwe-Botschaft an den Pharao (Entlassungsforderung) + Ablehnung der Entlassungsforderung (Ex 5,1-4*)

1.2 Ziel

Anhand der Untersuchung von Form und Struktur der jehowistischen Berufungsgeschichte ist deren Ziel zu bestimmen. Außerdem sind vor allem die auf die
jehowistische Redaktion selbst zurückgehenden Eintragungen zu beachten. Das
Gefälle der Darstellung geht auf die dritte Szene hin, auf die die beiden
vorangehenden Szenen bezogen sind. Dennoch hat jede der szenischen Einheiten ein Eigengewicht, das im Blick auf die Gesamtaussage der Texteinheit
nicht vernachlässigt werden darf.

In der ersten szenischen Einheit wird das Ziel der Darstellung vor allem an
den redaktionellen Einfügungen durch Je und den dadurch bedingten Verschie-
bungen innerhalb der rezipierten Textstücke erkennbar. Dadurch soll vor allem das Moment der Sendung des Mose stärker akzentuiert werden. Dies geschieht auf eine doppelte Weise. In der ersten Szenenhälfte wird der Ort,
an dem Mose von Jahwe gesandt wird, "aufgewertet", insofern der Dornstrauch
augenscheinlich als ein "heiliger Ort" deklariert wird (Ex 3,5). Nicht ir-
gendwo, sondern an einem von Jahwe bestimmten "heiligen Ort", der als solcher außerhalb von Ägypten liegen muß, erscheint er dem Mose [9]. In der zweiten Szenenhälfte wird die Beauftragung des Mose zur Wortübermittlung (J)
bzw. zur Errettung der Israel-Söhne (E) ausdrücklich als "Sendung" interpretiert. Diese wird als Sendung zum Pharao verstanden, und betrifft die Errettung des Jahwe-Volkes aus Ägypten, womit Je stärker der elohistischen
Tradition folgt. Der der jahwistischen Tradition entnommene Rückblick auf
Jahwes tathaftes Eingreifen für sein Volk (Ex 3,7-8[*]) ist bei Je auf die
Sendung des Mose bezogen und hat demgegenüber eine untergeordnete Funktion.
Das Herabsteigen Jahwes wird uminterpretiert als ein Herabsteigen zum Heiligtum, um hier Mose zu senden und ihn mit der Rettung seines Volkes zu be-
auftragen.

Die zweite szenische Einheit baut genau auf dem zentralen Punkt der ersten
szenischen Einheit auf. Mose meldet hier einen doppelten Einwand gegen seine
Sendung durch Jahwe an (Ex 3,13 und 4,1). Die beiden Einwände gegen die Sendung durch Jahwe haben von daher ein besonderes Gewicht, daß sie von Je

---

9 Während in der Dornstrauch-Geschichte das Phänomen des brennenden und
   nicht verbrennenden Dornstrauches als die Erscheinung Jahwes selbst
   verstanden wird, spricht Je nur von einer Erscheinung in einer "Feuerflamme" (אש בלבת).

selbst formuliert sind und somit die Intentionen des Jehowisten klar zum
Ausdruck bringen. In beiden Fällen beziehen sich die von Mose vorgetragenen
Einwände darauf, ob er auch der von Jahwe gesandte Retter/Prophet sei. Die
Einwände bewegen sich dabei in zwei Richtungen. Der erste Einwand bezieht
sich auf das Wissen um die Bedeutung des Namens Jahwes, das kompositorisch
in Beziehung gesetzt ist zur Sendung des Mose durch den "Gott der Väter".
Das Wissen um die Bedeutung des Namens des sendenden Gottes dient als Kriterium für die Sendung durch die Gottheit. Der zweite Einwand, der den ersten voraussetzt, bezieht sich auf das mangelnde Vertrauen des Jahwe-Volkes
auf Mose, insofern dieses generell bestreitet, daß Jahwe dem Mose erschienen sei, womit dann auch die Sendung durch Jahwe selbst bestritten ist. Als
Erweis seiner Sendung durch Jahwe ist dabei die Ausstattung des Mose mit
machtvollen "Zeichen" zu verstehen. Deutlich steht somit auch in der zweiten szenischen Einheit das Problem der Sendung im Vordergrund, wobei es
hier um Kriterien für die Legitimität der Sendung des Mose geht.

Während in der zweiten szenischen Einheit die Legitimation der Sendung des
Mose zum Jahwe-Volk das zentrale Problem darstellt, geht es in der dritten
szenischen Einheit um das Problem der Sendung zum Pharao, worauf hier aller
Nachdruck liegt, wie vor allem die jehowistischen Erweiterungen zeigen. Die
erste Szenenhälfte mit ihren beiden Teilen ist als Ganze erst von der jehowistischen Redaktion gebildet worden. Zu beachten ist dabei das Nebeneinander des Botenwortes in Ex 4,22+23, in dessen Zentrum die Entlaßforderung
steht, und der kleinen Szene Ex 4,24-26a*, die Jahwes Macht zu töten, aber
auch vor dem Tod zu bewahren, dokumentiert, wobei die Abfolge der beiden
Teile wohl von der Absicht bestimmt ist, die Legitimation der *Botschaft* des
Mose an den Pharao zu unterstreichen [10].

Zu beachten ist die Zuspitzung der Darstellung der "Berufung" des Mose in
der letzten szenischen Einheit durch das Gegenüber von Anspruch Jahwes und
Anspruch des Pharao. Der Anspruch Jahwes kommt in der Entlaßforderung zum
Ausdruck, wobei betont jeweils von "mein Sohn / mein Volk" (Ex 4,23/5,2)
gesprochen wird. Daß es sich hierbei um einen grundsätzlichen Konflikt han-

---

[10] Von daher wird dann auch die Abfolge des Botenspruches Ex 4,22+23 und
der Szene Ex 4,24-26a* verständlich, wobei durch die Geschichte vom
Überfall Jahwes die Ernsthaftigkeit der Ankündigung des Todes der Erstgeburt des Pharao unterstrichen werden soll.

delt, läßt die Antwort des Pharao in Ex 5,2 erkennen. Diese beschränkt sich nicht auf eine Ablehnung der Entlaßforderung, sondern wird durch die Frage מי יהוה sowie die Feststellung לא ידעתי את יהוה ins Grundsätzliche überhöht, wobei die Ablehnung des Anspruches Jahwes durch den Pharao als ein sündhaftes Geschehen verstanden wird, das das Gericht Jahwes herausfordert (Ex 4, 22+23). Literarisch wird dadurch aber gerade am Ende der "Berufungsgeschichte" des Mose die Spannung geweckt auf den Konflikt zwischen Jahwe und dem Pharao und dessen Lösung.

Deutlich erweist sich demnach die jehowistische Darstellung der "Berufung" des Mose als eine in sich geschlossene literarische Konzeption. Am "Heiligtum" wird Mose von Jahwe zum "Retter/Propheten" berufen und gesandt. Der doppelte Einwand, den Mose gegen seine Sendung durch Jahwe vorbringt, richtet sich auf die (mögliche) Bestreitung der Legitimation seiner Sendung durch das Jahwe-Volk. Als der von Jahwe berufene und gesandte "Prophet" tritt Mose sodann im Schlußteil der Berufungsgeschichte auf. Bewußt ist in diesem Zusammenhang bei Je zweimal die "Botenformel" gebraucht (Ex 4,22 und 5,1). Die prophetische Komponente seines Auftretens wird vor allem daran deutlich, daß er im Auftrag Jahwes dem Pharao das Gericht zu verkünden hat. Von daher erscheint dann das Exodusgeschehen als ein Gericht Jahwes über den sündigen Pharao, der sich Jahwe zu widersetzen wagt und ihn nicht als Jahwe (vgl. dazu Ex 3,14a) anerkennt. Dieser negativen Komponente entspricht dann auf der anderen Seite beim Jahwe-Volk die starke Betonung des Vertrauens und Hörens auf Mose (Ex 3,18a sowie Ex 4,1+5a) sowie der ehrfurchtsvollen Annahme der Botschaft Jahwes (Ex 4,31bß). Mose erhält durch die Sendung durch Jahwe eine quasi-göttliche Stellung, insofern er der bevollmächtigte "Retter" und "Prophet" in einem ist.

Der eigentliche Zielpunkt der jehowistischen "Berufungsgeschichte" liegt in der Einführung des Mose als des von Jahwe berufenen und gesandten Retters/ Propheten. Von besonderem Gewicht ist dabei die Frage der Legitimation seiner Sendung, wobei Kriterien zum Erweis der Sendung durch Jahwe formuliert werden. Zugleich werden Interpretationshilfen zur Deutung des Exodusgeschehens entwickelt, wobei vor allem das Verhalten des Pharao eine theologische Wertung erfährt.

2. Semantische Analyse

2.1 Jahweerscheinung und "heiliger Boden"

Innerhalb der ersten Szenenhälfte der ersten Szene hat die jehowistische Redaktion an drei Stellen eingegriffen, die thematisch deutlich zusammenhängen. Die erste dieser redaktionellen Eintragungen findet sich in Ex 3,2a (וירא יהוה אליו בלבת אש), durch die das nachfolgend geschilderte Geschehen als eine Erscheinung Jahwes gedeutet wird. Die hier gebrauchte Wendung וירא + Gottesbezeichnung + ב begegnet mehrfach mit einer Ortsangabe, wobei Gen 18,1 (J) als ältester Beleg anzusehen ist [11]. Doch liegen in diesen Belegen keine genauen Parallelen zu der in Ex 3,2a* sich findenden Form der Wendung vor, insofern hier auf die Präposition ב nicht eine Ortsangabe folg' sondern vielmehr das Erscheinungsmedium genannt ist. Doch ist auch dieser Gebrauch der Wendung nicht ganz ohne Parallele. Sie findet sich nochmals in Ex 16,1o (Wolke) bei P^g sowie in Dtn 31,15 (Wolkensäule), welche Stelle wohl auf R^P zurückgeht [12]. Ex 3,2a ist demnach als der älteste Beleg dieser Form der "Erscheinungsformel" anzusehen, wobei ihre Prägung wohl in Analogie zum Gebrauch der Wendung mit Ortsbezeichnung geschehen ist. Wahrscheinlich steht Ex 3,2a* in Zusammenhang mit der jehowistisch eingefügten Notiz in Ex 19,18aß (מפני אשר ירד עליו יהוה באש). Indem Je in Ex 3,2a* eine überschriftartige Formulierung vorgeschaltet hat, soll wohl nicht nur die vorgegebene Darstellung einer Gotteserscheinung im Dornstrauch theologisch interpretiert werden, sondern darüber hinaus auch eine Beziehung zum Sinaigeschehen hergestellt werden, um so die "Dornstrauch-Erscheinung" und die Theophanie am Sinai aufeinander zu beziehen, so daß der weitere Horizont der Aussage innerhalb der Sinaigeschichte zu suchen wäre.

Mit der Einfügung der Erscheinungsnotiz in Ex 3,2a* hängt sodann das zu וארא redaktionell hinzugefügte Objekt את המראה הגדל הזה zusammen, das zugleich den Obergang herstellen soll zu der Mahnung in Ex 3,5b, die ebenfalls auf die Hand von Je zurückgeht. Die redaktionelle Erweiterung durch Je schließt sich hier an die vorgegebene Warnung in Ex 3,5a an, sich dem

---

11 Zu ראה N-Stamm als t.t. für Gotteserscheinungen (Belege bei P. WEIMAR, fzb 9, 97 Anm. 47) in Verbindung mit Ortsangaben vgl. Gen 18,1; 22,14; 48,3; Num 14,1o; 1 Sam 3,21; 2 Kön 9,2b; 2 Chron 3,1.

12 Von den genannten Belegen ist 1 Kön 3,5 insofern verschieden, als hier als Erscheinungsmedium der "Traum" (neben einer Ortsangabe) genannt ist

Dornstrauch nicht zu nähern. Von der Warnung wechselt Je zur Mahnung, die ihrerseits durch einen nominalen Begründungssatz mit eingeschobenem Relativsatz ergänzt ist. Fast wörtlich gleich ist Ex 3,5b in Jos 5,15a wieder aufgenommen, nur daß hier אדמה fehlt [13]. Die Übereinstimmung der beiden Aussagen ist so auffällig, daß zwischen ihnen eine Abhängigkeit bestehen muß, die dabei entweder als Herkunft von ein und demselben Verfasser oder als sekundäre Nachahmung von Jos 5,14 nach Ex 3,5b zu bestimmen sein wird [14]. Doch hängt eine Beurteilung dieser Frage weitgehend von einer Analyse von Jos 5,13-15 ab.

Der Abschnitt Jos 5,13-15 schließt locker an Jos 5,1o-12* an. Nachdem mit Jos 5,1o-12* der Übergang in das Land Kanaan abschließend festgestellt ist[15], wobei zugleich ein Rückbezug auf Ex 16,35b hergestellt wird[16], wird mit

---

13 Auf die Parallelität von Ex 3,5 und Jos 5,15 verweisen auch B. BAENTSCH, HK I/2, 19; W. RICHTER, FRLANT 1o1, 79-8o; W.H. SCHMIDT, BK II/2, 158.

14 Die verschiedenen Möglichkeiten der Abhängigkeit der beiden Stellen voneinander erwägt auch W.H. SCHMIDT, BK II/2, 158, wobei er sich - ebenso wie W. RICHTER, FRLANT 1o1, 8o - für einen nachträglichen Einfluß von Ex 3,5b auf Jos 5,15a entscheidet.

15 Die literarkritischen Abgrenzungen in Jos 5,1o-12 sind umstritten, weshalb sie hier - ohne Auseinandersetzung mit der Literatur - kurz besprochen seien. Der Text läßt eine Reihe von Spannungen erkennen, die Anzeichen für die Entstehungsgeschichte des Textes sind. In der *ältesten Fassung* des Textes ist noch nicht von einer Pesach-Feier in den Steppen von Jericho die Rede gewesen. Vielmehr berichtet diese nur von einem Essen von Massot und Röstkorn. Dieser ältesten Form des Textes gehören Jos 5,1oa.11a* (ohne ממחרת הפסח).12aα zu. Der Text besteht aus zwei parallel gefügten Doppelstichen, wobei im jeweils zweiten Stichos der beiden Doppelstichen vom Essen vom Ertrag des Landes gesprochen wird. Wegen der Beziehung von Jos 5,12aα auf Ex 16,35b wird man diese älteste Schicht für jehowistisch zu halten haben. Die Pesach-Thematik ist erst auf der *zweiten* Phase des Textes eingetragen worden. Dieser Entstehungsphase des Textes sind wohl zuzurechnen Jos 5,1ob* (ohne בארבעה עשר יום לחדש) und 5,11a* (nur ממחרת הפסח). Diese ist wegen der Zeitangabe בערב, die sonst nur in Dtn 16,4.6 in vergleichbarem Zusammenhang begegnet, als deuteronomistisch zu kennzeichnen. In der *letzten Phase der Entstehung des Textes* sind in Jos 5,1ob die Zeitangabe בארבעה עשר יום לחדש sowie 5,11b und 12aßb eingefügt worden. Wegen ihrer Affinität zu priesterlichen Pesach-Texten sind diese Erweiterungen als nachdeuteronomistische Erweiterungen zu kennzeichnen, die im Zusammenhang mit der Schlußredaktion des Pentateuch stehen. - Zu Jos 5,1o-12 vgl. aus der jüngeren Literatur P. LAAF, Die Pascha-Feier Israels. Eine literarkritische und überlieferungsgeschichtliche Studie, BBB 36, Bonn 197o, 86-91 (Lit.!); H. HAAG, Vom alten zum neuen Pascha. Geschichte und Theologie des Osterfestes, SBS 49, Stuttgart 1971, 67-71; E. OTTO, Das Mazzot-Fest in Gilgal, BWANT VI/7, Stuttgart 1975, 62-63.175-186; J. HALBE, Erwägungen zum Ursprung und Wesen des Massot-Festes, ZAW 87 (1975) 324-346 (329-334).

Jos 5,13-15 der Bericht von der Eroberung des Landes eingeleitet. Die kleine Texteinheit dient dazu, die theologischen Leitlinien für die Geschichte
von der Eroberung des Landes zu entfalten. Die Einheit wird eingeleitet mit
ויהי + Zeitbestimmung (בהיות יהושע ביריחו). Auffällig ist dabei die Lokalisierung des Geschehens in Jericho, wodurch proleptisch das folgende Geschehen vorweggenommen ist [17]. Fortgeführt ist die einleitende Zeitangabe durch
den Bericht einer überraschenden Beobachtung, die Josua macht (וישא עיניו
וירא והנה). Das von Josua Beobachtete wird in einem zweigliedrigen Nominalsatz festgehalten, dessen erste Hälfte sich auf die Gesamterscheinung bezieht (איש עמד לנגדו), während die zweite Hälfte eine Ausstattung nennt,
durch die er sich vor allen auszeichnet (וחרבו שלופה בידו). Mit dieser Angabe wird zugleich ein für die weitere Geschichte wichtiger Zug mitgeteilt.

Nachdem auf diese Weise die beiden Hauptpersonen eingeführt sind, entwickelt
sich daraus folgerichtig das weitere Geschehen, insofern Josua und der Mann
mit dem Schwert zueinander gebracht werden. Dabei wird konsequent der von
Anfang an gegebene Erzählduktus weitergeführt (Josua erhebt seine Augen,
sieht einen Mann mit Schwert, geht hin und redet ihn an). Die Frage, die Josua an den Mann richtet, bezieht sich auf seine Stellung zu Israel, wobei
deutlich auf die zweite Hälfte des Nominalsatzes in Jos 5,13a Bezug genommen wird. Die Antwort des Mannes korrigiert die gestellte Frage insofern,
als sie die von Josua konstruierte Alternative verneint (לא) und dieser seine wahre Position gegenüberstellt [18]. Dies geschieht unter Verwendung der
Form der Selbstpräsentation (אני שר צבא יהוה) [19], was als Reaktion bei Josua
unmittelbar den in Jos 5,14bα beschriebenen Gestus hervorruft. Die nachfolgende Rede Josuas an den Anführer des Heeres Jahwes, die mit der gleichen
Wendung ויאמר לו wie die entsprechende erste Josua-Rede in Jos 5,13aα eingeleitet ist, besteht aus einer Frage, die nach dem Inhalt der Botschaft des
Anführers des Heeres Jahwes fragt. Seine Antwort in Jos 5,15a, die betont
breit mit ויאמר שר צבא יהוה אל יהושע eingeleitet ist, besteht aus der Mahnung, die Schuhe auszuziehen, mit dem nachfolgenden begründenden Hinweis
auf die Heiligkeit des Ortes [20].

---

16 Ex 16,35b ist als ein auf Je zurückgehender redaktioneller Zusatz zu ver
stehen (der Nachweis für diese literarkritische Entscheidung soll an anderer Stelle gegeben werden).

17 Die Ortsangabe ביריחו in Jos 5,13aα hat ursprünglich wohl auch die gewöhnliche Bedeutung von "in Jericho" gehabt (vgl. auch M. NOTH, Das
Buch Josua, HAT I/7, 34), so daß in der Szene Jos 5,13-15* proleptisch
schon das ganze in Jos 6 geschilderte Geschehen vorweggenommen ist. Eine Sinnverschiebung der Ortsangabe ביריחו ist erst auf der Ebene des
deuteronomistischen Josua-Buches, als in Jos 5,1ob die Ortsangabe בערבות
יריחו von Dtr eingefügt wurde, entstanden, so daß ביריחו im Sinne von
"bei Jericho" verstanden werden mußte (vgl. auch G sowie Komm.). - Zu
Jos 5,13-15 vgl. zuletzt E. OTTO, BWANT VI/7, 63-65.

18 So auch C. STEUERNAGEL, Deuteronomium und Josua, HK I/3, Göttingen 19oo,
169f. - Die Fortführung der Selbstpräsentation durch עתה באתי ist als
eine redaktionelle Erweiterung zu verstehen.

19 Die Wendung שר צבא יהוה, die sonst nicht mehr begegnet, ist wahrscheinlich in Anlehnung an die auch sonst vorkommende Wendung שר צבא + NN gebildet (Ri 4,7 und 2 Sam 1o,16; vgl. auch 1 Sam 12,9; 1 Kön 2,32; 2 Kön
5,1; 1 Chron 19,16).

2o In der Ausführungsformel Jos 5,15b liegt ein redaktioneller Zusatz vor,
der wahrscheinlich die Funktion der Wendung in Jos 5,15a nicht mehr ver-

Mit Ausnahme von יחתֹ הֹנע in Jos 5,14a sowie 5,15b muß Josua 5,13-15 als
eine kleine in sich geschlossene literarische Komposition angesehen werden, die aber nach vorne offen ist und auf die Darstellung eines weiteren
Geschehens verweist, wodurch die Heiligkeit des Ortes begründet wird [21].
Als eine solche Darstellung ist die der Eroberung von Jericho anzusehen,
auch wenn Jos 6 selbst in keinem ursprünglichen Beziehungsverhältnis zu Jos
5,13-15* steht [22]. Die kleine Szene Jos 5,13-15* gliedert sich dabei in zwei
Abschnitte, die jeweils nach dem gleichen Schema aufgebaut sind (Jos 5,13-
14a*/14b-15a). Jeweils setzt ein Abschnitt mit einer Aktion des Josua ein,
die zudem noch thematisch aufeinander bezogen erscheinen (Erheben der Augen/
Niederfallen auf das Angesicht). Sodann folgt eine Frage Josuas an den Mann
mit dem Schwert / Fürsten des Heeres Jahwes, die in beiden Fällen mit רמאֹיֹו
 וֹל eingeführt ist (Jos 5,13b/14bß). Den Abschluß bildet jeweils die Antwort des Mannes mit dem Schwert / Fürsten des Heeres Jahwes (Jos 5,14a*/
15a), die in Jos 5,14a aus einer Selbstpräsentation und in Jos 5,15a aus
einer begründeten Mahnung besteht.

Daß zwischen Ex 3,1-6* und Jos 5,13-15* eine literarische Beziehung anzunehmen ist, ergibt sich nicht nur aufgrund der nahezu wörtlichen Übereinstimmung von Ex 3,5b und Jos 5,15a. Die literarische Struktur (Zweierstruktur/
Dreigliedrigkeit) wie auch der Erzählduktus weisen in die gleiche Richtung.
Zu beachten ist auch die Übereinstimmung im Gebrauch der Floskel הֹנֹהֹו ארֹיֹו
+ NS. Dabei bewegt sich die Strukturverwandtschaft von Jos 5,13-15* mit Ex
3,1-6* nicht auf der Ebene der noch isolierten Dornstrauch-Geschichte, sondern gilt für die jehowistisch bearbeitete Version dieser Geschichte. Darauf weisen deutlich auch die beiden folgenden Beobachtungen hin.

Der "Ergebenheitsritus" in Jos 5,14bα bezieht sich unmittelbar auf die
Selbstpräsentation des Mannes mit dem Schwert als "Fürst des Heeres Jahwes"
zurück (Jos 5,14a), woraufhin sodann erst in Jos 5,15a die Mahnung an Josua
ergeht, die Schuhe wegen der Heiligkeit des Ortes auszuziehen, worin zugleich der Höhepunkt der kleinen Szene liegt. Diese Erzählabfolge gilt nun
aber auch für die jehowistisch bearbeitete Dornstrauch-Geschichte. Auch
hier folgt der "Ergebenheitsritus" in Ex 3,6b auf die Selbstpräsentation
Jahwes als "Gott deines Vaters" in Ex 3,6a. Eine Abweichung gegenüber Jos
5,13-15* liegt hier nur insofern vor, als die Mahnung an Mose, die Schuhe
auszuziehen, nicht auf den "Ergebenheitsritus" folgt, sondern der "Selbstpräsentation" der Gottheit voraufgeht. Doch ist diese Abfolge in Ex 3,1-6*
nicht durch den Erzählduktus bestimmt, der Ex 3,5b eigentlich erst am Höhepunkt der Szene nach Ex 3,6b erwarten ließe [23], sondern ist vorgegeben durch

---

standen hat, wobei für Jos 5,15b als Verfasser wahrscheinlich jene nach-
dtr. Redaktion verantwortlich ist, die auch in Jos 5,1o-12 beobachtet
werden konnte.

21 Demgegenüber wird Jos 5,13-15* häufig für unvollständig gehalten, da die
Hauptsache, die Kundgabe des "Führers des Heeres Jahwes", fehle (vgl.
nur W. STEUERNAGEL, HK I/3, 17o; H. HOLZINGER, Das Buch Josua, KHC VI,
Tübingen-Leipzig 19o1, 12; M. NOTH, HAT I/7, 23.4o). Doch verkennt diese Auffassung die Funktion der Szene Jos 5,13-15*.

22 Für eine solche Verbindung von Jos 5,13-15* mit Jos 6 spricht schon die
auch in der älteren Form der Geschichte von der Eroberung Jerichos (zur
Analyse von Jos 6 vgl. zuletzt E. OTTO, BWANT VI/7, 65-86.191-198) zu
beobachtende kultische Stilisierung des Geschehens durch die "Ladepro-
zession".

die Dornstrauch-Geschichte, die eine Abänderung der Erzählfolge nicht mehr
zugelassen hat. Eine weitere Beobachtung kommt hinzu. Sowohl Ex 3,1-6* als
auch Jos 5,13-15* sind als kleine in sich geschlossene szenische Einheiten
zu verstehen, die ihr eigentliches Ziel aber nicht in sich selbst haben,
sondern auf weitere Einheiten vorausweisen.

Aufgrund dieser engen Verwandtschaft von Ex 3,1-6* und Jos 5,13-15* ist anzunehmen, daß beide Texte auf ein und dieselbe Hand zurückgehen, so daß an
eine bewußt hergestellte Entsprechung zwischen Ex 3,1-6* und Jos 5,13-15*
zu denken ist. Mit Ex 3,1-6* wird innerhalb der jehowistischen Geschichtsdarstellung die eigentliche Geschichte der Befreiung aus Ägypten eröffnet,
der in Ex 1-2* die Schilderung der wachsenden Bedrückung durch den König
von Ägypten voraufgeht. In gleicher Funktion ist auch Jos 5,13-15* bei Je
eingesetzt. Nachdem mit Jos 5,12 das Ende der Wüstenwanderung und die Ankunft im Lande Kanaan signalisiert sind, wird mit Jos 5,13-15* die eigentliche Geschichte der Eroberung des Landes Kanaan eröffnet, die dabei ausdrücklich als eine Tat Jahwes dargestellt werden soll. In beiden Texten wird am
Höhepunkt der Szene die Heiligkeit des Ortes hervorgehoben, weshalb zum
Ausziehen der Schuhe gemahnt wird. Der einzige Unterschied der beiden begründeten Mahnungen in Ex 3,5b und Jos 5,15a liegt in der Verwendung (Ex
3,5b) bzw. im Fehlen des Wortes אדמה, was wegen der engen Parallelität der
beiden Szenen ganz gewiß kein Zufall sein kann. Möglicherweise liegt die
Hinzufügung von אדמה in Ex 3,5b in der Absicht begründet, die Heiligkeit
des Ortes (Dornstrauch), an dem Jahwe sich dem Mose außerhalb Ägyptens kundgetan hat, mit jener des späteren Landes, das das Jahwe-Volk betreten wird,
gleichzusetzen. Andererseits liegt in der Floskel אדמת קדש ein indirekter
Hinweis auf das Land Kanaan als dem Wohnraum, in dem das Jahwe-Volk wohnen
wird [24]. Demnach ist der literarische Horizont der Aussage in Ex 3,5b weit

---

23 Es wird im allgemeinen nicht beachtet, daß die in Ex 3,6b geschilderte
    Reaktion des Mose nicht der begründeten Mahnung in Ex 3,5b folgt, also
    auch nicht mit der Heiligkeit des Ortes zusammenhängt, sondern einzig
    und allein auf die Selbstpräsentation Jahwes bezogen ist, worin eine
    deutliche Verschiebung gegenüber der vorjehowistischen Dornstrauch-Ge-
    schichte vorliegt, in der die Reaktion des Mose in Ex 3,6b als die un-
    mittelbare Antwort auf die Warnung Jahwes in Ex 3,5a zu verstehen ist.
    Das läßt erkennen, daß die begründete Mahnung in Ex 3,5b durchaus eine
    andere Funktion hat als die Warnung Ex 3,5a, wobei die Mahnung fast
    den Charakter einer Zusage Jahwes annimmt.

24 Die Floskel אדמת הקדש begegnet neben Ex 3,5b nur noch in Sach 2,16
    (vgl. auch W.H. SCHMIDT, BK II/2, 158), wo dieser Ausdruck das ganze
    Land Kanaan meint.

gespannt. Der Anfang der Geschichte von der Befreiung aus Ägypten und von
der Eroberung des Landes werden auf diese Weise miteinander verbunden. Doch
ist daneben noch ein engerer Horizont erkennbar. Als solcher ist - wie bei
Ex 3,2a[*] - die Sinaigeschichte anzusehen. Dort wird in Ex 19,11-13 und 19,
18+21 zweimal bei Je ein Zusammenhang hergestellt zwischen dem Herabsteigen auf den Berg Sinai (im Feuer) und der Unzugänglichkeit des Berges für
das Jahwe-Volk, da eben der Berg durch die Anwesenheit Gottes unzugänglich
ist [25]. Für Ex 3,1-6[*] ist somit innerhalb der jehowistischen Geschichtsdarstellung ein doppelter Horizont gegeben, ein thematisch engerer in der Sinaigeschichte, der nicht durch den Gebrauch von Formeln angezeigt ist, sowie
ein weiterer in der Geschichte von der Eroberung des Landes, auf den durch
die Zitation und Strukturverwandtschaft verwiesen wird.

2.2 *"Sendung" des Mose zum Propheten / Retter*

Innerhalb der zweiten Szenenhälfte der ersten szenischen Einheit hat die
jehowistische Redaktion noch sparsamer eingegriffen als in der ersten Szenenhälfte. Neben einem kleinen Einschub in Ex 3,7, der dadurch bedingt ist,
daß bei Je die "Berufung" des Mose außerhalb Ägyptens lokalisiert ist (vgl.
den Einschub von אשר במצרים), gilt die wesentliche Neuakzentuierung, die
der Jehowist in den vorgegebenen Text eingetragen hat, der Deutung der Aufgabe des Mose selbst, die mit dem Terminus שלח umschrieben wird [26]. Zweimal
findet sich der Terminus bei Je in der Situation der Beauftragung. Nach Ex
3,1o wird Mose von Jahwe gesandt, wobei als Adressat seiner Sendung der Pharao angegeben ist. Ein zweites Mal begegnet der Terminus im Rahmen der Berufungsgeschichte im Munde des Mose als Rekurs auf die vergangene Sendung
durch Jahwe, wobei jetzt aber als Adressaten der Sendung des Mose die Söhne
Israels genannt sind (Ex 3,13). Außerhalb der Berufungsgeschichte begegnet
das Verbum שלח sodann noch einmal in Ex 33,12, erneut im Munde des Mose,
aber nicht in Bezug auf Mose.

Die Verwendung des Terminus שלח im Blick auf die Aufgabe und Funktion des
Mose ist keine genuine Leistung des Jehowisten, sondern geht schon auf die
(vor-)jahwistische Tradition zurück. In Ex 7,16 (J[Vorl]) steht das Wort in

---

25 Auf diesen Zusammenhang weist auch W.H. SCHMIDT, BK II/2, 158 hin.

26 Zum folgenden vgl. vor allem W. RICHTER, FRLANT 1o1, 112f.156-158. -
    Vgl. auch die Zusammenstellung der Belege bei M. DELCOR - E. JENNI,
    THAT II, 9o9-916 (913-914).

einem Rückblick auf die Sendung des Mose durch Jahwe an den Pharao. Bei J
ist es sodann aufgenommen in Ex 5,22bß in einer mit למה eingeleiteten vorwurfsvollen Frage des Mose an Jahwe bezüglich seiner Sendung zum Pharao.
In beiden Fällen begegnet der Rekurs auf die "Sendung" des Mose durch Jahwe
außerhalb der "Berufungsgeschichte". An den jahwistischen Sprachgebrauch
konnte Je anknüpfen, wobei er aber die Sendungsterminologie in die Situation
der "Berufung" transponiert hat. Die Bedeutung dieses durch Je vorgenommenen Schrittes wird zusätzlich noch dadurch unterstrichen, daß Je außerhalb
der "Berufungsgeschichte" den Begriff der "Sendung" im Blick auf Mose bewußt
vermeidet. Aufgrund des Gebrauches des Wortes שלח bei Je sind somit vor allem jene Belege des Wortes relevant, in denen שלח - mit Jahwe/Elohim als
Subjekt und Objekt der Person - innerhalb von "Berufungen" begegnet.

Der jehowistische Sprachgebrauch ist von R[P] aufgegriffen worden. Auch hier
begegnet der Hinweis auf die "Sendung" des Mose vor allem im Rahmen der
"Berufung", wobei eine literarische Abhängigkeit vom Sprachgebrauch bei Je
nicht zu verkennen ist. Erstmals begegnet bei R[P] ein Hinweis auf die Sendung des Mose in Ex 3,12aß, wobei "Sendung" und Ansage eines "Zeichens" zueinander in Beziehung gesetzt sind. Aufgenommen ist der "Sendungsauftrag"
sodann in Ex 3,15, wobei er hier als Inhalt des von Mose den Söhnen Israels
auszurichtenden Jahwe-Wortes erscheint. Deutlich davon unterschieden ist
der Gebrauch des Verbums שלח in dem bei R[P] auf die "Berufung" des Mose in
Ex 2,23-3,22 folgenden, wenn auch thematisch damit verbundenen Textabschnitt
Ex 4,1-5,5. In Ex 4,13 begegnet das Verbum zweimal in einem Einwand des Mose, mit dem dieser die Sendung durch Jahwe abweist, wobei שלח absolut gebraucht ist. Die "Sendung" ist hier nicht unmittelbar auf Mose bezogen. Etwas anders liegt der Sachverhalt in Ex 4,28, wo שלח zwar Mose zum unmittelbaren Objekt hat, aber auf דברי יהוה bezogen ist. Daß שלח hier nicht als
Sendungsbegriff im technischen Sinn gebraucht ist, unterstreicht der Parallelismus zu צוה. Ein mit Ex 4,28 verwandter Sprachgebrauch liegt auch in
Dtn 34,11 (R[P]) vor, wobei sich die Sendung des Mose hier auf das Tun von
Zeichen und Wundern bezieht [27].

---

27 Offen bleiben muß die Zuweisung von Num 16,28+29, wo das Wirken von Zeichen als Erweis für die Echtheit der Sendung des Mose dient, wenn auch
   einiges dafür spricht, daß diese Stelle auf R[P] zurückgeht. - Von einer
   Sendung von Mose und Aaron sprechen die zweifellos jüngeren Texte Jos
   24,5; 1 Sam 12,8; Ps 1o5,26 (vgl. auch Mich 6,4), die frühestens deuteronomistisch sein können.

Im Kontext von Berufungen begegnet das Verbum שלח außerhalb der Mose-Berufung noch mehrfach. Als ältester Beleg ist Jes 6,8 anzusehen, wo Jesaja die
Stimme Jahwes sprechen hört: "Wen soll ich senden?", worauf Jesaja antwortet "Siehe, ich, sende mich!". Von dort ist der Begriff der "Sendung" aufgenommen bei Jeremia (Jer 1,7) [28] und Ezechiel (Ez 2,3.4; 3,6). In Abhängigkeit von den Berichten über Prophetenberufungen ist das Verbum שלח sodann
auf die Berufung eines Retters übertragen worden. Im Kontext der Berufung
eines Retters begegnet das Verbum bei Gideon (Ri 6,14 DtrN) sowie bei Saul
(1 Sam 9,16 DtrG) [29]. Deutlich läßt diese Übersicht erkennen, daß Jahwe mit
Hilfe des Wortes שלח die Propheten bei der Berufung anredet. Möglicherweise
ist für die Verwendung des Begriffes שלח bei Jeremia und Ezechiel eine Be-
einflussung von Jes 6,8 anzunehmen. Wichtig ist die Erkenntnis, daß die
Verwendung des Begriffes in Berichten von der Berufung eines "Retters" infolge literarischer Übertragung von den Propheten auf die Retter geschehen
ist, so daß die Annahme als verfehlt anzusehen ist, wonach die Verwendung
des Wortes שלח den Rückschluß auf Verbindungslinien zwischen den Ständen
von Rettern und Propheten zulasse [30].

Außerhalb des Kontextes von Berufungen findet sich das Verbum שלח häufiger.
Dabei kann das Wort im Blick auf einzelne Personen, die sich von Jahwe gesandt wissen oder deren Sendung durch Jahwe bestritten wird, gebraucht werden [31], aber auch generell von der Sendung der Propheten, wobei häufig die
Frage nach dem wahren und falschen Propheten mit hereinspielt [32]. Außerhalb
des Kontextes der Schriftprophetie wird von einer Sendung durch Jahwe noch
gesprochen bei Elija (2 Kön 2,2.4.6), Nathan (2 Sam 12,1 DtrP), Samuel
(1 Sam 15,1 und 16,1; wohl DtrP) und Saul selbst (1 Sam 15,18.2o DtrP) sowie Gad (2 Sam 24,13 DtrP) [33]. Von den genannten Belegen für eine Sendung

---

28 Zur Analyse von Jer 1,4-19 vgl. W. THIEL, Die deuteronomistische Redaktion von Jer 1-25, WMANT 41, Neukirchen-Vluyn 1973, 62-79 und J. SCHREI-
   NER, Jeremias Berufung (Jer 1,4-19). Eine Textanalyse, FS J. PRADO, Madrid 1975, 131-145.

29 Vgl. hierzu noch die mehr systematisierende Feststellung in 1 Sam 12,11
   (DtrN) und Jes 19,2o (spätnachexilische Redaktion).

3o Anders W. RICHTER, FRLANT 1o1, 113.

31 So begegnet das Verbum שלח innerhalb der prophetischen Literatur in Bezug auf verschiedene Prophetengestalten wie Jeremia (Jer 19,14; 26,12;
   43,2), Hananja (Jer 28,15), Schemaja (Jer 29,31), Haggai (Hag 1,12),
   Sacharja (Sach 2,12.15; 4,9; 6,15) und Elija (Mal 3,23).

32 Vgl. Ri 6,8 (DtrN); Jes 48,16; 61,1; Jer 7,25; 14,14.15; 23,21.32.38;
   25,4.15.17; 26,5; 27,15; 28,9; 29,9.19; 35,15; 44,4; Ez 13,6.

durch Jahwe außerhalb des Kontextes der Schriftpropheten ist keiner älter
als Jes 6,8. Vielmehr ist auch hier, wie die literaturgeschichtliche Einordnung anzeigt [34], eine Abhängigkeit vom prophetischen Sprachgebrauch anzunehmen [35].

Durch die Rezeption des Terminus שלח und seine Verwendung gerade im Zusammenhang der Berufung wollte der Jehowist offensichtlich deutlich Mose als
einen Propheten und durch die bevorzugte Rezeption der elohistischen Tradition (gegen J) zudem als einen Retter darstellen. Dabei hat Je sich wahrscheinlich nicht an einem allgemein angewandten Schema einer Prophetenberu-
fung orientiert, sondern ist wohl abhängig von dem in Jes 6,1-11[*] vorgegebenen Modell, welcher Text als der einzige ältere Beleg für den Gebrauch
des Begriffes שלח im Rahmen von Berufungen erkannt wurde [36]. Für die Beein-
flussung durch das Modell von Jes 6,1-11[*] spricht nicht zuletzt auch die
Tatsache, daß bei Je die Berufung des Mose am "Heiligtum" geschieht.

Im Gebrauch des Begriffes der "Sendung" zur Interpretation der Beauftragung
des Mose weist Je über den Rahmen der jehowistischen Berufungsgeschichte
hinaus. Der Horizont der Berufung des Mose liegt in den prophetischen Beru-

---

33 In diesem Zusammenhang ist auch Neh 6,12 zu vergleichen.

34 2 Kön 2,2.4.6 wird von H.-Chr. SCHMITT, Elisa, 1o4-1o5.126-127.2oo der
    sogenannten "Jahwebearbeitung" zugerechnet, die erst zur Zeit des Exils
    entstanden ist. - Zur Zuweisung von 2 Sam 12,1 zu DtrP vgl. W. DIETRICH,
    FRLANT 1o8, 127-32 und T. VEIJOLA, Die ewige Dynastie. David und die
    Entstehung seiner Dynastie nach der deuteronomistischen Darstellung,
    AASF B 193, Helsinki 1975, 115 Anm. 59. - Zur Zuweisung von 1 Sam 15,1-
    16,13 zu DtrP vgl. die bei T. VEIJOLA, AASF B 193, 1o2 Anm. 156 in die-
    se Richtung ausgesprochene Vermutung. - Zur Zuweisung von 2 Sam 24,13
    zu DtrP vgl. T. VEIJOLA, AASF B 193, 111-115.

35 Im unspezifischen Sinn begegnet das Verbum שלח mit מלאך יהוה als Objekt
    und in Verbindung mit der Präposition לפני in Gen 24,7.4o (R[P]); Ex 23,2o
    32,2 (Dtr); Mal 3,1; ohne יהוה מלאך als Objekt vgl. Gen 45,5.7 und Ps
    1o5,17; allgemein vom Senden eines Boten (ohne die Präposition לפני)
    Num 2o,16; Ri 13,8; Jes 42,19; 1 Chron 21,15; 2 Chron 32,21; vgl. auch
    2 Chron 36,15; vom Entsenden eines Menschen 1 Sam 25,32.

36 Der Gebrauch des Verbums שלח in Ex 7,16 (J[Vorl]) und Ex 5,22 (J) läßt
    sich nicht aus prophetischer Tradition herleiten, sondern hängt ganz all
    gemein mit der Botensendung zusammen (vgl. auch die Verwendung des Ter-
    minus שלח mit Jahwe/Elohim als Subjekt im unspezifischen Sinn; dazu Anm.
    35 sowie M. DELCOR - E. JENNI, THAT II, 912-913). Deutlich greifbar ist
    der Zusammenhang mit der Botensendung in Ex 7,16, wo im Anschluß an
    den Rekurs auf die Sendung unmittelbar das auszurichtende Jahwewort
    folgt, gilt aber auch für Ex 5,22, wo ein kompositorischer Zusammenhang
    mit Ex 5,3[*] (Ausrichtung des Jahwewortes) gegeben ist.

fungsgeschichten. Konkretes 'Modell für die Stilisierung der jehowistischen Berufungsgeschichte dürfte dabei Jes 6,1-11 gewesen sein. Die auffällige Nähe zu diesem Text läßt es als wahrscheinlich erscheinen, die jehowistische Mose-Berufung nicht zu weit von Jesaja abzusetzen. Das Problem wahrer und falscher Prophetie spielt hier noch keine entscheidende Rolle, auch wenn, wie aus den Einwänden des Mose in Ex 3,13 und 4,1 sichtbar wird, die von den Propheten im Auftrag Jahwes ausgerichtete Botschaft in ihrem Anspruch nicht mehr unbestritten ist. Beantwortet werden solche Bestreitungen der prophetischen Predigt durch den Verweis auf die Sendung des Propheten (Mose) durch Jahwe im Rahmen einer Berufung am Heiligtum. Der Hinweis auf die Sendung des Mose steht damit im Zusammenhang mit dem Problem der Legitimation des Mose und seiner Botschaft. Ein solcher Hintergrund ist auch für die Frage nach dem Namen des sendenden Gottes anzunehmen.

2.3 Die Frage nach dem Jahwe-Namen

Der erste"Einwand" des Mose gegen die Sendung durch Jahwe in Ex 3,13 gipfelt in der Frage מה שמו. Diese Frage hat innerhalb der alttestamentlichen Literatur nur an zwei Stellen Parallelen [37]. Die nächste Parallele zu der Frage מה שמו in Ex 3,13 findet sich in Gen 32,28 in der Anrede Jahwes an Jakob מה שמך, zumal diese Frage auf die gleiche Hand wie Ex 3,13 zurückgeht und ganz offensichtlich als Pendant zur Berufungsgeschichte des Mose in Ex 3/4[*] gestaltet ist.

Die Geschichte vom *Jakobskampf am Jabbok* [38] setzt wahrscheinlich mit Gen 32, 23 neu ein, nachdem mit Gen 32,22b ein deutlicher Abschluß angezeigt ist [39]. Mit ויקם + Zeitbestimmung (בלילה הוא) ist zudem ein typischer Erzählauftakt

37 Zu den Parallelen und zum Sinn dieser Frage vgl. schon S. 46f.

38 Zu Gen 32,22 (23)-33 vgl. aus der neueren Literatur K. ELLIGER, Der Jakobskampf am Jabbok. Gen 32,23ff als hermeneutisches Problem, ZThK 48 (1951) 1-31 = Kleine Schriften zum Alten Testament, ThB 32, München 1966, 141-173; O. EISSFELDT, Non dimittam te, nisi benedixeris mihi, Mélanges Bibliques rediges en l'honneur d'André Robert, Brüssel 1957, 77-81 = KS III, 1966, 412-416; W. DOMMERSHAUSEN, Gott kämpft. Ein neuer Deutungsversuch zu Gen 32,23-33, TrThZ 78, 1969, 321-334; R. BARTHES, La lutte avec l'ange: Analyse textuelle de Genèse 32,23-33, in: Analyse structurale et exégèse biblique. Bibliothèque du théologie, Neuchâtel 1971, 27-39; R. MARTIN-ACHARD, Une exégète devant Genèse 32,23-33, ebd., 41-62; H.-J. HERMISSON, Jakobskampf am Jabbok (Gen 32,23-33), ZThK 71 (1974) 239-261; R. COUFFIGNAL, "Jacob lutte au Jabboq". Approches nouvelles de Genèse 32,23-33, RThom 75 (1975) 582-597.

39 Sichere Entscheidungen sind erst bei einer Untersuchung des größeren Textzusammenhangs möglich.

gegeben. Wegen des Fehlens der ausdrücklichen Nennung des Subjektes kann der Neueinsatz aber nicht den Beginn einer selbständigen Einheit markieren, sondern nur einer Einheit, die von Anfang an Teil einer größeren literarischen Einheit gewesen ist. Möglicherweise ist Gen 32,23 selbst literarisch nicht einheitlich. Auffällig ist die breite Formulierung des zweiten Stichos in Gen 32,23a mit der Aufzählung der Familie Jakobs, die überdies sprachlich (וֹיקח) mit Gen 32,24 zusammenhängt, welcher Vers nach Gen 32,23b als nicht ursprünglich angesehen werden kann [40]. Demnach hat der ursprüngliche Erzähl-auftakt in Gen 32,23* wohl nur ויקם בלילה הוא ויעבר את מעבר יבק gelautet [41]. Der ursprüngliche Erzählauftakt zeigt sich dabei nur am Tun Jakobs interessiert, während sich in den jüngeren Bearbeitungen von Gen 32,23a* und 24 das Schicksal der Familie stärker in den Vordergrund schiebt.

Der redaktionellen Bearbeitung ist auch noch Gen 32,25a zuzurechnen, in dem Jakob in Vorbereitung der folgenden Szene von seiner Familie getrennt wird [42]. Als ursprüngliche Fortsetzung von Gen 32,23b ist 32,25b anzusehen, was nicht zuletzt durch die Stichwortverbindung ויאבק/יבק angezeigt wird [43]. Bruchlos läuft die Erzählung bis Gen 32,26b durch, wobei Gen 32,26bß auf 32,25bɑ zurückgreift, was als ein deutliches Verklammerungselement anzusehen ist. Deutlich endet mit Gen 32,26b die erste szenische Einheit, die mit Hilfe der beiden aufeinander folgenden Wendungen in Gen 32,25bɑ und 26bß in zwei Hälften geteilt ist. Während die erste Hälfte in Gen 32,23*+25b vom Aufbruch Jakobs zur Nachtzeit, dem Überschreiten des Jabbok und dem Kampf mit einem Mann bis zum Morgen berichtet, schildert die zweite Hälfte in Gen 32,26, wie Jakob sich durch einen Schlag des Mannes die Hüftpfanne verrenkt. Der thematischen Zweigliedrigkeit entspricht ganz deutlich eine stilistische. Jeder der beiden Szenenabschnitte wird syntaktisch parallel abgeschlossen (Narrativ + ב/עד + Infinitiv), wobei die beiden Schlüsse zugleich stichwort-artig aufeinander bezogen sind. Außerdem markiert וירא + Objektsatz nach כי in Gen 32,26aɑ einen kleinen Neueinsatz.

---

40 Meist werden Gen 32,23+24 als Doppelberichte verstanden und so gegen-einander abgegrenzt. Doch liegen in Gen 32,23 und 24 keine Parallelbe-richte im strengen Sinne vor, da nämlich Gen 32,24 den Gedanken von Gen 32,23 weiterführt (vgl. dazu vor allem B. JAKOB, Das erste Buch der Tora. Genesis, Berlin 1934 = Nachdruck New York 1974, 637). Dabei knüpft die Aussage von Gen 32,24 gerade an den redaktionell eingefügten zwei-ten Stichos von Gen 32,23a an.

41 Nach H.J. HERMISSON, ZThK 71 (1974) 241 Anm. 8 ist damit zu rechnen, daß der ursprüngliche Beginn der Erzählung einmal in Gen 32,23b+24b gelegen habe, während Gen 32,23a+24a als redaktionelle Verklammerungen zum Kon-text anzusehen seien. Doch kann Gen 32,23b nicht als ein sinnvoller Er-zählauftakt angesehen werden. Ein solcher ist aber in Gen 32,23a (ויקם + Zeitbestimmung) gegeben.

42 Die Notiz in Gen 32,25a, daß Jakob allein zurückblieb, ist erst auf-grund der redaktionellen Einfügungen in Gen 32,23*+24 notwendig gewor-den, während in der ursprünglichen Form der Geschichte nur von Jakob allein die Rede gewesen ist.

43 Das Wortspiel יבק / ויאבק ist schon lange beobachtet worden; vgl. dazu A. DILLMANN, Die Genesis, KeH 11, Leipzig [6]1892, 363. Darin mit K. ELLI-GER, ThB 32, 148 Anm. 14 nur "eine Illusion der Exegeten" zu sehen, geht nicht an, auch wenn im vorliegenden Erzählzusammenhang das Wortspiel nicht zu einer ätiologischen Erklärung des Jabbok ausgewertet ist.

Die zweite Szene setzt mit einer Rede des Mannes in Gen 32,27 ein, die aus
einem begründeten Imperativ besteht, wobei die Begründung auf Gen 32,25bß
zurückgreift. Die Antwort Jakobs ist formal genau parallel gebaut. Der
Hauptsatz nimmt auf die Forderung des Mannes, ihn ziehen zu lassen, Bezug,
indem diese Forderung einfach negiert wird (לא אשלחך). Die Ablehnung erfährt
jedoch durch einen mit כי אם eingeleiteten Satz eine Einschränkung, der als
Bedingung für das Ziehenlassen des Mannes die Segnung durch ihn nennt. In
der zweiten Szenenhälfte wiederholt sich dieser Vorgang in etwa durch die
Wechselrede in Gen 32,28 (Frage nach dem Namen + Antwort), wird aber hier
weitergeführt durch eine erneute Rede des Mannes, der mit Jakob gekämpft
hat (Gen 32,29a). Diese Rede knüpft stilistisch an die Rede des Jakob in
Gen 32,27b an (verneinter Hauptsatz + Nachsatz mit כי אם). Aufgrund der
Parallelität der beiden Reden in Gen 32,27b und 29a, die der Parallelität
der Schlußwendungen in Gen 32,25b und 26b entspricht, spricht einiges dafür,
daß der abschließende Begründungssatz Gen 32,29b ein sekundärer Zusatz ist[44].
In diese Richtung weist auch eine weitere Beobachtung. Innerhalb von Gen 32,
29b ist ועם אנשים durch den unmittelbaren Zusammenhang der Erzählung nicht
gedeckt [45]. Zudem wird, da der mit Jakob kämpfende Mann Elohim selbst ist,
in der Gottesrede von Gott in der dritten Person gesprochen. So wird die
zweite szenische Einheit ursprünglich einmal mit Gen 32,29a abgeschlossen
gewesen sein.

Die dritte szenische Einheit setzt mit Gen 32,3oaα ein. Im Gegensatz zur
zweiten Szene, die mit einer Bitte des Mannes eröffnet wurde, setzt diese
Einheit mit einer Bitte Jakobs an den Mann ein, die sich auf dessen Namen
bezieht. Damit greift der Verfasser der Geschichte die zweite Szenenhälfte
der vorangehenden Szene wieder auf. Die Antwort des Mannes besteht aus einer vorwurfsvollen Frage, die einer Ablehnung gleichkommt. In Gen 32,3ob
wird über die Segnung Jakobs berichtet, womit ausdrücklich die in Gen 32,27b
geforderte Segnung durch den Mann festgestellt ist. Damit ist zugleich die
erste Szenenhälfte abgeschlossen. Die zweite Szenenhälfte setzt in Gen 32,
31a mit der Nachricht von der Benennung des Ortes ein. Demgegenüber scheint
Gen 32,31b eine redaktionelle Hinzufügung zu sein, die wohl auf die gleiche
Hand zurückgeht, die auch Gen 32,29b eingefügt hat [46]. Den ursprünglichen
Abschluß der Erzählung bildet Gen 32,32, welcher Vers auf vielfache Weise

---

44 Die ätiologisierende Begründung Gen 32,29b ergibt sich nicht zwanglos
    aus der Geschichte vom Kampf Jahwes mit Jakob. Vor allem ist auch die
    Wurzel שרה in der Erzählung selbst durch nichts vorbereitet (vgl. dazu
    H. SEEBASS, BZAW 98, 2o), was aber der Fall sein müßte, wenn die Begrün-
    dung Gen 32,29b ein integrierender Bestandteil der Geschichte wäre.

45 Daß in Gen 32,29b neben Elohim auch die Menschen als solche angeführt
    werden, mit denen Jakob gestritten hat, bezieht sich deutlich auf die
    Auseinandersetzung mit Laban und Esau, wird demnach aus der vorliegen-
    den Geschichte selbst nicht verständlich, sondern nur aufgrund des
    größeren Textzusammenhangs.

46 Für einen Zusammenhang zwischen Gen 32,29b und 31b spricht deutlich die
    stilistische Verwandtschaft zwischen den beiden Begründungssätzen, die
    genau nach dem gleichen Schema gebaut sind. Zudem findet sich nur in
    ihnen die Gottesbezeichnung Elohim, während die ursprüngliche Erzählung
    den mit Jakob kämpfenden Mann nicht unmittelbar als Elohim identifi-
    ziert.

auf die erste Szene zurückgreift und dadurch die Geschichte stilistisch verklammert [47]. Demgegenüber muß die ätiologische Notiz in Gen 32,33 als ein redaktioneller Zusatz verstanden werden, der ganz offensichtlich mit den entsprechenden redaktionellen Zusätzen (כי) in Gen 32,29b und 31b zusammenhängt [48].

Die Geschichte vom Jakobskampf am Jabbok kann somit nicht als literarisch einheitlich angesehen werden. Vielmehr ist die Einheit redaktionell bearbeitet worden [49]. Dabei ist die ursprüngliche Fassung der Geschichte nicht als eine alte, einmal selbständige Geschichte zu verstehen [50], sondern deutlich als ein literarisches Gebilde, das für den größeren Textzusammenhang konzipiert ist [51]. Aufgrund der literarischen Eigenart und Technik,

---

[47] So entspricht der einleitenden Notiz in Gen 32,23a* ויקם בלילה הוא, die weitergeführt ist mit den darauf Bezug nehmenden Zeitangaben in Gen 32, 25bß (עד עלות השחר) und 32,27aß (כי עלה השחר), im Schlußteil der Geschichte die Feststellung in Gen 32,32aα ויזרח לו השמש. Doch sind noch weitere Entsprechungen zwischen der Eingangs- und der Schlußszene gegeben. So wird in Gen 32,32bß aus 32,23b das Stichwort עבר aufgenommen. Außerdem spielt der nominale Schlußsatz der ganzen Geschichte Gen 32, 32b auf den Schlußsatz der ersten Szene Gen 32,26b an. Somit sind die erste und dritte Szene stilistisch deutlich miteinander verklammert und dadurch aufeinander bezogen.

[48] Die ätiologische Notiz in Gen 32,33 steht in keiner inneren Verbindung zur vorangehenden Geschichte und ist deshalb von dieser als redaktionelles Element abzutrennen (vgl. schon A. DILLMANN, Keh 11, 365).

[49] Während die ältere Literarkritik gerade die Uneinheitlichkeit von Gen 32,23-33 hervorgehoben hat (vgl. die Übersicht über die verschiedenen literarkritischen Lösungsversuche bei K. ELLIGER, ThB 32, 146 Anm. 1o), wird in der neueren Forschung umgekehrt deren Einheitlichkeit betont (vgl. nur K. ELLIGER, ThB 32, 143-148 und H.-J. HERMISSON, ZThK 71, 1974, 241). Doch lassen sich mit dem Reklamieren der literarischen Einheitlichkeit der Geschichte bei gleichzeitiger Annahme einer komplizierten vorliterarischen Geschichte des Textes (dazu vgl. vor allem H.-J. HERMISSON, ZThK 71, 1974, 239-261) die schwierigen literarischen Probleme des Textes nicht lösen (darauf hat auch schon H. SEEBASS, BZAW 98, 17-2o aufmerksam gemacht). Wenn auch der neueren Forschung, die für die Einheitlichkeit des Textes plädiert, darin Recht zu geben ist, daß die Geschichte nicht aus zwei ursprünglichen Erzählungen (bzw. Fragmenten solcher Erzählungen) zusammengesetzt ist, so erlaubt das umgekehrt noch nicht den Schluß auf die literarische Einheitlichkeit des Textes, wenn dem andere Gründe entgegenstehen. Die hier gemachten Beobachtungen legen den Schluß nahe, daß eine zugrundeliegende Geschichte von einem Kampf Jakobs am Jabbok eine spätere redaktionelle Bearbeitung erfahren hat.

[5o] Die Qualifizierung der Geschichte als alt beruht nicht auf eindeutigen (etwa sprachlichen) Kriterien, sondern allein auf dem etwas altertümlichen Ambiente der Geschichte, indem die Gottheit (Jahwe) wie ein Dämon auftritt und handelt. Gegen eine Herleitung von Gen 32,23-33* aus alter, z.T. vorisraelitischer Tradition spricht vor allem die theologische Konzeption, die hinter dieser Geschichte sichtbar wird.

[51] Wäre Gen 32,23-32* als eine ursprünglich einmal selbständige Geschichte zu verstehen, dann hätte Jakob als die neben dem namenlosen Mann zweite Hauptperson der Geschichte zugleich an deren Beginn mit Namen eingeführt

aber auch aufgrund der Verwandtschaft mit Ex 4,24-26a* kann als Verfasser dieser Geschichte nicht J oder E in Frage kommen, sondern allein Je, während die redaktionellen Teile als nachjehowistische Bearbeitungen zu verstehen sind, die wohl auf die Hand von R[P] zurückgehen [52].

Die ursprüngliche Fassung der Geschichte läßt dabei eine sehr sorgfältige dreiteilige Struktur erkennen, wobei jede der drei Szenen in sich wiederum zweiteilig angelegt ist. An der Struktur der Texteinheit läßt sich das innere Gefälle der Geschichte ablesen. Während die erste Szene eine mehr vorbereitende Funktion hat, liegt das eigentliche Gewicht der Darstellung auf den beiden folgenden Szenen mit Höhepunkt in der ersten Hälfte der Schlußszene, während demgegenüber von der zweiten Hälfte der Szene an die Handlung abfällt. Im Zentrum der Geschichte steht nicht die Gestalt Jakobs, sondern der nicht näher bezeichnete Mann [53]. Von ihm geht das Handlungsgeschehen aus. Er hält die Handlungsfäden in der Hand. Jakob erscheint nur als der, der auf die Initiative des Mannes reagiert. Auch in Gen 32,3oa, wo Jakob sein Gegenüber anredet, ergreift er nicht eigentlich die Initiative, sondern imitiert nur die Initiative seines Gegenübers.

Die Beziehung dieser Geschichte in Gen 32,23-32* zur jehowistischen Berufungsgeschichte in Ex 3,1-5,4* ist nicht zu übersehen. Der nächtliche Kampf Jakobs mit dem Mann erinnert an den Überfall Jahwes auf Mose, der die Gefährdung des von Jahwe gesandten "Retters" und Propheten durch Jahwe selbst darstellt, aber zugleich auch erzählt, wie eine solche Gefährdung bewältigt werden kann. Demgegenüber erzählt Gen 32,23-32* von einem Kampf Jahwes mit Jakob, indem die Gottheit ihn nicht besiegen kann, sondern ihn noch segnen muß. Der zweite Bezugspunkt beider Geschichten liegt in der Frage nach dem Namen, auch wenn sie sich in Gen 32,23-32* auf Jakob richtet, während sie in der "Berufungsgeschichte" des Mose auf Jahwe bezogen ist. In der Komposition des jehowistischen Werkes stehen die beiden Geschichten in einem deutlichen Beziehungsverhältnis zueinander. Von daher ist auch für die Interpretation der Frage nach dem Jahwe-Namen in Ex 3,13 vor allem die entsprechende Frage nach dem Namen des Mose in Gen 32,28 heranzuziehen, da anzunehmen ist, daß die Frage nach dem Namen hier wie dort in gleicher Funktion und Bedeutung gebraucht ist.

---

werden müssen und nicht erst - wie im vorliegenden Text - zu Beginn der letzten Szene in Gen 32,3oa. Dieser Sachverhalt läßt sich aber dann mühelos erklären, wenn Gen 32,23-32* als ein literarisches Gebilde zu verstehen ist, das von vornherein im Blick auf den größeren Erzählzusammenhang konzipiert gewesen ist. Dafür spricht nicht zuletzt auch die Korrespondenz der beiden Geschichten Gen 32,23-32* und Ex 3/4*.

52 Für Gen 32,33 wird eine Herkunft von R[P] schon von A. DILLMANN, KeH 11, 365 angenommen. Für eine Herleitung der übrigen als redaktionell erkannten Textteile in Gen 32,23-33 von R[P] spricht die Vorliebe gerade der Schlußredaktion des Pentateuch sowohl für ätiologische Erklärungen (vgl. neben Gen 32,33 auch Gen 32,39b und 31b) als auch für genau spezifizierende Aufzählungen (vgl. Gen 32,23a* und 24).

53 Vgl. dazu vor allem K. ELLIGER, ThB 32, 169-173.

Innerhalb der Geschichte Gen 32,23-32[*] steht die Frage nach dem Namen im
Zentrum der Geschichte. Der Sinn der Frage ergibt sich dabei aus dem Erzählzusammenhang. Wenn das göttliche Wesen (El/Jahwe) dem Jakob die Frage
מה שמך vorlegt und dieser sie mit יעקב beantwortet, dann könnte es zunächst
so scheinen, als wolle der Fragende den Namen dessen erfahren, den er bislang noch nicht kennt [54]. Daß dies nicht der Sinn der Frage sein kann,
lehrt jedoch der Zusammenhang der Erzählung [55]. Die Frage nach dem Namen
in Gen 32,28a folgt unmittelbar auf das Verlangen des Jakob, daß die mit
ihm kämpfende Gottheit ihn segne, was bedeutet, daß die Frage nach dem Namen zu dem Verlangen des Segens durch Jakob in einem Beziehungsverhältnis
stehen muß. Schon aufgrund dieses Zusammenhangs legt sich die Vermutung
nahe, daß sich die Frage nicht auf die Kenntnisnahme des bis dahin unbekannten Namens richten kann. Diese Vermutung erhält ihre Bestätigung von
der Weiterführung der Frage nach dem Namen in Gen 32,29a.

Hier wird der bisherige Name Jakob dem neuen Namen Israel gegenübergestellt
Diese Umnamung ist dabei deutlich als ein Ausdruck des von Jakob geforderten
Segens zu verstehen [56]. Dies ist stilistisch durch die Parallelität der
Satzkonstruktion zwischen Gen 32,27b und 29a (כי אם / לא) angezeigt. In der
Gegenüberstellung der beiden Namen Jakob und Israel wird erkennbar, daß es
dabei nicht einfach um die Mitteilung des Namens als solchen geht, sondern
um die Bedeutung, die diesem Namen zukommt. Während der Name Jakob als Kurz-
name des Satznamenstyps (Verb in Präformativkonjugation + Gottesname) wahrscheinlich als "El möge schützen" zu deuten ist (vgl. demgegenüber die anders lautende volksetymologische Erklärung der Wurzel עקב in Gen 25,26a), ha
der Name Israel die Bedeutung "El kämpft", was durch die vorliegende Geschichte entfaltet und begründet wird. Werden diese Zusammenhänge beachtet,
dann ist die Frage מה שמך in Gen 32,28 als die Frage nach "Sinn und Bedeutung des Namens" aufzufassen [57].

---

54 So die gewöhnliche Auslegung der Frage nach dem Namen in Gen 32,28a; vgl
    etwa H. GUNKEL, HK I/1, 362.

55 Vgl. hierzu vor allem B. JAKOB, Genesis, 639 und E.A. SPEISER, Genesis
    (AB), Garden City 1964, 225.

56 Vgl. dazu H. GUNKEL, HK I/1, 362 und B. JAKOB, Genesis, 639f.

57 So die Formulierung des Sachverhaltes von B. JAKOB, MGWJ 66 (1922) 32.

Diese Auffassung wird umgekehrt durch Gen 32,3o bestätigt. Der Redende ist hier Jakob. Auffälligerweise wird in diesem Zusammenhang betont, daß Jakob "fragt" (וישאל יעקב ויאמר), wobei der Adressat der Frage in der Redeeinleitung nicht ausdrücklich genannt ist [58]. Dieser Redeeinleitung entspricht auf der anderen Seite auch die anders strukturierte Frage nach dem Namen. Sie besteht nicht wie in Gen 32,28a aus der nominalen Frage מה שמך, sondern aus einer Aufforderung (Imperativ), wobei שמך als Objekt zu הגידה נא steht. Der nach seinem Namen Gefragte reagiert darauf mit einer vorwurfsvollen Frage, die in Anlehnung an Gen 32,3oaα gebildet ist (למה זה תשאל לשמי). Darauf folgt dann in Gen 32,3ob in Anknüpfung an Gen 32,27bβ die Feststellung des Segens (ויברך אתו שם), wodurch dann zugleich nochmals auf die Namensverheißung zurückgegriffen wird [59]. Im Gegensatz zu der Frage des Mannes geht es in der Frage Jakobs wirklich um die Frage nach dem Namen der mit ihm kämpfenden Gottheit, eine Forderung, die als solche von der Gottheit abgelehnt wird, die aber dennoch indirekt durch die Segnung Jakobs eine Beantwortung erfährt (Gen 32,3ob). Was im Sinne der Erzählung bedeutsam ist, ist eben nicht die bloße Kenntnis des Namens, sondern das Wissen um seine Bedeutung.

Damit ist zugleich der Rahmen für eine Interpretation der Frage nach dem Jahwe-Namen in Ex 3,13 abgesteckt. Aufgrund von Gen 32,23-32* wird man in der Frage מה שמו in Ex 3,13 nicht die Frage nach der Kundgabe des bis dahin unbekannten Jahwe-Namens verstehen können, sondern nur als die Frage nach der Bedeutung dieses Namens [60]. In die gleiche Richtung weist auch der nähere Erzählzusammenhang der "Berufungsgeschichte" selbst. Aufgrund der vorangehenden Erzählung, in der - bedingt durch die rezipierten Traditionen - Jahwe und Elohim als Gottesbezeichnung nebeneinander stehen, kann kein Zweifel daran bestehen, daß der hier Redende Jahwe selbst ist. Dennoch ist aufgrund des allgemeinen Erzählrahmens noch keineswegs ein Verständnis der Frage מה שמו im Sinne einer Frage nach der Kundgabe des Namens des Sendenden ausgeschlossen. Eine weitere Beobachtung kommt hinzu. Die Frage מה שמו ist von

---

58 Auf diese Auffälligkeit hat auch schon B. JAKOB, Genesis, 64o hingewiesen.

59 Vgl. H. GUNKEL, HK I/1, 363 und B. JAKOB, Genesis, 64o.

6o In diesem Sinne wird die Frage nach dem Namen Jahwes in Ex 3,13 vor allem von B. JAKOB, MGWJ 66 (1922) 32-33 und M. BUBER, Werke II, 58-59 verstanden.- Ausdrücklich abgelehnt wird dieses Verständnis der Frage מה שמו in Gen 3,13 von B.S. CHILDS, Exodus, 5o mit Hinweis auf Gen 32, 28.

Mose in die Rede als ein Zitat aus dem Munde der Israel-Söhne eingeführt. Auffälligerweise beantwortet Mose diese Frage nicht selbst, sondern gibt si an den ihn sendenden Gott weiter. Entscheidend ist letztlich die Antwort Jahwes auf die an ihn gerichtete Frage, insofern Jahwe hier nicht einfach seinen Namen nennt, sondern ihn mit Hilfe der Wendung אהיה אשר אהיה umschreibt [61]. In Ex 3,14a wird somit eine Umschreibung des schon bekannten Jahwe-Namens gegeben, die im weiteren Verlauf der Gottesrede Ex 3,14-18[*] konkretisierend noch weiter entfaltet wird. Auch in Ex 3,13 bezieht sich so mit die Frage nach dem Namen wie in Gen 32,28a auf die dem schon bekannten Namen innewohnende Bedeutung.

Außerhalb von Je begegnet die Frage nach dem Namen in der Form מה + שם mit Suffix nur noch in Spr 3o,4b. Die Frage מה שמו ומה שם בנו, die abgeschlossen wird durch die entsprechende Feststellung כי תדע, dient als Unterschrif unter die mit Spr 3o,1 eröffnete Sprucheinheit. Diese Texteinheit, die durc Spr 3o,1 und 4b gerahmt erscheint, besteht aus zwei Teilen. In der ersten Hälfte (Spr 3o,2+3) wird die mangelnde Einsicht und das mangelnde Wissen der Menschen um das Göttliche konstatiert. Daran schließen sich in der zwei ten Hälfte (Spr 3o,4a) vier Fragen an, die jeweils mit מי eingeleitet sind und die die Unmöglichkeit verdeutlichen wollen, die Taten Gottes nachzuahmen oder auch nur mit dem Verstande zu erfassen. Vor dem Hintergrund dieser beiden Aussagehälften kann die Frage מה שמו nur als die Frage nach dem Wesen der Gottheit verstanden werden, wobei die spöttische Schlußbemerkung כי תדע die Unmöglichkeit eine solchen Unterfangens anzeigt. Daß die einzige Parallele zur Frage מה שמך/ו außerhalb des jehowistischen Werkes gerade in der höfischen Weisheitsliteratur vorkommt, gilt es für die Frage nach der geistigen Heimat des Jehowisten zu beachten.

Vergleichbar mit der in Ex 3,13 vorkommenden Form der Frage nach dem Namen ist sodann nur noch die Frage des Manoach מי שמך in Ri 13,17, wo aber anstelle der auffallenden Fragepartikel מה die Fragepartikel מי steht. Dieser Differenz im Gebrauch der Fragepartikel entspricht auch die bedeutungsmäßig

---

61 Zur Umschreibung des Jahwe-Namens mit Hilfe der Wendung אהיה אשר אהיה
    in Ex 3,14a vgl. die bei W. RICHTER, FRLANT 1o1, 1o5-1o6 Anm. 1o und
    B.S. CHILDS, Exodus, 6o-61 angegebene Literatur; zuletzt N. KILWING,
    Noch einmal zur Syntax von Ex 3,14, BN 1o (1979) 7o-79.

Verschiedenheit. Im Unterschied zu der mit מה gebildeten Frage zielt die Frage mit מי auf das in Erfahrungbringen des bis dahin unbekannten Namens. Das wird auch von der Antwort des Boten Jahwes in Ri 13,18 her erkennbar, die mit der in Gen 32,3oaß vorkommenden Antwort auf die Frage nach dem Namen wörtlich übereinstimmt [62]. Von Ri 13,17+18 her bestätigt sich somit nochmals, daß die mit מה als Fragepartikel gebildete Form der Frage nach dem Namen nicht nur formal, sondern auch der Bedeutung nach deutlich von anderen Formen der Frage nach dem Namen zu unterscheiden ist.

Die mit מה gebildete Form der Frage nach dem Namen, wie sie in Ex 3,13 vorliegt, entstammt aller Wahrscheinlichkeit nach weisheitlicher Tradition und weisheitlicher Erkenntnisbemühung. Der literarische Horizont der Frage nach dem Namen Jahwes in Ex 3,13 liegt in der entsprechenden Frage nach dem Namen Jakobs in Gen 32,28. In der Komposition der jehowistischen Geschichtsdarstellung sind die beiden Stellen offenkundig aufeinander bezogen. Bezeichnenderweise findet sich die Frage nach dem Namen - ebenso wie die Schilderung eines Oberfalls Jahwes - an Wendepunkten im Ablauf der Geschichte. In Gen 32,23-32[*] ist mit der Umbenennung Jakobs in Israel ein solcher Wendepunkt im Ablauf der Geschichte erreicht. War im Namen Jakob gerade das Moment des Schutzes durch die Gottheit betont, so wird in der Umnamung Jakobs in Israel gerade das Moment des "Streitens" Jahwes für das von ihm erwählte Volk zum inneren Gesetz dieses Volkes deklariert. Von daher wird dann auch verständlich, warum in der Konzeption der jehowistischen Geschichtsdarstellung die Umbenennung Jakobs in Israel als eine Segenszusage zu verstehen ist. Durch den kompositorischen Zusammenhang der Geschichte Gen 32,23-32[*] wird dabei die im Namen "Israel" gegebene Wesensbestimmung des Jahwe-Volkes zugleich in Beziehung gesetzt zum inneren Wesen Jahwes.

Geht es in der Geschichte vom Kampf Jahwes am Jabbok um das Grundgesetz Israels, so steht in der "Berufungsgeschichte" des Mose stärker das Moment der Erhellung des inneren Wesens Jahwes im Vordergrund, wie es in der Wen-

---

62 Auf den Zusammenhang von Gen 32,3o und Ri 13,17+18 wird häufiger hingewiesen; vgl. etwa A. DILLMANN, KeH 11, 364; H.L. STRACK, Die Genesis, KKANT I/1, München 19o5, 122; H. GUNKEL, HK I/1, 362; J. SKINNER, The Critical and Exegetical Commentary of Genesis (ICC), Edinburgh [2]193o = Nachdr. 1969, 41o; B. JAKOB, Genesis, 64o; G. VON RAD, Das erste Buch Mose. Genesis, ATD 2/4, Göttingen [9]1972, 262.

dung אהיה אשר אהיה geschieht und wie es sich im Geschehen der Befreiung aus
Ägypten bewähren soll. Mit der Berufungsgeschichte ist neben der Geschichte
vom Kampf Jakobs am Jabbok ein weiterer Wendepunkt der Geschichte gegeben.
In dem durch die Berufungsgeschichte eingeleiteten Exodusgeschehen wird
sich eigentlich erst zeigen, wer dieser Gott Jahwe ist und was er für Israel bedeutet. Durch die wechselseitige Bezugnahme der Geschichten vom Kampf
Jakobs am Jabbok sowie der Berufung des Mose am Dornstrauch soll zugleich
die innere Bezogenheit von Jahwe und Israel hervorgehoben werden.

2.4. Das "Vertrauen" auf Mose und das "Hören auf seine Stimme"

Der zweite Einwand des Mose gegen die Sendung durch Jahwe in Ex 4,1 besteht
aus einer doppelt negierten Feststellung, gefolgt von einer positiven Aussage, die das Zitat einer Rede der Israel-Söhne einführt. Diese schließt
sich an Ex 3,16aα an, negiert jedoch die dort enthaltene Feststellung יהוה
אלהי אבתיכם נראה אלי, wobei zugleich die Abänderung der Wortfolge im Satz
zu beachten ist [63]. Das Gewicht der Aussage tragen die beiden negierten
Feststellungen in Ex 4,1a לא יאמינו und לא ישמעו, wobei in diesem Zusammenhang als Objekt des Nicht-Vertrauens bzw. Nicht-Hörens Mose (eingeführt
nach ל bzw. בקל) genannt ist. Damit ist zugleich eine unterschiedliche
Blickrichtung gegenüber dem ersten Einwand in Ex 3,13 angezeigt. Im Vordergrund stand dort die Frage nach dem Wesen und der Bedeutung des Namens der
den Mose sendenden Gottheit und damit der sendende Gott selbst, wohingegen
hier die Person des Gesandten im Blick ist.

Von den beiden negierten Aussagen in Ex 4,1a kommt der an der ersten Stelle
stehenden Feststellung לא יאמינו לי das größere Gewicht zu, was auch dadurch unterstrichen wird, daß gerade diese Aussage in dem auf Je zurückgehenden Finalsatz in Ex 4,5a wieder aufgenommen wird. Das hier gebrauchte
Verbum האמין begegnet außer in Ex 4,1a und 5a noch mehrfach innerhalb der

---

63 Während in Ex 3,16aα das Subjekt "Jahwe, der Gott eurer Väter" an der
   Tonstelle steht, nimmt in Ex 4,1bβ das negierte Verbum לא נראה diese
   Position ein. Damit ist zugleich eine Akzentverlagerung eingetreten. In
   Ex 3,16 liegt der Ton darauf, daß *Jahwe* dem Mose erschienen ist, wäh-
   rend in Ex 4,1 das *Faktum des Erscheinens* überhaupt bestritten wird.

jehowistischen Geschichtsdarstellung [64]. Deutlich hebt sich dabei die Verwendung des Verbums האמין in Ex 4,1 und 5a von dem sonstigen Sprachgebrauch
bei Je ab. Bezieht sich dort nämlich das "Vertrauen" immer auf Jahwe, so
wird hier von einem "Vertrauen" auf Mose gesprochen. Nur in Ex 14,31b sind
die beiden Aussagen unmittelbar miteinander verbunden, insofern hier von
einem Vertrauen auf Jahwe und Mose, der dabei als עבד יהוה bezeichnet ist,
gesprochen wird. Der sachliche Unterschied ist auch syntaktisch markiert.
Während in streng theologischer Verwendung das Objekt des Vertrauens bei
Je immer auf ב folgt, steht in Ex 4,1 (5a) - ebenso wie in Gen 45,26b - die
Präposition ל, was sicherlich kein Zufall ist. Darin ist zugleich auch ein
Bedeutungsunterschied angezeigt, wobei ל האמין soviel wie "eine Sache / Person für glaubwürdig halten bzw. Vertrauen schenken" bedeutet [65]. Wie für
die Frage מה שמו in Ex 3,13 ist auch für den Gebrauch von ל האמין eine Herkunft aus der höfischen Weisheit anzunehmen (Spr 14,15), woher dann auch der
skeptische Grundton verständlich wird, der hinter Ex 4,1 und 5a greifbar
ist.

Die Wendung לא יאמינו לי steht in Ex 4,1a in Parallelismus zu ולא ישמעו בקלי,
wobei diese Wendung auf die entsprechende Wendung in Ex 3,18a (ושמעו לקלך)
zurückgreift. In Parallelismus nebeneinander begegnen diese beiden Wendungen noch in Dtn 9,23 und Ps 1o6,24-25 (deuteronomistisch inspiriert), in
beiden Fällen wie in Ex 4,1 verneint, im Unterschied zu Ex 4,1 aber nicht in

---

64 Die Belege für die Verwendung des Verbums האמין in Je sind ausführlich
    besprochen bei P. WEIMAR, BZAW 146, 52-55, so daß hier auf eine weitere
    Diskussion verzichtet werden kann. - Anders als dort angenommen können
    aber Ex 4,8-9 und 31a nicht als Bestandteile der jehowistischen Vertrau-
    enstheologie verstanden werden. Vielmehr gehen beide Stellen erst auf
    die Schlußredaktion des Pentateuch zurück. Deutlich ist hier eine Akzent-
    verlagerung gegenüber Je gegeben, insofern sich in Ex 4,8+9 das Vertrau-
    en nicht unmittelbar auf Mose richtet, sondern auf die durch Mose ge-
    wirkten Zeichen (vgl. dazu auch oben die Analyse von Ex 4,8+9). Eben-
    falls auf das Wirken der Zeichen scheint sich das in Ex 4,31a konstatier-
    te Vertrauen des Volkes zu beziehen. Auch wenn hier האמין absolut (ohne
    Angabe des Objektes des Vertrauens) gebraucht ist, so ist ein solcher
    Zusammenhang dennoch hinreichend deutlich durch die Abfolge der beiden
    unmittelbar aufeinander folgenden Aussagen in Ex 4,3ob und 31a gegeben.
    Von diesen Stellen ist Num 14,11b zu unterscheiden, wo zwar ebenfalls
    das Vertrauen mit dem "Zeichen"-Motiv verbunden erscheint, wo aber im
    Unterschied zu Ex 4,8+9 und 31a die Verbindung von Vertrauen und "Zei-
    chen" nur eine indirekte ist, insofern als unmittelbarer Bezugspunkt des
    Vertrauens Jahwe selbst genannt ist.

65 Zur Konstruktion האמין + ל und ihre Bedeutung vgl. vor allem H. WILDBER-
    GER, Art. אמן, THAT I, 1971, 177-2o9 (188-189.19o) und A. JEPSEN, Art.
    אמן, ThWAT I (1973) 313-348 (322-325).

Bezug auf Mose, sondern auf Jahwe bzw. auf sein Wort gebraucht. Dabei zeigen Dtn 9,23 und Ps 1o6,24-25 die gleiche Abfolge der Glieder wie Ex 4,1,
wobei sich die Übereinstimmung bis in den Wechsel von ל/בקל hinein er-
streckt. Anders als in Ex 4,1, wo es um das Problem geht, ob Mose überhaupt
bei den Israel-Söhnen Vertrauen finden werde, stellen Dtn 9,23 und - davon
abhängig - Ps 1o6,24-25 das mangelnde Vertrauen Israels auf Jahwe bzw. sein
Wort fest, wobei als Bezugspunkt des Nicht-Vertrauens und Nicht-Hörens auf
Jahwes Stimme das von Jahwe verheißene Land erscheint [66].

Im Gegensatz zu der nicht häufig belegten Wendung שמע לקל [67] ist die verwandte Wendung שמע בקל breiter belegt und gestreut, wobei ein Schwergewicht
im Gebrauch dieser Wendung im Bereich der "deuteronomischen" Literatur (im
weitesten Sinne) liegt [68]. Im Zusammenhang der jehowistischen Geschichtsdarstellung begegnet die Wendung noch mehrfach. In profaner Bedeutung findet sie sich in Gen 21,12 sowie in Gen 27,8.13.43. Doch spiegelt sich in
diesen Stellen wohl nur ein breiter belegter Sprachgebrauch wider. Deutlich
auf einer anderen Ebene liegt dagegen der Gebrauch der Wendung in Ex 4,1a,
die aufgrund des Parallelismus zu der Wendung לא יאמינו לי schon dem theologischen Bedeutungsbereich zuzurechnen ist. In theologischer Verwendung
begegnet die Redewendung שמע בקל sodann noch einmal in Ex 5,2.

---

66 Davon verschieden ist der Sprachgebrauch von Ex 4,8+9, wo zwar in An-
    lehnung an Ex 4,1 ebenfalls in der dort vorgegebenen Abfolge vom Nicht-
    Vertrauen bzw. Nicht-Hören in Parallelismus gesprochen wird, wo aber
    der Wechsel von ל/בקל aufgegeben ist zugunsten einer Gleichheit im Ge-
    brauch der Präposition (ל/לקל).

67 Außer in Ex 3,18 (Je) und 4,8+9 (R^P) begegnet die Wendung שמע לקל in
    Gen 3,17; 16,2; Ex 15,26; 1 Sam 2,25; 15,1; 28,23; 1 Kön 2o,25; 2 Kön
    1o,6; Jer 18,19; Ps 58,6; 81,12, wobei in Ex 15,26 (dtr.), 1 Sam 15,1
    (DtrP) und Ps 81,12 (jünger als Dtn) die Wendung שמע לקל יהוה vorliegt.

68 Die Wendung שמע בקל ist neben Ex 4,1 noch belegt in Gen 21,12; *22,18; 2*
    5; 27,8.13.43; 3o,6; Ex *5,2;* 18,19; *19,5;* 23.21.22; *Num 14,22;* Dtn *1,45*
    4,3o; 8,2o; 9,23; 13,5.19; 21,2o; 26.14.17; 27,1o; *28,1.2.15.45.62; 3o,*
    2.8.1o.2o; Jos *5,6;* 1o,14; *22,2; 24,24;* Ri *2,2; 6,1o;* 13,9; *2o,13;* 1 Sa
    8,7.9.19.22; 12,1.14.*15;* 15,9.2o.22.24;*19,6;* 25,35; *28,18.21.22;* 2 Sam
    12,18; 13,14; 1 Kön 17,22; *2o,36;* 2 Kön 18,12; Jes 5o,1o; *Jer 3,13.25;*
    7,23.28; 9,12; 11,4.7; *18,1o;* 22,21; 26,13; *32,23;* 35,8; *38,2o;* 4o,3;
    *42,6.13.21;*43,4.7; 44,23; Zeph 3,2; *Ps 95,7;* 1o3,2o; 1o6,25; 13o,2; Spr
    5,13; *Dan 9,1o.11.14.* In der dtr. bzw. davon abhängigen Literatur fin-
    det sich häufig die Wendung שמע בקל יהוה (in der vorangehenden Über-
    sicht angezeigt durch *Kursivdruck*). - Zur Wendung vgl. A.K. FENZ, Auf
    Jahwes Stimme hören. Eine biblische Begriffsuntersuchung, Wiener Bei-
    träge zur Theologie 6, Wien 1964, 33-34.

Was in Ex 4,1 in Anlehnung an Ex 3,18a in Bezug auf die Israel-Söhne als
bloße Möglichkeit erwogen wird, daß sie nicht auf Mose vertrauen und nicht
auf seine Stimme hören, das wird in Ex 5,2 in negativer Form vom Pharao in
Bezug auf Jahwe ausgesagt, wobei die größere theologische Perspektive durch
die einleitende rhetorische Frage יהוה מי angegeben ist.

Der Horizont der Wendung שמע בקל/לקל ist somit eng auf die Berufungsgeschichte beschränkt. Dadurch soll das mögliche Nicht-Hören der Israel-Söhne auf
Mose dem tatsächlichen Nicht-Hören des Pharao auf Jahwe kontrastierend gegenübergestellt werden. Überlagert ist dabei das Motiv des Nicht-Hörens
durch das Motiv des Nicht-Vertrauens, das in Bezug auf Mose ebenfalls auf
die Berufungsgeschichte beschränkt bleibt, aber andererseits über den Rahmen
der Berufungsgeschichte hinausweist und diese in ein größeres Bezugsfeld
einordnet, das von der Abraham-Geschichte bis hin zur Kundschaftergeschichte
reicht. Dieses Bezugsfeld ist durch die Reichweite der Wendung ביהוה האמין
und der thematisch den gleichen Sachverhalt meinenden Geschichten angegeben. Bezeichnenderweise findet sich die Mitteilung, daß die Israel-Söhne
auf Mose vertrauen, nicht schon im Anschluß an die Ausrichtung der Gottesbotschaft durch Mose, sondern erst am Höhepunkt der Meerwundergeschichte in
Ex 14,31b, nachdem offenkundig geworden ist, daß Jahwe die Bedrückung der
Israel-Söhne angesehen und sie aus der Hand der Ägypter errettet hat.

2.5. Der Befehl zur Rückkehr nach Ägypten

Ein besonderes Gewicht innerhalb der jehowistischen Berufungsgeschichte ist
der Jahwe-Rede in Ex 4,19+22-23 zuzumessen, allein schon deshalb, weil diese Rede Jahwes nicht als Bearbeitung einer älteren Tradition angesehen
werden kann, sondern in der vorliegenden Form ganz auf die Hand des Jehowisten zurückgeht. Die Rede Jahwes an Mose gliedert sich in zwei Teile, dem
begründeten Auftrag an Mose, nach Ägypten zurückzukehren (Ex 4,19), sowie
dem Auftrag zur Ausrichtung eines Botenwortes (Ex 4,22-23), wobei der zweiten Hälfte der Jahwerede deutlich das größere Gewicht zukommt, während der
ersten Redehälfte nur eine vorbereitende Funktion zukommt.

Die Aufforderung zur Rückkehr nach Ägypten knüpft an die Szene von der
Flucht des Mose vor dem Pharao in Ex 2,15-22[*] an. Dies geschieht vor allem
mit Hilfe der angefügten Begründung in Ex 4,19b. Während die mit Ex 2,15 in
einer gewissen Spannung stehende Feststellung in Ex 4,19bα dazu dient, das

Ende der letzten Generation zu konstatieren [69], wird durch die partizipiale Apposition המבקשים את נפשך in Ex 4,19bβ ein unmittelbarer Bezug zu Ex 2,15aβ (ויבקש להרג את משה) und damit zur Flucht des Mose von Ägypten nach Midian hergestellt. Durch die der Notiz Ex 2,15aβ vorangehenden Feststellung Ex 2, 15aα wird dabei die Absicht des Pharao, Mose umzubringen, mit der Rettung vor seinem eigenen Tötungsbefehl und der Adoption durch seine eigene Tochter begründet.

Auf der anderen Seite ist Ex 4,19 aber auch mit der Notiz in Ex 4,24bβ verbunden, wonach Jahwe Mose zu töten sucht (ויבקש המיתו). Beide Aussagen sind offensichtlich antithetisch aufeinander bezogen. Auf der einen Seite fordert Jahwe den Mose wegen des Todes derer, die ihm nach dem Leben trachten auf, nach Ägypten zurückzukehren, auf der anderen Seite aber ist es gerade Jahwe selbst, der den Mose auf dem Weg nach Ägypten zu töten sucht und damit gerade die von ihm inszenierte Errettung seines Volkes gefährdet [70]. Doch wird über Ex 4,19 die Notiz in Ex 4,24bβ (Narrativ + Infinitiv ohne ל) zu der entsprechenden Notiz in Ex 2,15aβ (Narrativ + Infinitiv mit ל) in Antithese gesetzt [71]. Die Antithetik dieser beiden Äußerungen wird nicht nur durch die Gleichheit derselben syntaktischen Struktur im Unterschied zu Ex 4,19bβ unterstrichen, sondern zusätzlich auch durch die Verschiedenheit der von ויבקש abhängigen Infinitive, wobei in Ex 2,15 die Basis הרג [72], in Ex 4,24 dagegen das gewöhnliche Tötungsverbum המית gebraucht ist. In dieser

---

69 Die Inkongruenz zwischen Ex 2,15 und 4,19, die häufig notiert wird (vgl. nur B. BAENTSCH, HK I/2, 34), berechtigt nicht zu literarkritischen Abgrenzungen, wenn man die Funktion der generalisierenden Feststellung in Ex 4,19 beachtet, die eben das Heranwachsen einer neuen Generation konstatieren will.

7o Zu beachten ist in diesem Zusammenhang auch die zwischen Ex 4,23b und 4, 24bβ bestehende Verbindung, die offensichtlich beabsichtigt ist, um auf diese Weise den Ernst der Todesankündigung von Ex 4,23b zu unterstreichen. Bezeichnenderweise ist dabei der gleiche Wechsel der Verbfolge הרג / המית zu beobachten, wie er auch zwischen Ex 2,15 und 4,19 besteht. Darin liegt offensichtlich ein bewußt eingesetztes literarisches Stilmittel.

71 Die in Ex 4,19bβ vorkommende Wendung המבקשים את נפשך ist als verkürzte Form der in Ex 2,15 und 4,24 vorkommenden Form der Wendung בקש + Infinitiv mit/ohne ל eines Verbums des Tötens zu verstehen (vgl. dazu S. WAGNER, Art. בקש, ThWAT I, 1973, 754-769 (759-76o). - Der Zusammenhang beider Formen der Wendung ist etwa in 1 Kön 19,1o.14 angezeigt, wo die verkürzte Wendung בקש את נפש noch durch einen Infinitiv nach ל (לקחתה) weitergeführt ist.

Antithese läßt sich unmittelbar das theologische Interesse greifen, das die jehowistische Geschichtsdarstellung mit ihrer Exodusgeschichte verfolgt, die Absicht nämlich, den Pharao und Jahwe in ihrem Anspruch auf Israel einander gegenüberzustellen.

Außerhalb der jehowistischen Geschichtsdarstellung begegnet das Verbum בקש D-Stamm in vergleichbaren Zusammenhängen noch mehrfach. Zu beiden der bei Je vorkommenden Wendungen gibt es dabei Parallelen. Nicht häufig ist dabei die in Ex 4,24 (vgl. auch Ex 3,15) belegte Form der Wendung, wo auf בקש ein Infinitiv mit einem Verbum des Tötens (mit oder ohne ל) folgt. Eine wörtliche Parallele zu Ex 4,24bβ liegt nur noch in Jer 26,21 (König Jojakim gegenüber dem Propheten Urija) vor, wobei ein literarisches Abhängigkeitsverhältnis von Jer 26,21 gegenüber Ex 4,24 anzunehmen ist. Unabhängig von Ex 4,24 sind dagegen die beiden anderen Belege der Wendung 1 Sam 19,2 (vgl. 1 Sam 19,1o) und 1 Kön 11,4o, wo aber der Infinitiv המית auf בקש mit ל folgt. Beide Vorkommen der Wendung lassen dabei den gleichen Kontext erkennen, insofern jeweils ein regierender Herrscher seinen Rivalen, der nach dem Throne strebt, zu beseitigen sucht (1 Sam 19,2 Saul/David und 1 Kön 11,4o Salomo/ Jerobeam). Zu vergleichen ist außerdem noch 2 Sam 21,2 und Sach 12,9, wo anstelle des von בקש abhängigen und mit ל angeschlossenen Infinitiv von הרג / המית ein Infinitiv einer anderen Basis folgt, was damit zusammenhängt, daß hier von einem Vernichten der Feinde Israels durch Saul (1 Sam 21,2 DtrG) bzw. durch Jahwe selbst (Sach 12,9) gesprochen wird [73].

Häufiger ist demgegenüber die in Ex 4,19 vorkommende Kurzform der Wendung בקש את נפש (+ Suffix) außerhalb von Je belegt. Dabei lassen sich drei Anwendungsbereiche der Formel ausmachen. Als ein erster Bereich läßt sich der Komplex der Aufstiegs- und Thronfolgegeschichte Davids nennen. Während 1 Sam 22,23 (zweimal) und 25,29 sowie 2 Sam 16,11 wohl nicht der alten Geschichte vom Aufstieg und von der Thronfolge Davids zugerechnet werden können, sondern auf DtrG zurückgehen werden [74], dürften die anderen Belege die-

---

72 Zur Basis הרג vgl. jetzt bei H.F. FUHS, Art. הרג, ThWAT II (1977) 483-494.

73 Zu vergleichen sind ferner Esth 2,21, 3,5 und 6,2, wo ebenfalls die Konstruktion בקש + ל + Infinitiv (Verbum des Vernichtens) vorliegt, wobei als Verben השמיד (Esth 3,6) und שלח יד ב (Esth 2,21 und 6,2) gebraucht sind.

74 Zur Herleitung von 1 Sam 22,23 und 25,29 sowie von 2 Sam 16,11 von DtrG vgl. vor allem T. VEIJOLA, AASF B 193, 37.78.79.13o.132.

ser Wendung im Komplex der Aufstiegs- und Thronfolgegeschichte schon vor-
deuteronomistisch sein (1 Sam 2o,1 Saul/David; 23,15 Saul/David; 2 Sam 4,8
Ischbaal/David). Auch hier steht - wie bei der Wendung בקש + ל + המית (mit
Suffix) - der Konflikt zwischen Herrscher und Usurpator im Hintergrund.

Ein zweiter Bereich des Vorkommens der Wendung בקש את נפש (+ Suffix) findet sich im Jeremia-Buch, wobei das Schwergewicht im Gebrauch der Wendung
im Bereich der deuteronomistischen Bearbeitungsschicht liegt [75]. Mit Ausnahme von Jer 4,3o ist die Wendung in Jeremia immer partizipial konstruiert.
Häufig begegnet dabei die Verbindung ביד מבקשי נפש (+ Suffix) [76]. Kennzeichnend für den Sprachgebrauch bei Jeremia ist die Absicht, mit Hilfe dieser
Wendung ganz allgemein alle Feinde zu bezeichnen, alle diejenigen, die ihrem Feinde nach dem Leben trachten, weshalb die Wendung auch mehrfach parallel zur Nennung eines konkreten Feindes bzw. konkreter Feinde steht [77].

Ähnlich wie in Jer ist der Gebrauch der Wendung auch in Pss, wo ihr dritter
Verwendungsbereich liegt [78]. Die Wendung בקש את נפש (+ Suffix) findet sich
dabei ausschließlich in nachexilischen Klageliedern des Einzelnen. Wie in
Jer ist auch für den psalmistischen Gebrauch der Wendung - vor allem bei
partizipialer Konstruktion [79] - eine generalisierende Tendenz zu beobachten, insofern damit schlechthin alle Menschen umschrieben werden, die ihren
Gegner töten wollen. Sowohl in den Pss als auch in Jer meint die Wendung
demnach nicht mehr einen konkreten Sachverhalt, sondern grundsätzlich jedes
Trachten nach dem Leben eines anderen. Von daher ist der Gebrauch der Wendung bei Jer und in Pss als ein sekundärer und abgeleiteter zu bezeichnen,
der deutlich einen konkreten Gebrauch der Wendung voraussetzt.

---

75 Zur dtr. Redaktion des Jeremia-Buches vgl. vor allem W. THIEL, WMANT
    41 (1973).

76 Jer 11,21; 19,7.9; 21,7; 22,25; 34,2o.21; 38,16; 44,3o (2mal); 46,26;
    49,37, wobei die Verbindung ביד מבקשי נפש (+ Suffix) in Jer 19,7; 21,7;
    22,25; 34,2o.21; 44,3oa; 46,26 vorliegt.

77 Hier sind vor allem Jer 19,7; 21,7; 22,25; 34,2o; 44,3o; 46,26; 49,37
    zu beachten.

78 Ps 35,4; 38,13; 4o,15; 54,5; 63,1o; 7o,3; 86,14.

79 Ps 35,4; 38,19; 4o,15; 7o,3.

Der jehowistische Sprachgebrauch läßt nur in Ex 4,19b (כל האנשים + partizipiale Konstruktion) eine derart verallgemeinernde Tendenz beobachten, nicht
jedoch in den beiden anderen Belegen (Ex 2,15 und 4,24). Deutlich ist bei
Je noch die Affinität zum älteren Sprachgebrauch gegeben, wo als konkreter
Hintergrund der Wendung in ihren beiden bei Je belegten Formen der Konflikt
zwischen Herrscher und Usurpator angesehen werden muß. Zu beachten ist dabei die Eingrenzung der Wendung auf den Konflikt zwischen Saul/Ischbaal und
David sowie zwischen Salomo und Jerobeam. In dieser Perspektive erscheint
dem Jehowisten auch der Konflikt zwischen dem Pharao und Mose, wodurch dieser als ein möglicher Kontrahent des Pharao bezeichnet ist, der dem Pharao
den Anspruch auf den Königsthron streitig machen könnte. Damit ist zugleich
der Horizont der Wendung בקש את נפש (+ Suffix) bzw. להרג/המיתי angegeben. Innerhalb des jehowistischen Werkes bleibt die Wendung auf die Exodusgeschichte beschränkt, wo sie dazu dient, die beiden ersten Teile der Exodusgeschichte, die Geschichte von der sich steigernden Bedrückung des Königs von Ägypten sowie von der Berufung des Mose, kontrastierend aufeinander zu beziehen.

2.6 Entlaßforderung und Ankündigung der Tötung des Erstgeborenen des Pharao

(1) An die Aufforderung an Mose zur Rückkehr nach Ägypten in Ex 4,19 hat
sich bei Je unmittelbar der Auftrag zur Übermittlung eines Botenwortes angeschlossen (Ex 4,22-23), wobei die thematischen Leitlinien des Botenwortes
deutlich durch dessen literarische Struktur angezeigt sind. Im Zentrum des
Botenwortes steht die Entlaßforderung Ex 4,23aα, der die Weigerung des
Pharao, Israel zu entlassen (Ex 4,23aβ), korrespondiert. Die an den Pharao
gerichtete Entlaßforderung wird dabei fest in den Kontext der Plagengeschichte eingebaut und kann von ihr nicht gelöst werden [80]. Je lehnt sich
dabei an die vorgegebene Tradition (J^{Vorl} / J) an.

Ältester Beleg der Entlaßforderung ist Ex 7,16. Deutlich ist die Entlaßforderung hier Bestandteil eines festen Schemas, das von J^{Vorl} geprägt wurde
und als solches bestimmend geworden ist für die weitere Tradition. Dieses in
Ex 7,14-16* sich findende Schema läßt folgende Abfolge der Glieder erkennen [81]:

---

80 Zum folgenden ist jetzt zu vergleichen J.P. FLOSS, Jahwe dienen - Göt-
    tern dienen. Terminologische, literarische und semantische Untersuchung
    einer theologischen Aussage zum Gottesverhältnis im Alten Testament,
    BBB 45, Köln-Bonn 1975, 181-235.

(1) Jahwe sprach zu Mose:
(2)   Geh (לך) zum Pharao
(3)   und du sollst zu ihm sprechen:
(4)   Jahwe, der Gott der Hebräer, hat mich zu dir gesandt,
            sprechend:
(5)   Entlasse mein Volk, daß sie mir dienen.

Eingeleitet ist die Entlaßforderung durch die Redeeinleitungsformel ויאמר
יהוה אל משה (Ex 7,14aα), auf die ein zweigliedriger Sendungsauftrag folgt,
bestehend aus dem imperativischen Befehl לך אל פרעה und der ihn weiterfüh-
renden Suffixkonjugation ואמרת אליו. Eingeleitet wird die von Mose auszu-
richtende Rede Jahwes an den Pharao mit einem Rekurs auf die Vergangenheit
(Sendung durch Jahwe), wobei der Rekurs hier anstelle der Botenformel steht
(vgl. Ex 7,16 mit Ex 9,1 und 11,4) [82]. Am Abschluß der Reihe steht sodann
die Entlaßforderung. Die Entlaßforderung begegnet in J^{Vorl} nur an der vorliegenden Stelle. Hiermit wird innerhalb der vorjahwistischen Exodusgeschichte deren zweiter Teil mit der Darstellung der "Plagen" eröffnet. Kompositorisch steht sie dabei deutlich in einem Bezug zu der Aufforderung des
Pharao in Ex 12,31aß* ולכו עבדו את יהוה, die ihrerseits unmittelbar auf die
Nachricht der Tötung der Erstgeburt im Lande Ägypten folgt. Damit ist der
literarische Rahmen der Entlaßforderung umschrieben, wobei aber die Forderung der Entlassung selbst nicht auf diesen Rahmen beschränkt ist, sondern
wegen ihres grundsätzlichen Charakters über ihn hinaus weist auf die Meerwundergeschichte [83].

Die Entlaßforderung ist sodann vom Jahwisten rezipiert worden (Ex 7,26; 8,
16; 9,1.13; 1o,3), wobei sich J im einzelnen sehr eng an seine Vorlage gehalten hat:

(1) Und Jahwe sprach zu Mose:
(2)   Geh (בא) zum Pharao
(3)   und du sollst zu ihm sprechen:
(4)   *So spricht Jahwe:*
(5)   Entlasse mein Volk, daß sie mir dienen (Ex 7,26)

Die Änderungen gegenüber dem Schema der Vorlage sind nur geringfügig und im
wesentlichen stilistisch bedingt. In Ex 7,26 beziehen sich die Abwandlungen
gegenüber J^{Vorl} nur auf den Wechsel von לך in בא sowie auf die Ersetzung
des Rekurses auf die Sendung durch Jahwe durch die Botenformel, wobei aber
J auch hier an die Tradition anknüpfen konnte. Etwas größer sind die Abwei-

---

81 Zur literarkritischen Abgrenzung vgl. vorerst noch P. WEIMAR - E. ZENGER
   SBS 75, 24.36-47. Die genaueren literarkritischen Begründungen sollen a
   anderer Stelle gegeben werden.

82 Vgl. dazu P. WEIMAR - E. ZENGER, SBS 75, 39.

83 In der Komposition der vorjahwistischen Exodusgeschichte ist ein Zusammenhang zwischen der Entlaßforderung und der Tötung der ägyptischen Ers
   geburt gegeben, wobei sich dieser Bezug vor allem auf die zweite Hälfte
   der Entlaßforderung (ויעבדני / עבדו את יהוה) bezieht, während das erste Element (שלח את עמי) auf die Meerwundergeschichte vorverweist. -
   Zur Sache vgl. auch die im einzelnen nicht überzeugende Diskussion bei
   J.P. FLOSS, BBB 45, 193-2o1.

chungen in Ex 8,16, betreffen aber auch hier nur das zweite Element des
Schemas, insofern die Aufforderung "Geh zum Pharao" durch die zweigliedrige
Wendung "Mach dich am Morgen auf und tritt vor den Pharao" ersetzt wird.
Wieder enger an das in Ex 7,26 bei J am reinsten ausgebildete Schema [84]
schließt sich Ex 9,1 an. Die Abänderungen gegenüber Ex 7,26 betreffen zum
einen die Ersetzung von ואמרת durch ודברת sowie die appositionelle Näherbestimmung אלהי העברים in der Botenformel, womit zugleich ein Rückgriff auf
Ex 7,16 geschieht. Stärker sind die Abänderungen des Grundschemas sodann
wieder in Ex 9,13. Einerseits ist das zweite Element wie in Ex 8,16 ausgeführt und andererseits findet sich auch hier wie in Ex 9,1 die Erweiterung
der Botenformel durch die Apposition אלהי העברים. Ein letztes Mal begegnet
die Entlaßforderung bei J in Ex 1o,1-3* [85]. Wiederum sind die Abweichungen
vom Grundschema nur geringfügig [86]. Erneut begegnet hier die Erweiterung
der Botenformel durch אלהי העברים. Ebenso wie in Ex 8,16 fehlt innerhalb
der Entlaßforderung selbst die Objektpartikel את bei עמי.

---

84 Die Form des Schemas von Ex 7,26 wird von J.P. FLOSS, BBB 45, 186 als
    Grundform bezeichnet, was insofern nicht zutrifft, als Ex 7,26 als ei-
    ne Nachbildung der in Ex 7,14-16* vorliegenden Form des Schemas (J^{Vorl})
    zu verstehen ist.

85 Der Abschnitt Ex 1o,1-3 kann nicht als literarisch einheitlich angesehen
    werden, sondern zeigt deutlich Spuren redaktioneller Bearbeitungsvorgän-
    ge. Als ein redaktioneller Einschub ist zunächst Ex 1o,1b+2 anzusehen,
    der sich begründend an den Befehl בא אל פרעה in Ex 1o,1aß anschließt.
    Doch scheint diese redaktionelle Einfügung in sich nicht einheitlich zu
    sein. Einer älteren Redaktionsschicht, die aufgrund der Erkenntnisaus-
    sage wohl als jehowistisch zu qualifizieren ist, sind Ex 1o,1b+2b zuzu-
    rechnen, während Ex 1o,2a einer noch jüngeren Redaktionsschicht zuzu-
    rechnen ist. Diese zweite redaktionelle Erweiterung wird wohl mit R^P
    zu identifizieren sein. Im Zusammenhang der älteren redaktionellen Ein-
    fügung in Ex 1o,1 und 2 ist auch die Ausführungsnotiz in Ex 1o,3aα*
    ויבא משה אל פרעה ויאמר אליו eingefügt worden, die im Zusammenhang mit
    der jüngeren Redaktionsschicht in Ex 1o,2a ebenfalls eine geringfügige
    Bearbeitung erfahren hat (ויאמרו / ואהרן). Dabei ist anzunehmen, daß
    die erzählende Notiz, die durch die redaktionellen Einschübe in Ex 1o,
    1b+2 bedingt ist, einen ursprünglichen Redebefehl (ואמרת אליו), der sich
    einmal unmittelbar an den Sendungsauftrag in Ex 1o,1aß angeschlossen
    hat, ersetzt hat. Ebenfalls als redaktioneller Einschub ist in Ex 1o,3
    die mit עד מתי eingeleitete rhetorische Frage zu verstehen, die den Zu-
    sammenhang zwischen Botenformel und Entlaßforderung auseinanderreißt.
    Diese steht offensichtlich im Zusammenhang mit der entsprechenden rheto-
    rischen Frage in Ex 1o,7aα (Dtr), weshalb Ex 1o,3aß als deuteronomi-
    stisch zu qualifizieren ist. - Mit einem literarischen Wachstum Ex 1o,
    1-3 rechnet ebenfalls J.P. FLOSS, BBB 45, 184-85.191; zur Analyse vgl.
    aber auch schon A. JÜLICHER, JpTh 8, 1882, 19-127.272-29o (96-97); H.
    HOLZINGER, KHC II, XVI.29, der mit einer mehrstufigen redaktionellen
    Bearbeitung in Ex 1o,1-3 rechnet; B. BAENTSCH, HK I/2, 78-79 sowie G.
    FOHRER, BZAW 91, 63. Die dabei meist vorgenommene Qualifizierung des
    Einschubs in Ex 1o,1b+2 als "deuteronomistisch" ist nicht zwingend, wenn
    man die nur schwachen terminologischen Anklänge an Dtn beachtet, ande-
    rerseits aber berücksichtigt, daß gerade die "deuteronomischen / deute-
    ronomistischen" Sprachformen von R^P aufgenommen worden sind.

86 Wird die literarische Entstehungsgeschichte von Ex 1o,1-3 beachtet, dann
    zeigt es sich, daß die auf den ersten Blick stärkeren Abweichungen vom

Das Grundschema, das in J^Vorl vorgegeben ist, ist in allen Fällen mit einer
relativ geringen Bandbreite an Abänderungen durchgehalten. Die Abänderungen,
die immer nur ganz bestimmte Elemente des Schemas betreffen, sind deutlich
stilistisch bedingt. Völlig gleich sind in allen Fällen das erste sowie -
wenn man vom Fehlen von את in Ex 8,16 und 1o,3 absieht - das fünfte Element
des Schemas. Stärker sind die Abweichungen im zweiten Element. Anstelle der
Normalform בא/לך אל פרעה findet sich zweimal die Wendung השכם בבקר והתיצב
לפני פרעה (Ex 8,16 und 9,13). Im Zusammenhang damit steht sodann auch die
Erweiterung dieses Elementes in Ex 7,15a, das J schon in der Tradition
vorgegeben gewesen ist. Durch J ist die aus der Tradition übernommene Aufforderung לך אל פרעה um die Zeitbestimmung בבקר sowie ונצבת לקראתו erweitert worden. Geringfügig sind dagegen die Abänderungen im vierten Element
("Botenformel"). Während sich hier in Ex 7,26 und 8,16 die Kurzformel "So
spricht Jahwe" findet, ist sie in Ex 9,1 und 13 sowie in Ex 1o,3 durch die
Apposition אלהי העברים erweitert [87].

Die Abweichungen von der Normalform sind somit im einzelnen nur geringfügig.
Eine stärkere Variation läßt sich nur im zweiten Glied beobachten. Dabei
sind die Abänderungen im einzelnen nicht zufällig geschehen, sondern lassen
eine innere Gesetzmäßigkeit erkennen, die zugleich ein Kriterium abgibt für
die innere Strukturierung der jahwistischen Plagengeschichte. Diese gliedert
sich in zwei Hälften, deren erste die Plagen I - IV umfaßt, während der
zweiten Hälfte die Plagen V - VI zuzurechnen sind [88]. Zwei stilistische Prin-
zipien sind dabei miteinander verbunden. Auf der einen Seite ist es die al-
ternierende Reihe von Kurz- und Langform des Sendungsauftrags, wodurch jeweils zwei Plagen zu einer Zweiergruppe zusammengefaßt sind [89]. Daneben
tritt als zweites Kriterium die stilistische Verklammerung größerer Erzähl-
komplexe. Hier gilt es vor allem die Ausweitung der Botenformel um die Apposition אלהי העברים zu beachten. Diese findet sich in Analogie zu Ex 7,16
und 9,1 (J^Vorl) noch in Ex 9,13 und 1o,3, fehlt dagegen in Ex 7,26 und 8,16.
Diese Verteilung der "Botenformel" mit / ohne אלהי העברים ist auffällig und
bedarf der Erklärung [9o]. Am einfachsten läßt sich diese Verteilung stilistisch erklären, insofern die Plagen I und IV (Ex 7,14-16* / 9,1) als Rahmen der Plagen II und III (Ex 7,26 /8,16) zu verstehen sind, während die
Plagen V und VI (Ex 9,13 / 1o,1-3*) von den ersten vier Plagen als eine

---

Schema erst das Ergebnis späterer redaktioneller Prozesse sind, während
sich J sehr eng an das vorgegebene Formschema gehalten hat.

87 Gegen J.P. FLOSS, BBB 45, 188-189 kann die Apposition אלהי העברים nicht
    als eine sekundäre Erweiterung verstanden werden. Für ein solches Urteil
    lassen sich weder literarkritische Erwägungen noch formkritische Über-
    legungen (Formstrenge des Schemas) anführen. Als appositionelle Näherbe-
    stimmung zu Jahwe ist אלהי העברים schon bei J^Vorl (Ex 7,16 und 9,1) be-
    legt. Für das Fehlen der Apposition in Ex 7,26 und 8,16 sind stilisti-
    sche Gründe maßgebend gewesen.

88 Anders noch P. WEIMAR - E. ZENGER, SBS 75, 38 Anm. 28, wo eine Auftei-
    lung des Plagenzyklus in zwei Dreiergruppen angenommen wird.

89 Vgl. dazu auch P. WEIMAR - E. ZENGER, SBS 75, 38 Anm. 28.

9o Vor allem, wenn die Formstrenge bei der Verwendung des Schemas berück-
    sichtigt wird, ist das Fehlen der Apposition אלהי העברים in Ex 7,26 und
    8,16 ein auffälliges Phänomen, das nicht einfach mit redaktioneller
    Nachlässigkeit erklärt werden kann.

eigene Gruppe abzusetzen sind. In diese Richtung weist auch eine weitere
Beobachtung. Während das dritte Element immer ואמרת אליו lautet, steht dafür in Ex 9,1 die Wendung ודברת אליו, eine Abwandlung, die dann unschwer
verständlich wird, wenn damit auch stilistisch ein Einschnitt im Erzählablauf markiert werden soll [91].

Wie in der vorjahwistischen Exodusgeschichte ist auch bei J der Gebrauch
der Entlaßforderung auf die Plagengeschichte beschränkt [92]. Die innere
Struktur der Plagengeschichte läßt hier jedoch weitere Präzisierungen zu.
Die "Plagengeschichte" (Plagen I-IV) berichtet von vier Plagen, die Jahwe
über Ägypten kommen läßt, ohne daß diese zu einem Ziel führen, was sich
deutlich an der Aufeinanderfolge der Schlußwendungen ablesen läßt [93]. Die

---

91 Die in Ex 9,1 belegte Form des Redeauftrags ודברת אליו entstammt zwar
schon der vorjahwistischen Tradition, kann aber dennoch als ein von J
eingesetztes Stilmittel verstanden werden, insofern J die so gestaltete
"Plage" gerade an der vorliegenden Stelle in den Zusammenhang der Plagengeschichte eingeführt hat. Hätte J eine andere Struktur der Plagengeschichte im Auge gehabt, hätte er unschwer die Akzente anders setzen
können, da er nur bei der Plage I und III an eine Vorlage gebunden gewesen ist. Natürlich sind die hier mitgeteilten stilistischen Beobachtungen, die anhand des Eingangs der einzelnen Plagenberichte gewonnen
sind, nicht eindeutig, sondern verlangen nach Ergänzung durch weitere
stilistische Beobachtungen, die aber in diesem Zusammenhang nicht gegeben werden können. Doch würden diese in die gleiche Richtung weisen.

92 Vgl. dazu auch J.P. FLOSS, BBB 45, 188-191.

93 Bei den Plagen I-IV läßt sich anhand der Schlußwendung der Plagen eine
deutliche Steigerung zur letzten Plage hin beobachten. Während in Plage
I die Notiz einer Reaktion des Pharao auf das Gericht Jahwes überhaupt
fehlt, finden sich ab Plage II solche Notizen, die sich auf die Reaktion des Pharao beziehen. Dabei bezieht sich die Reaktion des Pharao
jeweils auf das Ende der Plagen bzw. auf die Verschonung Israels. Die
entsprechenden Abschlußwendungen sind dabei jeweils zweigliedrig formuliert. Während bei Plage II in der ersten Hälfte das Motiv der Erleichterung aufgenommen ist und in der zweiten Hälfte ergänzt ist durch das
Motiv der Verstockung des Herzens (Ex 8,11aαβ), setzt sich in den Plagen
III und IV die entsprechende doppelgliedrige Notiz aus der Feststellung
der Verstockung des Herzens sowie aus der negativen Feststellung des
Nicht-Entlassens des Volkes zusammen (Ex 8,28aαb und 9,7b). Wenn auch in
Plage III und IV die negative Feststellung jeweils gleich lautet (ולא
שלח את העם), ergibt sich hier dennoch insofern eine Steigerung in der
Darstellung, als die Verstockung des Herzens jeweils verschieden formuliert ist. In Plage III ist - ebenso wie in Plage II - der Pharao Satzsubjekt und das "Herz des Pharao" Objekt (ויכבד פרעה את לבו). Demgegenüber ist in Plage IV das Herz des Pharao selbst Satzsubjekt und anstelle von כבד H-Stamm der entsprechende G-Stamm gebraucht (ויכבד לב פרעה),
womit sich vom Erzählduktus her deutlich eine Steigerung ergibt. Daß
hiermit ein erster Höhepunkt innerhalb der Reihe der Plagen erreicht
ist, wird umgekehrt bestätigt, wenn man die Plagen V und VI zum
Vergleich heranzieht. In Plage V führt nämlich die doppelgliedrige
Schlußwendung in Ex 9,34aα*+bα die Reihe der Schlußwendungen in den Plagen (I) II-IV nicht weiter, sondern setzt neu ein, wobei sich hier eine
zu Plage II (Ex 8,11aαβ) parallele Konstruktion findet. Demgegenüber
fehlt in Plage VI eine derartige Schlußwendung, die die Reaktion des

beiden restlichen Plagen (V-VI) sind dem nächsten Teil der jahwistischen
Exodusgeschichte zuzurechnen, der dabei nicht - was allein strukturelle
Vergleiche mit anderen Teilen der jahwistischen Geschichtsdarstellung nahelegen [94] - auf diese beiden Plagen beschränkt geblieben ist, sondern auch
noch die aus der vorjahwistischen Tradition unverändert übernommene Geschichte von der Tötung der Erstgeburt [95] sowie die leicht überarbeitete
Meerwundergeschichte [96] umfaßt [97]. Damit ist die Reichweite der Entlaßfor-

---

Pharao mitteilt, was wohl im Blick auf die Weiterführung des Exodusgeschehens geschehen ist. Von diesen Beobachtungen her bestätigt sich
dann auch noch einmal der Zusammenhang der Plagen I-IV.

94 Vgl. die Beobachtungen zur vierteiligen Kompositionsstruktur des ersten
Teils der jahwistischen Exodusgeschichte (Kap. II/3), aber auch die
Kompositionsstruktur in anderen Teilen des jahwistischen Werkes (vgl.
dazu die dort in Anm. 98 gegebenen Hinweise).

95 Zur Analyse von Ex 11,1-8 und 12,29-39 vgl. S. 56-58, wo sich neben einer durchlaufenden Erzählung, die J^{Vorl} entstammt, noch zwei Redaktionsschichten beobachten lassen, die als Werk einer deuteronomistischen Redaktion sowie der Schlußredaktion des Pentateuch zu kennzeichnen sind.
Demgegenüber läßt sich in Ex 11,1-8 und 12,29-39 kein Textbestand beobachten, der als jahwistisch zu qualifizieren wäre. Das gilt auch für
Ex 12,21-27 (zur Analyse s.u.), wo der älteste Textbestand dem Jehowisten zuzurechnen ist. Demnach hat J die Geschichte von der Tötung der
ägyptischen Erstgeburt unverändert aus der vorjahwistischen Exodusgeschichte übernommen und in seine Darstellung des Exodusgeschehens integriert.

96 Ohne daß hier eine begründete Analyse von Ex 13,17-15,21 gegeben werden
könnte, sind wahrscheinlich die folgenden Textstücke als redaktionelle
Erweiterungen der vorjahwistischen Meerwundergeschichte (zu Text und
Analyse vgl. P. WEIMAR - E. ZENGER, SBS 75, 26-27.47-48) durch den Jahwisten zu bezeichnen: 1. Eine erste Einfügung liegt in Ex 14,1obα* vor,
wodurch noch einmal eigens festgestellt wird, daß die Israel-Söhne bemerken, daß die Ägypter sie eingeholt haben. - 2. Dieser Notiz korrespondiert eine entsprechende Feststellung im Munde der Ägypter in Ex 14,
25b, womit diese ihre Handlungsweise zu motivieren suchen. - 3. Zwei
weitere redaktionelle Erweiterungen des Jahwisten beschreiben die Akti-
vitäten Jahwes. Die beiden Aktionen Jahwes entsprechen einander. Während nach Ex 14,21aα*β Jahwe das Meer zurücktreten läßt, kehren nach
Ex 14,27aα*β die Fluten in das gewohnte Bett zurück, als die Ägypter
gerade die Flucht ergreifen. Durch diese redaktionellen Erweiterungen
aus der Hand von J wurde die für die vorjahwistische Darstellung des
Meerwunders bestimmende Jahwe-Kriegs-Ideologie zurückgedrängt zugunsten
einer Stilisierung des Meerwundergeschehens im Sinne eines Naturwunders,
was wohl dadurch bedingt ist, daß auf der Ebene der jahwistischen Redaktion das Meerwunder in die Reihe der "Plagen" als deren letzte einbezogen wurde. Vor diesem Hintergrund erscheint dann das Meerwunder als Gericht Jahwes, von dem nicht nurmehr einzelne Bereiche betroffen sind,
sondern ganz Ägypten bzw. alle Ägypter. Aus dieser Einbeziehung des
Meerwunders in die Plagen wird dann auch die begründete Willenserklä-
rung der Ägypter in Ex 14,25b verständlich, die einmal der entsprechenden Aufforderung des Pharao in Ex 12,31aß, aber auch den Notizen von
der Verstockung des Herzens des Pharao am Ende der einzelnen Plagen ent-
sprochen hat. Von daher zeigt sich bei der jahwistischen Tradition der
Meerwundergeschichte deutlich das Bemühen, das Meerwunder in die Plagen

derung bei J angezeigt. Wie in der ältesten Exodusgeschichte läßt sie dabei
einen doppelten Bezug erkennen. Zum einen ist sie auf die Aufforderung des
Pharao in Ex 12,31aß* לכו עבדו את יהוה bezogen, zum anderen aber erreicht
sie ihr Ziel erst in der Flucht aus Ägypten bzw. im Meerwunder, das auch
bei J als alleinige Tat Jahwes dargestellt ist.

Jünger als Je ist die Entlaßforderung in Ex 1o,7. Sie weist deutlich Unterschiede zu den bisherigen Vorkommen der Entlaßforderung auf, insofern sie
hier weder als Jahwewort stilisiert ist noch dem bei J^{Vorl}/J vorliegenden Schema folgt. Die Entlaßforderung in Ex 1o,7 gehört zu einem grö-

---

einzubeziehen. Es wird dann aber auch verständlich, warum eine entsprechende Bearbeitung bei der Geschichte von der Tötung der Erstgeburt nicht notwendig war, da diese schon in J^{Vorl} Teil der Plagen gewesen ist.

97 Damit treten deutlich - in Fortführung des ersten Teils (vgl. dazu ausführlich Kap. II/3.1) - die Konturen der jahwistischen Exodusgeschichte
in Erscheinung. Auf den grundlegenden ersten Teil folgen zwei weitere
Teile, in denen das Exodusgeschehen - entsprechend der Ansage in Ex 3* -
als alleinige Tat Jahwes proklamiert wird, während Mose nur als der von
Gott berufene Bote Jahwes erscheint, der sein Wort zu übermitteln hat.
Dabei lassen auch der zweite und dritte Teil der jahwistischen Exodusgeschichte die gleichen literarischen Gestaltungsmittel erkennen wie
der erste Teil (vier Szenen, die sich paarweise zusammenordnen, wobei
sich jeweils die erste und dritte Szene sowie die zweite und vierte Szene entsprechen). Damit ergibt sich für die jahwistische Exodusgeschichte
die folgende Erzählfolge für deren zweiten und dritten Teil: Der zweite
Teil umfaßt die Plagen I und IV, die in einer zweigestuften Erzählfolge
(1. Fische im Nil + 2. Frösche im Lande // 3. Stechfliegen gegen den
Pharao und seine Diener + 4. Viehpest) abrollen, während der dritte Teil
die Plagen V und VI sowie die Geschichte von der ägyptischen Erstgeburt
und der Tötung der Ägypter im Meer umfaßt, wobei auch hier wiederum eine zweigestufte Erzählfolge (1. Hagel + 2. Heuschrecken // 3. Tod der
Erstgeburt + 4. Tod der Ägypter im Meer) gegeben ist. Da der Jahwist in
Ex 14,25 (Kampf Jahwes für Israel) ausdrücklich auf Ex 1,9b (Kampf Israels gegen Ägypten) zurückverweist und dadurch Anfang und Ende der jahwistischen Exodusgeschichte stichwortartig verklammert sind, ist zugleich deutlich der Umfang der Exodusgeschichte des Jahwisten markiert.
Die theologischen Leitlinien sind innerhalb des ersten Teils entfaltet.
Die thematischen Bezüge der drei Teile zueinander werden am Ende eines
jeden Teils sichtbar. Endete der erste Teil mit einem vollständigen
Mißerfolg der Sendung des Mose zum Pharao (Ex 5,22+23*), so berichtet
der zweite Teil - entsprechend der Ankündigung in Ex 6,1a - von den
"Plagen", die Jahwe über den Pharao kommen läßt.Doch auch dieses indirekte Eingreifen Jahwes führt zu keinem Ergebnis, es sei denn dem negativen, daß das Herz des Pharao weiterhin verstockt bleibt und er das Volk
nicht entläßt (Ex 9,7b). Die Lösung bringt erst der dritte Teil mit der
vollständigen Vernichtung Ägyptens, was nachklingt in dem Mirjam-Lied
in Ex 15,21. Deutlich treten demnach zumindest ansatzweise die inneren
Strukturen der jahwistischen Exodusgeschichte in Erscheinung, die sich
darin als eine sorgfältig arrangierte thematische Komposition zu erkennen gibt.

ßeren redaktionellen Einschub, der Ex 1o,6b-11* umfaßt [98]. Die Notiz in
Ex 1o,6b dient zwar einmal dem Abschluß der vorangehenden Szene, zugleich
aber auch der Vorbereitung der folgenden Szene, die mit Ex 1o,11a endet [99].
Die Szene wird eröffnet mit einer an den Pharao gerichteten Rede seiner
Diener in Ex 1o,7. Am Anfang steht eine vorwurfsvolle Frage (עד מתי), an
die sich die Entlaßforderung anschließt, die ihrerseits mit einer zur einleitenden vorwurfsvollen Frage korrespondierenden rhetorischen Frage (Erkenntnisformel) abgeschlossen wird. Durch diese Intervention der Diener des
Pharao kommt es zu einem erneuten Zusammentreffen von Mose und Pharao, wobei sich die Kontrahenten in einer Wechselrede gegenübertreten, die sich
thematisch eng an die zentrale Aussage aus Ex 1o,7 anschließt. Bezeichnende:
weise wird die Wechselrede zwischen Pharao und Mose in Ex 1o,8 mit der Aufforderung לכו עבדו את יהוה אלהיכם eröffnet und in Ex 1o,11a mit dieser Auf-

---

98 Obschon Ex 1o,6b-11a im allgemeinen als Bestandteil von J verstanden
    wird (vgl. die Übersicht bei J.P. FLOSS, BBB 45, 214), hält dieses Ur-
    teil einer literarkritischen Überprüfung nicht stand. Wie schon die
    literarkritischen Beobachtungen zu Ex 1o,1-3 gezeigt haben (vgl. dazu
    Anm. 85), muß mit einer mehrphasigen literarischen Entstehungsgeschich-
    te gerechnet werden. Während Ex 1o,4 als ursprüngliche Fortsetzung des
    Grundbestandes von Ex 1o,1-3 angesehen werden muß, wird man Ex 1o,5+6a
    als einen späteren Zusatz abtrennen müssen, der in sich wahrscheinlich
    wiederum nicht als einheitlich verstanden werden kann, worauf allein
    schon der stilistische Unterschied zwischen Ex 1o,5a und 5b+6a hin-
    weist. Während Ex 1o,5a auf die ältere Redaktionsschicht in Ex 1o,1-3
    zurückgeht, dürfte Ex 1o,5b+6a mit der jüngeren Redaktionsschicht in
    Ex 1o,1-3 zu verbinden sein. Von beiden Redaktionsschichten ist nun Ex
    1o,6b-11a abzuheben, für das literarisch ein Zusammenhang mit der rhe-
    torischen Frage in Ex 1o,3aß anzunehmen ist. Doch ist auch dieser Ein-
    schub literarisch nicht ganz einheitlich. Als literarisch sekundär ist
    zumindest Ex 1o,8aα ואת אהרן zu verstehen. Auf die gleiche Hand geht
    auch die unmotivierte Erwähnung des Klein- und Großviehs in Ex 1o,9b
    zurück. Stärker hat die jüngere Redaktion in der Antwort des Pharao
    Ex 1o,1o+11a eingegriffen, was allein schon die etwas schwierige syn-
    taktische Struktur dieses Textstückes sichtbar macht. Mangelnden Kon-
    textbezug läßt dabei Ex 1o,1ob erkennen, womit andererseits die starke
    Verneinung in Ex 1o,11 לא כן zusammenhängt. Als redaktionell in dem
    Einschub Ex 1o,6b-11a sind sodann auch ואת טפכם Ex 1o,1oaß und die An-
    rede הגברים in Ex 1o,11aα zu verstehen. Diese jüngeren redaktionellen
    Einschübe in Ex 1o,6b-11a, die mit Ex 1o,24-26 (dazu vgl. Anm. 1oo) so-
    wie mit Ex 12,37 zusammenhängen, sind als R[P] zu kennzeichnen und gehen
    damit auf die gleiche redaktionelle Hand wie die jüngere Redaktion in
    Ex 1o,1-3 zurück. Demgegenüber ist der literarische Grundbestand des
    Einschubs Ex 1o,6b-11a*, der thematisch keine Beziehung zu den beiden
    redaktionellen Bearbeitungsschichten in Ex 1o,1-3 erkennen läßt, als
    deuteronomistisch zu kennzeichnen (zur Analyse vgl. auch J.P. FLOSS,
    BBB 45, 216-221, wenn auch z.T. mit anderen literarkritischen Abgren-
    zungen).

99 Gegenüber dem Grundbestand von Ex 1o,6b-11a* ist Ex 1o,11b als ein se-
    kundärer Zusatz zu verstehen, da hier wie in Ex 1o,8aα das Nebeneinan-
    der von Mose und Aaron vorausgesetzt ist. Wie die Erwähnung Aarons
    dort geht auch Ex 1o,11b auf R[P] zurück.

forderung auch wieder abgeschlossen, womit zugleich die entsprechende Aufforderung des Pharao aus Ex 12,31aα* (J[Vorl]) wieder aufgegriffen und in
einen neuen literarischen Zusammenhang transponiert ist [1oo].

Diese doppelte Aufforderung steht dabei kompositorisch in einem Beziehungsverhältnis zu der im Zentrum der Wechselrede stehenden Begründung im Munde
des Mose כי חג יהוה לנו (Ex 1o,9b). Gegenüber der (vor-)jahwistischen Tradition läßt sich hier eine Bedeutungsverschiebung des Verbums עבד beobachten. War es dort eher untheologisch gebraucht, wobei der Kontrast zwischen
Dienst (עבד) für den Pharao und Dienst (עבד) für Jahwe das entscheidende
Moment ist, hat das Wort in Ex 1o,6b-11a* eine eigentlich theologische Bedeutung bekommen, wobei es einerseits zur Umschreibung der totalen Bindung
Israels an seinen Gott, zum anderen auch schon als Terminus, der kultische
Verehrung Jahwes umschreibt, dient [1o1]. Dementsprechend ist auch der Terminus שלח in diesem Zusammenhang keineswegs ganz eindeutig gebraucht. Während
er im Munde der Diener des Pharao wohl die Forderung bedingungsloser und de-
finitiver Entlassung beinhaltet (Ex 1o,7), scheint demgegenüber beim Pharao
insofern eine Bedeutungsverengung eingetreten zu sein, als Entlassung hier
allem Anschein nach als eine temporäre Entlassung zu einem Jahwe Fest verstanden ist [1o2]. Vor allem der streng theologische Gebrauch der Wendung

---

1oo Die Aufforderung לכו עבדו את יהוה findet sich außerdem noch einmal in
Ex 1o,24. Der Abschnitt Ex 1o,24-26 wird meist J zugerechnet (vgl. die
Übersicht bei J.P. FLOSS, BBB 45, 214). - Doch geht eine solche Zuweisung von Ex 1o,24-26 zu J nicht an. Vielmehr gehört dieser Abschnitt
deutlich einer späteren Redaktion an, wie sich an der literarischen
Entstehungsgeschichte von Ex 1o,12-29 (zu Ex 1o,1-11 vgl. Anm. 85.98.
99) zeigen läßt. Die Fortsetzung des *jahwistischen Erzählfadens* in Ex
1o,4 liegt in Ex 1o,16a* (ohne ולאהרן).16bα* (nur ויאמר) vor, woran
sich als Inhalt des Wortes des Pharao an Mose Ex 1o,17aß* (ohne die
Kopula ו) angeschlossen hat. Abgeschlossen wird der jahwistische Bericht der 6. Plage (Heuschrecken) durch die doppelgliedrige Feststellung Ex 1o,18, die im zweiten Glied Ex 1o,11aß wieder aufnimmt. Neben
der jahwistischen Darstellung ist an Ex 1o,12-29 auch der *Elohist* mit
dem Bericht zweier Machttaten vor dem Pharao beteiligt, die Ex 1o,12abα.
13a* (nur ויט משה את מטהו על ארץ מצרים).14aα.15a* (nur ויאכל את כל
עשב הארץ).2o.21.22a.b* (nur ויהי חשך בכל ארץ מצרים).27 umfaßt. Alles
andere in Ex 1o,12-29 sind redaktionelle Bearbeitungen, die jünger als
J und E sind. Einer ersten Bearbeitungsschicht, die mit der älteren Redaktion in Ex 1o,1-11 zusammenhängt, sind in Ex 1o,12-29 zuzuweisen
Ex 1o,13* (ohne ויט משה את מטהו על ארץ מצרים).14aß.15aα.17b.19.22b* (nur
אפלה).23aα. Eine jüngere Bearbeitung, die mit dem Grundbestand von Ex
1o,6b-11a* zu verbinden ist, liegt in Ex 1o,16b+17aα vor. Einer dritten Redaktionsschicht, die mit der jüngsten Redaktionsschicht in Ex
1o,1-11 zusammenhängt, sind Ex 1o,12bß.14b.15aßb.16a*(nur ולאהרן).
22b* (nur שלשת ימים).23aßb.24-26.28-29 zuzurechnen. Ex 1o,24-26 gehört
demnach zu den jüngsten Bestandteilen in Ex 1o und ist wegen der Beein-
flussung durch priesterschriftlichen Sprachgebrauch als nachpriesterschriftlich zu bezeichnen, wobei eine Herkunft von R[P] wahrscheinlich
ist (vgl. dazu auch J.P. FLOSS, BBB 45, 221-225).

1o1 Zur Bedeutungsentwicklung von עבד vgl. jetzt vor allem J.P. FLOSS, BBB
45, 23o-235 und 525-539.

1o2 Die Doppelbedeutung im Gebrauch der Verben שלח und עבד ist dabei erzählerisch bedingt und läßt demnach nicht literarkritisch auf verschiedene
Hände zurückschließen.

עבד את יהוה in Ex 1o,6b-11a*, die ihre engsten Entsprechungen im Bereich
der deuteronomistischen Literatur hat, lassen diesen Einschub in seinem
Grundbestand als deuteronomistisch verstehen [1o3]. Wie für die ältere Tradition ist auch für den deuteronomistischen Einschub Ex 1o,6b-11a* der Bezug
der Entlaßforderung zur Plagengeschichte konstitutiv, obschon Verschiebun-
gen gegenüber der Tradition nicht zu verkennen sind.

Bei Je findet sich die Entlaßforderung bezeichnenderweise außerhalb des Komplexes der "Plagen" innerhalb der Berufungsgeschichte, wobei aber auch für
die beiden Belege der Entlaßforderung bei Je die Beziehung zu den Plagen
konstitutiv ist. Das gilt zunächst für Ex 4,22-23. Das "Botenwort" ist in
seinem Mittelstück Ex 4,23a als ein Rückblick auf die Vergangenheit gehalten, blickt demnach auf die Kette der Entlaßforderungen zurück. Von daher
wäre der eigentliche literarische Ort der Entlaßforderung in Ex 4,22-23
nach der sechsgliedrigen jahwistischen Reihe der Entlaßforderungen und vor
der Ankündigung der Tötung der ägyptischen Erstgeburt zu suchen. Damit ist
dann aber deutlich ein Bezug der Entlaßforderung in Ex 4,22-23 zu den Plagen gegeben. Die Abwandlung der in Ex 4,23aα sich findenden Form der Entlaßforderung gegenüber der durch die Tradition vorgegebenen Form ist durch den
konkreten literarischen Zusammenhang bedingt, wonach Israel in Parallele
zum Sohn des Pharao als der erstgeborene Sohn Jahwes bezeichnet wird.

Der Zusammenhang von Entlaßforderung und Plagengeschichte wird demnach
durch die auf die Entlaßforderung folgende Feststellung ותמאן לשלחו bestätigt. Diese Verbindung von Entlaßforderung und Weigerung des Pharao ist typisch für die jahwistische Plagengeschichte, wo sie alternierend in jeder
zweiten Plagen (II/IV/VI) begegnet. Dabei ist jedesmal das gleiche Struktur-
muster gegeben. Auf die Entlaßforderung folgt ein mit ואם eingeleiteter Bedingungssatz, der die Weigerung der Entlassung zum Inhalt hat (כי) אם מאן
אתה לשלח (את עמי), woran sich dann eine Ankündigung des Gerichtshandelns
Jahwes anschließt, die eingeleitet ist durch הנה, worauf noch ein partizipialer Nominalsatz folgt (Ex 7,26b+27 / 9,1b+2a.3a / 1o,3b+4a). Genau diesen bei J innerhalb der Darstellung der Plagen vorgegebenen Handlungsmecha-
nismus hat Je bei der Gestaltung des Botenwortes in Ex 4,22+23 übernommen,
nur daß hier - entsprechend dem Charakter als Rückblick - der Bedingungssatz
in eine Feststellung umgewandelt wurde. Dieser Zusammenhang wird überdies
dadurch bestätigt, daß zu Beginn der eigentlichen Plagen von Je in Ex 7,14af

---

1o3 So auch J.P. FLOSS, BBB 45, 22o-221.52o-523.

vor dem aus der jahwistischen Tradition übernommenen Sendungsauftrag die
zweigliedrige Feststellung כבד לב פרעה מאן לשלח העם vorgeschaltet ist. Wie
in Ex 4,23 wird hier vorausgreifend schon die Haltung des Pharao gegenüber
der Entlaßforderung beschrieben, so daß das weitere Geschehen eigentlich
keinerlei Überraschung mehr bietet [104].

Deutlich verweist demnach Ex 4,22-23 auf den Zusammenhang der Plagen. Die
Transponierung der Entlaßforderung aus der Plagengeschichte in die Berufungsgeschichte sowie die Stilisierung von Entlaßforderung und Weigerung
des Pharao als ein in der Vergangenheit liegendes Geschehen verfolgt einen
doppelten Zweck. Zum einen erhält die Entlaßforderung durch eine solche
Transponierung in die Berufungsgeschichte ein wesentlich höheres Gewicht
als dies der Fall wäre, wenn sie nur ein Glied in der Reihe der Entlaßforderungen innerhalb der Plagengeschichte wäre. Zum anderen soll auf diese
Weise die Tötung der Erstgeborenen mit der Reaktion des Pharao auf die Entlaßforderung Jahwes / Moses in Verbindung gebracht werden. Die Tötung der
Erstgeburt des Pharao erscheint damit als die letzte der Plagen, die
schließlich gegen allen Widerstand des Pharao die Entlassung bewirkt. Aufgrund des Botenwortes Ex 4,22-23 mit der Entlaßforderung im Zentrum erscheint dann auch die Aufforderung des Pharao in Ex 12,31aß* לכו עבדו את
יהוה in einem neuen Licht. Sie kann nicht mehr einfach als eine temporäre
Genehmigung zur Feier einer Begehung für Jahwe verstanden werden, sondern
ist als eine unbedingte Genehmigung der Entlassung durch den Pharao zu verstehen, was indirekt auch von Ex 14,5b her bestätigt wird, wo Je im Blick
auf Ex 12,31aß* den Terminus שלח benutzt.

Ein Bezug zur Plagengeschichte ist auch für den zweiten Beleg der Entlaßforderung innerhalb der jehowistischen Berufungsgeschichte anzunehmen. Dieser findet sich, ebenfalls als Botenwort gestaltet, in Ex 5,1 beim ersten
Zusammentreffen des Mose mit dem Pharao und damit unmittelbar auf den Konflikt mit dem Pharao bezogen. Auffällig ist hier vor allem das Abweichen
der Entlaßforderung in ihrer zweiten Hälfte, wo anstelle der üblichen Präformativkonjugation von עבד mit Suffix der ersten Person (Jahwe) die mit
חגג gebildete Wendung ויחגו לי במדבר gebraucht ist. Der Terminus חגג [105]

---

104 Damit ist zugleich angezeigt, daß es Je nicht so sehr um erzählerische
Spannung als um die Entfaltung einer theologischen Aussage geht, wodurch die Geschichte geradezu einen deterministischen Grundzug erhält.

kann dabei nicht einfach als ein Substitut der in dem Urlaubsgesuch der Israel-Söhne gebrauchten Basis שוב verstanden werden, zumal dieses Verbum niemals im Zusammenhang der im Auftrage Jahwes zu übermittelnden Entlaßforderung gebraucht ist. Im Gegensatz zu dem Urlaubsgesuch, das nur um eine temporäre Entlassung bittet, handelt es sich bei der Entlaßforderung in Ex 5,1 um eine grundsätzliche und nicht begrenzte Forderung nach Entlassung des Volkes, so daß חגג als ein Ersatzbegriff für עבד zu verstehen wäre [106]. Während Je in Ex 4,22-23 ganz der vom Jahwisten vorgegebenen Formulierung gefolgt ist, könnte die Ersetzung von עבד durch חגג stärker die Intentionen zum Ausdruck bringen, die Je mit der Entlaßforderung angezielt wissen wollte [107].

Ziel der Entlassung ist nach Ex 5,1 nicht bloß allgemein der "Dienst Jahwes", sondern konkret die Feier eines "Wallfahrtsfestes" (חג) in der Wüste. Außerhalb von bestimmten Texten zu den Wallfahrtsfesten begegnet das Verbum חגג bzw. das zugehörige Nomen חג neben Ex 5,1 nur noch in Ex 1o,9b und 32,5b. Während Ex 1o,9b deuteronomistisch ist [108], gehört Ex 32,5b ebenso wie Ex 5,1 der jehowistischen Geschichtsdarstellung an [109]. Da bei Je außer an diesen beiden Stellen keine festliche Begehung mehr als חג/חגג bezeichnet wird, ist anzunehmen, daß der Jahwist mit der Entlaßforderung zu einem Wallfahrtsfest in der Wüste die Feier eines Jahwe-Festes am Sinai gemeint hat. Während es sich bei dem Aufruf Aarons in Ex 32,5b חג ליהוה מחר um die Feier eines pervertierten Jahwe-Festes handelt, so daß die Entsprechung zwischen Ex 32,5b und 5,1b nur antithetisch gemeint sein kann, liegt dennoch in der Entsprechung dieser beiden Stellen ein Hinweis auf den von Je in Ex 5,1 angezielten Zusammenhang. Nach dem Ausruf des Aaron in Ex 32,5b חג ליהוה מחר wird in Ex 32,6 von dem angekündigten Opferfest berichtet, wobei es in Ex 32,6b vom Volke heißt, daß sie sich hinsetzten, um zu essen und zu trinken (וישב העם לאכל ושתו). Von einem solchen Mahl- und Trinkritus wird innerhalb der Sinaigeschichte bei Je noch in Ex 24,11b im Zusammenhang

---

1o5 Zu חגג/חג vgl. jetzt B. KEDAR-KOPFSTEIN, Art. חג, ThWAT II (1977) 73o-744 (Lit.!).

1o6 So auch J.P. FLOSS, BBB 45, 23o.

1o7 Nur unter dieser Annahme läßt sich die Abänderung von עבד in חגג verständlich machen, zumal wenn man beachtet, wie eng Je sich an die vorgegebene Tradition zu halten weiß.

1o8 Zur redaktionskritischen Zuordnung von Ex 1o,9b zu Dtr vgl. Anm. 98.

1o9 Zur redaktionskritischen Zuordnung von Ex 32,5b zu Je vgl. E. ZENGER, fzb 3, 182.

der Feier einer Liturgie am Berge gesprochen. Von daher dürfte das als Ziel der Entlassung in Ex 5,1 angegebene Wallfahrtsfest die Feier des Jahwe-Festes am Sinai sein. Aufgrund dieses Zusammenhangs ist in der Entlaßforderung in Ex 5,1 auch nicht die Vorstellung einer temporären Entlassung durch den Pharao impliziert, wie das in dem Urlaubsgesuch der Israel-Söhne zu einer Drei-Tage-Reise zu einem Jahwe-Opfer-Fest der Fall ist. Vielmehr ist die Entlaßforderung in Ex 5,1 ebenso grundsätzlicher Natur wie die aus der Tradition übernommene und mit עבד formulierte Entlaßforderung. Das Jahwe-Fest am Sinai, auf das der Terminus חגג in Ex 5,1 vorverweist, ist dabei als der sinnfällige äußere Ausdruck der durch die Entlassung aus dem Dienst der Ägypter gewonnenen totalen Bindung an Jahwe zu verstehen. Obgleich somit die Entlaßforderung in Ex 5,1 unmittelbar auf die Auseinandersetzung mit dem Pharao in den Plagen verweist, weist sie in der zweiten Hälfte doch über den Rahmen der Plagengeschichte hinaus und spielt schon auf die Feier eines Jahwe-Festes als eines Festes der Befreiung an.

(2) Sein Ziel erreicht das Botenwort Ex 4,22-23 mit der Ankündigung der Tötung des Erstgeborenen des Pharao durch Jahwe (Ex 4,23b), die der einleitenden Feststellung über Israel als den erstgeborenen Sohn Jahwes in Ex 4, 22bß entspricht. Formal hat sich Je bei der Gestaltung der Ankündigung des Gerichtes Jahwes an die entsprechenden Ankündigungen innerhalb der jahwistischen Plagengeschichte angeschlossen (Ex 7,27; 9,3; 1o,4). Die Ankündigung der Tötung des Erstgeborenen des Pharao ist dabei mit der Basis הרג formuliert. Damit spielt Je ganz offensichtlich auf die ebenfalls auf ihn selbst zurückgehende Formulierung in Ex 2,15 an, wo das Verbum in Bezug auf den Pharao gebraucht ist. In Bezug auf Jahwe findet sich das Verbum הרג [11o] nur noch in Gen 2o,4 in der Frage Abimelechs sowie wahrscheinlich in Num 11,15 im Munde des Mose, beide Male im Sinne eines Vorwurfs, der an Jahwe-Elohim gerichtet ist. Bestimmend für die Verwendung des Terminus הרג in Ex 4,23b ist die Antithese zum Tun des Pharao in Ex 2,15. Ein weitergehender Horizont der Aussage wird nicht sichtbar. Die für die Gerichtsankündigung bestimmende Antithese von Jahwe und Pharao wird auf andere Weise noch dadurch unterstrichen, daß sich im Botenspruch Ex 4,22-23 betont der erstgeborene Sohn des Pharao und Israel als Jahwes erstgeborener Sohn gegenübertreten [111].

11o Vgl. auch H.F. FUHS, ThWAT II (1977) 483-494, vor allem 484 und 492-
     494.

2.7 Die "Blutbräutigam"-Episode

Im Anschluß an die Aufforderung zur Rückkehr nach Ägypten (Ex 4,19) und die Beauftragung des Mose zur Übermittlung eines Botenwortes an den Pharao (Ex 4,22+23) hat der Jehowist die kleine Szene vom Blutbräutigam in Ex 4, 24[*]-26a eingeschaltet, die Je dabei nicht aus der Tradition übernommen, sondern selbst erst für den vorliegenden Textzusammenhang gestaltet hat. Durch die Eingangsnotiz in Ex 4,24a[*] ויהי בדרך ist der hier erzählte Vorfall als ein Geschehen auf dem Wege von Midian nach Ägypten gekennzeichnet. Das Thema der Bewahrung auf dem Wege ist für Je nicht ohne Bedeutung, wie der auf Je zurückgehende redaktionelle Einschub in Gen 28,2o zeigt (vgl. auch Gen 42,38). Ähnlich wie in Ex 4,24a[*] berichtet Je in Num 21,4b ebenfalls von einem Vorfall auf dem Wege (בדרך)[112]. Hier geht die Initiative nicht wie in Ex 4,24-26a von Jahwe, sondern vom Volk aus.

Da Num 21,4a ein redaktioneller Zusatz aus der Hand von R[P] ist[113], setzt die eigentliche Erzählung mit der Notiz in Num 21,4b ein, die die innere Situation des Volkes in der Wüste beschreibt. Daran schließt sich in Num 21,5 eine Rede des Volkes gegen Elohim und Mose an. Diese wird mit einer vorwurfsvollen Frage (Herausführung aus Ägypten) eröffnet, die weitergeführt ist mit einer doppelten Begründung (Brot/Wasser) und abgeschlossen wird mit einer Feststellung, die wohl kontrastierend auf Ex 16,4a (Je) Bezug nimmt[114]. Subjektwechsel (Volk/Jahwe) in Num 21,6 zeigt einen Neueinsatz im Erzählablauf an. Ohne daß ein Rückbezug zu Num 21,4b+5 hergestellt würde[115], handelt Jahwe gegen das Volk, indem er Schlangen gegen dieses

---

111 Dazu vgl. zusammenfassend W. SCHLISSKE, Gottessöhne und Gottessohn im Alten Testament. Phasen der Entmythisierung im Alten Testament, BWANT V/17, Stuttgart 1973, 16o-162.

112 Ohne daß das Stichwort בדרך hier begegnete, gehört auch Gen 32,23-32* in den Kontext solcher Geschichten "auf dem Wege", was sich für Gen 32,23-32* noch aus anderen Gründen nahelegt.

113 Vgl. M. NOTH, ATD 7, 136 und V. FRITZ, MThSt 7, 3o.

114 Auf diesen Zusammenhang hat auch V. FRITZ, MThSt 7, 93 hingewiesen. Ex 16,4a ist dabei einer Vorlage von Je zuzurechnen.

115 In diesem Punkt unterscheidet sich Num 21,4b-9 gerade von seiner Parallele in Num 11,1-3, wo nämlich die Strafaktion Jahwes ausdrücklich auf die Verfehlung des Volkes zurückbezogen ist (Num 11,1). - Trotz der engen Parallelität in der Abfolge der einzelnen Glieder zwischen Num 11, 1-3 und 21,4b-9 (vgl. dazu vor allem V. FRITZ, MThSt 7, 93 und H.H. SCHMID, Jahwist, 63), weisen beide Erzählungen eine deutlich verschiedene literarische Struktur auf, die eine Herleitung beider Geschichten von ein und derselben Hand als nicht wahrscheinlich erscheinen lassen. Da in Num 11,1-3 im Gegensatz zu 21,4b-9 alle erzählerischen Momente fehlen, dürfte Num 11,1-3 eine sekundäre Nachahmung von Num 21,4b-9 sein, die allem Anschein nach erst auf R[P] zurückgeht.

285

entsendet, die eine große Menge des Volkes töten. Dabei wird die auffällige Apposition הנחשים zu השרפים ein redaktioneller Zusatz sein [116]. In Num 21,7 wendet sich das Volk daraufhin an Mose mit einem Eingeständnis der Schuld (Rückbezug von Num 21,7aα auf 21,5) und der Bitte um Fürbitte bei Jahwe zur Abwendung der Schlangen (21,7aß), was Mose auch tut (Num 21,7b). Mit Num 21,8 ist wiederum ein Neueinsatz gegeben. Jahwe erteilt an Mose den Befehl zur Anfertigung eines Saraph, wobei zugleich seine Bedeutung mitgeteilt ist. Num 21,9 ist der zur Jahwerede korrespondierende Ausführungsbericht. Der einzige Unterschied zwischen Ausführungsbericht und Gottesrede ist, daß in Num 21,9 anstelle von שרף aus Num 21,8 die Verbindung נחש נחשת gebraucht ist, was jedoch keine literarkritischen Konsequenzen mit sich bringt [117]. Die Geschichte Num 21,4b-9* ist somit formal aus drei Szenen konstruiert, von denen die erste Szene (Sünde) eine auslösende Funktion hat, während die beiden folgenden Szenen die tödliche Strafe Jahwes (Schlangen) sowie die Abwendung dieser Gefahr (Errichtung eines Saraph bzw. einer ehernen Schlange) schildern.

Die Beziehung von Ex 4,24-26a* zu Num 21,4b-9* ist nicht zu verkennen, auch wenn die Situation als solche verschieden ist. In beiden Fällen handelt es sich um eine von Jahwe ausgehende tödliche Gefahr, die durch einen Ritus bzw. ein Kultobjekt abgewendet wird. Während der das Unheil abwehrende Ritus in Ex 4,24-26a* nicht auf göttlichen Befehl zurückgeht, wird die Errichtung des schutzgewährenden Kultobjektes in Num 21,4b-9* von Jahwe selbst befohlen. Ein weiterer Unterschied besteht darin, daß in Num 21,4b-9* die todbringende Gefahr (Schlange) von Israel selbst heraufbeschworen ist, während in Ex 4,24-26a* (ebenso wie in Gen 32,23-32*) ein solcher Anlaß auf

---

116 Die Verbindung הנחשים השרפים in Num 21,6 hat eine gewisse Parallele in Dtn 8,15, wo sie aber singularisch und ohne Artikel begegnet (נחש שרף). Eine Verbindung von נחש und שרף wird auch in Jes 14,29 angenommen (vgl. auch Jes 3o,6). Dabei ist zu beachten, daß שרף als Bezeichnung eines Schlangenwesens immer im Singular gebraucht ist, während mit pluralischem שרפים Wesen aus dem himmlischen Hofstaat gemeint sind (Jes 6,2.6). Dennoch berechtigt dieser wortstatistische Befund noch nicht zu einer literarkritischen Ausgrenzung von השרפים in Num 21,6, da nämlich durchaus mit der Möglichkeit zu rechnen ist, daß hierdurch - im Blick auf Num 21,8 - schon von Anfang an das wahre Wesen der das Volk bedrohenden Schlangen signalisiert werden soll. Doch sprechen einige Gründe gegen eine solche Annahme. In der Geschichte Num 21,4b-9* wird gewöhnlicherweise nur von "Schlangen" (נחש) gesprochen. Der Begriff שרף begegnet dagegen - sieht man einmal von seinem pluralischen Gebrauch in Num 21,6 ab - nur in Bezug auf das von Mose aufzurichtende Palladium. Aber auch dieses wird nur innerhalb der Gottesrede Num 21,8 gebraucht, während es im korrespondierenden Ausführungsbericht als נחש הנחשת bezeichnet wird. Aus diesem Rahmen fällt das pluralische נחשים in Num 21,6 heraus, was die Schlußfolgerung nahelegt, daß es sich bei הנחשים um einen redaktionellen Zusatz handelt, der die von Jahwe entbotenen Schlangen in Abhängigkeit von Jes 14,29 und 3o,6 als mythische Schlangenwesen verstanden wissen wollte.

117 Vgl. dazu auch M. NOTH, ATD 7, 137.

Seiten Israels nicht erkennbar ist. Auch handelt in Ex 4,24-26a[*] und Gen 32,23-32[*] Jahwe unmittelbar, während er in Num 21,4b-9[*] durch das Entsenden einer Schlange eingreift. Trotz dieser - teilweise kontextbedingten - Abweichungen ist die verwandte Thematik der beiden Geschichten in Ex 4,24-26a[*] und Num 21,4b-9[*] nicht zu verkennen, worauf nicht zuletzt auch die Entsprechung der Situation (בדרך) hindeutet. Somit erscheint ein kompositorischer Bezug von 4,24-26a[*] zu Gen 32,23-32[*] sowie zu Num 21,4b-9[*] wahrscheinlich[118]

Nach der einleitenden Situationsangabe in 4,24a[*] setzt mit Ex 4,24b die eigentliche Erzählung ein. Das Verbum פגש in Ex 4,24bα bezeichnet im allgemeinen nur neutral eine plötzliche, unverhoffte Begegnung, wobei der Charakter dieser Begegnung durchaus noch offen sein kann[119]. Der feindselige Charakter einer solchen Begegnung ergibt sich erst aus dem jeweiligen Textzusammenhang. Mit Jahwe als Subjekt begegnet das Verbum פגש neben Ex 4,24b nur in Hos 13,8, wo es wie in Ex 4,24b im feindlichen Sinne gebraucht ist. Ob zwischen Hos 13,8 und Ex 4,24 eine literarische Abhängigkeit besteht, ist zwar nicht sicher, aber dennoch möglich, zumal für beide Texte der gleiche thematische Zusammenhang bestimmend ist. Kennzeichnend für Hos 13, 4-8 ist die Antithetik zwischen Jahwe, der allein Israel hilft und helfen kann (Hos 13,4), und jenem Jahwe, der Israel wie eine Bärin anfällt (Hos 13,8). Derselbe Gegensatz im Handeln Jahwes ist aber auch in der jehowistischen Berufungsgeschichte für die Abfolge Ex 4,22+23 und Ex 4,24-26a[*] bestimmend, wobei aber gegenüber Hos 13,4-8 jeder Gedanke einer Schuld Israels / Moses ausgeschaltet ist[120].

---

118 M. CASSUTO, Exodus, 59-6o weist noch auf die Beziehung von Ex 4,24-26 zu Jos 5,2-7 hin, wobei er ausdrücklich auf das dreimalige בדרך in Jos 5,4.5.7 aufmerksam macht. Doch ist die Querverbindung, die zwischen Exodus 4,24-26 und Jos 5,2-7 besteht, keine ursprüngliche, sondern sekundär hergestellt worden, wobei Jos 5,4-7 als ein nachpriesterschriftlicher redaktioneller Einschub zu verstehen ist (vgl. dazu schon C. STEUERNAGEL, HK I/3, 167).

119 Vgl. Gen 32,18; 33,8; 1 Sam 25,2o; 2 Sam 2,13; Jes 34,14; Jer 41,6; Spr 17,12.

12o Ein Zusammenhang zwischen Hosea und der jehowistischen Berufungsgeschichte wäre um so eher anzunehmen, wenn sich wahrscheinlich machen ließe, daß Hos 11, wo in Vers 1 Israel als "mein (Jahwes) Sohn" bezeichnet wird, zum ursprünglichen Bestand des Hosea-Buches gehörte, wogegen aber der isolierte Charakter des Kapitels spricht, das ohne jede Verbindung nach vorne und nach hinten ist.

Der Feststellung in Ex 4,24b, daß Jahwe Mose überfallen habe, entspricht
am Schluß der Szene in Ex 4,26a die Feststellung וירף ממנו. Das Verbum im
G-Stamm begegnet mit Jahwe / Elohim als Subjekt nicht mehr, in verwandter
Konstruktion (מעל statt מן) und in gleicher Bedeutung liegt es in profaner
Verwendung noch Ri 8,3 vor. Zu vergleichen ist aber auch die Verwendung
des H-Stammes der gleichen Basis. Dieser begegnet in verwandter Bedeutung,
ebenfalls mit מן konstruiert, in Dtn 9,14 (Mose)sowie in Ps 37,8 (Israel).
Es liegt hier demnach keine Wendung vor, die auf größere Zusammenhänge
schließen ließe.

Demgegenüber verweist das Tun der Zippora, das in Ex 4,25 geschildert ist,
wiederum auf größere Zusammenhänge. Von einem Stein (צר) wird im Zusammenhang der Beschneidung außer Ex 4,25 nur noch in Jos 5,2+3 gesprochen. Auch
wenn dort die Wendung NN+את ערלת כרת, die nur in Ex 4,25 belegt ist [121],
nicht vorkommt, sondern stattdessen der Beschneidungsvorgang mit dem Verbum
מול bezeichnet ist, dürfte dennoch zwischen Ex 4,25 und 5,2+3 ein Beziehungsverhältnis anzunehmen sein, zumal es sich hierbei um die beiden einzigen
vorpriesterschriftlichen Belege für einen Beschneidungsvorgang im Penta-/
Hexateuch handelt. In die gleiche Richtung weist eine weitere Beobachtung.
Schon für die Dornstrauch-Geschichte in Ex 3,1-6[*] war eine Beziehung zu Jos
5,13-15[*] zu beobachten. Mit dieser kleinen Szene soll die Geschichte von
der Eroberung des Landes eröffnet werden. Dem entspricht auf der anderen
Seite die Notiz in Jos 5,1o-12, durch die der Bericht von der Wanderung ins
Land Kanaan abgeschlossen wird. Doch ist die in Jos 5,1o-12 erhaltene Notiz,
die aus zwei parallel gefügten Doppelstichen besteht, nur ein Fragment, das
einen Anschluß nach rückwärts verlangt. Als solcher ist Jos 5,2-3[*] anzusehen [122]. Jos 5,2-3[*] ist dabei seinerseits unmittelbar auf die Situations-

---

121 In Verbindung mit dem Verbum מול begegnet ערלה noch in Dtn 1o,16 und
     Jer 4,4 (vgl. auch Jer 9,24). In P[g] und den davon abhängigen Belegen
     ist das Verbum מול immer mit בשר ערלה verbunden (Gen 17,11.14.23.24.25;
     Lev 12,3).

122 Zunächst läßt sich in Jos 5,2-9 der Abschnitt Jos 5,4-7 als ein sekun-
     därer Zusatz bestimmen (vgl. dazu schon Anm. 118). Der Einschub ist
     aber in sich selbst wiederum nicht einheitlich. Deutlich unterbricht
     Jos 5,5 den Zusammenhang zwischen Jos 5,4 und 5,6, was die Vermutung
     nahelegt, daß Jos 5,5 ein gegenüber seinem Textzusammenhang noch spä-
     terer redaktioneller Zusatz ist (gegen M. NOTH, HAT I/7, 32.39). Wäh-
     rend Jos 5,4+6-7 auf eine nachpriesterschriftliche Redaktion zurück-
     geht, die wohl auf einer Ebene mit der Schlußredaktion des Pentateuch
     liegt, ist Jos 5,5 noch später anzusetzen (das Fehlen des Verses in
     LXX ist möglicherweise ein Hinweis darauf, daß der Vers zur damaligen

angabe in Jos 4,19aα gefolgt [123], die einen Rückbezug (x-$qatal$) auf die
Jordanüberschreitung herstellt. Der doppelte Rückverweis auf die jehowistische Berufungsgeschichte in Ex 3/4*, wie er durch Jos 5,2+3* und 13-15*
geschieht, ist dabei offensichtlich beabsichtigt. Der Ritus der Beschneidung wird genau am Ende der Wüstenwanderung als eine schutzgewährende Begehung vollzogen, und zwar ganz offenkundig im Blick auf die beginnende Eroberung des Landes. Der Beschneidungsritus in Ex 4,25 verweist somit auf
den größeren literarischen Zusammenhang der jehowistischen Geschichtsdarstellung, um auf diese Weise Anfang und Ende des Exodus sowie den Beginn
der Landnahme kompositorisch zueinander in Beziehung zu setzen.

Der umstrittene Ausruf Zipporas in Ex 4,25b läßt einen weiteren Zusammenhang
erkennen [124]. Zum Verständnis von Ex 4,25b ist der unmittelbare Textzusammenhang zu beachten. Im Ablauf der Erzählung Ex 4,24-26a* liegt der Akzent
nicht auf dem Beschneidungsritus als solchem, der in der Erzählung wie eine
längst bekannte Sache eingeführt ist, sondern auf dem Ausruf Zipporas in

Zeit noch nicht im Textzusammenhang eingefügt gewesen ist). Aber auch
Jos 5,8-9 können nicht als ursprüngliche Fortsetzung von Jos 5,2-3 verstanden werden. In Jos 5,8 liegt ein Neueinsatz vor, angezeigt durch
ויהי + Zeitbestimmung (כאשר). Zum andern steht die Ätiologie von Gilgal in Jos 5,9 in keinem erkennbaren Zusammenhang zur vorangehenden Geschichte. Wahrscheinlich geht Jos 5,8+9 auf die gleiche Hand zurück,
die auch Jos 5,4+6-7 in den Zusammenhang der älteren Erzählung eingefügt hat. Als ein noch jüngeres Element in Jos 5,8 ist das syntaktisch
schlecht eingepaßte Subjekt כל הגוי zu verstehen, was wohl auf jene
Hand zurückzuführen ist, die auch Jos 5,5 in den Textzusammenhang eingefügt hat. Somit hat sich der Grundbestand von Jos 5,1o-12 einmal unmittelbar an Jos 5,2+3 angeschlossen. Doch sind auch diese beiden Verse
literarisch nicht einheitlich. Redaktionell ist zunächst die Form des
Neueinsatzes der Erzählung durch die Zeitraumbestimmung בעת ההיא, wodurch auch eine Abänderung eines ursprünglichen Narrativs ויאמר in die
Afformativkonjugation אמר bedingt ist. Als ebensolche redaktionellen
Zusätze sind ושוב und שנית anzusehen (vgl. dazu etwa H. HOLZINGER, KHC
VI, VI.11; C. STEUERNAGEL, HK I/3, 1o7; M. NOTH, HAT I/7, 32), die wohl
mit Jos 5,5 zusammenhängen.

123 Der literarische Zusammenhang zwischen Jos 4,19aα und 5,2* ist durch
     einen größeren redaktionellen Einschub unterbrochen. Als redaktioneller
     Zusatz, der abhängig ist von P^g, ist zunächst Ex 4,19aβ zu bestimmen.
     Aber auch Ex 4,19b, welcher Halbvers mit Jos 5,9 in Verbindung steht,
     ist auf die gleiche Redaktionsschicht wie Jos 4,19aβ zurückzuführen.
     Das gilt auch für den mit Jos 4,2o eingeführten Abschnitt, wo durch Vor-
     anstellung des Objektes ein Neueinsatz markiert ist. Dieser Abschnitt
     umfaßt Jos 4,2o-5,1. Obgleich der Sprachgebrauch weithin deuteronomist-
     sche Sprachklischees aufnimmt, kann dieser Abschnitt dennoch nicht als
     deuteronomistisch bezeichnet werden. Vielmehr liegt hier eine nach-deu-
     teronomistische Redaktion vor, die eine Abhängigkeit vom Sprachgebrauch
     der Priesterschrift erkennen läßt.

Ex 4,25b. Das ist dadurch angezeigt, daß die Feststellung in Ex 4,26a, wonach Jahwe von Mose abließ, bezeichnenderweise erst auf den Ausruf folgt
und nicht schon auf den Beschneidungsritus in Ex 4,25a [125]. Dieser Zusammenhang wird für eine Interpretation der Szene Ex 4,24-26a[*] zu beachten
sein. Mose wird in diesem Ausruf als דמים חתן bezeichnet, ein Ausdruck, der
neben Ex 4,25b nur noch in Ex 4,26b (R[P]) vorkommt. Der Akzent liegt dabei
auf דמים, womit angezeigt ist, daß der Schutz vor dem Überfall Jahwes im
Blut liegt, dem damit eine abwehrende Kraft zugemessen wird. In der Betonung der schutzgewährenden Kraft des Blutes berührt sich Ex 4,24-26a[*] eng
mit dem Befehl zur Schlachtung des Pesach in Ex 12,21.22a.23bß, der ebenso
wie Ex 4,24-26a[*] auf die Hand von Je zurückgeht [126]. Auch in dem dreigestuften Befehl zur Schlachtung des Pesach in Ex 12,21-23[*] (12,21b/22a/23bß)
liegt der Akzent auf dem Blutritus, der Schutz vor dem "Verderber" (Jahwe)
gewähren soll. Aufgrund der Bedeutung des Blutritus steht damit Ex 4,24-
26a[*] in einem deutlichen Bezug zu Ex 12,21-23[*].

---

124 Zu den verschiedenen Deutungen von Ex 4,24-26 und vor allem von חתן
     דמים in Ex 4,25b vgl. etwa die Übersichten bei J. MORGENSTERN, The
     "Bloody Husband" (?) (Exod. 4: 24-26) once again, HUCA 34 (1963) 35-
     7o (4o-46) und H. KOSMALA, VT 12, 1962, 14-28.

125 Bezeichnenderweise wird die Position von Ex 4,25b im Ablauf der Erzäh-
     lung kaum beachtet. Für eine Interpretation der Geschichte muß dagegen
     der redaktionelle Zusatz Ex 4,26b (R[P]), der zudem einen anderen Akzent
     setzt, unberücksichtigt bleiben (vgl. auch schon den entsprechenden
     Hinweis bei B.S. CHILDS, Exodus, 98-99).

126 Ex 12,21-27 ist nur locker zwischen Ex 11,1-8 und 12,29-39 (zur Ana-
     lyse dieser beiden Textabschnitte vgl. Kap. I/2) eingeschoben. Doch
     stellt Ex 12,21-27 keine ursprüngliche literarische Einheit dar. Von
     Ex 12,21-27 abzutrennen ist zunächst Ex 12,24-27a, welcher Textab-
     schnitt weder als vordeuteronomisch noch als deuteronomistisch bezeich-
     net werden kann, sondern in dieser Form erst auf R[P] zurückgeht. Aber
     auch Ex 12,21-23 läßt noch Spuren redaktioneller Bearbeitungen erken-
     nen. Ein Bruch ist zu beobachten nach Ex 12,22b, insofern nach der
     Reihe der positiven Anweisungen ein grundsätzliches Verbot folgt, das
     zudem noch mit betontem ואתם eingeleitet ist. Außerdem steht Ex 12,22b
     in Spannung zu Ex 12,23bß, weshalb Ex 12,22b als redaktioneller Zusatz
     zu verstehen ist. Mit Ex 12,22b ist Ex 12,23a zu verbinden, wodurch
     zugleich zur Thematik von Ex 12,22a zurückgeleitet wird, um auf diese
     Weise den Anschluß an Ex 12,23bß herzustellen. Als ein noch jüngerer
     redaktioneller Zusatz ist Ex 12,23bα zu verstehen, der wie Ex 12,24-
     27a auf R[P] zurückgehen wird. Demgegenüber muß der redaktionelle Zusatz
     in Ex 12,22b-23a, durch den der ganze Vorgang jahwesiert worden ist,
     Dtr zugerechnet werden. Der literarische Grundbestand in Ex 12,21-23+
     27b ist nicht als eine von Je rezipierte ältere Tradition zu verstehen,
     sondern als eine Eigenbildung des Jehowisten, die für den vorliegenden
     Erzählzusammenhang konzipiert ist.

Besteht dieser Zusammenhang, dann wird von daher auch noch einmal die Abfolge des Botenwortes in Ex 4,19+22-23 und der kleinen Szene Ex 4,24-26a*ver ständlich. Für beide Textabschnitte ist ein Bezug zur Geschichte von der Tötung der Erstgeburt in Ex 11/12* zu beachten. Während sich Ex 4,22-23 unmittelbar auf die Geschichte von der Tötung der ägyptischen Erstgeburt bezieht, verweist Ex 4,24-26a*auf den Vollzug eines schutzgewährenden Blutritus, der die Israel-Söhne vor dem Geschick der Ägypter bewahren soll. Der in Ex 11/12* dargestellte Vorgang erscheint durch diese Entsprechung gewissermaßen im Geschick des Mose vorgebildet. Damit werden nochmals die kompositorischen Zusammenhänge sichtbar, auf die Ex 4,24-26a* verweist.

2.8 Die Reaktion der Ältesten der Israel-Söhne

Der nächste redaktionelle Einschub aus der Hand von Je liegt in Ex 4,31bß vor. Das Wortpaar וישתחוו ויקדו ist als eine formelhafte Wendung zu verstehen. Die Wendung begegnet noch mehrfach innerhalb und außerhalb der jehowistischen Geschichtsdarstellung. In 1 Sam 24,9 findet sich die Wendung in Bezug auf David, der sich vor Saul verneigt, wobei in der ersten Hälfte der Wendung אפים als Objekt sowie ארצה als Richtungsangabe gebraucht ist. In der gleichen Form findet sich die Wendung noch in 1 Sam 28,14 (Saul / Samuel) und in zerdehnter Form 2 Chron 2o,18 (Joschafat / Jahwe). In 1 Kön 1,16 ist das Objekt, vor dem man sich niederwirft, nach ל eingeführt (למלך). In 1 Kön 1,31 ist die in 1 Kön 1,16 vorkommende Form der Wendung kombiniert mit der in 1 Sam 24,9 und 28,14 belegten Variante der Wendung. Die gleiche syntaktische Form der Wendung wie in 1 Kön 1,16 findet sich sodann noch in 1 Chron 29,2o, wobei als Objekt nach ל Jahwe und der König genannt sind. Deutlich als eine sekundäre Konstruktion erweist sich das Vorkommen der Wendung in Neh 8,6, wo der Nennung des Objektes nach ל (ליהוה) noch אפים ארצה angefügt ist. In der in Ex 4,31bß vorkommenden Kurzform begegnet die Wendung außerhalb der jehowistischen Geschichtsdarstellung noch in 2 Chron 29,3o.

Außerhalb des Pentateuch ist die wortpaarartige Wendung ויקדו וישתחוו in ihren verschiedenen Varianten demnach vor allem in zwei literarischen Bereichen belegt, einmal innerhalb der chronistischen Geschichtsdarstellung, zudem in der Geschichte von Aufstieg und Thronfolge Davids. Mit Ausnahme von 1 Kön 1,31 dient die Formel in der Aufstiegs- und Thronfolgegeschichte

immer zur Bezeichnung der Achtung und Verehrung einem höhergestellten (König / Propheten) gegenüber. Davon weicht 1 Kön 1,39 insofern ab, als hier
diese Ergebenheitsbezeigung als Reaktion auf eine Zusage des Königs (Thronfolge Salomos) hin erfolgt. Demgegenüber liegt im chronistischen Geschichtswerk ein streng theologischer Sprachgebrauch vor, indem sich dieser Ritus
immer auf Jahwe selbst bezieht.

Innerhalb des Pentateuch kommt die Wendung mehrmals vor. In nichtquellen-
haften Texteinheiten findet sie sich in Gen 43,28 (Josefs-Novelle) sowie
in Num 22,31 (Bileam-Geschichte) [127]. In beiden Fällen dient dabei die
wortpaarartige Verbindung von קדד und שחה tD-Stamm dem Ausdruck des Er-
schreckens und der Verehrung einem Höhergestellten (Josef / Bote Jahwes)
gegenüber. Möglicherweise auf die Hand des Jehowisten geht die Wendung in
Gen 24,26 und 48 zurück, wo sie in beiden Fällen einen Lobpreis Jahwes einleitet und so auch Jahwe als Adressaten des Ergebenheitsritus (nach ל) be-
nennt. Auf Jahwe bezogen ist die Wendung ebenfalls in Ex 34,8, auch wenn
hier nicht Jahwe selbst als Adressat nach ל genannt ist, sondern vielmehr
mit der Zielangabe ארצה verbunden ist. Doch folgt der Ergebenheitsritus
hier als Reaktion des Mose auf die Selbstproklamation Jahwes.

Die nächste Parallele zu Ex 4,31bβ liegt in Ex 12,27b vor, wo die Wendung
ebenfalls in der knappen Grundform ohne Erweiterungen (Adressat nach ל /
ארצה als Zielangabe) begegnet. Außerdem ist die wortpaarartige Verbindung
ויקדו וישתחוו nur an diesen beiden Stellen in Bezug auf die Israel-Söhne
(Ältesten der Israel-Söhne / Volk) gebraucht. Auch begegnet die Wendung jeweils in einem vergleichbaren Zusammenhang, in Ex 4,31bβ auf die Mitteilung
des Mose in 4,31a hin, daß Jahwe die Not der Israel-Söhne angesehen habe,
und in Ex 12,27b als Reaktion auf den Befehl des Mose zum Schlachten des
schutzgewährenden Pesach hin (Ex 12,21-23[*]). In beiden Fällen dient dabei
die Wendung zur Bezeichnung der Reaktion der Israel-Söhne auf eine durch
Mose vermittelte Rettungszusage. Der engere Horizont von Ex 4,31bβ liegt
demnach in Ex 12,27b. Nicht unmittelbar können demgegenüber die anderen,
ebenfalls auf Je zurückgehenden Belege der Wendung herangezogen werden.

---

127 Zum nicht-quellenhaften Charakter von Num 22,22-34 vgl. W. GROSS,
     StANT 38, 121-123.144.331-369.

2.9 Die Reaktion des Pharao

Die Reaktion des Pharao auf die Entlassungsforderung ist in Ex 5,2 mitgeteilt. Sie besteht aus zwei thematisch wie formal aufeinander bezogenen
Teilen (Ex 5,2aß/2b). Die Rede setzt mit der rhetorischen Frage מי יהוה
ein, die sich deutlich auf die als Wort Jahwes eingeführte Entlassungsforderung in Ex 5,1b zurückbezieht. Die Frage "Wer ist Jahwe?" kann dabei
aber nicht einfach als informelle Frage verstanden werden [128]. Vielmehr
enthält sie deutlich eine polemische Spitze, womit der in der Entlassungsforderung in Ex 5,1b zum Ausdruck kommende Anspruch Jahwes bestritten
werden soll [129]. Darüberhinaus klingt in der Frage מי יהוה, die in dieser
Form nur noch Spr 3o,9 begegnet, der Anspruch der Unvergleichlichkeit Jahwes an [13o].

Wird dieser Hintergrund der Frage des Pharao in Ex 5,2 beachtet, dann wird
zugleich deutlich, daß sie in ein größeres Bezugssystem gehört. Das Motiv
der Unvergleichlichkeit Jahwes begegnet wieder in Ex 8,6 am Beginn der jehowistischen Plagengeschichte, hier in Verbindung mit der Erkenntnisformel,
wobei der Pharao als Subjekt der Erkenntnisaussage erscheint [131]. Die Akzentuierung der Unvergleichlichkeit Jahwes in Verbindung mit der Erkenntnisaussage in Ex 8,6 steht dabei in bewußter Antithese zur rhetorischen Frage
"Wer ist Jahwe?" in Ex 5,2, welcher Zusammenhang zusätzlich noch dadurch
unterstrichen wird, daß in Ex 5,2b parallel zu מי יהוה die negative Feststellung לא ידעתי את יהוה steht. In der Konzeption der jehowistischen Geschichtsdarstellung soll mit Hilfe der Plagen für den Pharao gerade die Erkenntnis der Unvergleichlichkeit Jahwes vermittelt werden.

Den Abschluß und Höhepunkt der Unvergleichlichkeitsaussagen bei Je bildet
die Feststellung im Munde Jitros עתה ידעתי כי גדול יהוה מכל האלהים in Ex
18,11a, die gleichfalls auf die Hand von Je zurückgeht [132]. Diese Feststel-

---

128 Ein solches Verständnis der Frage liegt etwa vor bei B. BAENTSCH, HK I/
38 oder W. FUSS, BZAW 126, 1o2.

129 Vgl. auch B. JACOB, Exodus, 156.

13o Eine übersichtliche Zusammenstellung des Materials findet sich bei H.
W. JÜNGLING, Der Tod der Götter. Eine Untersuchung zu Psalm 82, SBS 38,
Stuttgart 1969, 44f mit Anm. 27, aber auch bei C.J. LABUSCHAGNE, The
Incomparibility of Yahweh in the Old Testament, POB 5, Leiden 1966,8-3o

131 Die anderen Vorkommen der Unvergleichlichkeitsaussage im Rahmen der
Darstellung der Plagen (Ex 8,18; 9,14.29) gehen erst auf R[P] zurück und
können in diesem Zusammenhang unberücksichtigt bleiben.

lung ist zweifach an die Darstellung des Exodusgeschehens zurückgebunden. Durch die Partikel עתה erscheint Ex 18,11a als Schlußfolgerung aus dem Lobpreis Jahwes in Ex 18,1oa, als dessen entscheidende Tat die Errettung der Israel-Söhne aus der Hand der Ägypter und des Pharaos genannt ist. In anderer Form findet sich ein Rückverweis auf das Exodusgeschehen in der zusammenfassend konstatierenden Aussage in Ex 18,8a*, womit allem Anschein nach auf die Plagen und das Meerwunder angespielt wird.

Werden diese Zusammenhänge beachtet, dann liegt der Horizont der rhetorischen Frage "Wer ist Jahwe?" in Verbindung mit der negativen Erkenntnisaussage in Ex 5,2 ganz offenkundig in der Darstellung der Errettung Israels aus Ägypten (Plagen + Meerwunder). Diese erscheint damit als der Nachweis der vom Pharao bestrittenen Unvergleichlichkeit Jahwes. Von daher erhält auch die Ablehnung der Entlassung der Israel-Söhne durch den Pharao eine grundsätzliche theologische Perspektive, die ihr allein nicht zukäme.

2.1o Auswertung der semantischen Analyse

Die jehowistische Darstellung der Berufung des Mose ist, wie die in ihr vorkommenden geprägten Wendungen anzeigen, auf vielfache Weise in den Rahmen des jehowistischen Werkes eingebunden, wobei der Horizont der einzelnen geprägten Wendungen innerhalb von Je enger oder weiter gespannt sein kann.

Eine Reihe von geprägten Sprachelementen innerhalb der Berufung des Mose haben ihren Horizont in der Darstellung der Errettung der Israel-Söhne aus der Hand der Ägypter und des Pharao. Eine doppelte Akzentsetzung wird dabei erkennbar. Das starke Interesse der Berufung des Mose in der jehowistischen Überlieferung am Problem der Legitimation des Mose, aber auch der explizite Rückbezug von Ex 4,19b auf Ex 2,15 verbinden die Berufung des Mose eng mit der vorangehenden Schilderung der Bedrückungsmaßnahmen des Pharao in Ex 1-2*, die bei Je nicht allgemein dargestellt sind, sondern im Schicksal des Mose zugespitzt erscheinen. Die Legitimationsproblematik wird sodann nochmals abschließend am Ende der jehowistischen Exodusgeschichte in Ex 14,31b (Vertrauen auf Mose) aufgenommen.

---

132 Zur Analyse von Ex 18,1-12 vgl. o.S. 26-29.

Erscheint so die Berufung des Mose in Ex 3-4[*] eng mit den sich steigernden
Bedrückungsmaßnahmen in Ex 1-2[*] verbunden, ist sie auf der anderen Seite
durch mehrere geprägte Sprachelemente gleichfalls mit der nachfolgenden
Darstellung des eigentlichen Exodusgeschehens verbunden, wobei ein Bezug
vor allem zu den Plagen hergestellt wird. Mehrere Anspielungen (Ankündigung
der Tötung des Erstgeborenen des Pharao durch Jahwe Ex 4,22-23, "Blutbräutigam"-Episode Ex 4,24-26a, Reaktion der Ältesten der Israel-Söhne auf die
Mitteilung der Errettungszusage durch Mose Ex 4,31bß) verbinden dabei die
Berufung des Mose unmittelbar mit der Tötung der Erstgeburt des Pharao, worin die Plagen bei Je kulminieren. Auf den Zusammenhang von Plagen und Meerwunder verweist auch die rhetorische Frage des Pharao in Verbindung mit der
negativen Erkenntnisaussage in Ex 5,2, die zugleich den Aspekt angibt, unter dem das Exodusgeschehen bei Je zu sehen ist.

Darüberhinaus finden sich in der jehowistischen Berufungsgeschichte auch
eine Reihe geprägter Sprachelemente, die über den Rahmen der Exodusgeschichte hinaus gehen und auf weitere Horizonte verweisen. Eine Beziehung zur Theophanie am Sinai wird hergestellt durch den in Ex 3,2a[*] sich findenden Hinweis auf die Erscheinung Jahwes in einer Feuerflamme. Auch wenn hier eine
Verbindung nicht durch den Gebrauch geprägter Sprachelemente angezeigt ist,
dürfte die Aussage von Ex 3,5b gleichfalls in Beziehung zur Sinaigeschichte zu sehen sein. Als eine Anspielung auf die Feier eines Jahwe-Festes am
Sinai wird die als Ziel der Entlassung der Israel-Söhne erscheinende Feier
eines Festes in der Wüste in Ex 5,1 zu verstehen sein.

Markanter noch als die Anspielungen auf den Sinai sind für Je die Querverbindungen zwischen der Berufung des Mose und der Landnahme unter Josua.
Hier begnügt sich Je nicht mit lockeren Anspielungen mehr thematischer Art,
sondern fügt explizite Querverbindungen ein. So ist Ex 3,5b fast wörtlich
gleichlautend in Jos 5,15a zitiert. Ein Zusammenhang ist auch zwischen Ex
4,25 und 5,2+3 anzunehmen. Auf diese Weise werden gerade der Anfang der
Geschichte von der Befreiung aus Ägypten und der Geschichte von der Eroberung des Landes miteinander verbunden. Daneben ist außerdem noch der Rückbezug auf den Stammvater Jakob zu beachten (vor allem Gen 32,23-32[*]), während andere Rückverweise auf die Vätertradition fehlen.

Die Berufung des Mose bei Je führt somit über den engeren Rahmen des Exodus auf den weiteren Bezugsrahmen von Sinai und Landnahme und verbindet das Schicksal Mose / Israel mit dem des Stammvaters Jakob. Über den Rahmen des jehowistischen Werkes hinaus weist der Gebrauch des Begriffes der "Sendung", mit dessen Hilfe die Beauftragung des Mose im Sinne der prophetischen Berufung gedeutet wird. Wahrscheinlich ist dabei eine Stilisierung der jehowistischen Berufungsgeschichte im Anschluß an die Berufung des Jesaja (Jes 6,1-11).

3. Kompositions- und redaktionskritische Analyse

Entsprechend dem engeren und weiteren Horizont der Berufung des Mose bei Je ist auch die kompositions- und redaktionskritische Analyse in zwei Schritten durchzuführen, wobei in einem ersten Schritt nach der Funktion der Berufung des Mose innerhalb der jehowistischen Exodusgeschichte zu fragen ist, während diese Fragestellung in einem zweiten Schritt auf das ganze jehowistische Werk auszudehnen ist. Im Anschluß daran sind die daraus sich ergebenden Folgerungen für die Entstehungszeit und Heimat der jehowistischen Geschichtsdarstellung zu prüfen.

3.1 Die Berufung des Mose im Rahmen der jehowistischen Exodusgeschichte

Die jehowistische Exodusgeschichte gliedert sich deutlich in zwei größere Abschnitte, von denen der erste die auf Mose zugespitzte Bedrückung der Israel-Söhne sowie die Berufung des Mose zum bevollmächtigten Retter erzählt, während der zweite Abschnitt in zwei Schritten von der Errettung der Israel-Söhne aus der Hand des Pharao und der Ägypter berichtet. Dementsprechend ist die Frage nach Funktion und Stellenwert der Berufung des Mose im Rahmen der jehowistischen Exodusgeschichte in zwei Schritten durchzuführen.

3.11 Der erste Teil der jehowistischen Exodusgeschichte (Bedrückung + Ankündigung der Errettung)

Wie bei der Berufung des Mose hat sich Je auch bei der Darstellung der wachsenden Bedrückung der Israel-Söhne weitgehend auf eine redaktionelle Bearbeitung der vorgegebenen Materialien beschränkt, wobei sich ein größerer redaktioneller Eingriff nur innerhalb von Ex 2,1-10 beobachten läßt. Als re-

daktionelle, auf Je zurückgehende Hinzufügung ist zunächst die Selbstüber-
legung des Pharao in Ex 1,1oa+bα[*] (nur ירבה פן) anzusehen, wodurch die sich
steigernden Bedrückungsmaßnahmen vorbereitet werden [133]. In Ex 1,11b wird
die allgemeine Feststellung von Ex 1,11a auf den Bau der Vorratsstädte Pi-
tom und Ramses zugespitzt. Mit Ex 1,11b ist Ex 1,12a zu verbinden, während
Ex 1,12b möglicherweise ein noch jüngerer redaktioneller Zusatz (R[P]) ist[134].
Der jehowistischen Redaktion sind sodann Ex 1,15b und ויאמר in Ex 1,16a,
aber auch Ex 1,2obα zuzurechnen [135]. Auf die Hand des Jehowisten gehen
gleichfalls Ex 1,21+22, aber auch Ex 2,4.5aβ.6aβ.bβ.7-1oaαb.15.22aßb zurück.

133 Für eine Zuweisung der den literarischen Zusammenhang von Ex 1,9 und
1ob* zerreißenden Aussage in Ex 1,1oa+bα* (vgl. dazu o.S. 122 Anm. 9o)
an Je spricht vor allem die Konstruktion des Satzes mit dem einleitenden Imperativ הבה und nachfolgendem Voluntativ (Plural), die sich neben Ex 1,1oa nur noch in der jehowistischen Erzählung Gen 11,1-9
(3.4.7) (zur Analyse vgl. P. WEIMAR, BZAW 146, 15o-152) findet, aber
auch die Konjunktion פן (eine vergleichbare Konstruktion liegt wiederum nur in Gen 11,4 vor).

134 Eine solche Möglichkeit wird bereits von W.H. SCHMIDT, BK I/1, 14 empfohlen. Nachdem das dargestellte Geschehen schon in Ex 1,12a seinen
Höhepunkt erreicht hat, wirkt Ex 1,12b demgegenüber wie ein Nachtrag,
der die weiteren Maßnahmen des Pharao begründen will. Dabei kann Ex
1,12b aber nicht als ursprüngliche Begründung zu Ex 1,15 verstanden
werden, weil dann Ex 1,12b mit der in Ex 1,1oa+baα* gegebenen Begründung der Bedrückungsmaßnahmen konkurrieren würde. Wahrscheinlich ist
vielmehr die Annahme, in Ex 1,12b ein redaktionelles Bindeglied zur
priesterschriftlichen Schilderung der Bedrückung in Ex 1,13+14* zu
sehen. Dann wäre Ex 1,12b ein redaktionelles Element, das erst auf die
Hand von R[P] zurückgeht. Unter dieser Voraussetzung wäre auch unschwer
die Ersetzung des kollektiven Singulars "Volk" durch den auch bei P[g]
begegnenden Terminus "Israel-Söhne" verständlich. Aber auch das in Ex
1,12b gebrauchte Verbum קוץ wird eher im Rahmen von R[P] als auf der Ebene einer älteren Redaktionsschicht verständlich. Einen deutlichen Hinweis hierauf gibt der Gebrauch des Verbums (in Verbindung mit ב) in
Gen 27,46 und Lev 2o,23, wo das Wort jeweils im "priesterschriftlichen"
Kontext (Gen 27,46 P[S]/R[P] und Lev 2o,23 H) begegnet. Aber auch die
redaktionell eingefügte Feststellung in Num 22,3b, die sich sehr eng
mit Ex 1,12b berührt (vgl. dazu W. GROSS, StANT 38, 9of.373), dürfte
als ein auf R[P] zurückgehendes Element zu verstehen sein, wofür nicht
zuletzt der Zusammenhang von Num 22,3b mit 22,1 (R[P]) aufgrund des Gebrauchs des Ausdrucks "Israel-Söhne" anstelle des kollektiven "Volk"
spricht. Wegen der engen Parallelität von Num 22,3b und Ex 1,12b legt
sich dann aber auch für Ex 1,12b eine Herleitung von R[P] nahe.

135 An die aus der Tradition überkommene "Hebammengeschichte" Ex 1,15-2o*
hat allem Anschein nach Je mit Ex 1,2obα einen neuen Schluß angefügt,
wahrscheinlich, um auf diese Weise einen zu Ex 1,12a parallelen Erzählabschluß herzustellen. Ist aber Ex 1,12a eine jehowistische Bildung
zu verstehen, so ist entsprechendes auch für Ex 1,2obα zu vermuten
(die BZAW 146, 28 Anm. 73 noch vermutete Herleitung von Ex 1,2ob von

Der erste Teil der jehowistischen Exodusgeschichte hat somit einmal den folgenden Wortlaut gehabt:

(1,6) Und es starb Josef und all seine Brüder.
(8)   Und es erstand ein neuer König in Ägypten,
       der den Josef nicht kannte.
(9)   Und er sprach zu seinem Volk:

       Siehe:
       Das Volk der Söhne Israels ist zu viel und zu stark für uns.
(1o)   *Wohlan,*
       wir wollen ihm gegenüber schlau sein,
       damit es sich nicht mehre.
       Und es wird geschehen:
       Wenn ein Krieg sich fügt,
       dann schließt es sich unseren Feinden an,
       kämpft gegen uns
       und zieht herauf aus dem Land.

(11)   Und sie setzten über es Fronaufseher ein,
       um es mit den ihnen auferlegten Fronarbeiten zu unterdrücken.
       Und es mußte dem Pharao Vorratsstädte bauen:
       Pitom und Ramses.
(12)   *Doch in dem Maße, wie man es unterdrückte,*
       mehrte es sich.
       Und breitete sich aus.

----

(15)   Der König der Ägypter sprach zu den Hebammen der Hebräerinnen,
       von denen die eine Schifra
       und die andere Pua hieß,
(16)   *und sprach:*

       Wenn ihr den Hebräerinnen Geburtshilfe leistet,
       so seht auf die Geburtssteine:
       Wenn es ein Sohn ist,
       so tötet ihn!
       Wenn es eine Tochter ist,
       so mag sie leben.

(17)   Doch die Hebammen fürchteten Elohim,
       und sie taten nicht,
       wie zu ihnen der König von Ägypten geredet hatte,
       sondern sie ließen die Knaben am Leben.
(18)   Da rief der König von Ägypten die Hebammen
       und sprach zu ihnen:

       Warum tut ihr diese Sache
       und laßt die Knaben am Leben?
(19)   Und die Hebammen sprachen zum Pharao:

J ist damit aufzugeben, was sich auch aufgrund der bei J gegebenen Stichwortverknüpfung von Ex 1,11 und 3,7 (עני / עבד ונתן) nahelegt). Gegenüber Ex 1,2obα ist Ex 1,2obβ (ויצמו מאד) als ein jüngerer redaktioneller Zusatz (R[P]) anzusehen (vgl. dazu W.H. SCHMIDT, BK I/1,19).

Die Hebräerinnen sind nicht wie die ägyptischen Frauen,
sondern sie sind lebenskräftiger.
Bevor zu ihnen eine Hebamme kommt,
haben sie schon geboren.

(20) Elohim ließ es den Hebammen gut gehen.
Und das Volk mehrte sich.

---

(21) *Und es geschah:*
Weil die Hebammen Elohim fürchteten,
machte er ihnen Häuser.
(22) *Da befahl der Pharao seinem ganzen Volk,*
sprechend:

Alle Söhne, die geboren werden, werft in den Nil,
alle Töchter aber laßt leben!

(2,1) Ein Mann aus dem Hause Levi ging hin
und nahm sich die Tochter Levis.
(2) Die Frau wurde schwanger,
und sie gebar einen Sohn.
Da sie sah, daß er schön war,
verbarg sie ihn, drei Monate lang.
(3) Als sie ihn nicht mehr länger verbergen konnte,
nahm sie für ihn ein Kästchen aus Papyrus,
bestrich es mit Asphalt und Pech,
legte das Kind hinein
und legte es ins Schilf am Ufer des Nils.

(4) *Seine Schwester aber stellte sich in einiger Entfernung hin,*
um zu erfahren,
was mit ihm geschähe.

- -

(5) Da kam die Tochter des Pharao herab,
um am Nil.zu baden,
während ihre Begleiterinnen am Ufer des Nils hin- und hergingen.
Sie sah das Kästchen mitten im Schilf,
schickte ihre Magd hin
und ließ es holen.
(6) Sie öffnete es
und sah es, das Kind,
und siehe,
es war ein weinender Knabe.
Da fühlte sie Mitleid mit ihm
und sprach:

Dies ist eins von den Kindern der Hebräer.

(7) *Da sprach seine Schwester zur Tochter des Pharao:*

Soll ich hingehen
und dir eine von den Hebräerinnen rufen,
damit sie dir das Kind stille?

(8) *Da sprach zu ihr die Tochter des Pharao:*

Geh!

So ging das Mädchen
und rief die Mutter des Kindes.
(9) *Da sprach zu ihr die Tochter des Pharao:*

Nimm dieses Kind
und stille es mir,
ich aber will dir deinen Lohn geben.

Da nahm die Frau das Kind
und stillte es.
(1o) *Als das Kind groß geworden war,*
brachte sie es der Tochter des Pharao,
und er wurde ihr zum Sohn,
und sie nannte seinen Namen Mose,
und sie sprach:

Aus dem Wasser habe ich ihn gezogen.

---

(15) *Als der Pharao diese Sache hörte,*
da trachtete er, Mose umzubringen.
Mose floh vor dem Pharao,
ließ sich im Lande Midian nieder
und setzte sich an den Brunnen.
(16) Der Priester von Midian hatte sieben Töchter.
Die kamen hin,
schöpften
und füllten die Tränkrinnen,
um die Schafe ihres Vaters zu tränken.
(17) Da kamen die Hirten hinzu
und vertrieben sie.
Da stand Mose auf,
half ihnen
und tränkte ihre Schafe.

---

(18) Als sie zu ihrem Vater kamen,
sprach er:

Warum seid ihr heute so früh heimgekommen?

(19) Sie sprachen:

Ein Ägypter hat uns aus der Hand der Hirten gerettet.
Auch schöpfte er selbst für uns
und tränkte die Schafe.

(2o) Da sprach er zu seinen Töchtern:

Wo ist er?
Warum habt ihr den Mann zurückgelassen!
Ruft ihn,
daß er Brot esse!

(21) Mose willigte ein, bei dem Mann zu bleiben,
und er gab seine Tochter Zippora dem Mose,
(22) und sie gebar einen Sohn,

und er nannte seinen Namen Gerschom,
denn er sprach:

Gast bin ich in einem fremden Land geworden.

(3,1) Als Mose die Schafe seines Schwiegervaters *Jitro*, des Priesters von
Midian, hütete,
da trieb er einmal die Schafe über die Wüste hinaus.
(2) *Und Jahwe erschien ihm in einer Feuerflamme.*
Und er sah,
und siehe da:
Der Dornstrauch brannte im Feuer,
doch der Dornstrauch wurde nicht verzehrt.
(3) Da sprach Mose:

Ich will doch vom Wege abgehen
und sehen *diese große Erscheinung,*
warum der Dornstrauch nicht verbrennt.

(4) Als Jahwe aber sah,
daß er vom Weg abging, um zu sehen,
da rief ihm zu Elohim
und sprach:

Mose, Mose!

Und er antwortete:

Hier bin ich!

(5) Da sprach er:

Nahe nicht hierher!
Streife deine Schuhe von deinen Füßen,
denn der Ort, auf dem du stehst, ist heiliger Boden.

(6) *Und er sprach:*

Ich bin der Gott deines Vaters.

Da verhüllte Mose sein Angesicht,
denn er fürchtete sich,
zu Elohim aufzublicken.

---

(7) Und Jahwe sprach:

Gesehen, ja gesehen habe ich die Bedrückung meines Volkes, *das in*
Ägypten ist,
ihr Geschrei *vor seinen Antreibern* habe ich gehört.
(8) Ich bin herabgestiegen,
um es aus der Hand der Ägypter herauszureißen
und es aus diesem Land heraufzuführen
in ein schönes und weites Land.
(9) Und nun:
Siehe,
der Hilfeschrei der Söhne Israels ist zu mir gekommen
und gesehen auch habe ich die Bedrückung,
mit der die Ägypter sie unterdrücken.

(1o)   *Und nun:*
        Geh!
        Ich will dich senden zum Pharao.
        Führe mein Volk, die Söhne Israels, aus Ägypten heraus!

(11)   *Und Mose sprach zu Elohim:*

        Wer bin ich,
        daß ich zum Pharao gehen
        und daß ich die Söhne Israels aus Ägypten herausführen könnte?

(12)   *Und er sprach:*

        Ja, ich werde da sein bei dir!

---

(13)   *Und Mose sprach zu Elohim:*

        Siehe,
        ich komme zu den Söhnen Israels
        und spreche zu ihnen:
            Der Gott eurer Väter hat mich zu euch gesandt,
        und sie sprechen zu mir:
            Was ist es um seinen Namen?
    · *Was soll ich dann zu ihnen sprechen?*

(14)   *Und Elohim sprach zu Mose:*

        Ich werde da sein, als der ich da sein werde.

(16)   Geh, versammle die Ältesten Israels
        und sprich zu ihnen:
            Jahwe, der Gott eurer Väter, ist mir erschienen,
            sprechend:
            Beachtet, ja beachtet habe ich euch
            und das euch in Ägypten Angetane.

(18)   *Wenn sie auf deine Stimme hören,*
        dann geh hin, du und die Ältesten Israels, zum König von Ägypten
        und sprecht zu ihm:
            Jahwe, der Gott der Hebräer, hat sich vor uns antreffen lassen.
        Und nun:
        Wir wollen einen Weg von drei Tagen in die Wüste gehen
        und wollen Jahwe, unserem Gott, opfern.

- -

(4,1) *Da antwortete Mose und sprach:*

        Siehe doch,
        sie werden mir nicht glauben
        und nicht auf meine Stimme hören.
        Vielmehr werden sie sagen:
            Nicht erschienen ist dir Jahwe.

(2)   Und es sprach zu ihm Jahwe:

        Was ist da in deiner Hand?

    Er sprach:

        Ein Stab.

(3)   Und er sprach:

      Wirf ihn zur Erde!

    Da warf er ihn zur Erde,
    und er wurde zu einer Schlange,
    und Mose floh vor ihr.

(4)   Und es sprach Jahwe zu Mose:

      Strecke deine Hand aus
      und packe sie am Schwanz!

    Da streckte er seine Hand aus
    und packte sie.
    Da wurde sie zu einem Stab in seiner Faust,
    damit sie glauben,
    daß dir erschienen ist Jahwe, der Gott ihrer Väter.

---

(19) *Da sprach Jahwe zu Mose in Midian:*

      Geh,
      kehre zurück nach Ägypten,
      denn tot sind alle Männer,
      die dir nach dem Leben trachten,

(22)   *und du sollst zum Pharao sprechen:*
        So spricht Jahwe:
        Mein erstgeborener Sohn ist Israel.

(23)   *Ich sprach zu dir:*
        Entlasse meinen Sohn,
        daß er mir diene.
        Du hast dich geweigert,
        ihn zu entlassen.
      Siehe, ich bringe nun deinen Sohn, deinen Erstgeborenen, um.

(24) *Und es geschah unterwegs,*
    da stieß Jahwe auf ihn
    und trachtete, ihn zu töten.

(25) *Da nahm Zippora einen scharfen Stein,*
    schnitt die Vorhaut ihres Sohnes ab
    und berührte seine Beine.
    Und sie sprach:

      Fürwahr, ein Blutbräutigam bist du mir!

(26) *Da ließ er von ihm ab.*

- -

(29) Und es ging Mose hin
    und versammelte alle Ältesten der Söhne Israels.

(31) Sie hörten,
    daß Jahwe beachtet hatte die Söhne Israels
    und daß er angesehen hatte ihre Bedrückung.
    Und sie verneigten sich
    und warfen sich nieder.

(5,1) Danach gingen sie hin,
    und sie sprachen zum Pharao:

So *spricht Jahwe, der Gott Israels*:
Entlasse mein Volk,
daß sie mir ein Fest feiern in der Wüste.

(2) *Da sprach der Pharao:*

Wer ist Jahwe,
daß ich auf seine Stimme hören sollte,
Israel zu entlassen?
Nicht kenne ich Jahwe,
und auch Israel entlasse ich nicht.

(3) *Und sie sprachen:*

Der Gott der Hebräer hat sich vor uns antreffen lassen.
Wir wollen doch einen Weg von drei Tagen *in die Wüste* gehen,
und wir wollen Jahwe, unserem Gott opfern.

(4) Und es sprach zu ihnen der König von Ägypten:

Warum wollt ihr das Volk von seinem Tun abschweifen lassen?
Geht an eure Fronarbeiten!

Deutlich gliedert sich der erste Teil der jehowistischen Exodusgeschichte
in zwei Erzählblöcke mit einer parallelen Baustruktur, bestehend aus jeweils drei szenischen Einheiten, die in sich wiederum zweiteilig strukturiert sind. Ähnlich wie im zweiten Erzählblock sind auch die drei szenischen Einheiten des ersten Erzählblocks formal wie thematisch klar voneinander abgehoben, bilden aber auf der anderen Seite eine thematisch zusammenhängende Erzählfolge.

Die *erste szenische Einheit* (Ex 1,6a.8.9-12a.15-2oabα) ist in ihrer ersten
Szenenhälfte weithin identisch mit dem Beginn der jahwistischen Exodusge-
schichte und hat nur an zwei Stellen (Ex 1,1oa+ba[*] und 11b+12abα) jehowi-
stische Uminterpretationen erfahren, die zugleich das neue Verständnis der
Unterdrückungsmaßnahmen beim Jehowisten anzeigen. Während für J die Unterdrückungsmaßnahmen in der Auferlegung von Fronarbeiten bestanden, liegt der
Akzent bei Je vielmehr auf den geschickt inszenierten Versuchen, das Jahwe-
Volk durch Tötungsbefehle auszurotten (vgl. dazu Ex 1,1o[*], aber auch die
Abschwächung der grundsätzlichen Aussage von Ex 1,11a durch die konkrete Notiz in Ex 1,11b). Gerade dieser Aspekt des jehowistischen Verständnisses
der Unterdrückungsmaßnahmen wird durch die korrespondierend als zweite Szenenhälfte eingesetzte "Hebammengeschichte" unterstrichen, wobei die Korrespondenz beider Szenenhälften durch die auf die jehowistische Redaktion zurückgehenden und sich entsprechenden Schlußnotizen in Ex 1,12[*] und 2obα angezeigt ist, die zugleich aber auch den Mißerfolg der Maßnahmen des Pharao
signalisieren.

Die *zweite szenische Einheit* (Ex 1,21-2,1o) setzt die Thematik der ersten
szenischen Einheit fort, bringt ihr gegenüber aber zugleich eine Steigerung
(vgl. den Ex 1,16 aufnehmenden Befehl des Pharao in Ex 1,22) [136]. Durch
die von Je vorgeschaltete Einleitung in Ex 1,21+22 wird die schon aus der
Tradition übernommene Geschichte von der Errettung des Mose dem allgemeinen
Rahmenthema des ersten Teils der jehowistischen Exodusgeschichte eingegliedert, womit das Schicksal des Mose als exemplarisch für das Schicksal der
Israel-Söhne allgemein erscheint. Während in der ersten Szenenhälfte (Ex
1,2o-2,4) die angesichts des Tötungsbefehls des Pharao inszenierte Ret-
tungsaktion durch die Mutter des Kindes erzählt wird, wird in der zweiten
Szenenhälfte (Ex 2,5-1o) die Errettung und schließlich die Adoption des
Kindes durch die Tochter des Pharao berichtet. Dabei wird in dem auf die
jehowistische Redaktion zurückgehenden Einschub Ex 2,6-1o die Handlungsweise der Tochter des Pharao betont als dem Befehle des Pharao entgegengerich-
tet dargestellt. Dies wird einerseits durch die Feststellung der Tochter
des Pharao in Ex 2,6bß sowie andererseits durch die abschließende Deutung
des Namens des Kindes in Ex 2,1obß, ebenfalls durch die Tochter des Pharao,
angezeigt, wobei gerade die Deutung des Namens des Mose in Ex 2,1obß in bewußter Antithese zum Befehl des Pharao in Ex 1,22 formuliert ist. Damit ist
zugleich deutlich der erneute Mißerfolg der Maßnahmen des Pharao signalisiert. Gegenüber der ersten szenischen Einheit gewinnt der Vorgang dadurch
an Schärfe, als es hier nicht die hebräischen Hebammen sind, die den Erfolg
der Maßnahmen des Pharao vereiteln, sondern die Tochter des Pharao selbst,
die den künftigen Retter der Israel-Söhne vor dem Vernichtungsbefehl des
Pharao rettet.

Mit der *dritten szenischen Einheit* (Ex 2,15-22[*]) konzentriert sich die Darstellung ganz auf das Schicksal des Mose. Der Jehowist greift dabei auf eine schon vorgegebene Geschichte, die Mose als "Retter" präsentiert, zurück
und gliedert sie durch Vorschaltung bzw. Anfügung von Rahmennotizen (Ex 2,
15 und 22b) in den Zusammenhang der jehowistischen Exodusgeschichte ein.
Die einleitende Rahmennotiz in Ex 2,15 will die Flucht des Mose vor dem Pharao nach Midian motivieren. Den Auslöser bildet - wie in den beiden voraufgehenden szenischen Einheiten - wiederum die Tötungsabsicht des Pharao, die

---

136 Vgl. auch W.H. SCHMIDT, BK I/1, 45.

im Gegensatz zu den beiden vorangehenden szenischen Einheiten als eine das Faktum konstatierende Notiz und nicht als Wort/Befehl des Pharao eingeführt ist. Wie zu Beginn der zweiten szenischen Einheit (Ex 1,21) wird auch zu Beginn der dritten szenischen Einheit (Ex 2,15aα) ein ausdrücklicher Rückbezug auf den Abschluß der vorangehenden szenischen Einheit hergestellt, womit die einzelnen Szenen miteinander verknüpft erscheinen. Die Absicht des Pharao, Mose umzubringen, erscheint aufgrund von Ex 2,15aα dadurch motiviert, daß der künftige Retter Mose - entgegen seinem Befehl - von seiner eigenen Tochter gerettet wurde. Das Stichwort גרב verbindet die Reaktion des Mose auf das Vorhaben des Pharao mit dem Tun der Israel-Söhne (Ex 14,5 J^{Vorl}) [137]. Die ätiologische Schlußnotiz in Ex 2,22b verbindet die dritte szenische Einheit kompositorisch mit der vorangehenden, die in Ex 2,1obß gleichfalls mit einer vergleichbaren ätiologischen Notiz abgeschlossen wird, wobei in beiden Fällen das Mißlingen der Vernichtungsabsicht des Pharao angezeigt werden soll. Durch die ätiologische Schlußnotiz in Ex 2,22b soll darüber hinaus noch das Vorläufige jenes Zustandes angedeutet und damit auf die zweite Hälfte des ersten Teils der jehowistischen Exodusgeschichte hingewiesen werden, die sich unmittelbar an Ex 2,22b anschließt.

Die beiden Hälften des ersten Teils der jehowistischen Exodusgeschichte bilden somit zusammen eine planvolle literarische Komposition:

ERSTE HÄLFTE

Erste Szene (Ex 1,6-2o*)
  1. "Vernichtungsbeschluß" des Pharao (Bau von Vorrätsstädten) (Ex 1,6-12*)
  2. Beschluß des Pharao zur Tötung der männlichen Nachkommenschaft durch hebräische Hebammen (Ex 1,15-2o*)

Zweite Szene (Ex 1,21-2,1o)
  1. Erlaß des Pharao zur Tötung der männlichen Nachkommenschaft durch das eigene Volk (Ex 1,21-2,4)
  2. Errettung des Mose durch die Tochter des Pharao (Ex 2,5-1o)

Dritte Szene (Ex 2,15-2,22*)
  1. Absicht des Pharao zur Tötung des Mose + Flucht des Mose (Ex 2,15-17)
  2. Heirat des Mose in Midian + Geburt eines Sohnes (Ex 2,18-22*)

---

137 Vgl. auch E. ZENGER, Exodus, 4o.

ZWEITE HÄLFTE

Erste Szene (Ex 3,1-12*)
1. Erscheinung Jahwes am heiligen Ort (Ex 3,1-6*)
2. Sendung des Mose durch Jahwe am heiligen Ort (Ex 3,7-12*)

Zweite Szene (Ex 3,13-4,5*)
1. Einwand des Mose + Antwort Jahwes (Name Jahwes) (Ex 3,13-18)
2. Einwand des Mose + Antwort Jahwes (Vertrauen auf Mose) (Ex 4,1-5*)

Dritte Szene (Ex 4,19-5,4*)
1. Befehl Jahwes zur Rückkehr nach Ägypten + Rückkehr (Ex 4,19-26*)
2. Ausrichtung der Jahwe-Botschaft an die Israel-Söhne und den Pharao (Ex 4,29-5,4*)

Die beiden Hälften des ersten Teils der jehowistischen Exodusgeschichte sind durch eine gegensätzliche Erzählbewegung gekennzeichnet. Deutlich liegt in der ersten Hälfte die Initiative beim Pharao, während in der zweiten Hälfte Jahwe es ist, von dem alle Aktionen ausgehen. In dreifacher Steigerung wird zunächst von Maßnahmen des Pharao erzählt, die auf die Vernichtung der Israel-Söhne zielen, wobei sich die Darstellung von Szene zu Szene immer mehr auf die Gestalt des Mose hin konzentriert, was vor allem an den Schlußwendungen der einzelnen szenischen Einheiten (Ex 1,2oba/2,1oßß/22b) ablesbar ist. So erscheint das Schicksal des Volkes eng mit dem Schicksal des Mose verbunden. Schon von seinem ersten Auftreten an (Aussetzung und Errettung des Mose /Errettung der Töchter des Priesters von Midian aus der Hand der Hirten) wird Mose als der von Gott erwählte "Retter" präsentiert. An den abschließenden Aussagen der einzelnen szenischen Einheiten wird zudem erkennbar, daß keiner der vom Pharao inszenierten Vernichtungsmaßnahmen auch zum Erfolg geführt hat. Auch wenn Jahwe hier in keiner Weise eingreifend auftritt, wird aber dennoch indirekt durch die Form der Darstellung des Geschehensablaufs die zweite Hälfte des ersten Teils der Exodusgeschichte vorbereitet, wo Jahwe als der eigentliche Handlungsträger erscheint.

Mit der Berufung des Mose am heiligen Ort durch Jahwe ist deutlich ein Neueinsatz der Handlungsfolge gegeben, insofern jetzt Jahwe die Initiative ergreift. Der schon von Geburt an zum "Retter" bestimmte Mose wird jetzt ausdrücklich von Jahwe zum "Retter" berufen. Die Sendung des Mose zum "Retter" wird dabei gegenüber möglichen Einwänden auf eine doppelte Weise (Wissen um die Bedeutung des Jahwe-Namens / Ausstattung mit Machttaten) abgesichert. Objekt der Sendung des Mose ist primär der Pharao, nicht das eigene Volk (vgl. Ex 3,1o und 4,19+22-23). Die Sendung des Mose zielt an ihrem Höhepunkt auf die direkte Konfrontation von Mose und Pharao hin. In der Kompo-

sition des ersten Teils der jehowistischen Exodusgeschichte treten sich so
auch die abschließenden Szenen der beiden Erzählhälften antithetisch gegenüber (vgl. die antithetische Bezugnahme von Ex 4,19 auf 2,15). Zugleich
wird am Schluß des ersten Teils der Exodusgeschichte des Jehowisten auch
auf die Ausgangsposition, wie sie am Anfang der Exodusgeschichte entfaltet
ist (Fronarbeiten) zurückverwiesen. Damit ist der Erzählkreis auf eine doppelte Weise abgeschlossen. Die beiden Hälften des ersten Teils der jehowistischen Exodusgeschichte sind sowohl kompositorisch als auch thematisch
eng miteinander verzahnt.

Im ersten Teil der jehowistischen Exodusgeschichte wird deutlich eine Kon-
kurrenzsituation zwischen dem auf Vernichtung zielenden Anspruch des Pharao
und dem Leben eröffnenden Anspruch Jahwes aufgebaut. Die Lösung deutet sich
zwar indirekt im Ablauf der Erzählung schon an, bleibt aber noch unausge-
führt. Nun setzt der zweite Teil der jehowistischen Exodusgeschichte ein,
der mit dem Schluß des ersten Teils eng verbunden ist.

3.12 Der zweite Teil der jehowistischen Exodusgeschichte (Gericht +
Entlassung)

Zentraler Inhalt des zweiten Teils der jehowistischen Exodusgeschichte ist
das Problem der "Entlassung" der Israel-Söhne, ganz entsprechend den in Ex
4,23 und 5,1+2 eingefügten programmatischen Aussagen [138]. Das Exodusgeschehen erscheint dabei innerhalb des jehowistischen Werkes unter einem doppelten
Aspekt. Im Geschehen des Exodus soll sich einerseits die Unvergleichlichkeit
Jahwes gegenüber allen anderen Göttern erweisen, die vom Pharao mit der Frage "Wer ist Jahwe?" (Ex 5,2) bestritten worden ist, andererseits ist eben
dieses Geschehen des Exodus zugleich auch ein Gericht über den sich gegen
Jahwe auflehnenden Pharao. Gegenüber dem ersten Teil der jehowistischen
Exodusgeschichte sind im zweiten Teil die Akzente genau umgekehrt gesetzt.
Entgegen der auf Tod und Vernichtung zielenden Herrschaft des Pharao be-

---

138 Noch über die Tradition hinaus hat Je das Motiv der Entlassung innerhalb des zweiten Teils seiner Exodusgeschichte an zwei weiteren Stellen redaktionell eingefügt, und zwar in Ex 7,14b (im Anschluß an Ex
4,23) sowie in Ex 14,5 (Rückblick auf die schon erfolgte Entlassung).

deutet der Exodus für die Israel-Söhne eine Befreiung zum Leben, während er für den Pharao selbst der Tod ist, also genau jenes Schicksal, das der Pharao den Israel-Söhnen als ihr eigenes Schicksal zugedacht hatte.

Angesichts dieser Akzentsetzungen wird es auch verständlich, warum sich im Rahmen der Berufung des Mose im Blick auf die künftige Entlassung der Israel-Söhne vor allem Anspielungen auf die Tötung der Erstgeburt des Pharao sowie - wenn auch mehr indirekt - auf den schutzgewährenden Blutritus des Pesach finden, der die Israel-Söhne vor dem Tode bewahren soll. Werden die in den literarischen Querverbindungen angezeigten theologischen Leitgedanken beachtet, dann ist damit zugleich aber auch ein Kriterium gewonnen, mit dessen Hilfe es gelingen kann, in groben Umrissen die Strukturlinien des zweiten Teils der jehowistischen Exodusgeschichte selbst sichtbar zu machen [139].

Die für Ex 12,21-31* bestimmende Thematik, auf die in der Berufung des Mose mehrfach verwiesen wird, begegnet innerhalb des zweiten Teils der jehowistischen Geschichtsdarstellung explizit nochmals in Ex 9,1-7*, wo die von der Tradition schon vorgegebene Thematik der Verschonung Israels vor den Folgen des Schlagens Jahwes durch die jehowistische Redaktion eine stärkere Akzentuierung erfahren hat [14o]. Von daher ergibt sich deutlich eine Zweiteilung der Erzählfolge mit einem ersten Höhepunkt in Ex 9,1-7, während der zweite Höhepunkt der jehowistischen Exodusgeschichte und zugleich deren Abschluß in der Darstellung der Vernichtung der Ägypter sowie der Errettung der Israel-Söhne am Meer in Ex 14* liegt [141].

---

139 Im vorliegenden Zusammenhang kann es nicht um eine differenzierte Analyse des zweiten Teils der jehowistischen Exodusgeschichte (Plagen + Meerwunder) gehen (dies soll an anderer Stelle geschehen), vielmehr sind nur anhand einiger literarisch-theologischer Kriterien die wesentlichen Strukturlinien nachzuzeichnen. Zu beachten sind dabei aber auch die allgemeinen Kriterien literarischer Gestaltung bei Je, wie sie sich an anderen Teilen seines Werkes zeigen (für den ersten Teil der jehowistischen Exodusgeschichte vgl. o.u. 3.11 und für die jehowistische Urgeschichte vgl. P. WEIMAR, BZAW 146, 161).

14o In Ex 9,1-7, dessen Grundbestand auf J^Vorl / J zurückgeht, hat die jehowistische Redaktion nur punktuell eingegriffen, wobei als redaktionelle Elemente aus der Hand von Je Ex 9,2b.6aα.7a anzusprechen sind.

141 Die damit sich zeigende Zweiteilung der Erzählfolge im zweiten Teil der jehowistischen Exodusgeschichte ließe sich durch eine Reihe weiterer Beobachtungen absichern, wobei formal-strukturelle wie inhaltliche Beobachtungen gleichermaßen zu berücksichtigen wären. Daß der Höhepunkt

Am Ausgangspunkt der ersten Hälfte des zweiten Teils der jehowistischen
Exodusgeschichte steht die Erzählung von der Verschärfung der Fronarbeiten
für die Israel-Söhne als Folge der an den Pharao gerichteten Entlassungsforderung in Ex 5,6-6,1 [142]. Einen besonderen Akzent erhält die Erzählung
durch den von Je zur vorliegenden Gestalt ausgebauten Vorwurf an Jahwe in
Ex 5,22+23, indem gerade das Handeln Jahwes und das Handeln des Pharao zueinander in Beziehung gesetzt werden [143]. Indem in Ex 5,6-6,1* die zu Beginn des ersten Teils der jehowistischen Exodusgeschichte geschilderte Situation - in verschärfter Form - noch einmal aufgenommen ist, werden zugleich die Anfänge der beiden Teile der Exodusgeschichte des Jehowisten auch
kompositorisch eng miteinander verklammert. An Ex 5,6-6,1* schließt sich so-

---

der zweiten Hälfte des zweiten Teils der jehowistischen Exodusgeschichte in Ex 14* und nicht, wie aufgrund der engen thematischen Verwandtschaft von Ex 12,21-31* zu Ex 9,1-7* sowie der Vorverweise der Berufung des Mose gerade auf Ex 12,21-31* vielleicht zu erwarten gewesen
wäre, in Ex 12,21-31* liegt, ist einerseits möglicherweise durch die
bei Je stark ausgeprägte Rückbindung an die Tradition bedingt, liegt
andererseits aber in der theologischen Absicht der jehowistischen Exodusgeschichte begründet (dazu s.u.), weshalb Je die Meerwundergeschichte durch Ex 14,5b auch ausdrücklich an Ex 12,31* zurückgebunden hat.

142 Die jehowistische Redaktion hat in Ex 5,6-6,1 mehr oder minder stark in
die überlieferte jahwistische Erzählung (vgl. dazu S. 123f Anm. 95.96)
eingegriffen. Als Elemente der jehowistischen Redaktion sind dabei innerhalb der einleitenden Rede des Pharao in Ex 5,6-9 die angefügte In-
finitiv-Konstruktion Ex 5,7bß (vgl. damit Gen 11,3 Je), aber auch die
Aussagen in Ex 5,8a und 9 anzusehen, die alle die Tendenz verfolgen,
eine Verschärfung des bisherigen Frondienstes anzuzeigen. Die gleiche
Tendenz verfolgen auch die nachhinkenden Notizen in Ex 5,11aß+b sowie
das den Zusammenhang zwischen Ex 5,15b und 16b unterbrechende Zitat
in Ex 5,16a, die damit ebenfalls auf Je zurückgehen werden. Eine jeho-
wistische Bildung dürfte sodann auch die abschließende Feststellung in
Ex 5,12 sein, mit der die erste Hälfte der jehowistischen Erzählung in
Ex 5,6-6,1* abgeschlossen wird (vgl. in diesem Zusammenhang auch den
Gebrauch der Basis פוץ, die ein wichtiges, auch strukturbildendes
Element der jehowistischen Urgeschichte ist (Gen 1o,18b; 11,4.8.9)).
Auf die Hand von Je geht sodann noch die Ausgestaltung des Vorwurfs des
Mose an Jahwe durch Einfügung von Ex 5,22bα und 23a zurück.

143 Der Vorwurf des Mose an Jahwe in Ex 5,22+23 läßt eine sorgfältige literarische Strukturierung erkennen, insofern den beiden einleitenden vorwurfsvollen Fragen (mit למה) (Ex 5,22b) zwei Feststellungen (Ex 5,23)
gegenübertreten, wobei sich jeweils die ersten und zweiten Glieder der
beiden Redehälften entsprechen. Durch die jehowistische Redaktion hat
die aus der Tradition (J) übernommene Fassung der vorwurfsvollen Frage
deutlich an Schärfe gewonnen, insofern jetzt die Handlungsweisen Jahwes
und des Pharao gegenüber dem Volk parallelisiert werden (Ex 5,22bα/23a),
was deutlich durch eine Parallelisierung der Formulierungen (למה הרעתה
לעם הזה / הרע לעם הזה) angezeigt ist.

dann eine erste Reihe von vier Plagen an, die paarweise einander zugeordnet sind [144]. Dabei knüpft die von Je redaktionell stark umgestaltete Jahwerede in Ex 7,14-18* unmittelbar an die Berufung des Mose an [145], um auf diese Weise zu Beginn der eigentlichen Befreiungsaktionen nochmals die Grundthematik, die die jehowistische Exodusgeschichte bestimmt, zur Geltung zu bringen.

---

144 Deutlich greifbar wird die parallele Zuordnung von jeweils zwei Plagen vor allem bei den beiden ersten Plagen Ex 7,14-23* und 7,26-8,11*, in sofern nämlich Je in Ex 7,26-8,11* - über die jahwistische "Froschplage" hinaus - in Ex 7,28 betont den "Nil" eingeführt hat, was zweifellos deshalb geschehen ist, um auf diese Weise die beiden ersten Plagen zusammenbinden zu können. Aber auch bei der dritten und vierten Plage scheint Je durch Einfügung der verwandten Aussagen Ex 8,27aα und 9,6aα eine Zuordnung der beiden Plagen beabsichtigt zu haben.

145 Die Jahwerede Ex 7,14-18 weist eine Reihe von Spannungen auf, die darauf schließen lassen, sie als eine redaktionell verwachsene Einheit zu verstehen. Auffällig ist schon die Eröffnung der Rede mit einer doppelgliedrigen Feststellung, deren beide Glieder asyndetisch nebeneinander stehen. Erst darauf folgt in Ex 7,15+16aα die sonst in den Plagen in erster Position stehende Redebeauftragung des Mose. Doch zeigt auch diese deutlich Spuren redaktioneller Bearbeitung. Zum einen unterbricht die nominale Situationsangabe הנה יצא המימה in Ex 7,15aα den Zusammenhang zwischen dem einleitenden Imperativ (לך) und der nachfolgenden Afformativkonjugation (ונצבת), zum anderen ist die Konstruktion von Ex 7,15 mit Inversion zwischen zwei Afformativkonjugationen in Ex 7,15aβ und 16aα auffällig. In beiden Fällen ist mit redaktionellen Erweiterungen zu rechnen. Eine formal mit Ex 7,15aα verwandte (והנה) sowie inhaltlich sich mit Ex 7,14 berührende Feststellung liegt in Ex 7,16b vor, die nach 7,16a wie ein Fremdkörper erscheint. Mit Ex 7,16b hängt unmittelbar Ex 7,17a zusammen. Die ursprüngliche Form der Jahwerede wird erst wieder mit der Ankündigung des Handelns Jahwes in Ex 7,17b+18 fortgeführt. Doch sind auch hier Spuren redaktioneller Bearbeitung erkennbar, wie allein schon die Ansage der Folge des Handelns Jahwes zeigt, wo zwei verschiedene Aussagen miteinander konkurrieren (Ex 7,17bβ/18aα) von denen aber nur eine ursprünglich sein kann. Während Ex 7,18aα als die ursprüngliche Ansage der Folge zu verstehen sein wird, dürfte Ex 7,17bβ - so wie die damit zusammenhängende Aussage von Ex 7,18aßb - eine redaktionelle Hinzufügung sein. Diese Vermutung wird durch die Zukunftsankündigung in Ex 7,17bα bestätigt. Deutlich besteht ein Zusammenhang zwischen מטה אשר בידי על המים הזה ביאר in Ex 7,17bα und den als redaktionell erkannten Aussagen in Ex 7,15aα und 15b, weshalb auch במטה אשר בידי על המים הזה ביאר in Ex 7,17bα eine redaktionelle Bildung sein dürfte. Dies läßt auf der anderen Seite auch die Inkongruenz der Formulierung in Ex 7,17bα selbst erkennen, wo aufgrund des Zusammenhangs der Jahwerede eigentlich Jahwe als Satzsubjekt zu erwarten ist, während es aufgrund des Ausdrucks "mit dem Stab in meiner Hand" eigentlich nur Mose sein kann. Aufgrund dieser Beobachtungen läßt sich für Ex 7,14-18 eine ältere Form (J/JVorl) der Jahwerede konstruieren, der Ex 7,14aα.15aα (nur לך אל פרעה בבקר).15aβ* (wahrscheinlich ohne על שפת היאר).16a.17bα* (nur הנה אנכי מכה).18aα zuzurechnen ist, während alle anderen Aussagen in Ex 7,14-18 als redaktionell zu bestimmen sind.

Die zweite Szenenfolge des zweiten Teils der Exodusgeschichte des Jehowisten setzt mit einer Folge von vier Plagen - mit Höhepunkt in der Tötung
der Erstgeburt und anschließender Entlassung - ein, die gleichfalls paarweise einander zugeordnet sind [146]. Daran schließt sich als Abschluß und
Höhepunkt der jehowistischen Darstellung des Exodusgeschehens die ebenfalls
zweiteilig strukturierte Geschichte von der Vernichtung der Ägypter am Meer
sowie der Errettung Israels in Ex 14* an [147], die sich in Ex 14,5b ausdrücklich auf die Entlassung der Israel-Söhne aus dem Frondienst (vgl. Ex 12,31*)
zurückbezieht. Auffälligerweise lenkt dabei der Jehowist gerade am Höhepunkt
aller Aktionen, die auf eine Befreiung der Israel-Söhne hinzielen, zurück
zum Ausgangspunkt, insofern - im Augenblick der gewonnenen Freiheit - Israel
diese mit dem "Dienst" in Ägypten vertauschen will (Ex 14,11+12) [148]. Zu-

---

Da sie thematisch untereinander verbunden erscheinen, werden sie alle
auf eine einzige Redaktion zurückgehen, die wegen der durchgängigen Bezugnahme auf die jehowistische Darstellung der Berufung des Mose (vgl.
Ex 7,14b mit 4,23aß; 7,15b mit 4,2-4; 7,16b+17a mit 5,2) als jehowistisch zu charakterisieren ist.

146 Die Indizien für eine paarweise Zuordnung der Plagen sind hier mehr
indirekt. Die ersten beiden Plagen in Ex 9,13-35* und 1o,1-2o* entsprechen sich sowohl durch die Art der Katastrophe (Hagel / Heuschrecke)
als auch durch die übertreibende Herausstellung ihrer Schwere (Ex 9,
18b/1o,5a und 15aα). Noch weniger ausgeprägt ist die Zuordnung der
letzten beiden Plagen in Ex 1o,21-26* und 11,1-5*+12,21-31* (Finster-
nis/Mitternacht), was nicht zuletzt damit zusammenhängt, daß Je hier
weitgehend von vorliegenden Traditionen abhängig ist.

147 Im Gegenüber zu J, der eine ihm vorgegebene Darstellung des Meerwunders (dazu vgl. P. WEIMAR - E. ZENGER, SBS 75, 26-27.47-7o) allem Anschein nach nur geringfügig bearbeitet hat (auf J gehen wohl nur Ex
14,1oba.21aα*ß.25b.27aα*ß zurück), ist der Anteil von Je an der Gestalt
der Meerwundergeschichte in der vorpriesterschriftlichen Tradition wesentlich höher einzuschätzen. Als Bestandteile der jehowistischen Tradition in Ex 14 sind dabei wahrscheinlich Ex 14,5b.7a.11.12.19b.2ob.24aα.
24aß* (בעזר אתם ויסע).3ob.31b anzusehen (zur Analyse von Ex 14 vgl.
vorläufig noch E. ZENGER, Exodus, 142-15o und 277 Anm. 81). Die jehowistische Meerwundergeschichte weist eine zweiteilige Struktur auf.
Während der erste Teil (Ex 14,5-14*) von den Aktionen des Pharao/der
Ägypter bestimmt ist, steht im zweiten Teil (Ex 14,19-31*) das Handeln
Jahwes im Vordergrund.

148 Die Auflehnung und Widerstand gegen Mose anzeigende Rede der Israel-Söhne in Ex 14,11+12, die als solche ein jehowistisches Konstrukt ist,
läßt eine sorgfältig durchgeführte Baustruktur erkennen. Während die
beiden ersten Fragen auf die Handlungsweise des Mose zielen (Ex 14,11),
steht in der zweiten Hälfte der Rede (Ex 14,12), die ebenfalls aus zwei
Gliedern besteht, Tun und Absicht der Israel-Söhne selbst im Vordergrund. Parallel zur strukturellen Zweiteilung der Rede entsprechen sich
das erste und vierte Glied (keine Gräber in Ägypten/den Ägyptern dienen und במדבר למות / במדבר וממתנו) sowie das zweite und dritte Glied

gleich wird aber mit 14,31b der Schluß der Meerwundergeschichte - ebenso
wie deren Anfang (vgl. 7,15b) - an die Berufung des Mose (Ex 4,1-5a) zurückgebunden, womit der ganze zweite Teil der jehowistischen Exodusgeschichte
als Entfaltung des dort entwickelten Programms erscheint. Aufgrund der im
Vorangehenden mitgeteilten Beobachtungen dürfte der zweite Teil der jehowistischen Exodusgeschichte etwa den folgenden Aufbau gehabt haben:

ERSTE HÄLFTE

Erste Szene (Ex 5,6-6,1*)
1. Verschärfung des Vernichtungsbeschlusses (Herstellung von Ziegeln)
   (Ex 5,6-12*)
2. Protest des Mose gegen das Handeln Jahwes angesichts der Verschärfung der Vernichtungsmaßnahmen (Ex 5,14-6,1*)

Zweite Szene (Ex 7,14-8,11*)
1. Erste Plage: Verwandlung des Nil in Blut (Ex 7,14-23*)
2. Zweite Plage: Hinaufsteigen von Fröschen aus dem Nil (Ex 7,26-
   8,11*)

Dritte Szene (Ex 8,16-9,7*)
1. Dritte Plage: Stechmücken (Ex 8,16-28*)
2. Vierte Plage: Viehpest (Ex 9,1-7*)

ZWEITE HÄLFTE

Erste Szene (Ex 9,13-1o,2o)
1. Fünfte Plage: Hagel (Ex 9,13-35*)
2. Sechste Plage: Heuschrecke (Ex 1o,1-2o*)

Zweite Szene (Ex 1o,21-12,31*)
1. Siebte Plage: Finsternis (Ex 1o,21-26*)
2. Achte Plage: Tötung der Erstgeburt + Entlassung der Israel-Söhne
   (Ex 11,1-5* + 12,21-31*)

Dritte Szene (Ex 14,5-31*)
1. Verfolgung der Israel-Söhne durch die Ägypter + Sehnsucht nach
   Ägypten (Ex 14,5-14*)
2. Errettung der Israel-Söhne und Vernichtung der Ägypter am Meer
   (Ex 14,19-31*)

(Herausführung aus Ägypten / Ablehnung). An der Struktur von Ex 14,11+
12 läßt sich zum einen deutlich das innere Gefälle der Rede der Israel-
Söhne ablesen sowie zum anderen die spezifische Wertung dessen, was
"Ägypten" für den Jehowisten bedeutet, erkennen.

Das besondere jehowistische Verständnis des Exodusgeschehens ergibt sich
aus dem Gegeneinander zweier Erzählbewegungen, die für die beiden Teile der
Exodusgeschichte des Jehowisten gleichermaßen bestimmend sind. Auf der einen Seite ist es das in der Gestalt des Pharao symbolisierte Prinzip, das
auf die Ausrottung und den Tod des Jahwe-Volkes zielt, worin bei Je das Spezifische der in Ägypten erfahrenen Bedrückung liegt. Auf der anderen Seite
ist es die in Jahwe zusammengefaßte und von ihm ausgehende Bewegung der Eröffnung eines neuen Lebensraumes. Da die auf "Tod" zielende Handlungsweise
des Pharao für Je kein neutral zu wertender Vorgang ist, sondern deutlich
als Widerstand gegen Jahwe verstanden werden muß, ist der Exodus, der für
Israel selbst eine Befreiung zum Leben ist, für den Pharao/Ägypten ein Gericht zum Tode. Daß die Befreiung zum Leben durch Jahwe keineswegs ein be-
quemer Weg ist, verrät die Sehnsucht nach "Ägypten" gerade in dem Augenblick, da der Weg der Freiheit erscheint. Das innere Band, das die verschiedenen Teile der jehowistischen Geschichtsdarstellung zusammenhält, ist dabei die durch den Jehowisten selbst stark mitgeprägte Berufung des Mose,
ohne daß ihr aber kompositorisch eine herausragende Stellung innerhalb der
jehowistischen Exodusgeschichte zukäme.

*3.2 Die Berufung des Mose im Rahmen der jehowistischen Geschichtsdar-
stellung*

Die Funktion der Berufung des Mose im Rahmen der jehowistischen Geschichtsdarstellung wird anhand der über den Rahmen der Exodusgeschichte hinaus wei-
senden geprägten Elemente erkennbar, die sowohl nach vorwärts bis hin zur
Landnahme, aber auch nach rückwärts (Jakob) verweisen. Zu beachten ist vor
allem die durch literarische Querverbindungen angezeigte Entsprechung von
Exodus und Landnahme, darüber hinaus gehend auch der Bezug auf den Sinai.
Weniger ausgeprägt erscheint demgegenüber der Rückverweis auf die Vätergeschichte, wobei bezeichnenderweise Anspielungen auf die den Vätern gegebenen Verheißungen fehlen und nur ein Bezug zur Gefährdung Jakobs (Gen 32,23-
32*) hergestellt wird [149].

---

149 Andere Anspielungen auf die Väter-Geschichte sind indirekter Natur, insofern sie nur aufgrund der jehowistischen Rezeption der Traditionen
von J und E vermittelt sind. Aufgrund der größeren Nähe von Je zu E
kommt der elohistischen Tradition dabei das größere Gewicht zu, während die jahwistische Tradition erst in zweiter Linie zu berücksichtigen sein wird.

Der Rückbezug der Berufung des Mose auf die Gefährdung des Jakob in Gen 32, 23-32* ist doppelter Natur. Aufgrund der verwandten Situation - ohne direkte Stichwortentsprechung - besteht zunächst ein Zusammenhang zwischen der "Blutbräutigam"-Episode in Ex 4,24-26a* und Gen 32,23-32*. Eine unmittelbare Entsprechung ist in der Frage nach dem Namen gegeben (vgl. Ex 3,13 mit Gen 32,28), wobei die Frage in Gen 32,28 im Blick auf den Namen Jakob geschieht, während in Ex 3,13 der Name Jahwes im Blick ist. Dieser doppelte Zusammenhang zwischen der Berufung des Mose und der Erzählung in Gen 32,23-32* läßt eine kompositorische Absicht erkennen [150]. Die Akzente sind dabei jeweils anders gesetzt. Geht es nämlich in Gen 32,23-32* in der Frage nach dem Namen Jakobs um die Aufdeckung des wahren Wesens Jakobs/Israels, so zielt die Frage nach dem Namen in Ex 3,13 genau umgekehrt auf die Aufdeckung der inneren Struktur Jahwes, die dann auch im Exodusgeschehen entfaltet wird.

Während in Gen 32,23-32* die Frage nach dem Namen Jakobs und seine Gefährdung durch die Gottheit als Elemente ein und desselben Geschehensvorgangs erscheinen, sind in Ex 3/4* (Je) beide Elemente nicht unmittelbar miteinander verbunden, sondern stehen nur in einem kompositorischen Zusammenhang, womit ein doppelter Effekt erreicht wird. Zum einen wird auf diese Weise die Ambivalenz des Handelns Jahwes auch gegenüber den von ihm Erwählten sichtbar, obgleich die innere Wirklichkeit Jahwes auf Leben und nicht auf Vernichtung (Pharao) zielt. Zum anderen erscheint so das Schicksal des Mose eng mit dem Schicksal Jakobs/Israels verbunden [151]. Auch der von Jahwe Berufene und Erwählte bleibt eingespannt in jenes für die Existenz Israels konstitutive Spannungsverhältnis von Leben und Tod [152].

Indem der Jehowist am Beginn der Exodusgeschichte gerade nicht auf die den Vätern gegebenen Verheißungen zurückgreift, sondern bezeichnenderweise nur auf die Episode von der Gefährdung Jakobs/Israels auf dem Wege, wird auf ein Grundgesetz der Geschichte Israels aufmerksam gemacht, das durch den Exodus nicht einfach aufgehoben ist, sondern weiterhin bestimmend bleibt.

---

150 Vgl. in diesem Zusammenhang auch die Frage Jakobs in Gen 32,3o nach dem Namen der mit ihm kämpfenden Gottheit, die in Gen 32,3ob nur eine indirekte Antwort erfährt, im eigentlichen Sinne aber erst durch das Exodusgeschehen beantwortet wird.

151 Vgl. auch die mit Ex 4,24-26a* kompositorisch verbundenen Textstücke Ex 12,21-27* und Num 21,4b-9*.

152 Vgl. auch E. ZENGER, Exodus, 65.

Dennoch hat sich die Perspektive gegenüber Jakob mit der Berufung des Mose
grundlegend gewandelt. Während nämlich in Gen 32,23-32[*] die Wirklichkeit
Jakobs/Israels im Vordergrund steht, geht es im Exodus um die Erfahrbarma-
chung der Wirklichkeit Jahwes. Insofern ist für den Jehowisten der Exodus
ein wirklicher Neuanfang, weshalb er auch nicht einfach als Einlösung der
Verheißungen an die Väter erscheinen kann.

Die Funktion des Exodus in der Komposition der jehowistischen Geschichtsdarstellung wird außerdem erkennbar an den intensiven literarischen Querverbindungen zwischen der Berufung des Mose und dem Abschluß des Wüstenzuges
bzw. dem Anfang der Eroberung des Landes. Genau am Ende der Wüstenwanderung,
deren Schilderung in Jos 5,1o-12[*] abgeschlossen wird, vollzieht Josua unmittelbar nach der Überschreitung des Jordan (Jos 4,19aα) den Ritus der Beschneidung als eine schutzgewährende Begehung im Blick auf die bevorstehende Eroberung des Landes (Jos 5,2-3[*]), womit Je genau wieder auf die "Blutbräutigam"-Episode in Ex 4,24-26a[*] zurückgreift. Doch auch den Anfang der
Geschichte von der Eroberung des Landes bindet der Jehowist an die Berufung
des Mose zurück. Durch die nicht zu verkennende Verwandtschaft im Erzählduktus in Jos 5,13-15[*] sowie durch die nahezu wörtliche Aufnahme von Ex
3,5b in Jos 5,15a hat Je einen Zusammenhang hergestellt zwischen der die
Wende im Exodusgeschehen markierenden "Dornstrauchszene" und der die Eroberung des Landes einleitenden Erscheinung des "Führers des Heeres Jahwes"
vor Josua.

Durch den in Jos 5 sich findenden doppelten Rückgriff auf die Berufung des
Mose wird somit einmal die damit eröffnete Geschehensfolge abgeschlossen
und zugleich eine neue eröffnet. Damit bekommen die hier angebrachten Querverweise zugleich eine gliedernde Funktion im Blick auf die größere Komposition der jehowistischen Geschichtsdarstellung. Doch werden durch solche
Anspielungen auch thematische Querverbindungen hergestellt, wobei vor allem
das Moment der "Heiligkeit" des Ortes (vgl. Ex 3,5b und Jos 5,15a) von Bedeutung ist. Gerade die im Rahmen der "Dornstrauch"-Geschichte wiederholt
geschehenden Anspielungen auf den Sinai lassen damit zugleich das Sinaigeschehen als einen perspektivischen Vorausblick auf das Leben im Lande erscheinen, das zugleich dessen innere Dimensionen aufdeckt.

Aufgrund der in der Mose-Beauftragung vorkommenden geprägten Sprachelemente eröffnen sich damit auch erste Einsichten in die kompositorische Großstruktur der jehowistischen Geschichtsdarstellung [153]. Wahrscheinlich hat das jehowistische Werk aus drei großen Blöcken bestanden. Im Zentrum der Darstellung wird die Geschichte der Befreiung aus Ägypten bis hin zur bevorstehenden Landeroberung (Jordan/Gilgal) erzählt. Sie ist einerseits gerahmt von der Ur- und Vätergeschichte, die den ersten Teil des Werkes bilden, sowie andererseits von der Geschichte der Eroberung des Landes als Abschluß und Höhepunkt. Obschon jeder Teil auf dem anderen aufbaut, sind die einzelnen Teile des jehowistischen Werkes auf der anderen Seite relativ in sich geschlossen. Sie stehen wohl jeweils unter einem eigenen Leitthema, das die Darstellung der Geschehensfolge hintergründig bestimmt. Der Berufung des Mose kommt dabei aufgrund ihrer Stellung zu Beginn des zweiten Hauptteils des jehowistischen Werkes eine zentrale Rolle für das Gesamtwerk zu.

3.3 Folgerungen für Entstehungszeit und Heimat der jehowistischen Geschichtsdarstellung

Die Analyse der Berufung des Mose in Ex 3/4[*] erlaubt ein paar Folgerungen im Blick auf Entstehungszeit und Heimat der jehowistischen Geschichtsdarstellung. Die Entstehungszeit bestimmt sich in ihrem terminus a quo zunächst durch die Entstehungszeit ihrer Quellen, die in der jehowistischen Geschichtsdarstellung zu einem neuen Ganzen verarbeitet worden sind. Ist es richtig, daß die in sich geschlossene vierteilige Komposition einer "Exodusgeschichte" in Ex 1-4 wohl im Jerusalem des ausgehenden 8. Jh. entstanden ist, dann kann auch die jehowistische Geschichtsdarstellung nicht früher entstanden sein. Aufgrund der engen Verwandtschaft sowohl sprachlicher Art als auch im Blick auf die sich zeigende theologische Konzeption wird die jehowistische Redaktion andererseits auch nicht zu weit von der Entstehung der vierteiligen Komposition einer Exodusgeschichte, die sich in Ex 1-4 ausmachen läßt, abzusetzen sein.

Für eine Datierung der jehowistischen Geschichtsdarstellung frühestens in das ausgehende 8. Jh. gibt es aber auch direkte Hinweise in der Geschichte von der Berufung des Mose selbst. Darauf deutet zunächst die Abhängigkeit

---

153 Angesichts fehlender Arbeiten über Umfang und Struktur der jehowistischen Geschichtsdarstellung können die folgenden Hinweise nicht mehr als erste Anmerkungen zur Kompositionsstruktur von Je sein.

von Jes 6[*] bei der Deutung der Mose-Berufung hin, die sich in der Übernahme
des Terminus שלח in Ex 3,7 sowie in ihrer Situierung an einem "heiligen
Ort" dokumentiert. In die gleiche Richtung weist eine andere Beobachtung.
Bezeichnenderweise erhält der Frondienst, den der Pharao den Israel-Söhnen
auferlegt, gegenüber der Tradition insofern einen neuen Bedeutungsgehalt
untergelegt, als damit in der jehowistischen Redaktion gerade die Versuche
des Pharao gemeint sind, die Israel-Söhne in ihrem Bestand zu vernichten.
Der doppelte Aspekt des Exodusgeschehens bei Je, insofern es für die Israel-
Söhne eine Befreiung zum Leben, für den Pharao aber zugleich ein Gericht
zum Tod ist, verrät auf der anderen Seite eine gewisse Distanz zu den Ge-
schehnissen selbst. Die Darstellung hat so geradezu den Charakter einer
grundsätzlichen Reflexion auf die Bedingungen der Sicherung der eigenen
Existenz, auch wenn diese auf der anderen Seite wiederum einer aktuellen
Spitze nicht entbehren wird.

Die in der jehowistischen Exodusgeschichte gegebene Neu-Interpretation des
Exodus ist allem Anschein nach wesentlich beeinflußt von der assyrischen
Expansionspolitik, die gegen Ende des 8. Jh. einen verstärkten Druck auf
Juda ausübte, aber wohl auch von der Tatsache der wunderbaren Errettung Je-
rusalems vor der Belagerung Sanheribs (701). Andererseits wird die Spannung
von Leben und Tod, zwischen denen Israel agiert, nicht als etwas Überwunde-
nes, sondern als bleibend gegenwärtig dargestellt. Von daher wird als Zeit
der Entstehung der jehowistischen Geschichtsdarstellung, soweit dies an der
Exodusgeschichte greifbar wird, am ehesten die Regierungszeit des Manasse
anzusehen sein, als das assyrische Großreich den Höhepunkt seiner Macht
sowie seine größte Ausdehnung erlebte, wobei der terminus ad quem der Tod
Asarhaddons (669) sein dürfte [154]. In die Zeit der Regierung des Manasse
fügen sich die vorhandenen Daten am besten.

Von daher ist die jehowistische Geschichtsdarstellung als ein Dokument des
prophetischen Widerstandes gegen die Politik des Manasse zu verstehen. Die
Kräfte, die hinter der Gestaltung des jehowistischen Werkes stehen, haben
sich aber zu Lebzeiten Manasses nicht durchsetzen können. Erst nach der Er-
mordung des Manasse-Sohnes Amon scheinen sie in der Investitur des Joschija
zum Zuge gekommen zu sein. In diesem Zusammenhang ist vor allem auch der

---

154 Die historische Rückfrage kommt angesichts der denkbar schlechten Quel-
     lenlage über Vermutungen nicht hinaus und trägt dementsprechend einen
     stark hypothetischen Charakter.

starke prophetische Einschlag zu beobachten, der sich in der Stilisierung der Berufung des Mose niedergeschlagen hat. Inspiriert scheint der prophetische Widerstand gegen die Politik Manasses dabei - aufgrund der auffälligen Rückbindung an Nordreich-Traditionen (vor allem E) - von solchen Propheten zu sein, die ihre "geistige Heimat" im Nordreich gehabt haben.

KAPITEL VI

Die deuteronomistische Redaktion der Berufung des Mose

Gegenüber der jehowistischen Redaktion setzt die deuteronomistische Redaktion mehr punktuell an, insofern nur an wenigen Stellen redaktionelle Eintragungen angebracht werden, ohne daß dadurch die Struktur der jehowistischen Berufungsgeschichte selbst verändert würde. Als "deuteronomistisch"
sind dabei Ex 3,8aßb.17, 3,19+2o sowie 5,3bß anzusehen.

1. Die Landbeschreibungen in Ex 3,8* und 17

In Ex 3,8 hat sich die deuteronomistische Landbeschreibung an die jahwistische Angabe "ein schönes und weites Land" angehängt. Diese Landbeschreibung wird sodann noch einmal - ohne Anhalt in der Tradition - als Zitat aus
Ex 3,8 in Ex 3,17 eingeführt. Beide Landbeschreibungen bestehen dabei aus
zwei Elementen, einer Charakteristik des Landes, in das das Volk kommen
wird, und einer an den Terminus מקום / ארץ sich anschließenden Völkerliste,
nur daß die Reihenfolge beider Elemente in den beiden Versen vertauscht
ist. Beide Elemente sind jeweils für sich zu untersuchen.

1.1 Die Floskel "ein Land, das von Milch und Honig fließt"

Die Floskel ארץ זבת חלב ודבש begegnet mehrfach innerhalb, aber auch außerhalb des Pentateuch [1]. Keiner der Belege ist dabei früher als das Deuteronomium anzusetzen, wo die Floskel auch schwerpunktmäßig begegnet. Bei allen
in Dtn vorkommenden Belegen der Floskel ist sie nur locker in den Zusammenhang eingefügt, so daß sie unschwer als redaktionelle Hinzufügung verstan-

den werden kann [2]. Außerdem ist das Vorkommen der Floskel gerade in den Rahmenaussagen des Buches Dtn zu beachten, die überdies mehrfach durch literarische Querverbindungen miteinander verbunden sind.

Erstmals in Dtn findet sich die Floskel "ein Land, das von Milch und Honig fließt" in Dtn 6,3, wo sie keinerlei Beziehung zum Textzusammenhang aufweist [3]. Eng berührt sich dabei das Vorkommen der Floskel in Dtn 6,3 mit dem jüngeren redaktionellen Einschub Dtn 27,3 [4], wo die Milch-Honig-Formel gleichfalls in Verbindung mit dem Rückverweis כאשר דבר יהוה אלהי אבתיך לך, nur daß hier die Abfolge der beiden Elemente umgekehrt ist [5]. Als redaktionelle Rahmenaussage ist auch der stark formelhafte geprägte Vers Dtn 11,9 anzusehen [6], der thematisch sowohl mit Dtn 6,3 als auch mit Dtn 27,3 verbunden ist. Auf die gleiche Redaktion geht wahrscheinlich die mit Dtn 26,14b

---

1 Vgl. J.G. PLÖGER, Literarkritische, formgeschichtliche und stilkritische Untersuchungen zum Deuteronomium, BBB 26, Bonn 1967, 9of; S.D. WATER-HOUSE, A Land Flowing with Milk and Honey, Andrews University Studies 1, 1963, 152-166; A. CAQUOT, Art. דבש, ThWAT II (1977) 135-139 (138-139), jeweils mit Hinweis auf ältere Literatur.

2 Vgl. J.G. PLÖGER, BBB 26, 9o und W.H. SCHMIDT, BK II/2, 138.

3 Die Milch-Honig-Floskel in Dtn 6,3bß fällt syntaktisch aus der Konstruktion des Satzes heraus. Da sich ein Textausfall (vgl. etwa die auf LXX basierenden Ergänzungsvorschläge (so z.B. bei C. STEUERNAGEL, HK I/3, 24) oder auch andere Ergänzungsvorschläge (so z.B. bei S.R. DRIVER, A Critical and Exegetical Commentary on Deuteronomy, ICC, Edinburgh 1895, 89 und S. MITTMANN, Deuteronomium, 1,1-6,3 literarkritisch und traditions-geschichtlich untersucht, BZAW 139, Berlin 1975, 14o)), aber auch ein ursprünglicher Zusammenhang mit Dtn 6,1 (vgl. etwa A. DILLMANN, Numeri, Deuteronomium und Josua, KeH 13, Leipzig 1886, 269) sich nicht wahrschein-lich machen läßt, dürfte Dtn 6,3bß - ebenso wie Dtn 6,3aß - als ein redaktioneller Zusatz zu verstehen sein, der möglicherweise aufgrund von Dtn 27,3 geschehen ist (vgl. dazu auch Anm. 5).

4 Zur Analyse von Dtn 27,1-8 vgl. etwa C. STEUERNAGEL, HK I/3, 96f.

5 Im Gegensatz zu Dtn 6,3b ist die Milch-Honig-Floskel in Dtn 27,3b fest in den Zusammenhang eingebunden, so daß sie hier als ursprünglicher Bestandteil der jüngeren redaktionellen Aussage Dtn 27,3 verstanden werden kann. Möglicherweise hat das Vorkommen der Wendung כאשר דבר יהוה אלהי אבתיך לך an beiden Stellen (sonst nur noch in Dtn 1,21; vgl. auch F.G. LOPEZ, Analyse littéraire de Deutéronome V-XI, RB 84, 1977, 481-522 und 85, 1978, 5-49 (18)) sekundär die in Dtn 27,3b fest damit verbundene Milch-Honig-Floskel in Dtn 6,3b angezogen, so daß Dtn 6,3bß einer noch jüngeren Redaktionsschicht als Dtn 27,3b zugeschrieben werden muß.

6 Zum redaktionellen Charakter von Dtn 11,9 vgl. G. SEITZ, Redaktionsge-schichtliche Studien zum Deuteronomium, BWANT V/13, Stuttgart 1971, 89-91.

zu verbindende Aussage in Dtn 26,15b zurück, die in keiner inneren Beziehung
zu Dtn 26,15a steht [7]. Während die bislang angefügten Belege als redaktionelle Rahmenaussagen verstanden werden müssen, begegnet die Floskel in
Dtn 26,9 außerhalb eines solchen Zusammenhangs als Element des kleinen geschichtlichen Credos, das in seiner vorliegenden Form aber kaum älter sein
wird als die redaktionellen Rahmennotizen [8]. Nicht ganz vollständig (ohne
das einleitende ארץ) findet sich die Floskel sodann auch in Dtn 31,2o, wo
gerade die Beziehungslosigkeit - ähnlich wie in Dtn 6,3 - für ihren redaktionellen Charakter spricht [9].

Keiner der Belege der Floskel "ein Land, das von Milch und Honig fließt"
innerhalb von Dtn kann den älteren Schichten zugerechnet werden. In allen
Fällen handelt es sich um jüngere redaktionelle Elemente, die frühestens
deuteronomistisch sein werden. Aufgrund der immer wieder zu beobachtenden
intensiven literarischen Querverweise auf Dtn 4 wird dabei am ehesten an
jene sekundär deuteronomistische Schicht zu denken sein, auf die auch Dtn
4,1-4o zurückgeht, während einzelne Belege - so Dtn 6,3bß und 31,2o - noch
jünger sein werden. Zu diesem Befund, wie er sich anhand von Dtn zeigt,
paßt auch das sonstige Vorkommen der Floskel.

Das gilt zunächst für die Belege außerhalb des Pentateuch. Deutlich ist Jos
5,6 als eine redaktionelle Bildung zu verstehen, die allem Anschein nach,
obschon stilistisch mit Dtr verwandt, erst als nachpriesterschriftlich anzusehen ist und wohl mit der Schlußredaktion des Pentateuch auf einer Ebene
liegt [1o]. Als "deuteronomistisch" ist das Vorkommen der Milch-Honig-Floskel
in Jer 11,5 und 32,22 zu qualifizieren [11], wobei Jer 32,22 möglicherweise

---

7 Zur Analyse vgl. C. STEUERNAGEL, HK I/3, 95.

8 Daß Dtn 26,5-9 - entgegen der Annahme von G. VON RAD (BWANT IV/22, Stuttgart 1938 = ThB 8, München [3]1965, 9-86) - ein verhältnismäßig junger,
   ganz von dtn-dtr.Ausdrücken durchsetzter Text ist, dazu vgl. L. ROST,
   Das kleine geschichtliche Credo, in: Das kleine Credo und andere Studien
   zum Alten Testament, Heidelberg 1965, 11-25; W. RICHTER, FS M. Schmaus,
   Paderborn 1967, I, 175-212; N. LOHFINK, ThPh 46 (1971) 19-39.

9 Daß Dtn 31,14-23 kaum als Werk des deuteronomischen Autors verstanden
   werden kann, ist schon lange gesehen worden (vgl. die bei S.R. DRIVER,
   Deuteronomy, 336f sich findenden Hinweise auf die ältere Literatur).
   Möglicherweise handelt es sich bei diesem Abschnitt, der in sich selbst
   nicht einheitlich sein dürfte, um eine R[P] zu verdankende redaktionelle
   Einfügung.

1o Zur Analyse vgl. S. 287f Anm. 122.

einer jüngeren dtr. Redaktion zuzuschreiben ist. Die beiden Vorkommen der
Floskel in Ez 2o,6 und 15 sind, da sie jeweils von ihrem Bezugswort ארץ
durch RS getrennt sind, nur locker in den Textzusammenhang eingefügt, so
daß sie - zusammen mit dem unmittelbar daran angeschlossenen NS - unschwer
als redaktionelle Erweiterungen verstanden werden können.

Ähnlich sind die literarischen Verhältnisse innerhalb des Pentateuch zu beurteilen. Im Exodus-Buch begegnet die Floskel - neben Ex 3,8 und 17 - noch
an zwei Stellen. In Ex 13,5 steht sie in einem gemeinhin als deuteronomistisch beurteilten Abschnitt [12], wobei Ex 13,5 der jüngsten Schicht innerhalb von Ex 13,1-16 zuzurechnen ist, die wohl erst nach-dtr. und mit R^P zu
identifizieren ist [13]. Ebenfalls in einem dtr. Abschnitt findet sich Ex 33,3
Doch spricht auch hier die fehlende syntaktische Verbindung für einen nach-
dtr. Einschub, der dabei am ehesten von R^P stammen wird [14]. Einer nachprie-

---

11 Vgl. dazu nur W. THIEL, Die deuteronomistische Redaktion von Jeremia 1-
    25, WMANT 41, Neukirchen-Vluyn 1973, 139-157.

12 Vertreter dieser Auffassung sind zusammengestellt bei M. CALOZ, Exode
    XIII, 3-16 et son rapport au Deutéronome, RB 75 (1968) 5-62 (5 Anm. 5)
    sowie P. LAAF, BBB 36, 28 Anm. 13o, wobei Ex 13,3-16 neuerdings gern
    als "vor-dtr." beurteilt wird (vgl. dazu N. LOHFINK, Das Hauptgebot.
    Eine Untersuchung literarischer Einleitungsfragen zu Dtn 5-11, AnBb 2o,
    Rom 1963, 121-124; M. CALOZ, RB 75, 1968, 5-62; J.G. PLÖGER, BBB 26,
    71-77; R.P. MERENDINO, Das deuteronomische Gesetz. Eine literarkritische
    gattungs- und überlieferungsgeschichtliche Untersuchung zu Dt 12-26, BBB
    31, Bonn 1969, 13of).

13 Ohne daß in diesem Zusammenhang eine eingehende literarkritische Analyse
    von Ex 13,1-16 möglich ist, so ist auf der anderen Seite keineswegs zu
    bestreiten, daß der vorliegende Text in sich nicht einheitlich ist, son-
    dern alle Anzeichen einer längeren Entstehungsgeschichte trägt. Dabei
    weist der Sprachgebrauch gerade der jüngeren redaktionellen Erweiterun-
    gen in Ex 13,1-16, worin sowohl Anklänge an priesterschriftlichen als
    auch an dtn/dtr. Sprachgebrauch erkennbar sind, nicht in Richtung auf ei
    ne proto-deuteronomische Herkunft (vgl. Anm. 12), sondern deutet viel-
    mehr in Richtung einer nach-dtr. Entstehung. Diese Annahme ist um so
    wahrscheinlicher, wenn Ex 13,4-1o (mit Ex 13,3 als Überschrift) sekun-
    där in Ex 13,1+2 und 11-16 eingeschaltet worden ist (so J. HALBE, Passa-
    Massot im deuteronomischen Festkalender. Komposition, Entstehung und
    Programm von Dtn 16,1-8, ZAW 87, 1975, 147-168 (159)), wo zumindest Ex
    13,1+2 allgemein als sekundäre priesterschriftliche Bildung angesehen
    wird.

14 Zur Qualifizierung von Ex 33,1-3a als dtr. vgl. E. ZENGER, fzb 3, 191-
    193 und 223 (mit einer Übersicht über ältere Zuweisungsversuche). Wäh-
    rend eine aufgrund der fehlenden syntaktischen Verbindung von Ex 33,3a
    an das Vorangehende häufig vorgenommene Textkorrektur (vgl. nur BHS)
    nur wenig Wahrscheinlichkeit für sich hat, liegt eine andere Möglichkeit
    näher. Entweder ist Ex 33,3a als eine redaktionelle Erweiterung zu Ex

sterschriftlichen Redaktion ist das Vorkommen der Floskel in Lev 2o,24 zuzuordnen [15]. Als redaktionell ist die Milch-Honig-Floskel sowohl in Num 13, 27b als auch in Num 14,8b zu beurteilen [16], wobei beide Hinzufügungen wahrscheinlich auf eine nach-dtr. Redaktion zurückgehen [17]. Kaum einer älteren Überlieferung kann auch Num 16,13+14 zugeschrieben werden [18]. Sowohl der literarische Zusammenhang von Num 16 als auch die Form des Vorwurfs in Num 16,13+14 lassen eher an eine sehr junge redaktionelle Bildung denken [19].

Die Floskel "ein Land, das von Milch und Honig fließt" erscheint demnach frühestens in deuteronomistischen Zusammenhängen, hat von daher auch in noch jüngeren literarischen Schichten, die an den "Deuteronomisten" anknüpfen, Eingang gefunden. Die als deuteronomistisch zu qualifizierenden Belege in Dtn lassen dabei an eine sekundär dtr. Schicht denken. Auf sie werden dann auch die beiden Vorkommen der Floskel in Ex 3,8 und 17 zurückgehen. Dadurch wird die in Dtn mehrfach begegnende Landbeschreibung in der Berufung des Mose verankert.

1.2 Die Völkerliste

Mit der Milch-Honig-Floskel erscheint in Ex 3,8 und 17 jeweils eine Völkerliste verknüpft (vgl. auch Ex 13,5 und 33,2-3). Solche listenartigen Zusam-

---

33,1+2 (dtr.) zu verstehen oder aber Ex 33,3a steht in Zusammenhang mit Ex 33,2 und ist von Ex 33,1 als redaktioneller Zusatz abzugrenzen, wobei dann ארץ אל in Ex 33,3a als eine Art Stichwortwiederaufnahme aus Ex 33,1b zu werten wäre (vgl. hierzu E. ZENGER, fzb 3, 88).

15 Zur literarischen Analyse vgl. K. ELLIGER, HAT I/4, 263-272.

16 Num 13,27b kann kaum als ursprüngliche Fortsetzung von 13,27a verstanden werden, was u.a. auch der syntaktisch lockere Anschluß mit וגם anzeigt. Aber auch der eng mit Num 13,27b sich berührende Halbvers Num 14,8b ist als redaktionelle Erweiterung anzusehen, zumal er nach Num 14,8a auffällig nachhinkt (vgl. vor allem die explizite Wiederaufnahme des Suffixes aus Num 14,8aγ durch ארץ).

17 Da Num 13,27b und 14,8b sich eng berühren, ist für beide Halbverse die gleiche Hand anzunehmen. Da nun Num 14,8b in 14,9aα mit einer offenkundig nachpriesterschriftlichen Mahnung (vgl. dazu nur B. BAENTSCH, HK I/2, 525) weitergeführt ist, liegt es nahe, auch für die redaktionelle Erweiterung in Num 14,8b eine nachpriesterschriftliche Herkunft zu vermuten.

18 Vgl. dazu nur V. FRITZ, MThSt 7, 24f (mit Hinweisen auf die ältere Literatur).

19 Wie die Basisgeschichte Num 16 dürfte auch die Darstellung des Geschehens um Datan und Abiram kaum vorpriesterschriftlicher Herkunft sein, sondern wie diese den sekundär priesterschriftlichen Materialien zuzu-

menstellungen der Völker, die im einzelnen stark variieren, sind vor allem im Bereich dtr. Sprachprägung häufiger belegt, wobei der Variantenreichtum eine differenziertere Betrachtung nahelegt [20]. Umstritten ist dabei, ob die Völkerlisten eine dtr. Prägung sind oder ob sich der "Deuteronomist" auf schon vorgefundene listenartige Zusammenstellungen stützen konnte [21]. Das Material läßt sich dabei zu mehreren Gruppen zusammenstellen, die jeweils für sich zu prüfen sind [22].

Eine erste Gruppe, die mit den Hethitern beginnt, umfaßt Dtn 2o,17; Jos 9,1 und 12,8, bestehend aus sechs Gliedern mit einer konstanten Reihenfolge. Angesichts ihrer Gleichförmigkeit werden sie auf ein und dieselbe Hand zurüc gehen, wofür aber auch der thematische Zusammenhang der drei Stellen spricht (Dtn 2o,17 Befehl zur Vernichtung der Bewohner des Landes; Jos 9,1 Koalition der Bewohner des Landes gegen Josua / Israel; Jos 12,8 Vernichtung der Bewohner des Landes durch Josua / Israel). Da Jos 9,1 auf eine sekundär dtr. Redaktion zurückgeht [23], wird gleiches auch für die beiden anderen Belege der Völkerliste gelten [24]. Dieser Gruppe ist sodann auch

ordnen sein. Die Nähe von Num 16,13+14 zu der doppelten vorwurfsvollen Frage in Num 2o,4+5, die als ein nachpriesterschriftlicher Einschub verstanden werden muß, verweist in die gleiche Richtung.

2o Die Literatur zur "Völkerliste" ist übersichtlich zusammengestellt bei J. HALBE, Das Privilegrecht Jahwes Ex 34,1o-26. Gestalt und Wesen, Herkunft und Wirken in vordeuteronomischer Zeit, FRLANT 114, Göttingen 1975, 142 Anm. 177 (vgl. auch F. LANGLAMET, RB 8o, 1973, 96 Anm. 13).

21 Vgl. W. RICHTER, BBB 21, 41.

22 Dazu vgl. vor allem W. RICHTER, BBB 21, 41-42 und J. HALBE, FRLANT 114, 143.

23 Vgl. dazu P. WEIMAR, Bb 57 (1976) 6o Anm. 64.

24 Für diese Annahme spricht zunächst allein schon die formale Gleichheit der Listen in Dtn 2o,17 und Jos 12,8 mit Jos 9,1. Doch kommen weitere Gründe hinzu. Die Einfügung der Völkerliste in Jos 12,8 steht offensichtlich in einem kompositorischen Zusammenhang mit Jos 9,1 (definitive Zerschlagung der Koalition der "Völker"), worin ein deutliches Indiz für die Herkunft von ein und derselben Hand gegeben ist. Dies gilt aber auch für Dtn 2o,17, wo gewissermaßen der programmatische Ausgangspunkt für das in Jos 12,8 konstatierte Geschehen liegt. Im Rahmen von Dtn 2o, 1o-2o erweist sich Dtn 2o,15-17 deutlich als ein dtr. Zusatz (vgl. dazu R.P. MERENDINO, BBB 31, 226f.233 und G. NEBELING, Die Schichten des deuteronomischen Gesetzeskorpus. Eine traditions- und redaktionsgeschichtliche Analyse von Dtn 12-26, Diss. Münster 197o, 168f sowie M. ROSE, Der Ausschließlichkeitsanspruch Jahwes. Deuteronomische Schultheologie und Volksfrömmigkeit in der späten Königszeit, BWANT VI/6, Stuttgart 1975, 114 Anm. 5, der Dtn 2o,15-19 ausdrücklich einer sekundär deuteronomistischen Schicht zuweist).

die Liste in Dtn 7,1 zuzurechnen, die sich von den anderen Belegen der Gruppe nur dadurch unterscheidet, daß an zweiter Stelle die Girgaschiter eingefügt sind [25]. Ob diese Liste auf die gleiche Hand zurückgeht wie die anderen Listen, läßt sich nicht mehr sicher ausmachen [26].

Die zweite Gruppe der Belege der Völkerliste ist dadurch gekennzeichnet, daß sie mit den Kanaanitern beginnt. Diese Gruppe ist nicht so einheitlich wie die erste, sondern zeigt mehrere Varianten. Als eng zusammengehörig erweisen sich zunächst die Völkerlisten in Ex 3,8 und 17 und Ri 3,5 sowie Ex 33,2 (Vertauschung des zweiten und dritten Gliedes), die aufgrund der Konstanz der abschließenden Dreiergruppe (Perisiter, Hiwiter, Jebusiter) eine große Nähe zu den Listen der ersten Gruppe aufweisen und wie diese aus sechs Elementen bestehen. Diesen Belegen der Völkerliste dürfte auch die nach dem gleichen Schema gestaltete fünfgliedrige Liste in 1 Kön 9,2o // 2 Chron 8,7) zuzurechnen sein, nur daß hier die Nennung der Kanaaniter fehlt. Die Verwandtschaft dieser Textgruppe mit den Völkerlisten der ersten Gruppe läßt für beide - außer wohl Ex 33,2 [27] - auf ein und denselben Verfasser schließen [28].

Demgegenüber sind die restlichen Belege der zweiten Gruppe weniger einheitlich. Die größte Nähe zu den bislang angeführten Belegen dieser Gruppe zeigt die Völkerliste in Ex 13,5. Doch ist hier durch den Ausfall der Perisiter die dort konstant begegnende abschließende Dreiergruppe Perisiter / Hiwiter / Jebusiter aufgelöst. Dies ist auch für die weiteren Belege der

---

25 Die Nennung der Girgaschiter in den Völkerlisten findet sich neben Dtn 7,1 - abgesehen von Gen 1o,16-18a und 15,19-21 - nur noch in Jos 3,1o und 24,11, wodurch die für Dtr charakteristische Sechserliste zu einer Siebenerliste aufgefüllt ist.

26 Nach M. ROSE, BWANT VI/6, 118f ist Dtn 7,1+2b einer jüngeren dtr. Schicht zuzurechnen. Doch könnte innerhalb dieser Schicht die Völkerliste in Dtn 7,1 unschwer als ein redaktioneller Zusatz verstanden werden, wofür einerseits der nachklappende Charakter der Völkerliste sowie andererseits die Wiederaufnahme von דבים דבים im Anschluß an die Völkerliste spricht. In diesem Fall wäre die Völkerliste erst ein nach-dtr. Zusatz.

27 Zur literarkritischen Problematik von Ex 33,1-3 vgl. schon Anm. 14. - Wahrscheinlich ist Ex 33,2 zusammen mit Ex 33,1 als ein redaktioneller Zusatz zu verstehen, der jünger ist als Dtr, was auch durch den angezeigten Rückbezug auf Ex 23,23 wahrscheinlich ist.

28 Das wird zum einen durch die in beiden Gruppen sich konstant findende abschließende Trias Perisiter - Hiwiter - Jebusiter nahegelegt, findet zum anderen eine Bestätigung bei Beachtung der literaturgeschichtlichen Einordnung der einzelnen Belege. Sowohl Ri 3,5 (vgl. dazu W. RICHTER, BBB 21, 44.142 und R. SMEND, Gesetz, 5o4-5o6) als auch wahrscheinlich 1 Kön 9,2o sind einer jüngeren dtr. Redaktion (DtrN) zuzuordnen.

Völkerliste innerhalb dieser Gruppe kennzeichnend (Jos 3,1o und Neh 9,8).
Diese Abwandlungen dürften dabei nicht als bloße Varianten angesichts man-
gelnder konkreter Vorstellungen zu erklären sein, sondern lassen auch literarisch eine andere Hand vermuten, die als nach-dtr. zu qualifizieren ist
(vgl. Neh 9,8). Kaum zweifelhaft ist eine solche Annahme für Ex 13,5 (R^P)[29]
wird aber auch für Jos 3,1o zutreffen[30].

Noch uneinheitlicher ist das Material der dritten Gruppe der Belege der
Völkerliste, die sich von den anderen Listen dadurch unterscheidet, daß
hier die Amoriter die Reihe der Völker eröffnen. Die Uneinheitlichkeit des
Materials deutet dabei erneut auf unterschiedliche literarische Herkunft.
Während die Völkerliste in Ex 34,11 aufgrund der sie abschließenden Trias
Perisiter - Hiwiter - Jebusiter wohl mit den entsprechend strukturierten
Belegen der ersten und zweiten Gruppe zusammenhängt[31], ist für die beiden
anderen Belege dieser Gruppe eine nach-dtr. Herkunft zu vermuten, was sicher für Ex 23,23 (vgl. auch 23,29)[32], wahrscheinlich aber auch für Jos 24,
11 gilt[33].

---

29 Vgl. dazu Anm. 13.

3o Zur Forschungslage vgl. die Übersicht bei F. LANGLAMET, Gilgal et les
    récits de la traversée du Jordain. Jos III-VI, CRB 11, Paris 1969, 21-
    38. - Innerhalb von Jos 3,1o-11 ist die Vertreibungsnotiz mit der Völker-
    liste in Jos 3,1ob als ein sekundärer Einschub zu verstehen, der den Zu-
    sammenhang zwischen Jos 3,1oa und 11 unterbricht, wobei die Siebener-
    zahl der Völkerliste (durch Nennung der Girgaschiter) in Verbindung mit
    der größeren Variabilität der einzelnen Glieder gegenüber den relativ
    fest gefügten dtr. Listen am ehesten für einen nach-dtr. Einschub sprich<

31 Die von J. HALBE, FRLANT 114, 142-146 gegen die dtr. Herkunft von Ex
    34,11b vorgebrachten Gründe sind kaum überzeugend. - Zur literaturge-
    schichtlichen Zuweisung von Ex 34,11b vgl. die Übersicht bei E. ZENGER,
    fzb 3, 228.

32 Der Abschnitt Ex 23,2o-33 ist offensichtlich uneinheitlich (vgl. dazu
    die Übersicht bei J. HALBE, FRLANT 114, 32 Anm. 53), wobei allem Anschei<
    nach mit einem mehrstufigen Ausbau zu rechnen ist. Die Völkerliste in
    Ex 23,23 ist Bestandteil eines jüngeren redaktionellen Einschubs (vgl.
    E. ZENGER, fzb 3, 71), während ihre verkürzte Wiederaufnahme in Ex 23,28<
    einer noch jüngeren Erweiterung des Textes zuzurechnen ist. Gegen die
    beliebte Zuweisung von Ex 23,2o-33 an eine dtr. Hand (vgl. nur die Über-
    sicht bei E. OTTO, BWANT VI/7, 2o3 Anm. 2) wird neuerdings stärker auf
    die charakteristischen Abweichungen von Dtr im Sprachgebrauch sowie in
    den damit verbundenen Vorstellungen aufmerksam gemacht. Doch wird Ex
    23,23-33 weniger der Vorgeschichte der dtr. Überlieferung (vgl. etwa J.
    HALBE, FRLANT 114, 45o-5o2 und E. OTTO, BWANT VI/7, 2o3-2o7.262f) zuge-
    rechnet werden können, als vielmehr der Nachgeschichte, worauf deutlich
    der sprachliche Befund schließen läßt.

In keine dieser Gruppen lassen sich die drei Listen in Gen 1o,16-18a und 15,18-21 sowie Num 13,28-29 unterbringen [34]. Während die in sich möglicherweise uneinheitliche Liste Num 13,28-29 in ihrer vorliegenden Form wahrscheinlich ein sehr junges literarisches Produkt ist [35], sind die beiden anderen Listen als Vorstufen der deuteronomistischen Völkerlisten anzusehen [36]. Sowohl Gen 1o,16-18a als auch Gen 15,19-21 lassen zwar Elemente typisch deuteronomistischer Reihenbildungen erkennen, sind aber andererseits so individuell geprägt, daß sie als eigenständige Konstruktionen anzusehen sind, wobei die hier wie dort begegnende Neunzahl auf Herkunft von ein und derselben Hand schließen läßt [37]. Diese ist - allein schon aufgrund der literarischen Entstehungsgeschichte von Gen 1o und 15 - gleichfalls als deuteronomistisch zu qualifizieren, andererseits jedoch von jenen Listen abzusetzen, die mit der Trias Perisiter-Hiwiter-Jebusiter enden [38].

---

33 Die Völkerliste in Jos 24,11 ist aufgrund der Spannung zum Textzusammenhang als ein redaktioneller Zusatz zu verstehen, der mit Jos 24,12 in Zusammenhang steht, wobei dieser Zusatz aber nicht als dtr. (gegen M. NOTH, HAT I/7, 135f), sondern als nach-dtr. zu qualifizieren ist. Darauf weisen nicht nur der Sprachgebrauch, sondern gerade auch die mehrfachen Berührungen mit Ex 23,2o-33 (vgl. dazu die Zusammenstellung bei G. SCHMITT, Der Landtag von Sichem, AzTh I/15, Stuttgart 1964, 26-28), die aber nicht gleichmäßig über Jos 24 verteilt sind, sondern sich nur in redaktionellen Zusätzen finden.

34 Vgl. W. RICHTER, BBB 21, 42f und J. HALBE, FRLANT 114, 143.

35 Die stark "erzählerisch" aufgelockerte Liste der Völker in Num 13,28b+ 29 ist formal ein Mischgebilde, worin möglicherweise noch ein Reflex ihrer Entstehungsgeschichte zu sehen ist. Da Num 13,28b die gleiche Technik des Anschlusses mit אל wie Num 13,27b zeigt, werden diese beiden Halbverse wohl auf ein und dieselbe Hand zurückgehen. Somit ist für Num 13,28b eine nachpriesterschriftliche Herkunft anzunehmen (vgl. Anm. 17), so daß Num 13,29, sollte dieser Vers von Num 13,28b als noch jüngerer Zusatz abzusetzen sein, ebenfalls einer nachpriesterschriftlichen Redaktion zugeschrieben werden muß.

36 In diesem Sinne hat sich W. RICHTER, BBB 21, 42f ausgesprochen, im Blick auf Gen 15,19-21 N. LOHFINK, SBS 28, 65-72.

37 In der Liste Gen 15,19-21 sind allem Anschein nach die Rephaim, deren Nennung sich schon formal von der der übrigen Völker abhebt, sekundär eingefügt worden, was wohl im Blick auf deren Erwähnung in Gen 14,5 geschehen ist, so daß ihre Einfügung in Gen 15,2o frühestens auf jene Hand zurückgehen kann, der auch die Einbindung von Gen 14 in den Duktus der Pentateucherzählungen (wahrscheinlich R[P]) zu verdanken ist.

38 Zur literarischen Analyse von Gen 1o und 15 vgl. P. WEIMAR, BZAW 146, 52 Anm. 153 und 148-15o.

Alle diese Beobachtungen sprechen dafür, die in Ex 3,8 und 17 überlieferten
Völkerlisten einer sekundär dtr. Schicht zuzurechnen, die dabei als
übergreifende dtr. Redaktion von (Gen) Ex - Kön zu verstehen ist [39]. Ist
dies der Fall, dann ist nach dem der Verteilung der Völkerliste bei DtrG^2
zugrundeliegenden Plan zu fragen [40]. Die Listen setzen ein bei der Verheißung des Landes an Mose in Ex 3,8 und 17, sodann begegnet die Völkerliste erst wieder in Ex 34,11 in Verbindung mit der Verteilungszusage,
wobei die Zusage ihrerseits mit einer Verpflichtung des Volkes in Bezug
auf das Verhalten der Israel-Söhne gegenüber der Bevölkerung des Landes
verbunden ist. Die damit angeschlagene thematische Linie wird - über Dtn 7,
1-2* - in dem Befehl zur Bannung der Bewohner des Landes in Dtn 2o,17 weiter
geführt. Hier liegt sodann der Ausgangspunkt für das Vorkommen der Völkerliste in Jos 9,1 (Koalition der Bevölkerung des Landes), Jos 12,8 (Verzeich-
nis der geschlagenen Völker des West-Jordan-Landes) und Ri 3,5 (Verheira-
tung mit den Bewohnern des Landes). Abgeschlossen wird die Reihe der Völkerlisten in 1 Kön 9 mit der definitiven Unterwerfung der Völker unter die
Israel-Söhne, indem Salomo sie zum ständigen Frondienst heranzieht.

Die Völkerliste läßt bei DtrG^2 einen planvollen Einsatz erkennen. Ihr Variantenreichtum ist nicht so gravierend, als daß dadurch der sich zeigende thematische Zusammenhang in Frage gestellt würde [41]. Durch die Anfügung der
Völkerliste an die aus der Tradition übernommenen Zusage der Heraufführung
ins Land Kanaan in Ex 3,8 und 17 bekommt diese einen ganz bestimmten Akzent,
insofern in der Zusage göttlicher Errettung zugleich die Verpflichtung der
Israel-Söhne anklingt, sich von den Völkern und ihren Göttern abzugrenzen
und so die besondere Beziehung zu ihrem eigenen Gott Jahwe zu bewahren.
Ein anderer Akzent wird durch die in Ex 3,8 und 17 mit der Völkerliste verbundene Milch-Honig-Floskel eingetragen. Der für die Milch-Honig-Floskel
charakteristische Zusammenhang mit dem Motiv der Gesetzesbeobachtung bindet
damit den Besitz des Landes an die Haltung der Israel-Söhne dem Gesetz ge-

---

39 Zu einer solchen übergreifenden dtr. Redaktion vgl. schon die Hinweise
    bei P. WEIMAR, BZAW 146, 169f.

4o Vgl. dazu schon den Versuch bei W. RICHTER, BBB 21, 43, ablehnend dage-
    gen J. HALBE, FRLANT 114, 144-146.

41 Gegen J. HALBE, FRLANT 114, 145f.

genüber. Damit läßt sich aber auch die Identität der hier vorliegenden deuteronomistischen Redaktion näher bestimmen, die so am ehesten mit dem Sigel DtrN zu versehen ist [42].

2. Die Vorhersage in Ex 3,19+2o

Gegenüber der Landbeschreibung in Ex 3,8 und 17 ist der Horizont der Vorhersage in Ex 3,19+2o deutlich enger gesteckt, insofern damit die Plagengeschichte unter einem ganz bestimmten Aspekt angesprochen ist. Die Vorhersage ist doppelgliedrig gestaltet, wobei in der ersten Hälfte das Handeln des Pharao reflektiert wird (Ex 3,19), während in der zweiten Hälfte das Handeln Jahwes im Vordergrund steht (Ex 3,2o). Die beiden Hälften der Vorhersage sind dabei thematisch wie formal eng zusammengehalten (vgl. vor allem Ex 3,19aß und 2ob). Ihren spezifischen Charakter erhält die Ankündigung in Ex 3,19+2o dadurch, daß für beide Hälften der Aussage Jahwe betont als Subjekt eingeführt ist.

Die zentrale Aussage von Ex 3,19+2o ist in dem Mittelstück Ex 3,19b+2oa zu sehen, wo jeweils vom Tun Jahwes die Rede ist [43]. Deutlich ist für die beiden Teile dieser Aussage ein Bezug zu den Plagen gegeben. Die Wendung שלח את ידי (mit Jahwe als Subjekt), fortgeführt durch נכה H-Stamm findet sich nur noch in dem gleichfalls auf Dtr zurückgehenden redaktionellen Einschub Ex 9,15 [44]. Aber auch für die Floskel ביד חזקה ist deutlich ein Bezug

---

42 Zur Sache vgl. vor allem R. SMEND, Gesetz, 494-5o9 und Entstehung, 123-125; W. DIETRICH, FRLANT 1o8, 142.147f sowie T. VEIJOLA, AASF B 193, 141f und AASF B 198, 119-122.

43 In Ex 3,19+2o sind mehrere Strukturprinzipien miteinander verbunden. Unverkennbar ist die Zweigliedrigkeit als tragendes literarisches Prinzip der Strukturierung in Ex 3,19+2o. Doch ist damit als untergeordnetes literarisches Prinzip der Textstrukturierung die chiastische Anordnung der einzelnen Aussagen verbunden, so daß sich Ex 3,19a und 2ob sowie 19b und 2oa entsprechen. Wird das beachtet, dann kann der Sinn der umstrittenen Aussage in Ex 3,19b nicht zweifelhaft sein, wobei die Form der Aussage von Ex 3,19b nicht unwesentlich durch die ebenfalls beabsichtigte Zweigliedrigkeit der Aussage in Ex 3,19+2o bestimmt ist.

44 Durch Ex 9,14-17 wird der unmittelbare Zusammenhang zwischen Ex 9,13 und 18 (Entlaßforderung / Ansage des Handelns Jahwes, eingeleitet durch הנה) zerrissen, so daß Ex 9,14-17 als redaktioneller Einschub verstanden werden muß, wobei aufgrund von Sprachgebrauch und Ausrichtung am ehesten an eine dtr. Bearbeitung zu denken ist (vgl. auch E. ZENGER, Exodus, 272 Anm. 88).

zur Plagengeschichte gegeben. Diese Floskel wird erneut - unmittelbar vor dem Einsatz der Plagengeschichte und im Vorblick auf sie - in Ex 6,1bα (ebenfalls in Verbindung mit dem Verbum שלח D-Stamm) aufgenommen, wo sie gleichfalls von Dtr an den vorgegebenen Textbestand angefügt worden ist [45]. Durch die Floskel ביד חזקה erfahren damit die Plagen eine spezifische Deutung und, wie ihre Verwendung an anderen Stellen des dtr. Werkes zeigt, eine deutliche Aufwertung.

Nach Ex 3,19 und 6,1 begegnet die Floskel bei Dtr erst wieder im Buche Deuteronomium [46], wobei die Floskel entweder allein oder in Verbindung mit anderen Floskeln (vor allem בזרוע נטויה) steht. Allein findet sich ביד חזקה in Dtn 6,21; 7,8 und 9,26, jeweils in Verbindung mit der Herausführungsformel (יצא H-Stamm + יהוה + ממצרים), wobei Dtn 7,8 einer sekundär dtr. Schicht zuzurechnen ist (vgl. auch Dtn 3,24) [47]. Der Doppelausdruck ביד חזקה ובזרוע נטויה ist in Dtn 4,34, 5,15 und 26,8 (vgl. auch 7,19; 11,2), meist zu größeren Reihenbildungen ausgeweitet, belegt, die wohl ausnahmslos dtr. sind [48].

---

45 In Ex 6,1 kann als dtr. Erweiterung nur Ex 6,1bα angesehen werden, während die damit konkurrierende Aussage in Ex 6,1bβ, die gegenüber Ex 6, 1bα noch eine Steigerung bringt, eine noch jüngere Erweiterung darstellt, die deutlich in Verbindung steht mit Ex 11,1b, worin ein auf R[P] zurückgehender redaktioneller Zusatz zu sehen ist (zur literarkritischen Analyse von Ex 11,1-8 vgl. S. 56f Anm. 1o8.

46 Die Floskel ist zwar noch in Ex 13,9 und 32,11 sowie Num 2o,2o belegt, doch kann keiner dieser Textbelege als dtr. angesehen werden. Vielmehr sind alle drei Vorkommen der Floskel nach-dtr. Herkunft. Das gilt sowohl für Ex 13,9 (dazu vgl. Anm. 13) als auch für Num 2o,2o (vgl. S. MITTMANN, Num 2o,14-21 - eine redaktionelle Kompilation, in: Wort und Geschichte. Fs. K. Elliger, AOAT 18, Neukirchen-Vluyn 1973, 143-149), aber auch für Ex 32,11 (Ex 32,7-14 scheint von dem in sich nicht einheitlichen Abschnitt Dtn 9,7-1o,11, der deutliche Beziehungen zur dtr. Literatur erkennen läßt (vgl. F.G. LOPEZ, RB 85, 1978, 32-37) , abhängig und im Blick auf Dtn 9,7-1o,11 redaktionell von einem Späteren (R[P]) eingefügt zu sein).

47 Vgl. dazu M. ROSE, BWANT VI/6, 118f.122f.

48 Dtn 34,12 ist wahrscheinlich nicht dtr., sondern geht wohl erst auf eine nach-dtr. Redaktion zurück. Ebenfalls ist das Vorkommen der Floskel in 1 Kön 8,42 im Rahmen des dtr. Geschichtswerkes ein nach-dtr. Zusatz (vgl. dazu E. WÜRTHWEIN, Das erste Buch der Könige. Kapitel 1-16, ATD 11 1,Göttingen 1977, 93).

Damit legt es sich nahe, in der Floskel חזקה ביד ein Element einer umfassen-
den dtr. Redaktion zu sehen, wobei am ehesten eine jüngere dtr. Hand zu
vermuten ist. Durch die Verwendung der Floskel ביד חזקה werden die Plagen -
neben dem Meerwunder - gewissermaßen zum entscheidenden Ereignis der Befreiung aus Ägypten stilisiert. Zugleich bekommt damit das Befreiungsge-
schehen einen stark kriegerischen Akzent, wobei sich gerade in den Plagen
die überlegene Macht Jahwes dokumentiert. Das übergreifende theologische
Interesse der dtr. Redaktion scheint dabei in der betonten Herausstellung
der Ausschließlichkeit des Anspruches Jahwes und gleichzeitig der Ausschließlichkeit der Bindung Israels an Jahwe zu liegen, worin aber eines
der tragenden Interessen von DtrN in Erscheinung tritt.

3. Der Zusatz Ex 5,3bβ

Thematisch mit der Vorhersage in Ex 3,19+2o korrespondiert der Zusatz in
Ex 5,3bβ. Im Hintergrund steht hier ebenfalls die Ausschließlichkeit der
Bindung an Jahwe. Kompositionell aufgrund von Stichwortentsprechungen
(דבר) besteht ein Bezug zu Ex 9,15. Sachlich ist ein Zusammenhang mit Dtn
28,21 anzunehmen.

KAPITEL VII

Die Berufung des Mose in der Schlußredaktion des Pentateuch

Eine letzte, im einzelnen sehr umfangreiche Bearbeitung, hat die Berufung
des Mose durch den Verfasser der pentateuchischen Geschichtsdarstellung erfahren. Auf die Hand dieser redaktionellen Bearbeitungsschicht gehen dabei
Ex 2,23aα; 3,1bß.2a* (nur מלאך und הסנה מתוך).4b* (nur הסנה מתּוך).6aß.7bß.
12aßb.14b.15.16aß* (nur יעקב ואלהי יצחק אלהי אברהם אלהי).21.22; 4,5b.6-18.
2o-21.24a* (nur במלון).26b.27-28.29a* (nur ואהרן).3o.31a; 5,1aα* (nur משה
ואהרן).4aß* (nur ואהרן משה).5 zurück. Auf dieser Ebene wird die Berufung
des Mose in zwei Erzählfolgen aufgegliedert, wobei die Zäsur zwischen Ex
3,22 und 4,1 liegt. In der Technik der redaktionellen Bearbeitung ist dabei
ein deutlicher Unterschied zwischen den beiden Erzählteilen zu beobachten.
Während sich in Ex 2,23-3,22 die redaktionelle Tätigkeit von R^P auf das An-
bringen geringfügiger Retuschen beschränkt hat, ist die Gestalt von Ex 4,1-
5,5 weitgehend das Werk von R^P. Aufgrund der literarischen Aufgliederung der
Berufung des Mose in zwei Erzählfolgen ist jeder der beiden Teile für sich
zu analysieren.

1.   *Formkritische Analyse*

1.1   *Analyse von Form und Struktur*

1.11   *Ex 2,23-3,22*

Die erste Hälfte der Berufung des Mose bei R^P besteht im wesentlichen aus Reden, wobei die Gottesreden den größeren Teil einnehmen. Erzählerische Elemente treten fast ganz zurück. Nur zu Beginn der Einheit sind sie etwas stärker ausgeprägt. Im wesentlichen hat R^P sich in Ex 2,23-3,22 an den vorgegebe-

nen Duktus der Mose-Berufung bei Je/Dtr angeschlossen und nur an einigen wenigen Stellen eigene Hinzufügungen angebracht, zumeist an Einschnitten innerhalb der Geschehensfolge. Deutlich sind noch drei szenische Einheiten erkennbar.

In die Darstellung der bei Je/Dtr überlieferten Mose-Berufung hat R^P einleitend die zweite Hälfte der Exposition der Sendung des Mose bei P^g (Ex 2,23aß-25), um eine vorangestellte neue Situationsangabe (Ex 2,23aα) erweitert, eingefügt, womit zu Beginn der Mose-Berufung nochmals die Ausgangsposition in Erinnerung gebracht wird, zugleich aber auch schon die Errettung durch Jahwe angezeigt ist. Somit kann Ex 2,23-25 gewissermaßen als thematische Exposition der ganzen Mose-Berufung verstanden werden. Ihr schließt sich als zweite Hälfte der ersten szenischen Einheit die aus Je übernommene Darstellung der Erscheinung eines Boten Jahwes vor Mose an (Ex 3,1-6), die bei R^P ausdrücklich am "Gottesberg" lokalisiert wird.

In der zweiten szenischen Einheit, die Ex 3,7-12 umfaßt, hat die Jahwerede Ex 3,7-1o eine beherrschende Stellung. Sie nimmt die ganze erste Szenenhälfte ein. Thematisch knüpft die Jahwerede dabei an die erste Szenenhälfte der ersten szenischen Einheit in Ex 2,23-25 an, führt aber mit der Sendung des Mose darüber hinaus. Die zweite Szenenhälfte, die das Element der Sendung weiterführt, besteht aus einem Einwand (Ex 3,11) und einer Zusage eines Zeichens (Beistandes) (Ex 3,12). Auf der Zeichenzusage in Ex 3,12b, die von R^P redaktionell eingefügt ist, liegt hier der Akzent. Durch die in der Ortsangabe "an diesem Berg" geschehende Anspielung auf den "Gottesberg" wird der Schluß der zweiten szenischen Einheit an die erste zurückgebunden.

Die abschließende dritte szenische Einheit, die mit Ex 3,13 einsetzt, besteht wiederum aus zwei Szenenhälften, wobei sich das Strukturschema der vorangehenden szenischen Einheit, wenn auch mit umgekehrter Abfolge, wiederholt. Einwand und Antwort Jahwes (Ex 3,13-14), die die erste Szenenhälfte ausmachen, beziehen sich auf die Sendung des Mose. In der zweiten Szenenhälfte schließt sich sodann eine weitere Gottesrede (Ex 3,15-22) an, die mit Ausnahme von Eingang und Schluß (Ex 3,15 und 21+22), die so eine Art Rahmen bilden, ganz aus der Tradition übernommen ist. Bezieht sich die erste Hälfte der Rede (Ex 3,15-18) auf die Sendung des Mose zu den Ältesten und zum Pharao (unter Rückbezug auf die Gottesrede in Ex 3,7-1o), so gibt die zweite

Hälfte (Ex 3,19-22) einen Vorblick auf die Befreiung aus Ägypten. Der thematische Akzent liegt dabei auf den von R^P eingefügten Rahmenaussagen.

In Ex 2,23-3,22 hat R^P sich weitgehend an der Grundstruktur der jehowistischen Berufungsgeschichte orientiert, diese aber durch mehrere redaktionelle Hinzufügungen planvoll abgewandelt. Die Dreiteiligkeit im szenischen Aufbau ist erhalten geblieben, ebenfalls die Auffächerung der in den einzelnen Szenen dargestellten Geschehensfolge in jeweils zwei Erzählgänge, so daß jede der drei szenischen Einheiten aus zwei Szenenhälften besteht. Die einzelnen szenischen Einheiten sind formal wie thematisch planvoll untereinander verklammert. Schematisch läßt sich die Struktur von Ex 2,23-3,22 etwa folgendermaßen darstellen:

I. Erste szenische Einheit (Ex 2,23-3,6)

1. *Wende der Not* (Ex 2,23-25)
   - Das Leiden der Israel-Söhne in Ägypten (Ex 2,23)
   - Die Solidarität Gottes (Ex 2,24-25)

2. *Erscheinung des Boten Jahwes am Gottesberg* (Ex 3,1-6)
   - Erscheinung des Boten Jahwes mitten aus dem Dornstrauch (Ex 3,1-3)
   - Offenbarung als Vatergott (Ex 3,4-6)

II. Zweite szenische Einheit (Ex 3,7-12)

1. *Sendung des Mose durch Jahwe am Gottesberg* (Ex 3,7-1o)
   - Not und Ankündigung der Errettung durch Jahwe (Ex 3,7-8)
   - Not und Sendung des Mose zum Pharao (Ex 3,9-1o)

2. *Einwand und Zeichenzusage* (Ex 3,11-12)
   - Einwand des Mose (Ex 3,11)
   - Zusage eines Zeichens (Dienst am Gottesberg) (Ex 3,12)

III. Dritte szenische Einheit (Ex 3,13-22)

1. *Einwand und Legitimation* (Ex 3,13-14)
   - Einwand des Mose (Sendung)(Ex 3,13)
   - Antwort Jahwes (Ex 3,14)

2. *Erneute Legitimation* (Ex 3,15-22)
   - Proklamation des Namens Jahwes (Ex 3,15-18)
   - Vorhersage des Geschehens der Errettung (Ex 3,19-22)

1.12 Ex 4,1-5,5

In der zweiten Hälfte der Berufung des Mose bei R^P, die weitgehend von R^P
selbst gestaltet ist, wechseln Reden und erzählende Partien miteinander
ab, so daß zwischen beiden ein ausgeglichenes Verhältnis besteht. Die szenische Gliederung ist im Erzählduktus deutlich angezeigt. Wiederum wird eine dreigliedrige Struktur des Textes erkennbar.

Die erste szenische Einheit umfaßt den Textabschnitt Ex 4,1-17, der in sich
wiederum zweigliedrig strukturiert ist. Jede der beiden Szenenhälften behandelt ein eigenes Thema. Die erste Szenenhälfte, deren Grundthema das
Vertrauen auf Mose ist, wird mit einem Einwand des Mose eröffnet (Ex 4,1),
woran sich eine Antwort Jahwes (Stab-Schlange-Wunder) anschließt (Ex 4,2-5).
Darauf folgt in Ex 4,6-9 eine weitere Gottesrede mit einer eingeschlossenen
weiteren Zeichenhandlung (Hand-Aussatz), wobei der Schluß der Rede schon
auf die Plagen vorweist. In Ex 4,1o folgt ein erneuter Einwand des Mose, womit zugleich auch eine andere Thematik angeschlagen wird. Der Einwand des
Mose erfährt in Ex 4,11+12 eine Beantwortung durch Jahwe. Parallel zu dem
Einwand des Mose in Ex 4,11 steht in Ex 4,13 (vgl. die Eröffnung des Einwandes jeweils durch die unterwürfige Anrede בי אדני) ein weiterer Einwand
des Mose, woran sich in Ex 4,14-17 eine erneute Antwort Jahwes (Einführung
des Aaron) anschließt.

Mit 4,18 wechselt die Situation, was zugleich den Beginn einer neuen szenischen Einheit anzeigt. Während die vorangehende szenische Einheit noch am
"Gottesberg" lokalisiert ist, steht im Hintergrund der mit Ex 4,18 einsetzenden Einheit die Situation der Rückkehr nach Ägypten. Dabei ist wiederum eine deutliche Zweiteilung der Geschehensabfolge zu beobachten, wobei ein Neueinsatz (mit Änderung der Situation) mit Ex 4,24 gegeben ist. Innerhalb der
ersten Szenenhälfte (Ex 4,18-23) wird in Ex 4,18-2o zunächst von dem Aufbruch des Mose und seiner Familie aus Midian berichtet, der seinen Grund im
Wunsch des Mose hat, zu seinen Brüdern nach Ägypten zurückzukehren. Daran
schließt sich Ex 4,21-23 eine erneute Rede Jahwes an Mose an, die aus dem
Auftrag zur Übermittlung eines Botenwortes an den Pharao und, diesem von R^P
selbst vorgeschaltet, einem Vorblick auf die Zukunft besteht. Die zweite
Szenenhälfte (Ex 4,27-28) gliedert sich auf in eine Episode an der Raststätte
(Ex 4,24-26) und in eine auf eine Initiative Jahwes zurückgehende Begegnung
von Mose und Aaron am Gottesberg (Ex 4,27-28).

Die abschließende dritte szenische Einheit (Ex 4,29-5,5) setzt in Ex 4,29
mit einem zu Ex 4,18 parallelen Auftakt (וירד + Mose (und Aaron)), ein worin deutlich eine kompositionelle Entsprechung greifbar wird [1]. Wiederum
ist eine Zweigliedrigkeit der Erzählfolge gegeben, wobei die beiden Szenenhälften deutlich eine Parallelität der Baustruktur erkennen lassen. In der
ersten Szenenhälfte (Ex 4,29-31) wird die Ausrichtung aller Jahweworte an
die Ältesten der Israel-Söhne durch (Mose und) Aaron und das Tun von Zeichen durch Aaron (Ex 4,29-3o) sowie die Reaktion des Volkes daraufhin
(Ex 4,31) berichtet. In der zweiten Szenenhälfte (Ex 5,1-5) ist der Pharao
der Gesprächspartner von Mose und Aaron. Gegenüber der ersten Szenenhälfte
ist dabei die dort sich findende Abfolge der beiden Elemente Ausrichtung der
Jahwe-Botschaft + Reaktion verdoppelt (Ex 5,1+2 / 3-5), wobei in dem auf R^P
zurückgehenden abschließenden Wort des Pharao in Ex 5,5 nochmals die Ausgangssituation in Erinnerung gebracht wird.

Ex 4,1-5,5 ist so nach dem gleichen literarischen Grundmuster wie Ex 2,23-
3,22 gestaltet. Die dreigliedrige Struktur des szenischen Aufbaus, verbunden mit einer bis in die Kleinstruktur hinabreichenden Zweigliedrigkeit als
Strukturmerkmal, ist dabei in Ex 4,1-5,5 noch deutlicher ausgeprägt als in
Ex 2,23-3,22, da R^P sich hier weniger stark an vorgegebene Formulierungen
gebunden weiß. Schematisch läßt sich dabei die Struktur von Ex 4,1-5,5 etwa
folgendermaßen darstellen:

I. Erste szenische Einheit (Ex 4,1-17)

   1. *Erster Redegang (Vertrauen auf Mose)* (Ex 4,1-9)
     - Einwand des Mose und erste Antwort Jahwes (Zeichen (Stab/Schlan-
      ge)) (Ex 4,1-5)
     - Zweite Antwort Jahwes (Zeichen (Hand/Aussatz)) (Ex 4,6-9)

   2. *Zweiter Redegang (Einführung Aarons)* (Ex 4,1o-17)
     - Erster Einwand des Mose (mangelnde Redefähigkeit) und Antwort
      Jahwes (erneute Sendung und Zusage des Beistandes) (Ex 4,1o-12)
     - Zweiter Einwand des Mose (Ablehnung der Sendung) und Antwort
      Jahwes (Aaron als Begleiter) (Ex 4,13-17)

II. Zweite szenische Einheit (Ex 4,18-28)

   1. *Rückkehr nach Ägypten* (Ex 4,18-23)
     - Aufbruch nach Ägypten (Ex 4,18-2o)
     - Auftrag Jahwes an Mose für Situation der Rückkehr nach Ägypten
      (Wunderzeichen) (Ex 4,21-23)

   2. *Geschehen auf dem Rückweg* (Ex 4,24-28)
     - Episode an der Raststätte (Ex 4,24-26)
     - Zusammentreffen von Mose und Aaron am "Gottesberg" (Ex 4,27-28)

III. Dritte szenische Einheit (Ex 4,29-5,5)

1. *Mose und Aaron vor den Ältesten der Israel-Söhne* (Ex 4,29-31)
   - Ausrichtung der Jahwe-Botschaft und Tun von Zeichen (Ex 4,29+ 3o)
   - Reaktion des Volkes (Ex 4,31)

2. *Mose und Aaron vor dem Pharao* (Ex 5,1-5)
   - Erste Ausrichtung der Jahwe-Botschaft an den Pharao und Reaktion des Pharao (Ex 5,1-3)
   - Erneute Ausrichtung der Jahwe-Botschaft an den Pharao und Reaktion des Pharao (Ex 5,3-5)

1.2   Ziel

1.21   Ex 2,23-3,22

Für die Bestimmung des Zieles der Texteinheit ist das innere Gefälle des Textes ebenso zu beachten wie die auf R^P zurückgehenden redaktionellen Erweiterungen. Deutlich kommt es dem Erzähler nicht auf erzählerische Spannung, sondern auf theologische Deutung an. Bestimmend im Text stehen gerade die das weitere Geschehen im Ergebnis vorwegnehmenden Textelemente (vgl. etwa Ex 2,23-25 und 3,21-22). Damit bekommt die ganze Darstellung der Berufung des Mose ein bestimmtes Gefälle. Stärker in den vorgegebenen Textzusammenhang hat R^P nur bei den Antworten Jahwes auf den doppelten Einwand des Mose gegen seine Sendung eingegriffen, und zwar einmal durch die Zusage eines Zeichens (Dienst des Volkes am Gottesberg) (Ex 3,12aßb) und zum andern durch die Proklamation des Jahwe-*Namens* (Ex 3,14b+15). In beiden Fällen ändert sich durch die redaktionellen Hinzufügungen der Sinn des jeweils vorangehenden Einwandes des Mose insofern, als jetzt auf einmal die Thematik der Legitimation des Mose zur zentralen Frage der ganzen Texteinheit wird. Von dieser Problematik her werden nicht nur die redaktionellen Erweiterungen verständlich, sondern gewinnt auch das innere Gefälle des Textes einen Sinn.

1.22   Ex 4,1-5,5

Das Problem der Legitimation des Mose wird nun aber auch in der sich an Ex 2,23-3,22 anschließenden Texteinheit Ex 4,1-5,5 - um neue Aspekte ergänzt - weiter entfaltet. Nicht zufällig spielt gerade in Ex 4,1-5,5 das Tun von

---

1 Dabei ist anzunehmen, daß וילך משה in Ex 4,18 von R^P in Analogie zu der in der jahwistischen Überlieferung vorgefundenen Wendung in Ex 4,29 eingesetzt ist.

"Zeichen" in den auf R^P zurückgehenden Textelementen eine große Rolle. Von einer anderen Seite wird das Problem der Legitimation in dem ganz auf R^P zurückgehenden Textabschnitt Ex 4,1o-17, wo Aaron als der Helfer des Mose eingeführt und zugleich in seinem Verhältnis zu Mose bestimmt wird, entfaltet. In diesem Zusammenhang verdient auch die Aussage in Ex 4,18 Beachtung, insofern hier die Rückkehr des Mose nach Ägypten von R^P ausdrücklich als Akt der Solidarität mit den Brüdern gewürdigt wird. Die Stellung und Aufgabe des Mose, die allem Anschein nach von verschiedenen Seiten her umstritten ist, steht somit auch in Ex 4,1-5,5 im Mittelpunkt der Texteinheit, was sich sowohl an den redaktionellen Einschüben aus der Hand von R^P als auch am Gefälle des Textes ablesen läßt. Vorweisende Textelemente verbinden dabei die Berufung des Mose ausdrücklich mit zukünftigem Geschehen (Plagen), worin sich zugleich die eigentliche Dimension der Berufung des Mose andeutet.

2. *Semantische Analyse*

2.1 *Ex 2,23-3,22*

2.11 Der *"Gottesberg"*

Innerhalb der beiden Texteinheiten Ex 2,23-3,22 und 4,1-5,5 spielt der "Gottesberg" eine bedeutende Rolle. Dreimal nimmt der Text auf ihn Bezug. So erscheint er in Ex 3,1bβ - neben dem Horeb - als der Ort der Erscheinung des Boten Jahwes. Auf Ex 3,1bβ bezieht sich allem Anschein nach die mit וזה לך האות eingeleitete Ansage eines Zeichens zurück, das inhaltlich als Dienst der Israel-Söhne auf dem Gottesberg bestimmt wird (Ex 3,12aβb). Ein letztes Mal wird der "Gottesberg" in der Mose-Berufung in Ex 4,27b als Ort der Begegnung zwischen Mose und Aaron genannt. Schon diese Übersicht der Erwähnung des "Gottesberges" im Rahmen der Mose-Berufung läßt erkennen, daß R^P mit dieser Bezeichnung keine konkreten geographischen Vorstellungen verbindet, sondern durch die Lokalisierung des geschilderten Geschehens am "Gottesberg" dessen theologische Bedeutsamkeit herausstellen will.

Außerhalb der Mose-Berufung findet sich die Bezeichnung "Gottesberg" noch mehrfach (Ex 18,5 und 24,13 sowie 1 Kön 19,8), wobei alle Belege ausschließlich in literarisch jüngeren Zusammenhängen begegnen [2]. Die Erwähnung des "Gottesberges" in Ex 18,5 (Begegnung des Mose mit seinem Schwiegervater) und Ex 24,13 (Übergabe des Gesetzes [Steintafeln] an Mose) ist dabei deutlich im Blick auf Ex 3,1b und 12 sowie 4,27 geschehen, so daß zwischen diesen Stellen ein literarischer Zusammenhang bestehen wird. Von daher weist die Lokalisierung der Mose-Berufung am "Gottesberg" ganz offensichtlich schon auf die für die Komposition des Exodus-Buches zentrale Sinai-$b^e r\hat{\imath}t$ [3] voraus. Die Zusammenhänge werden dabei vor allem von Ex 24,13 her deutlich.

In die gleiche Richtung weist auch die in Ex 3,1b mit dem "Gottesberg" verbundene Nennung des Horeb [4]. Innerhalb des Exodus-Buches begegnet der Horeb neben Ex 3,1b noch in Ex 17,6, wo seine Erwähnung aufgrund des nachklappenden Charakters als redaktioneller Zusatz zu bestimmen ist [5], sowie - in der Verbindung "Berg Horeb" - in Ex 33,6, wo zumindest die sachlich schwierige und sprachlich ungeschickte Ortsangabe מהר חורב als redaktionelle Erweiterung verstanden werden muß [6]. Da in beiden Fällen die Einfügung des Horeb der jüngsten Stufe in der Entstehung des Textes zuzuordnen ist, wird seine Nennung in Ex 17,6 und 33,6 auf die gleiche Hand zurückgehen wie Ex 3,1b. Wie schon bei der Erwähnung des "Gottesberges" wird auch mit dem Horeb ein Bezug zur Sinai-$b^e r\hat{\imath}t$ hergestellt, hier vor allem zu der im siebten Teil des Exodus-Buches verhandelten Problematik des Abfalls und der Erneuerung der $b^e r\hat{\imath}t$ (vgl. Ex 33,6).

Gerade um dieses Zusammenhanges willen hat R^P den Namen Horeb aus Dtn, wo er namentlich in den als redaktionell anzusehenden sowie als dtr. zu kennzeichnenden Textbereichen verankert ist (Dtn 1,2.6.19; 4,1o.15; 5,2; 9,8; 18,16; 28,69) [7], aufgenommen. Durch diese Übernahme der Bezeichnung Horeb in Ex 3,1b hat R^P zugleich einen großen Bogen geschlagen zu der Israel am Horeb auferlegten "Bundesverpflichtung" (Dekalog). Damit verweisen aber die in Ex 3,1b nebeneinander stehenden Ortsangaben "Gottesberg" und Horeb auf den gleichen literarischen Zusammenhang.

---

2 Vgl. dazu S.32f mit Anm. 39-41.

3 Vgl. dazu P. WEIMAR-E. ZENGER, SBS 75, 13.

4 Hierzu vgl. jetzt L. PERLITT, Sinai und Horeb, in: Beiträge zur Alttestamentlichen Theologie. FS W. Zimmerli, Göttingen 1977, 3o2-322.

5 Vgl. nur V. FRITZ, MThSt 7, 11f mit Anm. 8, dort sind auch ältere Vertreter dieser Auffassung genannt.

6 Vgl. etwa E. ZENGER, fzb 3, 89 und L. PERLITT, FS W. Zimmerli, 3o9.

7 Vgl. nur L. PERLITT, FS W. Zimmerli, 3o7.

2.12 Der "Bote" Jahwes

Während in Ex 3,2a in der älteren Tradition (Je) von einer Erscheinung Jahwes gesprochen wird, hat R^P durch Einschaltung des Wortes מלאך vor Jahwe
diesen Vorgang zu einer Erscheinung eines Boten Jahwes abgeschwächt. Die
Vorstellung eines "Boten" Jahwes begegnet im Pentateuch noch mehrfach [8].
Gehäuft findet sie sich vor allem in den Vätergeschichten. Die Redeweise
vom "Boten" Jahwes bzw. Elohims kommt hier zwar gelegentlich schon bei E
vor (vgl. Gen 22,11 und 28,12), ist aber meist wohl erst von einer späteren
Redaktion eingetragen, die - aufgrund einer Reihe von Indizien - wohl mit
R^P zu identifizieren ist (Gen 16,7.9-11 [9]; 21,17; 22,15 [1o]; 24,7.4o; 48,
16) [11]. Aber auch in Exodus und Numeri, wo gleichfalls die Vorstellung vom
"Boten" Jahwes vorkommt, ist sie nicht in den älteren Schichten belegt,
sondern ausschließlich in sehr jungen redaktionellen Hinzufügungen (Ex 14,
19 [12]; 23,2o.23 [13]; 32,34 [14]; 33,2 [15]; Num 2o,16 [16]), die alle als nachpriesterschriftlich zu qualifizieren sind [17].

---

8 Das Material ist zuletzt von H. RÖTTGER, RStTh 13 untersucht worden,
   dort auch (12-32) der Überblick über die Forschung.

9 Als auf R^P zurückgehender Zusatz ist zunächst Gen 16,1o anzusehen, wobei
   anzunehmen ist, daß aufgrund von Gen 16,1o in 16,7.9.11 eine ursprünglich Jahwe selbst zugeschriebene Aktion zur Aktion eines "Boten" Jahwes
   gemacht worden ist.

1o Dazu vgl. P. WEIMAR, BZAW 146, 49 Anm. 145. 126 Anm. 63.

11 Offen bleiben muß in diesem Zusammenhang die literaturgeschichtliche
    Zuordnung von Gen 31,11 und 32,2, obschon auch hier einiges auf eine
    literarisch späte Entstehung hindeutet; keineswegs können diese beiden
    Stellen als elohistisch deklariert werden (so zuletzt H. RÖTTGER, RStTh
    13, 75-76).

12 Die Aussage in Ex 14,19a, die sich mit der auf Je zurückgehenden Aussage
    in Ex 14,18b stößt, kann frühestens als nach-jehowistische Erweiterung
    verstanden werden, wobei aufgrund des kriegerischen Hintergrundes eine
    Herleitung von R^P am wahrscheinlichsten ist.

13 Zu Ex 23,3o-33 vgl. o.S. 326 Anm. 32.

14 Ex 32,34aß ist Zitat aus Ex 23,23aα, vgl. hierzu E. ZENGER, fzb 3, 86f.
    191.

15 Hier vgl. o.S. 322 Anm. 14 sowie S. 325 Anm. 27.

16 Num 2o,16aß könnte unschwer als ein Zusatz, der den Zusammenhang zwischen
    Num 2o,16aα und 2o,16aγ unterbricht, verstanden werden, wobei dieser
    Zusatz dann aber nach-deuteronomistisch sein müßte; zu Num 2o,14-21 ins-
    gesamt vgl. S. MITTMANN, AOAT 18, 143-149.

17 Offen bleiben muß in diesem Zusammenhang das Problem der literarischen
    Zuordnung von Num 22,22-34; vgl. dazu W. GROSS, StANT 38, 365-369 sowie
    H. RÖTTGER, RStTh 13, 1o3-113.

Die Vorstellung vom "Boten" Jahwes/Elohims, deren Ursprung möglicherweise
in der elohistischen Tradition liegt, hat somit ihre eigentliche Entfaltung
erst in nachexilischer Zeit im Dienst einer Theologie erfahren, der daran
liegt, den Transzendenzcharakter des Handelns Gottes sichtbar zu machen.
Im "Boten" Jahwes wird dabei vor allem die befreiende, rettende, bewahren-
de Macht Gottes sichtbar gemacht. Die Einführung des "Boten" in Ex 3,2a ist
dabei zunächst im Blick auf seine Funktion bei der Errettung vor den Ägyptern und bei der Führung in das Land geschehen. Sogleich wird damit aber
auch jene Linie aufgenommen, die innerhalb der Vätergeschichte entfaltet
worden ist [18]. Indem R[P] in Ex 3,2a den "Boten" Jahwes eingeführt hat, soll
nachdrücklich das Moment der Kontinuität im Handeln Gottes hervorgehoben
werden.

2.13 Die Wendung "Gott Abrahams, Gott Isaaks und Gott Jakobs"

Mehrfach hat R[P] innerhalb der Berufung des Mose im Anschluß an die Väter-
gott-Formel die Wendung "Gott Abrahams, Isaaks und Jakobs" angefügt. Gegenüber Ex 3,6, wo nur die Verbindung der beiden Wendungen "Gott deines Vaters"
und "Gott Abrahams, Gott Isaaks und Gott Jakobs" vorliegt, ist an den anderen drei Belegen der Kombination dieser beiden Wendungen (Ex 3,15.16; 4,5)
noch "Jahwe" vorangestellt, um auf diese Weise deutlich die Identifikation
Jahwes mit dem Gott der Väter, die dabei als Abraham, Isaak und Jakob interpretiert werden, anzuzeigen. Deutlich wird hier eine Tendenz der Systematisierung und Periodisierung des Geschichtsablaufes erkennbar, wobei der zugrundeliegende Vorgang im vorliegenden Zusammenhang wahrscheinlich nicht
zuletzt durch die Rezeption der priesterschriftlichen Aussage in Ex 2,24
(b^{e}rît mit Abraham, Isaak und Jakob) durch R[P] angeregt gewesen sein
dürfte [19].

Wie schon für P[g] (vgl. Ex 6,3) liegt auch für R[P] in der Berufung des Mose -
bei aller Kontinuität, wie sie gerade auch in der Identifizierung Jahwes
mit dem Gott der Väter angezeigt ist - deutlich der Beginn einer neuen Phase
der Geschichte. Von daher erklärt sich dann auch, daß sich die triadische
Wendung "Gott Abrahams, Gott Isaaks und Gott Jakobs" im Pentateuch nur im

---

18 In diesem Sinne hat sich auch H. RÖTTGER, RStTh 13, 123 ausgesprochen.
19 Vgl. hierzu schon die Hinweise auf S. 332f.

Zusammenhang mit der Berufung des Mose findet [2o]. Als Vorstufen dieser
Wendung sind die entsprechenden Wendungen der Vätergeschichte anzusehen,
in denen die Floskel "Gott meines/deines Vaters" durch den Namen Abrahams
(Gen 26,14; vgl. auch Gen 24,12.27.42.48) bzw., entsprechend dem Fortschrei-
ten der dargestellten Geschichte, Abrahams und Isaaks (Gen 28,13; 31,42;
32,1o; vgl. 48,15f) verbunden ist, auch wenn wohl nicht alle Vorkommen der
Wendung auf die Hand von R[P] zurückgehen werden, sondern zum Teil schon aus
der älteren (jehowistischen) Tradition (vgl. etwa Gen 26,24 und 28,13)
übernommen sind.

Der Gebrauch der Wendung (samt Vorstufen) läßt dabei im Rahmen der Schlußredaktion des Pentateuch eine einheitliche schriftstellerische Konzeption
erkennen, insofern auf diese Weise der dargestellte Geschichtsablauf eine
bewußte Ausrichtung auf die Mose-Berufung erfährt, in der zugleich die bisherige Geschichte der Israel-Söhne eine neue Orientierung erfährt. In dem
auf R[P] selbst zurückgehenden Einbau der Wendung "Gott Abrahams, Gott Isaaks
und Gott Jakobs" in den vorgegebenen Zusammenhang ("Jahwe, der Gott deines
Vaters/eurer/ihrer Väter") wird Kontinuität wie Diskontinuität der Geschichte gleichermaßen sichtbar gemacht.

2o Außerhalb des Pentateuch ist die Wendung "Gott Abrahams, Isaaks und Ja-
    kobs/Israels" nur in 1 Kön 18,36; 1 Chr 29,18; 2 Chr 3o,6 belegt. -
    Nicht in Verbindung mit der Wendung "Gott Abrahams, Isaaks und Jakobs"
    begegnet die Nennung der drei Väter innerhalb des Pentateuch vor allem
    im Zusammenhang des stereotyp formulierten Landverheißungseides, wo
    sich an ein Wort für "Land" (אדמה / ארץ) ein Relativsatz anschließt,
    der ansagt, daß Jahwe hinsichtlich des Landes dem Abraham, Isaak und
    Jakob einen Eid (נשבע) geleistet habe, und zwar erstmals wohl in den
    als dtr. zu qualifizierenden Erweiterungen des deuteronomischen Geset-
    zes (Dtn 1,8; 6,1o; 3o,2o; vgl. auch Dtn 9,5 und 29,12), sodann aber
    auch gerade in redaktionellen Einschüben, die auf die Hand von R[P] zu-
    rückgehen werden (Gen 5o,24bß; Ex 33,1b; Num 32,11; Dtn 34,4, wobei
    für einen Zusammenhang dieser Stellen allein schon die Tatsache spricht
    daß der Nennung der Trias Abraham, Isaak und Jakob nicht - wie sonst
    bei Dtn immer - אבות voraufgeht) (vgl. hierzu vor allem auch J. VAN
    SETERS, Confessional Reformulation in the Exilic Period, VT 22, 1972,
    448-459, bes. 45o-454). In diesem Zusammenhang verdienen auch die prie-
    sterschriftlichen Rückverweise auf die b[e]rît mit Abraham, Isaak und
    Jakob Beachtung (Ex 2,24; 6.4.8; den sekundär priesterschriftlichen
    Materialien ist Lev 26,42 zuzurechnen).

2.14 Die Zeichenankündigung Ex 3,12aßb

Gegenüber der vorgegebenen Tradition hat R[P] in Ex 3,12aßb eigens eine Zeichenankündigung angefügt, deren Inhalt (Dienst Elohims am Gottesberg) ausdrücklich mit der gegenwärtigen Gotteserscheinung am Gottesberg verknüpft erscheint [21]. Eingeleitet ist die Zeichenankündigung mit der Wendung זה לך האות. Diese findet sich neben Ex 3,12aß noch mehrfach, und zwar in 1 Sam 2,34; 1o,1 (LXX); 2 Kön 19,29; 2o,9; Jes 37,3o; 38,7; Jer 44,29, wobei das angesagte Zeichen immer in der Zukunft liegt [22]. Die Belegstellen führen dabei deutlich auf prophetische Zusammenhänge. Bezeichnenderweise bezieht sich die Zeichenankündigung in Ex 3,12aßb nicht auf ein wunderhaftes Geschehen, sondern auf ein zukünftiges Tun der Israel-Söhne [23]. Damit wird aber zugleich ein weiterer Zusammenhang deutlich. Die mit der Mose-Berufung am "Gottesberg" initiierte Herausführung des Volkes aus Ägypten kommt erst mit dem Dienst des Volkes an eben diesem "Gottesberg" an ihr Ziel. Dieser Zusammenhang ist bei R[P] noch auf eine andere Weise herausgestellt. Der Zeichenankündigung in Ex 3,12aßb (Dienst Elohims auf dem Gottesberg) entspricht deutlich der wohl auf R[P] selbst zurückgehende Rückblick auf Jahwes Wirken in der Vergangenheit an Ägypten sowie für die Israel-Söhne in Ex 19,4 [24], wobei das Tun Jahwes an den Israel-Söhnen hier charakteristischer-

---

21 Zu den Problemen der Auslegung der Zeichenankündigung in Ex 3,12aßb vgl. vor allem B. JACOB, Exodus, 72-74 und B.S. CHILDS, Exodus, 56-6o.

22 Zu den einzelnen Belegen vgl. C.A. KELLER, Das Wort OTH als "Offenbarungszeichen Gottes". Eine philologisch-theologische Begriffsuntersuchung zum Alten Testament, Diss. Basel 1946, 2o-23.1o1-1o3 sowie F.J. HELFMEYER, Art. אות, ThWAT I, 1973, 182-2o5 (199f).

23 Vgl. auch W. RICHTER, FRLANT 1o1, 113f.

24 Die viel verhandelte Frage der literargeschichtlichen Einordnung von Ex 19,3b-8(9) hat keineswegs zu allgemein anerkannten Ergebnissen geführt (vgl. nur die leicht vermehrbare Übersicht bei E. ZENGER, fzb 3, 2o7f), doch kann der Abschnitt keineswegs früh angesetzt werden. Vielmehr spricht einiges dafür, in ihm einen sehr jungen nach-dtr. und wohl auch nach-priesterschriftlichen Zusatz zu sehen (vgl. nur L. PERLITT, WMANT 36, 176: "Die Untersuchung von Sprache und Topik führte ebenfalls zu dem Ergebnis, daß nichts in Ex 19,3-8 vor-dt sein muß, vieles dagegen dtr, manches eher noch später" sowie H. CAZELLES, Alliance du Sinai, Alliance de l'Horeb et Renouvellement de l'Alliance, in: Beiträge zur Alttestamentlichen Theologie. FS W. Zimmerli, Göttingen 1977, 69-79), der am ehesten auf die Schlußredaktion des Pentateuch zurückgehen wird.

weise als "Bringen zu mir" (ואבא אתכם אלי) bezeichnet wird [25]. Aufgrund dieses Zusammenhangs ist der Dienst des Volkes am "Gottesberg" näherhin als Hören auf Jahwes Stimme bzw. als "Bewahren" der $b^e r\hat{\imath}t$ Jahwes zu verstehen (vgl. Ex 19,5a) [26]. Damit ist in der Zeichenankündigung Ex 3,12aßb auf die für R^P zentrale Problematik der Geschichte des Jahwe-Volkes angespielt.

2.15 Die Proklamation des Jahwe-Namens (Ex 3,14b+15)

An die auf den Einwand des Mose in Ex 3,13 hin erfolgende Antwort Elohims in Ex 3,14a haben sich bei R^P in Ex 3,14b+15 zwei weitere Antworten Elohims angeschlossen, von denen die zweite aber nur als Auftakt einer umfassenderen Gottesrede (Ex 3,15-22) funktioniert. Die beiden Gottesantworten, die bewußt parallel strukturiert sind [27], zielen konsequent auf die Einführung des Jahwe-Namens hin, indem zunächst aus der umschreibenden Deutung dieses Namens in Ex 3,14a das dort als Verbum des Haupt- wie Relativsatzes dienende אהיה zum Subjekt eines Verbalsatzes wird (Ex 3,14b), wofür sodann in der erneuten Gottesantwort der Name יהוה selbst eintritt (Ex 3,15a). Die Absicht, die R^P mit einer solch zielbewußt durchgeführten Einführung des Jahwe-Namens verfolgt, wird zum einen an der bei Jahwe stehenden doppelten Apposition ("der Gott eurer Väter, der Gott Abrahams, der Gott Isaaks und der Gott Jakobs") sowie zum anderen an Ex 3,15b erkennbar.

Gerade der abschließenden Aussage von Ex 3,15b, die auf verschiedene Weise aus dem Erzählduktus herausgehoben ist, kommt im Blick auf die Proklamation des Jahwe-Namens eine besondere Bedeutung zu. Formal (Wechsel von der 3. Person zur 1. Person) wie thematisch nimmt Ex 3,15b eine Sonderstellung ein[28] Das Gewicht, das R^P Ex 3,15b zumißt, wird überdies noch durch die poetische Form (Parallelismus) der Nominalsatzaussage unterstrichen. Wohl in Anlehnung

---

25 Auf einen solchen Zusammenhang haben u.a. hingewiesen W. RUDOLPH, BZAW 68, 9; B. JACOB, Exodus, 73; J.P. FLOSS, BBB 45, 227; W.H. SCHMIDT, BK II/2, 13o.

26 Die zentrale Stellung von Ex 19,5a innerhalb der Gottesrede Ex 19,3b-6 ist von R. MOSIS, Exodus 19,5b.6a: Syntaktischer Aufbau und lexikalische Semantik, BZ NF 22 (1978) 1-25 (5-12) herausgearbeitet worden.

27 Zur formalen Analyse vgl. W. RICHTER, FRLANT 1o1, 1o5-1o7.

28 Vgl. die entsprechenden Hinweise bei W.H. SCHMIDT, BK II/2, 132.

an entsprechende (möglicherweise liturgisch inspirierte) Formulierungen der
Psalmenliteratur der nachexilischen Zeit [29] hat R[P] in Ex 3,15b nachdrück-
lich die grundsätzliche und bleibende Bedeutung des *Namens* Jahwes für die
Israel-Söhne herausgestellt [30].

Obgleich sich zu Ex 3,15b innerhalb des Pentateuch keine direkten Entsprechungen finden, hat R[P] auf der anderen Seite dennoch an wenigen Stellen
redaktionelle Erweiterungen im vorgegebenen Textzusammenhang angebracht,
die wohl in Verbindung mit der Namenstheologie von Ex 3,15b zu bringen sind.
Ein erster auf R[P] zurückgehender redaktioneller Einschub findet sich im
Rahmen der Darstellung der "Plagen" in Ex 9,16b, der in Verbindung zu sehen
ist mit dem ebenfalls auf R[P] zurückgehenden redaktionellen Einschub Ex 9,
14aßb [31]. Während in Ex 9,14b auf die beim Pharao zu bewirkende Erkenntnis
der Unvergleichlichkeit Jahwes abgehoben ist, wird in der korrespondierenden Aussage in Ex 9,16b [32] anstelle Jahwes betont der Jahwe-*Name* eingeführt,
dessen Lob auf der ganzen Erde zu erzählen ist [33].

Neben Ex 9,16b verdient sodann im Blick auf Ex 3,15b vor allem Ex 2o,24b
Beachtung [34]. Der Halbvers, der nicht zur ursprünglichen Fassung des Altargesetzes Ex 2o,24-26 gehört, sondern zu den literarisch jüngsten Bestand-

---

29 Vgl. dazu etwa die Hinweise bei U. CASSUTO, Exodus, 39 und W.H. SCHMIDT,
    BK II/2, 132f.

3o Ex 3,15b ist damit deutlich als Zeugnis einer späten Theologie des
    Jahwe-Namens anzusehen; vgl. dazu allgemein O. GRETHER, Name und Wort
    Gottes im Alten Testament, BZAW 64, Gießen 1934, 1-58 und A.S. VAN DER
    WOUDE, Art. שם, THAT II, 1976, 935-963 (949-963).

31 In dem als dtr. zu qualifizierenden Textabschnitt Ex 9,14-17 (vgl. da-
    zu o.S.329 Anm. 44) müssen Ex 9,14aßb und 16b als noch jüngere redaktio-
    nelle Erweiterungen verstanden werden, da sie syntaktisch wie stili-
    stisch deutlich vom vorgegebenen Textzusammenhang abgehoben sind. Somit
    erscheint eine Herleitung der beiden Halbverse von R[P] als wahrscheinlich.

32 Der Zusammenhang von Ex 9,14b und 16b, der dabei als Korrespondenz zu
    deuten ist, ist deutlich dadurch angezeigt, daß die beiden Halbverse
    jeweils mit בכל הארץ enden (zu dieser Stichwortentsprechung vgl. auch
    U. CASSUTO, Exodus, 116 sowie jüngst S.Ö. STEINGRIMSSON, Vom Zeichen zur
    Geschichte. Eine literar- und formkritische Untersuchung zu Ex 6,28-
    11,1o, CB OTSeries 14, Lund 1979, 122, die jedoch die beiden Aussagen
    über das Land in Ex 9,14b und 16b mit der formal davon abgehobenen Aus-
    sage מן הארץ von Ex 9,15b verbinden).

33 Das Schilfmeerlied in Ex 15,1-19 dürfte zwar erst von R[P] in den vorlie-
    genden Erzählzusammenhang eingeführt worden sein, doch kann Ex 15,3, wo
    die Formel יהוה שמו begegnet, nicht als eine Eigenformulierung aus der

teilen des BB zu zählen ist [35], enthält in einem an בכל המקום sich anschließenden RS die Wendung אזכיר את שמי, worin deutlich Ex 3,14b nachklingt. Wird dieser literarische Zusammenhang von Ex 2o,24b mit 3,15b einerseits sowie der gegenwärtige Textzusammenhang der Theophanie am Gottesberg andererseits beachtet, dann wird auch der Sinn der sprachlich mehrdeu-
tigen und sachlich umstrittenen Aussage von Ex 2o,24b deutlich. Mit der
Ortsangabe בכל המקום ist allem Anschein nach auf den Gottesberg (Tempel)
angespielt [36], wobei der RS diesen Ort dadurch qualifiziert, daß Jahwe
hier seinen Namen kundgegeben hat [37]. Die programmatische Aussage in Ex 2o,
24b ist damit ganz offensichtlich im Blick auf größere literarische Zusammenhänge hin geschehen. Umgekehrt ist der Horizont der Aussage von Ex 3,15b
im Bereich der für die Komposition des Exodus-Buches zentralen Theophanie
Jahwes am Gottesberg (Sinai) zu sehen. Die Proklamation des Jahwe-Namens
in Ex 3,14b+15 verfolgt somit eigentlich einen doppelten Zweck, insofern
damit einerseits eine Periodisierung des Geschichtsablaufes angezeigt ist
(Ex 3,14b+15a) sowie andererseits zugleich ein Hinweis auf die für R^P zentrale Sinaioffenbarung angebracht wird (Ex 3,15b).

Hand von R^P angesprochen werden, sondern ist schon Bestandteil der ursprünglichen (wohl auch erst exilischen) Fassung des Meerliedes in Ex
15,1-19, der Ex 15,1b.3.6.7a.11 zuzurechnen sind.

34 Umfassend ist die Diskussion von Ex 2o,24b bei D. CONRAD, Studien zum
Altargesetz Ex 2o:24-26, Diss. Marburg 1968, 5-7.11-12 aufgearbeitet.

35 Das Altargesetz Ex 2o,24-26, dem in seiner ursprünglichen Fassung nur
Ex 2o,24aα.25a.26 zugerechnet werden kann, war ursprünglich wohl einmal Bestandteil einer Sammlung religiöser Weisungen, die sekundär in
das BB eingegangen sind. Die Erweiterung des Altargesetzes zum vorliegenden Textbestand ist allem Anschein nach noch nicht auf der Ebene der
Abfassung eines BB erfolgt, sondern auf der Ebene einer späteren Bearbeitung, die wahrscheinlich mit R^P zu identifizieren ist.

36 Auch wenn ein Verständnis von בכל המקום im distributiven Sinn sprachlich auch ohne Textänderung durchaus möglich ist (vgl. nur Gen 2o,13
sowie etwa U. CASSUTO, Exodus, 256; D. CONRAD, Altargesetz, 5-6; J.
HALBE, FRLANT 114, 37o), so liegt aufgrund des bei המקום stehenden bestimmten Artikels ein anderes Verständnis des Wortes im Sinne eines bestimmten Ortes näher, vor allem wenn man annehmen darf, daß in Ex 2o,24
das dtn. Zentralisationsgesetz schon vorausgesetzt ist.

37 Zu diesem Verständnis des RS in Ex 2o,24b vgl. W. SCHOTTROFF, WMANT 15,
247f; D. CONRAD, Altargesetz, 7; A.S. VAN DER WOUDE, THAT II, 951; anders dagegen J. HALBE, FRLANT 114, 37of.375f.

2.16 Die Ansage der "Beraubung" der Ägypter (Ex 3,21+22)

Die Texteinheit Ex 2,23-3,22 wird in Ex 3,21+22 mit einer Ankündigung abge-schlossen, die von R^P selbst an die vorgegebenen Ankündigungen des Handelns Jahwes angehängt worden ist. Eingeleitet wird sie in Ex 3,21a mit einer An-kündigung eines Handelns Jahwes, dem somit eine herausgehobene und im Blick auf das Folgende bestimmende Stellung zukommt. Von Ex 3,21a ist deutlich die mit והיה eingeführte Ankündigung eines sicher für die Zukunft eintre-tenden Geschehens in Ex 3,21b abzusetzen, wobei unvermittelt wiederum die Anredeform der 2. Person Pl. aufgenommen ist (vgl. Ex 3,2ob). Die generelle Ansage von Ex 3,21b wird sodann in Ex 3,22a konkretisiert, woran sich in Ex 3,22b gewissermaßen eine zusammenfassende Unterschrift anschließt.

Durch die weitgehend übereinstimmende Wiederaufnahme von Ex 3,21+22 in Ex 11,2+3 und 12,35+36 [38] ist der engere Horizont der Ankündigung der "Berau-bung" der Ägypter deutlich markiert [39]. Gerade die entsprechend dem neuen Textzusammenhang variierte Wiederaufnahme von Ex 3,21+22 am Höhepunkt des zweiten Hauptteils des Exodus-Buches ("Plagen") deutet an, daß hiermit be-tont auf diesen literarischen Zusammenhang vorverwiesen sein soll. Dies wird umgekehrt auch von Ex 12,35+36 her unterstrichen, insofern hier - in der Form einer Nachholung (x-$qatal$) - auf das in Ex 11,2+3 Gesagte zurück-verwiesen wird. Ist damit der innere Horizont von Ex 3,21+22 abgesteckt, so bleibt andererseits jedoch zu fragen, ob Ex 3,21+22 nicht auf weitere, darüber hinausgehende (literarische) Zusammenhänge innerhalb der Komposi-tion des Pentateuch verweist.

Mehr generell ist zunächst der Zusammenhang zwischen Ex 3,21+22 und Gen 15, 14b [4o], wo gerade die Worte ברכש גדול ein von R^P stammender Zusatz sind [41].

---

38 Die Verschiedenheiten zwischen den Textstücken reichen keineswegs - wie häufig angenommen wird (vgl. nur Th.C. VRIEZEN, JEOL 23, 1973/74, 389-4o1 (39of)) - für die Annahme verschiedener Hände hin, sondern werden allein schon aufgrund des je verschiedenen Erzählzusammenhangs ver-ständlich. Die gegenüber MT bei Sam vorliegenden Textvarianten dienen dem sekundären Ausgleich zwischen den drei Texten.

39 Hierzu vgl. vor allem J. MORGENSTERN, The Despoiling of the Egyptians, JBL 68 (1949) 1-28; G.W. COATS, VT 18, 1968, 45o-457; Th.C. VRIEZEN, JEOL 23 (1973/74) 389-4o1 und DERS., FS H.A. Brongers, 134-144.

4o Auf diesen Zusammenhang hat Th.C. VRIEZEN, JEOL 23 (1973/74) 393 hinge-wiesen.

41 Vgl. dazu P. WEIMAR, BZAW 146, 52 Anm. 153.

Auf diese Weise wird das im Rahmen der Mose-Berufung Angesagte schon bei
Abraham verankert, wobei die nachdrückliche Hervorhebung des Besitzes möglicherweise der Parallelisierung des Auszuges Abrahams und Israels dient.
Weitere Beobachtungen weisen aber zugleich auch in eine andere Richtung.
Deutlich korrespondiert die Aussage in Ex 3,21b, daß die Israel-Söhne nicht
mit leeren Händen (רֵיקָם) gehen werden, mit der im Rahmen der Sinaigeschichte sich findenden Aussage, daß das Angesicht Jahwes nicht mit leeren Händen
gesehen werden soll (Ex 23,15b; 34,2obß; Dtn 16,16b) [42]. Da diese Angabe an
allen drei Stellen nur locker in den vorliegenden Textzusammenhang eingebunden ist [43], auf der anderen Seite aber zugleich - zumindest redaktionell - jeweils ein Zusammenhang mit dem Exodus hergestellt ist, liegt die
Vermutung nahe, daß zwischen Ex 3,21b und den angeführten Texten ein literarisches Entsprechungsverhältnis besteht, insofern die Tatsache, daß die
Israel-Söhne nicht mit leeren Händen ausziehen sollen, ihre innere Bedeutung von daher erhält, daß sie vor Jahwe nicht mit leeren Händen erscheinen sollen [44].

Dieser Zusammenhang wird auch durch die konkretisierende Aussage mit ab-
schließender Unterschrift in Ex 3,22 unterstrichen, auch wenn hier gegenüber Ex 3,21 ein etwas anderer Akzent eingetragen wird. Die Geschenke an

---

42 Vgl. etwa auch H. SCHMID, BZAW 11o, 39 und A. REICHERT, Jehowist, 2o6
    Anm. 57.

43 Die Stellung von Ex 23,15b innerhalb der Ordnung der Wallfahrtsfeste
    wurde immer als rätselhaft empfunden (vgl. dazu nur die wenigen Hinwei-
    se bei J. HALBE, FRLANT 114, 446 mit Anm. 49). Diese erklärt sich dabei
    zunächst nicht aus literarischer Kompositionstechnik, sondern aufgrund
    der Entstehungsgeschichte des Textes. Dabei ist anzunehmen, daß sich in
    Ex 23,14-17 um eine Urfassung der Wallfahrtsbestimmungen (Ex 23,14.15aα*
    (nur אֶת חַג הַמַּצּוֹת תִּשְׁמֹר).16aαbα) sukzessiv zwei redaktionelle Erweiterun-
    gen angelagert haben, wobei Ex 23,15aα (שִׁבְעַת יָמִים תֹּאכַל מַצּוֹת).16aßbß ei-
    ner ersten Redaktion zugerechnet werden müssen, während der Rest auf
    eine zweite Redaktion zurückzuführen ist, die dabei wohl erst der Schluß-
    redaktion des Pentateuch (vgl. Ex 23,17) zugerechnet werden kann. -
    Ebenso schwierig ist auch die Stellung von Ex 34,2obß innerhalb der Auf-
    zählung der Jahwe-Feste (vgl. dazu wiederum J. HALBE, FRLANT 114,185),
    wobei die wörtliche Übereinstimmung der Formulierung mit Ex 23,15b für
    die gleiche literarische Hand spricht. Dies wird dann aber auch für die
    nur locker angefügte Bestimmung Dtn 16,16b gelten.

44 Gern wird im Zusammenhang von Ex 3,21+22 auf das Schuldsklavengesetz in
    Dtn 15,12-15 (vgl. nur D. DAUBE, Rechtsgedanken in den Erzählungen des
    Pentateuch, in: Von Ugarit nach Qumran. Beiträge zur alttestamentlichen
    und altorientalischen Forschung. FS O. Eissfeldt, BZAW 77, Berlin 1958,
    32-41 (35f)) hingewiesen, was aufgrund nicht zu verkennender Differen-
    zen kaum das Richtige treffen wird. Im Zusammenhang mit Dtn 15,13b ist
    dagegen Gen 31,42a zu sehen.

Silber- und Goldgeräten sowie der Kleider, in denen sich - aufgrund der
Parallelstellen (1 Kön 1o,25 // 2 Chron 9,24; vgl. auch Gen 24,53 und 2 Sam
8,1o) - geradezu die hohe Achtung der Israel-Söhne durch die Ägypter dokumentiert [45], sind erzählerisch möglicherweise auf die von den Israel-Söhnen freiwillig zu gebenden Weihegaben für den Bau des Heiligtums bezogen
(vgl. dazu Ex 25,3f; 31,4; 35,5f.32) [46] sowie mehr indirekt vielleicht auch
auf die Erzählung von der Errichtung des goldenen Kalbes (Ex 33,1-6; vgl.
vor allem auch Ex 33,6, wo wie in Ex 3,22b die Basis נצל (tD-Stamm) gebraucht ist) [47]. Auf jeden Fall wird durch den redaktionellen Zusatz in
Ex 3,21+22 ganz bewußt eine Beziehung zum Geschehen am Sinai hergestellt,
wo sich in der Konzeption von R^P das Exodus-Geschehen erst vollendet.

2.2 *Ex 4,1-5,5*

2.21 *Das Hören/Vertrauen auf die "Stimme des Zeichens" (Ex 4,6-9)*

Innerhalb von Ex 4,6-9, das aufgrund von Ex 4,8+9 als eine Jahwerede mit
eingeschobener Beispielerzählung (Ex 4,6+7) zu verstehen ist, liegt das
Schwergewicht der Aussage nicht auf der Beispielerzählung, sondern auf der
abschließenden zweigestuften Zukunftsankündigung Ex 4,8+9. Jeder der beiden Teile der Zukunftsankündigung ist durch והיה + אם eingeleitet, wobei
die Protasis beider Sätze kunstvoll miteinander verschränkt ist (לא יאמינו
ולא ישמעון / לא יאמינו גם לשני האתות האלה // ולא ישמעו לקל האת הראשון / לך
(לקלך [48].

Der Akzent wird dabei jeweils auf dem ersten Glied der Protasis liegen, was
ausdrücklich durch die Apodosis des ersten Satzgefüges in Ex 4,8b unterstrichen wird. Das Gefälle von Ex 4,8+9 zielt auf die Apodosis des zweiten
Satzgefüges in Ex 4,9b, die allein schon aufgrund ihres Umfanges Beachtung
verdient. In sich ist die Apodosis in Ex 4,9b wiederum zweiteilig struk-

---

45 Vgl. dazu vor allem Th.C. VRIEZEN, JEOL 23 (1973/74) 392f.

46 Die angeführten Belege sind nicht der priesterschriftlichen Geschichts-
    darstellung (Pg) selbst zuzurechnen, sondern ihren sekundären Erweite-
    rungen.

47 Vgl. etwa G. BEER, HAT I/3, 33 und E. ZENGER, Exodus, 56.

48 Vgl. dazu auch A. REICHERT, Jehowist, 26.

turiert, deren erster Teil einen Auftrag an Mose zum Vollzug einer Handlung enthält (Ex 4,9aß), während der zweite Teil das Eintreten der beabsichtigten Wirkung ansagt (Ex 4,9b).

Deutlich läßt die bedingte Zukunftsaussage in Ex 4,8+9 einen doppelten Horizont erkennen, der enger und weiter gespannt ist. Die Apodosis des zweiten Bedingungssatzes in Ex 4,9aßb nimmt die entscheidenden Stichworte der Blutplage in Ex 7,14-25 auf, so daß Ex 4,9aßb als Vorverweis auf diese Plage verstanden werden muß. Die Eigenständigkeit in der sprachlichen Gestaltung von Ex 4,9aßb gegenüber Ex 7,14-25 [49] wie in der literarischen Gestaltung der Apodosis nach dem Strukturschema Auftrag zum Vollzug einer Handlung + angezielte Wirkung lassen dabei vermuten, daß Ex 4,9aßb nicht speziell auf die "Blutplage" vorverweisen will, sondern generell auf den zweiten Hauptteil des Exodus-Buches.

Ein weiterer Horizont wird erkennbar aufgrund des Motivs des Vertrauens, das betont jeweils in der Protasis der beiden Satzgefüge sowie in der Apodosis des ersten Satzes eingefügt ist. Abgesehen von Ex 4,31a, wo das Wort האמין absolut gebraucht ist, begegnet es bei R[P] sonst nur noch in Ex 19,9 [5o], wo wie in Ex 4,8+9 ebenfalls Hören und Vertrauen in Parallele zueinander stehen. Nachdrücklich wird hier das Vertrauen "auch" (וגם) auf Mose herausgestellt. Daß dieses Vertrauen nicht mehr nur ein punktuelles, sondern ein beständiges (לעולם) zu sein hat, unterstreicht, daß in Ex 19,9 der Höhepunkt der mit Ex 4,1-9 einsetzenden und über Ex 14,31b (Je) verlaufenden Aussagereihe erreicht ist [51]. Damit verweist Ex 4,8+9 aber auf den gleichen literarischen Zusammenhang wie die Zeichenankündigung in Ex 3,12aßb, was zugleich wohl auch auf einen sachlichen Zusammenhang hindeutet. Dienst Jahwes am Gottesberg, der inhaltlich als Bewahren seiner b^erît zu verstehen ist, und Vertrauen auf Mose, der Künder eben dieser b^erît ist, gehören unverbrüchlich zusammen.

---

49 So spielt in Ex 4,9b im Gegensatz zu Ex 7,14-25 das Motiv des Stabes augenscheinlich keine Rolle. Auch ist die Wortwahl, die sich - ebenso wie der strukturelle Aufbau des Halbverses - deutlich an P orientiert (vgl. יבשה / שפך), im wesentlichen nicht von Ex 7,14-25 her bestimmt, sondern anderen Bereichen entnommen, was deutlich für יבשה gilt, aber auch für das Verb שפך zutreffen wird.

5o Auf diesen Zusammenhang hat auch A. REICHERT, Jehowist, 28.137 hingewiesen; zum Problem der Abgrenzung vgl. R. MOSIS, BZ NF 22 (1978) 5 Anm. 15 sowie die Übersicht bei E. ZENGER, fzb 3, 2o8.

51 Vgl. auch A. REICHERT, Jehowist, 137.

2.22 Die Einführung Aarons als Beistand des Mose (Ex 4,1o-17)

Der Textabschnitt Ex 4,1o-17 [52], der deutlich auf die Einführung des Aaron
als Beistand des Mose hinzielt, besteht aus zwei Redegängen zwischen Mose
und Jahwe, deren literarische Struktur sich dabei genau entspricht [53]. Jeder der beiden Redegänge setzt mit einem Einwand des Mose ein (Ex 4,1o/13),
der in beiden Fällen mit אֲדֹנָי בִּי eingeleitet ist. Während der zweite Einwand eine Ablehnung der Sendung mit Hilfe eines paronomastischen RS (wie
in Ex 3,14a) enthält, wird im ersten Einwand in zwei parallel zueinander
stehenden Nominalsatzaussagen auf die mangelnde Redefähigkeit des Mose abgehoben. Die Breite der Formulierung des Einwandes in Ex 4,1o gegenüber dem
Einwand in Ex 4,13 deutet die Bedeutung im Blick auf den ganzen Textabschnitt an.

Genau umgekehrt ist die Gewichtung der zugeordneten Antworten Jahwes in Ex
4,11+12 bzw. 4,14-17. Während die zweiteilig strukturierte erste Antwort
Jahwes in Ex 4,11+12 nur die Zusicherung des Beistandes aus Ex 3,12aα im
Blick auf den Einwand des Mose hin aktualisiert, wird in der gleichfalls
zweiteilig gefügten Antwort Jahwes in Ex 4,14-17, deren zweiter Teil in
sich nochmals eine zweiteilige Struktur erkennen läßt (Ex 4,15/16+17), unter Aufnahme der Thematik der ersten Jahwerede Aaron als der Mose zugeord-
nete Beistand eingeführt. Der strukturelle Aufbau des Textabschnittes Ex
4,1o-17 läßt sich durch das folgende Schema verdeutlichen, wobei zugleich
auch die thematischen Akzente hervortreten:

Erster Einwand des Mose	Zweiter Einwand des Mose

1o Und Mose sprach zu Jahwe
    Anrede (בִּי אֲדֹנָי)
    + doppelgliedrige Zu-
    standsbeschreibung
    (Reden/Mund)
	13 Und er sprach
	    Anrede (בִּי אֲדֹנָי)
	    + Ablehnung der Sendung
	    (eingliedrig)

----

52 Zu Ex 4,1o-17 vgl. zuletzt die ausführliche Untersuchung von H. VALEN-
    TIN, OBO 18, 49-137.

53 Zur eingehenden Begründung der Analyse der literarischen Form vgl. o.S.
    65-72.

Erste Antwort Jahwes	Zweite Antwort Jahwes
11 Und Jahwe sprach zu ihm	*14* Und der Zorn Jahwes ent- brannte über Mose, und er sprach

Erster Teil	Erster Teil
doppelte Frage (schöpfungstheologisch) + *rhetorische Frage* (Jahwe)	*rhetorische Frage* (Aaron) + Feststellung (Wissen Jahwes um die Redefä- higkeit Aarons) + Ansage des unmittelbar bevorstehenden Kommens Aarons

12 Zweiter Teil	*15* Zweiter Teil
	Erste Hälfte
Sendung	Auftrag an Mose zur Über- mittlung der Reden an Aaron
+ Beistandszusage (*zweigliedrig*)	+ Beistandszusage (*zwei- gliedrig*)
	16 *Zweite Hälfte* Beauftragung des Aaron zur Rede anstelle des Mose
	17 + Auftrag an Mose, den Stab zu nehmen.

Die Parallelität des strukturellen Aufbaus der beiden Teile von Ex 4,1o-17 führt dabei nicht über Ex 4,15 hinaus. Ex 4,16+17 haben so keine Entsprechung in der ersten Jahwerede Ex 4,11+12, doch erscheinen sie andererseits eng mit der Ausgangsfrage des Mose in Ex 4,1o verknüpft, was allein schon aufgrund der Strukturierung des Textes erkennbar ist. Aufgrund des unmittelbaren Textzusammenhangs ist Ex 4,16+17 dabei wahrscheinlich als Konkretisierung der Zusage von Ex 4,15bβ zu verstehen, mit welcher Aussage die Antwort Jahwes - entsprechend Ex 4,12b - eigentlich ihren Höhepunkt schon erreicht hat. Ein weiteres Element, das formal in der ersten Jahwerede keine Entsprechung hat, liegt in der Feststellung in Ex 4,14b hinsichtlich des unmittelbar bevorstehenden Kommens Aarons. Da Ex 4,14b aber deutlich mit Bezug auf den unmittelbaren literarischen Zusammenhang (vgl. Ex 4,27+28) eingetragen ist, könnte gleiches auch für Ex 4,16+17 gelten, wohingegen der Aussagehorizont vor allem von Ex 4,14+15 darüber hinaus zu gehen scheint.

Diese Vermutung gilt offenkundig für Ex 4,16+17. Das deutet zunächst eine
mehr allgemeine Beobachtung an. In dem zu Ex 4,1o-17 parallelen ersten Redegang des Gespräches zwischen Mose und Jahwe Ex 4,1-9 wird in Ex 4,8+9 auf
die "Plagen" vorverwiesen. Von daher ist es demnach wahrscheinlich, daß auch
die zu Ex 4,8+9 parallele Aussage in Ex 4,16+17 auf die "Plagen" zu beziehen ist. Ein solcher Bezug ist vor allem für Ex 4,17 anzunehmen. Die zu Ex
4,17 vielfach angemerkten Verständnisschwierigkeiten [54], die nicht selten
zu einer Art Trennung von Ex 4,17 gegenüber 4,16 geführt haben [55], beruhen
einmal auf der Form der Einführung des Stabes, den Mose in die Hand nehmen
soll, als המטה הזה sowie auf dem determinierten Hinweis auf die "Zeichen"
(האתת). Doch diese Schwierigkeiten bestehen nur dann, wenn für Ex 4,17 eine
ältere Hand und nicht - wie aufgrund der vorliegenden Analyse - R^P als Autor
angenommen wird. Unter dieser Voraussetzung erklären sich unschwer die auf
den ersten Blick bestehenden Schwierigkeiten.

Im Gegensatz zu Ex 4,9, wo die Zeichen durch das demonstrative האלה hinreichend qualifiziert sind, können "die" Zeichen von Ex 4,17b sich nicht auf
das in Ex 4,1-9 geschilderte Geschehen beziehen, sondern weisen allem Anschein nach vor auf die "Zeichen" vor dem Pharao [56]. Wahrscheinlich spielt
Ex 4,17b damit auf Ex 7,3* (P^g) [57] und Ex 1o,1+2 (R^P) [58] an, wo zwar nicht
von Zeichen des Mose, sondern - innerhalb einer Jahwerede - betont von
"meinen Zeichen" gesprochen wird [59]. Möglicherweise hat gerade dieser Zu-

---

54 Die Probleme dieses Verses werden ausführlich diskutiert bei H. VALEN-
   TIN, OBO 18, 72-81.

55 Vgl. etwa A. DILLMANN, KeH 12, 41; H. HOLZINGER, KHC II, 9; B. BAENTSCH,
   HK I/2, 32; G. BEER, HAT I/3, 24; M. NOTH, ATD 5, 33; H. SEEBASS, AevTh
   2, 5.1o.

56 Von "Zeichen" wird zwar auch in Ex 4,28b und 3ob gesprochen, doch kann
   hier nicht der Bezugspunkt von Ex 4,17b liegen. In Ex 4,3ob ist nicht
   Mose, sondern Aaron derjenige, der die "Zeichen" bewirkt, und in Ex 4,
   28b beziehen sich die "Zeichen", die Jahwe dem Mose gegeben hat, auf
   die "Zeichen" von Ex 4,1-9.

57 In Ex 7,3b dürfte ואת מופתי als eine redaktionelle Erweiterung des priesterschriftlichen Textbestandes zu verstehen sein, die deutlich in Verbindung steht mit den auf die Hand von R^P zurückgehenden Aussagen in
   Ex 4,21 und Ex 11,9+1o, wo jeweils betont die מפתים genannt sind.

58 Zur Analyse von Ex 1o,1-3 vgl. o.S. 273 Anm. 86.

59 Durch die Qualifizierung der von Mose (und Aaron) zu wirkenden Zeichen
   als "meine" (d.h. Jahwes) Zeichen soll nachdrücklich die Priorität göttlichen Handelns hervorgehoben werden. Keineswegs kann daraus ein Gegensatz zu Ex 4,17, aber auch nicht zu Ex 4,21 konstruiert werden.

354

sammenhang aber auch bewirkt, daß in Ex 4,17a der Stab als המטה הזה eingeführt und in Ex 4,2ob als "Gottesstab" bezeichnet wird [60], obgleich damit
kein anderer Stab als der in Ex 4,2-4 genannte Stab gemeint sein kann [61].
Daß in den "Plagen" der Horizont der Aussage von Ex 4,17 liegt, wird ausdrücklich durch die auf Ex 4,17 zurückblickende Aussage in Ex 4,21 bestätigt [62].

In Ex 4,16b ist zwar gleichfalls ein - wenn auch mehr indirekter - Bezug
zur Plagengeschichte gegeben, insofern R^P sich bei der Bestimmung des wechselseitigen Verhältnisses von Mose und Aaron offensichtlich an der bei P^g
vorgefundenen "Rollenverteilung" in Ex 7,1 orientiert hat [63], doch dürfte
hier der Horizont der Aussage insgesamt enger abgesteckt sein, da
der unmittelbare Bezugspunkt für Ex 4,16 innerhalb der Mose-Berufung selbst

---

60 Besteht diese Vermutung zu Recht, dann wird die Bezeichnung des Stabes
    des Mose als "Gottesstab", wie sie in Ex 4,2ob vorliegt und worauf schon
    Ex 4,17a hinweisen will, bewußt im Blick auf die "Plagen" geschehen
    sein. Die in Ex 4,17a gewählte Formulierung המטה הזה, die die Identifi-
    kation des Stabes gewissermaßen in der Schwebe läßt, ist um der Überlei-
    tungsfunktion von Ex 14,17a zwischen 4,2-4 einerseits und 4,2o anderer-
    seits willen geschehen.

61 Entgegen der weit verbreiteten Annahme, daß in Ex 4,17 ein neuer Stab
    eingeführt werde (vgl. etwa die Zusammenstellung bei H. VALENTIN, OBO
    18, 74 Anm. 3), kann sich die Erwähnung des Stabes hier eigentlich nur,
    geht man nicht von der These eines (nicht mehr beweisbaren) Textverlu-
    stes aus, auf den Mose-Stab von Ex 4,2-4 beziehen, der durch das an ihm
    geschehene Zeichen eben eine neue Qualität bekommen hat (vgl. dazu B.
    EERDMANS, Atl. Studien III, 15f sowie H. VALENTIN, OBO 18, 75).

62 Die dem Botenwort an den Pharao Ex 4,22-23 neu vorgeschaltete Aussage
    (samt Redeeinleitung) in Ex 4,21 ist ein mit dem Textzusammenhang auf
    vielfältige Weise verschränktes literarisches Gebilde. So wird in der
    einleitenden Zeitbestimmung (Ex 4,21aα) auf die vorangehend erzählte
    Notiz in Ex 4,2oaß zurückgegriffen. Die darauf folgende mit ראה einge-
    leitete und mit einer Afformativkonjugation weitergeführte Aussage in
    Ex 4,21aßγ weist zum einen deutlich auf die Plagen vor, ist aber zum
    anderen durch die in Ex 4,21aß genannten מפתים auf Ex 4,17b sowie in dem
    an מפתים angeschlossenen RS auf den Stab, den Mose in seine Hand nehmen
    soll (vgl. die Stichwortaufnahme von בידך/ביד aus Ex 4,17a/2ob) ,zurück-
    bezogen. Der in Ex 4,21 mehr angedeutete Zusammenhang mit den "Plagen"
    tritt sodann in Ex 4,21b offen zu Tage, insofern die hier sich findende
    Aussage deutlich ihre Entsprechungen innerhalb der "Plagen" hat (Ex
    11,1o R^P ; vgl. aber auch die auf E zurückgehenden Belege in Ex 9,35a,
    1o,2o und 27).

63 Vgl. auch H. VALENTIN, OBO 18, 1o6f. Mit umgekehrtem Abhängigkeitsver-
    hältnis wurde noch bei P. WEIMAR, fzb 9, 2oo-2o3 gerechnet.

liegt, wo in Ex 4,28a die Übermittlung der Reden Jahwes an Aaron konstatiert und in Ex 4,3oa ihre Ausrichtung durch Aaron mitgeteilt ist. Ein darüber hinausgehender Horizont wird nicht erkennbar [64], so daß Ex 4,16+17 im unmittelbaren Textzusammenhang aufgeht. Größere, über diesen Rahmen hinausreichende Horizonte werden dagegen für Ex 4,15 (vgl. 4,12), d.h. am eigentlichen Höhepunkt der beiden Antworten Jahwes, erkennbar.

Ex 4,15 besteht aus einem doppelgliedrigen Redeauftrag an Mose für Aaron (Ex 4,15a) und einer gleichfalls doppelgliedrigen Beistandszusage (Ex 4, 15b), wobei der Akzent jeweils auf dem zweiten Aussageglied liegt (Ex 4, 15aß/bß). Die zweite Hälfte des Auftrags an Mose ist mit Hilfe der Wendung שׂים הדברים בפי gebildet [65]. Die Wendung hat innerhalb des Pentateuch eine deutliche Parallele in Dtn 31,19, und zwar innerhalb eines wahrscheinlich auf R[P] zurückgehenden Abschnittes [66], nur daß hier anstelle von הדברים das Wort השׁירה eingetreten ist [67]. Dabei ist aber die bewußte Parallelisierung von "Lied" und "Weisung" (vgl. Dtn 31,19/24+25) [68] ebenso zu beachten wie

---

64 Außerhalb der Mose-Berufung bleibt Ex 4,16 im Rahmen des Pentateuch ohne eigentliche Resonanz. Zwar wird allgemein an der Vorrangstellung des Mose vor Aaron, die auf verschiedene Weise zum Ausdruck gebracht werden kann, festgehalten, doch bleibt die in Ex 4,16 vorgestellte Rollenverteilung, wonach Aaron für Mose im Auftrag Jahwes zum Volke reden soll, ohne jede Bedeutung. Auch in den nachpriesterschriftlichen redaktionellen Erweiterungen ist es im allgemeinen Mose selbst, der mit der Übermittlung eines Jahwewortes an die Israel-Söhne beauftragt wird (vgl. die Zusammenstellung der entsprechenden Belege bei P. WEIMAR, fzb 9, 115 Anm. 94), seltener Mose und Aaron gemeinsam (Lev 11,1 und 15,1). Vergleichbar ist allenfalls Ex 16,9 (P[g]), wo Mose den Aaron mit der Übermittlung einer Botschaft an die Israel-Söhne beauftragt (hierbei handelt es sich aber nicht um die Übermittlung eines Jahwewortes), jedoch nicht der von H. VALENTIN, OBO 18, 122f angeführte Beleg Lev 1o,11, da אליהם sich hier nicht auf die Aaron-Söhne, sondern auf die Israel-Söhne bezieht.

65 Zum Gebrauch der Wendung vgl. die Zusammenstellungen bei W. RICHTER, FRLANT 1o1, 121, J.M. SCHMIDT, Aaron, A 13f und H. VALENTIN, OBO 18, 114.

66 Zur literargeschichtlichen Zuordnung von Dtn 31,16-22 vgl. die o.S. 321 Anm. 9 ausgesprochene Vermutung, zu den Problemen der Analyse von Dtn 31 vgl. N. LOHFINK, Der Bundesschluß im Lande Moab. Redaktionsgeschichtliches zu Dt 28,69-32,47, BZ NF 6, 1962, 32-56 (45-55).

67 Auf Dtn 31,19 als Parallele zu Ex 4,15 verweist auch J.M. SCHMIDT, Aaron, A 14.

68 Vgl. hierzu G. VON RAD, Das fünfte Buch Mose. Deuteronomium, ATD 8, Göttingen 1964, 135f, der sich dezidiert gegen die beliebte Ersetzung von תורה durch שׁירה in Dtn 31,24 und 26 (vgl. dazu BHS) ausspricht, sowie G. BRAULIK, Die Ausdrücke für "Gesetz" im Buch Deuteronomium, Bb 51, 1970, 39-66 (65f).

die mit der Floskel את הדברים האלה in Dtn 31,28 geschehene Bezugnahme auf
das Lied des Mose. "Lied" wie "Weisung" haben nach diesem Text gleichermaßen als Zeugen gegen die Israel-Söhne zu dienen, die sich durch das Bre-
chen der $b^e r\hat{\imath}t$ (Dtn 31,16.2o), womit hier konkret der Dekalog gemeint ist [69],
von Jahwe abgewandt haben.

Steht der Gebrauch der Wendung in Dtn 31,19 somit in einem engen Zusammenhang mit dem "Dekalog", so liegt auch für Ex 4,15, auch wenn sich die Wendung zunächst auf den unmittelbaren Textzusammenhang (vgl. Ex 4,28) zu beziehen scheint, eine solche Verbindung nahe. Daß der Horizont der Wendung
שים הדברים בפי nicht auf die Mose-Berufung zu beschränken ist, sondern
darüber hinaus weist, wird an einer offenkundigen Entsprechung erkennbar,
die die in Ex 4,15 gebrauchte Wendung in Ex 19,7 (R^P) hat. Dort ist die
Übermittlung des zuvor an ihn ergangenen Jahwe-Wortes durch Mose (Ex 19,3b-
6) mit der Wendung וישם לפניהם את כל הדברים האלה umschrieben, wobei durch
den daran angeschlossenen RS (אשר צוהו יהוה) (vgl. auch Ex 4,28) ein ausdrücklicher Rückbezug auf die vorangehende Gottesrede (vgl. Ex 19,6b), insbesondere aber auf die im Zentrum stehende Aussage Ex 19,5a, hergestellt
ist.

Auch hier ist somit ein Zusammenhang zwischen der Weitergabe der דברים und
dem Bewahren der $b^e r\hat{\imath}t$ gegeben. Durch den Vorverweis in Ex 19,9 ist dabei
sicher gestellt, daß mit der vom Jahwe-Volk zu haltenden $b^e r\hat{\imath}t$ und den von
Mose zu übermittelnden Worten nichts anderes als der Dekalog gemeint sein
kann [70], was ausdrücklich durch die R^P zu verdankende Form der Redeeinleitung zum Dekalog in Ex 2o,1 bekräftigt wird [71]. Ebenfalls verdient in diesem Zusammenhang die wohl gleichfalls von R^P eingefügte und sich eng mit
Ex 19,7+8 berührende Aussage von Ex 24,3 Beachtung [72], wo mit dem Doppel-

---

69 Vgl. dazu G. BRAULIK, Bb 51 (197o) 43-45.

7o In der Komposition von R^P ist die Aussage von Ex 19,9a redaktionell ver-
    klammert mit der von E stammenden Aussage in Ex 2o,2oa, die im vorlie-
    genden Textzusammenhang unmittelbar im Anschluß an die Mitteilung des
    Dekalogs in Ex 2o,1-18 steht und damit auf diesen schon zurückblickt.

71 Zur ausführlichen Begründung dieser Position vgl. die demnächst erschei-
    nende Studie zum Dekalog von F.-L. HOSSFELD, dem ich auch den Hinweis
    auf die Zuordnung von Ex 2o,1 zu R^P verdanke.

72 Zur literarkritischen Analyse vgl. E. ZENGER, fzb 3, 74. - Für die Her-
    leitung von Ex 19,7+8 sowie Ex 24,3 von ein und derselben Hand ist die
    genaue Entsprechung der Geschehensfolge an beiden Stellen zu beachten

ausdruck אֵת כָּל דִּבְרֵי יהוה וְאֵת כָּל הַמִּשְׁפָּטִים ganz offenkundig auf den Dekalog
wie auf die Rechtssätze des BB angespielt ist [73].

Ist demnach der weitere Horizont der in Ex 4,15aß gebrauchten Wendung in
der Übermittlung des Dekalogs durch Mose an das Volk zu vermuten, so findet der damit sich zeigende literarische Zusammenhang eine Bestätigung von
der Beistandszusage in Ex 4,15bß her. In der Bedeutung "unterweisen" begegnet das Verbum ירה H-Stamm mit Jahwe als Subjekt neben Ex 4,12 und 15 nur
noch in Ex 24,12bß [74] in einem auf R^P zurückgehenden Zusatz, der in Verbindung steht mit dem ebenfalls von R^P stammenden redaktionellen Zusatz וְהַתּוֹרָה
וְהַמִּצְוָה [75]. Mit der in Ex 24,12 stehenden Wortfolge Steintafeln, Weisung und
Gebot werden dabei der Dekalog, aber wohl auch die darüber hinaus gehenden
Weisungen Jahwes am Sinai gemeint sein [76]. Damit verweist Ex 4,15bß aber
auf den gleichen literarischen Rahmen wie Ex 4,15aß. Indem der Horizont der
Aussage von Ex 4,15 - im Unterschied gerade zu Ex 4,16+17 - gerade nicht
auf den engeren Textzusammenhang von Mose-Berufung und Plagen beschränkt
bleibt, sondern darüber hinaus auf den Sinai und hier vor allem auf die Mitteilung des Dekalogs verweist, wird indirekt auch auf die Rolle, die Aaron
bei der Vermittlung des Dekalogs, aber auch der übrigen Weisungen Jahwes am
Sinai zukommt, hingewiesen, auch wenn die in Ex 4,16 mitgeteilte "Formel" des
wechselseitigen Verhältnisses von Mose und Aaron im weiteren Erzählfortgang
ohne erkennbare Resonanz bleibt.

(1. Mose ging hin - 2. legte ihnen (den Ältesten des Volkes) alle diese Reden vor, die Jahwe ihm geboten hatte / erzählte dem Volk alle Reden
Jahwes und alle Rechtssätze - 3. das ganze Volk antwortete einmütig/ein-
stimmig und sie sprachen - 4. alles, was / alle Reden, die Jahwe geredet hatte, wollen wir tun).

73 Zur Verwendung und Bedeutung von דברים an den vorliegenden Stellen vgl.
allgemein O. GRETHER, BZAW 64, 8o-83 und W.H. SCHMIDT, Art. דבר, ThWAT
II, 1977, 89-133 (123-125).

74 In Ex 15,25 ist zwar ירה H-Stamm ebenfalls mit Jahwe als Subjekt gebraucht, doch hat es hier die Bedeutung von "zeigen"; eine Zusammenstellung der Belege von ירה H-Stamm in der Bedeutung "unterweisen" mit Jahwe
als Subjekt findet sich bei H. VALENTIN, OBO 18, 111f. - Bei den sonstigen Vorkommen der Wendung ירה H-Stamm im Pentateuch stehen als Subjekt
meist die Aaroniden (Lev 1o,11 und 14,57) sowie die Leviten/Priester
(Dtn 17,1o.11; 24,8; 33,1o).

75 Zur literarkritischen Analyse vgl. E. ZENGER, fzb 3, 77.179. - Zum Problem der Syntax von Ex 24,12 vgl. B.S. CHILDS, Exodus, 499.

76 Wahrscheinlich ist mit der dreigliedrigen Wortfolge in Ex 24,12 nicht
nur der Dekalog gemeint (vgl. etwa U. CASSUTO, Exodus, 315), sondern,

2.23 Die Rückkehr nach Ägypten (Ex 4,18+2o)

Die Mitteilung von der Rückkehr des Mose (und seiner Familie) nach Ägypten hat bei R[P] deutlich eine verknüpfende Funktion. Dabei verbindet der Wunsch des Mose in Ex 4,18, zu seinen Brüdern nach Ägypten zurückzukehren, die Rückkehrnotiz mit dem in Ex 2,11-14 geschilderten Vorgang, der zur Flucht des Mose geführt hat [77]. In beiden Fällen wird von einem Gehen des Mose zu seinen Brüdern gesprochen. Das Faktum der Berufung durch Jahwe markiert dabei den gegenüber dem ersten Hingehen zu seinen Brüdern eingetretenen Wandel, obgleich Mose schon von seiner Geburt an der von Jahwe bestimmte Retter ist. Zugleich ist aber in dem Rückverweis von Ex 4,18 auf Ex 2,11-14 auch die Möglichkeit des Scheiterns der Mission des Mose angedeutet, was in der Komposition von R[P] durch die Korrespondenz der beiden Erzählteile Ex 2,11-22 und Ex 5,6-6,1 unterstrichen wird.

Auf den gleichen literarischen Zusammenhang wie Ex 4,18 greift zwar auch Ex 4,2o zurück, doch ist im Gegensatz zu Ex 4,18 die Aufbruchnotiz in Ex 4,2o stärker vorwärts gerichtet. Das gilt sowohl für Ex 4,2oa als auch für die davon thematisch abzusetzende Notiz in Ex 4,2ob. Beide Satzhälften verweisen auf unterschiedliche literarische Zusammenhänge. Für Ex 4,2oa ist der literarische Zusammenhang mit den redaktionellen Teilen von Ex 18,1-12 zu beachten [78]. Nach dem Abschluß der Herausführung aus Ägypten (Ex 18,1b) trifft Mose mit seinem Schwiegervater Jitro sowie seiner Familie erneut am "Gottesberg" (Ex 18,5) zusammen. Durch kunstvoll angebrachte Stichwortbezüge sind so Ankündigung der Herausführung der Israel-Söhne sowie der Rückblick auf dieses Geschehen deutlich aufeinander bezogen und miteinander verschränkt

Die in Ex 18,1-12 geschehenden Anspielungen sind vielfältig. So erinnert Ex 18,7aα deutlich an Ex 4,14aα und 27, während in der wechselseitigen Frage nach dem Wohlergehen (לשלום) in Ex 18,7a eine Anspielung auf den Segenswunsch Jitros an Mose in Ex 4,18b vorliegt. Aber auch die Einführung Aarons

---

auch wenn der genaue Sinn vor allem von הורה und מצוה nicht leicht zu bestimmen ist, alle Weisungen, die Jahwe am Sinai gegeben hat (vgl. etwa S.R. DRIVER, Exodus, 255; B. JACOB, Exodus, 1144f und B.S. CHILDS, Exodus, 5o7).

77 Zu diesem Zusammenhang vgl. genauer o.S. 74.

78 Zur Analyse von Ex 18,1-12 vgl. o.S. 26-29.

in Ex 18,12b wird aufgrund der Mose-Berufung bedingt sein. Dieser Zusammenhang von Ex 18,1-12 mit der Mose-Berufung, wofür R[P] schon an die jehowistische Tradition anknüpfen kann, ist insofern bemerkenswert, als auf diese
Weise durch R[P] zu Beginn des zentralen Teils der Komposition des Exodus-
Buches, der schon mit Ex 17,1 einsetzt [79], nochmals an die Ausgangssituation
der Bedrückung durch die Ägypter sowie der Befreiung durch Jahwe erinnert
wird. Dabei knüpft der Verfasser des Exodus-Buches wohl deshalb ganz bewußt
an die Mose-Berufung an, weil sich hier die Wende ereignet und das Geschehen umschlägt.

Zukunftsorientiert wie Ex 4,2oa ist aber auch Ex 4,2ob, wo unmittelbar Ex
4,17 aufgenommen wird. Durch die anspielende Bezugnahme von Ex 4,21 auf
die vorangehende Notiz in Ex 4,2ob [80] wird dabei zunächst ein Querverweis
auf die Plagengeschichte hergestellt. Sodann wird aufgrund der Nennung des
"Gottesstabes" auf Ex 17,9 verwiesen. Wie die in Ex 17,1-7 überlieferte Geschichte durch die (redaktionell eingefügte) Nennung des Horeb [81] ist auch
die in Ex 17,8-16 geschilderte Episode [82], die zudem durch die Stabnotiz

---

79 Vgl. dazu vorläufig die Hinweise bei P. WEIMAR-E.ZENGER, SBS 75, 13 so-
    wie im Anschluß daran bei E. ZENGER, Exodus, 178f.

8o Vgl. dazu o.S. 354 Anm. 62.

81 Zur redaktionellen Einführung des Horeb vgl. schon o.S.339 Anm. 5. -
    Die in Ex 17,1-7 überlieferte Geschichte ist literarisch nicht einheit-
    lich. Ohne Auseinandersetzung mit der Literatur soll hier kurz die eige-
    ne Position skizziert werden. Der *älteste Bestandteil* von Ex 17,1-7
    liegt in Ex 17,3-6 vor, wobei nur Ex 17,6aα sowie möglicherweise Ex 17,
    3bβ als redaktionelle Bildungen angesehen werden können. Da sich Ex 17,6
    deutlich auf Ex 7,17 (Je) zurückbezieht, kann der in Ex 17,3-6* vorlie-
    gende Grundbestand der Geschichte frühestens als jehowistisch verstanden
    werden. Als noch jüngere *redaktionelle Erweiterungen* sind die Rahmenver-
    se in Ex 17,1+2 und 7 sowie die redaktionellen Einschübe innerhalb der
    ursprünglichen Geschichte anzusehen. Die Rahmenverse dürften dabei in
    sich nicht nochmals literarisch geschichtet sein, sondern werden auf
    ein und dieselbe Hand zurückgehen (die beliebte Abtrennung von Ex 17,
    1abα läßt sich nicht überzeugend begründen). Diese redaktionelle Bear-
    beitung wird, worauf sowohl die einleitende Itinerarnotiz als auch die
    kunstvoll verschränkten Nennungen von Massa und Meriba (bzw. der darauf
    anspielenden Verben) in Ex 17,2 und 7 hinweisen, erst ein Produkt aus
    der Hand von R[P] sein.

82 Auch die in Ex 17,8-16 überlieferte Episode ist - entgegen allgemeinem
    Urteil (vgl. V. FRITZ, MThSt 7, 12) - literarisch nicht einheitlich
    (zur Analyse vgl. zuletzt H. VALENTIN, OBO 18, 142-2o3). Auch hier sei
    ohne Auseinandersetzung mit der Literatur die eigene Position skizziert.
    Als literarischer *Grundbestand* ist die aus zwei Szenen bestehende Ge-
    schichte in Ex 17,8* (ohne וברפידם).9a* (wahrscheinlich ohne ויר).9bα.
    ·ioa.11.13a anzusehen. Diese Geschichte, die wohl nicht in einem ur-

(redaktionell) mit Ex 17,1-7 verklammert ist, durch die Erwähnung des "Gottesstabes" sowie durch die Einführung Aarons und Hurs (vgl. Ex 24,14 R^P) offensichtlich bewußt an die Mose-Berufung zurückgebunden worden, wahrscheinlich, um auf diese Weise zu Beginn des für R^P zentralen Sinaigeschehens die bleibende Bedeutung der Befreiung aus Ägypten (Mose-Berufung) anzuzeigen. Dieser Zusammenhang wird deutlich durch den redaktionellen Zusatz in Ex 17,14 herausgestellt, wobei die hier gebrauchte Wendung "in die Ohren legen" ganz offensichtlich als eine Anspielung auf Ex 4,15 zu verstehen ist [83].

2.24 Die Antwort des Pharao (Ex 5,5)

Die Antwort des Pharao in Ex 5,5, die aufgrund ihres Inhalts wohl an Mose und Aaron gerichtet ist, besteht aus einer mit der deiktischen Partikel הן eröffneten Feststellung (Ex 5,5aß) und einer an die Adressaten gerichteten vorwurfsvollen Frage (Ex 5,5b). In Ex 5,5aß steht dabei das Prädikatsnomen רבים betont voran und nimmt die Tonstelle ein. Doch ist auch das Satzsubjekt durch das vorangestellte עתה eigens hervorgehoben. Redaktionell steht dabei die Feststellung in Ex 5,5aß in einem deutlichen Zusammenhang mit der entsprechenden, ebenfalls im Mund des Pharao begegnenden Feststellung in Ex 1,9b (J), was den Schluß nahelegt, daß der Ausdruck עם הארץ in Ex 5,5aß stellvertretend für den in Ex 1,9b begegnenden Ausdruck עם בני ישראל eingetreten ist [84]. Wie zu Beginn der Geschichte von der Berufung des Mose in Ex 2,23 weist R^P somit auch am Ende dieser Geschichte auf die Ausgangssituation zurück (vgl. auch die Aufnahme des Stichwortes סבלה in Ex 5,5b).

---

sprünglichen Zusammenhang mit einer der älteren Geschichtsdarstellungen des Pentateuch gestanden hat, ist erst von dem Bearbeiter der Geschichte, der aufgrund verschiedener Querverweise mit R^P zu identifizieren ist, in den größeren Erzählzusammenhang des Pentateuch eingebaut worden. Wie in Ex 17,1-7 erweist sich auch hier die Annahme eines mehrstufigen redaktionellen Prozesses als nicht notwendig.

83 Auf diesen Zusammenhang hat auch H. VALENTIN, OBO 18, 114 hingewiesen.

84 Der Ausdruck עם הארץ, der im Pentateuch neben Ex 5,5 noch in Gen 23,12. 13; 42,6; Lev 4,27; 2o,2.4; Num 14,9 begegnet, wobei sämtliche Belege des Ausdrucks wohl jünger sind als P^g, ist in Ex 5,5 ganz im Sinne des jüngeren Sprachgebrauchs als Gesamtheit des Volkes bzw. der jüdischen Gemeinde zu verstehen (vgl. zum Ausdruck עם הארץ insgesamt A.R. HULST, Art. עם/גוי, THAT II, 1976, 29o-325 (299-3o1) mit Hinweisen auf die ältere Literatur). Diese Zusammenhänge werden von Sam verkannt, der מעם liest (vgl. dazu B.S.CHILDS, Exodus, 93).

In der an die einleitende Feststellung angeschlossenen rhetorischen Frage
Ex 5,5b, deren Verbum den Aspekt der sicheren Zukunft zum Ausdruck bringen
will, ist das Verbum der Basis שבת H-Stamm im Sinne "ruhen, feiern lassen"[85]
gebraucht, das im Pentateuch namentlich in sabbattheologischen Zusammenhängen begegnet [86]. Offenkundig will R^P durch die Wahl des Verbums שבת
H-Stamm solche Zusammenhänge anklingen lassen. Nicht zufällig spielt gerade
die Sabbatthematik im Exodus-Buch eine zentrale Rolle. Erstmals explizit
wird die Sabbatthematik von R^P in Ex 16 (vgl. Ex 16,23.25.26.29.3o) am Höhepunkt und Abschluß der Befreiung der Israel-Söhne aus Ägypten angesprochen[87].
Eine herausragende Stellung innerhalb der Komposition von R^P kommt der Mitteilung des Sabbatgebotes im Rahmen des Dekalogs in Ex 2o,8-11 zu, das -
unter Rückgriff auf die schöpfungstheologische Begründung - von R^P selbst
formuliert ist [88]. Abgesehen von den schon aus der Tradition übernommenen
Formulierungen in Ex 23,12 und 34,11 wird die Sabbatterminologie sodann erneut im Zusammenhang mit der Errichtung des Heiligtums aufgegriffen, und
zwar bezeichnenderweise am Ende der Bestimmungen für die Errichtung des
Heiligtums (Ex 31,13.14.15.16.17 P^S/R^P) sowie wieder zu Beginn des Berich-
tes über die Ausführung der diesbezüglichen Bestimmungen (Ex 35,2.3).

Die Sabbatthematik bildet somit innerhalb des Exodus-Buches so etwas wie
ein tragendes Grundgerüst, in das auch Ex 5,5 eingebunden ist. Während
sonst immer Jahwe Träger der Aussage ist, begegnet das Wort in Ex 5,5 ganz
bewußt im Munde des Pharao, um auf diese Weise nachdrücklich den Kontrast
zwischen der Bedrückung und der Befreiung Israels hervorzuheben. Sogleich
bekommt der Ausspruch des Pharao in Ex 5,5b eine geradezu prophetische Dimension, insofern die Konturen der Zukunft des Jahwe-Volkes hier deutlich
vorgezeichnet werden. In der Antwort des Pharao auf das Wort des Mose und

---

85 In anderem Sinne ist שבת H-Stamm im Pentateuch noch in Ex 12,15; Lev
    2,13; 26,6; Dtn 32,26 gebraucht, wobei alle angeführten Belege jünger
    als P^g sind.

86 Das Verbum שבת G-Stamm begegnet im Pentateuch in Gen 2,2.3 (P^g); 8,22;
    Ex 16,3o; 23,12; 31,17; 34,21; Lev 23,32; 25,12; 26,34.35 (2mal); in
    Gen 2,2+3 und Ex 31,17 steht dabei Elohim als Subjekt bei שבת.

87 Die sabbattheologischen Aussagen in Ex 16 gehen erst auf die nachprie-
    sterschriftlichen Redaktionen zurück, während die "Manna-Wunder-Ge-
    schichte" von P^g schon mit Ex 16,12 endet. Eine eingehende Analyse von
    Ex 16 soll an anderer Stelle gegeben werden.

88 Zur näheren Begründung vgl. demnächst F.-L. HOSSFELD (Anm. 71).

Aaron werden damit die großen Zusammenhänge der Befreiungsgeschichte des
Jahwe-Volkes sichtbar gemacht. Erneut steht somit auch in Ex 5,5b der Dekalog - mit Sabbatgebot als Zentrum - im Blickpunkt des Verfassers.

2.3 Auswertung der semantischen Analyse

Aufgrund der geprägten Sprachelemente innerhalb der Mose-Berufung bei R^P
werden deutlich größere Zusammenhänge erkennbar, die über den Rahmen der
Berufung des Mose hinausgehen. Dabei wird eigentlich ein dreifacher Bezugsrahmen sichtbar.

Die Einführung des "Boten" Jahwes in Verbindung mit der Väter-Gott-Formel
unterstreicht auf der einen Seite nachdrücklich das Moment der Kontinuität
im Handeln Jahwes, das sich schon an den Vätern gezeigt hat und im Exodus-Geschehen seine Weiterführung erfährt. Doch wird darin zugleich - in Verbindung vor allem mit der betonten Einführung des Jahwe-Namens - eine andere
Tendenz erkennbar, die im Sinne einer geschichtstheologischen Konzeption
als Periodisierung der Geschichte zu verstehen ist. Unverkennbar markiert
die Berufung des Mose bei R^P eine Neuorientierung der Geschichte. Zugleich
werden auf diese Weise die Bücher Genesis und Exodus literarisch gegeneinander abgehoben.

Ist somit der erste Bezugsrahmen stärker rückwärts orientiert, so ist für
die beiden anderen Bezugsrahmen, die aufgrund des geprägten Sprachmaterials
in der Mose-Berufung erkennbar werden, eine Zukunftsorientierung kennzeichnend. Der zweite Bezugsrahmen, der auf diese Weise greifbar wird, liegt für
R^P in den "Plagen" (Ex 6,28-11,1o), wobei die Bezugnahme der Mose-Berufung
auf die Plagen vor allem auf Anfang wie Ende der Plagengeschichte zielen.
Deutlich ist darin schon die Gewichtung zu greifen, die die "Plagen" bei R^P
erhalten haben, vor allem wenn man bedenkt, daß das Meerwunder demgegenüber
fast gänzlich zurücktritt.

Theologisch am bedeutsamsten ist der dritte Bezugsrahmen, der sich in der
Mose-Berufung bei R^P auftut. Zahlreiche der geprägten Sprachelemente, die
in diesem Rahmen gebraucht sind, verweisen auf das Sinaigeschehen, wobei
dieser Bezug aber nicht unterschiedslos allgemein angesetzt, sondern sich vor
allem und gerade auf den für die Komposition des Exodus-Buches zentralen
Teil Ex 17,1-24,18 bezieht. Aber auch hier werden durch R^P nochmals Akzente

gesetzt. Literarisch am wichtigsten sind die Bezüge von der Mose-Berufung hin zu Ex 19,3-9 (R^P), wobei aber auch hier nicht dieser Text als solcher, sondern die in ihm angesprochene Sache gemeint ist. Diese liegt aber in der Proklamation eines "Bundes", der seinen Kern wiederum im Dekalog hat.

Damit wird in der Mose-Berufung ein ganzes theologisches Programm sichtbar. Für die Auswertung der geprägten Wendungen bei R^P ist zu beachten, daß der Verfasser des Pentateuch im Unterschied etwa zum Jahwisten stärker mit Anspielungen als mit direkten Stichwortwiederholungen arbeitet. Außerdem setzen die zu beachtenden Entsprechungen weniger punktuell an. Vielmehr beziehen sie sich jeweils auf den gesamten angezielten literarischen Zusammenhang, so daß durch solche Anspielungen immer größere Komplexe erfaßt werden. Dies ist auch für eine kompositions- und redaktionskritische Analyse zu beachten.

3. *Kompositions- und redaktionskritische Beobachtungen*

3.1 *Die Berufung des Mose im Rahmen des ersten Teils des Exodus-Buches*

Eine kompositions- und redaktionskritische Untersuchung der Berufung des Mose bei R^P wird doppelt ansetzen müssen. Zum einen hat sie nach der Stellung und Funktion der Mose-Berufung im Rahmen des ersten Teils des Exodus-Buches zu fragen. Ansätze für eine solche Betrachtung haben sich dabei schon bei der Frage der Abgrenzung der Mose-Berufung aus dem größeren Textkontinuum ergeben [89]. Demnach können die diesbezüglichen Beobachtungen hier entsprechend knapp ausfallen.

Die Mose-Berufung Ex 2,23-5,5, die bei R^P in zwei klar gegeneinander abgegrenzte Erzählteile aufgegliedert ist, bildet formal wie geschehensmäßig das Zentrum des ersten Teils des Exodus-Buches. Diese zentrale Stellung der Mose-Berufung innerhalb der Komposition des ersten Teils des Exodus-Buches wird auch an der Gesamtkomposition des Exodus-Buches erkennbar, insofern in ihr nämlich Bezugnahmen auf den ersten Teil des Buches meist gerade an der Mose-Berufung ansetzen, so daß diese im Verständnis des Verfassers des Exodus-Buches geradezu für den ganzen ersten Teil stehen kann. Gegenüber der

---

89 Vgl. dazu o.S. 16-23.

Tradition hat so die Mose-Berufung eine deutliche Aufwertung erfahren, insofern hier der ganze erste Teil des Exodus-Buches gewissermaßen zusammengefaßt erscheint.

Auch geschehensmäßig markiert die zweiteilige Mose-Berufung bei R^P einen Wendepunkt in der Darstellung, insofern nämlich angesichts der Bedrückung durch den Pharao, auf die in diesem Zusammenhang (nicht zuletzt in den Rahmenaussagen) mehrfach angespielt wird, durch die im Rahmen der Berufung des Mose geschehende Zusage der Befreiung durch Jahwe eine neue Perspektive eröffnet wird. Durch die gerade an den Wendepunkten und Texteinschnitten innerhalb der Mose-Berufung angebrachten zukunftsgewissen Aussagen ist so zwar die Bedrückung der Israel-Söhne einerseits schon unwiderruflich überwunden, doch bleibt sie andererseits auch weiterhin präsent, wobei in dem Konflikt zwischen Mose bzw. Mose und Aaron und den Israel-Söhnen (auch nach der Berufung) überdies noch die Möglichkeit eines Scheiterns angedeutet ist. In der symmetrischen Anordnung der einzelnen Erzählteile innerhalb des ersten Teils des Exodus-Buches wird geradezu das Nebeneinander von Bedrückung und Befreiung als eine immer bestehende Möglichkeit angezeigt.

Doch nicht allein das Gegenüber von Bedrückung und Befreiung ist für die Komposition des ersten Teils des Exodus-Buches bestimmend. Damit verbunden ist die andere Problematik der Bestimmung und Abgrenzung von Stellung und Funktion des Mose und Aaron, die hier nicht als konkrete Individuen, sondern als typische Gestalten vorgestellt sind. Betont wird innerhalb der Mose-Berufung die Gestalt des Aaron neu eingeführt, was eine Korrektur gegenüber der älteren Tradition (anknüpfend an P^g) bedeutet. Zusammenhängend damit erfährt die Gestalt des Mose eine deutliche Aufwertung, insofern ihm eine geradezu quasigöttliche Dignität zugesprochen wird. Aus dieser Absicht heraus, die in Ex 4,16b auf eine kurze Formel gebracht ist, wird dann zugleich auch die Gegenüberstellung von Jahwe und Mose als der in den beiden Erzählhälften der Mose-Berufung jeweils im Mittelpunkt des Geschehens stehenden Gestalten verständlich. Mose erhält durch die Berufung offenkundig Anteil an der Jahwe sonst allein zukommenden Würde. Nicht zufällig spielt Mose im ganzen ersten Teil des Exodus-Buches eine tragende Rolle.

3.2 Die Berufung des Mose im Rahmen des Exodus-Buches

Die Funktion der Berufung des Mose im Rahmen des Exodus-Buches ist durch
die geprägten Wendungen abgesteckt, die dabei einerseits auf die Plagen sowie andererseits auf die $b^e r\hat{\imath}t$ am Sinai verweisen, wobei zu berücksichtigen
ist, daß die entsprechenden Querverweise immer großräumig im Blick auf den
ganzen jeweiligen Text des Exodus-Buches geschehen sind. Außerdem ist das
mit der Aussage von Ex 5,5b sich andeutende Grundgerüst sabbattheologischer
Aussagen, das das ganze Exodus-Buch überspannt, zu beachten.

Durch das Gerüst "sabbattheologischer" Aussagen werden gewissermaßen die
verschiedenen Teile des Exodus-Buches miteinander verklammert [9o]. Auf diese Weise werden kontrastierend der erste Teil (Bedrängnis der Israel-Söhne)
und der dritte Teil (Befreiung der Israel-Söhne) einander gegenüber gestellt. Mit Hilfe des gleichen Stilmittels sind aber auch der fünfte Teil
(Bestimmungen zur Errichtung des Heiligtums) wie der siebte Teil (Ausführung der entsprechenden Bestimmungen) aufeinander bezogen. Verknüpft erscheinen die beiden Aussagereihen durch den im Zentrum des Exodus-Buches
stehenden vierten Teil (Proklamation einer $b^e r\hat{\imath}t$). Mit Hilfe dieser Art
von Verknüpfungstechnik gelingt es dem Verfasser des Exodus-Buches, nicht
nur die einzelnen Teile des Buches miteinander zu verklammern, sondern auch
das dargestellte Geschehen thematisch zu strukturieren. Auf diese Weise
wird die innere Dimension der Befreiung der Israel-Söhne aus Ägypten sichtbar gemacht.

Einen besonderen thematischen Akzent erhält das Exodusgeschehen durch die
starken Querverweise von der Mose-Berufung zu den "Plagen", die das Zentrum
der ersten Hälfte des Exodus-Buches bilden. Daß auf einmal - wie zuvor
schon in der deuteronomistischen Redaktion - den Plagen eine derart zentrale Rolle zugemessen wird, macht deutlich, unter welchem Aspekt das Exodusgeschehen bei R^P erscheint. Wie in den auf R^P zurückgehenden redaktionellen
Erweiterungen der Plagen (vgl. Ex 9,14b+16b; 9,29b; 1o,2) ersichtlich, soll
mit Hilfe der Plagen die unvergleichliche Macht Jahwes gegenüber allen anderen Göttern, gegen die auch der Pharao machtlos ist, hervorgehoben werden.
Wahrscheinlich haben hier stark zeitgeschichtliche Verhältnisse die Darstellung bestimmt.

9o Zur Komposition des Exodus-Buches vgl. hier P. WEIMAR-E.ZENGER, SBS 75,
    11-15.

Der zweite thematische Akzent ist durch die zahlreichen literarischen Querverweise zwischen Mose-Berufung und der $b^e r\hat{\imath}t$ am Sinai angezeigt, die genau in das Zentrum des Exodus-Buches führen. Damit wird zugleich das eigentliche Ziel der Befreiung Israels angedeutet. Zu beachten ist dabei vor allem, daß im Rahmen dieser Querverweise gerade der Dekalog im Blickpunkt steht, dem bei R^P im Rahmen der $b^e r\hat{\imath}t$ am Sinai eine zentrale Stellung zugemessen wird. Auf diese Weise wird nachdrücklich der Verpflichtungscharakter auch des Exodusgeschehens für das Jahwe-Volk hervorgehoben. In der starken Akzentuierung einer Sinai-$b^e r\hat{\imath}t$ bei R^P, wie sie gerade auch in der Mose-Berufung erkennbar wird, ist eine deutliche Korrektur gegenüber der priesterschriftlichen Bundestheologie wie gegenüber P^g allgemein angezeigt.

Abgesehen von der negativen Abgrenzung gegenüber der Väterzeit - und darin zugleich auch gegenüber dem Buch Genesis - beschränken sich die literarischen Querbezüge auffälligerweise nahezu ausschließlich auf das Exodus-Buch. Das läßt auf den relativ in sich geschlossenen Charakter des Exodus-Buches als einer eigenen literarischen Größe schließen [91]. Das Zueinander der einzelnen thematischen Blöcke bzw. der verschiedenen Bücher im Pentateuch, die zunächst jeweils für sich zu betrachten sind, müßte Gegenstand einer eigenen Analyse sein.

---

91 Der in sich geschlossene Charakter des Exodus-Buches ließe sich durch eine Reihe weiterer Beobachtungen absichern, wobei vor allem der bewußt als Buchabschluß gestaltete Schluß des Exodus-Buches (Ex 4o,35-38 R^P) zu beachten wäre. Gerade auf dieser Ebene käme auch die von R. RENDTORFF, Das überlieferungsgeschichtliche Problem des Pentateuch, BZAW 147, Berlin 1977, 151-158 behauptete Existenz von in sich geschlossenen "größeren Texteinheiten" innerhalb des Pentateuch zu ihrem Recht (zur eingehenden Auseinandersetzung vgl. m. demnächst in ThRev erscheinende Besprechung).

ANHANG

Synopse der Mose-Berufung Ex 2,23-5,5

(hebräisch-deutsch)

J	E	Je^{Vorl} / Je	P^{gVorl} / P^{g}	R^{P}
				(2,23) ויהי
				בימים הרבים ההם
				וימת מלך מצרים
			ויאנחו בני ישראל	
			מן העבדה ויזעקו	
			ותעל שועתם אל	
			האלהים מן העבדה:	
			(24) וישמע אלהים	
			את נאקתם ויזכר	
			אלהים את בריתו את	
			אברהם את יצחק ואת	
			יעקב: (25) וירא	
			אלהים את בני	
			ישראל וידע אלהים:	
		(3,1) ומשה היה רעה		
		את צאן יתרו חתנו		
		כהן מדין וינהג את		
		הצאן אחר המדבר		ויבא
				אל הר האלהים
		(2) וירא		חרבה:
		יהוה אליו		מלאך
		בלבת אש		מתוך
		וירא והנה		הסנה
		הסנה בער באש והסנה		
		איננו אכל: (3)		
		ויאמר משה אסרה נא		
		ואראה את המראה		
		הגדל הזה מדוע לא		
		יבער הסנה: (4)		
		וירא יהוה כי סר		
	ויקרא	לראות אליו		
	אלהים			מתוך הסנה
	ויאמר משה			
	משה ויאמר			
	הנני:	(5) ויאמר		
		אל תקרב הלם של		
		נעליך מעל רגליך כי		
		המקום אשר אתה עומד		
		עליו אדמת קדש הוא:		
	(6) ויאמר			
	אנכי אלהי			
	אביך			אלהי אברהם
				אלהי יצחק ואלהי
		ויסתר משה פניו		יעקב
		כי ירא מהביט אל		
(7)		האלהים:		
ויאמר יהוה				
ראה ראיתי את				
עני עמי		אשר במצרים		
ואת צעקתם				
שמעתי		מפני נגשיו		

J	E	Je	dtr	R^P
				כי ידעתי את מכאביו:
(8) וארד להצילו מיד מצרים ולהעלתו מן הארץ ההוא אל ארץ טובה ורחבה			אל ארץ זבת חלב ודבש אל מקום הכנעני והחתי והאמרי והפרזי והחוי והיבוסי:	
(9) ועתה	הנה צעקת בני ישראל באה אלי וגם ראיתי את הלחץ אשר מצרים לחצים אתם: (10)			
	ועתה [לך]	לכה	ואשלחך	
	אל פרעה	עמי		
	והוצא את בני ישראל ממצרים: (11) ויאמר משה אל האלהים מי אנכי כי אלך אל פרעה וכי אוציא את בני ישראל ממצרים: (12) ויאמר כי אהיה	עמך		וזה לך האות כי אנכי שלחתיך בהוציאך את העם ממצרים תעבדון את האלהים על ההר הזה:
	(13) ויאמר משה אל האלהים הנה אנכי בא אל בני ישראל ואמרתי להם אלהי אבותיכם שלחני אליכם ואמרו לי מה שמו מה אמר אלהם: (14) ויאמר אלהים אל משה אהיה אשר אהיה			ויאמר כה תאמר לבני ישראל אהיה שלחני אליכם: (15) ויאמר עוד אלהים אל משה כה תאמר אל בני ישראל

J	E	Je	dtr	R	P

P:

יהוה אלהי אבתיכם
אלהי אברהם אלהי
יצחק ואלהי יעקב
שלחני אליכם זה
שמי לעלם וזה זכרי
לדר דר:

J:

(16) לך
ואספת את זקני
ישראל ואמרת אלהם
יהוה אלהי אבתיכם
נראה אלי

R:

אלהי
אברהם יצחק ויעקב

J:

לאמר פקד פקדתי
אתכם

Je:

ואת העשוי
לכם במצרים:

P:

(17) ואמר אעלה
אתכם מעני מצרים
אל ארץ הכנעני
והחתי והאמרי
והפרזי והחוי
והיבוסי אל ארץ
זבת חלב ודבש:

Je:

(18) ושמעו לקלך

J:

ובאת אתה וזקני
ישראל אל מלך
מצרים ואמרתם אליו
יהוה אלהי העבריים
נקרה עלינו

Je:

ועתה
נלכה נא דרך שלשת
ימים במדבר ונזבחה
ליהוה אלהינו:

P:

(19) ואני ידעתי
כי לא יתן אתכם
מלך מצרים להלך
ולא ביד חזקה:
(20) ושלחתי את
ידי והכיתי את
מצרים בכל
נפלאתי אשר אעשה
בקרבו ואחרי כן
ישלח אתכם:

(21) ונתתי את חן
העם הזה בעיני
מצרים והיה כי
תלכון לא תלכו
ריקם: (22) ושאלה
אשה משכנתה ומגרת
ביתה כלי כסף
וכלי זהב ושמלת
ושמתם על בניכם
ועל בנתיכם
ונצלתם את מצרים:

J	E	Je^{Vorl} / Je	dtr	R^P

(4,1) ויען משה ויאמר והן לא
יאמינו לי ולא ישמעו בקלי כי
יאמרו לא נראה אליך יהוה:
(2) ויאמר אליו יהוה מזה
בידך ויאמר מטה: (3) ויאמר
השליכהו ארצה וישליכהו ארצה
ויהי לנחש וינס משה מפניו:
(4) ויאמר יהוה אל משה שלח
ידך ואחז בזנבו וישלח ידו
ויחזק בו ויהי למטה בכפו:
(5) למען יאמינו כי נראה
אליך יהוה אלהי אבתם

אלהי

אברהם אלהי יצחק ואלהי
יעקב: (6) ויאמר יהוה לו
עוד הבא נא ידך בחיקך ויבא
ידו בחיקו ויוצאה והנה ידו
מצרעת כשלג: (7) ויאמר השב
ידך אל חיקך וישב ידו אל
חיקו ויוצאה מחיקו והנה שבה
כבשרו: (8) והיה אם לא
יאמינו לך ולא ישמעו לקל
האת הראשון והאמינו לקל האת
האחרון: (9) והיה אם לא
יאמינו גם לשני האתות האלה
ולא ישמעון לקלך ולקחת
ממימי היאר ושפכת היבשה
והיו המים אשר תקח מן היאר
והיו לדם ביבשת: (10) ויאמר
משה אל יהוה בי אדני לא איש
דברים   אנכי גם מתמול גם
משלשם גם מאז דברך אל עבדך
כי כבד פה וכבד לשון אנכי:
(11) ויאמר יהוה אליו מי שם
פה לאדם או מי ישום אלם או
חרש או פקח או עור הלא אנכי
יהוה: (12) ועתה לך ואנכי
אהיה עם פיך והוריתיך אשר
תדבר: (13) ויאמר בי אדני
שלח נא ביד תשלח: (14) ויחר
אף יהוה במשה ויאמר הלא
אהרן אחיך הלוי ידעתי כי
דבר ידבר הוא וגם הנה הוא
יצא לקראתך וראך ושמח בלבו:
(15) ודברת אליו ושמת את
הדברים בפיו ואנכי אהיה עם
פיך ועם פיהו והוריתי אתכם
את אשר תעשון: (16) ודבר
הוא לך אל העם והיה הוא
יהיה לך לפה ואתה תהיה לו
לאלהים: (17) ואת המטה הזה
תקח בידך אשר תעשה בו את
האתת: (18) וילך משה וישב
אל יתר חתנו ויאמר לו אלכה

J	E	Je	dtr	R^P
				נא ואשובה אל אחי אשר במצרים ואראה העודם חיים ויאמר יתרו למשה לך לשלום:
		(19) ויאמר יהוה אל משה במדין לך שב מצרים כי מתו כל האנשים המבקשים את נפשך:		
				(20) ויקח משה את אשתו ואת בניו וירכבם על החמר וישב ארצה מצרים ויקח משה את מטה האלהים בידו: (21) ויאמר יהוה אל משה בלכתך לשוב מצרימה ראה כל המפתים אשר שמתי בידך ועשיתם לפני פרעה ואני אחזק את לבו ולא ישלח את העם:
		(22) ואמרת אל פרעה כה אמר יהוה בני בכרי ישראל: (23) ואמר אליך שלח את בני ויעבדני ותמאן לשלחו הנה אנכי הרג את בנך בכרך: (24) ויהי בדרך		
				במלון
		ויפגשהו יהוה ויבקש המיתו: (25) ותקח צפרה צר ותכרת את ערלת בנה ותגע לרגליו ותאמר כי חתן דמים אתה לי: (26) וירף ממנו		
				אז אמרה חתן דמים למולת: (27) ויאמר יהוה אל אהרן לך לקראת משה המדברה וילך ויפגשהו בהר האלהים וישק לו: (28) ויגד משה לאהרן את כל דברי יהוה אשר שלחו ואת כל האתת אשר צוהו:
(29) וילך משה				ואהרן
⌊ויאסף⌋ את כל זקני בני ישראל:				ויאספו
				(30) וידבר אהרן את כל הדברים אשר דבר יהוה אל משה ויעש האתת לעיני העם: (31) ויאמן העם
וישמעו כי פקד יהוה את בני ישראל וכי ראה את ענים		ויקדו וישתחוו:		
(5,1) ואחר באו				משה
ויאמרו אל פרעה				ואהרן

| J | E | Je | dtr | R^P |

```
                              כה אמר יהוה אלהי
                              ישראל שלח את עמי
                              ויחגו לי במדבר:
                              (2) ויאמר פרעה מי
                                יהוה אשר אשמע
                                 בקלו לשלח את
                          ישראל לא ידעתי את
                          יהוה וגם ישראל לא
                          אשלח:  (3) ויאמרו
```

אלהי העברים נקרא
עלינו נלכה נא דרך
שלשת ימים   במדבר
ונזבחה ליהוה
אלהינו

             פן
יפגענו בדבר או
בחרב:

(4) ויאמר
אלהם מלך מצרים   משה ואהרן

למה
תפריעו את העם
ממעשיו

לכו
לסבלתיכם:

(5)
ויאמר פרעה הן
רבים עתה עם הארץ
והשבתם אתם מסבלתם:

J   E Je^{Vorl} / Je P^{gVorl} / P^g R^P

R^P:

(2,23) Und es ge-
schah in jenen
vielen Tagen: da
starb der König
von Ägypten.

P^{gVorl} / P^g:

*Die
Söhne Israels stöhnten
aus dem Sklavendienst,
und sie schrien auf,*
und ihr Hilfeschrei
stieg auf zu Elohim
aus dem Sklavendienst.
(24) *Und Elohim hörte
ihr Gestöhn,* und Elo-
him gedachte seines
Bundes mit Abraham, mit
Isaak und mit Jakob
(25) Und Elohin sah
die Söhne Israels an,
und Elohim *sorgte sich*
(um sie).

Je^{Vorl} / Je:

(3,1) *Als
Mose einmal die Scha-
fe* Jitros, *seines
Schwiegervaters, des
Priesters von Midian,
hütete, trieb er die
Schafe über die Wüste
hinaus.*

R^P:

Und er
kam an den Got-
tesberg, an den
Horeb.

E / Je:

(2) Da er-
schien ihm
Jahwe in
einer Feuerflamme

R^P:

der Bote
(Jahwe)s
mit-
ten aus dem Dorn-
strauch.

Je^{Vorl} / Je:

*Und er sah,
und siehe da: Der
Dornstrauch brannte
im Feuer, doch der
Dornstrauch wurde
nicht verzehrt. (3)
Da sprach Mose: Ich
will doch vom Wege
abgehen und sehen
diese große Erschei-
nung, warum der Dorn-
strauch nicht ver-
brennt. (4) Als Jah-
we aber sah, daß er
vom Wege abging, um
zu sehen,*

J:

da
rief
Elohim zu
ihm

J	E	Je^{Vorl} / Je	dtr	R^{P}
				mitten aus dem Dornstrauch
	und sprach: Mose, Mose! Und er antwortete: Hier bin ich!			
		(5) *Da sprach er: Nahe nicht hier-her!* Streife deine Schuhe von deinen Füßen, denn der Ort, auf dem du stehst, ist heiliger Boden.		
	(6) Und er sprach: Ich bin der Gott deines Vaters,			
				der Gott Abrahams, der Gott Isaaks und der Gott Jakobs.
		Da verhüllte Mose sein Angesicht, denn er fürchtete sich, zu Elohim hinzublik-ken.		
(7) Und Jahwe sprach: Gesehen, ja gesehen habe ich die Bedrückung meines Volkes,				
		das in Ägypten ist,		
und ihr Geschrei habe ich gehört				
		wegen ihrer Antrei-ber.		Ja, ich kenne seine Schmerzen.
(8) Ich bin herabgestiegen, um es aus der Hand der Ägypter herauszureißen und es aus diesem Land heraufzuführen in ein schönes und weites Land,				

J   E   Je   dtr   R^P

in ein Land,
das von Milch
und Honig fließt,
in das Gebiet
der Kanaaniter,
Hetiter, Amo-
riter, Perisiter,
Hiwiter und Je-
busiter.

(9)
Und nun:
Siehe der Hil-
feschrei der
Söhne Israels
ist zu mir ge-
kommen, und
gesehen auch
habe ich die
Bedrückung, mit
der die Ägyp-
ter sie unter-
drücken. (1o)
Und nun: Geh!

zum Pha-
rao. Führe
die Söhne
Israels,aus
Ägypten heraus.

Ich will dich
senden
mein
Volk,

(11) Und Mose
sprach zu Elo-
him: Wer bin
ich, daß ich
zum Pharao ge-
hen und daß
ich die Söhne
Israels aus
Ägypten heraus-
führen könnte?
(12) Und er
sprach: Ja,
ich werde da
sein bei dir!

Und dies soll dir
das Zeichen sein,
daß ich selber dich
gesandt: Wenn du das
Volk aus Ägypten her-
ausgeführt hast,
werdet ihr Elohim an
diesem Berge dienen.

(13) Und Mose
sprach zu Elohim:
Siehe, ich komme
zu den Söhnen Is-

J	E	Je	dtr	R^P
		raels und spreche zu ihnen: Der Gott eurer Väter hat mich zu euch gesandt, und sie sprechen zu mir: Was ist es um seinen Namen? Was soll ich dann zu ihnen sprechen? (14) Und Elohim sprach zu Mose: Ich werde dasein, als der ich da sein werde.		
				Und er sprach: So sollst du zu den Söhnen Israels sprechen: Der 'Ich werde dasein' hat mich zu euch gesandt. (15) Und weiter sprach Elohim zu Mose: So sollst du zu den Söhnen Israels sprechen: Jahwe, der Gott eurer Väter, der Gott Abrahams, der Gott Isaaks und der Gott Jakobs hat mich zu euch gesandt. Dies ist mein Name für immer und dies ist mein Gedenken, Geschlecht für Geschlecht.
(16) Geh, versammle die Ältesten Israels und sprich zu ihnen: Jahwe, der Gott eurer Väter, ist mir erschienen,				
				der Gott Abrahams, Isaaks und Jakobs,
sprechend: Beachtet, ja beachtet habe ich euch				
		und das euch in Ägypten Angetane.		
			(17) Ich habe gesprochen: Ich führe euch hinauf aus der Un-	

J E Je dtr R^P

---

terdrückung
Ägyptens in das
Land der Kanaa-
niter, Hetiter,
Amoriter, Perisi-
ter, Hiwiter und
Jebusiter, in
ein Land, das
von Milch und
Honig fließt.

(18) Und wenn
sie auf deine
Stimme hören,

dann geh hin, du
und die Ältesten
Israels,zum Kö-
nig von Ägypten
und sprecht zu
ihm: Jahwe, der
Gott der Hebräer,
hat sich von uns
antreffen lassen.

Und nun: Wir wol-
len einen Weg
von drei Tagen
in die Wüste ge-
hen und wollen
Jahwe, unserem
Gott, opfern.

(19) Doch ich
weiß, daß euch
der König von
Ägypten nicht ge-
hen lassen wird,
es sei denn von
einer starken
Hand gezwungen.
(2o) Ich werde
meine Hand aus-
strecken, und ich
werde Ägypten
schlagen mit all
meinen Wundern,
dich ich in sei-
ner Mitte tue,
und danach wird
er euch entlassen.

(21) Und ich werde
diesem Volk Gunst
geben in den Augen
der Ägypter. Und
es wird sein: wenn
ihr geht, werdet

J	E	Je^{Vorl} / Je	dtr	R^P

ihr nicht mit leeren
Händen gehen. (22)
Jede Frau wird von
ihrer Nachbarin und
ihrer Hausgenossin
Silbergerät und Gold-
gerät und Kleider er-
fragen, und ihr wer-
det sie euren Söhnen
und euren Töchtern
anlegen. So werdet
ihr die Ägypter aus-
plündern.

(4,1) Da
antwortete Mose
und sprach: Siehe
doch, sie werden
mir nicht glau-
ben und nicht auf
meine Stimme hö-
ren. Vielmehr wer-
den sie sprechen:
Nicht ist dir Jah-
we erschienen.
*(2) Und es sprach
zu ihm Jahwe: Was
ist da in deiner
Hand? Er sprach:
Ein Stab. (3) Und
er sprach: Wirf
ihn zur Erde! Da
warf er ihn zur Er-
Erde, und er wur-
de zu einer Schlan-
ge, und Mose floh
vor ihr. (4) Und
es sprach Jahwe
zu Mose: Strecke
deine Hand aus
und packe sie am
Schwanz! Da streck-
te er seine Hand
aus und packte sie.
Da wurde sie zu
einem Stab in sei-
ner Faust,* (5) da-
mit sie glauben,
daß dir erschie-
nen ist Jahwe,
der Gott ihrer
Väter,

der Gott Abra-
hams, der Gott Isaaks
und der Gott Jakobs.
(6) Und weiter sprach
Jahwe zu ihm: Lege

doch deine Hand in deinen Gewandbausch! Und er
legte seine Hand in seinen Gewandbausch. Als er
sie herauszog, siehe da: seine Hand war von Aus-
satz weiß wie Schnee. (7) Da sprach er: Lege
deine Hand noch einmal in deinen Gewandbausch!
Und er legte seine Hand noch einmal in seinen
Gewandbausch. Als er sie aus seinem Gewandbausch
herauszog, siehe da: sie war wieder wie sein
Fleich. (8) Und es wird sein: Wenn sie dir nicht
glauben und nicht auf die Stimme des ersten Zeichens hören, dann werden sie der Stimme des anderen Zeichens glauben. (9) Und es wird sein:
Wenn sie auch diesen beiden Zeichen nicht glauben und nicht auf deine Stimme hören, dann nimmst
du von dem Wasser des Nil und schüttest es auf
den trockenen Boden. Und das Wasser, das du aus
dem Nil genommen hast, wird zum Blut auf dem
trockenen Boden werden. (1o) Und Mose sprach zu
Jahwe: Bitte, mein Herr! Nicht ein Mann von Reden bin ich, weder gestern noch vorgestern noch,
seit du zu deinem Knecht redest, sondern schwer
von Mund und schwer von Zunge bin ich. (11) Da
sprach Jahwe zu ihm: Wer hat dem Menschen den
Mund gemacht? Oder wer macht stumm oder taub
oder sehend oder blind? Bin nicht ich es, Jahwe?
(12) Und nun: geh! Ich werde da sein bei deinem
Mund und dich unterweisen, was du reden sollst.
(13) Und er sprach: Bitte, mein Herr! Sende doch,
wen immer du senden willst! (14) Da entbrannte
der Zorn Jahwes wider Mose, und er sprach: Ist
da nicht Aaron, dein Bruder, der Levit? Ich weiß,
daß er zu reden versteht. Und siehe auch: er ist
schon im Begriff, dir entgegenzugehen. Wenn er
dich sieht, wird er sich in seinem Herzen freuen.
(15) Du sollst zu ihm reden und die Reden in seinen Mund legen. Ich werde da sein bei deinem Mund
und bei seinem Mund und euch unterweisen, was ihr
tun sollt: (16) Und er wird für dich zum Volk reden. Er wird für dich zum Mund sein, und du wirst
ihm zum Elohim sein. (17) Und diesen Stab sollst
du in deine Hand nehmen, mit dem du die Zeichen
tun sollst. (18) Und Mose ging und kehrte um zu
Jeter, seinem Schwiegervater, und sprach zu ihm:
Ich will doch gehen und umkehren zu meinen Brüdern, die in Ägypten sind, und sehen, ob sie
noch am Leben sind. Da sprach Jitro zu Mose: Geh
in Frieden!

J   E   Je   dtr   R^P

(19) Da
sprach Jahwe zu
Mose in Midian:
Geh, kehre um
nach Ägypten,
denn tot sind al-
le Männer, die
dir nach dem Le-
ben trachten.

(2o) Da
nahm Mose seine Frau und seine Söhne und ließ sie auf dem
Esel reiten, und er kehrte
um in das Land Ägypten. Da
nahm Mose den Gottesstab in
seine Hand. (21) Und Jahwe
sprach zu Mose: Wenn du gehst,
um nach Ägypten umzukehren,
siehe: alle die Wunderzeichen,
die ich in deine Hand gelegt
habe, die sollst du vor dem
Pharao tun. Ich aber werde
sein Herz stark machen, und er
wird das Volk nicht entlassen.

(22) Und du
sollst zum Pha-
rao sprechen: So
spricht Jahwe:
Mein erstgebore-
ner Sohn ist Is-
rael. (23) Ich
sprach zu dir:
Entlasse meinen
Sohn, daß er mir
diene. Du hast
dich geweigert,
ihn zu entlassen.
Siehe, ich brin-
ge nun deinen
Sohn, deinen Erst-
geborenen, um.
(24) Und es ge-
schah unterwegs
      da stieß   an der Raststätte,
Jahwe auf ihn
und trachtete, ihn
zu töten. (25)Da
nahm Zippora ei-
nen scharfen
Stein, schnitt
die Vorhaut ihres
Sohnes ab und be-
rührte seine Bei-
ne. Und sie

J   E   Je   dtr   R[P]

sprach: Fürwahr,
ein Blutbräutigam
bist du mir! (26)
Da ließ er von ihm
ab.

      Damals sprach sie Blut-
bräutigam im Blick auf die
Beschneidung. (27) Und Jahwe sprach zu Aaron: Geh
dem Mose entgegen in die
Wüste! Und er ging, stieß
auf ihn am Gottesberg und
küßte ihn. (28) Und Mose
berichtete dem Aaron alle
Reden Jahwes, mit denen er
ihn schickte, und alle Zeichen, die er ihm befohlen
hatte.

(29) Und
es ging Mose
   (und er
versammelte)
alle Ältesten
der Söhne Israels.

      und Aaron
          und
sie versammelten

(3o) Und Aaron redete
alle Reden, die Jahwe zu
Mose geredet hatte, und er
tat die Zeichen vor den

     Und sie
hörten, daß Jahwe
beachtet hatte
die Söhne Israels
und daß er ange-
sehen hatte ihre
Bedrückung.

Augen des Volkes. (31) Und
das Volk glaubte.

      Und
sie verneigten
sich und warfen
sich nieder.

(5,1)
Danach gingen sie
hin,   und
sie sprachen zum
Pharao:

Mose und Aaron,

    So spricht
Jahwe, der Gott Is-
raels! Entlasse
mein Volk, daß sie
mir ein Fest fei-
ern in der Wüste.
(2) Da sprach der
Pharao: Wer ist
Jahwe, daß ich auf
seine Stimme hören
sollte, Israel zu
entlassen! Nicht
kenne ich Jahwe,
und auch Israel

J	E	Je	dtr	R[P]
		entlasse ich nicht. (3) Und sie sprachen:		
Der Gott der Hebräer hat sich von uns antreffen lassen. Wir wollen doch einen Weg von drei Tagen gehen, und wir wollen Jahwe, unserem Gott, opfern,		Wüste	in die	
			damit er nicht mit Pest oder Schwert auf uns stoße.	
(4) Und es sprach zu ihnen der König von Ägypten:		Warum wollt ihr, das Volk von seinem Tun abschweifen lassen?	Aaron	Mose und
Geht an eure Fronarbeiten!				
				(5) Und der Pharao sprach: Siehe, schon viel ist jetzt das Volk des Landes, und ihr wollt sie noch ruhen lassen von ihrer Fronarbeit?

LITERATURVERZEICHNIS

ALBRIGHT, W.F., Jethro, Hobab and Reuel in early Hebrew Tradition, CBQ 25 (1963) 1-11.

ALT, A., Die Staatenbildung der Israeliten in Palästina, Leipzig 193o = KS II, München ³1964, 1-65.

BACON, B.W., The triple Tradition of the Exodus, Hartford 1894.

BAENTSCH, B., Exodus - Leviticus - Numeri, HK I/2, Göttingen 19o3.

BARTHES, R., La lutte avec l'ange: Analyse textuelle de Genèse 32,23-33, in: Analyse structurale et exégèse biblique. Bibliothèque du théologie, Neuchâtel 1971, 27-39.

BEEK, M.A., Der Dornbusch als Wohnsitz Gottes (Deut. XXXIII, 16), OTS 14 (1965) 155-161.

BEER, G., Exodus, HAT I/3, Tübingen 1939.

BONNET, H., Reallexikon der ägyptischen Religionsgeschichte, Berlin ²1971.

BOSCH, B., Il Suocero di Mose (Reuel, Jetro, Hobab: una vexata quaestio), RBibIt 23 (1975) 13-35.

BRAULIK, G., Die Ausdrücke für "Gesetz" im Buch Deuteronomium, Bb 51 (197o) 39-66.

BUBER, M., Mose, in: Werke II, München-Heidelberg 1964, 9-23o.

CALOZ, M., Exode XIII, 3-16 et son rapport au Deutéronome, RB 75 (1968) 5-62.

CAQUOT, A., Art. רוש, ThWAT II, 1977, 135-139.

CASSUTO, U., Commentary on the Book of Exodus, Jerusalem 1967.

CAZELLES, H., Patriarches, DBS 7 (1961) 81-156.

 - Alliance du Sinai, Alliance de l'Horeb et Renouvellement de l'Alliance, in: Beiträge zur Alttestamentlichen Theologie. FS W. Zimmerli, Göttingen 1977, 69-79.

CHILDS, B.S., The Book of Exodus. A critical theological commentary (OTL) Philadelphia 1974.

CLAMER, A., L'Exode, SB I/2, Paris 1956.

COATS, G.W., Despoiling the Egyptians, VT 18 (1968) 45o-457.

 - Self-Abasement and Insult-Formulas, JBL 89 (197o) 14-26.

 - A Structural Transition in Exodus, VT 22 (1972) 129-142.

CONRAD, D., Studien zum Altargesetz Ex 2o:24-26, Diss. Marburg 1968.

COUFFIGNAL, R., "Jacob lutte au Jabboq". Approches nouvelles de Genèse 32,23-33, RThom 75 (1975)582-597.

 - Le songe de Jacob. Approches nouvelles de Genèse 28,1o-22, Bb 58 (1977) 342-36o.

CRAGHAN, J.F., The Elohist in the Recent Literature, BThB 7 (1977) 23-3o.

DAUBE, D., Rechtsgedanken in den Erzählungen des Pentateuch, in: Von Ugarit nach Qumran. Beiträge zur alttestamentlichen und altorientalischen Forschung, FS O. Eissfeldt, BZAW 77, Berlin 1958, 32-41.

DELCOR, M. - JENNI, E., Art. שלח, THAT II, 1976, 9o9-916.

DIEBNER, B., Die Götter des Vaters. Eine Kritik der "Väter-Gott"-Hypothese Albrecht Alts, DBAT 9 (1975) 21-51.

DIEBNER, B. - SCHULT, H., Argumenta e silentio. Das große Schweigen als Folge der Frühdatierung der "alten Pentateuchquellen", DBAT Beiheft 1 = Sefer Rendtorff, Dielheim 1975, 24-35.

DIETRICH, W., Prophetie und Geschichte. Eine redaktionsgeschichtliche Untersuchung zum deuteronomistischen Geschichtswerk, FRLANT 1o8, Göttingen 1972.

DILLMANN, A., Die Bücher Exodus und Leviticus, KeH 12, Leipzig [2]188o.

- Numeri, Deuteronomium und Josua, KeH 13, Leipzig 1886.

- Die Genesis, KeH 11, Leipzig [6]1892.

DOMMERSHAUSEN, W., Gott kämpft. Ein neuer Deutungsversuch zu Gen 32,23-33, TrThZ 78 (1969) 321-334.

DRIVER, S.R., A Critical and Exegetical Commentary on Deuteronomy, ICC, Edinburgh 1895.

- The Book of Exodus (Cambridge Bible), Cambridge 1911, [2]1918.

EERDMANS, B.D., Alttestamentliche Studien III. Das Buch Exodus, Gießen 191o.

EISSFELDT, O., Hexateuch-Synopse. Die Erzählung der fünf Bücher Mose und des Buches Josua mit dem Anfang des Richterbuches. In ihre 4 Quellen zerlegt und in deutscher Übersetzung dargeboten samt einer in Einleitung und Anmerkungen gegebenen Begründung, Leipzig 1922 = Darmstadt [2]1962.

- Die Komposition von Exodus 1-12. Eine Rettung des Elohisten, ThBl 18 (1939) 224-253 = KS II, Tübingen 1963, 16o-17o.

- Einleitung in das Alte Testament unter Einschluß der Apokryphen und Pseudepigraphen sowie der apokryphen- und pseudepigraphenartigen Qumran-Schriften. Entstehungsgeschichte des Alten Testaments, Tübingen [3]1964.

- Non dimittam te, nisi benedixeris mihi, Mélanges Bibliques rédigés en l'honneur d'André Robert, Brüssel 1957, 77-81 = KS III, Tübingen 1966, 412-416.

ELLIGER, K., Der Jakobskampf am Jabbok. Gen 32,23ff als hermeneutisches Problem, ZThK 48 (1951) 1-31 = Kleine Schriften zum Alten Testament, ThB 32, München 1966, 141-173.

- Leviticus, HAT I/4, Tübingen 1966.

FENSHAM, F.C., Exodus PredikOT, Nijkerk 1977.

FLOSS, J.P., Jahwe dienen - Göttern dienen. Terminologische, literarische und semantische Untersuchung einer theologischen Aussage zum Gottesverhältnis im Alten Testament, BBB 45, Köln-Bonn 1975.

FOHRER, G., Überlieferung und Geschichte des Exodus. Eine Analyse von Ex 1-15, BZAW 91, Berlin 1964.

FOHRER, G., Einleitung in das Alte Testament, Heidelberg [10]1965.

- u.a., Exegese des Alten Testaments. Einführung in die Methodik (UTB 267) Heidelberg 1973.

FREEDMAN, D.N., The Burning Bush, Bb 5o (1969) 245-246.

FRENZ, A.K., Auf Jahwes Stimme hören. Eine biblische Begriffsuntersuchung, Wiener Beiträge zur Theologie 6, Wien 1964.

FRIEBE, R., Form- und Entstehungsgeschichte des Plagenzyklus Ex 7,8-13,16, Diss. Halle/Wittenberg 1967/68.

FRITZ, V., Israel in der Wüste. Traditionsgeschichtliche Untersuchung der Wüstenüberlieferung des Jahwisten, MThSt 7, Marburg 197o.

FUHS, H.-F., Art. גור, ThWAT II (1977) 483-494.

FUSS, W., Die deuteronomistische Pentateuchredaktion in Exodus 3-17, BZAW 126, Berlin 1912.

GRESSMANN, H., Mose und seine Zeit. Ein Kommentar zu den Mose-Sagen, FRLANT 18 (NF 1), Göttingen 1913.

GRETHER, O., Name und Wort Gottes im Alten Testament, BZAW 64, Gießen 1934.

GROSS, W., Die Herausführungsformel - zum Verhältnis von Formel und Syntax, ZAW 86 (1974) 425-453.

- Bileam. Literar- und formkritische Untersuchung der Prosa in Num 22-24, StANT 38, München 1974.

GUNKEL, H., Genesis, HK I/1, Göttingen [5]1922 = [7]1966.

GUNNEWEG, A.H.J., Mose in Midian, ZThK 61, 1964, 1-9.

- Leviten und Priester. Hauptlinien der Traditionsbildung und Geschichte des israelitisch-jüdischen Kultpersonals, FRLANT 89, Göttingen 1965.

HAAG, H., Vom alten zum neuen Pascha. Geschichte und Theologie des Osterfestes, SBS 49, Stuttgart 1971.

HALBE, J., Das Privilegrecht Jahwes Ex 34,1o-26. Gestalt und Wesen, Herkunft und Wirken in vordeuteronomischer Zeit, FRLANT 114, Göttingen 1975.

- Erwägungen zum Ursprung und Wesen des Massot-Festes, ZAW 87 (1975) 324-346.

- Passa-Massot im deuteronomischen Festkalender. Komposition, Entstehung und Programm von Dtn 16,1-8, ZAW 87 (1975) 147-168.

HELCK, W. - OTTO, E., Kleines Wörterbuch der Ägyptologie, Wiesbaden [2]197o.

HELFMEYER, F.J., Art. אות, ThWAT I, 1973, 182-2o5.

HERMISSON, H.-J., Jakobskampf am Jabbok (Gen 32,23-33), ZThK 71 (1974) 239-261.

HIRSCH, H., Untersuchungen zur altassyrischen Religion, AfoBeih 13/14 (1972) 35-46.

HÖLSCHER, G., Geschichtsschreibung in Israel. Untersuchungen zum Jahwisten und Elohisten, SHVL 5o, Lund 1952.

HOLZINGER, H., Genesis, KHC I, Freiburg 1898.

- Exodus, KHC II, Tübingen 19oo.

- Das Buch Josua, KHC VI, Tübingen-Leipzig 19o1.

HOLZINGER, H., Das zweite Buch Mose oder Exodus, HSAT I, Tübingen [4]1922 = Nachdruck Darmstadt 1971, 97-161.

HOUTMAN, C., What did Jacob see in his Dream at Bethel? Some remarks on Gen XXVIII 1o-22, VT 27 (1977) 337-351.

HULST, A.R., Art. עַם/גּוֹי, THAT II, 1976, 29o-325.

HUMBERT, P., Dieu fait sortire, ThZ 18 (1962) 357-361.433-436.

HYATT, J.Th., Exodus (New Century Bible), London 1971.

JACOB, B., Mose am Dornbusch, die beiden Hauptbeweisstellen der Quellenscheidung im Pentateuch, Exodus 3 und 6, aufs Neue exegetisch überprüft, MGWJ 66 (1922) 11-33. 116-138.18o-2oo.

- Das erste Buch der Tora. Genesis, Berlin 1934 = Nachdruck New York 1974.

- Das zweite Buch der Tora. Exodus (Hrsg. v. E.I. Jacob), Mikrofilm, Jerusalem o.J.

JEPSEN, A., Warum? Eine lexikalische und theologische Studie, in: Das ferne und das nahe Wort. FS L. Rost = BZAW 1o5, Berlin 1967, 1o6-113.

- Art. אָמַן, ThWAT I, 1973, 313-348.

JEREMIAS, J., Theophanie. Die Geschichte einer alttestamentlichen Gattung, WMANT 1o, Neukirchen-Vluyn [2]1976.

JÜLICHER, A., Die Quellen von Exodus I-VII. Ein Beitrag zur Hexateuchfrage, Diss.phil. Halle 188o.

- Die Quellen von Ex 7,8-24,11. Ein Beitrag zur Hexateuchfrage, JpTh 8 (1882) 79-127.272-315.

JÜNGLING, H.W., Der Tod der Götter. Eine Untersuchung zu Psalm 82, SBS 38, Stuttgart 1969.

KAISER, O., Einleitung in das Alte Testament. Eine Einführung in ihre Ergebnisse und Probleme, Gütersloh 1969.

- Der Prophet Jesaja. Kapitel 13-39, ATD 18, Göttingen 1973.

KEDAR-KOPFSTEIN, B., Art. חַג, ThWAT II, 1977, 73o-744.

KEEL, O., Das Vergraben der "fremden Götter" in Gen XXXV 4b, VT 23 (1973) 3o5-336.

KELLER, C.A., Das Wort OTH als "Offenbarungszeichen Gottes". Eine philologisch-theologische Begriffsuntersuchung zum Alten Testament, Diss. Basel 1946.

- Über einige alttestamentliche Heiligtumslegenden, ZAW 67 (1955) 141-168; 68 (1956) 85-97.

KILIAN, R., Die vorpriesterlichen Abrahamsüberlieferungen. Literarkritisch und traditionskritisch untersucht, BBB 24, Bonn 1966.

- Die Priesterschrift. Hoffnung auf Heimkehr, in: J. Schreiner (Hrsg.), Wort und Botschaft des Alten Testaments, Würzburg [3]1975, 243-26o.

KILWING, N., Noch einmal zur Syntax von Ex 3,14, BN 1o (1979) 7o-79.

KIRST, N., Formkritische Untersuchungen zum Zuspruch "Fürchte dich nicht!" im Alten Testament, Diss. Hamburg 1968.

KLEIN, H., Ort und Zeit des Elohisten, EvTh 37 (1977) 247-26o.

KOCH, K., Die Hebräer vom Auszug aus Ägypten bis zum Großreich Davids, VT 19 (1969) 37-81.

KÖHLER, L., Syntactia IV, VT 3 (1953) 299-3o5.

KOSMALA, H., The "Bloody Husband ", VT 12 (1962) 14-28.

KRAUS, H.J., Psalmen II, BK XV/2, Neukirchen-Vluyn [3]1966.

KÜHLWEIN, J., Art. קרב, THAT II, 1977, 674-681.

KUHL, C., Die "Wiederaufnahme" - ein literarkritisches Prinzip?, ZAW 64 (1952) 1-11.

KUTSCH, E., Gideons Berufung und Altarbau, Jdc 6,11-24, ThLZ 81 (1956) 78-84.

- Heuschreckenplage und Tag Jahwes in Joel 1 und 2, ThLZ 18 (1962) 81-94.

LAAF, P., Die Pascha-Feier Israels. Eine literarkritische und überlieferungs-geschichtliche Studie, BBB 36, Bonn 197o.

LABUSCHAGNE, C.J., The Incomparibility of Yahweh in the Old Testament, POB 5, Leiden 1966.

LÄMMERT, A., Bauformen des Erzählens, Stuttgart [3]1968.

LANDE, I., Formelhafte Wendungen der Umgangssprache im Alten Testament, Leiden 1949.

LANGLAMET, F., Gilgal et les rêcits de la traversêe du Jourdain. Jos III-IV, CRB 11, Paris 1969.

LOHFINK, N., Das Hauptgebot. Eine Untersuchung literarischer Einleitungs-fragen zu Dtn 5-11, AnBb 2o, Rom 1963.

- Die Landverheißung als Eid. Eine Studie zu Gen 15, SBS 28, Stuttgart 1967.

- Zum "kleinen geschichtlichen Credo" Dtn 26,5-9, ThPh 46 (1971) 19-39.

- Der Bundesschluß im Lande Moab. Redaktionsgeschichtliches zu Dt 28,69-32,47, BZ NF 6 (1972) 32-56.

LOHFINK, G., Eine alttestamentliche Darstellungsform in den Damaskusberich-ten (Apg 9; 22; 26), BZ NF 9 (1965) 246-257.

LOPEZ, F.G., Analyse littêraire de Deutêronome V-XI, RB 84 (1977) 481-522; 85 (1978) 5-49.

McNEILE, A.H., The Book of Exodus, Westminster Commentaries, London [2]1917.

MAY, H.G., The God of My Father - A Study of Patriarchal Religion, JBR 9 (1941) 155-158.199-2oo.

MARTIN-ACHARD, R., Une exêgête devant Genêse 32,23-33, in: Analyse structu-rale et exêgêse biblique. Bibliotheque du thêologie, Neuchâtel 1971, 41-62.

MERENDINO, R.P., Das deuteronomische Gesetz. Eine literarkritische, gat-tungs- und überlieferungsgeschichtliche Studie zu Dt 12-26, BBB 31, Bonn 1969.

MITTMANN, S., Num 2o,14-21 - eine redaktionelle Kompilation, in: Wort und Geschichte. FS K. Elliger, AOAT 18, Neukirchen-Vluyn 1973, 143-149.

- Deuteronomium 1,1-6,3, literarkritisch und traditionsgeschichtlich unter-sucht, BZAW 139, Berlin 1975.

MITTWOCH, H., The Story of the Blasphemer Seen in a Wider Context, VT 15, 1965, 386-389.

MÖLLE, J., Das "Erscheinen" Gottes im Pentateuch. Ein literaturwissenschaftlicher Beitrag zur alttestamentlichen Exegese, EH XXIII/18, Bern-Frankfurt/M. 1973.

MORGENSTERN, J., The Elohist Narrative in Exodus 3: 1-15, AJSL 37 192o/21 242-262.

- The "Bloody Husband" (?) (Exod: 4:24-26) once again, HUCA 34 (1936) 35-7o.

- The Despoiling of the Egyptians, JBL 68 (1949) 1-28.

MOSIS, R., Exodus 19,5b.6a: Syntaktischer Aufbau und lexikalische Semantik, BZ NF 22 (1978) 1-25.

MOWINCKEL, S., Erwägungen zur Pentateuchquellenfrage, Oslo 1964.

MÜLLER, H.-P., Die Plagen der Apokalypse. Eine formgeschichtliche Untersuchung, ZNW 51 (196o) 268-278.

- Ursprünge und Strukturen alttestamentlicher Eschatologie, BZAW 1o9, Berlin 1969.

NEBELING, G., Die Schichten des deuteronomischen Gesetzeskorpus. Eine traditions- und redaktionsgeschichtliche Analyse von Dtn 12-26, Diss.Münster 197o.

NOTH, M., Überlieferungsgeschichte des Pentateuch, Stuttgart 1948 = Darmstadt [3]1966.

- Das zweite Buch Mose. Exodus, ATD 5, Göttingen [3]1965

- Das dritte Buch Mose. Leviticus, ATD 6, Göttingen 1962

- Das vierte Buch Mose. Numeri, ATD 7, Göttingen 1966.

- Das Buch Josua, HAT I/7, Tübingen 1971.

OLIVA, M., Visión y voto de Jacob en Betel, EstBib 33 (1974) 117-155.

OTTO, E., Das Mazzot-Fest in Gilgal, BWANT VI/7, Stuttgart 1975.

- Erwägungen zum überlieferungsgeschichtlichen Ursprung und "Sitz im Leben" des jahwistischen Plagenzyklus, VT 26 (1976) 3-27.

PERLITT, L., Bundestheologie im Alten Testament, WMANT 3o, Neukirchen-Vluyn 1969.

- Sinai und Horeb, in: Beiträge zur Alttestamentlichen Theologie, FS W. Zimmerli, Göttingen 1977, 3o2-322.

PLÖGER, J.G., Literarkritische, formgeschichtliche und stilkritische Untersuchungen zum Deuteronomium, BBB 26, Bonn 1967.

PREUSS, H.-D., "... ich will mit dir sein"!, ZAW 8o (1968) 139-173.

- Art. אך, ThWAT I, 1973, 485-5oo.

PROCKSCH, O., Die Genesis, KAT I, Leipzig-Erlangen [2.2]1924.

PURY, A. DE, Promesse divine et légende cultuelle dans le cycle de Jacob. Genèse 28 et les traditions patriarchales (Études Bibliques), Paris 1975.

RAD, G. VON, Theologie des Alten Testaments I. Die Theologie der geschichtlichen Überlieferungen Israels (Einführung in die evangelische Theologie), München [4]1962.

RAD, G. VON, Das fünfte Buch Mose. Deuteronomium, ATD 8, Göttingen 1964.

- Das formgeschichtliche Problem des Hexateuch, BWANT IV/26, Stuttgart 1938 = Gesammelte Studien zum AT, ThB 8, München [3]1965, 9-86.

- Das erste Buch Mose. Genesis, ATD 2/4, Göttingen [9]1972.

REICHERT, A., Der Jehowist und die sogenannten deuteronomistischen Erweiterungen im Buch Exodus, Diss. Tübingen 1972.

REINDL, J., Das Angesicht Gottes im Sprachgebrauch des Alten Testaments, EThSt 25, Leipzig 197o.

RENDTORFF, R., Die Offenbarungsvorstellungen im Alten Israel, in: W. Pannenberg (Hrsg.), Offenbarung als Geschichte, KuD Beih. 1, Göttingen 1961, 21-41 = Gesammelte Studien zum Alten Testament, ThB 57, München 1975, 39-59.

- Das überlieferungsgeschichtliche Problem des Pentateuch, BZAW 147, Berlin 1977.

RICHTER, W., Bearbeitungen des Retterbuches in der deuteronomischen Epoche, BBB 21, Bonn 1964.

- nāgīd-Formel. Ein Beitrag zur Erhellung des nāgīd-Problems, BZ NF 9 (1965) 71-84.

- Traditionsgeschichtliche Untersuchungen zum Richterbuch, BBB 18, Bonn [2]1966.

- Urgeschichte und Hoftheologie, BZ NF 1o (1966) 96-1o5.

- Das Gelübde als theologische Rahmung der Jakobsüberlieferung, BZ NF 11 (1967) 21-52.

- Beobachtungen zur theologischen Systembildung in der alttestamentlichen Literatur anhand des "kleinen geschichtlichen Credos", in: Wahrheit und Verkündigung. FS M. Schmaus, hrsg. von L. Scheffzcyk, W. Dettloff, R. Heinzmann, Paderborn 1967, I, 175-212.

- Die sogenannten vorprophetischen Berufungsberichte. Eine literaturwissenschaftliche Studie zu 1 Sam 9,1-1o,16, Ex 3f. und Ri 6,11b-17, FRLANT 1o1, Göttingen 197o.

RÖTTGER, H., Mal'ak Jahwe - Bote von Gott. Die Vorstellung von Gottes Boten im hebräischen Alten Testament, RStTh 13, Frankfurt/M. 1978.

ROSE, M., Der Ausschließlichkeitsanspruch Jahwes. Deuteronomische Schultheologie und Volksfrömmigkeit in der späten Königszeit, BWANT VI/6, Stuttgart 1965.

- "Entmilitarisierung des Krieges" (Erwägungen zu den Patriarchenerzählungen der Genesis), BZ NF 2o (1976) 197-211.

ROST, L., Das kleine geschichtliche Credo, in: Das kleine Credo und andere Studien am Alten Testament, Heidelberg 1965, 11-25.

RUDOLPH, W., Der "Elohist" von Exodus bis Josua, BZAW 68, Berlin 1938.

RUPPRECHT, E., Die Religion der Väter. Hauptlinien der Forschungsgeschichte, DBAT 11 (1976) 2-29.

SCHARBERT, J., Patriarchentradition und Patriarchenreligion. Ein Forschungs- und Literaturbericht, VuF 19 (1974) 2-22.

SCHLISSKE, W., Gottessöhne und Gottessohn im Alten Testament. Phasen der Entmythisierung im Alten Testament, BWANT V/17, Stuttgart 1973.

SCHMID, H., Mose, der Blutbräutigam. Erwägungen zu Ex 4,24-26, Judaica 22 (1966) 113-118.

- Mose. Überlieferung und Geschichte, BZAW 11o, Berlin 1968.

- Die Herrschaft Abimelechs (Jdc 9), Judaica 26 (197o) 1-11.

SCHMID, H.H., Der sogenannte Jahwist. Beobachtungen und Fragen zur Penta- teuchforschung, Zürich 1976.

SCHMIDT, J.M., Aaron und Mose. Ein Beitrag zur Überlieferungsgeschichte des Pentateuch, Diss. Hamburg 1963.

SCHMIDT, L., Menschlicher Erfolg und Jahwes Initiative. Studien zu Tradi- tion, Interpretation und Historie in Überlieferungen von Gideon, Saul und David, WMANT 38, Neukirchen-Vluyn 197o.

- "De Deo". Studien zur Literarkritik und Theologie des Buches Jona, des Gespräches zwischen Abraham und Jahwe in Gen 18,21ff und von Hi 1, BZAW 143, Berlin 1976.

SCHMIDT, W.H., Art. זכר, ThWAT II, 1977, 89-133.

- Exodus, BK II/2, Neukirchen-Vluyn 1977.

SCHMITT, G., Der Landtag von Sichem, AzTh I/15, Stuttgart 1964.

SCHMITT, H.Chr., Elisa. Traditionsgeschichtliche Untersuchung zur vorklassi- schen nordisraelitischen Prophetie, Gütersloh 1972.

SCHNUTENHAUS, F., Das Kommen und Erscheinen Gottes im AT, ZAW 76 (1964) 1-22.

SCHOTTROFF, W., 'Gedenken' im Alten Orient und im Alten Testament. Die Wurzel זכר im semitischen Sprachgebrauch, WMANT 15, Neukirchen-Vluyn [2]1969.

- Art. פקד, THAT II, 1976, 466-486.

SCHREINER, J., Jeremias Berufung (Jer 1,4-19). Eine Textanalyse, FS J. Prado, Madrid 1975, 141-145.

- Exodus 12,21-23 und das israelitische Pascha, in: Studien zum Pentateuch, FS W. Kornfeld, Wien 1977, 69-9o.

SCHULT, H., Eine einheitliche Erklärung für den Ausdruck "Hebräer" in der israelitischen Literatur, DBAT 1o (1975) 22-4o.

SCHULZ, A., Erzählkunst in den Samuel-Büchern, BZFr 6/7, Münster 1923.

SEEBASS, H., Mose und Aaron, Sinai und Gottesberg, AeTh 2, Bonn 1962.

- Der Erzvater Israel und die Einführung der Jahweverehrung in Kanaan, BZAW 68, Berlin 1966.

SETERS, J. VAN, Confessional Reformulation in the Exilic Period, VT 22 (1972) 448-459.

- Abraham in History and Tradition, New Haven 1975.

SEITZ, G., Redaktionsgeschichtliche Studien zum Deuteronomium, BWANT V/13, Stuttgart 1971.

SKINNER, J., The Critical and Exegetical Commentary of Genesis (ICC) Edin- burgh [2]193o = Nachdr. 1969.

SMEND, R., Die Erzählung des Hexateuch auf ihre Quellen untersucht, Berlin 1912.

SMEND, R., Das Gesetz und die Völker. Ein Beitrag zur deuteronomistischen Redaktionsgeschichte, in: Probleme biblischer Theologie. FS G. von Rad, München 1971, 494-5o9.

- Die Entstehung des Alten Testaments (Theologische Wissenschaft 1), Stuttgart 1978.

SPEISER, E.A., Genesis (AB), Garden City 1964.

STÄHLI, H.-P., Art. ירא, THAT I, 1971, 761-778.

STAERK, W., Studien zur Religionsgeschichte und Sprachgeschichte des Alten Testaments I, Berlin 1899.

STECK, O.H., Die Paradieserzählung. Eine Auslegung von Gen 2,4b-3,24, BSt 6o, Neukirchen-Vluyn 197o.

- Gen 12,1-3 und die Urgeschichte des Jahwisten, in: H.W. Wolff (Hrsg.), Probleme biblischer Theologie. FS G. von Rad, München 1971, 525-554.

STEINGRIMSSON, S.Ö., Vom Zeichen zur Geschichte. Eine literar- und formkritische Untersuchung zu Ex 6,28-11,1o, CB OTSeries 14, Lund 1979.

STEUERNAGEL, C., Deuteronomium und Josua, HK I/3, Göttingen 19oo.

STOLZ, F., Altes Testament, Gütersloh 1974.

STRACK, H.-L., Die Genesis, KKANT I/1, München 19o5.

STROETE, G. TE, Exodus, BOT I/2, Roermond 1966.

THIEL, W., Die deuteronomistische Redaktion von Jer 1-25, WMANT 41, Neukirchen-Vluyn 1973.

VALTENTIN, H., Aaron. Eine Studie zur vorpriesterschriftlichen Aaronüberlieferung, OBO 18, Freiburg/Schweiz - Göttingen 1978.

VEIJOLA, T., Die ewige Dynastie. David und die Entstehung seiner Dynastie nach der deuteronomistischen Darstellung, AASF B 193, Helsinki 1975.

- Das Königtum in der Beurteilung der deuteronomistischen Historiographie. Eine redaktionsgeschichtliche Untersuchung, AASF B 198, Helsinki 1978.

VETTER, D., Art. עם, THAT II, 1976, 325-328.

- Art. ראה, THAT II, 1976, 692-7o1.

VORLÄNDER, H., Mein Gott. Die Vorstellungen vom persönlichen Gott im Alten Orient und im Alten Testament, AOAT 23, Kevelaer - Neukirchen-Vluyn 1975.

VRIEZEN, Th.C., Exodusstudien. Exodus I, VT 17 (1967) 334-353.

- A Reinterpretation of Ex 3: 21-22 and Related Texts Ex 11:2f; 12:35f & Ps 1o5: 37f (Gen 18:14b), JEOL 23 (1973/4) 389-4o1.

- Oude en jongere joadse commentaren op Ex 3:21v en verwante verzen (11: 2v; 12:35v), in: Vruchten van de Uithof. Studies B.A. Brongers, Utrecht 1974, 134-144.

WAGNER, S., Art. בקש, ThWAT I, 1973, 754-769.

WATERHOUSE, S.D., A Land Flowing with Milk and Honey,Andrews University Studies 1, 1963, 152-166.

WEHMEIER, G., Art. עלה, THAT I, 1971, 272-29o.

WEIDMANN, H., Die Patriarchen und ihre Religion im Licht der Forschung seit Julius Wellhausen, FRLANT 94, Göttingen 1968.

WEIMAR, P., Hoffnung auf Zukunft. Studien zu Tradition und Redaktion im priesterschriftlichen Exodus-Bericht in Ex 1-12, Diss. Freiburg/Brsg. 1971/72.

- Untersuchungen zur priesterschriftlichen Exodusgeschichte, fzb 9, Würzburg 1973.

- Die Toledot-Formel in der priesterschriftlichen Geschichtsdarstellung, BZ NF 18 (1974) 65-93.

- Die Jahwekriegserzählungen in Exodus 14, Josua 1o, Richter 4 und 1 Samuel 7, Bib 57 (1976) 38-73.

- Untersuchungen zur Redaktionsgeschichte des Pentateuch, BZAW 146, Berlin 1977.

WEIMAR, P. - ZENGER, E., Exodus. Geschichten und Geschichte der Befreiung Israels, SBS 75, Stuttgart [2]1979.

WEIPPERT, M., Die Landnahme der israelitischen Stämme in der neueren wissenschaftlichen Diskussion. Ein kritischer Bericht, FRLANT 92, Göttingen 1967.

WELLHAUSEN, J., Die Composition des Hexateuch und der anderen historischen Bücher des Alten Testaments, Berlin [4]1963.

WESTERMANN, C., Grundformen prophetischer Rede, BevTh 31, München [3]1968.

- Genesis, BK I/1, Neukirchen-Vluyn 1974; BK I/2, 1977ff.

- Genesis 12-5o, EdF 48, Darmstadt 1975.

- Art. נגד, THAT II, 1976, 31-37.

WIJNGAARDS, J.N.M., The Formulas of the Deuteronomic Creed (Dt 6/2o-23: 26/5-9). Excerpta ex dissertatione ad Lauream in Facultate Theologica Pontificiae Universitatis Gregorianae, Tilburg 1963.

- הוציא and העלה. A Twofold Approach to the Exodus, VT 15 (1965) 91-1o2.

WILDBERGER, H., Art. אמן, THAT I, 1971, 177-2o9.

WINNETT, F.V., Re-examining the Foundations, JBL 84 (1965) 1-19.

WOUDE, A.S. VAN DER, Art. שם, THAT II, 1976, 935-963.

WÜRTHWEIN, E., Das erste Buch der Könige. Kapitel 1-16, ATD 11,1 Göttingen 1977.

YOUNG, E.J., The call of Mose, WThJ 29 (1967) 117-135.

ZENGER, E., Funktion und Sinn der ältesten Heraufführungsformel, ZDPV Suppl.1, Wiesbaden 1969, 334-342.

- Die Sinaitheophanie. Untersuchungen zum jahwistischen und elohistischen Geschichtswerk, fzb 3, Würzburg 1971.

- Ein Beispiel exegetischer Methoden aus dem Alten Testament, in: J. Schreiner (Hrsg.), Einführung in die Methoden biblischer Exegese, Würzburg 1971, 97-148.

- Jahwe, Abraham und das Heil aller Völker. Ein Paradigma zum Thema Exklusivität und Universalismus des Heils, in: Absolutheit des Christentums (hrsg. von W. Kasper) (QD 79), Freiburg/Brsg. 1977, 39-62.

ZENGER, E., Das Buch Exodus (Geistliche Schriftlesung 7), Düsseldorf 1978.

ZIMMERLI, W., "Offenbarung" im Alten Testament, EvTh 22 (1962) 15-31.

- Sinaibund und Abrahambund. Ein Beitrag zum Verständnis der Priesterschrift, ThZ 16 (1960) 268-280 = Gottes Offenbarung. Gesammelte Auf-
  sätze zum Alten Testament, ThB 19, München 1963, 205-260.

REGISTER DER BIBELSTELLEN

(in Auswahl und unter Berücksichtigung des Inhaltsverzeichnisses)

Gen		Ex	
3,9	146f	1,1-2,1o	18
1o,16-18	327	1,6.8	122.126f
11,5.8	95f	1,9.1o	122.127f
12,1	98.132.134	1,9	113.129.133.277.
12,2	127.129.133		36o
12,7	1o5f.1o7.1o9.112.	1,1o	296.3o3
	121.129.133f.137	1,11-12	122f
13,18	1o5.1o9	1,11	118.128.3o3
15,1	166.195	1,12	296.3o3
15,14	347f	1,15-22	122
15,18-21	327	1,15-2o	211.214.217f
16,7.9-11	34o	1,15	296
18,1	1o5f.1o9.246	1,16	296.3o4
18,21	95.96.154	1,2o	122.296f.3o3
2o,3	189	1,22	3o4
2o,4	283	2,1-1o	213f.218f
2o,7	194	2,1o	214.3o4.3o5
21,17	146f.34o	2,11-22	19-21
22,1	149f.192f	2,11-14	358
22,11	36.146f.192f	2,11	18.118
22,15-18	147	2,15	267f.283.3o4f
22,15	34o	2,16-22	213.219f
24,7.4o	34o	2,18	3o
24,26.48	291	2,22	3o5
26,24	152f	5,6-6,1	21.3o9
27,46	296	5,8.17	116.123
28,1o-22	165f.167	5,2o-23	124
28,13	152	5,22-23	13o.3o9
28,2o-21	147.165f.167.192f	5,22	252
28,2o	284	5,23	97.22o
28,21	167	6,1	97.124.13o.277.
31,5	153		33o
32,23-32	255-259.284.285f.	6,6-7	118
	314	6,13.26-27	16o
32,28	259f.263	6,14-27	16-18
32,3o	261.263	6,28-3o	16.17
35,1-7	167f	7,13	353
35,3	166f	7,14-18	31of
42,8	284	7,14-16	271
43,28	291	7,14	124.28of.3o7
46,2-4	168.192	7,15-16	1oof
46,2	149f	7,15	159.274
46,3	152.166.168	7,16	1o2.112.251f
48,16	34o	7,26	1o1.272.273.274
48,21	167f	7,27	283
5o,24	98.111f.121.342	7,28	31o
5o,25	112	8,4	117

Neh

8,6	29o
9,9	93f.95
9,13	96

1 Chron

29,2o	29o

2 Chron

2o,18	29o
29,3o	29o

Bd. 19   MASSÉO CALOZ: *Etude sur la LXX origénienne du Psautier*. Les relations entre les leçons des Psaumes du Manuscrit Coislin 44, les Fragments des Hexaples et le texte du Psautier Gallican. 480 pages. 1978.

Bd. 20   RAPHAEL GIVEON: *The Impact of Egypt on Canaan*. Iconographical and Related Studies. 156 Seiten, 73 Abbildungen. 1978.

Bd. 21   DOMINIQUE BARTHÉLEMY: *Etudes d'histoire du texte de l'Ancien Testament*. XXV - 419 pages. 1978.

Bd. 22/1 CESLAS SPICQ: *Notes de Lexicographie néo-testamentaire*. Tome I: p. 1-524. 1978.

Bd. 22/2 CESLAS SPICQ: *Notes de Lexicographie néo-testamentaire*. Tome II: p. 525-980. 1978.

Bd. 23   BRIAN M. NOLAN: *The royal Son of God*. The Christology of Matthew 1-2 in the Setting of the Gospel. 282 Seiten. 1979.

Bd. 24   KLAUS KIESOW: *Exodustexte im Jesajabuch*. Literarkritische und motivgeschichtliche Analysen. 221 Seiten. 1979.

Bd. 25/1 MICHAEL LATTKE: *Die Oden Salomos in ihrer Bedeutung für Neues Testament und Gnosis*. Band I. Ausführliche Handschriftenbeschreibung. Edition mit deutscher Parallel-Übersetzung. Hermeneutischer Anhang zur gnostischen Interpretation der Oden Salomos in der Pistis Sophia. XI - 237 Seiten. 1979.

Bd. 25/1a MICHAEL LATTKE: *Die Oden Salomos in ihrer Bedeutung für Neues Testament und Gnosis*. Band 1a. Der syrische Text der Edition in Estrangela Faksimile des griechischen Papyrus Bodmer XI. 68 Seiten. 1980.

Bd. 25/2 MICHAEL LATTKE: *Die Oden Salomos in ihrer Bedeutung für Neues Testament und Gnosis*. Band II. Vollständige Wortkonkordanz zur handschriftlichen, griechischen, koptischen, lateinischen und syrischen Überlieferung der Oden Salomos. Mit einem Faksimile des Kodex N. XVI - 201 Seiten. 1979.

Bd. 26   MAX KÜCHLER: *Frühjüdische Weisheitstraditionen*. Zum Fortgang weisheitlichen Denkens im Bereich des frühjüdischen Jahweglaubens. 703 Seiten. 1979.

Bd. 27   JOSEF M. OESCH: *Petucha und Setuma*. Untersuchungen zu einer überlieferten Gliederung im hebräischen Text des Alten Testaments. XX - 394 - 37* Seiten. 1979.

Bd. 28   ERIK HORNUNG / OTHMAR KEEL (Herausgeber): *Studien zu altägyptischen Lebenslehren*. 394 Seiten. 1979.

Bd. 29   HERMANN ALEXANDER SCHLÖGL: *Der Gott Tatenen*. Nach Texten und Bildern des Neuen Reiches. 216 Seiten. 1980.

Bd. 30   JOHANN JAKOB STAMM: *Beiträge zur Hebräischen und Altorientalischen Namenkunde*. XVI - 264 Seiten. 1980.

Bd. 31   HELMUT UTZSCHNEIDER: *Hosea – Prophet vor dem Ende*. Zum Verhältnis von Geschichte und Institution in der alttestamentlichen Prophetie. 260 Seiten. 1980.

Bd. 32   PETER WEIMAR: *Die Berufung des Mose*. Literaturwissenschaftliche Analyse von Exodus 2,23-5,5. 402 Seiten. 1980.